# Rom und Protestantismus
## Schriften des Melanchthon-Zentrums in Rom

Herausgegeben von

Fulvio Ferrario und Martin Wallraff

5

# Paulusmemoria und Paulusexegese

Römische Begegnungen

Herausgegeben von

Jörg Frey, Jens Schröter und Martin Wallraff

Mohr Siebeck

*Jörg Frey*, geboren 1962; Professor für Neues Testament, Universität Zürich.

*Jens Schröter*, geboren 1961; Professor für Neues Testament, Humboldt-Universität zu Berlin.

*Martin Wallraff*, geboren 1966; Professor für Kirchengeschichte, Ludwig-Maximilians-Universität München.

Publiziert mit Unterstützung des Schweizerischen Nationalfonds zur Förderung der wissenschaftlichen Forschung.

ISBN 978-3-16-162239-7 / eISBN 978-3-16-162240-3
DOI 10.1628/978-3-16-162240-3

ISSN 2193-2085 / eISSN 2569-4332 (Rom und Protestantismus)

Die Deutsche Nationalbibliothek verzeichnet diese Publikation in der Deutschen Nationalbibliographie; detaillierte bibliographische Daten sind über *http://dnb.dnb.de* abrufbar.

© 2023 Mohr Siebeck Tübingen. www.mohrsiebeck.com

Das Buch wurde von Gulde-Druck in Tübingen gesetzt, auf alterungsbeständiges Werkdruckpapier gedruckt und gebunden.

Titelbild: Grabplatte des Asellus, Vatikanische Museen, inv. no. 28596, Foto © Governorato dello S.C.V. – Direzione dei Musei.

Printed in Germany.

# Inhaltsverzeichnis

# Römische Begegnungen mit Paulus im Spiegel von historischer Memoria und biblischer Exegese: Zur Einführung in den Band

*Jörg Frey, Jens Schröter, Martin Wallraff*

Paulus ist, gemeinsam mit Petrus, Apostel der Stadt Rom und des stadtrömischen Christentums. Für einen Band in der Reihe »Rom und der Protestantismus« liegt es deshalb nahe, die Beziehung von Paulus zu Rom in historischer und wirkungsgeschichtlicher Perspektive zu reflektieren. Dies soll im vorliegenden Band geschehen. Damit werden zugleich die in dem 2020 publizierten Band zusammengestellten Erkundungen zu den literarischen und archäologischen Beziehungen zwischen Petrus und Rom fortgesetzt.[1]

Die literarischen und archäologischen Zeugnisse der Verehrung der beiden Apostel in Rom reichen bis in die Frühzeit des Christentums zurück. Petrus und Paulus gelten als Gründungsfiguren der christlichen Kirche und werden als Apostel der Kirche aus den Juden und der Kirche aus den Heiden gemeinsam verehrt und ikonographisch dargestellt. Ihre historischen, literarischen und archäologischen Bezüge zu Rom sind jedoch signifikant voneinander unterschieden. Das wird bereits an den Begräbnisorten am Vatikanhügel (Petrus) bzw. an der Via Ostiensis (Paulus) deutlich, die seit der Antike als eigene Erinnerungsorte verehrt werden. Die beiden Bände zu Petrus und zu Paulus beleuchten deshalb das je spezifische Verhältnis der beiden Apostel zu Rom.

Wie bereits der Band zu Petrus geht auch derjenige zu Paulus auf ein Doktoranden- und Habilitandensymposium zurück. Dieses wurde in Kooperation zwischen der Universität Zürich (Jörg Frey), der Humboldt-Universität zu Berlin (Jens Schröter) und der Ludwig-

---

[1] J. Frey/M. Wallraff (Hg.), Petrusliteratur und Petrusarchäologie. Römische Begegnungen, RuP 4, Tübingen 2020.

Maximilians-Universität München (Martin Wallraff) im Rahmen des Centro Melantone an der Waldenserfakultät in Rom vom 6. bis 10. November 2019 durchgeführt. Wie auch das vorangehende war es als Verbindung von archäologischen und historischen Exkursionen mit Vorträgen von etablierten und nachwachsenden Forschenden organisiert. Unterstützt wurde die Veranstaltung durch die Fondation Oecuménique Oscar Cullmann, das Doktoratsprogramm Theologie der Theologischen Fakultäten Basel, Bern und Zürich sowie die Theologische Fakultät der Universität Zürich. Für tatkräftige logistische Unterstützung danken wir den Mitarbeitenden des Centro Melantone Alexandra Damm und Tom Siller. Die Vorbereitung des Tagungsbandes lag in den Händen von Dr. Vanessa Bayha, Rom, sowie von Dr. Konrad Schwarz, Alexandra Priesterath und Sophie Schoscha Rink in Berlin, denen wir für die geleistete Arbeit herzlich danken. Ebenso danken wir dem Verlag Mohr Siebeck für die bewährte kompetente und freundliche Zusammenarbeit bei der Publikation des Bandes.

Im 1. Clemensbrief, der am Ende des ersten Jahrhunderts in Rom verfasst wurde, werden Petrus und Paulus zum ersten Mal gemeinsam als Apostel und Märtyrer des christlichen Glaubens genannt (1Clem 5,3–7). Daran anschließend entwickelt sich seit dem zweiten Jahrhundert die Vorstellung, dass beide gemeinsam als Garanten für apostolische Autorität einstehen.[2] In historischer Hinsicht ist hier allerdings zu differenzieren: Zwar ist weithin anerkannt, dass sich Petrus in Rom aufgehalten hat und hier auch das Martyrium im Rahmen der Maßnahmen Neros gegen die römischen Christen erlitten hat (auch wenn dies mitunter wirkungsvoll bezweifelt wird[3]). Nicht sinnvoll zu bestreiten ist auch, dass Paulus als Gefangener nach Rom gebracht

---

2  Besonders deutlich ist dies im quartodezimanischen Streit zur Zeit des Viktor von Rom (nach Eus.h.e. 5,23–25), wo die Kleinasiaten der römischen Berufung auf Petrus und Paulus mit Hinweis auf die kleinasiatischen Apostel Johannes und Philippus begegnen. Paulus ist zu dieser Zeit offenbar schon fest mit Rom assoziiert.

3  Vgl. K. Heussi, Die römische Petrustradition in kritischer Sicht, Tübingen 1955; O. Zwierlein, Petrus in Rom. Die literarischen Zeugnisse, UaLG 96, Berlin 2009; s. auch dazu S. Heid (Hg.), Petrus und Paulus in Rom. Eine interdisziplinäre Debatte, Freiburg 2011, sowie der Beitrag von P. Gemeinhardt, Liegt Petrus in Rom, und wenn ja, seit wann? Zur Herausbildung der römischen Petrustradition im zweiten Jahrhundert, in: Frey/Wallraff (Hg.), Petrusliteratur (s. Anm. 1), 219–254.

wurde.[4] Allerdings verbinden sich mit dem Verhältnis des Paulus zu Rom eigene Überlieferungen, die von den mit Petrus verknüpften zu unterscheiden sind.

In seinem Brief an die Christusgläubigen in Rom[5] äußert Paulus den Wunsch, die Adressaten, die er bislang nicht kennt, bald zu besuchen (Röm 1,10–15). An späterer Stelle des Briefes erläutert er seine Reisepläne, die ihn über Rom nach Spanien führen sollen (15,22–29). Diese Pläne haben sich jedoch nicht realisieren lassen. Vielmehr ist Paulus, wie es die Apostelgeschichte berichtet, in Jerusalem verhaftet und nach mehreren Verhören als Gefangener nach Rom gebracht worden (Apg 21–28). Dort ist er sehr wahrscheinlich auch hingerichtet worden, worauf nicht zuletzt die früh entstandene Tradition über seine Grabstelle hinweist. Von seinem Tod berichtet die Apostelgeschichte allerdings nichts, obwohl der Autor sehr wahrscheinlich davon Kenntnis besaß (vgl. Apg 20,22–25.37 f.). Der Grund für dieses Schweigen dürfte sein, dass er sein Werk mit dem Bild des »ungehindert« (ἀκωλύτως, so das letzte Wort der Apostelgeschichte) verkündigenden und lehrenden Paulus beschließen wollte.[6] Der Tod des Paulus wird dagegen im Martyrium des Paulus, einem Teil der Paulusakten aus dem zweiten Jahrhundert, berichtet und auch von Tertullian erwähnt (praescr. 36,3). In einem Zitat des Bischofs Dionysius von Korinth bei Euseb (h.e. 2,25,8) ist sodann davon die Rede, dass Petrus und Paulus zur gleichen Zeit in Rom hingerichtet wurden.

Daneben hat sich eine andere Tradition entwickelt, die davon ausgeht, dass Paulus noch einmal aus der Haft freikam und weitere Reisen unternommen hat. Diese Überlieferung konnte an die Spanienpläne, die Paulus im Römerbrief nennt, anknüpfen. Vermutlich ist bereits die Bemerkung im 1. Clemensbrief, Paulus sei »bis in den äu-

---

4 Vgl. dazu F.W. Horn (Hg.), Das Ende des Paulus. Historische, theologische und literaturgeschichtliche Aspekte, BZNW 106, Berlin/New York 2001; A. Puig i Tàrrech/J.M.G. Barclay/J. Frey (Hg.), The Last Years of Paul. Essays from the Tarragona Conference 2013, WUNT 352, Tübingen 2015.

5 Von einer »Gemeinde« kann man in diesem Fall nicht sprechen. Paulus spricht die Adressaten des Römerbriefs nicht als ἐκκλησία an. Kapitel 16 des Briefes gibt zudem zu erkennen, dass die römischen Christusgläubigen in diversen Hauskirchen organisiert waren. Vgl. dazu M. Wolter, Der Brief an die Römer. Teilband 2: Röm 9–16, EKK VI/2, Ostfildern/Göttingen 2019, 483 f.

6 Vgl. dazu D. Marguerat, Das rätselhafte Finale (Apg 28,16–31), in: ders., Lukas, der erste christliche Historiker. Eine Studie zur Apostelgeschichte, AThANT 92, Zürich 2011, 295–325.

ßersten Westen« (ἐπὶ τὸ τέρμα τῆς δύσεως, 5,7) gelangt, so zu verstehen, denn mit dem »äußersten Westen« ist in der Perspektive des Briefes sicher nicht Rom gemeint. Vielmehr könnte der Verfasser, der den Römerbrief des Paulus kannte, aus den dort formulierten Plänen geschlossen haben, dass Paulus noch einmal von Rom aus Richtung Westen aufgebrochen ist. Diese Tradition begegnet außerdem in den Petrusakten (*Actus Vercellenses* 1–3) sowie im *Canon Muratori* (Z. 38 f.) und wird auch bei Euseb erwähnt (h.e. 2,22,2).

In historischer Perspektive verbindet sich das Wirken des Paulus dagegen in erster Linie mit Orten im östlichen Mittelmeerraum. Seine Kindheit und Jugend hat er in Tarsus und vermutlich in Jerusalem verbracht, sein Wirken beginnt in Damaskus und Antiochia und setzt sich dann in seinen Missionsreisen, die ihn nach Zypern sowie in den kleinasiatischen und ägäischen Raum führen, fort.[7] Der Gemeinde in Jerusalem wusste sich Paulus dabei bleibend verpflichtet, wie seine Übereinkunft mit den dortigen Aposteln (Gal 2,1–10) sowie vor allem die Sammlung der Kollekte für die Gemeinde zeigen (vgl. Gal 2,10; Röm 15,25–27). Die Stadt blieb zugleich ein zentraler geographischer Haftpunkt seiner Mission (Röm 15,19). Damaskus ist der Ort seiner entscheidenden Lebenswende (Apg 9,2; vgl. Gal 1,17),[8] gewirkt hat er in Syrien und Kilikien (Gal 1,21), in Antiochia mit Barnabas zusammengearbeitet, mit dem er auch die von Antiochia ausgehende Missionsreise unternommen hat (Apg 13–14). Nach der Trennung von Barnabas hat Paulus mit anderen Mitarbeitern (vor allem Silas, Timotheus und Titus) seine Missionstätigkeit fortgesetzt. Aus der Gemeinde von Antiochia, die er selbst wesentlich mitgeprägt haben dürfte, hat Paulus dabei wichtige Traditionen mitgenommen, die für sein eigenes Denken eine prägende Rolle spielten und die er in seinen Briefen weiterentwickelt hat. Sein Wirken konzentrierte sich auf die Provinzstädte des Ostens (Philippi, Thessaloniki, Korinth und Ephesus), die er zugleich als Keimzellen der Verbreitung des Evangeliums in den römischen Provinzen betrachtete (vgl. z.B. 1Thess 1,6–8). Erst

---

7  Wesentliche Angaben zur Biographie des Paulus sind der Apostelgeschichte zu entnehmen, die sich partiell durch die Paulusbriefe ergänzen lassen. Zum Paulusbild der Apg vgl. J. Schröter, Die Paulusdarstellung der Apostelgeschichte, in: F. W. Horn (Hg.), Paulus Handbuch, Tübingen 2013, 542–551.

8  Vgl. dazu J. Frey, Paulus als Pharisäer und Antiochener, in: ders., Von Jesus zur neutestamentlichen Theologie. Kleine Schriften 2, hg. v. B. Schliesser, WUNT 368, Tübingen 2016, 301–333, hier 304–316.

nachdem er sein Wirken im Osten des Römischen Reiches als abgeschlossen betrachtete, richtete Paulus seinen Blick nach Westen, wobei ihm Rom als Ort dienen sollte, an dem er Station machen, das Evangelium verkündigen und von der Gemeinde für seine Reise nach Spanien ausgerüstet werden wollte. Die geographische Perspektive des Paulus war demnach vor allem auf die Osthälfte des Imperium Romanum gerichtet, wogegen der Westen erst später in den Blick tritt und Rom auch dann nur als »Durchgangsstation« dienen sollte.

Dieses Bild wird durch den literarischen Befund bestätigt. Die Briefe des Paulus sind in erster Linie an die Gemeinden gerichtet, die er selbst gegründet hat: nach Thessaloniki, Galatien, Korinth und Philippi bzw. an eine Hausgemeinde in der Asia. Mit diesen Briefen wollte er, auch während seiner physischen Abwesenheit, die Beziehung als Apostel zu »seinen« Gemeinden aufrechterhalten, ihnen zu Fragen des Lebens im christlichen Glauben Ratschläge und Anweisungen erteilen und ihre Geschicke auf diese Weise weiter lenken. Der theologisch so gewichtige Römerbrief ist dagegen vermutlich gerade deshalb so ausführlich und grundsätzlich, weil Paulus ihn an einem biographischen Wendepunkt verfasst hat und es sich bei den dortigen Christusgläubigen um Paulus weitgehend unbekannte Hausgemeinden handelt, denen er sich ausführlicher (und zugleich vorsichtiger; vgl. Röm 1,11 f.) präsentiert. Ob der Philipper- und der Philemonbrief als – in diesem Fall letzte – Schreiben des Paulus in der römischen Gefangenschaft verfasst wurden und somit Zeugnisse für eine literarische Aktivität des Paulus in Rom sind,[9] hängt an der strittigen Beurteilung der Angaben zum paulinischen Itinerar sowie zu einer Gefangenschaft in Ephesus.

In der Wirkungsgeschichte des Paulus, einschließlich der Sammlung seiner Briefe, spielt Rom dagegen zunehmend eine wichtige Rolle. Zwar sind die deuteropaulinischen Briefe an die Kolosser und die Epheser im kleinasiatischen Kontext anzusiedeln und auch der 1. Timotheus- sowie der Titusbrief haben mit Ephesus und Kreta Orte im östlichen Bereich im Blick. Der 2. Timotheusbrief weist als »Testament des Paulus« allerdings bereits nach Rom, wenngleich das Cor-

---

9 So etwa U. Schnelle, Paulus. Leben und Denken, Berlin/Boston ²2014, 398–411. Für eine andere Einordnung vgl. z. B. J. Frey, Der Philipperbrief im Rahmen der Paulusforschung, in: ders./B. Schliesser (Hg.), Der Philipperbrief des Paulus in der hellenistisch-römischen Welt, WUNT 353, Tübingen 2015, 1–31, hier 5–9.

pus der Pastoralbriefe vermutlich in Kleinasien entstanden ist. Auch
die erste Sammlung der paulinischen Briefe dürfte im Wirkungsbe-
reich des Paulus, möglicherweise in Ephesus, zusammengestellt worden sein. Allerdings sind zur Zeit der Abfassung des 1. Clemensbriefs
am Ende des 1. Jahrhunderts bereits mehrere Paulusbriefe in Rom
bekannt (zumindest der Römer- und der 1. Korintherbrief, neben
dem Hebräerbrief). Etwas später gibt Markion, der selbst aus dem Osten kommt und um 140 in Rom wirkt, dort eine eigene Sammlung
von Paulusbriefen heraus. Damit wird Rom zugleich zum Ort von
Auseinandersetzungen über Umfang und Textgestalt des Corpus
Paulinum. An der Wende vom zweiten zum dritten Jahrhundert rechnet sodann der vermutlich im stadtrömischen Kontext entstandene
Canon Muratori die Paulusbriefe zu den maßgeblichen Zeugnissen
des christlichen Glaubens.

Auch in der neutestamentlichen Apostelgeschichte tritt Rom in den
Blick. Zwar folgt der Verfasser dem Weg des Paulus und berichtet
dementsprechend vor allem von seinem Wirken in den östlichen Ge-
bieten des Imperium Romanum, jedoch erhält Rom als Ort, an den
Paulus gelangen *muss*, um dort Zeugnis abzulegen, eine eigene Bedeutung (Apg 19,21; 23,11; 27,24). Darin dürfte sich die gegenüber der
Zeit des Paulus gewachsene Bedeutung Roms für das frühe Christentum widerspiegeln. Die frühen apokryph gewordenen Paulustexte,
insbesondere die Paulusakten, sind ebenfalls in erster Linie auf sein
Wirken im Osten des Reichs bezogen.[10] Die Theklaakten spielen vor
allem in Ikonion, des Weiteren werden Ephesus, Philippi und Korinth als Orte seines Wirkens genannt. Im Martyrium des Paulus, dem
bereits erwähnten letzten Teil der Paulusakten, wird sodann von der
Enthauptung des Paulus in Rom auf Befehl von Kaiser Nero erzählt.
Allerdings tritt Paulus kurz darauf wieder vor den Kaiser, womit sich
seine Ankündigung erfüllt, er werde auferstehen und dem Kaiser erscheinen. Rom tritt demnach als letzte Station des Wirkens des Paulus und Ort seiner Hinrichtung in den Blick.

Die literarische Erinnerung an Paulus haftet demnach vor allem an
seinen Wirkungsorten im Osten des Reiches. Rom sowie weitere Orte
im Westen sind dagegen mit dem Ende seines Wirkens, seinem Tod
sowie der – vermutlich legendarischen – Überlieferung seiner von

---

10  Vgl. G. E. Snyder, Acts of Paul. The Formation of a Pauline Corpus, WUNT
     II 352, Tübingen 2013.

Rom aus unternommenen Reise nach Spanien verbunden. Da sich auch aus dem Römerbrief für eine Beziehung von Paulus zu den stadtrömischen Christen nicht mehr entnehmen lässt als dass er sich ihnen mit diesem Brief vorstellen wollte, bleibt die historisch greifbare Verbindung von Paulus zu Rom auf die Tatsache beschränkt, dass er als Gefangener dorthin gebracht wurde und in der Stadt das Martyrium erlitt hat. Damit tritt zugleich das Paulusgrab unter dem Altar von San Paolo fuori le mura als archäologisch identifizierbarer Ort für die Anwesenheit des Paulus in Rom in den Blick.

Dieser Ort hat von Anfang an eine Rolle in der Pauluserinnerung und -verehrung in Rom gespielt. Auch angesichts der neuesten archäologischen Untersuchungen[11] spricht viel für seine Echtheit. Jedenfalls geht die Verehrung des Ortes weit vor die Errichtung des ersten Kirchbaus in konstantinischer Zeit zurück. Bereits am Beginn des dritten Jahrhunderts schrieb ein gewisser Presbyter Gaius in Rom: »Hier kann ich dir die Siegeszeichen (τρόπαια) der Apostel zeigen. Denn wenn du an den Vatikan oder an die Straße nach Ostia gehen willst, wirst du die Siegeszeichen derer finden, die diese Kirche gegründet haben.«[12]

Ohne Zweifel sind hier bereits die Orte der späteren monumentalen Kirchbauten gemeint, und ohne Zweifel setzt das Zitat voraus, dass die Tradition der Verehrung schon damals nicht neu war. Für die Paulusverehrung ist auch die in vieler Hinsicht rätselhafte *memoria* an der Via Appia bezeichnend (ab dem vierten Jahrhundert Ort der *Basilica apostolorum*, später S. Sebastiano).[13] In der Mitte des dritten Jahrhunderts wurden dort zahlreiche Graffiti angebracht, die Petrus und Paulus gemeinsam anrufen. Paulus und Petrus wurden in Rom gemeinsam erinnert und verehrt, bevor ihre literarische Verbindung mit Rom eine größere Dichte erreichte.

Dabei besteht ein signifikanter Unterschied allerdings darin, dass Petrus sehr wahrscheinlich gar nichts Schriftliches hinterlassen hat und die ganze Petrusliteratur auf sekundärer Zuschreibung basiert,

---

11  Vgl. G. Filippi, La tomba di San Paolo. I dati archeologici del 2006 e il taccuino Moreschi del 1850, in: Bollettino dei monumenti, musei e gallerie pontificie 26 (2009), 321–351 und weitere Publikationen des gleichen Verfassers.

12  Überliefert bei Eus.h.e. 2,25,7.

13  Vgl. M. Wallraff, Wo in Rom liegt Petrus? Zur Entwicklung römischer Petrustraditionen im 3. Jahrhundert, in: Frey/Wallraff (Hg.), Petrusliteratur (s. Anm. 1), 255–275.

während Paulus von Anfang an als Autor wirksam war und auch die spätere Produktion von apokryphen Schriften nicht an diesem Grundstock eines paulinischen Corpus vorbeigehen konnte. Insofern konnte Petrus literarisch eine wesentlich größere Vielfalt von »Theologien«[14] zugeschrieben werden als Paulus, selbst wenn dieser in frühchristlichen Zeugnissen des zweiten und dritten Jahrhunderts auch mehr als Missionar, Wundertäter, Asket und Visionär gezeichnet wurde denn als Theologe und in Aufnahme seiner Briefe.

Doch speziell in Rom wurde Paulus nicht nur als Gemeindegründer und Märtyrer verehrt; er war auch in seinen Briefen präsent. Rom war ein theologisches Laboratorium mit vielfältigen Gesprächszusammenhängen. Auf die von Markion ausgelösten Diskussionen wurde bereits hingewiesen. Um nur zwei weitere Schlaglichter zu nennen, die im vorliegenden Band behandelt werden: Bei Tatian spielt Paulus als Bezugspunkt eine wichtige Rolle, ebenso in der Diskussion zwischen Cyprian von Karthago und Stefan von Rom. Eine neue Dynamik entstand Ende des vierten Jahrhunderts in Rom; man kann geradezu von einer Paulus-Renaissance sprechen.[15] Hieronymus, Marius Victorinus, Pelagius, Ambrosiaster, der anonyme »Budapester« Pauluskommentator[16] – sie alle haben zur Paulus-Rezeption im exegetischen Sinn Entscheidendes beigetragen, und sie alle waren in Rom tätig oder hatten Verbindungen zur dortigen Kirche. Natürlich gehört auch Augustin in diese Reihe, der sich in den fraglichen Jahren zumindest für einige Zeit dort aufhielt. Ist es Zufall, dass genau in dieser Zeit – nämlich im Jahr 386 unter den drei Kaisern Theodosius,

---

14  Die Spannbreite reicht von den judenchristlich-antipaulinischen Kerygmata Petrou in den Pseudoklementinen bis zum heidenchristlichen Kerygma Petri, von der schlichten Neuinszenierung der Jesusgeschichte im fragmentarisch erhaltenen Petrusevangelium bis zu den bizarren Höllenschilderungen der Petrusapokalypse und zu gnostischen Texten. Zur Petrusliteratur vgl. T. Nicklas/W. Grünstäudl, Petrus II (in der Literatur), RAC 27 (2016), 399–427; K. Berger, Unfehlbare Offenbarung. Petrus in der gnostischen und apokalyptischen Offenbarungsliteratur, in: P.-G. Müller/W. Stenger (Hg.), Kontinuität und Einheit, FS F. Mußner, Freiburg 1981, 261–326.

15  So S. Vollenweider, Paulus, RGG⁴ 6 (2003), 1035–1065, hier 1063, aufgenommen etwa bei J. Lössl, Augustine, ›Pelagianism‹, Julian of Aeclanum and Modern Scholarship, ZAC 11 (2007), 129–150, hier 130. Eine systematische Untersuchung des Phänomens fehlt.

16  Das letztgenannte Werk ist erhalten in der Handschrift Budapest, Ungarisches Nationalmuseum, Codex latinus medii aevi 1, vgl. dazu H.J. Frede, Ein neuer Paulustext und Kommentar, 2 Bde., Freiburg i. Br. 1973–74.

Valentinianus II. und Arcadius – der Anstoß gegeben wurde, um die bescheidene Kirche über dem Paulusgrab durch eine monumentale Basilika zu ersetzen? Das ist schwer zu sagen, aber man kann nicht bezweifeln, dass auch dieser Kirchbau sehr dazu beigetragen hat, das Erbe des Paulus in Rom präsent zu halten.[17] Paulus gehört zur Erinnerungslandschaft Roms. Am Ende der Antike wird das noch einmal zur Zeit Gregors des Großen sehr deutlich, und so blieb es über die Jahrhunderte hinweg – bis hin zum spektakulären Brand der Kirche vor beinahe genau 200 Jahren mit anschließendem Wiederaufbau und zu den Grabungen im sensiblen Bereich um das Grab zu Beginn des 21. Jahrhunderts.

Mehr als für andere christliche Identitätsmarker gilt bei Paulus: Ein angemessenes Verständnis ist nur möglich, wenn die biblischen Texte und ihre Wirkungsgeschichte,[18] die historische Person und ihre Relevanz für die Entwicklung des Christentums in ihrer Wechselwirkung und Verschränkung gesehen werden. Die Verbindung »Paulus und Rom« ist in diesem Geflecht vielleicht nicht die historisch wichtigste, aber eine wirkungsgeschichtlich und intellektuell besonders reizvolle. Die Herausgeber hoffen, dass der vorliegende Band einen bescheidenen Beitrag zur Bereicherung der Diskussion hierüber leisten kann.

---

17 Zum Kirchbau vgl. zuletzt N. Camerlenghi, St. Paul's Outside the Walls. A Roman Basilica, from Antiquity to the Modern Era, Cambridge 2018, zur theodosianischen Basilika S. 41–81.
18 Vgl. dazu J. Schröter/S. Butticaz/A. Dettwiler (Hg.), Receptions of Paul in Early Christianity. The Person of Paul and His Writings Through the Eyes of His Early Interpreters, BZNW 234, Berlin/Boston 2018; B.L. White, Remembering Paul. Ancient and Modern Contests over the Image of the Apostle, Oxford 2014; A. Yarbro Collins, Paul Transformed. Reception of the Person and Letters of Paul in Antiquity, ABRL, New Haven 2022.

# Römisches im Römerbrief?
## Auf der Suche nach den Adressaten und Adressatinnen

*Markus Öhler*

Mit dem folgenden Beitrag unternehme ich wie viele meiner Vorgängerinnen und Vorgänger den Versuch, den intendierten Lesern und Leserinnen des Römerbriefes auf die Spur zu kommen. Lässt sich etwas über das Verhältnis zwischen den Christusgläubigen in Rom und ihrer Umgebungsgesellschaft sagen? Welche Strukturen hatte das römische Christentum und zu welchen gesellschaftlichen Gruppen gehörten die Leser und Leserinnen, die Paulus im Blick hatte? Worauf beruhten Differenzen zu Fragen des alltäglichen und gemeinschaftlichen Verhaltens?

## 1. Forschungsansätze

Vier Forschungsansätze aus der jüngeren Literatur zum Römerbrief sollen zu Beginn zeigen, wie unterschiedlich die Aussagen des Textes mit den verstreuten Nachrichten über das frühe Christentum in der Stadt Rom verknüpft werden.

### 1.1 Michael Wolter

Zeitlich der jüngste Entwurf ist jener von Michael Wolter, der 2014 und 2019 einen zweibändigen Kommentar zum Römerbrief vorlegte.[1] Unter der Überschrift »Juden und Christen in Rom« erarbeitet Wolter einen Entwurf der Situation des römischen Christentums.[2] Der Tenor lautet: Aus der Sicht der römischen Behörden wurden die

---

[1] M. Wolter, Der Brief an die Römer, Teilband 1: Röm 1–8, EKK VI/1, Neukirchen-Vluyn u. a. 2014; ders., Der Brief an die Römer, Teilband 2: Röm 9–16, EKK VI/2, Göttingen u. a. 2019.
[2] Wolter, Römer I (s. Anm. 1), 30–41.

»Christen« zunächst als Teil der judäischen Minorität betrachtet.[3] Spätestens mit Nero habe sich dies geändert, wie sich anhand von Sueton (Nero 16,2) und Tacitus (ann. 15,44) zeigen ließe. Dies sei die Folge eines christlich-jüdischen Trennungsprozesses in Rom gewesen, dessen Wurzel allerdings nicht das Claudiusedikt war (s. u.). Zwar hätte es auch jüdische Christusgläubige gegeben, diese seien aber nicht die Adressaten des Römerbriefs und auch sonst nicht im Blick des Paulus. Die Christusgläubigen Roms seien in einzelnen Gemeinschaften (Hausgemeinden) dezentral organisiert gewesen, eine übergreifende Struktur habe es – ähnlich wie bei den jüdischen Synagogen – nicht gegeben.

Nun ist aber für das Verständnis des Römerbriefes auch von Bedeutung, was Paulus überhaupt über die römischen Christusgläubigen wusste. Wolter meint, ein solches Wissen sei nicht wahrscheinlich, weil nicht nachweisbar. Zu dem in dieser Hinsicht vieldiskutierten Abschnitt über Spannungen zwischen Christusgläubigen (Röm 14,1–15,13; s. u.) hält er fest: »Nirgendwo in seinem Brief bezieht Paulus sich auf Nachrichten, die er über einen in Rom bestehenden Ethos-Konflikt erhalten hat. Wer hätte sie ihm auch zukommen lassen sollen?«[4], und: »Wie es in Rom tatsächlich zuging – darüber erfahren wir aus Röm 12,1–15,13 nichts.«[5]

### 1.2 Robert Jewett

Der Ansatz von Robert Jewetts Kommentar aus dem Jahr 2006[6] orientiert sich im Gegensatz zu Wolter daran, möglichst vieles aus dem Römerbrief vor dem soziokulturellen Kontext Roms zu erklären. So werden im Römerbrief zahlreiche Bezüge zur römischen Herrschaft

---

3　Vgl. Porphyrios bei Aug.ep. 102,8, nach dem »das Gesetz der Juden in die italischen Gebiete gekommen sei«, allerdings erst unter Caligula (der hier nur Gaius genannt wird). Der Verweis findet sich schon bei T. Zahn, Der Brief des Paulus an die Römer, KNT 6, Leipzig 1910, 8 Anm. 16. Da das Judentum in Rom schon viel älter ist, wird dieser Text als Hinweis auf die Anfänge des dortigen Christentums interpretiert. Vgl. zu dem Fragment auch M. Becker, Porphyrios, »Contra Christianos«. Neue Sammlung der Fragmente, Testimonien und Dubia mit Einleitung, Übersetzung und Anmerkungen, TK 52, Berlin u. a. 2015, 415 f. Ob es sich bei der Datierung unter Caligula um ein Versehen oder Absicht handelt bzw. ob sie auf Porphyrios selbst, seine Quelle oder die Porphyrios-Quelle des Augustin zurückgeht, ist Gegenstand von Debatten.
4　Wolter, Römer I (s. Anm. 1), 53.
5　Wolter, Römer I (s. Anm. 1), 54.
6　R. Jewett, Romans. A Commentary, Hermeneia, Minneapolis 2006.

unter Nero gesehen, etwa hinsichtlich der kultischen Verehrung des Kaisers, der Bewertung sexueller Praktiken oder des Strebens nach Ehre und Ruhm.[7] Für Röm 13 verweist Jewett aber auch auf die ordentliche Verwaltung unter Nero.

Bezüglich der Entwicklung des Christentums in Rom unternimmt Jewett eine ähnliche Rekonstruktion wie Wolter: Die überwiegende Mehrzahl der Christen waren Nicht-Juden. Allerdings nimmt Jewett an, dass nach der Aufhebung des Claudiusedikts (54 n. Chr.) Konflikte zwischen den Rückkehrern – zu denen etwa Priska und Aquila gehörten (vgl. Apg 18,2 und Röm 16,3–5a) – und den Daheimgebliebenen entstanden waren. Letztere hatten im Gefolge der Vertreibungen die Hausgemeinden (Jewett zählt fünf) aus dem Judentum herausgeführt. Die daraus entstandenen Auseinandersetzungen würden sich in Röm 14,1–15,13 wiederspiegeln, da dort Fragen der Einhaltung der Tora thematisiert würden.[8] Die Größe des Christentums in Rom schätzt Jewett mit »several thousands«[9] übrigens als sehr hoch ein: Die in den Grüßen genannten Personen wären jeweils Leiter von Gemeinden gewesen, sodass mit dutzenden Gruppen zu rechnen wäre. Diese seien – dazu nötige »the evidence in Rom 16«[10] – als Gruppen organisiert worden, die ohne Patrone auskamen und sich unter dem Grundsatz der Agape in Wohnungen trafen (»tenement churches«[11]). Allerdings seien diese Gemeinschaften untereinander im Wettstreit um Ehre und Ansehen gestanden.[12] Hinsichtlich des Adressatenkreises geht Jewett davon aus, dass es sich bei jenem weitgehend um Völkerchristen handelt, wenngleich auch Judenchristen darunter wa-

---

7 Vgl. Jewett, Romans (s. Anm. 6), 47 f. Jewett sieht zwar einerseits, dass Nero zur Abfassungszeit noch durchaus angesehen war, attestiert ihm aber schon für diese frühe Phase seiner Herrschaft »profligate personal habits« (a. a. O., 48), die Paulus im Römerbrief indirekt aufgreife.

8 Jewett geht auch davon aus, dass sich die Grüße in Röm 16 vor allem an Leute richten, die nach Rom zurückgekehrt waren. Insgesamt schließt sich Jewett hier an Wolfgang Wiefel an: W. Wiefel, Die jüdische Gemeinschaft im antiken Rom und die Anfänge des römischen Christentums, Jud. 26 (1970), 65–88. Auch die vielfach rezipierte Arbeit von Peter Lampe spielt hier eine wichtige Rolle: P. Lampe, Die stadtrömischen Christen in den ersten beiden Jahrhunderten. Untersuchungen zur Sozialgeschichte, WUNT II 18, Tübingen ²1989.

9 Jewett, Romans (s. Anm. 6), 62.

10 Jewett, Romans (s. Anm. 6), 65.

11 Jewett, Romans (s. Anm. 6), 65.

12 Vgl. Jewett, Romans (s. Anm. 6), 72.

ren. Selbst wenn die Aussagen in 14,1–15,13 recht allgemein anwend-
bar seien, so werde vor allem aus Röm 16 erkennbar, dass auch Judenchristen (nicht: Juden) unter den intendierten Lesern und Leserinnen
gewesen wären.

### 1.3  Douglas J. Moo

Nach Douglas J. Moos Ansicht[13] erlebte das Christentum in Rom mit
der Ausweisung von Juden unter Claudius (49 n. Chr.) einen entscheidenden Wechsel: Da alle (oder fast alle) Judenchristen Rom verlassen
hatten, habe sich die Bedeutung der Völkerchristen erhöht. Die Kon-
sequenz daraus war eine Beschleunigung des Trennungsprozesses
von Juden- und Christentum.[14] Die Hausgemeinden seien freilich
weiterhin aus Juden- und Völkerchristen zusammengesetzt gewesen.
Deshalb wären auch die Angaben des Paulus im Brief paradox: Auf der
einen Seite die eindeutige Adresse an Völkerchristen, zum anderen
die auf Juden bezogenen Aussagen (2,17; 6,14; 7,1.4; 16,1 ff.). Trotz
zahlreicher Argumente für einen nicht-jüdischen Adressatenkreis
bleibt Moo daher überzeugt, dass Paulus auch jüdische Christusgläubige im Blick hatte: Die Anrede πᾶσιν τοῖς οὖσιν ἐν Ῥώμῃ ἀγαπητοῖς
θεοῦ (1,7) sei so umfassend gemeint, dass selbstverständlich auch Juden darunter gezählt werden könnten. Paulus wende sich in Kap. 1–4,
7, 9–11 sowie 14 f. auch an Judenchristen, selbst wenn sie nur eine
kleine Minderheit in Rom gebildet hätten. Dass die Adressierung
(1,5 f.) ausschließlich Völkerchristen anspreche, liege daran, dass sich
alle römischen Christusgläubigen einer völkerchristlichen Prägung
des Christusglaubens angeschlossen hätten, jenseits ihrer ethnischen
Herkunft. Zwar habe Paulus durchaus Bezug genommen auf die Probleme der Christusgläubigen Roms (14,1–15,13), doch im Großen und
Ganzen seien die Ausführungen nicht spezifisch römisch, sondern
allgemein »kirchlich«.

### 1.4  Mark D. Nanos

Aus einer völlig anderen Richtung kommend, verortet Mark D. Nanos
die intendierte Leserschaft des Römerbriefes ausschließlich im Juden-

---

13 D.J. Moo, The Epistle to the Romans, NIC.NT, Grand Rapids 1996.
14 Vgl. dazu zuletzt ganz ähnlich U. Schnelle, Die getrennten Wege von Römern, Juden und Christen. Religionspolitik im 1. Jahrhundert n. Chr., Tübingen 2019, 22–26.

tum.[15] Dies gelte für alle paulinischen Gemeinden ebenso wie für die römische, auch wenn diese nicht von Paulus begründet worden war. Genauerhandle es sich um »*subgroups* of the Jewish communities«,[16] zu denen auch Nicht-Juden gehörten, die ihr Leben nach der Tora ausrichteten.[17] Jene nicht-jüdischen Angehörigen der Synagoge seien die intendierten Adressaten und Adressatinnen des Römerbriefes. Aus Röm 11,13 f. schließt Nanos, dass diese Nicht-Juden in persönlichem Kontakt mit Juden gestanden hätten: Die Hoffnung des Paulus, Judäer für das Evangelium zu gewinnen, indem er sie eifersüchtig auf christusgläubige Nicht-Juden machen würde, schließe dies notwendig ein.[18] Nur wenn diese Beziehungen weiterhin eng gewesen wären, hätte Paulus überhaupt realistisch davon ausgehen können, dass seine Strategie gelingen könnte. Allein aufgrund dieser weiteren Verankerung in den Synagogen sei auch zu erklären, warum Paulus in Röm 11 seine nicht-jüdischen Adressaten und Adressatinnen ermahne, sich gegenüber den Juden nicht für etwas Besseres zu halten.[19] Alle weiteren Texte wie etwa Röm 14 f. ließen sich vor diesem Hintergrund am besten deuten.

Ich habe diese vier Entwürfe vorgestellt, um deutlich zu machen, dass die Verknüpfung von Informationen aus dem Römerbrief mit der antiken Literatur zu recht unterschiedlichen Rekonstruktionen führen kann. Die zentralen Fragestellungen kreisen dabei um die Bedeutung des Claudiusedikts und der Christenverfolgung unter Nero, um die soziale Organisation der Christusgläubigen in Rom sowie um Schriftkenntnis und Bedeutung der Tora für das Gemeinschaftsethos.

---

15 Vgl. etwa M. D. Nanos, Reading Romans Within Judaism, Eugene 2018, 20–49. Im Folgenden nenne ich die wichtigsten Argumente, ohne sie im Einzelnen zu kommentieren.

16 Nanos, Reading Romans (s. Anm. 15), 20.

17 Diese *subgroups* trugen nach Nanos zwar die Bezeichnung ἐκκλησία, waren aber nicht unabhängig von den Synagogen; vgl. Nanos, Reading Romans (s. Anm. 15), 21.

18 Vgl. Nanos, Reading Romans (s. Anm. 15), 25: Eigentlich gehe es Paulus darum, »to make his fellow Jews ›jealous‹ and, specifically, jealous ›*of his ministry*,‹ that is, of Paul's successful work among non-Jews.«

19 Vgl. Nanos, Reading Romans (s. Anm. 15), 45: »But how could this be a real, though not irreversible, problem, if gentiles were not still associating with non-Christian Jews?«

## 2. Die Christusgläubigen in Rom und ihre Erkennbarkeit

Für die Rekonstruktion des frühen römischen Christentums zur Zeit der Abfassung des Römerbriefs, also etwa im Jahr 57/58 n. Chr., werden gemeinhin Quellen zu zwei verschiedenen Ereignissen herangezogen: die Vertreibung von Judäern aus Rom unter Claudius und die Neronische Christenverfolgung.

### 2.1 Die Ausweisung aus Rom und ihre Folgen

*Iudaeos impulsore Chresto assidue tumultuantis Roma expulit.*

Judäer, die auf Anstiften des Chrestus andauernd Unruhen verursachten, warf er aus Rom hinaus. (Suet.Claud. 25,4)

Praktisch opinio communis ist die Lesart, wonach sich diese Vertreibung von Judäern und Judäerinnen aus Rom darauf bezog, dass es um Auseinandersetzungen über die Christusverehrung ging.[20] Ebenso wird weithin geteilt, dass es sich um ein Ereignis des Jahres 49 n. Chr. handelte.[21] Diese Datierung wird auch durch Apg 18,2 annähernd bestätigt: Paulus traf in Korinth auf Priska und Aquila und verteidigte sich im Jahr 51 n. Chr. vor dem Statthalter Gallio (51–52 n. Chr.).[22]

Weniger klar ist, wie umfassend die Ausweisung von Judäern aus Rom war: Während sie laut der Apostelgeschichte ausdrücklich alle Judäer betraf (πάντας τοὺς Ἰουδαίους), gibt Suetons Notiz das nicht her.[23] Er schreibt nur unbestimmt von »Judäern« und es bleibt offen, ob er irgendwelche Judäer meint (oder gar alle) oder nur jene, die wegen des Chrestus Schwierigkeiten machten. Angesichts der Stellung

---

20 Anders freilich Nanos, Reading Romans (s. Anm. 15), 29–37. Die Vertreibung unter Claudius war übrigens nicht die einzige: 19 n. Chr. ließ Tiberius Judäer aus Rom ausweisen (Flav.Jos.Ant. 18,65–84; Tac.ann. 2,85).

21 Diese Ansetzung orientiert sich an der Datierung des Orosius im 9. Jahr des Claudius: *Anno eiusdem nono expulsos per Claudium urbe Iudaeos Iosephus refert* (hist.pag. 7,6,15). Der Verweis des Orosius auf Josephus ist allerdings nicht nachzuvollziehen. Orosius, dessen Werk aus dem Jahr 418 n. Chr. stammt, ist übrigens selbst unsicher, ob Juden oder Christen vertrieben wurden.

22 Priska und Aquila gehörten laut Apg 18,2 zu jenen, die aus Rom ausgewiesen worden waren. Es ist plausibel, dass der innerjüdische Konflikt in der Kolonie Korinth erneut aufflammte und dies zur Anklage des Paulus vor dem Statthalter führte.

23 Die Ausweisung von Judäern aus Rom unter Tiberius betraf nach Josephus ebenfalls alle (κελεύει πᾶν τὸ Ἰουδαϊκὸν τῆς Ῥώμης ἀπελθεῖν; Flav.Jos.Ant. 18,83).

der judäischen Synagogen in Rom[24] und der großen Zahl von Judäern in der Stadt ist es in der Tat unwahrscheinlich, dass es sich um eine großangelegte Ausweisungsaktion handelte, die mehrere 10.000 Personen betroffen haben müsste. Es ist daher davon auszugehen, dass nur einige judäische Christusgläubige aus Rom ausgewiesen wurden, möglicherweise auch einige ihrer Gegner.[25]

Vielleicht bereits im Jahr 54 n. Chr., als Claudius starb, oder auch schon früher konnten die ausgewiesenen Judäer wieder zurückkehren. Das erklärt gut, warum Paulus an das Ehepaar Priska und Aquila in Röm 16,3–5a Grüße ausrichten lässt. Zudem würde daraus verständlich werden, warum Paulus in Röm 16 ebensolche Grüße auch an andere Judäer und Judäerinnen bestellen lässt: Maria (16,6), Andronikus und Junia (16,7) sowie Herodion (16,11).[26] Allerdings wissen wir nicht, ob diese Personen überhaupt jemals aus Rom gekommen waren.

Noch unsicherer sind mögliche Folgen der Ausweisungen von einigen christusgläubigen Judäern und Judäerinnen aus Rom. Wenn eine Gemeinschaft aus Juden- und Völkerchristen zuvor in Rom bestanden hatte, dann entweder unter dem Dach der Synagogen oder unabhängig davon. Stellt man sich die Entstehung der christlichen Ge-

---

24 Für die Zeit des Paulus sind mehrere Synagogen literarisch belegt (vgl. Philo legat. 156 f.). Die Synagogen der *Agrippenses* (JIWE II 130; 170; 549) bzw. der *Augustenes* (JIWE II 96; 169; 189; 194; 542; 547) bestanden wahrscheinlich schon im 1. Jahrhundert, möglicherweise auch jene der *Volumnenses* (JIWE II 100; 163; 167; 577). Die entsprechenden Inschriften stammen allerdings alle aus dem 3./4. Jahrhundert n. Chr.

25 Nanos, Reading Romans (s. Anm. 15), 22 f., bestreitet, dass es überhaupt eine Ausweisung gegeben hat: Bürger Roms hätten nur nach einem aufwendigen Prozess ausgewiesen werden können und Dio Cassius erwähne lediglich Einschränkungen von Versammlungen unter Claudius (hist.rom. 60,6,6 f.). Zudem zeige die Benennung der Christen als *Chrestiani* in den handschriftlichen Überlieferungen des Sueton und Tacitus, dass sie zwischen dem Aufrührer Chrestus und den Christen unterschieden. Nanos Argumentation überzeugt mich allerdings in keinem Punkt: Ausweisungen von römischen Bürgern – wenn die Ausgewiesenen überhaupt solche waren – fanden regelmäßig statt und über die Dauer der Verfahren geben weder Sueton noch die Apg Auskünfte. Ein Wechsel zwischen *Chrestiani* und *Christiani* ist angesichts der handschriftlichen Überlieferung von Suetons *Vitae Caesarum* und Tacitus *Annales* kein Argument. Die ältesten Handschriften dieser beiden Texte stammen aus dem 9. bzw. 11. Jahrhundert.

26 Nach R. N. Longenecker, The Epistle to the Romans. A Commentary on the Greek Text, NIGTC, Grand Rapids 2016, 1066, sind alle Personen in der Grußliste Judäer bzw. Judäerinnen, wogegen allerdings die explizite Bezeichnung der oben Genannten spricht.

meinschaften in Rom in Analogie zu Antiochien vor, dann ergebe sich
folgendes Bild: Judäische Christusgläubige waren aus Jerusalem gekommen und hatten die neue Botschaft mit in die Hauptstadt gebracht. Dort hatten sich in und um die Synagogen christliche Gemeinschaften gebildet, wobei sich nicht bestimmen lässt, ob überhaupt bzw. wie rasch auch Nicht-Juden das Evangelium verkündigt
wurde. Deutlich vor Abfassung des Römerbriefes müssen aber auch
Nicht-Juden zum Glauben gekommen sein. Wahrscheinlich handelte
es sich in den Anfängen um Sympathisanten und Sympathisantinnen
des Judentums, wobei zu vermuten ist, dass sich jener Kreis sukzessive
erweiterte.

Mit einiger Gewissheit haben sich diese ersten Gruppen, die entweder nur aus Juden bestanden oder auch Nicht-Juden miteinschlos-
sen, als Teil des Judentums in Rom verstanden. Wie für Antiochien
wäre dann auch für Rom anzunehmen, dass die eigentlichen Versammlungen der Christusgläubigen nicht in den Synagogen der Judäer stattfanden: Mahlgemeinschaft und Taufe sowie die ekstatisch geprägte Christusverehrung lassen sich kaum in einen synagogalen
Kontext verorten. Was außerhalb der Synagogen geschah, kann die
bei Sueton genannten Tumulte nicht verursacht haben. Diese sind
besser damit zu erklären, dass judäische Christusgläubige in ihren jeweiligen Synagogen die Christusbotschaft verkündigten.[27]

Ist dies zutreffend, dann lässt sich begründet annehmen, dass judäische Christusgläubige von der Vertreibung unter Claudius betroffen
waren, nicht aber jene aus den Völkern.[28] Eine gewichtige Anzahl von
Christusgläubigen in Rom dürften daher im Anschluss Nicht-Juden
gewesen sein. Ihre früheren Verbindungen zu Synagogen waren mehr
oder weniger gekappt worden. Das hatte dann wohl auch Folgen für
die weitere theologische Ausrichtung, zumal die Zahl von Glaubenden

---

27  Diese Rekonstruktion verdankt sich auch der Apostelgeschichte, die ähnliche
    Situationen für die Anfänge in Jerusalem (vgl. Apg 6,8–10) sowie für die pau-
    linische Verkündigung (Apg 13,14–49 u. ö.) beschreibt. Wenigstens zur Zeit
    der Abfassung der Apostelgeschichte (Anfang 2. Jahrhundert) erschien ein
    solches Szenario plausibel.

28  Jene christusgläubigen Judäer, die in Rom blieben, werden mit großer Ge-
    wissheit weitere Aktivitäten unterlassen haben, die zu Unruhen führen konn-
    ten; vgl. Wolter, Römer I (s. Anm. 1), 41, der zu Recht die Unsicherheiten in
    der Auswertung des Claudiusedikts betont. Deshalb ganz auf Schlüsse zu ver-
    zichten, welche Auswirkungen Maßnahmen gegen Judäer auf Glaubende in
    Rom hatten, geht m. E. aber zu weit.

aus den Völkern, die mit den Synagogen grundsätzlich nichts zu tun hatten, sehr wahrscheinlich wuchs.

Nach 54 n. Chr. kamen einige der christusgläubigen Judäer wieder nach Rom zurück.[29] Diese gingen nun aber wahrscheinlich nicht mehr in ihre angestammten Synagogen, in denen es ja Schwierigkeiten gegeben hatte. Die judäischen Gemeinschaften Roms werden nach den Ereignissen unter Claudius wenig erpicht darauf gewesen sein, die christlichen Unruhestifter wieder aufzunehmen.[30] Jene schlossen sich aber auch nicht mit den völkerchristlichen Adressaten und Adressatinnen des Römerbriefes zusammen, sondern bildeten eigenständige Gruppen. Das wird m. E. aus der Grußliste in Kapitel 16 deutlich: Diese lässt erkennen, dass Paulus seinen Brief gerade nicht an christusgläubige Judäer und Judäerinnen richtete, die er in Rom kannte. Vielmehr beauftragte er die Adressaten und Adressatinnen, Grüße an jene Personen auszurichten, die ihm in Rom vertraut waren und für seine Aufrichtigkeit bürgen konnten.[31] Die Aussage der Aufforderung »Grüßt Priska und Aquila [...] und die Versammlung in ihrem Haus!« (16,3.5) ist m. E. unmissverständlich: Priska und Aquila und die mit ihnen verbundene Gemeinschaft gehörten nicht zu den Adressaten und Adressatinnen des Römerbriefs, so wie auch alle anderen nicht, denen Paulus Grüße bestellen ließ, seien es Juden oder Nicht-Juden. Wir sollten also schon aus diesem Grund nicht damit rechnen, dass Paulus meinte, unter den Lesern und Leserinnen des Briefes wären Judäer oder Judäerinnen. Was er freilich bedacht haben wollte, war, dass aus dem Kreis der Adressaten und Adressatinnen Kontakt zu den genannten Personen aufgenommen werden sollte.

---

29 Zu beachten ist, dass der Tod des Claudius nicht notwendigerweise die Aufhebung der Ausweisungsanordnung bedeutete. Solche Maßnahmen waren aber in der Regel nicht von allzu langer Dauer, sodass es auch möglich ist, dass manche Vertriebenen schon zu Lebzeiten des Claudius wieder nach Rom kamen; vgl. S. Krauter, Studien zu Röm 13,1–7. Paulus und der politische Diskurs der neronischen Zeit, WUNT 243, Tübingen 2009, 129 Anm. 480.

30 Immer vorausgesetzt, die Zurückgekehrten hielten an der Christusverkündigung fest, was selbstverständlich nicht gesichert ist. Es ist aber immerhin für jene wahrscheinlich, die Paulus im Römerbrief erwähnt.

31 Auch Jewett, Romans (s. Anm. 6), 952; Wolter, Römer II (s. Anm. 1), 483, weisen darauf hin, dass Grußempfänger und Adressatenkreis zu unterscheiden sind. Die Implikation für die Frage nach der ethnischen Herkunft der Adressaten und Adressatinnen sollte daher nicht übersehen werden.

## 2.2 Die Neronische Verfolgung

Die Bedeutung der Neronischen Verfolgung für die Bestimmung des Adressatenkreises des Römerbriefes wird öfters darin gesehen, dass schon um das Jahr 57 n. Chr. die Christusgläubigen als eigenständige Gruppe erkennbar waren.[32] Zwei Quellen zur Wahrnehmung der Christusgläubigen unter Nero liegen vor, die Annalen des Tacitus und Suetons Abschnitt über das Wirken des Kaisers. Zuletzt hat sich, ausgehend von einem Artikel von Brent Shaw, eine heftige Debatte darüber ergeben, ob es eine Verfolgung unter Nero überhaupt gegeben hat.[33]

Sueton schreibt in einer Aufzählung von neuen Maßnahmen unter Nero (Suet. Nero 16,2):

*Afflicti suppliciis Christiani, genus hominum superstitionis novae ac maleficae.*

Strafen wurden den *Christiani* auferlegt, einer Menschengattung mit einem neuen und schädlichen Aberglauben.

Als Sueton diesen Text schrieb (um 121 n. Chr.), waren die *Christiani* gerade erst in die Wahrnehmung der römischen Eliten getreten. Plinius der Jüngere, ein Förderer Suetons, hatte 111/112 n. Chr. Trajan noch fragen müssen, ob seine Maßnahmen gegen Christen – Todesstrafe bei Beibehaltung des Christusglaubens, Freiheit bei Aufgabe desselben – überhaupt in Ordnung wären (ep. 10,96). Dies macht wahrscheinlich, dass es eine gesetzliche Regelung oder ein organisiertes Vorgehen gegen die Christen unter Nero nicht gab.

Tacitus, der zwischen 110 und 120 n. Chr. seine Annalen schrieb, verknüpfte freilich die massenweise Tötung von Christen mit dem Brand Roms im Jahr 64 n. Chr. (ann. 15,44,2–5). Vor allem aus dieser Erzählung wird rekonstruiert, dass die Christusgläubigen unter der

---

32  Vgl. etwa Jewett, Romans (s. Anm. 6), 61 f.; Wolter, Römer I (s. Anm. 1), 39; Krauter, Studien (s. Anm. 29), 135: »Dieser Blick von außen ist das sichere Zeichen dafür, dass der Trennungsprozess nun tatsächlich abgeschlossen war.«

33  B. D. Shaw, The Myth of the Neronian Persecution, JRS 105 (2015), 73–100; B. D. Shaw, Response to Christopher Jones. The Historicity of the Neronian Persecution, NTS 64 (2018), 231–242; A. A. Barrett/E. Fantham/J. C. Yardley (Hg.), The Emperor Nero. A Guide to the Ancient Sources, Princeton 2016, 162–166. Anders etwa C. P. Jones, The Historicity of the Neronian Persecution. A Response to Brent Shaw, NTS 63 (2017), 146–152; B. van der Lars/J. N. Bremmer, Tacitus and the Persecution of the Christians? An Invention or Tradition?, Eirene 53 (2017), 299–331.

römischen Bevölkerung zur Zeit Neros bekannt und verhasst waren. Die Geschichte wird allerdings ausschließlich von Tacitus erwähnt. Weder in der Darstellung des Brandes Roms des Sueton (Nero 38) noch in jener des Cassius Dio (hist.rom. 62,16–18) kommen Christen vor. Diese beiden Autoren hätten aber keinen Grund gehabt, dies zu verschweigen, waren Christen doch damals bereits wohl bekannt.

Auch in christlichen Erzählungen über Märtyrer unter Nero wird die Verbindung mit dem Brand Roms und den falschen Anschuldigungen nirgends angedeutet. So formuliert Tertullian in seiner Apologie zu Martyrien unter Nero lediglich: »Befragt eure Archive, dort werdet ihr finden, dass zuerst Nero gegen diese Schule, als sie in Rom auftrat, das kaiserliche Schwert wüten ließ« (Tert.apol. 5,3: *Consulite commentarios vestros, illic reperietis primum Neronem in hanc sectam cum maxime Romae orientem Caesariano gladio ferocisse*). Ob 1Clem 6,1 f. überhaupt auf die Zeit Neros anspielt, ist unsicher: Der Verfasser verweist auf eine große Zahl von hingerichteten Christen und Christinnen, u. a. auf Frauen, die als Danaiden und Dirken verkleidet – wahrscheinlich im Zusammenhang von Spielen – hingerichtet wurden. Vom Brand Roms und einer spezifischen Verbindung mit Nero ist aber nicht die Rede. Nach den Paulusakten (Ende 2. Jahrhundert n. Chr.) starben Paulus und mit ihm gefangene Generäle, die alle an Christus glaubten, unter Nero. Paulus wurde enthauptet, die anderen verbrannt (ActPaul 11,2 f.). Auch Lactantius berichtet in seiner um 316 n. Chr. entstandenen Märtyrergeschichte für die Zeit Neros, den er als den ersten Verfolger der Christen darstellt, lediglich über die Hinrichtungen von Petrus und Paulus (Lact.mort.pers. 2,5–9).[34] Offenbar gab es also keine christlichen Erinnerungen an eine Verfolgung im Zusammenhang des Brandes Roms, ein Umstand, der doch sehr verwundert.

Aufgrund der sehr schmalen Quellenlage hat sich daher zuletzt wieder berechtigter Zweifel daran geregt, ob die römischen Christusgläubigen überhaupt unter Nero in der von Tacitus dargestellten Weise verfolgt wurden.[35] Vielmehr habe Tacitus die in seiner Zeit verbrei-

---

34 Bei Euseb, der auch ein Schreiben des Dionysius von Korinth zitiert, findet sich ebenfalls keine Verbindung mit dem Brand Roms (Eus.h.e. 2, 25,4–8).

35 Die Annahme, es handle sich bei dem Abschnitt in den Annalen um eine christliche Interpolation, ist allerdings sehr unwahrscheinlich. Die These wurde erstmals aufgebracht von P. Hochart, Études au sujet de la persécution des chrétiens sous Néron, Paris 1885.

tete Verurteilung der *Christiani* als gefährliche Gruppe verbunden mit einer polemischen Darstellung des Nero, der diese Leute zu Sündenböcken machte. Alles, was er als Basis gehabt hätte, sei eine Kenntnis darüber gewesen, dass unter Nero Christen hingerichtet wurden. Und in der Tat: Dass Paulus unter Nero den Tod fand, ist angesichts der Darstellung der Apostelgeschichte und des Zeitverlaufs ausgesprochen wahrscheinlich. Auch für Petrus ist das anzunehmen, 1Clem 5,3–7 nennt die beiden ja in einem Atemzug.

Angesichts dieser Bedenken gibt der Bericht des Tacitus für unsere Frage nach der Stellung der christlichen Gemeinschaften in Rom zur Zeit des Römerbriefs nichts her. Weder ließe sich für die späten 50er Jahre des ersten Jahrhunderts ein allgemeiner Hass auf die *Christiani* für historisch glaubwürdig halten noch deren Wahrnehmung als einheitliche Gruppierung.[36] Damit würde also noch unsicherer, wie die Christusgläubigen Roms von ihrer Umgebung wahrgenommen wurden, als Paulus ihnen von Korinth oder Kenchreä aus schrieb.[37] Am ehesten scheint mir plausibel, dass die kleinen Gemeinschaften in der Vielfalt religiöser Gruppierungen Roms nicht als sonderlich auffällig, geschweige denn als gefährlich betrachtet wurden.[38] Die Anweisung zur Unterordnung unter den von Gott eingesetzten Herrscher in Röm 13 sollte dann auch nicht auf die gefährdete Situation der christlichen Versammlungen zurückgeführt werden,[39] zumal einzelne Christusgläubige mehr oder weniger knapp vor der Abfassung des

---

36 Shaw, Myth (s. Anm. 33), 89: »Christians, who were probably not called or even known by this name at the time, were hardly a sufficiently distinctive group within the Jewish communities at Rome in the 60s to be noted for their own peculiar identity, much less a well-known group under this name and recognized as such by the ordinary inhabitants of the city.« Vgl. hingegen Wolter, Römer I (s. Anm. 1), 39: »[Es] kann als sicher gelten, dass von Neros Maßnahmen nur Christen und nicht auch die römischen Juden betroffen waren. Man kann daraus schließen, dass zur Zeit Neros die Christen in Rom für Außenstehende nicht mehr als Juden, sondern als eine von diesen zu unterscheidende, eigenständige Gruppe wahrgenommen werden konnten.«

37 Noch einmal: Die Auseinandersetzungen um »Chrestus« betrafen die Judäer Roms, nicht nur die Christusgläubigen. Und: Die Hinrichtung des Paulus im Jahr 61 n. Chr. hatte mit Ereignissen in der Stadt Rom nichts zu tun. Die Verbindung des Todes von Petrus mit Rom verweist auf einen ähnlichen Zeitraum, der Anlass bleibt aber unbestimmbar.

38 Das steht im Gegensatz zu Tacitus, der vom Hass des Volkes gegen die Christen wegen abscheulicher Taten schreibt (ann. 15,44,2). Seine Beschreibung dürfte aber für den Anfang des 2. Jahrhunderts zutreffen.

39 Vgl. dazu etwa J. D. G. Dunn, Romans 9–16, WBC 38B, Dallas 1988, 768 f.

Römerbriefs wieder nach Rom zurückgekehrt waren. Hinter den Vorgaben, wie man sich der staatlichen Macht gegenüber verhalten solle (Röm 13,1–7), ist auch kein Versuch zu sehen, Maßnahmen der Obrigkeit hintanzuhalten. Röm 13,4 (»[Die Macht] [...] ist eine Dienerin Gottes, dir zum Guten«; θεοῦ γὰρ διάκονός ἐστιν σοὶ εἰς τὸ ἀγαθόν) ist hingegen von der Erfahrung her formuliert (vgl. Apg 18,12–16), dass sich die Staatsmacht (noch) nicht unter negativen Vorzeichen mit den *Christiani* beschäftigte. Eine Anfeindung der Adressaten und Adressatinnen durch ihre Umgebungsgesellschaft lässt sich nur andeutungsweise aus Röm 12 entnehmen und ist zudem sehr unspezifisch formuliert: »Segnet, die [euch] verfolgen, segnet und verflucht nicht« (εὐλογεῖτε τοὺς διώκοντας [ὑμᾶς], εὐλογεῖτε καὶ μὴ καταρᾶσθε; Röm 12,14), und »mit allen Menschen haltet Frieden« (μετὰ πάντων ἀνθρώπων εἰρηνεύοντες; Röm 12,18). Das entspricht der Situation, wie sie Paulus auch in Philippi (1Thess 2,1 f.) oder Thessalonich (1Thess 2,14) erlebt hatte, und den Anweisungen zur Unauffälligkeit, die er in 1Thess 4,11 f. gibt.

Nero hatte im Jahr 57/58 n. Chr. zudem noch keineswegs jenes exzentrische und gewalttätige Verhalten an den Tag gelegt, das seine Spätphase kennzeichnete. Seine Herrschaft in den ersten fünf Jahren – das *Quinquennium Neronis* – wurde als überaus positiv eingeschätzt, wenigstens von den römischen Eliten. Es kam auch zu keinen innen- oder außenpolitischen Krisen, der Terror setzte erst in den späten Jahren ein.[40] Als Paulus den Römerbrief schrieb, waren die Umstände im Blick auf staatliche Maßnahmen also nicht besonders auffällig oder gar gefährlich.[41]

---

Einen Überblick über die Interpretationsansätze zu Röm 13 bietet Krauter, Studien (s. Anm. 29), 4–39.

40 Im Jahr 56 n. Chr. widmet Seneca, der Lehrer und lange Zeit engste Berater Neros, dem 17-jährigen Kaiser den Traktat *De Clementia* in der Erwartung, dass sich dieser dem Augusteischen Ideal anschließen würde.

41 Trifft die Darstellung in Apg 18,12–16 über die Verhandlung vor dem Statthalter L. Iunius Gallio Annaeanus, einem Bruder Senecas, einen historischen Kern, hatte Paulus in Korinth eher positive Erfahrungen mit der römischen Staatsmacht gemacht; dagegen spricht allerdings die Erwähnung der römischen Prügelstrafe in 2Kor 11,25.

## 3. Strukturen und soziale Stellung

Paulus schreibt die Adressaten und Adressatinnen an als »die Gelieb-
ten Gottes, die in Rom sind« (Röm 1,7). Der Apostel geht offenbar
davon aus, dass es eine Gemeinschaft gibt, der Phöbe in Rom seinen
Brief übergeben bzw. selbst vorlesen wird. In Kap. 16, und nur dort im
Römerbrief, ist mehrfach von einer ἐκκλησία die Rede: Phöbe wird als
Dienerin der Versammlung in Kenchreä vorgestellt (16,1) und der
Apostel bestellt den Adressaten und Adressatinnen Grüße »aller Versammlungen des Christus« (16,16). Gajus ist Gast des Paulus und der
ganzen Versammlung, entweder der von Korinth oder jener von Kenchreä (16,23).[42] Da aber die Adressaten und Adressatinnen nicht spezifischer dargestellt werden, kann lediglich aus den Personen, die Paulus grüßen lässt, etwas über das Christentum in Rom rekonstruiert
werden.[43] Es ist daher nicht anzunehmen, dass die christlichen Gemeinschaften eine Art Gesamtkorpus oder gar eine römische Ekklesia bildeten, die auch von außen als Gesamtheit erkennbar war. Auch
wenn man nicht zu viel Gewicht darauflegen sollte, dass Paulus in
Röm 1 keine ἐκκλησία von Rom nennt – die Bezeichnung fehlt ja auch
im Philipperbrief –, so ist doch damit zu rechnen, dass der Apostel
keine strukturierten Gemeinden vor Augen hatte. Er schrieb seinen
Brief nicht – wie später Ignatius – an die Ekklesia von Rom (vgl. auch
1Clem Präskript), sondern an πᾶσιν τοῖς οὖσιν ἐν Ῥώμῃ ἀγαπητοῖς θεοῦ
(1,7). Seine Adressaten und Adressatinnen, wie viele Personen es auch
immer gewesen sein mögen, bildeten eine Gemeinschaft von Getauften (Röm 6), einen Körper, in dem die Gnadengaben wirksam waren
(Röm 12,4–8).

### 3.1 Priskas und Aquilas Hausversammlung

An prominenter Stelle im Römerbrief wie in der exegetischen Literatur steht die in Rom befindliche Ekklesia im Haus von Priska und
Aquila (Röm 16,5):[44] Im Zusammenhang der Grußbitte an das Ehe-

---

42  Zur Deutung von ὁ ξένος μου καὶ ὅλης τῆς ἐκκλησίας in Röm 16,23 als »mein
    Gast und der ganzen Versammlung«, die im Kontext von Gruppierungen
    die wahrscheinlichere ist, vgl. R. Last, The Pauline Church and the Corinthi-
    an Ekklesia. Greco-Roman Associations in Comparative Context, MSSNTS
    164, New York 2016, 62–71; anders zuletzt Wolter, Römer II (s. Anm. 1), 499.
43  In Röm 16,3–15 werden 24 Personen namentlich gegrüßt sowie zwei ohne
    Namen und fünf Gruppen.
44  Zu Hausgemeinden vgl. die Untersuchung von E. Adams, The Earliest Chri-

paar nennt Paulus zum einen den Umstand, dass er selbst und alle Versammlungen der Völker den beiden dankbar seien (16,4). Zum zweiten solle nicht nur das Paar, sondern auch τὴν κατ᾽ οἶκον αὐτῶν ἐκκλησίαν gegrüßt werden. Paulus rechnet also damit, dass sich so wie in Ephesus (1Kor 16,19) und wahrscheinlich in Korinth (Apg 18,2 f.) auch in Rom Christusgläubige im Haus von Priska und Aquila versammelten, möglicherweise sogar in etwa dieselben Personen.

Zu beachten ist allerdings: Auch die Versammlung im Haus von Priska und Aquila, die in 1Kor 16,19 genannt wird, war nicht die gesamte Ekklesia von Ephesus, sondern eine zahlenmäßig beschränkte und soziologisch abgrenzbare Gruppe. Im Korintherbrief bestellt Paulus Grüße nicht nur von der Ekklesia im Haus von Priska und Aquila, sondern darüber hinaus auch von allen Brüdern (1Kor 16,20). Die Christusgläubigen in Ephesus waren also mehr als die Versammlung im Haus von Priska und Aquila, was selbstverständlich auch für Rom gilt. Laut dem Römerbrief sind Priska und Aquila und die in ihrem Haus zusammenkommende Gemeinschaft überdies nicht Empfänger des Briefes, sondern lediglich die von Grüßen. Paulus nahm ihre Anwesenheit in Rom an und setzte voraus, dass jemand aus dem Kreis der Adressaten und Adressatinnen die beiden bzw. Personen aus ihrer Versammlung kannte.

### 3.2 Weitere Versammlungen in Haushalten?

Röm 16 ist aber über Priska und Aquila hinaus herangezogen worden, um weitere Versammlungen in Rom zu rekonstruieren, deren Zahl in der Regel mit vier angenommen wird.[45] Zwei sind einem bestimmten

---

stian Meeting Places. Almost Exclusively Houses?, LNTS 450, London ²2016. Für Nanos Ansicht, wonach die Synagogen Roms in Haushalten organisiert waren, gibt es im Übrigen keine Belege, weder aus Rom noch aus anderen Bereichen des mediterranen Raums. Diasporasynagogen waren stets eigene Organisationen, unabhängig von Haushalten. Archäologische Funde, die auf die Konvertierung eines Wohngebäudes in eine Synagoge hinweisen (z. B. in Dura Europos), zeigen dies ebenfalls.

45 Vgl. z. B. Lampe, Die stadtrömischen Christen (s. Anm. 8), 301 f., der insgesamt acht »Kristallisationspunkte« zählt, von denen jeder »als Hausgemeinde anzusprechen ist«: die Versammlung bei Aquila und Priska, die Brüder aus 16,14, die Heiligen aus 16,15, die Personen aus dem Hausstand des Aristobul (16,10) und jene aus dem des Narcissus (16,11). Die 14 nicht zugeordneten Personen aus Röm 16 bilden nach Lampe mindestens zwei weitere Hausgemeinden und schließlich versteht er auch die Versammlung in der Mietwohnung des Paulus (Apg 28,30 f.) als eine weitere Hausgemeinde in Rom. Jewett,

Hausvorstand zugeordnet: Jene von Glaubenden aus dem Haushalt des Aristobul (16,10) und jene aus dem Haushalt des Narcissus (16,11). Einhellig wird betont, dass die Formulierung es wahrscheinlich macht, dass weder Aristobul noch Narcissus selbst Christusgläubige waren.

Die anderen beiden Gruppen würden von Paulus durch die Aufzählung von einigen Namen mit einer kollektiven Formulierung am Ende beschrieben: »Grüßt Asynkritos, Phlegon, Hermes, Patrobas, Hermas und die Brüder mit ihnen« (16,14), »Grüßt Philologos und Julia, Nereus und seine Brüder, und Olympas und alle Heiligen mit ihnen« (16,15). Auffallend ist zunächst, dass diese beiden Gruppen am Ende der Liste von auszurichtenden Grüßen genannt werden. Vor allem aber ist die Beobachtung wichtig, dass hier kein οἶκος erwähnt wird. Ob sich diese beiden Gruppen in einem Haus, einer Wohnung, im Gemeinschaftsraum einer Insula, einem Gasthaus, einer Lagerhalle, einem Bad, in einem Garten oder auf dem Feld versammelten, ist nicht angezeigt. Das Fehlen des Ausdrucks οἶκος macht es zudem ganz unwahrscheinlich, dass es sich um eine Hausgemeinde handelte. Paulus ging offenbar nicht einmal davon aus, dass es sich um eine organisierte »Versammlung« handelte, die gewisse soziale Grenzen analog zur Hausekklesia bei Priska und Aquila hatte. Wäre er dieser Überzeugung gewesen, so würde er dies ja auch entsprechend benennen.

Für das römische Umfeld kann darauf verwiesen werden, dass es den »Hausgemeinden« ähnliche Konstrukte in römischen Haushalten gab. Solche *collegia* sind vielfach aus dem Kontext von Kolumbarien belegt.[46] Es handelte sich dabei um Vereinigungen, die aus Sklaven

---

Romans (s. Anm. 6), 66f., rekonstruiert vier »tenement churches« (Röm 16,10f.14f.), dazu die Hausgemeinde von Priska und Aquila. Kritik an diesen Rekonstruktionen findet sich bei Adams, Meeting Places (s. Anm. 44), 30–33.

46 Auch aus Kleinasien ist das belegt: Aus der Gegend von Saittai in Lydien stammt die Inschrift eines κολλήγιον φαμιλίας des C. Julius Quadratus (TAM V 71; 140/141 n. Chr.). Eine ausführliche Liste von Kollegien, die mit Familien bzw. Haushalten verbunden sind, findet sich bei J. P. Waltzing, Étude historique sur les corporations professionnelles chez les Romains depuis les origines jusqu'à la chute de l'Empire d'Occident, Leuven 1895–1900, I: 263–264; IV: 153–176. Zu den Kollegien, die die Bestattung von Haushaltsmitgliedern übernahmen, vgl. K. Hasegawa, The Familia Urbana during the Early Empire. A Study of Columbaria Inscriptions, BrAR 1440, Oxford 2005, 81–88. Als Beispiele seien genannt: CIL 6, 404: *collegium sanctissimum, quod constitit in praedis Larci Macedonis*; CIL 13, 1747: *collegium larum in domo Juliana*.

und Sklavinnen sowie Freigelassenen eines bestimmten Haushalts bestanden. Am bekanntesten ist das Kollegium im Haus der Sergia Paullina (CIL 6, 10260–10264; CIL 9, 9148, 9149) aus dem 2. Jahrhundert n. Chr. Dieses ist u. a. deshalb interessant, weil Paulus und Barnabas laut Apg 13,7–12 auf Zypern dem Statthalter Sergius Paullus begegneten. Marta Sordi hatte v. a. diesen Aspekt in den Vordergrund gerückt, weil sie annahm, dass es sich um eine christliche Hausgemeinschaft handelte.[47] Allerdings lassen die Inschriften jeden Hinweis auf den Christusglauben vermissen.[48] Beispielsweise wird hier folgendermaßen formuliert (CIL 6, 10262):

*Sergio Pio | Sergia Hesperis | coniugi bene me\renti fecit ex || collegio quod | est in domo Ser\giae Paullinae | vixit annis LXX.*

Die Formulierung *collegium quod est in domo* kommt dem sehr nahe, was Paulus in Röm 16 schreibt: ἡ κατ' οἶκον αὐτῶν ἐκκλησία (Röm 16,5). Wie auch vielfach für Priskas und Aquilas Hausversammlung angenommen wird – wie auch für jene im Haus des Philemon (Phlm 2; vgl. Kol 4,15) –, hatten die Haushaltsvorstände eine bestimmende Funktion. Allerdings waren die *patres* oder *matres familiae* in Hauskollegien – anders als in christlichen Hausversammlungen – nicht selbst Mitglieder des Kollegiums.[49] Angehörige der Eliten wie Sergia Paul-

---

Zum *Collegium in Domo Sergiae Paullinae* vgl. M. Bonfioli/S. Panciera, Della cristianità del collegium quod est in domo Sergiae Paullinae, RIL 44 (1971/72), 185–201. Zu Vereinigungen, die mit Haushalten verbunden waren, vgl. M. Öhler, Meeting at Home. Greco-Roman Associations and Pauline Communities, in: W. E. Arnal/R. S. Ascough/R. A. Derrenbacker u. a. (Hg.), Scribal Practices and Social Structures Among Jesus Adherents (FS J. S. Kloppenborg), BEThL 285, Leuven u. a. 2016, 517–545.

47 M. Sordi, The Christians and the Roman Empire, London 1994, 185 f.

48 Die in diesen Inschriften enthaltene Formel *D(is) M(anibus)* schließt eine christliche Herkunft nicht aus, da diese auch auf eindeutig christlichen (z. B. CIL 6, 5318) oder jüdischen Inschriften (vgl. Appendix 2 in JIWE II) zu finden ist. Die Verwendung von *DM* könnte daher auch Konventionen geschuldet sein; vgl. dazu schon C. M. Kaufmann, Handbuch der altchristlichen Epigraphik, Freiburg i. B. 1917, 37, oder zuletzt L. Chioffi, Death and Burial, in: C. Bruun/J. Edmondson (Hg.), The Oxford Handbook of Roman Epigraphy, Oxford 2015, 627–648 (643). Für jüdische Inschriften mit *DM* vgl. L. V. Rutgers, The Jews in Late Ancient Rome. Evidence of Cultural Interaction in the Roman Diaspora, RGRW 126, Leiden u. a. 1995, 269–272.

49 Das entspricht also in dieser Hinsicht eher der Gruppe der Christusgläubigen aus dem Haushalt des Aristobul oder des Narcissus, allerdings handelt es sich dabei nicht um Hausversammlungen.

lina hatten das auch nicht nötig, denn die Haus-Vereinigungen hatten v. a. zum Ziel, die Bestattungen ihrer Mitglieder zu finanzieren. Der Beitrag der Sergia Paullina zu diesen Treffen war eher die grundsätzliche Erlaubnis, sich zu versammeln, möglicherweise auch eine Finanzierung mancher Vereinsaktivitäten (Mähler, Verabschiedungen). Zudem gehörten sämtliche Mitglieder zu ihrem Haushalt, es bestand allem Anschein nach keine Offenheit für Außenstehende. Wenn wir also auch sprachlich – eingedenk der Differenz Griechisch/Latein – eine Parallele zwischen den *collegia domestica/familiae* und den christlichen Hausversammlungen ziehen können, handelt es sich doch nur um entfernte Verwandte.

Angesichts dessen, dass die in Röm 16 genannten Personen (mit Ausnahme von Priska und Aquila) wahrscheinlich keine Hausversammlungen bildeten, ist noch unklarer, wie die eigentlichen Adressaten und Adressatinnen des Briefes organisiert waren. Ebenso fraglich scheint mir, aus dem Fehlen von Haushaltsvorständen zu schließen, dass diese Gemeinschaften besonders egalitär gewesen seien.[50] Auch wenn eine kleinteilige Struktur des frühen Christentums in Rom durchaus wahrscheinlich ist, lässt sich über dessen Organisationsform und Benennung aus dem Römerbrief schlicht nichts erschließen. Die in Röm 16 namentlich bezeichneten Personen werden zum Teil ohne Verweis auf eine bestimmte Zugehörigkeit genannt, zum Teil zu Gruppen zusammengefasst (16,14 f.). Eine Ekklesia, die sich in einem Haus von Christusgläubigen versammelte und dadurch auch relativ klar abgegrenzt war, ist aber ausschließlich für Priska und Aquila belegt. Alle anderen Vorschläge zur Rekonstruktion von Hausgemeinden lassen sich nicht nachweisen.

### 3.3  »… aus dem Haus des Aristobul und dem Haus des Narcissus«

Hinsichtlich der Gruppen, die den Haushalten des Aristobul und des Narcissus zugeordnet werden (Röm 16,10 f.), wird seit Adolf von Harnack die These vertreten, es habe sich bei den beiden Genannten um Personen aus dem engeren Umfeld des Kaisers Claudius gehandelt.[51] Aristobul, ein Enkel von Herodes dem Großen und Bruder von Agrip-

---

50  Jewett, Romans (s. Anm. 6), 66: »The pattern of leadership appears to be egalitarian in tenement churches.«

51  A. v. Harnack, Die Mission und Ausbreitung des Christentums in den ersten drei Jahrhunderten, Leipzig ⁴1924, 571; vgl. Jewett, Romans (s. Anm. 6), 966; Wolter, Römer II (s. Anm. 1), 478 f.

pa I., verhinderte die von Caligula geplante Aufstellung von Kaiserbildern im Tempel von Jerusalem und war ein Freund des Claudius. Er starb nach dem Jahr 45 n. Chr. (Flav.Jos.Ant. 18,133–278; 20,13; Flav.Jos.Bell. 2,221 f.).[52] Narcissus war ein sehr bekannter Freigelassener mit großem Einfluss auf Claudius und ebenso großem Vermögen (vgl. nur Suet.Claud. 28). Er war federführend bei zahlreichen Beseitigungen von Gegnern des Kaisers und förderte u. a. Vespasian (Suet.Vesp. 4). Der Tod des Claudius im Jahr 54 n. Chr. besiegelte freilich auch sein Schicksal.

Allein der Umstand, dass es auch unter Nero einen einflussreichen Freigelassenen namens Narcissus gab (vgl. PIR[2] 5, 335; Cass. Dio hist. rom. 63,3,4), macht eine Zuordnung zu dem noch prominenteren Freigelassenen des Claudius etwas schwieriger. Zudem war der Name in Rom weit verbreitet.[53] Es ist daher eher unsicher, genau jenen Narcissus des Claudius, der noch dazu bereits tot war, dahinter zu vermuten. Bei Aristobul präsentiert sich der Befund etwas anders: Zum einen findet sich der Name in Rom sehr selten.[54] Zum anderen ist es durchaus plausibel, dass sich im Haushalt eines Mitglieds des Herodianischen Herrscherhauses einige Christusgläubige befanden.[55] Möglicherweise gehörte Herodion ebenfalls zu diesem Umfeld.[56]

---

52 Die Angabe, wonach Aristobul 45 n. Chr. gestorben wäre, ist ohne Beleg; vgl. PIR[2] 1, 206 »*A*[nno].45 (...) *nondum mortuus erat*.« Wolter, Römer II (s. Anm. 1), 479, meint, dass Paulus über die Verhältnisse in Rom nur sehr unzureichend informiert war, da sowohl Narcissus als auch Aristobul bereits tot waren, als er den Brief schrieb. Dass Aristobul »in der zweiten Hälfte der 40er Jahre« starb, ist allerdings nicht belegt: Aristobul wäre um 56/57 n. Chr. ca. 60 Jahre alt gewesen.

53 Nach der Inschriftendatenbank von Clauss/Slaby ist der Name im 1. Jahrhundert etwa 25mal für die Stadt Rom belegt; online unter http://db.edcs.eu/epigr/hinweise/hinweis-de.html (letzter Zugriff am 28.02.2022).

54 Vgl. AE 1982, 104; CIL 6, 17577.18908.29104; ICUR 2, 4568; 8, 21886; IGUR 1, 153.

55 In Apg 13,1 wird mit Manaen, einem Freund (σύντροφος) des Herodes Antipas, ebenfalls ein Mitglied des Herodianischen Haushalts erwähnt, das zum Leitungsgremium der Antiochenischen Versammlung gehört haben soll. Paulus, der in dieser Liste auch genannt wird, hätte ihn also gekannt.

56 Vgl. etwa Moo, Romans (s. Anm. 6), 925. Zu denken wäre auch an die Synagoge der Herodianer in Rom, wenn es diese tatsächlich gab; vgl. die Diskussion bei P. Richardson, Building Jewish in the Roman East, JSJ.S 92, Leiden u. a. 2004, 121–125.

### 3.4 Die ethnische Zuordnung

Über die ethnische Herkunft der in Röm 16 gegrüßten Personen lässt sich wenig Genaues sagen. Unter den insgesamt 26 genannten Personen sind einige, die als Judäer bzw. Judäerinnen beschrieben werden. Dieser Umstand macht es gleichzeitig wahrscheinlich, dass die anderen Genannten nicht-jüdischer Herkunft sind. Ausdrücklich als Judäer bzw. Judäerin bezeichnet werden Andronikus und Junia (16,7 οἱ συγγενεῖς) sowie Herodion (16,11 συγγενής).[57] Für diese drei Personen ist es auch möglich, aber keineswegs sicher, dass sie einer judenchristlichen Gemeinschaft angehörten. Auch Priska und Aquila waren wahrscheinlich judäischer Abstammung (vgl. Apg 18,2), möglicherweise auch etliche oder alle Mitglieder ihrer Hausversammlung.[58] Der Name Maria (16,6) geht hingegen eher auf eine lateinische Form zurück, nicht auf eine hebräische.[59] Generell begegnen in Röm 16 keine semitischen Namen. So sind 19 namentlich Genannte und zwei Personen ohne Namen nicht als Judäer oder Judäerinnen erkenntlich gemacht. Auch die Gruppen – Personen aus dem Haus des Aristobul bzw. des Narcissus sowie die ἀδελφοί (16,14) und die ἅγιοι (16,15) – werden ethnisch nicht näher bestimmt. Eine geographische Zuordnung von Personen, die griechische Namen tragen, ist im Übrigen nicht möglich, da der Anteil der in Rom Geborenen mit griechischen Namen durchaus hoch war.

### 3.5 Soziale Zuordnung

Zwei Ansätze bieten sich an, um eine soziale Zuordnung der in Röm 16 Genannten vorzunehmen: Die Unterscheidung von Frauen und Männern sowie die Auswertung der Namen.

Paulus lässt Grüße an 17 Männer und 9 Frauen bestellen, wobei bei Letzteren zwei anonym sind (16,13: »seine und meine Mutter«; 16,15: »seine Schwester«). Acht Personen lebten wahrscheinlich im selben

---

57  In 16,21 bezeichnet Paulus Lukios, Jason und Sosipatros als seine »Landsleute«. Eine metaphorische Deutung von συγγενής (vgl. auch Röm 9,3) halte ich nicht für wahrscheinlich; anders etwa J.P.B. Mortensen, Paul Among the Gentiles. A ›Radical‹ Reading of Romans, NET 28, Tübingen 2018, 71 f.

58  Der Umstand, dass Paulus nicht angibt, dass diese beiden auch judäischer Herkunft waren, ist allerdings nicht der Freibrief dafür, jeden und jede unter den Gegrüßten als Judäer anzusehen. Priska und Aquila sind ein Spezialfall in dieser Liste.

59  Nach der Epigraphischen Datenbank Clauss Slaby ist der Name 52mal inschriftlich für die Zeit zwischen 1 und 200 n. Chr. in Rom belegt.

Haushalt: Priska und Aquila, Andronikus und Junia, Rufus und seine Mutter sowie Nereus und seine Schwester. Die relativ hohe Anzahl von Frauen unter den Gegrüßten wird dem entsprechen, was Paulus auch in anderen Gemeinden vorfand. Maria (16,6), Tryphaina, Tryphosa, Persis (16,12) sowie Julia (16,15) werden ohne jede Zuordnung angeführt. Das kann daran liegen, dass ihre jeweiligen Ehemänner nicht gläubig waren (vgl. 1Kor 7,12–17). Es wäre aber auch möglich, dass sie den gesellschaftlichen Gruppen der Sklavinnen, freie Ledigen, Geschiedenen oder Witwen angehörten.

Alle Personen werden nur »einnamig« mit dem Rufnamen (Cognomen) gegrüßt. Das bedeutet zunächst einmal, dass Paulus von der Bekanntheit dieser Personen im Umfeld seiner Adressaten und Adressatinnen ausging. Nähere Angaben schienen ihm nicht nötig. Dies lässt zumindest darauf schließen, dass die Zahl von Christusgläubigen in Rom überschaubar war. Über ihren Status als Freigeborene, Freigelassene oder Sklaven bzw. Sklavinnen lässt die Einnamigkeit jedoch keine Rückschlüsse zu, denn auch Paulus – sicherlich kein Sklave, wahrscheinlich sogar römischer Bürger – stellte sich bekanntlich nur mit dem Cognomen vor. Es ist daher ausgesprochen schwierig, von diesen Namen auf die soziale Stellung der Gegrüßten zu schließen.[60] Manche Namen sind typisch für Sklaven und Sklavinnen, sodass es sich entweder um solche oder um Freigelassene handeln könnte. Das würde für einige der griechischen Namen wie Hermes, Nereus, Tryphosa und Tryphaina gelten.[61] Aber auch römische Bürger, die aus dem Osten eingewandert waren oder in Rom geboren wurden, konnten selbstverständlich griechische Namen tragen. Auskünfte über den sozialen Status der in Röm 16 gegrüßten Personen sind daher sehr unsicher.[62]

---

60  Vgl. dazu Lampe, Die stadtrömischen Christen (s. Anm. 8), 135–153.
61  Die Mehrheit der Namen von Personen, die Freigelassene oder Sklaven bzw. Sklavinnen waren, sind griechisch. Das bedeutet nun allerdings nicht viel. Vgl. die Bedenken von C. Bruun, Greek or Latin? The Owner's Choice of Names for *vernae* in Rome, in: M. George (Hg.), Roman Slavery and Roman Material Culture, Toronto 2013, 19–42. Er bringt einige gewichtige Einwände gegen eine Generalisierung vor: So sind z. B. die Namen von Kindern, deren Mütter Sklavinnen waren (so genannte *vernae*), mehrheitlich lateinisch, nicht griechisch (28 f.).
62  Diese Bedenken teilt u. a. auch Wolter, Römer II (s. Anm. 1), 467; vgl. dagegen Moo, Romans (s. Anm. 6), 918; Jewett, Romans (s. Anm. 6), 65.

## 4. Juden und Nicht-Juden? – Starke und Schwache!

Eine der Gründe für die Annahme, unter den intendierten Lesern und Leserinnen wären Judäer und Judäerinnen, sind die Ausführungen in Röm 14,1–15,13: Paulus habe sich hier in einen Konflikt zwischen Christusgläubigen judäischer Herkunft und solchen aus den Völkern eingemischt.[63] Dabei spielt auch die Interpretation früherer Abschnitte des Römerbriefes eine wichtige Rolle.

Die Anreden der Adressaten und Adressatinnen als Menschen aus den Völkern (Röm 1,5 f.13; 11,13) weisen allerdings auf einen nicht-jüdischen Hintergrund der intendierten Leser und Leserinnen hin.[64] Auf diesen Adressatenkreis lässt auch die betonte Selbstdarstellung des Paulus als »Apostel der Völker« (Röm 1,5; 11,13) schließen. Für einen auch judenchristlichen Anteil an der intendierten Leserschaft wird manchmal der fiktive Dialogpartner in Röm 2 angeführt, der allerdings im Stil der Diatribe immer im Singular genannt wird (2,1.17).[65] Auch Verweise auf die Kenntnis des Gesetzes bei den Lesern und Leserinnen (Röm 7,1) sowie die vielen Schriftzitate spielen hier eine Rolle.[66] Allerdings besagt die hohe Bedeutung der Schrift als Teil paulinischer Argumentation nicht, dass die intendierten Leser und Leserinnen diese ebenfalls so gut kannten wie der Pharisäer Pau-

---

[63] Exemplarisch Moo, Romans (s. Anm. 6), 828–831: »First, there is abundant evidence that the dispute between the ›weak‹ and the ›strong‹ was rooted in differences between Jews and Gentiles. (...) These considerations suggest that the ›weak‹ were Jewish Christians (...) This other group, who perhaps called themselves ›the strong‹, was probably composed mainly of Gentile Christians.« Ganz ähnlich in jüngerer Zeit Longenecker, Romans (s. Anm. 18), 995 f.; S. E. Porter, The Letter to the Romans. A Linguistic and Literary Commentary, New Testament Monographs 37, Sheffield 2015, 237. Für Nanos, Reading Romans (s. Anm. 8), 22, handelt es sich ohnehin um »intra-Jewish communal developments«.

[64] Programmatisch sind die Ausführungen bei S. K. Stowers, A Rereading of Romans. Justice, Jews, and Gentiles, New Haven u. a. 1994, 29–33.

[65] Zur Diskussion über die Identität des Interlokutors vgl. M. Öhler, »If you are called a Judean ...« (Rom 2:17). Paul and His Interlocutor, in: F. Ábel (Hg.), Israel and the Nations. Paul's Gospel in the Context of Jewish Expectation, Lanham u. a. 2021, 219–242 (mit Literatur). J. M. G. Barclay, Paul and the Gift, Grand Rapids 2015, 458, formuliert treffend: »As recent scholarship has shown, Paul writes to these believers *as Gentiles* (as the ›implied audience‹; 1:5–6,13; 11:13), even if the diatribe conversations with a Jewish interlocutor (in Rom 2–3) enable him to address topics specifically relevant to Jews.«

[66] Nach Longenecker, Romans (s. Anm. 18), 21, stammen von 83 atl. Zitaten im Corpus Paulinum (inkl. der pseudonymen Schreiben) 45 aus dem Römerbrief.

lus.[67] Schließlich wird auch die Rede von der Herrschaft des Gesetzes (Röm 6,14; 7,1.4.6; 8,15) als Hinweis auf jüdische Adressaten und Adressatinnen angeführt.[68]

## 4.1 Die Zuordnung zu Gruppen

Von besonderer Bedeutung für die Frage nach der ethnischen Identität der Adressaten und Adressatinnen war schon immer die Interpretation von Röm 14,1–15,13, auf die hier vor allem der Fokus gelegt werden wird. Nachdem Paulus in den vorhergehenden Abschnitten alle Leser und Leserinnen pauschal angesprochen hatte, bringt er mit 14,1 eine Differenzierung zwischen Schwachen und Starken ins Spiel. Vor allem drei Interpretationsmöglichkeiten sind durch den Text angezeigt[69]:

1) Es ging bei den von Paulus vorausgesetzten Differenzen, die zu gegenseitigen Verurteilungen führten (14,4.10.13), um die Einhaltung der Tora. Zumeist wird dann eine Differenz zwischen christusgläubigen Juden und Nicht-Juden vermutet.[70]

2) Möglich wäre allerdings auch, dass die Frage der Torageltung unter nicht-jüdischen Christusgläubigen strittig war. Dann wäre eine Differenzierung zwischen früheren Sympathisanten der Synagoge und später zum Glauben gekommenen Nicht-Juden möglich.[71]

---

67  In Röm 7,1 (»Ich spreche zu denen, die das Gesetz kennen«) formuliert Paulus eine *captatio benevolentiae*, die man nicht für bare Münze nehmen sollte; vgl. Wolter, Römer I (s. Anm. 1), 409 f. Es ist überdies durchaus plausibel, dass Paulus auch für nicht-jüdische Leser und Leserinnen die Kenntnis der LXX voraussetzen konnte. Umgekehrt ist auch die Annahme, Juden würden die Schrift generell besonders gut kennen, nicht plausibel. Anders etwa Nanos, Reading Romans (s. Anm. 8), 23 f., der davon ausgeht, dass ausschließlich im Kontext der Synagogen Schriftkenntnis vorhanden war.

68  U.a. Moo, Romans (s. Anm. 6), 9 f.

69  Die Forschungslage findet sich dargestellt bei V. Gäckle, Die Starken und Schwachen in Korinth und in Rom. Zu Herkunft und Funktion der Antithese in 1Kor 8,1–11,1 und Röm 14,1–15,13, WUNT II 200, Tübingen 2004, 3–35.

70  Einen Sonderfall stellt erneut Nanos dar: Nach seiner Interpretation sind die Schwachen nicht-christusgläubige Juden, die darüber urteilen, ob der Lebenswandel jüdischer und nicht-jüdischer Christusgläubiger (der Starken) für Gott akzeptabel ist; vgl. M.D. Nanos, The Mystery of Romans. The Jewish Context of Paul's Letter, Minneapolis 1996, 85–165.

71  Das wäre wenigstens mit der Situation in den galatischen Gemeinden zu vergleichen, in der sich manche der Tora unterwarfen und andere dies nicht taten.

3) Es ging um allgemeine Vorbehalte und Regeln, die zwischen Christusgläubigen aus den Völkern unterschiedlich gehandhabt wurden. Mit Toravorschriften hätte das dann alles nichts zu tun.

Paulus selbst, wie könnte es auch anders sein, zählt sich zu den Starken: ἡμεῖς οἱ δυνατοί (15,1).[72] Schwache essen Gemüse (14,2), nehmen manche Tage wichtiger als andere (14,5 f.) und meiden Fleisch und Wein (14,21). Die Starken werden von Paulus direkt angesprochen (14,1), und zwar im Plural, später auch im Singular (14,10.15). Auch mit dem Plural in 14,16 (μὴ βλασφημείσθω οὖν ὑμῶν τὸ ἀγαθόν) sind die Starken gemeint, die nicht zulassen sollen, dass das Ganze des christlichen Glaubens schlecht dasteht (vor einem fiktiven paganen/jüdischen Forum). In 14,20 sind es daher wiederum die Starken, die aufgefordert werden, trotz ihres Wissens um die Reinheit aller Speisen den Nicht-Essenden keinen Anstoß zu geben. Die Schwachen werden hingegen nur als fiktive Dialogpartner angeredet, so in 14,4 (»Du, wer bist du, der du den Haussklaven eines anderen richtest?«) wie auch in 14,10 (»Du aber, was richtest du deinen Bruder?«). Man könnte daher vermuten, dass Paulus die Starken als Leser und Leserinnen des Briefes im Blick hat. Es ist allerdings so, dass Paulus im 1.Korintherbrief ebenfalls das Bild der Starken und Schwachen verwendet und auch dort nur die Starken anspricht (1Kor 8,9–12). Für Korinth ist aber mit einiger Sicherheit anzunehmen, dass sowohl Starke als auch Schwache unter den Adressaten und Adressatinnen des 1. Korintherbriefes waren. Ähnliches ist auch für die intendierte Leserschaft des Römerbriefes anzunehmen.

Für problematisch halte ich es überdies, die Schwachen und Starken mit ethnischen Labels zu versehen. Paulus selbst bezeichnet sich als stark (Röm 15,1; vgl. 1Kor 8,13) und er ist Judäer. Wenn also die Schwachen Judäer wären, die die Tora beachten, stünde der »starke« Paulus sozusagen auf beiden Seiten. Einer »fixen« Zuschreibung der Charaktere an bestimmte ethnische Gruppen steht außerdem entgegen, dass sich die Qualifizierung als schwach oder stark auf bestimmte Verhaltensweisen bezieht. Die Bezeichneten sind nicht grundsätzlich so, sondern in dieser oder jener Frage schwach oder stark. In anderen

---

72  In 1Kor 8,1 setzt Paulus damit ein, dass »wir alle Erkenntnis haben«. Er stellt aber dann doch fest, dass noch nicht alle erkannt haben, was er für richtig hält: Alles Fleisch ist essbar, weil es nur einen Gott und einen Herrn gibt (8,4–8).

Zusammenhängen könnten die Rollen durchaus anders verteilt sein.[73] Wichtig ist Paulus vielmehr, dass sich diejenigen, die in diesen Fragen die »Starken« sind, um die »Schwachen« annehmen (14,1).

### 4.2 Die Streitfragen

Die Frage, ob überhaupt die Einhaltung der Tora hinter diesen Differenzen steht, ist nicht so klar zu beantworten. Die Beschreibungen sind hyperbolisch formuliert: »Der eine isst alles« ist selbstverständlich so zu verstehen, dass die Starken ohne Differenzierung alles essen, was in der Umgebungsgesellschaft gegessen wird. »Der Schwache isst Gemüse« macht deutlich, dass es sich vor allem um das Essen von Fleisch handelt, das problematisch erscheint (14,2.6.21). Ähnliche Diätvorschriften werden über Pythagoräer berichtet.[74] Philo v. Alexandrien sah es als Form von Selbstbeherrschung (ἐγκράτεια) an, Fleisch zu meiden und nur Gemüse und Früchte zu essen (Philo prov. 2,70). Es ist seiner Meinung nach nicht Kennzeichen einer bestimmten philosophischen oder religiösen Ausrichtung.[75] Innerhalb des Judentums galt die Beschränkung auf pflanzliche Nahrung als Möglichkeit, Verunreinigung zu entgehen.[76]

Das Thema der Tora-Einhaltung ist mit der Formulierung »Der eine traut sich, alles zu essen, der Schwache ist Gemüse« (14,2), nicht direkt angesprochen. Es handelt sich m. E. vielmehr um überzeichnende Beispiele, die den Lesern und Leserinnen als Extrempositionen in Schlagwörtern (»alles« – »Gemüse«) präsentiert werden. Dass Paulus dies in der Sprache der LXX formuliert, wenn er schreibt »nichts ist durch sich selbst κοινός« (14,14), besagt nicht, dass es sich im Hintergrund um Toraregelungen handelt.[77]

---

73 Vgl. Stowers, Rereading (s. Anm. 56), 321: »Thus the weak and the strong (or mature or wise or so on) are not groups or parties or theological positions, (...), but dispositions of character.«

74 Vgl. D. L. 8,38; Philostr.Ap. 1,8.

75 Wenigstens nach Philo wären die Starken diejenigen, die auf Fleisch und Fisch verzichten. Auch Paulus hatte selbstverständlich keine Vorbehalte gegen Askese (vgl. etwa 1Kor 7), unterstützte aber im Blick auf Essen und Trinken stets diejenigen, die sich bei aller Nüchternheit nicht grundsätzlich enthalten.

76 Vgl. z. B. 2Makk 5,27; Dan[LXX] 1,12.16; Flav.Jos. Vita 14.

77 Anders zuletzt C. Eschner, Essen im antiken Judentum und Urchristentum. Diskurse zur sozialen Bedeutung von Tischgemeinschaft, Speiseverboten und Reinheitsvorschriften, AJEC 108, Leiden u. a. 2019, 320–348: Nach ih-

Auch hinsichtlich der Beobachtung von Tagen bleibt Paulus so allgemein wie nur irgend möglich: »Der eine beurteilt Tag gegen Tag (unterschiedlich), der andere beurteilt jeden Tag (gleich)« (14,5). Grundsätzlich ist es bedeutsam, dass Paulus in dieser Sache nicht sagt, wer die Starken bzw. Schwachen sind, und auch nicht, zu welcher Gruppe er sich selbst zählt. Es fällt auch kein Wort über den Sabbat oder spezifische jüdische Feiertage, vielmehr ist alles sehr offen formuliert. Es ist daher nicht angezeigt, die Thematik der Sabbateinhaltung dahinter zu vermuten, die Paulus doch ohne Frage hätte nennen können.

Das Unterscheiden der Tage (κρίνει ἡμέραν παρ' ἡμέραν) lässt sich in zwei Richtungen interpretieren: Es könnte sich einerseits auf Feiertage beziehen, die im römischen Kalender festgelegt waren, und an denen bestimmte kultische und gesellschaftliche Aktivitäten stattfanden. An diesen *feriae publicae*, die ausgewählten Gottheiten gewidmet waren, herrschten Tätigkeitsbeschränkungen, die theoretisch auch für Sklaven und Sklavinnen galten.[78] Es ist daher durchaus möglich, dass einige der Adressaten und Adressatinnen die Feier der römischen Festtage weiterführten, weil sie entweder Konsequenzen für den Fall des Fernbleibens fürchteten[79] oder im Gegenteil weiterhin Freude daran hatten.[80] Die Frage ist auch insofern von hoher Relevanz, als die Bevölkerung durchaus wahrnahm, wenn Einzelne oder ganze Gruppen bestimmte Feiertage nicht einhielten, wie selbst in der stoischen Tradition bedacht wurde. Seneca, Erzieher und Berater des Kaisers, empfahl Lucillus, an den Saturnalia wider bessere Einsicht teilzunehmen, »damit wir nicht den Eindruck erwecken, im Gegensatz zu den allgemeinen Sitten zu stehen« (*ne dissidere videremur cum publicis mori-*

---

rem Verständnis geht es in der Speisefrage um das Verbot bestimmter Tiersorten nach Lev 11 und Dtn 14.

78  Vgl. zu den *feriae* den Überblick bei D.P. Harmon, Feriae, DNP 4 (1998), 475–476.

79  Ob durch die Gottheiten, denen sie keine Ehre mehr erwiesen, oder – bei Sklaven – durch ihre Besitzer, die die Kultteilnahme für obligatorisch hielten, lässt sich nicht entscheiden. Auch innerhalb von Familien spielten diese Festtage eine wichtige Rolle.

80  So war an den Saturnalia mit ihren ausgelassenen Feiern, die am 17. Dezember begannen, die gesellschaftliche Ordnung für eine gewisse Zeit überhaupt aufgehoben. Im frühen 5. Jahrhundert n. Chr. reflektiert Macrobius in seinem Werk *Saturnalia* ausführlich über Entstehung und Bedeutung des Festes. Dazu gehörte auch, dass Sklaven in diesen Tagen alles erlaubt war (*tota servis licentia permittitur*; Macr.sat. 1,7,26).

*bus*; Sen.ep. 18,2). Man könne einen Festtag aber auch ohne Ausschweifung begehen, meint der Stoiker. Ähnliche Überlegungen könnten ebenso unter den römischen Adressaten und Adressatinnen eine Rolle gespielt haben.

Andererseits ist es auch möglich, dass sich Paulus hier auf die antike Praxis der Tagewählerei bezieht.[81] Die dies atri, also die Tage nach den Orientierungstagen (Kalenden, Nonen und Iden), galten in der römischen Tradition als Unglückstage, ebenso der Saturntag.[82] Eine Unterscheidung nach Tagen, an denen man manche Dinge besser lassen sollte, von jenen, an denen Unternehmungen vielversprechend waren, wäre ein plausibler Hintergrund für die paulinische Darstellung.[83] Christusgläubige, die sich an diesen Tagen orientierten, taten dies möglicherweise, weil sie selbst daran glaubten, oder weil in ihrer Umgebung eine entsprechende Erwartung herrschte, diese Konstellationen zu beachten.

Lediglich in einer Nebenbemerkung in Röm 14,21 wird schließlich nochmals deutlich, dass das Trinken von Wein ein Thema gewesen zu sein scheint. »Die Königsherrschaft Gottes ist nicht Essen und Trinken« (οὐ γάρ ἐστιν ἡ βασιλεία τοῦ θεοῦ βρῶσις καὶ πόσις), hatte Paulus schon in 14,17 programmatisch festgehalten. In 14,21 fordert er – im Singular – den Starken auf, auf Fleisch und Wein zu verzichten, ja, überhaupt nichts zu tun, ἐν ᾧ ὁ ἀδελφός σου προσκόπτει (»durch das dein Bruder stolpert«).[84] Inwiefern Wein hier eine Rolle spielte, lässt sich freilich nicht genau sagen. Wiederum können Enthaltsamkeitspraktiken paganer und jüdischer Tradition dabei von Belang gewesen

---

81 Vgl. dazu K. v. Stuckrad, Tagewählerei, DNP 11 (2001), 1220–1223.

82 Im Kalender von 364 (Philocalus) wird festgehalten: *Saturni dies horaque eius cum erit nocturna sive diurna, omnia obscura laboriosaque fiunt: qui nascentur periculosi erunt; qui recesserit non invenietur; qui decubuerit periclitabitur; furtum factum non invenietur.* (»Am Tag des Saturn und seiner Stunden, ob nachts oder tags, sind alle Dinge eigenartig und mühsam; die geboren werden, werden krank; die sich verstecken, werden nicht gefunden; die krank werden, werden vergehen; die verborgene Tat wird nicht aufgedeckt.«); vgl. dazu J. Divjak/W. Wischmeyer, Das Kalenderhandbuch von 354. Der Chronograph des Filocalus, Bd. 1, Wien 2014, 135.

83 Als solche galten die Tage von Sol, Luna, Merkur, Jupiter und Venus; vgl. Divjak/Wischmeyer, Kalenderhandbuch (s. Anm. 82), 135 f.

84 Wolter, Römer II (s. Anm. 1), 386 Anm. 72, verweist zu Recht darauf, dass es nicht das Tun des Starken an sich ist, das zum Stolperstein wird, sondern das dadurch hervorgerufene Verhalten des Schwachen, der wider seine Überzeugung handelt.

sein.[85] Plausibel ist aber auch, dass die Zusammenstellung von »Fleisch und Wein« der komplementären Form von Essen und Trinken entspricht.[86]

Unklar bleibt bei alledem, ob jene, die bei Speisen enthaltsam waren, jene waren, die auf bestimmte Tage achteten. Diese Verhaltensweisen könnten auch auf verschiedene Gruppen aufgeteilt gewesen sein. Offen ist zudem, ob es sich um ein Ethos handelte, das nur für das Gemeinschaftsleben Bedeutung hatte – also hinsichtlich der Bestandteile des Mahles oder der Termine für Zusammenkünfte – oder ob oder ob sich dies auf ein Alltagsethos bezog. Das Einzige, was Paulus interessierte, war, dass die Pistis-Existenz der Adressaten und Adressatinnen nicht gestört werden sollte. Jeder und jede sollte das tun, was für ihn oder sie »richtig« war (Röm 14,22 f.), und zugleich darauf achten, andere Glaubende nicht zu einem Verhalten zu treiben, das ihrer Überzeugung widersprach.

### 4.3 Typisch römisch?

Eine ähnliche Haltung wie in Röm 14 hatte Paulus auch im 1.Korintherbrief schon eingefordert, wobei dort spezifischer das so genannten »Götzenopferfleisch« das Thema war. Diese Konkretisierung findet sich im Römerbrief nicht. Da wie dort geht es dem Apostel aber darum, Einheit zu bewahren oder wiederherzustellen. Die Problemlage in Korinth war aber deutlich klarer als jene in Rom.

Nun könnte es durchaus sein, dass Paulus hier auf tatsächliche Fragen jener römischen Christusgläubigen einging, die er als Adressaten und Adressatinnen vor Augen hatte. Korinth bzw. Kenchreä, von wo aus er den Brief schrieb, waren nicht so weit von Rom entfernt, als dass er nicht erfahren hätte können, was dort vor sich ging. Immerhin waren an seinem Aufenthaltsort Personen, die Grüße an die Gemeinschaft bestellen ließen (Röm 16,21–24). Manche von ihnen wie Gajus oder Quartus stammten vielleicht selbst aus Rom. Gerade für Gajus

---

85  Die Zusammenstellung von Fleisch und Wein findet sich etwa in Philostrats Beschreibung des Apollonios: Dieser verzichtete auf Fleisch, weil es nicht rein sei und den Magen verstopfe, und auf Wein, der zwar rein sei, aber den Geist verdunkle (vit.ap. 1,8.); vgl. auch Sen. ep. 108,14–16. Aus jüdischer Tradition sei etwa TestXII.Jud 15,4 genannt: οἶνον καὶ κρέας οὐκ ἔλαβον, bekundet hier der Stammvater (ähnlich TestRub 1,9 f.); vgl. dazu u. a. Jewett, Romans (s. Anm. 6), 868 f.
86  Vgl. Wolter, Römer II (s. Anm. 1), 387, der auf pagane und jüdische Texte verweist, die diese Zusammenstellung enthalten.

(16,23) ist das durchaus wahrscheinlich, wird doch mit seiner betonten Auszeichnung als Gast des Paulus und der Versammlung (ξενός) angedeutet, dass die erbetene Gastfreundschaft der Römer ihr Vorbild im Handeln des Paulus und der ganzen korinthischen Ekklesia hätte. Auch der Schreiber Tertius grüßt die Angeschriebenen, möglicherweise, weil auch er bei ihnen bekannt war (16,22).

Wenn Paulus also erfahren hatte, dass sich unter den angeschriebenen Christusgläubigen Roms ähnliche Spannungen zutrugen wie in Korinth, erklärt sich damit sehr plausibel, dass er auf dieselbe Lösungsstrategie zurückgriff. Offenbar hatte diese in Korinth funktioniert. Zugleich lässt sich die relative Offenheit, mit der Paulus die Probleme formulierte, derart verstehen, dass er dahinter keine Spannung zwischen Toraobservanten und Toragleichgültigen vermutete. Das war schon in Korinth nicht der Fall gewesen, warum sollte es in Rom so sein?

## 5. Wie römisch ist der Römerbrief?

Der Durchgang durch einige zentrale Textabschnitte, die für die Rekonstruktion der Adressaten und Adressatinnen des Römerbriefes – der intendierten wie der realen – herangezogen wurden, lässt sich aus meiner Sicht dahingehend bewerten, dass wir über vieles wenig wissen, während wir über weniges mit relativ großer Gewissheit Auskunft geben können.

Dass es sich bei den von Paulus intendierten Lesern und Leserinnen um christusgläubige Nicht-Juden handelt, ist m. E. sehr wahrscheinlich. Über ihre aktuellen Beziehungen zu Judäern und Judäerinnen in Rom lässt sich nichts Genaueres sagen, dasselbe gilt für das Verhältnis zur paganen Umgebungsgesellschaft. Die Sozialformen des römischen Christentums bleiben weitgehend im Dunkeln, wenngleich man eine Nähe zu Formen des antiken Vereinswesens annehmen kann. Die soziale Stellung der in Röm 16 gegrüßten Personen, die ziemlich sicher nicht identisch mit den Adressaten und Adressatinnen sind, ist unklarer als vielfach angenommen wird: Wie hoch der Anteil der Freigeborenen, Freigelassenen, Sklaven und Sklavinnen, der in Rom Geborenen und der Zugewanderten war, lässt sich nicht genau bestimmen. Sehr wahrscheinlich wusste Paulus manches über die Adressaten und Adressatinnen in Rom, denen er in seinem Schreiben sowohl seine Pläne als auch seine Theologie erläuterte. Nichts davon war aber m. E. typisch für die Stadt Rom.

# The Reason for Romans*

*Michael Wolter*

The question of why Paul wrote Romans has been debated for many decades, without the slightest trace of a consensus. I do not wish to outline the history of this debate and the positions advocated in it,[1] but instead immediately jump *medias in res.*

## 1. The So-Called »Wiefel Hypothesis« and Its Problems

The »Wiefel hypothesis« owes its name to the German New Testament scholar Wolfgang Wiefel (1929–1998), who taught at the University of Halle and the Theological Seminary of Leipzig. In 1970 he published an article about the prehistory and the purpose of Romans, the results of which have subsequently met with great approval from many scholars.[2]

---

* The following is an extended version of a paper that was read at the universities of Oxford (2016) and Stellenbosch (2017) and that had been translated into English by Erastus Jonker (University of Pretoria). The lecture form has been maintained; only some indispensable references have been added. For further details, cf. the pertinent chapters in my commentary on Romans: M. Wolter, Der Brief an die Römer. Vol. 1: Röm 1–8, (EKK 6/1), Neukirchen-Vluyn et al. 2014, 30–41, 41–56. – Scripture quotations are taken from the English Standard Version © 2001.

1 Cf., instead, A. Reichert, Der Römerbrief als Gratwanderung. Eine Untersuchung zur Abfassungsproblematik (FRLANT 194), Göttingen 2001, 13–75; A.A. Das, Solving the Romans Debate, Minneapolis 2007, 26–52; R.N. Longenecker, Introducing Romans. Critical Issues in Paul's Most Famous Letter, Grand Rapids et al. 2011, 92–128.

2 W. Wiefel, Die jüdische Gemeinschaft im antiken Rom und die Anfänge des römischen Christentums, Jud. 26 (1970), 65–88; English trans.: The Jewish Community in Ancient Rome and the Origins of Roman Christianity, in: K.P. Donfried (ed.), The Romans Debate, Peabody 2009, 85–101.

His hypothesis proceeds from Acts 18:2, where Luke writes that due to the Edict of Claudius,[3] which was probably issued in the year 49, all Jews were expelled from Rome (διὰ τὸ διατεταχέναι Κλαύδιον χωρίζεσθαι πάντας τοὺς Ἰουδαίους ἀπὸ τῆς Ῥώμης). Accordingly, it is assumed that the entire Roman Jewry had to leave the city – including all Christian Jews – whereas the Christian Gentiles remained unaffected by this measure. They stayed behind in the city and in the wake of the disappearance of the Jewish-Christian presence Roman Christianity gained a character that was dominated by Gentile Christians. After the death of Claudius in the year 54 Nero became his successor and revoked Claudius's edict. As a result, Jews returned in great numbers to Rome – including, of course, many Christian Jews. They discovered that the character of the Christian congregations had changed considerably from when they had been forced to leave Rome six years ago. This situation caused a conflict between them and the Gentile Christians about halachic questions, and this was the situation that induced Paul to write Romans.

This is the widely accepted assumption concerning the occasion of Paul's letter to the Romans. The number of skeptics is not very high, but they do exist and will be mentioned below. My own skepticism proceeds not from an exegesis of Romans but from the historical presuppositions and assumptions of the »Wiefel hypothesis.« It is especially the generalization which finds expression in the words of Acts 18:2 that lacks every historical plausibility. This is mainly due to two reasons:

The first is the fact that the Jewish population in Rome numbered in the tens of thousands,[4] and I think there is no risk in the assumption that a general expulsion of »all« (πάντες) of them, as Luke writes, would have been an organizational impossibility.

The other reason is to be found in the decentralized organization of Roman Jewry: There was no Jewish πολίτευμα in Rome but only a

---

3  This edict is also mentioned by Suet.Claud. 25,4: *Iudaeos impulsore Chresto assidue tumultuantis Roma expulit* (»he expelled from Rome the Jews who persisted in rioting at the instigation of Chrestus«). According to Oros.hist.pag. 7.6.15 (early 5th century C.E.) it has to be dated to the ninth year of Claudius's reign. From this information the usual dating of Claudius's edict in the year 49 C.E. is derived.

4  Estimates of the number of the Jews living in Rome differ considerably. There are no numbers in ancient sources. Estimates of modern scholars range from 20,000 (R. Penna, Les Juifs à Rome au temps de l'apôtre Paul, NTS 28 [1982], 321–347 [328].) over 30,000–40,000 (F. Kolb, Rom. Die Geschichte der Stadt in der Antike, München ²2002, 621) to 50,000–60,000 (J. Juster, Les Juifs dans l'empire romain I, Paris 1914, 209).

multiplicity of autonomous and self-reliant Jewish synagogues.[5] This would have made a centrally organized expulsion of all Jews from Rome an administrative challenge which was hardly realizable.

There is even a historical document from which we can learn that expulsions from Rome of entire portions of the population as it is ascribed to the Edict of Claudius were more or less ineffective: In his *Vitae Caesarum*, Suetonius reports on another expulsion of the Jews from Rome that had been decreed by Tiberius (Tib. 36):

> He suppressed all foreign religions, and the Egyptian and Jewish rites, obliging those who practised that kind of superstition, to burn their vestments, and all their sacred utensils. He distributed the Jewish youths, under the pretence of military service, among the provinces noted for an unhealthy climate; and dismissed from the city all the rest of that nation as well as those who were proselytes to that religion, under permanent pain of slavery, unless they would not obey (*sub poena perpetuae servitutis nisi obtemperassent*).[6]

In the end his decree apparently threatens all those who refuse to comply with it with »permanent pain of slavery.« From this we may infer that general expulsion edicts were often if not usually simply ignored by the people concerned.

The impression is often created that the Edict of Claudius was some kind of restriction of residence for Jews in Rome. This was surely not the case. For this reason we can with high probability assume that throughout the reign of Claudius – even after the edict – Jews could come to Rome and take up residence there. Of course, that would include also Christian Jews. In this respect I am in line with Helga Botermann who comes to the conclusion that

> the efficiency of such measures should not be overestimated. Rome was no police state, there was no obligation to register, no foreigners registration office and no passports. [...] Also with regard to the temporal extension the effect of such measures was limited. After the smoke had cleared, those affected returned.[7]

---

5  Cf. S. Spence, The Parting of the Ways. The Roman Church as a Case Study, Leuven et al. 2004, 360 gives a compilation of eleven synagogues proven by inscriptions; cf. also H.J. Leon, The Jews of Ancient Rome, Philadelphia ²1995, 135–166.
6  Cf. also Tac.ann. 2.85.4; Flav.Jos.Ant. 18.84; Cass. Dio hist.rom. 57.18.5a. – This edict is usually dated in the year 19 C.E.
7  H. Botermann, Die Maßnahmen gegen die stadtrömischen Juden im Jahre 19 n.Chr., Hist. 52 (2003), 410–435 (416f.).

Similarly Margaret H. Williams says, »Expulsion, as a method of social control was notoriously inefficient – in general, the expelled seem
to have experienced little difficulty in returning to the city and the
Jews proved to be no exception.«[8] And, finally, John M.G. Barclay
writes, »There is no reason to think that all the expellees waited till
Claudius's death: in an age without passports and border controls, individuals with no public profile could easily return to crowded quar-
ters of Rome after expulsion.«[9]

It is without any doubt clear that there really was unrest in the Roman synagogues »at the instigation of one ›Chrestos,‹« as Suetonius
writes, and that the Roman authorities tried to restore order and calm
by expelling those Jews who took part and were prominent in the unrest. We can assume with some confidence that among them were
non-Christian Jews as well as Christian Jews. But in any case, only
relatively few from the total number of Roman Jews were affected by
this measure.

This makes the commonly held assumption highly improbable that
as a result of the Edict of Claudius »all« Jews including the Christian
Jews left Rome and that as a consequence the Christians that remained
in Rome were Gentile Christians who made the Christian congregations independent from the synagogues. Instead, there is every indication that even after the Edict of Claudius there were still Jews in
Rome and the same is true of Christian Jews.

From this it follows that the widely held supposition that there was
a Jewish and Jewish-Christian mass-return to Rome after the death of
Claudius and his succession by Nero, which led to serious disputes
between the Jewish and the Gentile Christians, is highly implausible
to say the least. The Edict of Claudius did not lead to the disappearance of Jews from Rome, nor did his death cause their numbers to
suddenly rise again. For this reason, the fractures in the history of the
Christian churches in Rome never existed as advocated by Wolfgang
Wiefel[10] and taken for granted by scholars for decades with serious

8  M.H. Williams, The Shaping of the Identity of the Jewish Community in
   Rome in Antiquity, in: J. Zangenberg/M. Labahn (ed.), Christians as a Religious Minority in a Multicultural City (JSNTS 243), London et al. 2004,
   33–46.
9  J.M.G. Barclay, Is it Good News that God is Impartial? A Response to Robert
   Jewett, Romans. A Commentary, JSNT 31 (2008), 89–111 (93).
10  According to Wiefel, the expulsion of Jews from Rome »meant the end of the

implications for the interpretation of Romans. At no stage did the Edict of Claudius ever have the significance as it is often purported. I would like to conclude this section with the words of John Barclay: »The Wiefel hypothesis is a tissue of speculation, based on flimsy evidence and ungrounded supposition. It is best abandoned«.[11]

## 2. The Epistolary Distinctiveness of Romans among Paul's Letters

Among the Pauline epistles Romans takes up a unique position. The Epistle to the Christians in Rome is the only letter that Paul wrote to a church that had not been established by himself. Romans has addressees who do not know Paul and whom he does not know. In contrast to his other epistles, Paul writes in Romans to those with whom he shares no common experience of which he could remind them.

This peculiarity is expressed right at the beginning of the letter: On the one hand there is the extraordinary length of his self-presentation in the prescript of the letter (Rom 1:1–6). With 72 words it is the longest self-presentation in the Pauline letters, and it is two and a half times longer than the second longest in Gal 1:1–2 with 26 words.

On the other hand, there is the prayer report at the beginning of the exordium:

Rom 1:9–10: ἀδιαλείπτως μνείαν ὑμῶν ποιοῦμαι πάντοτε ἐπὶ τῶν προσευχῶν μου (10) δεόμενος εἴ πως ἤδη ποτὲ εὐοδωθήσομαι ἐν τῷ θελήματι τοῦ θεοῦ ἐλθεῖν πρὸς ὑμᾶς.

Without ceasing I remember you always in my prayers, (10) asking that by God's will I may somehow at last succeed in coming to you.

Normally the prayer reports in Paul's letters contain a thanksgiving. Paul informs his addressees that whenever he mentions them in his prayers he gives thanks to God for something that has to do with their, his addressees, circumstances: »because of the grace of God that was given *you* (ὑμᾶς)« (1 Cor 1:4); »because of *your* (ὑμῶν) participation in the gospel« (Phil 1:5); »because I hear of *your* (σοῦ) love and of the faith that you have« (Phlm 5); or »we give thanks to God always for all of you (περὶ πάντων ὑμῶν)« (1 Thess 1:2).

first Christian congregation in Rome,« and in Romans, written a few years later, »we meet a new congregation« (Wiefel, Jewish Community [see n. 2], 93).

11  Barclay, Is it Good News (see n. 9), 93.

This is characteristically different in Romans. Instead of the usual expression of gratitude for the circumstances of the addressees, Paul reports in Rom 1:9–10 that whenever he mentions his addressees in his prayers he requests God's help to find his way to them. Where Paul in his other letters mentions the addressees, he mentions himself in Romans. And the same is the case with the rest of the exordium up to v. 17: In every verse, Paul makes himself the subject of discussion. Between v. 8 and v. 16a the exordium consists of nothing but Pauline self-statements. There are no less than 12 finite verbs in the 1st person singular.

Also in those texts in ch. 15 that correspond to the exordium Paul only speaks about himself: about his apostolic commission (15:15–17) and how he has carried it out (15:18–21), then about his plans and wishes and finally his hopes and fears (15:22–32). If Paul at the beginning and at the end of the letter takes any specific situation into consideration, it is his own.

This evidence contradicts the first of Karl Donfried's »two basic methodological principles« for the study of Romans: that »any study of Romans should proceed on the initial assumption that this letter was written by Paul to deal with a concrete situation in Rome.«[12] The support for this principle – that »every other authentic Pauline writing, without exception, is addressed to the specific situations of the churches or persons involved«[13] – can be neutralized by the aforementioned uniqueness of Romans: It differs from »every other authentic Pauline writing,« because Romans is the only letter Paul wrote to Christians he had never before met.

The observations we have made by looking at the beginning and end of Romans suggest a methodological principle that is diametrically opposite to Karl Donfried's: Every question for the occasion and purpose of Romans should be directed first at *Paul and his circumstances*. This requirement is also supported by the fact that in Romans Paul does not make any reference to information from Rome which would have given him cause for writing his letter.

---

12  Donfried, False Presuppositions in the Study of Romans (see n. 2), 102–125 (103).
13  Ibid.

## 3. The »Dual Character«[14] of Romans

If we turn our attention to the question of the occasion and purpose of Romans, it is best to take the so-called »dual character« of this letter as a point of departure:

On the one hand, it is the *Gentile Christians* of Rome whom Paul determines to be his addressees. Whenever Paul addresses his readers directly, he always addresses them as Gentile Christians. This is seen so clearly in Rom 1:5–6:13; 11:13,17–24,28–32; 15:15–16 that there is no need to argue once more in favor of it.[15] Throughout the entire letter this orientation is never abandoned.

On the other hand, it is *non-Christian Judaism* that occasionally comes into focus: Either Paul grapples with its self-understanding based on the Jewish theology of election (1:18–5:21; 7:1–25; 13:8–10), or he discusses the causes and consequences of Israel's rejection of the Gospel (9–11). This orientation is intensified in 2:17–29, where Paul, with the help of a rhetorical *apostrophe*,[16] creates a literary constructed non-Christian Ἰουδαῖος (v. 17) as his fictitious interlocutor.

This combination should be taken seriously, and both orientations – the Gentile Christians in Rome as addressees and non-Christian

14 W.G. Kümmel, Introduction to the New Testament, Nashville et al. 1975, 309. D.J. Moo, The Epistle to the Romans (NIC), Grand Rapids 1996, 10 speaks of a »paradox.«

15 Cf. also S.K. Stowers, A Rereading of Romans, New Haven et al. 1994, 30; B. Byrne, Romans (SacPaSe 6), Collegeville ²2007, 4; Das, Solving (see n. 1), 55 f.; L. Gaston, Reading the Text and Digging the Past. The First Audience of Romans, in: S.G. Wilson/M. Desjardins (ed.), Text and Artifact in the Religions of Mediterranean Antiquity. FS Peter Richardson (SCJud 9), Waterloo 2000, 35–44 (41). Therefore I skip the exegetical chin-ups that are performed from time to time to question this assumed fact. Attempts to understand τοῖς ἔθνεσιν ... ἐν οἷς ἐστε καὶ ὑμεῖς in Rom 1,5–6 as indicating that the intended readers of Romans are addressed as non-Gentiles who are living »among« or »in the midst of« Gentiles (cf., e.g., A. Schlatter, Gottes Gerechtigkeit. Ein Kommentar zum Römerbrief, Stuttgart 1935, 23; C.E.B. Cranfield, A Critical and Exegetical Commentary on the Epistle to the Romans [ICC], vol. I, Edinburgh 1975, 68), are disproved by the parallels to this expression; cf. especially Mark 15:40 (»women ... ἐν αἷς καὶ Mary Magdalene, and Mary the mother of James the younger and of Joses, and Salome«), but also Acts 17:34; 3 Macc 2:4; Philo legat. 3.22; migr. 113; Flav.Jos.Ant. 9.278.

16 An *apostrophe* is a figure of speech when a writer or speaker turns away from the audience to which the letter or speech is addressed and speaks directly to someone who is not present; cf. H. Lausberg, Handbuch der literarischen Rhetorik I, Stuttgart ⁴2008, § 762.

Judaism as implicit interlocutor – should be taken into consideration in their commonality and simultaneity. One must by no means lessen the tension between these two orientations by inventing a group of Jewish Christians in Rome as co-addressees, based upon the idea that Paul grapples with non-Christian Judaism and its theology of election, such that one would conclude Paul wrote the letter to a mixed readership consisting of Gentile-Christians and Jewish-Christians. This is the majority view today. Others even venture as far as supposing that he was directing the letter to Jewish Christians in Rome.[17] Of course there were Jewish Christians in Rome. That is made probable by the pre-history of the letter, and it is evident from the list of greetings in Rom 16:3–16 which shows that Paul was fully aware of the fact that there were Jewish Christians in Rome.[18] However, this does not change the fact that no Jewish-Christian readership is addressed anywhere in his letter.

Against the assumption of a Jewish-Christian readership as co-addressees or even main addressees speaks the fact that Paul, in the aforementioned parts of his letter, is not grappling with a theological standpoint represented by Jewish Christians, as was the case in Galatians. In Romans his implicit and partly fictitious interlocutor is instead *non-Christian Judaism*, which does not share his and his addressees's faith in Jesus Christ.

That Paul's interest in the debate with non-Christian Judaism in Romans must not be transferred to Jewish Christians in Rome is made clear by the description of the olive tree in Rom 11:17–24. There are only two kinds of branches which play a role in Paul's argument: branches that are broken off (ἐξεκλάσθησαν; v. 17a, 19b, 20b) – they

---

17  Cf., e.g., F. C. Baur, Über Zweck und Veranlassung des Römerbriefes und die damit zusammenhängenden Verhältnisse der römischen Gemeinde (1836), in: idem, Ausgewählte Werke in Einzelausgaben I, ed. K. Scholder, Stuttgart 1963, 147–266 (160–170); T. Zahn, Der Brief des Paulus an die Römer ausgelegt (KNT 6), Leipzig ³1925, 19; M. Kettunen, Der Abfassungszweck des Römerbriefes (AASF 18), Helsinki 1979, 73–81; A.J. Guerra, Romans and the Apologetic Tradition. The Purpose, Genre and Audience of Paul's Letter (SNTSMS 81), Cambridge 1995; S. Mason, ›For I Am Not Ashamed of the Gospel‹ (Rom 1:16). The Gospel and the First Readers of Romans, in: idem (ed.), Josephus, Judea, and Christian Origins, Peabody 2009, 303–328.

18  Among the persons greeted by Paul in Rom 16,3–15 we can only be certain that Aquila (v. 3), Andronikos and Junia (v. 7), and Herodion (v. 11) were Jewish, probably also Prisca (v. 3) and possibly Mary (v. 6).

are without doubt the non-Christian Jews – and branches that are grafted in (ἐνεκεντρίσθης; v. 17b, 19c, 24b) from a wild olive tree – they are the Gentile Christians, and they are the ones directly addressed in these verses, whereas the non-Christian Jewish branches, who have been broken off from the tree, are the »they« who are being spoken about. The picture implies also a third kind of branch, namely branches that were not broken off but remained in the tree – the Jewish Christians – which is left completely unmentioned in Paul's argument. If Paul were concerned with coming to the defense of Roman Jewish Christians against Gentile Christian arrogance, as Robert Jewett and Douglas Moo suppose in their commentaries,[19] he should have argued entirely different in this part of his letter. We can even turn over our argument: The fact that Paul doesn't say a word about the Jewish-Christian branches which remained in the tree may be considered an affirmative argument that in Romans Paul isn't concerned with tensions between Gentile Christians and Jewish Christians. Instead, the metaphor of the olive-tree is only related to the relationship between Gentile Christians and non-Christian Jews. And it is this very same relationship which is under discussion in 11:30–31:

(30) ὥσπερ γὰρ ὑμεῖς ποτε ἠπειθήσατε τῷ θεῷ, νῦν δὲ ἠλεήθητε τῇ τούτων ἀπειθείᾳ, (31) οὕτως καὶ οὗτοι νῦν ἠπείθησαν τῷ ὑμετέρῳ ἐλέει, ἵνα καὶ αὐτοὶ [νῦν] ἐλεηθῶσιν

(30) Just as you were at one time disobedient to God but now have received mercy because of their disobedience, (31) so they too have now been disobedient in order that by the mercy shown to you they also may now receive mercy.

Paul here construes an analogy between the soteriological careers of the Gentile Christian »you« and the non-Christian-Jewish »them.« Christian Jews remain completely out of sight.

From this the undeniable fact follows, with respect to the search for the occasion and purpose of Romans, that there were indeed Jewish Christians in Rome and that the theological dialogue Paul has with non-Christian Judaism should be kept strictly separate from his address to his Gentile-Christian audience. They have nothing to do with each other.

19 Cf. R. Jewett, Romans (Hermeneia), Minneapolis 2007, 70; Moo, Epistle to the Romans (see n. 14), 19.

## 4. The Occasion and Purpose of Romans

All of the aforesaid, of course, does not mean that Romans was written without reference to a specific occasion. In Rom 15:23–32 Paul describes this situation in detail:

(23) But now, since I no longer have any room for work in these regions, and since I have longed for many years to come to you, (24) I hope to see you in passing as I go to Spain, and to be helped on my journey there by you, once I have enjoyed your company for a while. (25) At present, however, I am going to Jerusalem bringing aid to the saints. (26) For Macedonia and Achaia have been pleased to make some contribution for the poor among the saints at Jerusalem. (27) They were pleased to do it, and indeed they owe it to them. For if the Gentiles have come to share in their spiritual blessings, they ought also to be of service to them in material blessings. (28) When therefore I have completed this and have delivered to them what has been collected, I will leave for Spain by way of you. (29) I know that when I come to you I will come in the fullness of the blessing of Christ. (30) I appeal to you, brothers, by our Lord Jesus Christ and by the love of the Spirit, to strive together with me in your prayers to God on my behalf, (31) that I may be delivered from the disobedient in Judea, and that my service for Jerusalem may be acceptable to the saints, (32) so that by God's will I may come to you with joy and be refreshed in your company.

First, he intends to present the collection of the Gentile Christians in the churches in Macedonia and Achaia to the Jewish Christian churches in Jerusalem (15:25–27, 28a, 30–31). Thereafter he plans to visit the Christians in Rome from where he wants to continue his journey to Spain (15:24, 28b–29, 32). Interestingly enough, Paul presents his plans in reverse order: he starts by telling his audience that he intends to visit them on his way to Spain. Only then does he mention his plans to go to Jerusalem. With this inversion of his actual itinerary Paul makes use of the figure of speech of *hysteron proteron*.[20] Paul makes clear how important his visit to the Christians in Rome is as well as the support he hopes to receive from them for his mission to Spain.

On these grounds we can say the following regarding the purpose and occasion of the Epistle to the Romans:

Paul writes the letter because he wants to establish a friendship with the Roman Christians based on mutual trust (ἐν ἀλλήλοις πίστις;

---

20 A ὕστερον πρότερον (»later earlier«) is a figure of speech that reverses the order of events; cf. Lausberg, Handbuch (see n. 16), § 891.

1,12).[21] It is for the sake of this *trust* that Paul campaigns with his letter, and for this reason he presents his theology to the Christians in Rome. Paul does *not proclaim* his gospel, *but* he *comments* on it. He does not intend to convert his addressees to faith in Christ – that had already been accomplished. Instead, he wants them to read the letter as a theological commentary on the gospel as it is proclaimed by him.

That Paul sees the Epistle to the Romans as a comprehensive outline of his theological thinking is made clear from the fact that numerous themes and theological building blocks from previous letters are repeated, mainly from Galatians and 1 Corinthians, but also from 2 Corinthians:

→ from Galatians:
- the best-known parallels need not be documented in detail: πίστις/πιστεύειν + δικαιοσύνη etc. – the expression ἐκ (τῆς) πίστεως. – the »law.« – the role of »sin.« – Abraham. – the quotation of the same OT texts: Gen 15:6; Lev 18:5; 19:18; Hab 2:4. – the common identity of Jews and Gentiles as ἄνθρωποι. – *Others*:
- the »sending« of the son (Gal 4:4; Rom 8:3);
- the expression πνεύματι ἄγεσθαι (Gal 5:18; Rom 8:14);
- the Christians have »put on« Christ (ἐνδύσασθε: Gal 3:27; Rom 13:14);
- the law is fulfilled through love or by the love command (πεπλήρωται, πλήρωμα: Gal 5:14; Rom 13:8–9);
- the semantic field »spirit of his son/of υἱοθεσία; shouting αββα ὁ πατήρ; becoming an heir« (Gal 4:6–7; Rom 8:15–17),
- the σάρξ-ἐπαγγελία antithesis with respect to the distinction between Ishmael and Isaac (Gal 4:23; Rom 9:8),
- the ethical antithesis of spirit and flesh (Gal 5:16–25; Rom 8:4–13).

→ from 1 Corinthians:
- Paul's self-designation as κλητὸς ἀπόστολος (1 Cor 1:1; Rom 1:1) and the designation of the addressees as κλητοὶ ἅγιοι (1 Cor 1:2; Rom 1:7) in the prescripts of these letters,
- that a woman is »bound« (δέδεται), as long as her husband »lives« (1 Cor 7:39; Rom 7:2),
- that sin produces death by using the law (1 Cor 15:56; Rom 5:20; 7:7–25),
- the correlation of Adam and Christ (1 Cor 15:21, 45–49; Rom 5:12–21),
- the internal plurality of the Christian community is explained by the imagery of the body and its members (1 Cor 10:17; 12:12–27; Rom 12:4–5),

---

21 For the importance of the topos on friendship in the *exordium* of Romans (Rom 1:9–17), cf. M. Wolter, Das Proömium des Römerbriefes und das hellenistische Freundschaftsethos, in: C. Breytenbach (ed.), Paul's Graeco-Roman Context (BEThL 277), Leuven et al. 2015, 253–271.

- the diversity of the χαρίσματα (1 Cor 12:4–11, 28–30; Rom 12:6b–8a),
- the »weak« (1 Cor 8:7, 9–12; Rom 14:1, 2; 15:1),
- the admonition not to place an »obstacle« or a »trap« before your brother (πρόσκομμα, προσκόπτειν/σκάνδαλον, σκανδαλίζειν: 1 Cor 8:9, 13; Rom 14:13, 21),
- for this purpose to refrain from eating meat (μὴ φαγεῖν κρέα: 1 Cor 8:13; Rom 14:21),
- be considerate of your weak brother because Christ »died« »on his behalf« (δι' ὅν: 1 Cor 8:11) respectively »for him« (ὑπὲρ οὖ: Rom 14:15).

→ from 2 Corinthians:
- the ἔσω ἄνθρωπος (2 Cor 4:16; Rom 7:22)
- the antithesis of πνεῦμα and γράμμα (2 Cor 3:6; Rom 2:29 and 7:6) which exists nowhere else in ancient Greek literature.

Among the Pauline letters, Romans is the only letter which reflects such substantial overlap with his other letters. This is a further element that constitutes its uniqueness and separates it from the others – and by this additionally weakens Karl Donfried's methodological principle quoted above.[22] We would not do justice to the concern of the letter if we leave this out of consideration. The intensive reutilization of these theological building blocks from other epistles also shows that Paul, when he wrote Romans, not only looked into the future as in Rom 15:23–32, but also into the past. This reutilization of theological motifs and linguistic expressions is intended to give the letter to the Romans a representative character. Paul intended this letter to make the characteristic profile of his theology recognizable to the Roman Gentile Christians. Moreover, the number and character of parallel passages supply another argument that one must always look first to Paul when determining the occasion for the Epistle to the Romans.

The »double-character« of Romans as illustrated above reveals that Paul configured the presentation of his theology to the Roman *Gentile Christians* as a dialogue with *non-Christian Judaism*.

At this point we have to take into consideration that no one can have a conversation with Judaism as such. »Judaism« as such has no eyes to read and no ears to hear. That means that we have to look for a counterpart whom Paul has conceptualized as an implicit interlocutor who as an implicit representative of Judaism functions as Paul's dialogue partner. Who is the implicit addressee in these passages? It cannot be the Roman Gentile Christians, because this dialogue is

22 See p. 46.

merely presented to them. They are only the external audience of this dialogue. Because there are no other addressees outside the text to whom Paul would have sent a copy of his letter and whom he would have expected to read it aside from the Roman Gentile Christians, this implicit interlocutor can be none other than Paul himself. It can be no one other than *Paul, the Jew*. To him Paul, the apostle, feels compelled to render a theological account of the way he has been made a »slave of Christ Jesus« and an »apostle,« whom God has commissioned with the proclamation of his gospel (Rom 1:1).

The fact that the dialogue which Paul conducts with the Jewish theology of election is in essence a dialogue with Paul, the Jew, suits the situation in which Paul, the apostle, writes his letter: According to Rom 15:19c, 23a, Paul wants to travel to Spain because he has proclaimed the gospel »from Jerusalem and as far round to Illyria« and therefore no longer has »any room for work in these regions.« Nevertheless, a journey to Jerusalem to deliver the collection of the churches of Macedonia and Achaea lies ahead of him (15:25–27, 28a, 30–31). From these comments it is perfectly clear to Paul that he is at a crossroads in his apostolic career. He draws a line behind his proclamation in the eastern part of the Roman empire and changes his orientation westward. Furthermore, he is fully aware of the fact that he is about to return to the very place from where he came as a Pharisee who was »zealous« for the holiness of Israel (Gal 1:14; Phil 3:6; cf. also Acts 22:3): Jerusalem. He returns not only as apostle of Jesus Christ, but also as representative of – *judaice dictum* – Gentiles, as one who brings Gentile money.[23] The contrast could hardly be greater.

This setting explains why Paul wrote the Epistle to the Gentile Christians in Rome in the manner he did. Paul starts a new chapter in his work by presenting both himself and his theology to the Romans as if he were giving an account of the Gospel, proclaimed by him, the apostle of Jesus Christ, to Paul, the Jew. This is all the more understandable since it is this gospel which brings him back to Jerusalem.

---

23  This perspective finds its expression in Rom 15:31: Paul is not only afraid that the Christian Jews in Jerusalem (the »saints«) would reject the collection, but he considers it also possible that his life will be threatened by the non-Christian Jews (»the disobedient«) in Judea (cf. P. v. Gemünden, Die Todesangst des Paulus – ein Schlüssel zum Verständnis des Römerbriefs?, in: P.-G. Klumbies/D. S. du Toit [ed.], Paulus – Werk und Wirkung. FS Andreas Lindemann, Tübingen 2013, 235–261).

At the surface of the text the clearest appearance of the implicit interlocutor, of Paul the Jew, is to be found in Rom 4:1. Here the apostle calls Abraham »our forefather according to the flesh« (τὸν προπάτορα ἡμῶν κατὰ σάρκα). In so doing he unites himself not only with his implicit Jewish interlocutor but also with all other non-Christian Jews. This is so because it is their physical descent, their being Abraham's offspring κατὰ σάρκα (»according to the flesh«) which binds them together and separates them from the Gentiles. That means that the Gentile Christian addressees of Romans are excluded from this community, for Abraham is not their father »according to flesh,« but only according to faith, as he expresses this in Rom 4:11 where Abraham is presented as πατὴρ πάντων τῶν πιστευόντων δι' ἀκροβυστίας (cf. also Gal 3:7: »those of faith are the sons of Abraham«).

Paul, the Jew, is also visible as implicit counterpart of the dialogue in another set of texts. All of these texts have in common that *Paul comes to speak about the law, after having concluded that there is no difference between Jews and Gentiles*:

Rom 2:9–13: (9) There will be affliction and distress on everyone who does evil, on the Jew first and also the Greek (Ἰουδαίου τε πρῶτον καὶ Ἕλληνος), (10) but glory and honor and peace for everyone who does good, for the Jew first and also the Greek (Ἰουδαίῳ τε πρῶτον καὶ Ἕλληνι). (11) For there is no partiality with God. (12) For all who have sinned apart from the law (ἀνόμως) will also perish apart from the law (ἀνόμως), and all who have sinned under the law (ἐν νόμῳ) will be judged by the law. (13) For it is not those who hear the law (νόμου) who are righteous before God, but those who do the law (νόμου) will be declared righteous.

Rom 3:9b–20: (9b) … for we have already charged that Jews and Greeks alike are all under sin (Ἰουδαίους τε καὶ Ἕλληνας πάντας ὑφ' ἁμαρτίαν εἶναι), (10) as it is written: »There is no one righteous, not even one, (quotation continues through V. 18) …« (19) We know that what the law (ὁ νόμος) says, it says to those who are in the law (ἐν τῷ νόμῳ), so that every mouth may be silenced and the whole world may be held accountable to God. (20) For no one is declared righteous before him by works of the law (νόμου), for through the law (διὰ γὰρ νόμου) comes the knowledge of sin.

Rom 3:29–31: (29) Or is God the God of the Jews only? Is he not the God of the Gentiles too? Yes, of the Gentiles too! (30) Since God is one, he will justify the circumcised (περιτομήν) by faith and the uncircumcised (ἀκροβυστία) through faith. (31) Do we then nullify the law (νόμον) through faith? Absolutely not! Instead we uphold the law (νόμον).

Rom 4:12–13: (12) And he is also the father of the circumcised, who are not only circumcised (οὐκ ἐ περιτομῆς μόνον), but who also walk in the footsteps of the uncircumcision (τῆς ἐν ἀκροβυστίας) faith of our father Abraham. (13) For not through the law (διὰ νόμου) is the promise to Abraham or to his descendants fulfilled that he would inherit the world, but through the righteousness of faith.

Rom 5:12–13: (12) … and so death spread to all people (εἰς πάντας ἀνθρώπους) because all (πάντες) sinned. (13) For before the law (ἄχρι γὰρ νόμου) was given, sin was in the world, but there is no accounting for sin when there is no law (νόμου).

If we go through the texts in detail, it cannot be overlooked that they have the same sequence in common: They begin with a proposition, according to which the difference between Jews and Gentiles does not matter, and this proposition is followed by a statement about the Jewish law (νόμος). I am convinced that the repeated order of argument in these texts is not a coincidence, and therefore the questions are: Who is it that induces Paul to address the topic of the law immediately after he had claimed that there is no distinction between Jews and Gentiles, and secondly why did he do so?

The answers are not that difficult: This parallel order of argument can be best explained by the fact that the apostle Paul responds to an implicit objection from Paul, the Jew. The latter objects to the apostle's claim that there is no difference between Jews and Gentiles by making plain that it is the law which marks the boundaries between Jews and Gentiles. He calls the law into play because it is the law which God has given to his people, so that they can work out and experience their election and distinction from the Gentiles.[24] Obviously only a *Jewish* interlocutor can raise such an objection against the claim that God regards Jews and Gentiles as equal. Because no other Jew

---

24 This function of the Torah becomes visible in texts like, e.g., Deut 26:16–19: »(16) This day the Lord your God commands you to do these statutes and rules. You shall therefore be careful to do them with all your heart and with all your soul. (17) You have declared today that the Lord is your God, and that you will walk in his ways, and keep his statutes and his commandments and his rules, and will obey his voice. (18) And the Lord has declared today that you are a people for his treasured possession, as he has promised you, and that you are to keep all his commandments, (19) and that he will set you in praise and in fame and in honor high above all nations that he has made, and that you shall be a people holy to the Lord your God, as he promised.« Cf. also Exod 19:6; Lev 11:44–45; 19:2–37; 20:26; Deut 7:6–11; 14:1–2.

was present when Paul was writing Romans, this objection, which is unmentioned at the surface of the text, can only be produced by Paul, the Jew, who draws the apostle Paul into a discussion about the law as integral part of Israel's election.

It should not be forgotten that the division of mankind into Jews and Gentiles, as found not only in the texts mentioned above, but also elsewhere,[25] is an exclusively Jewish paradigm, so that it illustrates also on this level the Jewish perspective that stands behind Paul's presentation.

The same implicit interlocutor is probably also responsible for Paul's discussion of the future of Israel, the vast majority of which had not accepted the Gospel, in Rom 9–11. After Paul pompously declared in Rom 8:39 that absolutely »nothing can separate us from the love of God,« everyone familiar with the self-awareness of Israel is left wondering what is to become of the people, beloved and chosen by God (Deut. 7:6–8).

## 5. The Conflict between »Weak« and »Strong« Christians

Regarding the question as to the situation of the addressees and whether it determined the purpose and occasion of the letter, Rom 14:1–15:13 has traditionally played the most important role. Paul describes a conflict between two types of Christians, distinguished from each other by their behavior, in Rom 14:1–5a:

(1) As for the one who is weak in faith, welcome him, but not to quarrel over opinions. (2) One person believes he may eat anything, while the weak person eats only vegetables. (3) Let not the one who eats despise the one who abstains, and let not the one who abstains pass judgment on the one who eats, for God has welcomed him. (4) Who are you to pass judgment on the servant of another? It is before his own master that he stands or falls. And he will be upheld, for the Lord is able to make him stand. (5) One person esteems one day as better than another, while another esteems all days alike. Each one should be fully convinced in his own mind.

This conflict was fueled by »disputes« (διαλογισμοί; 14:1) about whether food taboos and calendar observance should also be upheld by Christians: While some have no problem eating everything and

---

25 Cf. Tob 13:3; 1 Macc 5:63; 7,23; 2 Macc 4:36; 3 Macc 6:9; Joel 4:2; Ezek 4:13; 28:25; T.Ash. 7:3; Philo Mos. 1.278; Flav.Jos.Ant. 18.257; 19.278; Flav.Jos.J.W. 1.4; 2.266.

consider all days equal, others eat only vegetables and regard certain days holier than other days. By adopting language from 1 Corinthians, Paul calls the latter faction »weak« (ἀσθενής, ἀδύνατος; 14:2; 15:1) or even »weak in faith« (ἀσθενὴς τῇ πίστει; 14:1), while the other faction which neglects food taboos and calendar observance are called »strong« (ἡμεῖς οἱ δυνατοί; 15:1). Paul himself shares the convictions of the »strong.«

According to the Pauline account, both sides handle their differing viewpoints in such a way that »the strong« despise »the weak« (ἐξουθενεῖν; 14:3a, 10b), whereas »the weak« condemn »the strong« (κρίνειν; 14:3b, 4, 10a). According to 14,13a both sides condemn each other.

In Rom 14:14 Paul provides a hint that the »the weak« are of a Jewish disposition:

I know and am persuaded in the Lord Jesus that nothing is unclean in itself (κοινὸν δι' ἑαυτοῦ), but it is unclean (κοινόν) for anyone who thinks it unclean (τῷ λογιζομένῳ τι κοινὸν εἶναι). – Cf. also v. 20, where Paul states that »everything is indeed clean« (πάντα μὲν καθαρά).

This suits the behavior he mentions: Both the food taboos and the differentiation between days can be understood as elements of Diaspora-Jewish ethos.[26] That the different conceptions which Paul describes in Rom 14:1–5 existed among the Christians in Rome is not only possible, but in fact probable. Ethos-conflicts of this kind occurred in many Christian churches, and it would be a big surprise if had they not occurred among Rome's Christians as well. However, the question remains whether it is at all possible to reconstruct the contours of such a conflict from Paul's presentation in Rom 14 and 15. It is usually assumed that Rom 14:1–15:13 is based on a conflict among Roman Christians, namely between (mainly Jewish-) Christians who take the Torah commandments concerning food taboos and holy days

---

26  This can be inferred from the use of the adjective κοινός and its derivates in Hellenistic Jewish literature. Its actual meaning is »common, ordinary,« and its opposite is ἴδιον (»peculiar, proper«). From the 160s B.C.E. onwards it was used in Jewish texts to denote especially food that was »commonly« eaten by Gentiles but prohibited to Jews by the Torah. In this sense Josephus mentions »Jews who had apostatized from the customs of their forefathers and had chosen the common/unclean life (τὸν κοινὸν βίον)« (Flav.Jos.Ant. 13.2). For further information, cf. M. Wolter, Der Brief an die Römer. Vol. 2: Röm 9–16 (EKK 6/2), Ostfildern et al. 2019, 374–375.

as compulsory, and (mainly non-Jewish) Christians, who did not care about these regulations.

However, it is questionable whether this was in fact the case. For despite the fact that Paul indirectly supplies the standpoint of »the weak« with an *interpretatio judaica* in 14:14, we cannot be sure that he is trying to set out a dispute between Jewish and non-Jewish Christians. Such a proposal is already made unlikely by the fact that Paul does not connect the standpoint of »the weak« with the Torah. Neither the term »law« (νόμος) nor »commandment« (ἐντολή) occurs in Rom 14 and 15. Furthermore it is often overlooked that in the Septuagint the word κοινός (Rom 14:14) is completely absent from the Torah. The Hebrew word טָמֵא is here mostly rendered by ἀκάθαρτος or ἀκαθαρσία (e.g., Lev 10:10; 11:4–8, 47; 20:25) and never by κοινός.

Beyond that, two facts should not be overlooked: (1) the Torah nowhere demands a vegetarian lifestyle, as Paul characterizes the position of »the weak« in Rom 14:2b, and (2) the non-specific wording of Rom 14:5a–b (»One person considers one day more sacred than another; another person considers every day alike«) does not make the very specific Sabbath commandment of the Torah recognizable. At most, all we can say is that Paul's wording does not exclude it. Because of its generality Paul's portrait of the »weak« encompasses a range of behaviors that goes well beyond the Torah.

Therefore, there is no clear indication that Paul intends to describe the dispute between »the strong« and »the weak« as a conflict between Jewish-Christians and Gentile-Christians about the continued validity of the Torah. It is particularly difficult to explain the aforementioned vegetarianism of »the weak« in Rom 14:2 as a specifically Jewish-Christian attitude. If Jewish Christians wanted to eat kosher meat, they could simply buy it from Jewish butchers, of which there was no shortage in Rome. The generic character of the Pauline presentation as well as the calendar observance that has nothing to do with this context militates against John Barclay's assumption that the vegetarianism of »the weak« only describes their behavior at the common meals in Christian houses.[27]

---

27  J.M.G. Barclay, ›Do we undermine the Law?‹ A Study of Romans 14.1–15.6, in: idem (ed.), Pauline Churches and Diaspora Jews (WUNT 275), Tübingen 2011, 37–59 (41).

It follows from 1 Cor 8:1–13; 10:23–33 that there was a similar controversy among Gentile Christians already in Corinth with regard to eating food offered to idols. That Paul considers both conflicts to be similar is recognizable by the fact that Paul articulates the same paraenetical instruction in 1 Cor 8:13 and in Rom 14:21: »not to eat meat,« if the »brother« takes offence by it.

It also counts against the hypothesis that in Rom 14 and 15 Paul refers to a situation in Rome but says nothing about an existing ethos-conflict among the Roman Christians. It appears much more likely that the cause of this section of Romans should be sought in Paul's assumption that in all likelihood there would be similar ethos-conflicts among the Christians in Rome as elsewhere.[28]

Pointing in the same direction is the fact that Paul uses the generic singular to refer to the positions of the »weak« and the »strong« in Rom 14:1–5. He identifies the actors in the conflict as ὁ δὲ ἀσθενῶν τῇ πίστει (v. 1), as ὃς μέν and ὁ δὲ ἀσθενῶν (v. 2), as ὁ ἐσθίων and ὁ μὴ ἐσθίων (v. 3), or as ὃς μὲν and ὃς δέ (v. 5). This manner of description makes it clear that Paul does not have any specific and concretely identifiable *groups* in mind that would have taken shape among the Christians in Rome. Instead, he describes general *patterns* or *types* of behavior. The same intention would explain the hyperbole and lack of specificity in identifying the corresponding positions as »eat everything« vs. »only eat vegetables« (v. 2) or simply »eat« vs. »not eat« (v. 3) or »consider one day more sacred than another« vs. »consider all days alike« (v. 5). These references are so unspecific that they might cover a host of different types of behavior. The same applies to the combination of »not eat« (v. 3) and calendar observance (v. 5). Both practices are completely unrelated to each other. Paul simply mentions them as examples. Above all it is anything but clear whether all or only some

---

28 Cf. also W. A. Meeks, Judgment and the Brother. Romans 14:1–15:13, in: G. F. Hawthorne/O. Betz (ed.), Tradition and Interpretation in the New Testament, FS E. Earle Ellis, Grand Rapids 1987, 290–300 (292); N. Elliott, The Rhetoric of Romans (JSNTS 45), Sheffield 1990, 281 (»the letter does not present a clearcut picture of circumstances in Rome, perhaps because Paul simply did not know them«); E. Lohse, Der Brief an die Römer (KEK 4), Göttingen 2003, 41. Even texts like Rom 1:8; 6:17 f.; 15:14; 16:19 cannot prove that Paul was informed about the situation in Rome: They contain, without exception, rhetorical figures of speech that function as *captationes benevolentiae*. It can neither be assumed that they are based on concrete information, nor can a particular situation be reconstructed from them.

of the vegetable eaters (v. 2) consider »one day as better than another« (v. 5) or whether even among those who eat »anything« (v. 2) there are some who distinguish between one day and another day. The generalization that characterizes Paul's »report« is typically used by someone who is not well informed about the real situation but wants to make sure that in any case he scores a hit. He leaves it to the readers to connect it with the situation at hand. The more imprecise the description is, the easier it is to hit the target.

## 6. Conclusion

From the preceding it has become evident that the often used alternative that Romans is »either a theological tractate *or* a letter in response to a specific situation«[29] leads to a reductionistic interpretation of the theology of this letter. Paul's letter to the Gentile Christians in Rome is obviously as much a letter in response to a specific situation as it is a theological tractate. The purpose of why Paul writes *this* letter in *this* situation to the Gentile Christians in Rome can be determined if it is looked for with reference to Paul, not to Rome and definitely not to Spain. Paul has provided Romans with a theological range that sets it apart from all of his other letters because this letter is intended to introduce him and his theology to the Gentile Christians in Rome, to whom he is personally unknown and whom he plans to visit. The letter has been written at a crossroads of Paul's apostolic work. He is about to finalize his missionary activity in the East of the Roman Empire, and with this letter Paul the apostle of Jesus Christ assesses matters before Paul the Jew.

## 7. The Immediate Occasion of Romans

Perhaps it is indeed possible to determine the immediate occasion for the composition of Romans more precisely. For that we only have to look at Rom 16:1–2, where Paul recommends Phoebe, the bearer of the letter:

---

29 Cf., e.g., R. Jewett, Following the Argument of Romans, in: Donfried (ed.), Romans Debate (see n. 2), 265–277 (265): »situational letter rather than a doctrinal treatise«; idem, Love without Respect is Bogus. A Reply to John Barclay, JSNT 31 (2008), 113–118 (115).

(1) I commend to you our sister Phoebe, a minister of the church at Cench-reae, (2) that you may welcome her in the Lord in a way worthy of the saints, and give her any help in whichever business she may need you (ἐν ᾧ ἂν ὑμῶν χρῄζῃ πράγματι[30]), for she has been a patroness of many and of myself as well.

There is more information about Phoebe which Paul hands down to the recipients of his letter: Not only is she a διάκονος of the church in Cenchreae,[31] but she has also supported many – including Paul – as a patroness (προστάτις). From this we may infer with good reason that she must have been rather well off economically. From the informa-tion provided in v. 2b (»give her any help in whichever business she may need you«) we can also conclude that Phoebe is not just travelling as a postwoman to Rome, but because she had business (πράγματα) to attend to. She only happened to take Paul's letter with her. She would have travelled to Rome without bearing his letter. From this we may conclude that it was probably first and foremost Phoebe's impending journey to Rome that Paul used as an opportunity to produce his let-ter.[32] Additionally in favor of this assumption is a simple reflection: Whom among his co-workers should he send? None of them has ever been to Rome. None of them knew where to go and to whom the let-ter could or should be delivered. It would have been futile to write a letter to the Christians in Rome without knowing that there would be somebody able to deliver it.

This of course does not mean that it was only Phoebe's travel plans that gave Paul the idea for the letter to the Gentile Christians in Rome. In all probability he had already for some time had the idea to write to the Romans. When he first devised this plan, however, can

---

30  πρᾶγμα is the syntactic antecedent of the relative clause, although it is incor-porated in it (cf. F. Blass/A Debrunner, A Greek Grammar of the New Testa-ment and Other Early Christian Literature. A Translation and Revision of the ninth–tenth German edition incorporating supplementary notes of A. De-brunner †, R. W. Funk [ed.], Chicago 1961, § 294 [5]) with further examples. R. Jewett's interpretation according to which the πρᾶγμα were the preparation of the mission in Spain and Paul recommended Phoebe as »the patroness of the Spanish mission« (Romans [see n. 19], 947) is impossible for grammatical reasons.

31  The expression διάκονος τῆς ἐκκλησίας τῆς ἐν Κεγχρεαῖς should be understood as a *genitivus objectivus* and states that Phoebe provides her διακονία for the benefit of the Church at Cenchreae; cf. also Rom 15:25 (διακονεῖν + *dativus commodi*); 1 Cor 16:15 and Phlm 13 (διακονία + *dativus commodi*); Col 1:24–25 (Paul as διάκονος τῆς ἐκκλησίας).

32  So also already J. D. G. Dunn, Romans II (WBC 38B), Dallas 1988, 889.

only be a matter of speculation. We would probably not be mistaken to view Paul's collection of funds as our point of departure. It is clear from Rom 15:22–33 that Paul regarded the conveyance of this collection as the completion of his missionary activity in the East. We can assume that this dawned on him not only with the dictation of the letter, but already after he had begun to collect the money from the Churches in Macedonia and Achaia. This insight – namely that the collection sets the seal to his missionary activity in the East – would immediately raise the question of what should happen afterwards. The answer that Paul comes up with is found in Rom 15:24, 28. We can only speculate about why he wanted to continue his mission in Spain of all places. We may have, however, justifiable doubts that Paul already knew what awaited him there.

# Vater Abraham und *pater Aeneas*
## Eine Auseinandersetzung mit einem neuen Interpretationsvorschlag zu Röm 4

*Stefan Krauter*

In seinem Brief an mehrere Gruppen von Christusgläubigen in Rom kommt Paulus auf Abraham als »unseren Vorvater nach dem Fleisch« (Röm 4,1), »Vater aller Glaubenden« (Röm 4,11), »Vater der Beschneidung« (Röm 4,12), »unseren Vater« (Röm 4,12), »unser aller Vater« (Röm 4,16) und »Vater vieler Völker« (Röm 4,17.18) zu sprechen.

Sehr viel ist darüber geschrieben worden.[1] Zu den sicherlich originelleren Vorschlägen, wie man diesen Briefabschnitt verstehen kann, gehört der von Neil Elliott.[2] Er liest Paulus' Aussagen über Abraham

---

[1] Als neuere Monographien zu Röm 4 seien hier nur genannt: M. Neubrand, Abraham – Vater von Juden und Nichtjuden. Eine exegetische Studie zu Röm 4, fzb 85, Würzburg 1997; B. Schliesser, Abraham's Faith in Romans 4. Paul's Concept of Faith in Light of the History of Reception of Genesis 15:6, WUNT II 224, Tübingen 2007; G.H. Visscher, Romans 4 and the New Perspective on Paul. Faith Embraces the Promise, Studies in Biblical Literature 122, New York u.a. 2009; I. Kamudzandu, Abraham as Spiritual Ancestor. A Postcolonial Zimbabwean Reading of Romans 4, Bibl.Interpr.S 100, Boston u.a. 2010; A.K. Tan, The Rhetoric of Abraham's Faith in Romans 4, Emory Studies in Early Christianity 20, Atlanta 2018.

[2] N. Elliott, The Arrogance of Nations. Reading Romans in the Shadow of Empire, Paul in Critical Contexts, Minneapolis 2008, 128–141. Die ansonsten einzigen mir auffindbaren Beiträge, die eine Verbindung von Abraham bei Paulus und Aeneas herstellen, sind D. Georgi, Aeneas und Abraham. Paulus unter dem Aspekt der Latinität?, ZNT 5 (2002), 37–43; Kamudzandu, Abraham (s. Anm. 1), 37–86; R.B. Lewis, Paul's ›Spirit of Adoption‹ in its Roman Imperial Context, Library of New Testament Studies 545, London 2016, 108–110 (das ist allerdings nur eine Zusammenfassung von Kamudzandu); S.C. Keesmaat/B.J. Walsh, Romans Disarmed. Resisting Empire, Demanding Justice, Grand Rapids 2019, 117–120. Zu Vergils Aeneis im Vergleich mit dem lukanischen Doppelwerk gibt es deutlich mehr Literatur: M. Palmer Bonz, The Past as Legacy. Luke-Acts and Ancient Epic, Minneapolis 2000; S. Krauter, Vergils Evangelium und das lukanische Epos? Überlegungen zu Gat-

als Auseinandersetzung mit römischen – genauer: augusteischen –
Vorstellungen von Aenas als mythischem Vorvater.

Ich möchte im Folgenden zweierlei zeigen: erstens dass das mitnichten eine abwegige Assoziation ist, vielmehr Abraham als Vater
aller Glaubenden bei Paulus tatsächlich einige Ähnlichkeiten mit,
aber auch charakteristische Unterschiede zu Vergils *pater Aeneas* hat,
dass jedoch zweitens Elliotts Lektüre von Abraham als *Gegen*modell
zu Aenas den Texten und ihrem historischen Entstehungskontext
nicht gerecht wird, ihm vielmehr von seinen theoretischen – man
kann durchaus auch sagen: ideologischen – Vorannahmen diktiert
wird.

## 1. Neil Elliott: Abraham als Rivale des Aeneas

In seinem Buch »The Arrogance of Nations« von 2008, das eine Art
Summe seiner postkolonialen, politisch engagierten Exegese des Römerbriefes darstellt, legt Neil Elliott unter der Kapitelüberschrift
»Pietas – Piety and the Scandal of an Irreligious Race« eine Auslegung von Röm 4 vor, die Abraham mit dem römischen Vorvater Aeneas kontrastiert.[3]

Die »lutherische« Deutung von Röm 4, die die Ausführungen über
Abraham als Schriftbeweis für die Rechtfertigung des Gottlosen aus
Glauben ohne Werke versteht, weist Elliott gleich zu Beginn in wenigen Worten ab.[4] Aber auch die Interpretation der »New Perspective« hält er für unangemessen: Es könne Paulus keinesfalls darum
gehen, gegen ein ethnozentrisches Missverständnis nachzuweisen,
dass Abraham nicht nur der Vorvater aller Judäer »nach dem Fleisch«

tung und Theologie des lukanischen Doppelwerkes, in: J. Frey/C.K. Roth-
schild/J. Schröter (Hg.), Die Apostelgeschichte im Kontext antiker und frühchristlicher Historiographie, BZNW 162, New York u.a. 2009, 214–243; D.R.
MacDonald, Luke and Vergil. Imitations of Classical Greek Literature, Lanham 2015; M. Kochenash, Taking the Bad with the Good. Reconciling Images
of Rome in Luke-Acts, Religious studies review 41 (2015), 43–51; ders., You
Can't Hear ›Aeneas‹ without Thinking of Rome, JBL 136 (2017), 667–685;
ders., Political Correction, NT 60 (2018), 1–13; ders., Adam, Son of God (Luke
3.38). Another Jesus-Augustus Parallel in Luke's Gospel, NTS 64 (2018), 307–
325; ders., Better Call Paul ›Saul‹. Literary Models and a Lukan Innovation,
JBL 138 (2019), 433–449; D.R. MacDonald, Luke and the Politics of Homeric
Imitation. Luke-Acts as Rival to the Aeneid, Lanham 2019.
3  Elliot, Arrogance (s. Anm. 2), 121–141.
4  Elliott, Arrogance (s. Anm. 2), 128.

(also qua Abstammung), sondern auch der Vater der Glaubenden aus allen Völkern sei.[5] In dieser Lesart bleibe – wie er nicht völlig zu Unrecht sagt – das Judentum, wenn auch nur das sich selbst ethnozentrisch missverstehende Judentum, das negative Pendant zum universalistischen Christentum.[6] Vor allem aber setze sie eine Sprechsituation zwischen Paulus und seinen Adressaten in Rom voraus, die sich im Brief nirgends belegen lasse: dass die Christusgläubigen mit nichtjudäischer Abstammung unter dem Druck »judaisierender« Gruppen gestanden seien, judäische *identity marker*, insbesondere die Beschneidung, zu übernehmen.[7]

Die Situation in Rom, auf deren Hintergrund Paulus schreibt, rekonstruiert Elliott hingegen wie folgt: 49 n. Chr. seien die Judäer von Kaiser Claudius aus Rom ausgewiesen worden; dies nicht – wie weithin angenommen –, weil die Entstehung von Gemeinden von Christusanhängern im Umkreis der judäischen Synagogen zu Unruhen geführt hätten. Vielmehr füge sich diese Vertreibung in weitere politisch motivierte Drangsalierungen und Unterdrückungsmaßnahmen gegen die besiegte und verachtete Ethnie.[8] Nero habe bei seinem Herrschaftsantritt den Judäern als Objekten seiner *clementia* die Rückkehr gestattet. Als »unwürdige Empfänger« seiner Gnade seien sie zurückgekehrt, stets Anfeindungen ihrer Nachbarn ausgesetzt und in steter Angst, wieder Opfer einer Ausweisung zu werden.[9] Solche feindlichen Ansichten hätten auch in den nun rein nichtjudäischen Gruppen von Christusanhängern vorgeherrscht.[10] Die zurückge-

---

5 Als Diskussionspartner wählt Elliott sich R. B. Hays, Echoes of Scripture in the Letters of Paul, New Haven u. a. 1989, 54–57.

6 Elliott, Arrogance (s. Anm. 2), 132.

7 Elliott, Arrogance (s. Anm. 2), 130. Dieses Bild beruhe, wie er im Anschluss v. a. an S. K. Stowers, A Rereading of Romans. Justice, Jews, and Gentiles, New Haven 1994, 126–175, meint auf einem fundamentalen Missverständnis des Diatribenstils in Röm 2 f. als Einwände realer Gegner. Viel mehr noch, scheint mir, beruht es auf einer Übertragung der (rekonstruierten vermutlichen) Situation des Galaterbriefes, wo es um die Forderung und/oder den Wunsch nach Beschneidung geht, auf den Römerbrief.

8 Elliott, Arrogance (s. Anm. 2), 96–99. Er beruft sich dabei v. a. auf H. D. Slingerland, Claudian Policymaking and the Early Imperial Repression of Judaism at Rome, Atlanta 1997; insbesondere auf dessen Übersetzung von Suet. Claud. 25,4 (s. dazu unten).

9 Elliott, Arrogance (s. Anm. 2), 99–100.

10 Elliott, Arrogance (s. Anm. 2), 108, unter Berufung auf W. Wiefel, Die jüdische Gemeinschaft im antiken Rom und die Anfänge des römischen Christentums. Bemerkungen zu Anlaß und Zweck des Römerbriefs, Jud. 26 (1970),

kehrten Judäer gegen sie in Schutz zu nehmen sei das Ziel von Paulus'
Brief, wie in Röm 9–11 klar werde.[11]

Auf diesem Hintergrund liest Elliott nun auch Röm 4. In der römischen imperialen Propaganda sei Aeneas der Vorvater der Römer
und insbesondere der iulischen Familie, die in Augustus gipfle. Zentrales Merkmal des Aeneas sei seine *pietas*. Als *pius* nehme er den göt-
tergewollten Auftrag auf sich, das Volk zu gründen, dem einst die
Weltherrschaft gehören solle. Dieser Auftrag bringe Mühe mit sich,
Entbehrung, Arbeit und auch Krieg und Gewalt – Gewalt freilich, die
als zur Erlangung des großen Zieles notwendig dargestellt und so le-
gitimiert werde. Die Erfüllung der Verheißungen an diesen Vorvater
sei Augustus, der durch seine Siege eine goldene Zeit bringe, an der
alle diejenigen teilhaben könnten, die in einer Beziehung der *fides* zu
Rom stünden.[12]

Im Gegenüber zu diesem ruhmvollen römischen Vorvater erscheint
nun Abraham als unwürdiger Vater eines besiegten Ethnos. Den
Christusgläubigen in Rom, die sich zu den Nachfahren des Aeneas
rechnen wollten und die Judäer als Abrahams Nachfahren verachteten, wolle Paulus klarmachen, dass eben nicht Aeneas, sondern Abraham auch ihr Vorvater sei – der Abraham, der in römischen Augen
*impius* sei. Denn er verweigere sich dem angestammten Götterkult,
sei also in römischer Perspektive ἀσεβής und gerade so bei Gott gerecht. Als solcher sei er der Vater aller πιστεύοντες, d. h. nicht einfach
aller »gläubigen Christen«, vielmehr derjenigen »Treuen«, die wie er
den Status der *impietas* auf sich nähmen, indem sie sich dem imperialen Kult verweigerten, und die nicht nach Gerechtigkeit aus Werken
des Gesetzes strebten, d. h. nicht versuchten, sich in das imperiale
System kaiserlicher Euergesie einzugliedern.[13]

---

65–88. Elliott geht wie inzwischen viele Exegeten davon aus, dass die *Adress-
saten* des Briefes nur nichtjudäische Christusanhänger sind. Dafür spricht in
der Tat vieles. Allerdings ist von der Frage, *zu* wem Paulus redet, klar die
Frage zu unterscheiden, *über* wen er redet. In dieser Hinsicht scheint mir die
häufig anzutreffende Schlussfolgerung *alle* Aussagen des Paulus (selbst die,
die er doch mit Bedacht unter Verwendung von Allgemeinbegriffen wie
»Mensch« oder »alles Fleisch« oder in der 1. Person Plural formuliert), refe-
rierten *nur* auf Nichtjudäer, zumindest vorschnell, wenn nicht falsch.

11  Elliott, Arrogance (s. Anm. 2), 119.
12  Elliott, Arrogance (s. Anm. 2), 125–128.
13  Elliott, Arrogance (s. Anm. 2), 132–141.

## 2. Pater Aeneas

Um Elliotts Deutung von Röm 4 nachvollziehen und beurteilen zu können, soll nun in einem ersten Schritt Aeneas als mythischer Vorfahre der Römer betrachtet werden. Dabei sind die frühen Versionen des Aeneasmythos und deren Verwendung in der augusteischen Herrschaftsideologie sowie in Vergils Epos Aeneis zu unterscheiden.

### 2.1 Der Aeneasmythos

Ausgangspunkt des Aeneasmythos ist eine Passage in Homers Ilias.[14] Dort kämpft Aineias, von Apollon angestachelt (Hom.Il. 20,79–109), gegen Achilleus. Seine Geburt von Anchises und Aphrodite und seine Abstammung von Zeus über den Vorfahren Dardanos werden erwähnt (Hom.Il. 20,208 f.215–241, vgl. auch Hes.theog. 1008–1010, Hom. In Venerem 53–167). Als der Kampf kurz vor der Entscheidung steht und Aineias zu unterliegen droht, greift Poseidon ein (Hom.Il. 20,288–291). Weil Aineias den Göttern stets willkommene Gaben bringt (Hom.Il. 20,298 f.) und weil es ihm bestimmt ist zu entkommen, damit das Geschlecht des Dardanos nicht untergeht, sondern es unter seiner Herrschaft in ferner Zukunft Nachfahren hat (Hom.Il. 20,302–308, vgl. Hom. in Venerem 196–199), entrückt ihn Poseidon vom Schlachtfeld (Hom.Il. 20,318–329). Poseidon ermahnt Aineias, Achilleus zu meiden, damit er nicht gegen das Schicksal sterbe (Hom. Il. 20,335 f.). Achilleus erkennt frustriert, dass Aineias den unsterblichen Göttern lieb ist (Hom.Il. 20,347), und wendet sich anderen Kämpfen zu.

Ab dem 6. Jahrhundert v. Chr. lässt sich der Aeneasmythos im Westen des Mittelmeerraumes nachweisen: Aeneas ist mit seinem Vater und den geretteten troianischen Götterbildern nach Italien gekommen. Er oder seine Nachfahren werden mit der Gründung Roms in Zusammenhang gebracht.[15] Im 3. Jahrhundert, während der punischen Kriege, entdecken die Römer Aeneas für sich: Die Verbin-

---

14 Vgl. zum Folgenden: G. Binder, P. Vergilius Maro – Aeneis. Ein Kommentar, Bd. 1: Einleitung, Zentrale Themen, Literatur, Indices (BAC 104), Trier 2019, 52–55, 180 f.; H. Heckel, Aineias, DNP 1 (1996), 329–332; N.M. Horsfall, The Aeneas Legend from Homer to Virgil, in: ders./J.N. Bremmer (Hg.), Roman Myth and Mythography, London 1987, 12–24.

15 Stesichoros, Iliupersis (PMG I 205, vgl. LIMC s.v. Aineias), Hellanikos von Lesbos (FGrH 4 F 31, FGrH 4 F 84), Kallias von Syrakus (FGrH 564 F 5), Timaios von Tauromenion (FGrH 566 F 36, F 59). Vgl. auch Sall.Catil. 6,1.

dung mit einem homerischen Helden und dem ihm geweissagten
Schicksal dient dazu, Rom als Teil der griechisch dominierten Kultur
des Mittelmeerraumes darzustellen.[16] Die frühen lateinischen Historiker versuchen, die Mythenvarianten zu vereinheitlichen und chro-
nologische Probleme zu lösen.[17] In der späten Republik schließlich
wird troianische Herkunft zum Argument im innenpolitischen
Kampf, insbesondere reklamiert die Gens Iulia die Abstammung vom
Aeneassohn Ascanius/Iulus für sich.[18] Aus dem Ahnherrn aller Römer wird der Vorfahr einer Familie.[19]

### 2.2 Aeneas in der augusteischen Ideologie

Auf diesen Vorgaben baut die augusteische Herrschaftsideologie auf:
Augustus führt den Kult der Venus Genetrix im von Iulius Caesar 46
v. Chr. erbauten Tempel am Forum Iulium weiter.[20] Auf dem Forum
Romanum wird 42 v. Chr. ein Tempel für seinen vom Senat konse-
krierten Adoptivvater Divus Iulius geweiht.[21] Auf den Reliefs der Ara
Pacis Augustae (9 v. Chr.) stehen sich Augustus und Aeneas gegenüber, beide opfern *capite velato*.[22] Das 2 v. Chr. eingeweihte Augustusforum zeigt in zahlreichen Statuen die »großen Männer« der römischen Geschichte, darunter prominent Aeneas. In der Mitte des
Platzes steht eine Triumphalquadriga des Augustus. Der Tempel des
Mars Ultor erinnert daran, dass er seinen Vater an dessen Mördern

---

16  Naevius, Bellum Poenicum; Ennius, Annales. Zuvor schon wurden diplomatische Beziehungen zwischen verschiedenen Ethnien und Rom mit mythischen Verwandtschaften »begründet«; vgl. dazu Horsfall, Aeneas-Legend (s.
Anm. 14), 20–22.

17  Fabius Pictor, Annales; Cato, Origines. Die (fiktive) Zeit zwischen der Zerstörung Troias (1184 v. Chr.) und der Gründung Roms (753 v. Chr.) wird mit den
Königen von Alba Longa aufgefüllt. Vgl. Liv. 1,1–3 und Dion.Hal.ant. 1,45–
75.

18  Vgl. dazu Horsfall, Aeneas-Legend (s. Anm. 14), 22–24.

19  Vgl. E. Binder, Aeneis. Lateinisch/Deutsch, Stuttgart 2012, 78. Wichtige
Zeugnisse für die Verwendung der mythischen Abstammung in der politischen Auseinandersetzung: Suet.Iul. 6,1; 49,3.

20  Binder, Aeneis (s. Anm. 14), 79; R. Hurschmann, Forum Iulium, DNP 4
(1998), 616f.; P. Gros, Forum Iulium. Venus Genetrix, Aedes, LTUR 2 (1995),
306f.

21  Binder, Aeneis (s. Anm. 14), 79; C. Höcker, Forum Romanum, DNP 4 (1998),
617–620 (619); N. Purcell, Forum Romanum (The Imperial Period), LTUR 2
(1995), 336–342.

22  Binder, Aeneis (s. Anm. 14), 271f.; C. Höcker, Ara Pacis Augustae, DNP 1
(1996), 941–943.

gerächt hat.[23] Insgesamt demonstrieren diese Monumente unmissverständlich den Machtanspruch der Gens Iulia. Diese Familie, deren Geschichte in Augustus gipfelt, herrscht nach dem Willen der Götter – im doppelten Sinne: sie herrscht, weil die Götter das wollen, und sie herrscht mit *pietas*, also in Übereinstimmung mit dem Willen der Götter.

In diesem Kontext ist auch der vergilische Aeneas zu sehen, allerdings nicht ohne einige Vorbemerkungen: Vergil starb 19 v.Chr., ohne die Aeneis vollendet zu haben. Die antiken Nachrichten, Vergil habe testamentarisch verfügt, das unfertige Epos zu verbrennen, sind unsicher. Sie könnten auch Legenden und Schutzbehauptungen gegenüber Kritikern sein.[24] Die ikonographische Darstellung des Aeneasmythos an der Ara Pacis und auf dem Augustusforum sind jedenfalls deutlich nach Vergils Tod entstanden. Sie gehören in die Wirkungsgeschichte seines Epos, sind sozusagen dessen »offizielle«, von Augustus propagierte Deutung. Diese darf man nicht umstandslos mit der vom Dichter intendierten Botschaft seines Werkes gleichsetzen. Gänzlich unangebracht ist die Vorstellung von Vergil und anderen augusteischen Dichtern als sozusagen staatlich protegierten oder gar bezahlten Propagandadichtern.[25] Ihre Werke sind zutiefst von der sozialen und politischen Lage der Entstehungszeit und auch von deren Ideologie geprägt und sie sind deutlich Werke von Angehörigen der gesellschaftlichen Elite. Trotzdem sind sie jeweils individuelle

---

23 Binder, Aeneis (s. Anm. 14), 272–274; C. Höcker, Forum Augustum, DNP 4 (1998), 614–616; V. Kockel, Forum Augustum, LTUR 2 (1995), 289–295.
24 Binder, Aeneis (s. Anm. 14), 27, 307–309.
25 Gegen Elliott, Arrogance (s. Anm. 2), 127. Vgl. z.B. W. Suerbaum, Vergils Aeneis. Epos zwischen Geschichte und Gegenwart, Stuttgart 1999, 202 f.; E.A. Schmidt, Vergils Aeneis als augusteische Dichtung, in: J. Rüpke (Hg.), Von Göttern und Menschen erzählen. Formkonstanzen und Funktionswandel vormoderner Epik, Potsdamer altertumswissenschaftliche Beiträge 4, Stuttgart 2001, 65–92 (85–87); J. Griffin, Augustan Poetry and Augustanism, in: K. Galinsky (Hg.), The Cambridge Companion to the Age of Augustus, Cambridge 2005, 306–320; R. Tarrant, Poetry and Power. Virgil's Poetry in Contemporary Context, in: F. Mac Góráin (Hg.), The Cambridge Companion to Virgil, Cambridge ²2019, 243–262. Auch H.-P. Stahl, Poetry Underpinning Power. Virgil's Aeneid. The Epic for Emperor Augustus. A Recovery Study, Swansea 2015, versteht trotz des Titels und trotz seiner vehementen Verteidigung der klassischen, pro-augusteischen Deutung der Aeneis Vergil keineswegs als platten Propagandadichter.

Auseinandersetzungen mit den Gegebenheiten ihrer Zeit und verdie-
nen eine ebenso sorgfältige Beschäftigung wie die biblischen Texte.

### 2.3 Aeneas in Vergils Aeneis

Vergils Aeneas ist eine vielschichtige Figur – keineswegs ein bloßes
alter Ego des Augustus oder die Personifikation augusteischer Ideologie.[26] Im Folgenden können nur diejenigen Züge kurz dargestellt werden, die für den Vergleich mit Abraham bei Paulus relevant sind. Sie
lassen sich unter die Stichwörter *pater* (vgl. πατήρ), *pius/fidus* (vgl.
πίστις) und *labor* (vgl. ἐργάζομαι) fassen.[27]

Zum *pater Aeneas* wird Aeneas (abgesehen davon, dass er in Verg.
Aen. 3,343; 4,234[28]; 9,649; 12,440 der Vater von Ascanius/Iulus ist) erst
durch den Tod seines eigenen Vaters Anchises in Verg.Aen. 3,707–
714.[29] Freilich muss er in diese neue Vaterrolle erst hineinwachsen.
Die Didogeschichte in Buch 4 zeigt Aeneas in einer Situation der Ver-
suchung und Schwäche. Er droht, seinem Auftrag, nach Italien zu
kommen, untreu zu werden. Buch 5 ist ein retardierendes Moment.
Die Totenspiele für Anchises dienen dem Gedenken. Am Ende dieses
Buches in den Krisen, die der Schiffsbrand und der Tod des Steuer-
manns Palinurus hervorrufen, agiert Aeneas als besonnener, voraus-
schauender Anführer, wird also *pater Aeneas* im Sinne eines *pater pa-
triae* (Verg.Aen. 5,700.867). In Buch 6, nach einer letzten Begegnung
mit Anchises in der Unterwelt, wendet sich Aeneas endlich entschlossen seinem Auftrag und damit der Zukunft zu.

Prominent als Urahn der Römer wird Aeneas im letzten Buch des
Epos bezeichnet (*pater Aeneas, Romanae stirpis origo*, Verg.Aen.
12,166),[30] zugleich wird die iulische Familie im engeren Sinne her-

---

26  Suerbaum, Vergils Aeneis (s. Anm. 25), 203.

27  Diese Auswahl lehnt sich an die Punkte an, die auch Elliott (wenn auch wenig
systematisch) behandelt. Gewiss eine Untersuchung lohnen würde auch der
Aspekt *gloria/laus* (vgl. καύχημα). Das würde in diesem Rahmen aber zu weit
führen.

28  In *Ascanione pater Romanas inuidet arces* schwingt freilich die Verantwortung
für die weiteren Nachfahren und die römische Geschichte als ganze mit.

29  Mit einer pathetischen Apostrophe an Anchises als *pater optime* in Verg.Aen.
3,710. Folgerichtig heißt in Verg.Aen. 3,716 dann Aeneas selbst *pater*. Binder,
Aeneis (s. Anm. 14), 248. Vgl. zu Aeneas und Anchises auch H. Balz, Ngoe –
Osiris – Aeneas. Drei Untersuchungen zu Gründern und Ahnen, Religionswissenschaft, Forschung und Wissenschaft 11, Berlin 2014, 153–167.

30  Entsprechend kann *nepotes* »Enkel/Nachfahren« für die Römer stehen, z. B.
Verg.Aen. 3,158 f.; 6,682; 8,731

vorgehoben, indem Ascanius als *magnae spes altera Romae* (Verg.Aen. 12,168) erwähnt wird. In diesem Buch wird auch endgültig geklärt, was für ein Volk die Römer, Aeneas' Nachfahren, sein werden: Im Gespräch zwischen Iuppiter und Iuno wird – nach vielen vorausgegangenen Andeutungen[31] – festgelegt, dass sie ein latinisches Mischvolk[32] sind. Troia und damit auch die »reinen« Troianer sind endgültig untergegangen.[33]

Neben *pater Aeneas* ist *pius Aeneas* mit 19 Belegen eine stehende Verbindung in der Aeneis. Der lateinische Begriff *pietas* und die mit ihm bezeichnete(n) Wertvorstellung(en) sind komplex. Man kann idealty-

31  Vgl. z. B. Verg.Aen. 3,294–351: Buthrotum als »falsches Troia«, eine Stätte toter Erinnerung; Verg.Aen. 3,610f.: Anchises reicht dem auf der Kyklopeninsel zurückgebliebenen Griechen die Hand.

32  Verg.Aen. 12,821–840, insbes. 838: *hinc genus Ausonio mixtum quod sanguine surget.* Die antike Ethnologie unterscheidet *indigenae* (αὐτόχθονες), *advenae* (ἐπήλυδες), *mixti* (μιγάδες); vgl. dazu A. A. Lund, Zum Germanenbild der Römer. Eine Einführung in die antike Ethnographie, Heidelberg 1990; H. Cancik, Ein Volk gründen. Ein myth-historisches Modell in Vergils Aeneis, in: ders., Römische Religion im Kontext. Kulturelle Bedingungen religiöser Diskurse. Gesammelte Aufsätze I, Tübingen 2008, 438–451 (442–445); M. E. Cairo, Memoria troyana e identidad romana en ›Eneida‹. Una lectura de los diálogos entre Júpiter y Venus (I,223–304) y entre Júpiter y Juno (XII,791–842), Auster 21 (2016), 95–110; K. Galinsky, Vergil's Aeneid and Ovid's Metamorphoses as World Literature, in: ders. (Hg.), The Cambridge Companion to the Age of Augustus, Cambridge 2005, 340–358 (346f.). C. Ames/G. De Santis, Die Konstruktion ethnischer Identitäten in augusteischer Zeit, Gymnasium 118 (2011), 7–28, weisen darauf hin, dass dieses grundsätzlich inklusive Modell auch Exklusion (also: die Vernichtung von Ethnien) kennt. Das macht das Beispiel der Rutuler deutlich, deren Fürst Turnus getötet wird und deren italische Identität nicht aufgenommen, sondern ausgelöscht wird.

33  Verg.Aen. 12,828: *occidit, occideritque sinas cum nomine Troia.* Vgl. auch Verg. Aen. 2,325: *fuimus Troes.* Die Grundidee »Tod Troias – Geburt Roms« prägt das Werk. Das hat durchaus weitreichende Bedeutung. Man kann vertreten, dass Vergil mit Troia symbolisch die homerische Welt der heldenhaften, ruhmbegierigen Krieger untergehen lässt: Vgl. den zwar gefeierten, aber zugleich – mit homoerotischer Tönung – zutiefst betrauerten und letztendlich sinnlosen Tod junger Männer im Kampf: Nisus und Euryalus (Verg.Aen. 9,176–502), Pallas (Verg.Aen. 11,29–58) und Lausus (Verg.Aen. 10,825–830), sowie den Tod des Turnus (Verg.Aen. 12,951f.). Vgl. dazu Binder, Aeneis (s. Anm. 14), 276–283; Balz, Ngoe (s. Anm. 29), 167–171. Den tiefgreifenden Wandel im Verständnis epischen Heldentums zeigt bereits Aenas' erster Auftritt (Verg.Aen. 1,92–101): Während Achilleus (Hom.Il. 21,277–283) und Odysseus (Hom.Od. 5,299–312), als sie zu ertrinken drohen, klagen, dass sie schmählich und nicht wie Helden im Kampf sterben müssen, verzweifelt Aeneas angesichts des Seesturmes am Scheitern seiner Mission.

pisch *pietas* als »Pflichterfüllung« gegenüber der Familie (insbesondere den Eltern), den Göttern und dem Vaterland fassen.[34] Für Aeneas
sind alle drei Aspekte wichtig: Aeneas ist *pius* gegenüber seiner Familie – emblematisch dafür ist die Szene, in der er den alten Vater auf
den Schultern aus dem brennenden Troia trägt (Verg.Aen. 2,707–711).
Er ist *pius* gegenüber den Göttern, wie unter anderem an seiner
Selbstvorstellung gegenüber seiner (von ihm nicht erkannten) Mutter
Venus in Verg.Aen. 1,378 f. deutlich wird: *sum pius Aeneas, raptos qui ex
hoste penatis classe ueho mecum.*[35] Schließlich ist Aeneas gegenüber seinem Auftrag *pius*:[36] So bekommt er z. B. in Verg.Aen. 4,393 zum ersten Mal nach Buch 1 wieder dieses Epitheton, weil er sich an seine
Mission erinnert.

Aeneas' Pflichtgefühl, Verantwortungsbewusstsein und Glaubwürdigkeit entspricht auf der Seite der ihm anvertrauten Troianer ihre
*fides* – ebenfalls ein komplexer Begriff, den man in diesem Zusammenhang mit Treue, Loyalität und auch Vertrauen wiedergeben kann.
Die Symbolfigur für diese Eigenschaft ist Aenas' Begleiter *fidus
Achates.*[37] Charakteristisch für die Aeneis ist, dass die *fides* der Troianer auf Aeneas hin konzentriert ist. Ihre Gemeinschaft besteht darin,
dass sie ihrem Anführer gegenüber loyal sind.[38]

Aeneas' Verantwortungsgefühl und Pflichtbewusstsein gegenüber
seinem Auftrag ist für das Epos von zentraler Bedeutung. In Hinblick
auf das zukünftige Rom ist sie *pietas erga patriam*. In Hinblick auf die
alte Heimat Troia, die er endgültig hinter sich lassen muss, verlangt

---

34  Vgl. Binder, Aeneis (s. Anm. 14), 250; A. Traina, Pietas, Enciclopedia Virgiliana 4 (1988), 93–101.

35  Hierher gehören auch all die Szenen, in denen Aeneas nach korrektem Ritus
Opfer darbringt, z. B. Verg.Aen. 5,77; 7,5; 8,60; 8,84 f.; 12,175.

36  Das zum Tragen des alten Vaters analoge Emblem dafür ist das Schultern des
Schildes, auf dem *famaque et fata nepotum* dargestellt sind (Verg.Aen. 8,731).

37  Vgl. zu ihm F. Speranza, Acate, Enciclopedia Virgiliana 1 (1984), 8 f., und T.
Weber, Fidus Achates. Der Gefährte des Aeneas in Vergils Aeneis (Studien
zur klassischen Philologie 37), Frankfurt 1988, insbes. 129–144. Er weist darauf hin, dass *fidus* (im Unterschied zu *fidelis*) kein reines Unterordnungsver-
hältnis bezeichnet. Aeneas ist klar der Anführer der Troianer, aber sie sind
nicht seine Diener.

38  Vgl. dazu T. Morgan, Roman Faith and Christian Faith. *Pistis* and *Fides* in the
Early Roman Empire and Early Churches, Oxford 2015, 219 f., die das in
einem treffenden Bild »wigwam model« nennt. Vgl. auch Weber, Fidus
Achates (s. Anm. 37), 138.

sie ihm hingegen Selbstverleugnung ab.[39] Diese Grundspannung bringt das Proömium in Verg.Aen. 1,1–11 zum Ausdruck: Der geographische Bogen spannt sich innerhalb eines Satzes von Troia (Verg. Aen. 1,1) bis Rom (Verg.Aen. 1,7). Dazwischen liegen die Mühen des Helden: *multum ille et terris iactatus et alto multa quoque et bello passus* (Verg.Aen. 1,3.5). Im zweiten Teil des Proömiums ist Aeneas selbst, ein *insignis pietate vir*, zwischen *tot uoluere casus* und *tot adire labores* eingeschlossen (Verg.Aen. 1,9 f.). Durch diese Verbindung von *pius* und *labor* ergibt sich die geschichtstheologische Problemstellung Vergils: *tantaene animis caelestibus irae?* (Verg.Aen. 1,11) Wie kann es sein, dass für das Erreichen eines gerechtfertigten, guten Zieles solches Leid notwendig ist?[40]

Damit kommt schon ein weiterer zentraler Begriff der Aeneis in den Blick: *labor*.[41] Arbeit, Pflicht, Mühe, Anstrengung und Leid kommen in vielen verschiedenen Bezügen im Epos vor. Seit dem Ende des Goldenen Zeitalters gehört *labor* zum menschlichen Leben dazu (Verg.georg. 1,145 f.). Daran ändert auch die Wiederkehr der *aurea aetas* unter Augustus (Verg.Aen. 6,792–794) nichts – Menschen müssen natürlich auch weiterhin arbeiten. Was sich allerdings ändert, ist der Aspekt von *labor*, den Aeneas geradezu im Übermaß aushalten muss: *labor* als Leid. Die Mühen und das Leid nimmt Aeneas also – sozusagen: stellvertretend – auf sich, um für seine Nachfahren einen Zustand relativer Freiheit von Leid (aber nicht von jeglicher Mühe) zu erreichen. Insofern ist das Leid gerechtfertigt. Die Frage, warum die Geschichte diesen leidvollen Weg nehmen musste, bleibt freilich be-

---

39 Aeneas' unerfüllbaren Wunsch nach Rückkehr zeigt Verg.Aen. 4,340: *me si fata meis paterentur ducere uitam auspiciis et sponte mea componere curas, urbem Troianam primum dulcisque meorum reliquias colerem, Priami tecta alta manerent, et recidiua manu posuissem Pergama uictis.* Vgl. dazu Suerbaum, Vergils Aeneis (s. Anm. 25), 208 f.

40 Vgl. dazu S. Krauter, Tanti fuit. Römische Beiträge zu einem Problem heilsgeschichtlicher Theologie, in: ders./J. Frey/H. Lichtenberger (Hg.), Heil und Geschichte. Die Geschichtsbezogenheit des Heils und das Problem der Heilsgeschichte in der biblischen Tradition und in der theologischen Deutung, WUNT 248, Tübingen 2009, 243–261; Galinsky, Vergil's Aeneid (s. Anm. 32), 344 f.

41 Vgl. dazu Binder, Aeneis (s. Anm. 14), 234–239; S. Scheinberg Kristol, Labor and Fortuna in Virgil's Aeneid, New York u. a. 1990; S. Bruck, Labor in Vergils Aeneis, Europäische Hochschulschriften XV 61, Frankfurt 1993.

stehen. Bei aller Rechtfertigung der augusteischen Herrschaft als Ziel der Geschichte hat Vergil einen Blick für die Opfer.[42]

## 3. Vater Abraham

Da Römer 4 ein viel untersuchter Text ist, soll hier den zahlreichen detaillierten Exegesen nicht eine weitere hinzugefügt werden. Zu einigen für Elliotts Auslegung grundlegenden Fragen muss ich allerdings in sehr knapper Form Stellung nehmen, um meine eigene Deutung nachvollziehbar zu machen.

### 3.1 Zur Situation der Christusgläubigen in Rom

Die Basis für Elliotts Deutung von Röm 4 – ja des ganzen Römerbriefes – ist sein Bild von der Situation in Rom. Ausdrücklich weist er eine Lektüre des Briefes als »internal theological meditation on the justice of God«[43] zurück und bezeichnet den direkten Rückbezug der Argumentation auf die aktuelle Situation der Adressaten des Paulus als einzigen »adequate rhetorical approach«.[44]

Dieses Bild, dass nämlich Paulus die arrogante, von imperialer Propaganda infizierte Haltung der Christusgläubigen gegenüber den Judäern in Rom zurechtweisen wolle, gewinnt Elliott einerseits durch textexterne historische Überlegungen und andererseits durch ein *mirror reading* bestimmter Briefpassagen, insbesondere von Röm 11.

Zunächst zu den historischen Überlegungen, die um die Ereignisse in Rom in den Jahren 49 und 54 n.Chr. kreisen: Im Anschluss an Dixon H. Slingerland lehnt Elliott eine »christianisierende« Interpretation von Suet.Claud. 25,4 (*Iudaeos impulsore Chresto assidue tumultuantis Roma expulit*) ab. Der Text belege nicht, dass das Auftreten von Christusgläubigen zu Unruhen in den Synagogen geführt hätte und

---

42  Darauf hebt zurecht die sogenannte »two voices theory« ab. Vgl. M.C.J. Putnam, The Poetry of the Aeneid. Four Studies in Imaginative Unity and Design, Cambridge 1965 (London u.a. 1988); ders., Virgil's Aeneid. Interpretation and Influence, Chapel Hill 1995. Scharfe Kritik: A. Wlosok, Die Göttin Venus in Vergils Aeneis, Heidelberg 1967, 67 und 127; Stahl, Poetry Underpinning Power (s. Anm. 25). Vermittelnde Position: E.A. Schmidt, The Meaning of Vergil's Aeneid. American and German Approaches, Classical World 94 (2001), 145–171; Binder, Aeneis (s. Anm. 14), 303–305; Suerbaum, Vergils Aeneis, 347–353.

43  Elliott, Arrogance (s. Anm. 2), 130.

44  Elliott, Arrogance (s. Anm. 2), 130.

folglich (vor allem) die judäischen Christusgläubigen ausgewiesen worden seien. Elliott übernimmt die von Slingerland vorgeschlagene Übersetzung »Chrestus caused Claudius to expel the continuously rebelling Jews«[45] und deutet die Maßnahme als gezielten Akt der Diskriminierung und Drangsalierung der judäischen Minderheit. Er stehe in einer Linie mit der ebenfalls klar antijudäischen Entscheidung des Claudius hinsichtlich des Konflikts um Bürgerrechte in Alexandreia.[46]

Bei einer Würdigung muss man zwischen der sprachlichen und der historischen Ebene unterscheiden. Sprachlich ist Slingerlands Übersetzung extrem unwahrscheinlich, ja beinahe unmöglich. Zwar gibt es im Lateinischen (fast) keine Regeln zur Wortstellung im Satz, doch lassen sich durchaus zumindest in Prosa übliche Muster erkennen. Was innerhalb der Klammer zwischen einem Nomen und einem dazu kongruenten Partizip (»participium coniunctum«) steht, bezieht sich in der bei weitem überwiegenden Zahl der Fälle auf dieses, nicht auf das finite Verb.[47] Historisch ist Slingerland dahingehend recht zu geben, dass die kurze Notiz bei Sueton auf keinen Fall die *Beweis*last tragen kann, dass die Unruhen, die zur Ausweisung führten, etwas mit Christusgläubigen zu tun hatten. Ob nun Chrestus (sehr unwahrscheinlich) der Berater des Claudius war, der ihn zu der Maßnahme veranlasste, oder ein ansonsten völlig unbekannter Unruhestifter oder (unter der Annahme sowohl einer Namensverwechslung als auch eines Datierungsfehlers, aber dennoch m. E. nicht völlig unplausibel)

---

45 Slingerland, Policymaking (s. Anm. 8), 159–168; Elliott, Arrogance (s. Anm. 2), 98.

46 Elliott, Arrogance (s. Anm. 2), 93–96.

47 Sog. Sperrung mit »geschlossener Wortstellung«. Vgl. dazu R. Kühner/C. Stegmann, Ausführliche Grammatik der lateinischen Sprache, Zweiter Teil: Satzlehre, Bd. 2, Nachdruck Darmstadt 1982, 620; H. Menge, Lehrbuch der lateinischen Syntax und Semantik, bearb. v. T. Burkard u. M. Schauer, Darmstadt 2000, 343; 581 f. Die von Slingerland als Beleg für seine Übersetzung angeführten Stellen (Suet.Iul. 20,2; Suet.Aug. 81,1; 101,1; Suet.Tib. 1,1; 73,1; Suet. Nero 40,1; Suet.Vit. 2,2; Suet.Dom. 15,2) sind größtenteils nicht einschlägig bzw. zeigen nur, dass man nicht umgekehrt aus einer »offenen Wortstellung« ohne Klammer zwischen Substantiv und kongruentem Partizip schließen kann, dass ein Satzglied nicht zur Partizipialkonstruktion gehört. Wenn Sueton das hätte schreiben wollen, was Slingerland annimmt, wäre jedenfalls der erwartbare Satz gewesen: *Impulsore Chresto Iudaeos assidue tumultuantis Roma expulit* oder *Iudaeos assidue tumultuantis impulsore Chresto Roma expulit* oder *Iudaeos assidue tumultuantis Roma expulit impulsore Chresto*.

Christus – weiter als bis zu der Erkenntnis, dass Judäer[48] vermutlich 49 n.Chr.[49] aus Rom ausgewiesen wurden, kommt man nicht.[50] Auf diese relativ bescheidene Erkenntnis sollte man keine allzu großen Hypothesen über die Frühzeit der stadtrömischen Gemeinden von Christusgläubigen und ihre Beziehung zu den Judäern bauen.[51] Eben dies tut Elliott freilich in Hinblick auf das Jahr 54 n.Chr. Die Rücknahme des Vertreibungsdekrets sei eine Demonstration imperialer *clementia* Neros gewesen, die die Judäer als Objekte zur Selbstdarstellung missbraucht habe.[52] Breit malt Elliott das Bild von verachteten Bettlern, die auf das Straße verzweifelt nach einer Möglichkeit koscherer Ernährung suchen, aus.[53] Das Problem ist – man kann es nicht zurückhaltender sagen –, dass dies alles reine Phantasie ist.[54] Keine einzige der von Elliott angeführten Quellen gibt auch nur einen Anhalt für dieses Szenario.[55]

48  Es ist nicht möglich, zu entscheiden, ob das Partizip einschränkend (»diejenigen Judäer, die«) gemeint ist oder nicht (»alle Judäer, weil sie«).
49  Auch die Datierung ist nicht sicher, vgl. S. Krauter, Bürgerrecht und Kultteilnahme. Politische und kultische Rechte und Pflichten in griechischen Poleis, Rom und antikem Judentum, BZNW 127, Berlin u.a. 2004, 318.
50  Vgl. dazu insgesamt Krauter, Bürgerrecht (s. Anm. 49), 317–323. Dort auch Hinweise auf weitere Literatur. Keine neuen Erkenntnisse bringt J. Engberg, Impulsore Chresto. Opposition to Christianity in the Roman Empire c. 50–250 AD, ECCA 2, Frankfurt 2007, 81–106.
51  Vgl. auch die weitgehende Kritik am üblichen Bild der Situation in Rom bei R. B. Foster, Renaming Abraham's Children. Election, Ethnicity, and the Interpretation of Scripture in Romans 9, WUNT II 421, Tübingen 2016, 85–89.
52  Elliott, Arrogance (s. Anm. 2), 99.
53  Elliott, Arrogance (s. Anm. 2), 99–100.
54  Elliott verbirgt dies hinter den Formulierungen »we may safely presume« (99) und »we may hazard an informed guess« (100).
55  Suet.Nero 10 erwähnt nicht eine Rückkehrerlaubnis, sondern völlig andere Maßnahmen. Es gibt überhaupt keine Quelle, die eine offizielle Rücknahme der Vertreibung belegen würde. Die nächstliegende Vermutung ist, dass es keine gab, sondern die Vertreibung nur eine punktuelle Aktion war und nach einiger Zeit ausgewiesene Judäer zurückkehrten bzw. andere Judäer sich neu ansiedelten. (So schon Orig.comm.Rom. 10,18 zu Aquila und Prisca [Röm 16,3–5]: *Potest autem fieri, ut, quia illo tempore pulsis ex urbe Iudaeis per praeceptum caesaris Corinthum venerant, rursus edicti cessante saevitia Romam regressi salutentur a Paulo.*)
Nicht besser ist es mit Elliotts Quellen zur sozialen Lage der Judäer in Rom: Mart.ep. 10,57,13; Juv.sat. 2,11; 3; 6,541–544 sind nicht aus neronischer, sondern flavischer Zeit. Hor.serm. 1,9,71 ist ebenfalls nicht aus neronischer, sondern aus augusteischer Zeit; zudem werden dort nicht die Judäer als »schwach«

Mit seinem Bild von den Vorgängen in Rom hängt Elliotts Auslegung von Röm 9–11 eng zusammen. Hier komme nach langer Vorbereitung die Argumentation des Paulus an ihr Ziel, nämlich die Christusgläubigen in Rom dafür zurechtzuweisen, dass sie das »Gift« der imperialen Ideologie aufgenommen und sich über die Judäer erhoben hätten.[56] Es ist hier nicht der Ort, im Detail auf Elliotts Argumente einzugehen, nur folgende Punkte seien genannt:

– In der Tat hat Elliott recht, dass man die Fragestellung von Röm 9–11 nicht anachronistisch als »warum glauben die meisten Juden nicht an Christus« erfassen sollte.[57] Worum es Paulus geht, ist, wie Gottes Verheißungen und der ihnen widersprechende gegenwärtige Zustand Israels zusammengehen können.[58] Die Antwort läuft darauf hinaus, dass der jetzige Zustand ihnen nur scheinbar widerspricht und jedenfalls am Ende die Verheißungen sich sichtbar erfüllen.[59]

– Den gegenwärtigen Zustand Israels identifiziert Elliott allerdings mit der von ihm angenommenen politischen und sozialen Lage der Judäer: Sie hätten ihre eigene Gerechtigkeit aufrichten wollen, d. h. einen Platz in der imperialen Hierarchie erlangen wollen,[60] seien damit aber gescheitert, d. h. als Unruhestifter ausgewiesen worden und dann als unwürdige Objekte imperialer Gnade wieder zurückgekehrt. Doch dieses Scheitern widerspreche nicht ihrer bleibenden Erwählung.[61] Diese Identifikation ist freilich hoch spekulativ – Elliott setzt hier Informationen über die Lage der Judäer in Rom voraus, die die Quellen nicht hergeben.

---

verunglimpft, sondern ein Römer, der den Sabbat beachtet, bezeichnet sich selbstironisch als »schwach«. Seneca, De superstitione (apud Aug.civ. 6,11) zeigt, dass einige Römer judäische Bräuche attraktiv fanden und nachahmten. Ebenso der von Elliott nicht erwähnte, ebenfalls in neronische Zeit zu datierende Text Pers.sat. 5,179–184.

56 Elliot, Arrogance (s. Anm. 2), 110 f.

57 Das zeigt m. E. überzeugend Stowers, Rereading (s. Anm. 7), 285–316, auf den sich Elliott durchgehend beruft.

58 So auch M. Wolter, Der Brief an die Römer, Teilband 2: Röm 9–16, EKK VI/1, Neukirchen-Vluyn 2019, 22 f.

59 Elliot, Arrogance (s. Anm. 2), 114–119.

60 Elliot, Arrogance (s. Anm. 2), 117 f.; er beruft sich auf die Vorgänge in Alexandreia – aber ob in Rom Ähnliches geschehen ist, ob Paulus und seine Adressaten davon überhaupt wussten (wie Elliott immer wieder emphatisch behauptet), lässt sich in keiner Weise sagen.

61 Elliot, Arrogance (s. Anm. 2), 119.

– Noch mehr trifft dies für sein Bild von den stadtrömischen Christusgläubigen zu: Er schreibt ihnen generell eine feindselige, arrogante, von imperialer Ideologie geprägte Haltung gegenüber Judäern zu.[62] Doch wie plausibel ist das? Die Gemeinden setzten sich
vermutlich aus Menschen zusammen, die sich früher im Umfeld
von Synagogen bewegt hatten, d. h. – wie zeitgenössische Quellen
belegen – judäische Riten und Bräuche attraktiv fanden. Woher der
rasche Wandel zu supersessionistischen Judenfeinden? Die deutlich
späteren, in der Tat judenfeindlichen Äußerungen antiker christlicher Theologen darf man nicht einfach auf sie zurückprojizieren.[63]
Man kann sich an vielen Stellen des Eindrucks nicht erwehren, dass
Elliott hier macht, was er früheren Exegeten (zu recht!) hinsichtlich
»der Juden« vorwirft: einen Gegner konstruieren, der es erlaubt,
Paulus als Vertreter der eigenen Position zu lesen.[64]

– Elliott verweist freilich auf Röm 11,17–24. Dort werde die Einstellung der stadtrömischen Christusgläubigen gegenüber den Judäern
explizit.[65] Damit jedoch widerspricht er seinen eigenen Einsichten,
dass man aus diatribischen Passagen nicht auf die Ansichten realer
Gegner schließen kann. Zwar spricht Paulus in Röm 11,13 seine
nichtjudäischen Adressaten an, aber daraus kann man eben nicht
entnehmen, dass der Interlokutor in 11,17–24 deren Meinung wie-
dergebe.[66]

– Schließlich gibt Elliott die Meinung dieses Interlokutors auch noch
falsch wieder: »The target of Paul's argument ist the non-Judean,
who is explicitly addressed in the letter and whose boasting over a
supposedly fallen Israel is Paul's principal target (11,13–25). It is

---

62  Elliot, Arrogance (s. Anm. 2), 110 f.
63  Foster, Renaming (s. Anm. 51), 89–93.
64  Vgl. zu dieser allgemein wahrnehmbaren Tendenz Foster, Renaming (s.
     Anm. 51), 88 f.
65  Elliot, Arrogance (s. Anm. 2), 20.
66  Auch Stowers, Rereading (s. Anm. 7), 299, macht deutlich, dass Röm 11,17–24
     ein diatribischer Dialog mit einem *fiktiven* nichtjudäischen Interlokutor ist.
     Das wird schon daran deutlich, dass Paulus hier mit einem personifizierten
     Olivenzweig redet. Hier wird – wie in Röm 2,1–16 und Röm 2,17–3,20 – eine
     mögliche und wohl auch für Paulus und seine Adressaten in ihrer Kommuni-
     kationssituation real relevante nichtjudäische bzw. judäische Position kriti-
     siert, aber es werden nicht eins zu eins die Ansichten der direkt Beteiligten
     wiedergegeben. Vgl. auch Foster, Renaming (s. Anm. 51), 108; Wolter, Römer
     2 (s. Anm. 58), 187. Ebenso ist auch Röm 14 kein direktes »Fenster« in die
     römischen Gemeinden.

*their* misunderstanding of Judaism to regard Abraham's ancestry as limited to the (vanquished) Judeans.«[67] Der wilde Ölzweig in Röm 11,17–24 rühmt sich aber gerade nicht, dass er zu einem anderen Ölbaum gehört, sondern dass er in den edlen Ölbaum eingepfropft wurde, und ist in dieser Hinsicht arrogant gegenüber den ausgerissenen edlen Ölzweigen. Meint: Keineswegs sieht Paulus das Problem darin, dass Christusgläubige Abraham nicht als ihren Vater ansehen (vielmehr als unwürdigen Ahnen der verachteten Judäer), sondern dass sie ihn als *nur ihren* Vater ansehen.

Da Elliott nur eine Auslegung für methodisch angemessen hält, die den Text eng an eine argumentative Situation rückbindet, muss er versuchen, diese Situation zu rekonstruieren. Weil dies aber aufgrund der mangelnden Quellen und vor allem aufgrund des spezifischen Kommunikationsstils des Römerbriefes[68] nur mit großen Einschränkungen möglich ist, *konstruiert* er diese Situation – mit weitreichenden Folgen.[69]

### 3.2 Anmerkungen zu sprachlich-exegetischen Problemen
### 3.2.1 Röm 4,1

Hinsichtlich Röm 4,1 schließt sich Elliott – wie inzwischen sehr viele englischsprachige Exegeten – dem Übersetzungsvorschlag von Richard Hays an: »What then shall we say: have we found Abraham to be our forefather according to the flesh?«[70] Auch hier sind sprachliche und inhaltliche Ebene zu unterscheiden.

Die von Hays[71] favorisierte Übersetzung ist die Alternative zur herkömmlichen »Was, sollen wir nun sagen, hat Abraham, unser Vorva-

---

67 Elliot, Arrogance (s. Anm. 2), 134.

68 Vgl. dazu M. Theobald, Der Römerbrief, EdF 294, Darmstadt 2000, 67–74.

69 Das ist kein Plädoyer für eine Rückkehr zur von Elliott (und vielen weiteren) geradezu perhorreszierten Lektüre des Römerbriefes als einer »theologischen Abhandlung«, wohl aber ein Plädoyer, wahrzunehmen, was man über die Kommunikationssituation dieses Briefes nicht weiß und auch nicht wissen kann.

70 R. B. Hays, Have we found Abraham to Be Our Forefather According to the Flesh. A Reconsideration of Rom 4:1, NT 27 (1985), 76–98. Ders., Echoes (s. Anm. 5), 54, meint sogar, man *müsse* den Vers so übersetzen.

71 Und zuvor schon von T. Zahn, Der Brief des Paulus an die Römer, KNT VI, Leipzig u. a. ³1925, 214–218. Dem Übersetzungsvorschlag schließt sich auch Neubrand, Abraham (s. Anm. 1), 179–184 an. Daneben gibt es noch zahlreiche, m. E. deutlich weniger plausible Übersetzungsvorschläge, z. B. bei R.

ter nach dem Fleisch, gefunden?«.[72] Hays grammatikalische und stilistische Argumente sind schwächer als oft angenommen.[73] Sie zeigen nur, dass beide Übersetzungen möglich sind – nicht, dass seine wahrscheinlicher wäre.

Wie auch immer man übersetzt, inhaltlich ist Elliott (und ebenso schon Hays und vielen weiteren) zuzustimmen, dass »ancestry« ein Thema der Passage ist.[74] So recht Elliott freilich hat, wenn er im

Jewett, Romans (Hermeneia), Minneapolis 2007, 308 f.; K. Haacker, Der Brief des Paulus an die Römer, ThHKNT 6, Leipzig ³2006, 107.109.

72  So z. B. U. Wilkens, Der Brief an die Römer, Teilband 1: Röm 1–5, EKK VI/1, Zürich u. a. ³1997, 260 f.; unter neueren englischsprachigen Kommentaren z. B. F. Thielmann, Romans, Zondervan Exegetical Commentary on the New Testament, Grand Rapids 2018, 228.

73  Insbesondere der Verweis auf Röm 3,5; 6,1; 7,7; 8,31; 9,14.30 (Hays, Have We found [s. Anm. 70], 78 f.). In der Tat ist dort nach τί οὖν ἐροῦμεν ein Fragezeichen zu setzen. Das liegt aber daran, dass jeweils ein neuer Satz mit Subjekt und finitem Verb als Prädikat folgt. Über Röm 4,1, wo eine Infinitivkonstruktion folgt, sagt das nichts aus. Es stimmt auch nicht, dass die Verschränkung von Infinitivkonstruktion und Frage eine »strained syntax« oder »awkward ellipsis« (Hays, Have We Found [s. Anm. 70]), 81 sei. Sie ist im Griechischen (wie auch bei Partizipialkonstruktionen) nicht unüblich. Vgl. auch Schliesser, Abraham's Faith (s. Anm. 1), 322–325; Visscher, Romans 4 (s. Anm. 1), 138–140; M. Wolter, Der Brief an die Römer, Teilband 1: Röm 1–8, EKK VI/1, Neukirchen-Vluyn 2014, 279. Auch die zusätzlichen Argumente zugunsten von Hays' Übersetzung bei N. T. Wright, Paul and the Patriarch. The Role of Abraham in Romans 4, JSNT 35 (2013), 207–241 (225–231), ändern daran nichts. Vgl. dazu auch J. Lambrecht, Romans 4. A Critique of N. T. Wright, JSNT 36 (2013), 189–194.

74  Das heißt allerdings nicht, wie Elliott und viele andere (vgl. z. B. P. M. Eisenbaum, A Remedy for Having Been Born of Woman. Jesus, Gentiles, and Genealogy in Romans, JBL 123 [2004], 671–702 [687]; S. L. Young, Paul's Ethnic Discourse on »Faith«. Christ's Faithfulness and Gentile Access to the Judean God in Romans 3:21–5:1, HThR 108 [2015], 30–51 [40 f.]; C. Johnson Hodge, If Sons, Then Heirs. A Study of Kinship and Ethnicity in the Letters of Paul, Oxford 2007, 79–91) voreilig schließen, dass die Frage, *wie* Menschen vor Gott gerecht werden – nämlich durch πίστις und nicht aus Werken –, *nicht* das Thema wäre. Auch Neubrand, Abraham (s. Anm. 1), 177 und 292, macht eine merkwürdige Dichotomie auf: Es gehe nicht darum, »wie« Gerechtigkeit angerechnet werde, sondern »wem« Gerechtigkeit angerechnet werde. Doch das ist eine künstliche Trennung: Nur, weil es eine bestimmte Weise gibt, *wie* Menschen vor Gott gerecht werden, nämlich aufgrund von πίστις abgesehen von Werken des Gesetzes, gibt es mehrere Gruppen von Menschen, *denen* Gott Gerechtigkeit zurechnet, solchen, die (als Abrahams »leibliche« Nachkommen) Werke des Gesetzes tun, und den christusgläubigen Nichtjudäern, die *das* nicht tun und auch nicht tun sollen – was natürlich (trotz Röm 4,5) nicht meint, dass sie einfach *nichts* tun.

weiteren Hays kritisiert, die Auseinandersetzung des Paulus mit einer »narrowly ethnocentric form of Judaism«, in den Text einzutragen,[75] so merkwürdig ist seine Behauptung, »No Judean – neither Paul nor any reasonably competent reader of Scripture among his fellows – would have imagined that descent from Abraham was a matter of physical descent«.[76] Denn Paulus selbst sagt eben dies, dass Judäer zu sein eine ethnische, auf gemeinsamer Abstammung beruhende Komponente habe, ausdrücklich in Röm 9,3.5; 11,14.[77] Dass dies aus *unserer* Sicht eine fiktive gemeinsame Abstammung ist, ist unbestritten. Einen Gegensatz zwischen »biologischer«, »physischer« Abstammung und »mythischer« oder »sozial konstruierter« Abstammung in antike Texte einzutragen, wie dies Elliott in Anschluss an Pamela Eisenbaum tut,[78] ist jedoch völlig unangebracht. Für antike Menschen ist »Abstammung« ein Komplex von Zeugung, Tradition, Typologie, Mythos und Kult. Die Behauptung »[a]ll kinship is fictive«[79] ist als *emische* Aussage schlicht falsch. Wenn in der Antike Abstammung als fiktiv bezeichnet wird, dann mit der Absicht, sie als erlogen und angemaßt zu kritisieren.[80] Dieser ethnisch-kulturell-mythisch-kultische Komplex »Abrahamskindschaft« kann im antiken Judentum mit sehr unterschiedlichen Argumentationsabsichten aufgerufen werden, sowohl exklusiven, auf Abgrenzung zu anderen Ethnien zielenden, als

---

75 Elliot, Arrogance (s. Anm. 2), 129. Er bezieht sich dabei auf Hays, Echoes (s. Anm. 5), 55.

76 Elliot, Arrogance (s. Anm. 2), 132. Ähnliche Überlegungen (allerdings mit einem deutlichen antijüdischen Unterton) bringt schon Zahn, Römer, 218 f.: Es gehe um die Frage, ob Abraham »nur« der fleischliche Ahnherr oder, wie die »selbstbewußtesten Juden« bekannten, der (geistliche) Vater sei.

77 Dazu Wolter, Römer 2 (s. Anm. 58), 30 f. Vgl. auch Röm 1,3; 1Kor 10,18. Auch Gal 2,15 und vielleicht auch Röm 2,27 und Röm 11,21.24 wird man hier anführen können. Unverständlich ist darum die Behauptung von Young, Discourse (s. Anm. 74), 41, Abrahams Vaterschaft κατὰ σάρκα für die Judäer sei »die andere Seite der Medaille« seiner Rechtfertigung aus Werken, d. h. Paulus müsse aus Gründen der Argumentationslogik beides zugleich negieren. Keineswegs, Abraham ist für Paulus (wie vermutlich für alle Judäer und alle antiken Menschen) schlichtweg selbstverständlich der »leibliche« Ahnherr der Judäer.

78 Elliot, Arrogance (s. Anm. 2), 130–132; Eisenbaum, Remedy (s. Anm. 74), 693.

79 Elliot, Arrogance (s. Anm. 2), 131. Vgl. dagegen die Ausführungen bei Johnson Hodge, Sons (s. Anm. 74), 15–17.

80 Vgl. etwa Lucan. 1,427 f.: *Arvernique ausi Latio se fingere fratres sanguine ab Iliaco populi*; 3,211–213: *Iliacae quoque signa manus perituraque castra ominibus petiere suis, nec fabula Troiae continuit Phrygiique ferens se Caesar Iuli.*

auch inklusiven.[81] Und so wenig es in der Tat notwendig ist, als »Gegner« des Paulus in Röm 4 ein ethnozentrisches Verständnis zu konstruieren (das dann auch noch als *Miss*verständnis bewertet wird), so wenig führt es weiter, diese internen Differenzierungen des antiken Judentums einfach beiseite zu wischen.[82]

Kurzum: Man kann diesem Vers – wie immer man ihn übersetzt – nicht viel mehr entnehmen, als dass Paulus das Thema »Vorfahren« anschneidet und dass er Abraham für den Vorfahren der Judäer hält.

### 3.2.2 *Röm 4,5*

Röm 4,4–5 wurde oft als Gegenüberstellung zweier Religionen gelesen: Judentum als Werkreligion, in der man sich das Heil als Lohn verdient (Röm 4,4), und Christentum als Gnadenreligion, in der Gott den Gottlosen rechtfertigt (Röm 4,5). Abraham wird dann sozusagen unter der Hand vom Juden zum Christen vor Christus konvertiert.[83] Völlig zurecht distanziert sich Elliott im Anschluss an viele weitere neuere Ausleger von diesem Missverständnis.[84] Die Frage ist freilich: Wie sind die Verse dann zu verstehen? Insbesondere: In welchem Ver-

---

81   Treffend Foster, Renaming (s. Anm. 51), 50: »The different ways that Jewish writers appropriated and interpreted the patriarchal stories throughout antiquity attests the power of their shared mythomoteur to confer social, religious, and political currency on Abrahamic descent. Those interested in building as well as burning bridges with Gentile peoples found in it the raw materials waiting for the requisite hermeneutical ingenuity to develop them.« Diese Ambiguität ist schon in der Hebräischen Bibel angelegt, vgl. K. Schmid, Theologie des Alten Testaments, Neue Theologische Grundrisse, Tübingen 2019, 131.

82   So Elliot, Arrogance (s. Anm. 2), 132: »To the question, ›Have we found Abraham to be our forefather according to the flesh?‹, the Judean would have answered, resoundingly, ›By no means!‹« Abwegig ist jedoch auch der genau entgegengesetzte Vorschlag von J. P. B. Mortensen, Paul Among the Gentiles. A ›Radical‹ Reading of Romans, NET 28, Tübingen 2018, 154 f., Röm 4,1 als Frage eines christusgläubigen Nichtjudäers zu lesen, auf die die gedachte Antwort »Ja« ist. Abraham wird eben nicht der leibliche Vater dieser Menschen, sondern ist und bleibt es für die Judäer, wie Paulus mehrfach explizit schreibt. Ob »spirituell«, »metaphorisch« oder »fiktiv« ein gutes Wort für die Vaterschaft Abrahams hinsichtlich der Nichtjudäer ist, darüber kann man sicher streiten. Paulus selbst hat dafür keinen Begriff, wohl aber sieht er einen Unterschied zu Abrahams Vaterschaft hinsichtlich der Judäer.

83   So z. B. bei O. Michel, Der Brief an die Römer, KEK IV, Göttingen 1955, 98–103.

84   Elliot, Arrogance (s. Anm. 2), 136. Vgl. z. B. auch Neubrand, Abraham, 209.

hältnis steht Abraham zu dem ἀσεβής in Röm 4,5? Auch hier müssen einige kurze Anmerkungen reichen:

Eine erste Möglichkeit ist es, davon auszugehen, dass Röm 4,4–5 sich überhaupt nicht auf Abraham bezieht.[85] Vom Beispiel Abraham in Röm 4,1–3 wechselt Paulus auf eine allgemeine Ebene.[86] Der Vergleichspunkt ist dabei nur, dass ein Mensch bei Gott durch πίστις abgesehen von Werken gerecht wird. Das ist bei Abraham und dem »Nicht-Arbeiter« von 4,5 gleich. Nicht gesagt ist hingegen, dass der »Nicht-Arbeiter« in Röm 4,5 – der dem argumentativen Gefälle des ganzen Briefes zufolge jedenfalls primär als Nichtjudäer zu denken ist – mit Abraham die Eigenschaft ἀσεβής teilt.[87] Im Gegenteil: Man kann den etwas merkwürdigen Satz Röm 4,2, der eine Mischung von irrealem (4,2a) und indefinitem (4,2b) Konditionalgefüge darstellt, so verstehen, dass Abraham eben nicht ἀσεβής ist, sondern durchaus Werke vorzuweisen hat – die aber *vor Gott* kein Grund zum Ruhm sind.[88] Vor allem aber wird sein ihn rechtfertigender Glaube ja in Röm 4,18–22 beschrieben, und zwar nicht wie in Röm 4,5 als Glaube, dass Gott ihn als ἀσεβής rechtfertigt, sondern als festes Vertrauen, dass Gott trotz der widersprechenden Umstände die Verheißung der Nachkommenschaft erfüllen wird.[89]

Eine zweite Möglichkeit ist es, Röm 4,5 dezidiert auf Abraham als »Gottlosen« zu beziehen. Freilich kaum in dem Sinne, dass Paulus ihm (mit wenig Erfolgsaussichten, da gegen die Erzählung der Gene-

---

85 Wolter, Römer 1 (s. Anm. 73), 285.
86 Dass Röm 4,4 plausiblerweise als Beispiel aus der Geschäftswelt aufzufassen ist (und nicht als metaphorische Beschreibung religiöser Sachverhalte), zeigt Jewett, Romans (s. Anm. 71), 312 f.
87 So auch Neubrand, Abraham (s. Anm. 1), 210.
88 Wolter, Römer 1 (s. Anm. 73), 282; J. Flebbe, Solus Deus. Untersuchungen zur Rede von Gott im Brief des Paulus an die Römer, BZNW 158, Berlin u.a. 2008, 172; ähnlich auch Schliesser, Abraham's Faith (s. Anm. 1), 331 f.; anders z.B. Haacker, Römer (s. Anm. 71), 109 f. (der Satz ist insgesamt als Irrealis aufzufassen).
89 Wright, Paul and the Patriarch (s. Anm. 73), 218, macht den Vorschlag, Abraham glaube in dem Sinne an die Rechtfertigung des Gottlosen, dass er Gott glaube, dass er eine große Nachkommenschaft von leiblichen judäischen Nachfahren und nichtleiblichen nichtjudäischen, d.h. gottlosen und darum zu rechtfertigenden Nachfahren haben werde. Das passt in keiner Weise zur Fortführung in Röm 4,6 und auch nicht zu Röm 4,19. Unklar bleibt dann auch, was eigentlich das ἐργάζεσθαι in Hinblick auf Abraham sein sollte, Wrights Ausführungen a.a.O., 232–236, laufen darauf hinaus, dass er diesen Aspekt des Textes einfach ignoriert.

sis) einzelne Verfehlungen zuschreiben wollte. Vielmehr muss man dann den Status ἀσεβής als »anthropological-ontological term, denoting one's existence and being apart from God's righteousness«[90] verstehen. Dann steht man allerdings vor der Frage, wie das zu dem Psalmzitat in Röm 4,7–8 passen soll, wo ausdrücklich von einzelnen Gesetzlosigkeiten und Verfehlungen die Rede ist – wie ja überhaupt die Beschreibung des Zustandes der Sünde, d.h. der Gottlosigkeit und Ungerechtigkeit, in Röm 1,18–32 wenig mit Fundamentalanthropologie, hingegen viel mit antiken Vorstellungen über richtige Gottesverehrung und korrektes moralisches Verhalten zu tun hat.[91]

Eine dritte Möglichkeit ist es, Abraham hier (nur) in seiner Eigenschaft als erster Proselyt für ἀσεβής zu halten. Dann wäre er als »Götzendiener« vor seiner Berufung gottlos gewesen, aber nicht mehr danach und insofern Vater und Vorbild der nichtjüdäischen Christusgläubigen, die zuvor Kulte anderer Gottheiten ausgeübt haben.[92] Zwar kann sich diese Deutung auf einige antik jüdische Texte berufen, die Abraham als ersten Proselyten darstellen,[93] sie stößt sich jedoch mit dem Gang der Argumentation. Falls in Röm 4,5 der gottlose Zustand vor der Berufung gemeint ist (und zwar nicht als Deskription von einzelnen Taten oder ethischen Dispositionen, sondern als Statuszuschreibung an jeden unbeschnittenen Nichtjüdäer), dann sind die Verfehlungen und Gesetzlosigkeiten im Psalmzitat von Röm 4,6–8 auch auf diesen Zustand bezogen – und dann wird der Anschluss in Röm 4,9 unlogisch: Paulus könnte dann nicht weiter fragen, ob die Seligpreisung des Gerechtgesprochenen sich nur auf die Beschneidung oder *auch* auf die Unbeschnittenheit bezieht. Vielmehr müsste

---

90  Schliesser, Abraham's Faith (s. Anm. 1), 348. Ähnlich Wilkens, Römer 1 (s. Anm. 72), 263; Thielmann, Romans (s. Anm. 72), 232; Visscher, Romans 4 (s. Anm. 1), 177–181.

91  In dieser Hinsicht scheint mir Schliesser, Abraham's Faith (s. Anm. 1), 354 (Sünde als alles außerhalb der neuen Realität der πίστις Χριστοῦ) relativ weit weg von Paulus. Ebenso ist es bei Jewett, Romans (s. Anm. 71), 314: »the person who has no ground of boasting before God« – das ist nicht der Zustand, den Paulus in Röm 1,18ff. beschrieben hat.

92  So z.B. Eisenbaum, Remedy (s. Anm. 74), 696f.; Flebbe, Solus Deus (s. Anm. 88), 190–212.

93  Vgl. z.B. die bei Wilkens, Römer 1 (s. Anm. 72), 263, genannten. Aber: Abrahams Auszug aus seiner alten Heimat und damit aus dem »Heidentum« ist bereits in Gen 12 – das Zitat hingegen ist aus Gen 15, vgl. Schliesser, Abraham's Faith (s. Anm. 1), 348f.

dann klar sein, dass sie sich nur auf die Unbeschnittenheit beziehen kann.[94]

Elliott nimmt zunächst die als drittes genannte Deutung auf, gibt ihr allerdings eine bemerkenswerte Wendung: Er wechselt von judäischer Perspektive, in der ein Anhänger anderer Kulte ἀσεβής ist, in die römische, in der die Judäer *impii* sind. Die Bekehrung des Abraham wird also zu einem Wechsel von gottlos (im judäischen Sinne, den Elliott teilt) zu »gottlos« (im römischen Sinne, den Elliott nicht teilt).[95] Eben weil er das (imperiale) Kultsystem verlässt und sich von diesem als »gottlos« verurteilen lässt, *ist*[96] Abraham vor Gott aufgrund seiner Treue zu ihm gerecht. Das gilt ebenso für seine Nachfahren: für die von den Römern ausgestoßenen und diskriminierten Judäer und – nach dem Willen des Paulus – für die nichtjudäischen Christusgläubigen, die sich mit ihnen solidarisieren.

Wie ein Hörer oder Leser auf diese ironische Wendung kommen soll, vor allem aber wie sich dieses Verständnis von ἀσεβής mit der Erläuterung durch den Psalmvers in Röm 4,7–8 verbinden lassen soll, verrät Elliott nicht. Man kommt kaum umhin, ihn mit seinen eigenen Worten zu kritisieren: In dieser Deutung wird das, was Paulus sagt, »so idiosyncratic as to be rhetorically nonsensical«.[97]

### 3.2.3 *Röm 4,12*

Ohne explizit darauf hinzuweisen, trifft Elliott auch hinsichtlich der Übersetzung von Röm 4,12 eine folgenreiche Entscheidung, wenn er

94 Auch wenn man περιτομή und ἀκροβυστία nicht auf einen Zustand, sondern metaphorisch auf Menschengruppen bezieht, ist es nicht anders. Wenn der Makarismus sich (nur) auf die Vergebung des »Götzendienstes« vor der Bekehrung zum einen wahren Gott bezieht, *kann* er sich nicht auf Judäer beziehen.

95 Elliot, Arrogance (s. Anm. 2), 136: »Paul uses the term *asebēs* ironically.« Eine entfernt ähnliche Idee hat Haacker, Römer (s. Anm. 71), 112, stellt sie aber selbst als nicht sehr plausibel dar: Abraham habe als erster Proselyt seine Familie und deren Kulttradition verlassen und sei darin (im Gegensatz zur römischen Vorbildfigur Aeneas) nicht *pius*.

96 Elliot, Arrogance (s. Anm. 2), 136: »they are in fact *faithful*, as Abraham was«.

97 Elliot, Arrogance (s. Anm. 2), 136. Man könnte auch durchaus fragen, ob dieses Bild der Kirche als Gemeinde derer, die gerecht *sind*, im Kontrast zur gottlosen, ungerechten und daher zurecht dem Zorn Gottes geweihten Welt, nicht genau das ist, was die Reformatoren nicht grundlos kritisiert haben: unerträglich selbstgerecht. Diesen Einwand würde Elliott vermutlich als typisch »Western liberal protestant« und blind gegenüber dem schreienden Unrecht der globalisierten kapitalistischen Welt zurückweisen.

den Vers »Abraham's ancestry, not of those descended from circumci-
sion alone but also those who follow in Abraham's footsteps, though
uncircumcised« paraphrasiert. Wieder gilt es, zwischen Grammatik
und Inhalt zu unterscheiden.

Grammatikalisch ist Röm 4,12 ein unklarer, ja beinahe verun-
glückter Satz: Entweder referiert er auf eine Gruppe von Menschen,
die »nicht nur aus der Beschneidung sind, sondern auch in den Spuren
des Unbeschnittenheitsglaubens[98] unseres Vaters Abraham wandeln«
(dann sollte allerdings das zweite τοῖς eher nicht stehen), oder er referiert auf zwei Gruppen von Menschen, nämlich »nicht nur die aus der
Beschneidung, sondern auch die, die in den Spuren des Unbeschnittenheitsglaubens unseres Vaters Abraham wandeln« (dann sollte jedoch das οὐκ anders stehen). Entscheiden lässt sich das mit grammati-
kalischen Argumenten nicht.[99]

Elliott wählt die zweite Möglichkeit denn auch aus inhaltlichen
Gründen: Für ihn steht die erste für eine Paulusinterpretation, die
»Judentum« als partikular dem (positiv bewerteten) universalen
»Christentum« entgegenstellt, ethnische Zugehörigkeit entwertet
und damit der Logik des imperialen westlichen Kapitalismus folgt.[100]
Mag diese Kritik auch für Teile der »New Perspective« in mancher
Hinsicht zutreffen, so kann sie doch kein ausschlaggebendes Argu-
ment für das Verständnis des Paulustextes sein.

Das aber ist bei beiden möglichen Übersetzungen gar nicht so unterschiedlich: Klar ist, dass Paulus in Röm 4,11 sagt, dass Menschen,
die nicht Judäer sind und nicht beschnitten sind, als Glaubende Abraham zum Vater haben.[101] Was ergänzt nun Röm 4,12? Im ersten Falle
will Paulus darauf hinaus, dass Abraham auch der Vater derjenigen
beschnittenen Judäer ist, die mit ihm die Eigenschaft πίστις teilen.[102]
Weder würde dies an der Aussage, dass Abraham ohnehin Vater aller
Judäer ist, irgendetwas ändern,[103] noch sollte man diese Gruppe vorschnell als »Judenchristen« bezeichnen. Denn dass Abrahams πίστις

---

98  So die treffende Lösung für das kaum zu verdeutschende τῆς ἐν ἀκροβυστίᾳ
    πίστεως bei Wolter, Römer 1 (s. Anm. 73), 288.
99  Vgl. dazu Wolter, Römer 1 (s. Anm. 73), 292 f.; gegen Neubrand, Abraham
    (s. Anm. 1), 234 f.; Jewett, Romans (s. Anm. 71), 320.
100 Elliot, Arrogance (s. Anm. 2), 133 f.
101 Vgl. Neubrand, Abraham (s. Anm. 1), 227–229.
102 So z. B. Foster, Renaming (s. Anm. 51), 78; Thielmann, Romans (s. Anm. 72),
    235.
103 Dies insbesondere dann, wenn man Röm 4,1 nicht so übersetzt wie Elliott.

Christusglaube sei, sagt Paulus nicht. Das sagt er in Röm 4,24 f. eindeutig *nur* über »uns«, d. h. die Christusgläubigen seiner Gegenwart.[104]

Im zweiten Falle müsste man am ehesten annehmen, dass Paulus in chiastischer Reihenfolge zweimal über dieselben beiden Gruppen von Menschen redet: unbeschnittene Glaubende (Röm 4,11.12b) und Beschnittene (Röm 4,12aα.aβ).[105] Auch hier ist klar, dass Abraham Vater aller Judäer ist. Allerdings muss man sich in diesem Falle hüten, den Schluss zu ziehen, Paulus wolle sagen, dass Judäer, weil sie ja »sowieso« Abrahams leibliche Nachfahren und dazu noch beschnitten seien, nicht die Eigenschaft πίστις mit Abraham zu teilen brauchten – von anachronistischen weitergehenden Überlegungen zu »Judentum« und »Christentum« als zwei Heilswegen ganz zu schweigen. Vielmehr kann man davon ausgehen, dass auch bei ihnen die Beschneidung das Siegel der Gerechtigkeit ihrer πίστις ist bzw. sein soll.

## 4. Vater Abraham und pater Aeneas – eine vergleichende Deutung

Auf die vorangehenden kurzen Bemerkungen zur Aeneis und zu Röm 4 soll nun eine vergleichende Deutung der beiden Figuren Abraham und Aeneas folgen – in antiker Terminologie eine Synkrisis.

Paulus und Vergil beziehen sich auf einen Ursprungsmythos. Dieser liegt jeweils nicht nur in einer »kanonischen« Version,[106] sondern

---

Vgl. Wolter, Römer 1 (s. Anm. 53), 294. Gegen z. B. Foster, Renaming (s. Anm. 51), 78.

104 Paulus stellt eine Verbindung von Abrahams Glauben zu »unserem« Glauben her, indem »die Toten lebendig machen« (Röm 4,17) und »Jesus, unseren Herrn, von den Toten auferwecken« (Röm 4,24) korrespondieren. Aber Abraham ist kein Christ avant la lettre; sein Glaube an Gottes lebenschaffende Schöpfermacht besteht darin, trotz seines und seiner Frau »toter« Körper auf Nachkommen zu hoffen (Röm 4,19). Gegen Schliesser, Abraham's Faith (s. Anm. 1), 411 f.

105 Für diese Möglichkeit plädiert Schliesser, Abraham's Faith (s. Anm. 1), 361–363. Wenig überzeugend Neubrand, Abraham (s. Anm. 1), 241–243: Die erste Gruppe seien toraobservante Juden und Judenchristen, die zweite seien (wie Paulus) nicht konsequent toraobservante Judenchristen.

106 Bei Vergil die homerischen Epen, bei Paulus die Genesis. In beiden Fällen nicht im Sinne eines institutionell festgelegten und abgesicherten Kanons; zur Entstehung des biblischen Kanons vgl. K. Schmid/J. Schröter, Die Entstehung der Bibel. Von den ersten Texten zu den heiligen Schriften, München 2019.

in vielen Varianten vor[107] und ist nicht konkurrenzlos, sondern steht neben anderen bzw. ist über verschiedene Konstrukte mit anderen verbunden.[108] Gerade durch diese Offenheit auf Weitererzählen, Interpretieren und Adaptieren hin kann er die Funktion erfüllen, eine (ethnische) Identität herzustellen. Er definiert Werte, bietet Rollenmuster, setzt die eigene Gruppe in eine Beziehung zu anderen – und manches mehr.[109] Er erlaubt auch, sich in dominante Kulturen einzuschreiben.[110]

Sowohl Vergil als auch Paulus nehmen eine Figur, die als Urahn eines Ethnos gilt, und machen sie zur »Vaterfigur« vieler Völker. In beiden Fällen ist dies keine völlige Umdeutung oder Neudeutung, sondern die Verstärkung schon vorher im Mythos vorhandener inklusiver Züge. »Vater« zu sein hat dabei sowohl mit (in antiker Vorstellung) leiblicher Nachkommenschaft als auch mit kultureller Vorbildfunktion zu tun. Vergil denkt an eine »Mischung« hinsichtlich Nachkommenschaft und Kultur, Paulus eher an ein gleichberechtigtes Nebeneinander der ethnischen und der anderen »Kinder« Abrahams.

Diese Ausweitung der Vaterschaft geht in beiden Fällen einher mit einer gleichzeitigen Fokussierung der Nachkommenschaft: Aeneas ist der Vorvater der Römer und der Gens Iulia, v. a. ihres prominentesten Vertreters Augustus. Nicht in Röm 4, aber in Gal 3,16 macht Paulus etwas Ähnliches und identifiziert den Samen Abrahams, des Vaters vieler Völker, als *einen* Nachfahren, nämlich Jesus.

Vergil und Paulus sehen die Vaterschaft ihres jeweiligen Helden in Zusammenhang mit dessen πίστις bzw. *pietas*. Dabei gibt es zumindest Überschneidungen: Aeneas und Abraham »glauben« an ihre vom *fatum* bzw. von Gott gegebene Bestimmung, Vater vieler Nachfahren zu sein, und sind ihrem damit verbundenen Auftrag treu. Die Unterschiede darf man freilich nicht übersehen: Aeneas ist auch gegenüber

---

107  Bei Vergil die oben kurz genannten Bearbeitungen des Aeneasstoffes, bei Paulus die zahlreichen antik jüdischen Abrahamtexte.

108  Bei Aeneas z. B. die ursprünglich alternative, später über eine Genealogie verbundene Romulussage; bei Abraham die ursprünglich selbständigen Erzeltern- und Moseerzählungen, die im Zuge der Pentateuchredaktion ebenfalls über Genealogien verknüpft wurden (vgl. Schmid, Theologie [s. Anm. 81], 123–146).

109  Zu dieser Funktion als »Mythomoteur« vgl. Foster, Renaming (s. Anm. 51), 44–46; Johnson Hodge, Sons (s. Anm. 74), 19–42.

110  Im Falle von Aeneas beziehen sich die Römer auf die griechische Kultur; Ähnliches ist im antiken Judentum bei Abraham möglich (s. dazu u.).

seiner Familie und den Göttern seiner Vorfahren *pius*. Falls Abraham in Röm 4 in seiner antik jüdisch möglichen Rolle als Vorbild aller Proselyten aufgerufen wird, ist das bei ihm diametral anders: Die Treue zu seinem Auftrag – und das heißt: das Gottes Verheißung entsprechende Verhalten – bestünde bei ihm dann gerade darin, seine Familie und deren Kult zu verlassen (Gen 12,1; Jub 11,16; 12,12). Allerdings macht Paulus das in Röm 4 nicht explizit, schon gar nicht betont er es, vielmehr wäre es allenfalls impliziert, wenn der ἀσεβής in Röm 4,5 mit Abraham in Verbindung zu bringen wäre. Auf der anderen Seite spielt auch bei Aeneas das Motiv, die Heimat Troia zu verlassen, ja sie endgültig aufzugeben und gegen ein neues Vaterland – Italien – einzutauschen, eine Rolle.[111] Dabei gibt er aber nicht den Kult seiner troianischen Heimat auf, sondern nimmt ihn mit und fügt ihn den italischen Kulten hinzu.[112] Inwieweit sich Paulus das bei Abraham anders vorstellt, dazu äußert er sich, wie gesagt, nicht. Bei den nichtjudäischen[113] Christusanhängern ist dieses Modell für ihn natürlich unvorstellbar. Sie bekommen Abraham nur um den Preis eines harten

---

[111]  Das wird allerdings auf einer zweiten Ebene wiederum als Heimkehr ins Herkunftsland der Urahnen aufgefasst (Verg.Aen. 3,94–96). Das nächste biblische Pendant wäre also eher nicht Abrahams Reise (gegen Georgi, Aeneas [s. Anm. 2], 40–42), sondern der Exodus (so auch H. Cancik, Libri fatales. Römische Offenbarungsliteratur und Geschichtstheologie, in: ders., Römische Religion im Kontext. Kulturelle Bedingungen religiöser Diskurse, Gesammelte Aufsätze I, Tübingen 2008, 88–114 [89]).

[112]  Die Stichworte sind *translatio cultus* und *adicere*; vgl. dazu H. Cancik, Götter einführen. Ein myth–historisches Modell für die Diffusion von Religion in Vergils Aeneis, in: ders., Römische Religion (s. Anm. 111), 454–465.

[113]  *Nur* bei diesen. Seine eigene Berufung und das, was Judäer erleben, wenn sie Christusgläubige werden, rechnet Paulus nie derselben Kategorie zu wie die »Bekehrung« von Nichtjudäern von ihren Göttern zum Gott der Judäer. – Die Grundidee von Kamudzandu, Abraham (s. Anm. 1), dass Paulus' Denken in Ethnien und deren Vätern in Röm 4 einen Anhaltspunkt gebe, die Ahnenverehrung der Shona in das Christentum zu integrieren, scheint mir von daher nicht ganz selbstverständlich. Man darf keinesfalls den (traditionell westlich-christlichen) Schluss ziehen, Paulus habe von seinen griechisch bzw. römisch geprägten Adressaten den Bruch ihrer *pietas* gegenüber ihrer »heidnischen« Herkunftskultur verlangt, deshalb sei es »klar«, dass auch z. B. afrikanische Menschen, die Christen werden, mit ihrer Kultur brechen müssten. Doch hätte Paulus wirklich die Ahnen der kolonisierten Shona auf die Seite Abrahams gestellt und gegen Aeneas, den Ahnen der römischen Kolonisatoren? Sein Umgang mit der (keltischen) Kultur der kolonisierten Galater im Galaterbrief (vgl. nur Gal 3,1) weckt Zweifel.

Bruches in ihrer Biographie – der von ihrem Umfeld als Bruch ihrer Verpflichtungen bewertet wird – zum Vater.

Damit kommt das Verhältnis zwischen der *pietas*/πίστις der Vaterfigur und der entsprechenden Eigenschaft der Nachfahren (bzw. im Falle des Aeneas: seiner Begleiter) in den Blick. Aeneas ist *pius* und dadurch der Bezugspunkt der *fides* der ihm anvertrauten Troianer. Zugleich ist er Typos für Augustus, der als Mittelpunkt des politisch-sozial-religiösen Systems des Prinzipats ebenfalls *pietas* verkörpert und dadurch die *fides* seiner Untertanen verdient. Das ist bei Paulus hinsichtlich Abrahams einerseits ähnlich, andererseits charakteristisch anders: Abraham zeigt Gott gegenüber πίστις. Damit wird er zum Vater und Vorbild aller πιστεύοντες. Anders als Aeneas ist er nicht Ziel des Vertrauens und der Treue seiner Gruppe.[114] Diese Rolle nimmt vielmehr Christus ein: Er ist treu und vertrauenswürdig und so das Ziel des Vertrauens, der Treue und Loyalität seiner Anhänger.[115]

In einer letzten Hinsicht scheinen Abraham und Aeneas sich zunächst genau entgegengesetzt zu sein: Aeneas' *pietas* ist, wie oben ausgeführt, eng mit *labor* verbunden. Abraham hingegen hat πίστις ohne ἔργα νόμου. Dieser Gegensatz ist jedoch tatsächlich nur ein scheinba-

114    Nicht plausibel ist die Behauptung von Young, Discourse (s. Anm. 74), 43 f., τῷ ἐκ πίστεως Ἀβαάμ (Röm 4,16) sei mit τὸν ἐκ πίστεως Ἰησοῦ (Röm 3,26 – verstanden als Genetivus subjectivus) zu parallelisieren, in Röm 4,24 gehe es also darum, dass den Glaubenden Abrahams Treue zur Gerechtigkeit angerechnet werde (ähnlich auch Johnson Hodge, Sons [s. Anm. 74], 79–91). Abraham ist jedoch nicht der Typos Christi (wie Aeneas der Typos des Augustus), sondern das Vorbild der πιστεύοντες. Sowohl Young als auch Johnson Hodge verabsolutieren die Rolle der Treue Jesu (verstanden als Genetivus subiectivus) bzw. Treue Abrahams und negieren die Bedeutung von Glaube/Vertrauen/Treue/Loyalität der (nichtjudäischen) Nachfahren Abrahams. Bei Johnson Hodge verbindet sich dies mit einer Karikatur dessen, was die »traditionelle« Paulusauslegung als Glaube versteht als »an abstract, private disposition of the mind« (a. a. O., 83). Mir wäre kein Reformator bekannt, der auch nur etwas entfernt Ähnliches behauptet hätte.

115    Egal, wie man sich in der endlosen und in manchen Aspekten auch unbefriedigenden πίστις Χριστοῦ-Debatte positioniert (vgl. dazu B. Schliesser, Faith in Early Christianity. An Encyclopedic and Bibliographical Outline, in: ders. u. a. [Hg.], Glaube. Das Verständnis des Glaubens im frühen Christentum und in seiner jüdischen und hellenistisch-römischen Umwelt, WUNT 373, 3–50 [19–20] mit Hinweisen auf weitere Literatur), dieser Zusammenhang lässt sich an den Texten gut plausibilisieren. Vgl. dazu Morgan, Roman Faith (s. Anm. 38), 262–306.

rer. Denn die »Werke« sind in beiden Fällen nicht dasselbe. In der Aeneis steht *labor* (vor allem) für die Mühe und das Leid, das Aeneas aushalten muss, um das schicksalhafte Ziel seines Auftrages zu erreichen. Wenn man bei Paulus nach einem Pendant suchte, würde man am ehesten unter den Stichworten θλῖψις, ὑπομονή oder auch ἀποκαραδοκία τῆς κτίσεως fündig. Umgekehrt sind ἔργα νόμου bei Paulus zwar nicht nur, im Zusammenhang der Vaterschaft Abrahams auch für Nichtjudäer aber auch rituelle judäische *identity marker*. Das (nicht völlig vergleichbare) Analogon bei Vergil wären die troianischen Bräuche (nicht aber Riten), die im Mischvolk der Römer aufgehoben werden.

## 5. Abraham als Rivale des Aeneas?

Als Zwischenfazit kann man festhalten: Elliott sieht die Analogien zwischen den beiden Vaterfiguren Aeneas und Abraham richtig. Vergil und Paulus machen mit einem mythischen Vorfahren jeweils ihrer Tradition in ihrer jeweils spezifischen Argumentationssituation etwas durchaus Vergleichbares, ja bei allen Differenzen in mancher Hinsicht erstaunlich Ähnliches.

Elliott hält dies für eine von Paulus gewollte Analogie, die als Rivalität gemeint ist. Ist das plausibel? Eine rasche, eindeutige Antwort scheint mir nicht möglich. Ich möchte im Folgenden zunächst dem Verhältnis zwischen Vergils Aeneas und dem paulinischen Abraham, diese Frage schrittweise abwägend, nachgehen.

Ein erster Punkt: Paulus wählt als Urvater der aus vielen Völkern zusammenkommenden Gemeinschaft der Christusgläubigen den Urvater seines eigenen judäischen Ethnos. Damit schreibt er alle anderen Ethnien in die Geschichte seiner eigenen ein.[116] Wie oben ausgeführt, kann man in der Antike mythische Vorfahren nutzen, um sich in dominante Kulturen einzuordnen. Das ist im antiken Judentum mit Abraham gemacht worden.[117] Auch Vergil greift auf einen homerischen Helden – also auf griechische Tradition – zurück und in den berühmten Versen, die Roms Weltherrschaftsanspruch ausdrücken,

---

116 So zurecht auch Johnson Hodge, Sons (s. Anm. 74), 5.
117 So z. B. bei Artapanos, Eupolemos, 1Makk 12,21; vgl. z. B. auch Tac.hist. 5,2,3: *clara alii Iudaeorum initia: Solymos, carminibus Homeri celebratam gentem, conditae urbi Hierosolyma nomen e suo fecisse.* Vgl. dazu N. Calvert-Koyzis, Abraham. III. Judaism, EBR 1 (2009), 162–168 (162 f.).

thematisiert er die kulturelle Überlegenheit der Griechen (Verg.Aen. 6,847–853). Das tut Paulus nicht. Dies als eine Art geistigen Widerstand gegen das dominante römische Imperium zu verstehen, wäre wohl vorschnell. Aber es deutet durchaus auf ein großes kulturelles Selbstbewusstsein.[118]

Zweitens befassen sich Paulus und Vergil mit einem ähnlichen Problem: Wie lässt sich eine transethnische Gemeinschaft verschiedenartiger Menschen begründen?[119] Die Ähnlichkeit besteht natürlich nur auf einer hohen Abstraktionsebene. Vergil steht ja sozusagen vor vollendeten Tatsachen: Das Römische Reich in seiner nach einer tiefen Krise konsolidierten Form gibt es und Ansätze einer »passenden« Herrschaftsideologie auch. Seine Aufgabe ist es, darüber im Medium von Dichtung zu reflektieren. Paulus hingegen sieht sich vor die Aufgabe gestellt, eine solche Gemeinschaft aufzubauen (Röm 15,16.19.23 f.). Ist das ein Netzwerk lokaler, egalitärer Gemeinden als *Gegen*gesellschaft zum Römischen Reich, wie Elliott und auch andere Vertreter einer postkolonialen antiimperialen Paulusdeutung meinen?[120] Auch hier ist Vorsicht angebracht: Paulus gibt der Gemeinschaft der Christusanhänger an manchen Stellen klar gegenkulturelle Züge (vgl. z.B. Phil 2,15), doch plädiert er an allen Stellen, an denen er sich explizit äußert, für eine möglichst konfliktarme Einordnung der Gemeinden in die Gesellschaft (Röm 12,17; 13,1–7; 1Kor 5,9–13; Phil 4,8).

Vergil und Paulus finden drittens eine vergleichbare Lösung für dieses Problem: die Konzentration auf *eine* vertrauenswürdige Zentralfigur, auf die sich die Loyalität aller richtet, also einerseits Aeneas/Augustus,[121] anderseits (wie oben gesagt: nicht Abraham, sondern vielmehr) Christus.[122] Dadurch werden konkurrierende Loyalitäten

---

118 Das kann natürlich nur eine etische Kategorie sein, keine emische. Paulus hätte das völlig anders gefasst, nämlich als theologische Aussage, wie man an Röm 3,29 f. sehen kann: Gott ist einer; darum ist er der Gott der Judäer und der Völker.

119 Vgl. für Paulus Foster, Renaming (s. Anm. 51), 77 f.: »the *multiform unity* characterizing God's people.«

120 Vgl. z.B. R.A. Horsley, General Introduction, in: ders. (Hg.), Paul and Empire. Religion and Power in Roman Imperial Society, Harrisburg 1997, 1–8 (8).

121 In *dieser* Hinsicht ist Aeneas wohl tatsächlich der Typos oder gar das alter Ego des Augustus.

122 Wie bereits oben angedeutet, könnte man auch noch den Komplex *gloria/*

oder Unterschiede zwischen den Beteiligten relativiert.[123] Was das konkret bedeutet, unterscheidet sich deutlich: Vergils Modell einer »Mischung« von Ethnien und einer »Hinzufügung« von Kulten hätte sich Paulus wohl kaum vorstellen können. Dass die jeweilige Konzentration von Loyalität zu einem Konflikt (»Christus gegen den Caesar«) führen *musste*, sollte man nicht schließen.[124] Sie tat es in der Geschichte des frühen Christentums immer wieder einmal, aber keineswegs immer.[125] Dass Paulus intendierte, dass sie es tue, kann man nicht einfach behaupten.

Schließlich stehen beide auch vor einer analogen offenen Frage: Die Konstituierung der transethnischen Gemeinschaft von Menschen geschieht nicht ohne Leid. Vergil sieht die Opfer – selbst diejenigen auf der Seite der Feinde der Römer, wie etwa Dido – voller Mitgefühl. Er stellt eindringlich die Frage, warum ein so leidvoller Weg zum Ziel der Geschichte nötig war. Aber er rechtfertigt mit seiner Geschichtstheologie letztendlich die geschehene Gewalt.[126] Auch Paulus sieht

καύχημα einbeziehen. Sehr vorläufig kann man, so scheint mir, sagen, dass auch »Ruhm« auf die Zentralfigur konzentriert wird, und zwar mit einer ähnlichen Wirkung. Wenn Ruhm auf das völkergründende, friedenstiftende Heldentum des Aeneas beschränkt wird (d.h. auf Augustus), dann wird damit der homerische Held, der für sich Ehre im Kampf sucht, verabschiedet (d.h. die republikanische Rivalität zwischen verschiedenen Familien der Elite, die in die Katastrophe der Bürgerkriege führte). Wenn Paulus alle Ehre auf Christus (bzw. im Eschaton auf Gott) fokussiert (Phil 2,10f.) und legitimes Rühmen nur »Rühmen im Herrn« ist, werden alle ethnischen, religiösen, kulturellen und sozialen Konflikte, die durch die Suche nach »Ehre« entstehen, obsolet.

123 M. Wolter, Paulus. Ein Grundriss seiner Theologie, Neukirchen-Vluyn 2011, 384, formuliert zugespitzt, aber treffend: »Der Glaube fungiert als ›Gleichmacher‹«.

124 So etwa B. Kahl, Galatians Re-Imagined. Reading with the Eyes of the Vanquished, Paul in Critical Contexts, Minneapolis 2010, 164, die von einem »clash of monotheisms« spricht. Ähnlich auch B.W. Winter, Divine Honours for the Ceasars. The First Christians' Responses, Grand Rapids u.a. 2015, 1–19.

125 Sie tut es z.B. nicht in der deuteropaulinischen Tradition (1Tim 2,1–4).

126 Elliot, Arrogance (s. Anm. 2), 209, sieht zwar, dass Vergil hier deutlich differenzierter als die »offizielle« Ideologie ist, wertet das aber sozusagen als besondere Form von Perfidie im Binnendiskurs der Elite. Es mag durchaus sein, dass man auf der Seite der Sieger stehen muss, um sich Mitleid mit den Opfern leisten zu können, trotzdem scheint mir dies kein angemessener Umgang mit den Texten. Vgl. dagegen etwa die sehr differenzierten Überlegungen von Schmidt, Meaning (s. Anm. 42), 167f.

deutlich Unrecht, Opfer und Leid – und rechtfertigt es im Vergleich zum Ziel (Röm 8,18). Was die Vorstellung vom kommenden »Zorn« Gottes angeht, so rechtfertigt er ebenfalls Gewalt, wenn auch nur imaginierte Gewalt.[127]

Der Durchgang zeigt: Es gibt »Reibungspunkte«, es gibt aber auch Parallelen und sogar Überschneidungen. Wie man das insgesamt interpretiert, wie man also die Frage beantwortet, ob Paulus seinen Abraham bewusst als Rivalen des Aeneas entworfen hat, hängt von einer ganzen Reihe von Rahmenbedingungen und Vorentscheidungen ab.

Dazu gehört, ob man überhaupt für möglich hält, dass Paulus die augusteische, imperiale Fassung des Aeneas-Mythos oder sogar dessen vergilische Version in Umrissen gekannt haben kann. Ersteres ist durchaus wahrscheinlich, letzteres jedenfalls nicht völlig unmöglich. Sicher sagen kann man es nicht.[128] Je nachdem, wo man den Vergleich ansetzt, kommen aber sehr unterschiedliche Ergebnisse heraus: Nimmt man die reichsweit verbreitete, oft wenig subtile Botschaft römischer Monumente als Vergleichgröße für Paulus, dann sind deutliche Gegensätze zu erkennen. Und auch wenn man mangels expliziter Aussagen in den paulinischen Briefen nicht behaupten kann, dass diese Gegensätze gewollt sind, kann man doch wohl mindestens vermuten, dass sie sehenden Auges in Kauf genommen sind. Anders jedoch ist es, wenn man Vergils Epos als Vergleichstext nimmt – einmal ganz abgesehen davon, ob Paulus es, wie grob auch immer, kennen konnte. Dann wird eher deutlich, dass beide ähnliche Fragen mit ähnlichen Mitteln behandeln und bei ähnlichen (nicht lösbaren) Problemen herauskommen.

Solche Differenzierungen liegen Elliott freilich fern. Für ihn gehört alles, was die römische (oder die kollaborierende lokale) Elite produziert, auf die Seite imperialer Ideologie und alles, was ein Mensch wie Paulus produziert, auf die Seite des Widerstandes. Das ist konsequent, wenn man die Geschichte der Antike im Rahmen neomarxistischer und postkolonialer Theorien betrachtet. Elliott würde wohl auch beanspruchen, dass das nicht nur theoretisch stringent, sondern zudem ethisch richtig sei.[129]

---

127 Die freilich in der Geschichte des Christentums immer wieder in reale Gewalt umgesetzt wurde.

128 Zur Rezeption der Aeneis im griechischsprachigen Osten vgl. Krauter, Vergils Evangelium (s. Anm. 2), 218–220.

129 Sein Buch ist durchweg von politisch engagierten Brückenschlägen zur

Theorien helfen freilich, manches zu sehen: Im Falle der von Elliott herangezogenen Theorien, dass Paulus nicht »theologische Abhandlungen« verfasst, sondern an Menschen schreibt, die unter schwierigen, von großer Ungleichheit und Ausbeutung geprägten sozialen, ökonomischen und politischen Bedingungen ihr Leben führen – und sich teilweise wohl um ihr Überleben sorgen müssen. Theorien führen andererseits auch dazu, dass man manches *nicht* sieht: etwa dass die Eliten in sich nicht einheitlich, sondern differenziert waren, dass die augusteische Herrschaft (bzw. generell der Prinzipat) wohl auch für die breite Bevölkerung gegenüber der Katastrophe der Bürgerkriege als Gewinn empfunden wurde und dass die »Macht der Bilder«[130] wirkte, also tatsächlich Menschen von der römischen Herrschaftsideologie überzeugte[131] oder sie jedenfalls in ihrem Denken tief prägte.[132]

Elliott erinnert auch zurecht an die Notwendigkeit einer Ethik der Interpretation. Wenn er immer wieder aufzeigt, dass hinter vielen Paulusauslegungen antijüdische Interessen stecken, kann man ihm (meistens) nur recht geben. Freilich sind seine eigenen Interpretationen auch interessegeleitet (und dadurch oft sehr spekulativ). In Hinblick auf römische Texte führt dies zu einer Art Vorverurteilung – sie *müssen* ideologisch sein –, im Hinblick auf Paulus geht es oft in Richtung Apologetik.[133] Das kritische, für moderne politische Debatten fruchtbare Potenzial seiner Texte wird überzeichnet;[134] dass sie auch das Potenzial zu negativen Wirkungen haben, wird ausgeblendet. Mir

US-amerikanischen Gegenwart geprägt. Eine sehr kritische Auseinandersetzung mit derartigen Analogieschlüssen bietet P. Burton, Pax Romana/Pax Americana. Perceptions of Rome in American Political Culture, 2000–2010, International Journal of the Classical Tradition 18 (2011), 66–104.

130 Vgl. den Klassiker P. Zanker, Augustus und die Macht der Bilder, München 1987.

131 So v.a. (der von Elliott scharf kritisierte) C. Ando, Imperial Ideology and Provincial Loyalty in the Roman Empire, Classics and Contemporary Thought 6, Berkeley u.a. 2000.

132 Vgl. dazu z.B. J.W. Marshall, Hybridity and Reading Romans 13, JSNT 31 (2008), 157–178.

133 C. Harker, The Colonizers' Idols. Paul, Galatia, and Empire in New Testament Studies, WUNT II 460, Tübingen 2018, 165–171.

134 Dass Paulus überhaupt ein für moderne Fragen fruchtbares Potential hat, ist natürlich die Grundvoraussetzung jeglicher theologischen Exegese.

scheint, dass hier die für eine Ethik der Interpretation zentrale Regel des »Fair Play«[135] gegenüber allen Texten vergessen wird.[136]

Hätten Paulus und Vergil einander wahrgenommen – was in die eine Richtung chronologisch unmöglich, in die andere nicht sehr wahrscheinlich und in beide Richtungen aufgrund des sozialen und kulturellen Abstandes schwierig gewesen wäre –, mag sein, sie hätten ihre jeweiligen Helden Aeneas und Abraham und auch einander als *impius* bzw. ἀσεβής beurteilt. Aber ist das ein sinnvoller Ausgangspunkt, um sie heute vergleichend wahrzunehmen und dadurch zu verstehen zu versuchen? Mir scheint erhellender, ohne schnelles Urteil nachzuvollziehen, wie sie mit Hilfe jeweils ihrer kulturellen Traditionen soziale, politische und auch existenzielle Fragen ihrer Zeit bearbeitet haben – und zwar erstaunlich ähnlich.

135 Vgl. dazu H. Räisänen, A Religious Studies Alternative to New Testament Theology. Reflections on a Controversial Enterprise, in: ders., The Bible among Scriptures and Other Essays, WUNT 392, Tübingen 2017, 15–36.
136 Elliott würde vermutlich entgegnen, dass es in einer kolonialen Situation zwischen Tätern und Opfern kein »Fair Play« geben kann. Das stimmt – trotzdem ist die Privilegierung einer Texttradition (zumal einer für eine Glaubensgemeinschaft kanonischen Texttradition) und die damit verbundene Vorverurteilung einer anderen (oder gar aller anderen) keine Lösung.

# Rom in der Apostelgeschichte

*Jens Schröter*

## 1. Rom und die römischen Christen in der Frühzeit des Christentums

Das frühe Christentum lässt sich zu einem wesentlichen Teil als urbane Religion beschreiben.[1] Nach den Anfängen der Jesusbewegung im ländlichen Raum Galiläas, hat sich der Christusglaube sehr bald in die großen Städte des Imperium Romanum, zunächst vor allem im Ostteil, hinein ausgebreitet.[2] In den Schriften des Neuen Testaments treten dabei, der historischen Entwicklung entsprechend, zuerst Jerusalem als Ausgangspunkt des frühen Christentums und Ort der Ent-

---

1 Vgl. M. Ebner, Die Stadt als Lebensraum der ersten Christen. Das Urchristentum in seiner Umwelt I, GNT 1,1, Göttingen 2012; R. v. Bendemann/M. Tiwald (Hg.), Das frühe Christentum und die Stadt, BWANT 198, Stuttgart 2012; E.W. Stegemann/W. Stegemann, Urchristliche Sozialgeschichte. Die Anfänge im Judentum und die Christusgemeinden in der mediterranen Welt, Stuttgart u.a. 1995, 219–305. Vgl. auch die immer noch wichtige Studie von W.A. Meeks, The First Urban Christians. The Social World of the Apostle Paul, New Haven u.a. 1983. Kurze Charakterisierungen der wichtigen Städte des frühen Christentums finden sich in: K. Erlemann u.a. (Hg.), Neues Testament und Antike Kultur. Bd. 2: Familie, Gesellschaft, Wirtschaft, Neukirchen-Vluyn 2005, 127–177. Zu Struktur und Bedeutung der antiken Stadt vgl. H. Callies, Die Stadt in der Antike – Europas Erbe, in: M. Gehler (Hg.), Die Macht der Städte. Von der Antike bis zur Gegenwart, Historische Europastudien 4, Hildesheim 2011, 45–57.

2 Vgl. S. Freyne, The Jesus Movement and Its Expansion. Meaning and Mission, Grand Rapids u.a. 2014. Die Konzentration des Wirkens Jesu auf die Dörfer Galiläas wird dadurch unterstrichen, dass die galiläischen Städte Sepphoris und Tiberias, ebenso wie Magdala, in der Jesusüberlieferung keine oder nur eine marginale Rolle spielen. Spuren dieser frühen Phase haben sich in der Wort- und Gleichnisüberlieferung sowie teilweise in der Erzählüberlieferung erhalten. Bei der Inkorporation dieser frühen Überlieferungen in die Evangelien zeigt sich bereits eine Verschiebung des kulturellen Milieus in urbane Kontexte. Dem korrespondiert die historische Entwicklung, die sich mit der Entstehung der ersten christlichen Gemeinden in Jerusalem und Antiochia in städtische Kontexte verlagert hat.

stehung erster christlicher Überlieferungen, Rituale und Gruppierungen,[3] sodann Antiochia, die drittgrößte Stadt des Imperium Romanum,[4] in den Blick. Im weiteren Verlauf folgen Provinzhauptstädte
wie Thessaloniki, Korinth und Ephesus, die römische Kolonie Philippi sowie die wichtige Geistesmetropole Athen.[5] Die Apostelgeschichte bezeugt frühe christliche Gemeinden darüber hinaus für
Damaskus und Cäsarea Maritima.[6] Gelegentlich werden zudem weitere Regionen und Städte wie etwa Zypern und das innere Kleinasien,
die Cyrenaika, Pontus und Bithynien oder Städte der Asia als Orte
genannt, aus denen einzelne Personen der frühchristlichen Geschichte stammen oder in die die christliche Mission gelangt ist.[7] Dass der

3  Vgl. dazu D.-A. Koch, Geschichte des Urchristentums, Göttingen [2]2014, 157–
   193; M. Öhler, Geschichte des frühen Christentums, Göttingen 2018, 137–
   154; R. Riesner, Zwischen Tempel und Obergemach – Jerusalem als erste mes-
   sianische Stadtgemeinde, in: v. Bendemann/Tiwald (Hg.), Christentum (s.
   Anm. 1), 69–91; U. Schnelle, Die ersten 100 Jahre des Christentum 30–130
   n. Chr., Göttingen [2]2016, 109–153; J. D. G. Dunn, Beginning from Jerusalem,
   Christianity in the Making, Bd. 2, Grand Rapids u. a. 2009, 133–240.
4  Zur Bedeutung Antiochias für das frühe Christentum vgl. M. Hengel/A. M.
   Schwemer, Die Urgemeinde und das Judenchristentum, Bd. II: Geschichte des
   frühen Christentums, Tübingen 2019, 329–346; Dunn, Beginning (s. Anm. 3),
   292–321. Die Bedeutung Antiochias besteht vor allem in der Integration von
   Nichtjuden ohne Beschneidung in die Christusgemeinschaft (Apg 11,19–21;
   Gal 2,11–14) sowie in der Hinwendung der Mission zu Nichtjuden, an auch
   Paulus beteiligt war (Apg 13–14).
5  Vgl. die Darstellung der Paulusmission in Apg 16–19. Für Paulus sind die Städte dabei Gravitationszentren für die Verkündigung des Evangeliums in einer
   ganzen Region oder Provinz, vgl. etwa 1Thess 1,8: ἀφ' ὑμῶν γὰρ ἐξήχηται ὁ
   λόγος τοῦ κυρίου οὐ μόνον ἐν τῇ Μακεδονίᾳ καὶ [ἐν τῇ] Ἀχαΐᾳ; 2Kor 1,1: τῇ
   ἐκκλησίᾳ τοῦ θεοῦ τῇ οὔσῃ ἐν Κορίνθῳ σὺν τοῖς ἁγίοις πᾶσιν τοῖς οὖσιν ἐν ὅλῃ τῇ
   Ἀχαΐᾳ.
6  Damaskus tritt im Zusammenhang der Paulusbekehrung in Apg 9; 22 und 26
   in den Blick. In Apg 9,10 wird mit Hananias ein Jünger aus Damaskus namentlich genannt. Paulus selbst erwähnt seinen Aufenthalt in Damaskus in Gal 1,17
   sowie in 2Kor 11,32 seine Flucht aus der Stadt. Christen in Cäsarea Maritima
   werden in Apg 18,22; 21,8 (Philippus der Evangelist); 21,16 (Jünger aus Cäsarea) erwähnt.
7  Auf ihrer von Antiochia ausgehenden Missionsreise erreichen Barnabas und
   Saulus/Paulus Zypern, Pamphylien, Pisidien und Lykaonien (Apg 13–14). Ein
   größerer Bereich Kleinasiens, in dem christliche Gemeinden vorausgesetzt
   sind, wird in der Adresse des 1. Petrusbriefes genannt. Die als Adressaten der
   Sendschreiben der Offenbarung (Kap. 2–3) genannten christlichen Gemeinden in der Asia werden vom Verfasser vor allem hinsichtlich ihres Glaubens-
   standes beurteilt. Dabei treten auch kulturelle und religiöse Merkmale der
   betreffenden Orte in den Blick. Vgl. dazu M. Karrer, Johannesoffenbarung,

Christusglaube bereits in früher Zeit auch in Rom Fuß gefasst hat, lässt sich in diesen Kontext einordnen und wird durch verschiedene Hinweise belegt.[8] Gleichwohl spielt die *urbs* zunächst nur eine vergleichsweise untergeordnete Rolle, bevor sie ab dem Ende des 1. Jahrhunderts an Bedeutung gewinnt.[9]

Explizit erwähnt wird Rom im Neuen Testament zuerst von Paulus am Beginn des Römerbriefes, wo er die Adressaten seines Schreibens in Rom lokalisiert,[10] sodann in 2Tim 1,17, wo über Onesiphoros ge-

---

Teilband 1: Offb. 1,1–5,14, EKK XXIV/1, Ostfildern u.a. 2017, 288–372, sowie C. Hemer, The Letters to the Seven Churches of Asia in Their Local Setting, Grand Rapids u.a. 1986.

8 Aquila und Priskilla, mit denen Paulus in Korinth zusammentrifft und bei denen er sogar wohnt, sind zuvor im Zusammenhang der Ausweisung der Juden aus Rom durch Claudius nach Korinth gekommen (Apg 18,2). Dass dies mit Unruhen aufgrund der Christusverkündigung unter den Juden Roms in Zusammenhang steht, wird durch die Sueton-Notiz über die Maßnahme des Claudius (*Iudaeos impulsore Chresto assidue tumultuantis Roma expulit*, Claud. 25,4) nahegelegt. Die Ausweisung wird auch bei Oros.hist.pag. 7,6,15 genannt (*anno eiusdem nono expulsos per Claudium urbe Iudaeos Josephus refert*, der Hinweis auf Josephus lässt sich allerdings nicht verifizieren). Zum größeren Kontext der Politik der römischen Kaiser gegenüber den Juden vgl. V.M. Scramuzza, Note XXV. The Policy of the Early Roman Emperors towards Judaism, in: K. Lake/F.J. Foakes Jackson (Hg.), The Beginnings of Christianity, Teil 1: The Acts of the Apostles, Bd. 5: Additional Notes to the Commentary, hg. v. K. Lake/H.J. Cadbury, London 1933, 277–297. Im ca. 56 aus Korinth verfassten Römerbrief setzt Paulus zudem Christusgläubige in Rom voraus. Vermutlich ist der Christusglaube demnach zunächst in den Synagogengemeinden Roms verkündigt worden und hat sich dann auch zu Nichtjuden hin verbreitet. Es wird demnach mit einer ähnlichen Entwicklung zu rechnen sein, wie sie sich auch in Antiochia und vermutlich in weiteren Orten im Osten des Imperium Romanum zugetragen hat.

9 Dieser Befund trifft auf Alexandria, der nach Rom zweitgrößten Stadt des Imperiums, sogar in noch stärkerem Maße zu. Die Stadt tritt in der Frühzeit des Christentums ebenfalls nur am Rande in Erscheinung, wenngleich es auch hier Spuren des Christusglaubens in früher Zeit gibt. In Apg 18,24 wird Alexandria als Herkunftsort des Apollos erwähnt, der sowohl in der Apg als auch im 1Kor als christlicher Lehrer in Erscheinung tritt. Zur Bedeutung Alexandrias in der jüdischen und christlichen Antike vgl. B. Schliesser u.a. (Hg.), Alexandria. Hub of the Hellenistic World, WUNT 460, Tübingen 2021; T. Georges u.a. (Hg.), Alexandria, COMES 1, Tübingen 2013.

10 Röm 1,7: πᾶσιν τοῖς οὖσιν ἐν Ῥώμῃ ἀγαπητοῖς θεοῦ, κλητοῖς ἁγίοις, χάρις ὑμῖν καὶ εἰρήνη ἀπὸ θεοῦ πατρὸς ἡμῶν καὶ κυρίου Ἰησοῦ Χριστοῦ; 1,15: οὕτως τὸ κατ᾽ ἐμὲ πρόθυμον καὶ ὑμῖν τοῖς ἐν Ῥώμῃ εὐαγγελίσασθαι.

sagt wird, er habe Paulus in Rom gesucht und auch gefunden[11] sowie einige Male in der Apostelgeschichte. In letzterer tritt Rom vor allem im Zusammenhang mit dem Weg des Paulus in Erscheinung, der, ebenso wie die Apostelgeschichte selbst, in Rom endet. Wie im Folgenden genauer zu zeigen sein wird, erhält Rom dabei, anders als im Römer- und im 2. Timotheusbrief, eine eigenständige Bedeutung als wichtiger Ort des frühen Christentums.[12] Das unterscheidet die hier erkennbar werdende Perspektive zugleich markant von der negativen Sicht auf Rom, die in der Bezeichnung »Babylon« in der Johannesoffenbarung erkennbar wird.[13]

Informationen über die politischen und kulturellen Verhältnisse der Stadt oder die Situation der dortigen Christusgläubigen lassen sich diesen Erwähnungen allerdings nicht entnehmen. Im Fall des Römerbriefs liegt es daran, dass Paulus, abgesehen von einigen persönlichen Bekanntschaften, keine Kontakte zu den Christen in Rom unterhielt, seine Missionsreisen ihn zur Zeit der Abfassung des Briefes noch nicht in die Stadt geführt hatten und er über die dortigen Verhältnisse nur einige allgemeine Informationen besaß.[14] Paulus kann

---

11  ἀλλὰ γενόμενος ἐν Ῥώμῃ σπουδαίως ἐζήτησέν με καὶ εὗρεν. Daraus ergibt sich, dass der 2. Timotheusbrief Rom als Abfassungsort voraussetzt.

12  Neben der Nennung der Stadt selbst begegnet einmal bei Joh 11,48 sowie achtmal in der Apostelgeschichte die Bezeichnung »Römer« (Ῥωμαῖος bzw. Ῥωμαῖοι) in unterschiedlichen Bedeutungen. Sie kann die römische Besatzungsmacht bzw. Gerichtsbarkeit bezeichnen (Joh 11,48; Apg 28,17), des Weiteren Juden aus der Stadt Rom (Apg 2,10), die römischen Bewohner der Kolonie Philippi (Apg 16,21), Paulus (und Silas) als römische Bürger (Apg 16,37 f.; 22,25–27.29; 23,27) sowie den »bei den Römern geltenden Brauch« (ἔθος Ῥωμαίοις), einen Angeklagten preiszugeben, bevor er die Gelegenheit hatte, sich vor seinen Anklägern zu verteidigen (Apg 25,16). Der Begriff geht also über die Charakterisierung der Stadt und ihrer Bewohner hinaus und kann auch für die Kultur des römischen Reiches und seine Bürger verwandt werden.

13  Im 1. Petrusbrief, der die Bezeichnung »Babylon« ebenfalls verwendet, ist das nicht so eindeutig. Vgl. dazu unten Anm. 35 und 41.

14  Inwieweit Paulus über die Verhältnisse in Rom und die Situation der dortigen Christusgemeinden informiert war und sich dies im Römerbrief widerspiegelt, ist umstritten. Dass der Brief einen anderen Charakter hat als alle anderen Paulusbriefe, steht dabei außer Zweifel. Er ist in erster Linie davon bestimmt, den Charakter des Evangeliums als »Kraft Gottes zum Heil für jeden, der glaubt« (Röm 1,16) darzulegen. Ein direkter Bezug auf die Verhältnisse unter den römischen Christen wird dagegen häufig in den hinteren Kapiteln (vor allem in 14,1–15,13) vermutet. Auch hier sind die Angaben jedoch allgemeiner Natur und lassen keinen spezifischen Bezug zu Rom erkennen.

im Römerbrief weder auf eine persönliche Beziehung zu den dortigen
Christen noch auf Kenntnisse über die politische und soziale Situati-
on zurückgreifen – anders als etwa im 1. Korintherbrief, der eine le-
bendige Beziehung zu den Adressaten bezeugt. Das im letzteren ent-
stehende Bild der Gemeinde in ihrem urbanen Kontext wird durch die
Erzählung der Apostelgeschichte über den Gründungsaufenthalt von
Paulus, Silas und Timotheus weiter angereichert.[15] Auch im Fall von
Philippi und Thessaloniki entstehen durch die Paulusbriefe[16] und die
Apostelgeschichte lebendigere Bilder der jeweiligen politischen und
sozialen Verhältnisse. Schließlich spielen Jerusalem und Athen für die
Darstellung der frühen Ausbreitung des Christentums eine wichtige
Rolle.[17] Der Grund, warum Paulus den Römerbrief überhaupt ge-
schrieben hat, liegt deshalb, anders als bei seinen anderen Briefen,
nicht einfach auf der Hand und wird bis in die Gegenwart diskutiert.[18]

Zum Verhältnis des Römerbriefs zu Rom und den römischen Christusgläubigen vgl. auch den Beitrag von Markus Öhler in diesem Band.

15 Aus dem 1. Korintherbrief und Apg 18,1–17 ergeben sich dabei durchaus unterschiedliche Bilder. Während Paulus Probleme bespricht, die in einer
christlichen Gemeinde aus nichtjüdischen Mitgliedern auftreten, werden in
der Apostelgeschichte jüdische Personen genannt, die sich dem Glauben an
Jesus Christus öffnen (Aquila und Priskilla, der Gottesfürchtige Titius Justus, die Synagogenvorsteher Krispus und Sosthenes). Zudem wird geschildert, dass die Juden Korinths gegen die Verkündigung des Paulus auftreten
und ihn vor den Statthalter bringen. Diese Differenzen dürften zum einen auf
die unterschiedlichen Situationen zurückzuführen sein (in der Apostelgeschichte wird von der Gründungsphase der Gemeinde berichtet, Paulus setzt
ein fortgeschrittenes Stadium voraus, in dem sich bereits ein reges Gemeindeleben entwickelt hat), zum anderen lässt sich darin die Tendenz des Lukas
erkennen, die Entstehung der christlichen Gemeinden aus dem Judentum
hervorzuheben.

16 Die Angaben des Philipper- und des 1. Thessalonicherbriefes sind allerdings
nur indirekt und zudem spärlicher Natur, weil Paulus vor allem seine persönliche Beziehung zu den Gemeinden sowie Fragen des Gemeindelebens in den
Vordergrund rückt.

17 Für Jerusalem können aus den Passionserzählungen der Evangelien und den
ersten Kapiteln der Apostelgeschichte Angaben zur politischen und religiösen
Situation entnommen werden. Athen wird in Apg 17 als Ort eines (vermutlich
fiktiven) Auftritts von Paulus näher charakterisiert.

18 Vgl. A. J. M. Wedderburn, The Reasons for Romans, Edinburgh 1988 (repr.
1991); K. P. Donfried (Hg.), The Romans Debate, Grand Rapids 1991. Die
Frage ist auch in den neueren Römerbriefkommentaren präsent und wird unterschiedlich beantwortet. Verwiesen sei auf die gegensätzlichen Einschätzungen von R. Jewett, Romans. A Commentary, Hermeneia, Minneapolis
2007, 80–91, sowie M. Wolter, Der Brief an die Römer, Teilband 1: Röm 1–8,

Ein spezifisches Interesse an Rom oder gar eine »Romidee«[19] lässt sich für Paulus dabei nicht reklamieren.

Die Rolle, die Rom in der Apostelgeschichte spielt, lässt sich diesem Befund in historischer Perspektive zuordnen. Zugleich geht Lukas jedoch in der Bedeutung, die er Rom beimisst, über Paulus hinaus. In der Apostelgeschichte werden Orte wie Jerusalem, Damaskus, Antiochia, Thessaloniki, Korinth, Athen oder Ephesus deshalb genannt, mitunter auch näher charakterisiert, weil sie für die lukanische Darstellung der Entstehung und Ausbreitung des Christentums von Bedeutung sind. Aufgrund des Charakters der Apostelgeschichte als historischer Beschreibung der Anfänge des Christentums werden dabei auch Bilder vom kulturellen und religiösen Profil dieser Orte entworfen.[20] Bei Rom ist das dagegen nicht der Fall – und zwar nicht, weil

EKK VI/1, Neukirchen-Vluyn u. a. 2014, 41–56 und seinen Beitrag zu diesem Band. Während Jewett den Grund für die Abfassung des Briefes in der Situation der römischen Christen sieht, die seiner geplanten Spanienmission entgegenstehe, beurteilt Wolter ihn als eine Selbstreflexion des Paulus über das Evangelium, mit der er sich den römischen Christen vorstellen wollte, um seinen geplanten Besuch auf der Reise nach Spanien vorzubereiten. Die Grundsätzlichkeit und Ausführlichkeit der Darlegungen spricht für die letztgenannte Lösung. Der Charakter des Briefes dürfte sich der Tatsache verdanken, dass Paulus seine Tätigkeit im Osten des Imperium Romanum als abgeschlossen betrachtete und in dieser biographischen Situation in grundlegender Weise über die Bedeutung des Evangeliums und seine Konsequenzen für die Christusgläubigen und Israel reflektierte. Weitere Gründe, die mitunter angeführt werden und sich entweder auf die Situation der römischen Christen oder diejenige des Paulus (oder beides) beziehen, sind dem nachgeordnet.

19  Mythische Vorstellungen von Rom hat es in der Antike durchaus gegeben. Vgl. dazu die Sammlung forschungsgeschichtlich relevanter Beiträge in: B. Kytzler (Hg.), Rom als Idee, WdF 656, Darmstadt 1993.

20  Dabei standen dem Verfasser in unterschiedlicher Weise Informationen über die jeweiligen politischen, kulturellen und religiösen Verhältnisse zur Verfügung. Am detailliertesten waren diese im ägäischen Raum, weniger präzise dagegen für die weiter östlichen Orte und Regionen. Der Geschichtswert der Apostelgeschichte ist dementsprechend differenziert zu beurteilen (und könnte evtl. sogar einen Hinweis auf den Herkunfts- bzw. Aufenthaltsort des Verfassers liefern). Zu den verarbeiteten historischen Informationen« vgl. die Studie von A. Wikenhauser, Die Apostelgeschichte und ihr Geschichtswert, NTA 8,3–5, Münster 1921; des Weiteren D. W. J. Gill/C. Gempf (Hg.), The Book of Acts in Its First Century Setting, Bd. 2: Graeco-Roman Setting, Grand Rapids/Carlisle 1994. Die soziale Zusammensetzung des frühen Christentums nach der Apostelgeschichte erörtert A. Weiß, Soziale Elite und Christentum. Studien zu den ordo-Angehörigen unter den frühen Christen,

der Verfasser darüber nichts zu berichten gewusst hätte, sondern weil er Rom in spezifischer Weise in die von ihm beschriebene erste Epoche der Christentumsgeschichte einordnet.

Dass Rom im Neuen Testament nicht prägnanter vor Augen tritt, liegt demnach vor allem daran, dass die Ausbreitung des Christentums im Osten des Römischen Reiches ihren Anfang nahm und sich erst in ihrer zweiten, im Neuen Testament nicht mehr erkennbar werdenden Etappe in den Westen erstrecken sollte.[21] Der geographische und zeitliche Horizont der Apostelgeschichte als der einzigen Geschichtsdarstellung des Christentums aus den ersten christlichen Jahrhunderten,[22] verbindet die Ausbreitung des Christusglaubens von Antiochia aus nach Westen dabei nahezu ausschließlich mit dem Wirken des Paulus. Obwohl Lukas wusste, dass es bei der Ankunft des Paulus in Rom bereits Christen gab, befasst sich die letzte Szene der Apostelgeschichte, auf die noch zurückzukommen ist, mit dem Verhältnis des von Paulus verkündeten Christusglaubens zum Judentum und schließt mit dem Bild seiner ungehinderten Verkündigung

Millenium-Studien zur Kultur und Geschichte des ersten Jahrtausends n. Chr., Berlin u. a. 2015. Eine Erörterung der historischen Zuverlässigkeit der Apostelgeschichte und ihrer Stellung in der antiken Historiographie kann im Rahmen dieses Beitrags nicht erfolgen. Vgl. dazu C. S. Keener, Acts. An Exegetical Commentary, Bd. 1: Introduction and 1:1–2:47, Grand Rapids 2012, 166–220; K. Backhaus, Lukas der Maler. Die Apostelgeschichte als intentionale Geschichte der christlichen Erstepoche, in: ders., Die Entgrenzung des Heils. Gesammelte Studien zur Apostelgeschichte, WUNT 422, Tübingen 2019, 157–188; ders., Asphaleia. Lukanische Geschichtsschreibung im Rahmen des antiken Wahrheitsdiskurses, a. a. O., 189–217; D. Marguerat, Lukas, der erste christliche Historiker. Eine Studie zur Apostelgeschichte, AThANT 92, Zürich 2011, 15–55. Zur Stellung der Apostelgeschichte in der antiken Geschichtsschreibung vgl. die Beiträge in: J. Frey u. a. (Hg.), Die Apostelgeschichte im Kontext antiker und frühchristlicher Historiographie, BZNW 162, Berlin u. a. 2009.

21  Für die Paulusmission wird diese Perspektive in Röm 15,24.28 erkennbar, wo Paulus Spanien als Ziel seiner nächsten Unternehmung nennt, die ihn auch nach Rom als Zwischenstation führen soll. Dass der Römerbrief der Vorbereitung dieses Besuchs dient, ist deshalb eine naheliegende Vermutung, die schon häufig angestellt wurde. Vgl. etwa P. Stuhlmacher, Der Abfassungszweck des Römerbriefes, ZNW 77 (1986), 180–193, der diesen Zweck mit weiteren Gründen verbindet.

22  Die nächste christliche Geschichtsdarstellung ist diejenige des Euseb vom Beginn des 4. Jahrhunderts. Diese setzt bereits eine ganz andere Situation voraus und blickt auf die Entwicklung des Christentums im Römischen Reich bis zu Konstantin zurück.

des Gottesreiches. Die Anfänge der christlichen Gemeinden Roms und ihre Entwicklung in der Frühzeit[23] werden dagegen in der Apostelgeschichte nicht geschildert. Auch der Römerbrief lässt darüber nicht viel erkennen.[24]

Einigen Aufschluss über die soziale und religiöse Zusammensetzung der römischen Christusgemeinden gibt allerdings die Liste der römischen Christen, die Paulus in Röm 16,3–16 grüßt.[25] Sie zeigt zunächst, dass zu diesen Juden und Nichtjuden gehörten und auch einige Mitarbeiter des Paulus darunter waren.[26] Ersteres wird sowohl durch die Namen als auch dadurch nahegelegt, dass Paulus von »Verwandten« spricht, worunter wohl »Volksverwandte«, also Juden, zu verstehen sind, wogegen bei etlichen der anderen Personen vermutlich an Nichtjuden zu denken ist.[27] Letzteres ergibt sich daraus, dass einige der Genannten ausdrücklich als »Mitarbeiter« bezeichnet werden.[28] Die persönliche Bekanntschaft des Paulus mit anderen Ge-

23  Vgl. dazu P. Lampe, Die stadtrömischen Christen in den ersten beiden Jahrhunderten. Untersuchungen zur Sozialgeschichte, WUNT II 18, Tübingen ²1989; ders., Early Christians in the City of Rome. Topographical and Social Aspects of The First Three Centuries, in: J. Zangenberg/M. Labahn (Hg.), Christians as a Religious Minority in a Multicultural City, JSNT.S 243, London 2004, 20–32.

24  Dass das Claudius-Edikt einen maßgeblichen Einfluss auf das Verhältnis von Juden und Christen (präziser: christusgläubigen und nicht- christusgläubigen Juden) in Rom gehabt habe und sich diese (vermutete) Situation im Römerbrief widerspiegeln würde, ist eine von Wolfgang Wiefel begründete und seither häufig wiederholte Annahme, an der allerdings Zweifel angebracht sind. Zur kritischen Diskussion dieser Hypothese vgl. J.M.G. Barclay, Is it Good News that God is Impartial? A Response to Robert Jewett, ›Romans. A Commentary‹, JSNT 31 (2008), 89–111; Wolter, Der Brief an die Römer (s. Anm. 18), 30–41.

25  Die rhetorische Funktion dieser Liste besteht vor allem darin, zu begründen, warum Paulus den römischen Christen überhaupt einen Brief schreibt. Sie hinterlässt den Eindruck, dass er mit etlichen Personen in Rom bekannt war, wobei diese Bekanntschaften offensichtlich unterschiedlichen Charakter hatten.

26  Zur Auswertung der Namensliste vgl. Lampe, Christen (s. Anm. 23), 135–153.

27  Zu den Juden gehören Priska und Aquila (V. 3; vgl. Apg 18,2) sowie die als συγγενεῖς des Paulus bezeichneten Andronikos und Junia (V. 7) sowie Herodion (V. 11). Aus den anderen Namen lassen sich keine eindeutigen Schlüsse auf eine jüdische oder nichtjüdische Provenienz ihrer Träger ziehen.

28  Am ausführlichsten werden die zu Beginn der Liste genannten Priska und Aquila beschrieben, die mit Paulus von Korinth nach Ephesus gegangen waren (Apg 18,18; 1Kor 16,19). Über sie sagt Paulus, dass sie ihr Leben für ihn eingesetzt hätten und lässt auch »die Gemeinde in ihrem Haus« grüßen

grüßten wird durch deren Charakterisierung als »Geliebte« angezeigt.[29] Des Weiteren ist im Blick auf die soziale Zusammensetzung
zu vermuten, dass einige der Genannten Freie, die Mehrheit dagegen
Freigelassene, also ehemalige Sklavinnen und Sklaven, waren.[30] Zu
notieren ist weiter, dass unter den Gegrüßten 17 Männer und 9 Frauen
sind. Schließlich lässt die Grußliste erkennen, dass die römischen
Christen offenbar nicht als *eine* Gemeinde (ἐκκλησία) organisiert waren, sondern in mehreren Hausgemeinden.[31] Das wird sowohl durch
die Erwähnung der Hausgemeinde von Priska und Aquila angezeigt
als auch durch die Anordnung der Grüße.[32] Diese ist darin auffällig,
dass Paulus, anders als in anderen Briefen, nicht die Gemeinde als
ganze grüßt, sondern eine große Zahl von Einzelpersonen, die mitunter für eine Gruppe stehen.[33] Auf diese Weise entsteht das Bild einer
Mehrzahl von Personen bzw. Kleingruppen, aus denen die Gemeinde
besteht, was sich vermutlich als Organisation der Christusgläubigen
in mehreren Hausgemeinden auffassen lässt, die keine gemeinsame
ἐκκλησία bilden.

Sind die Apostelgeschichte und der Römerbrief demnach in je eigener Weise auf Rom orientiert, so lassen sich darüber hinaus weitere

(16,3–5). Sie sind demnach inzwischen nach Rom zurückgekehrt und unter-
halten dort eine Hausgemeinde. Ebenfalls als »Mitarbeiter« (σύνεργοι) werden Urbanus (Röm 16,9) und Timotheus (16,21) bezeichnet.

29 16,5: Epainetos; 16,8: Ampliatus; 16,9: Stachys; 16,12: Persis.

30 Vgl. Lampe, Christen (s. Anm. 23), 141–153. Seine Analyse der Namen führt
   zu dem Ergebnis, dass sich für vier der Genannten freie, für mindestens neun
   unfreie Herkunft wahrscheinlich machen lässt.

31 Paulus spricht die römischen Adressaten auffälligerweise nirgends als
   ἐκκλησία an, verwendet den Ausdruck aber für die Gemeinde von Kenchreae,
   zu der die in 16,1 genannte Phoibe gehörte, in 16,16 für »alle Gemeinden
   Christi« und in 16,23 für die Gemeinde von Korinth, von wo aus er den Brief
   schreibt und als deren Gastgeber (ξένος) Gaius fungierte. In 16,3 wird die
   »Hausgemeinde« (κατ᾽οἶκον ἐκκλησία) von Aquila und Priska genannt. Außerhalb von Kap. 16 taucht der Begriff ἐκκλησία im Römerbrief nicht auf.

32 Vgl. M. Wolter, Der Brief an die Römer, Teilband 2: Röm 9–16, EKK VI/2,
   Ostfildern u. a. 2019, 465 f., 483 f.

33 Neben Priska und Aquila, zu denen ihre Hausgemeinde ergänzt wird, wird
   mit Andronikus und Junia ein weiteres Ehepaar genannt (V. 7). Zusammenge-
   ordnet werden auch Urbanus und Stachys (V. 9); Tryphiana und Tryphosa
   (V. 12); Rufus und seine Mutter (V. 13), sodann Asynkritos, Phlegon, Hermes,
   Patrobas, Hermas und die Brüder bei ihnen (V. 14) sowie schließlich Philologos und Julia, Nereus und seine Schwester, Olympas und alle Heiligen bei
   ihnen (V. 15). Außerdem nennt Paulus »die zu Aristobul Gehörigen« (V. 10)
   und »die zu Narcissus Gehörigen« (V. 11).

Schriften des frühen Christentums mit Rom in Verbindung bringen. Gegen Ende des 1. Jahrhunderts wird der 1. Clemensbrief in Rom verfasst,[34] gute Gründe sprechen zudem beim 1. Petrusbrief und den Pastoralbriefen für eine stadtrömische Entstehung.[35] Auch beim Hebräerbrief ist eine Abfassung in Rom denkbar,[36] weniger wahrscheinlich ist eine solche dagegen beim Philipper- und beim Philemonbrief.[37] Die altkirchliche Tradition nimmt zudem für das Markusevangelium und das lukanische Doppelwerk eine Entstehung in Rom an, was in der neueren Forschung mitunter aufgegriffen wird, letztlich aber eine Hypothese mit wenig positivem Anhalt bleibt.[38] Der Hirt des Hermas wird um die Mitte des 2. Jahrhunderts in Rom abgefasst, unter den auf seinem Weg zum Martyrium verfassten Briefen des Ignatius findet sich einer an die römischen Christen.[39] Schließlich entsteht um 200 mit dem Canon Muratori eine Art Einleitung in

---

34 Der Brief gibt sich als von der römischen Gemeinde an diejenige in Korinth verfasst aus: ἡ ἐκκλησία τοῦ θεοῦ ἡ παροικοῦσα Ῥώμην τῇ ἐκκλησίᾳ τοῦ θεοῦ τῇ παροικούσῃ Κόρινθον (1,1).

35 Beim 1. Petrusbrief verweist die Absenderangabe »Babylon« (1Petr 5,13) auf Rom (vgl. Eus.h.e. 2,15,2), womit die Diasporasituation bezeichnet sein kann, in der sich sowohl der Verfasser als auch die Adressaten befinden. Die Pastoralbriefe (unter der Voraussetzung ihrer gemeinsamen Abfassung durch denselben Verfasser) präsentieren sich durch den 2. Timotheusbrief als in der letzten Gefangenschaft des Paulus verfasstes »Testament« (vgl. 2Tim 1,8.17; 2,9).

36 Hier hängt es davon ab, ob die Ἀσπάζονται ὑμᾶς οἱ ἀπὸ τῆς Ἰταλίας in 13,24 als Angabe des aktuellen Aufenthalts- oder des Herkunftsortes der Grüßenden aufzufassen ist. Für Rom als Abfassungsort könnten dabei die Gemeinsamkeiten mit 1Clem sprechen.

37 Die Abfassung in Rom (als letzte Paulusbriefe) wird zwar mitunter vertreten, es spricht aber mehr dafür, dass sie aus der ephesinischen Gefangenschaft des Paulus stammen.

38 Beim MkEv schließt die altkirchliche Tradition dies aus der Bemerkung des Papias, Markus sei »Dolmetscher« (ἑρμενευτής) des Petrus« gewesen (Eus.h.e. 3,39,15), in Verbindung mit dem in 1Petr 5,13 erwähnten »Markus« (Clemens Al., Hypotyposes [Eus.h.e. 2,15,1–2; 6,14,5–7]); beim lukanischen Doppelwerk aus der Notiz in 2Tim 4,11 (»Lukas ist allein bei mir«), die aufgrund der Wir-Berichte auf den Actaverfasser bezogen wird, der demnach in der römischen Gefangenschaft als einziger bei Paulus war (Iren.haer. 3,14,1; Eus.h.e. 2,22,6).

39 Die Datierung der Ignatiusbriefe ist in der neueren Diskussion bekanntlich umstritten, was hier jedoch auf sich beruhen kann. Eine Datierung in die erste Hälfte des zweiten Jahrhunderts, vermutlich in hadrianische Zeit, erscheint als tragfähige Lösung.

wichtige Schriften des frühen Christentums in Rom.[40] Die wachsende Bedeutung Roms für das Christentum, die diese Schriften bezeugen, wird durch christliche Lehrer wie Markion, Valentin, Justin und Tatian bestätigt, die im 2. Jahrhundert in Rom wirken. Durch die Verehrung der Gräber von Petrus und Paulus gewinnt Rom dann noch einmal eine besondere Bedeutung für das (westliche) Christentum.[41]

Die Perspektive auf Rom in der Apostelgeschichte ist in diesem größeren Zusammenhang zu betrachten. Die Apostelgeschichte (bzw. das lukanische Werk insgesamt) ist vermutlich im späten 1. oder frühen 2. Jahrhundert verfasst worden,[42] blickt also auf die erzählten Ereignisse im Abstand von einigen Jahrzehnten zurück. Zur Zeit der Abfassung ist der Christusglaube bereits in Rom etabliert, die Apo-

40 Auf die Diskussion um die Datierung des Canon Muratori gehe ich hier nicht ein. Für die Spätdatierung vgl. in jüngerer Zeit L.M. McDonald, The Formation of the Biblical Canon, Bd. II: The New Testament. Its Authority and Canonicity, London u.a. 2017, 277–304. Die Datierung um 200 wird dagegen wieder vertreten von J. Orth, Das Muratorische Fragment. Die Frage seiner Datierung, Mainz 2020. Zu wenig beachtet wird mitunter, dass es sich beim Muratorischen Fragment, soweit der Text eine genauere Charakterisierung zulässt, nicht um ein »Kanonverzeichnis« im engeren Sinn, sondern um eine Beschreibung der in der Kirche zu lesenden (im Wesentlichen neutestamentlichen) Schriften handelt. Eine solche ist um das Jahr 200 durchaus vorstellbar, auch wenn die Herausbildung des biblischen Kanons in eine spätere Zeit gehört. Zu wenig beachtet wird auch, dass das Muratorische Fragment die Katholischen Briefe nicht erwähnt, was angesichts der Bedeutung, die der Siebenzahl von Briefen im Fall des Paulus und der Johannesoffenbarung beigemessen wird, dafür spricht, dass diese Sammlung noch nicht existierte. Das Muratorianum kann demnach mit einiger Wahrscheinlichkeit zu den stadtrömischen Schriften aus der Frühzeit des Christentums gerechnet werden.

41 Dem gegenüber steht die für die Frühzeit vor allem durch die Johannesoffenbarung bezeugte negative Sicht auf Rom als »Babylon, die Große, die Mutter der Huren und der Gräuel der Erde« (17,5; vgl. 14,8; 16,19; 18,2.10.21 sowie 2Bar 67,7; Sib 5,143.159), die auf die spannungsvolle Geschichte zwischen Christentum und Imperium Romanum in den ersten Jahrhunderten des Christentums verweist. Im Blick auf den stadtrömischen Kontext hat zu dieser Sicht die von Tacitus (Ann. 15,44,2–5) und Sueton (Nero 16,2) erwähnte Verfolgung der Christen unter Nero wesentlich beigetragen, die bei späteren christlichen Autoren mit dem Tod von Petrus und Paulus in Verbindung gebracht wird (Eus.h.e. 2,25,5–8; 3,1,2–3). Nero gilt der christlichen Tradition damit als erster Christenverfolger, dem Domitian dann als zweiter Feind der Christen folgt (Tert.apol. 5; Lact.mort.pers. 2–3; Eus.h.e. 3,17; 3,32,1; 4,26,9).

42 Zur Erörterung der Datierungsfrage vgl. K. Backhaus, Zur Datierung der Apostelgeschichte. Ein Ordnungsversuch im chronologischen Chaos, in: ders., Entgrenzung (s. Anm. 20), 87–128. Sein Fazit lautet, dass eine Abfassung zwischen 100 und 130 als tragfähigste Lösung zu betrachten sei (128).

stelgeschichte erzählt jedoch davon, wie er überhaupt dorthin gelangt ist. Dementsprechend tritt Rom nicht als Ort christlicher Gemeinden in den Blick, hat jedoch gleichwohl grundlegende Bedeutung für die in der Schrift entwickelte Sicht auf die Entwicklung des frühen Christentums. Das wird bereits an der geographischen Perspektive deutlich, die mit den Eckpunkten Jerusalem und Rom markiert ist und in zeitlicher Hinsicht den ersten Abschnitt der Christentumsgeschichte umfasst. Dieser reicht der Geschichtskonzeption der Apostelgeschichte zufolge von der Himmelfahrt Jesu bis zur Ankunft der christlichen Verkündigung in Rom.[43] Anders als im Römerbrief erscheint Rom in der Apostelgeschichte demnach keineswegs lediglich als »Zwischenstation« auf dem Weg nach Westen, sondern als Höhepunkt der paulinischen Mission, die in einer kunstvoll gestalteten Schlussszene zu ihrem Höhepunkt gelangt und zugleich die Grundlage für die weitere Entwicklung der christlichen Kirche bildet.

Aufgrund dieser geographischen und inhaltlichen Ausrichtung wurde Apg 1,8, wo Jesus seinen Jüngern den Auftrag zur Zeugenschaft erteilt, in der älteren Forschung mitunter auf Rom bezogen, obwohl der Name der Stadt dort nicht fällt. Der Satz lautet:

ἀλλὰ λήμψεσθε δύναμιν ἐπελθόντος τοῦ ἁγίου πνεύματος ἐφ' ὑμᾶς καὶ ἔσεσθέ μου μάρτυρες ἔν τε Ἰερουσαλὴμ καὶ [ἐν] πάσῃ τῇ Ἰουδαίᾳ καὶ Σαμαρείᾳ καὶ ἕως ἐσχάτου τῆς γῆς.

Ihr werdet Kraft des über euch kommenden Heiligen Geistes empfangen und werdet meine Zeugen sein in Jerusalem und in ganz Judäa und Samaria und bis ans Ende der Erde.

Setzt man die geographische Perspektive dieses Satzes unmittelbar zur in der Apostelgeschichte erzählten Ausbreitung des Christentums in Beziehung, könnte mit dem »Ende der Erde« Rom bezeichnet sein. Dafür wurde mitunter in der Tat plädiert, wobei neben der programmatischen Ausrichtung auf Rom auf PsSal 8,15 verwiesen wurde, wo davon die Rede ist, dass Gott einen »vom Ende der Erde« herbeigeführt hat,[44] was vermutlich eine Anspielung auf Pompeius darstellt

---

43  Zur Geschichtskonzeption der Apostelgeschichte vgl. M. Wolter, Das lukanische Werk als Epochengeschichte, in: ders., Theologie und Ethos im frühen Christentum. Studien zu Jesus, Paulus und Lukas, WUNT 236, Tübingen 2009, 261–289.

44  ἤγαγεν τον απ εσχατου της γης, τον παιοντα κραταιως, εκρινεν τον πολεμον επι Ιερουσαλημ καὶ τὴν γῆν αὐτῆς.

und deshalb mit Rom in Verbindung gebracht wurde.[45] Diese Deutung wurde allerdings bereits vor längerer Zeit grundlegend von Willem van Unnik kritisiert.[46] Er verweist darauf, dass Apg 1,8 nicht unmittelbar mit der in der Apostelgeschichte erzählten Ausbreitung der Christusbotschaft verknüpft werden dürfe, sondern einen Auftrag Jesu an die Apostel darstelle. Zudem liege in PsSal 8,15 kein Bezug auf Rom vor, vielmehr sei dort Spanien im Blick, wo Pompeius vor seinem Zug in den Osten militärisch aktiv war. Apg 1,8 sei vor dem Hintergrund biblischer und weiterer Analogien in antiken Texten als geographischer Ausdruck aufzufassen, der tatsächlich »das Ende der Erde« bezeichne, das durch die christliche Mission erreicht werden soll. Die Deutung von Apg 1,8 auf die gesamte Welt wurde vor van Unnik bereits von Kirsopp Lake und Henry Cadbury vertreten[47] und findet sich in nahezu allen neueren Kommentaren zur Apostelgeschichte.[48]

Die Wendung τὸ ἔσχατον τῆς γῆς und verwandte Ausdrücke begegnen in der antiken Literatur häufiger zur Bezeichnung der geographischen Erstreckung der Erde.[49] Den maßgeblichen Hintergrund für

---

45 So H. Conzelmann, Die Apostelgeschichte, HNT 7, Tübingen ²1972, 27; E. Haenchen, Die Apostelgeschichte, KEK III, Göttingen ⁷1977, 150, Anm. 6; G. Stählin, Die Apostelgeschichte, NTD 5, Göttingen 1962, 18; J. Roloff, Die Apostelgeschichte, NTD 5, Göttingen 1981, 23.

46 W. v. Unnik, Der Ausdruck ἙΩΣ ἘΣΧΑΤΟΥ ΤΗΣ ΓΗΣ (Apostelgeschichte I 8) und sein alttestamentlicher Hintergrund, in: ders., Sparsa Collecta I, Leiden 1973, 386–401 (zuerst 1966).

47 F. J. Foakes Jackson/K. Lake (Hg.), The Beginnings of Christianity. Teil 1: The Acts of the Apostles, Bd. 4: English Translation and Commentary, hg. v. K. Lake/H. J. Cadbury, London 1933, 9. Sie bestreiten einen Bezug von 1Clem 5,7 (τὸ τέρμα τῆς δύσεως) sowie von PsSal 8,15 auf Apg 1,8 und sehen in dem Auftrag Jesu eine lukanische Analogie zum »Missionsbefehl« aus Mt 28,19.

48 Eine vermittelnde Position nimmt C. K. Barrett ein: »The truth probably is that the phrase does refer to Rome, but to Rome not as an end in itself but as a representative of the whole world«. Vgl. ders., Acts. A Critical and Exegetical Commentary on the Acts of the Apostles, ICC, Bd. I: Preliminary Introduction and Commentary on Acts I–XIV, Edinburgh 1994, 80. Auch diese »Kompromisslösung« dürfte dem Ausdruck ἕως ἐσχάτου τῆς γῆς in Apg 1,8 allerdings nicht gerecht werden.

49 Zur Vorstellung vom »Ende der Erde« in antiken Texten vgl. van Unnik, Ausdruck (s. Anm. 46), 394–400; Keener, Acts (s. Anm. 21), 704–708. Die von ihnen genannten Belege aus biblischen und außerbiblischen (griechischen und römischen) Texten zeigen, dass der Ausdruck ἔσχατον (bzw. ἔσχατα) τῆς γῆς die geographische(n) Grenze(n) der Welt bezeichnete. Einen Eindruck von der geographischen Vorstellung antiker Autoren über die Dimensionen der Welt

Lukas bildete dabei die biblische Verwendung des Ausdrucks in der Septuaginta.[50] Dieser Horizont wird in 13,47 explizit aufgerufen, wenn Paulus und Barnabas das Prophetenwort aus Jes 49,6 auf sich selbst beziehen und damit ihre künftige Hinwendung zu den Heiden als Reaktion auf den Widerstand der Juden gegen die Christusbotschaft begründen:

τέθεικά σε εἰς φῶς ἐθνῶν τοῦ εἶναί σε εἰς σωτηρίαν ἕως ἐσχάτου τῆς γῆς.

Ich habe dich zum Licht der Heiden eingesetzt, damit du zur Rettung seist bis ans Ende der Erde.[51]

Innerhalb des lukanischen Werkes wird damit die Bezeichnung Jesu als σωτήριον Gottes aufgenommen, das als φῶς εἰς ἀποκάλυψιν ἐθνῶν

vermittelt Strabon, Geogr. 1,1,3–9, der dort im Rekurs auf Homer die Erde als eine vom Ozean umspülte kreisförmige Insel beschreibt, an deren äußersten Enden sich Länder wie Indien, Iberien und Äthiopien befinden. An späterer Stelle (2,5,8–10) berechnet Strabon sodann die Entfernungen vom nördlichen zum südlichen sowie vom östlichen zum westlichen Ende der Erde.

50  Jes 8,9; 48,20; 49,6; 62,11; PsSal 1,4; 1Makk 3,9 (ἕως ἐσχάτου γῆς). Vgl. auch Dtn 28,49; Ps 134,7; Jer 6,22; 10,13; 16,19; 27,41; 28,16; 32,32; 38,8; Jes 45,22; PsSal 8,15: ἀπ᾽ (bzw. ἐξ) ἐσχάτου τῆς γῆς. Verwandt sind die Ausdrücke ἄκρα τῆς γῆς (Dtn 13,8; 28,64; 33,17; 1 Kgt 2,10; Jdt 2,9; 11,21; 1Makk 1,3: Alexander zog ἕως ἄκρων τῆς γῆς; 8,4; 14,10; OdSal 3,10; Sir 44,21; Mi 5,3; Jes 5,26; 41,9; 42,10; 43,6; Jer 12,12 u. ö.) und πέρατα τῆς γῆς (Ps 2,8; 18,5: πέρατα τῆς οἰκουμένης; 21,28; 45,10; 47,11; 58,14; Dan^LXX 4,18 u. ö.) zur Bezeichnung des »Endes der Erde« bzw. der Erstreckung der Erde »von einem Ende bis zum anderen«. Eine Analogie der Sendung »bis ans Ende der Erde« begegnet bei Dion von Prusa or. 13,9. Dion berichtet in dieser Rede davon, dass er mit der Frage, wie er sein Schicksal der Verbannung beurteilen solle, an den delphischen Apollon herangetreten sei, der ihm den eigenartigen, nicht leicht zu deutenden Rat erteilt habe, mit großem Eifer dasjenige zu tun, womit er gerade beschäftigt sei, bis er »ans Ende der Erde« käme (ἐπὶ τὸ ἔσχατον ἀπέλθῃς τῆς γῆς). Zu dieser Stelle und ihrem Verhältnis zu Apg 1,8 vgl. M. Becker, Lukas und Dion von Prusa. Das lukanische Doppelwerk in Kontext paganer Bildungsdiskurse, Studies in Cultural Contexts of the Bible 3, Leiden u. a. 2020, 541–549. Der Hinweis auf die Dion-Stelle findet sich auch bei R. I. Pervo, Acts. A Commentary, Hermeneia, Minneapolis 2009, 44.

51  Gegenüber dem Jesajazitat in der Septuaginta fehlen die einleitende ἰδού sowie die Bestimmung εἰς διαθήκην γένους. Ersteres lässt sich darauf zurückführen, dass bereits die Ankündigung der Hinwendung zu den Heiden in V. 46 mit einem ἰδού eingeleitet worden war, letzteres könnte auf eine dem hebräischen Text (wo eine Entsprechung zu εἰς διαθήκην γένους fehlt) näherstehende griechische Fassung hinweisen oder auf eine bewusste Auslassung des Bezugs auf den Bund mit Israel. Die erstgenannte Möglichkeit liegt näher, zumal die Wendung in etlichen Septuaginta-Handschriften fehlt.

καὶ δόξαν λαοῦ σου Ἰσραήλ näher beschrieben wird.[52] Die Jesajaprophetie wird auf diese Weise auf die Christusverkündigung von Paulus und Barnabas bezogen, durch die sie zum »Licht der Heiden« werden.[53] Das wird nicht zuletzt daran deutlich, dass das Schriftzitat als Auftrag des Herrn an Paulus und Barnabas präsentiert wird.[54] Zugleich wird die Rolle des Paulus innerhalb der Apostelgeschichte in der Weise profiliert, dass durch sein Wirken das durch Jesus gekommene Heil auch zu den nichtjüdischen Völkern gelangt.[55] Damit unmittelbar verbunden ist die Ablehnung der Christusbotschaft durch diejenigen Juden, die sich der Christusbotschaft verschließen.[56] Die programmatische Selbstbezeichnung von Paulus und Barnabas mit Hilfe des Jesajazitates bereitet deshalb nicht zuletzt die Schlussszene der Apostelgeschichte vor, in der Paulus davon sprechen wird, dass das σωτήριον zu den Heiden gesandt ist, die, anders als die Juden, hören werden.[57]

---

52  Lk 2,32.

53  Dass sich das Zitat auf Israel beziehe, dessen »bussfertiger Teil« zum »Licht der Heiden« werde (so J. Jervell, Die Apostelgeschichte, KEK III, Göttingen 1998, 364), ist dem Text dagegen nicht zu entnehmen. Barnabas und Saulus/ Paulus werden als Abgesandte (ἀπόστολοι, so 14,4.14) der antiochenischen Gemeinde charakterisiert, die durch ihre Verkündigung im pisidischen Antiochia die Ablehnung eines Teils der Juden hervorrufen, die ihnen widersprechen und sie sogar verfolgen (V. 13,45.50). Diesen kündigen sie daraufhin ihre Hinwendung zu den ἔθνη an. Das Zitat bezieht sich demnach auf die Verkündiger der Christusbotschaft, nicht auf eine Spaltung innerhalb Israels.

54  Die Einleitung οὕτως γὰρ ἐντέταλται ἡμῖν ὁ κύριος dürfte sich auf den erhöhten Jesus als Sprecher beziehen. Das geht nicht zuletzt daraus hervor, dass dieser es ist, der Paulus in 9,15 f. in den Dienst für sich genommen hat.

55  Vgl. Pervo, Acts (s. Anm. 50), 343; K. Haacker, Die Apostelgeschichte, TKNT 5, Stuttgart 2019, 234 f.

56  Zur Analyse der Passage vgl. C. Schaefer, Die Zukunft Israels bei Lukas. Biblisch-frühjüdische Zukunftsvorstellungen im lukanischen Doppelwerk im Vergleich zu Röm 9–11, BZNW 190, Berlin u.a. 2012, 219–234. Schaefer macht zu Recht darauf aufmerksam, dass die Szene nicht einfach eine Spaltung von der Christusbotschaft ablehnenden Juden und sie freudig annehmenden Heiden beschreibt. Vielmehr folgen auf die Rede des Paulus in der Synagoge hin zunächst viele Juden und »gottesfürchtige Proselyten« (σεβόμενοι προσήλυτοι) Paulus und Barnabas, die sie überzeugen, bei der Gnade Gottes zu bleiben (V. 43). Diese gehören demnach nicht zu den in V. 45 genannten, Barnabas und Paulus feindselig gegenüberstehenden Juden.

57  Apg 28,30. Wie sich diese Formulierung in die Gesamtdarstellung der Apostelgeschichte einordnet, wird weiter unten zu diskutieren sein.

In der Apostelgeschichte wird demnach die Ausbreitung des Evangeliums in der ganzen Oikumene in den Blick genommen. Dabei spielt Rom, wie insbesondere die Schlussszene zeigt, eine wichtige Rolle, die geographische Gesamtperspektive reicht jedoch darüber hinaus und richtet sich tatsächlich auf das »Ende der Erde«.[58] Damit stellt sich die Frage, warum Lukas dem letzten Auftreten des Paulus in Rom eine programmatische Bedeutung für die Konzeption seines Werkes gibt.[59] Sie stellt sich vor allem deshalb, weil es von der Biographie des Paulus her nicht nahelag, sein Kommen nach Rom mit einem Auftritt als ungehinderter Verkündiger des Gottesreiches zu verknüpfen. Paulus kam als Gefangener nach Rom und wurde dort hingerichtet, was in der Apostelgeschichte nicht berichtet wird, obwohl Lukas und seine Leser davon natürlich gewusst haben. Dass es auch andere Möglichkeiten gab, das Ende des Paulus darzustellen, zeigen zudem diejenigen Texte, die im Anschluss an die im Römerbrief geäußerten Reisepläne von einer tatsächlichen Mission des Paulus im Westen berichten.[60] Das Ende der Apostelgeschichte entspricht dagegen dem hier entworfenen Bild von der Geschichte des Christentums, die in Rom an einen wichtigen Wendepunkt gelangt.

58 Dass Lukas in universalen Dimensionen denkt, wird auch an der zeitlichen Dimension seines Werkes deutlich, die von der Erschaffung der Welt bis zum Endgericht reicht (vgl. Apg 17,24–31), ebenso an der ethnischen Perspektive, die in der Liste in Apg 2,9–11 zum Ausdruck kommt, wo Juden aus allen Völkern der Erde als in Jerusalem anwesend genannt werden.

59 Dass es sich um eine programmatische Schlussszene handelt, hat E. Plümacher herausgestellt. Vgl. ders., Rom in der Apostelgeschichte, in: ders. Geschichte und Geschichten. Aufsätze zur Apostelgeschichte und zu den Johannesakten, WUNT 170, Tübingen 2004, 135–169. Vgl. weiter Marguerat, Lukas (s. Anm. 20), 295–325; ders., On Why Luke Remains Silent about Paul's End, in: A. Puig i Tàrrech/J. M. G. Barclay/J. Frey (Hg.), The Last Years of Paul. Essays from the Tarragona Conference 2013, WUNT 352, Tübingen 2015, 305–332; H. Omerzu, Das Schweigen des Lukas. Überlegungen zum offenen Ende der Apostelgeschichte, in: F. W. Horn (Hg.), Das Ende des Paulus. Historische, theologische und literaturgeschichtliche Aspekte, BZNW 106, Berlin u. a. 2001.

60 In den Paulusakten wird das Ende des Paulus ausführlich beschrieben. Vgl. auch Tert.praesc. 36,3; Eus.h.e. 2,25,5.8. Daneben existierte von früher Zeit an die Tradition, Paulus sei tatsächlich in den Westen gelangt (1Clem 5,5–7; Canon Muratori, Z. 38 f.; Actus Vercellenses, p. 48; Eus.h.e. 2,22,2).

## 2.  Der Weg des Paulus nach Rom

Rom tritt in der Apostelgeschichte zum ersten Mal im Zusammenhang der Ausweisung der Juden aus der Stadt durch Kaiser Claudius in den Blick, die den Hintergrund für die Begegnung von Paulus mit dem jüdischen Ehepaar Aquila und Priskilla in Korinth bildet. Lukas erwähnt dabei die politische Maßnahme des römischen Kaisers, die auch durch Sueton und Orosius bezeugt wird.[61] Die Umstände des Kommens von Aquila und Priskilla nach Korinth sind für die lukanische Darstellung jedoch von untergeordneter Bedeutung. Es würde sich für die Schilderung ihrer Begegnung mit Paulus nichts Wesentliches ändern, hätte Lukas die Information, *warum* sie dorthin gekommen sind, weggelassen. Dass er dieses Detail dennoch, syntaktisch etwas umständlich, in seine Erzählung einflicht,[62] kann auf sein Interesse an der Beschreibung historischer Umstände der von ihm berichteten Ereignisse zurückzuführen sein.[63] Damit ist seine Darstellungsabsicht aber noch nicht hinreichend erklärt. Wenn Lukas politische oder kulturelle Informationen anführt, dienen diese zumeist dem Bild, das er von den Anfängen des Christentums und seinen Kontexten zeichnet. Das ist auch bei den Erwähnungen der Maßnahmen römischer Kaiser der Fall.

Eine erste in den lukanischen Schriften begegnende derartige Anordnung ist der in Lk 2,1 genannte Erlass des Augustus,[64] die gesamte Oikoumene solle sich in Steuerlisten eintragen. Damit ist vermutlich

---

61  Vgl. dazu oben, Anm. 8.

62  Die Phrase διὰ τὸ διατεταχέναι Κλαύδιον χωρίζεσθαι πάντας τοὺς Ἰουδαίους ἀπὸ τῆς Ῥώμης (Apg 18,2) ist eine erläuternde Zusatzinformation, die die Satzkonstruktion überladen wirken lässt.

63  Haacker, Apostelgeschichte (s. Anm. 55), 306, hält es für denkbar, »das [sic] Lukas einen ihm vorliegenden Bericht mit dieser zeitgeschichtlichen Information erweitert hat«. Das würde die Frage, welches Interesse Lukas an dieser Information hat, zuspitzen. In der Regel beschränken sich die Kommentare auf die Darlegung der Erwähnungen des Claudius-Ediktes und seines historischen Kontextes, werfen die Frage nach dem Grund seiner Nennung bei Lukas dagegen nicht auf.

64  ἐξῆλθεν δόγμα παρὰ Καίσαρος Αὐγούστου ἀπογράφεσθαι πᾶσαν τὴν οἰκουμένην. Kaiserliche Erlasse werden auch in Apg 17,7 als δόγματα bezeichnet. Der Begriff konnte auch unspezifisch für politische Anordnungen oder anderweitige Beschlüsse und Satzungen gebraucht werden. In Apg 16,4 werden die Beschlüsse der Jerusalemer Apostel und Ältesten als δόγματα bezeichnet; in Kol 2,14; Eph 2,15 die Regelungen des jüdischen Gesetzes; vgl. in diesem Sinn auch 3Makk 3,1: πάτριοι δόγματα; 4Makk 10,2; Flav.Jos.Ant. 1,42: die heiligen

die Erhebung gemeint, die nach der Absetzung des Archelaus von Quirinius in Judäa durchgeführt worden war. Dass Lukas sie als einen die gesamte Welt betreffende Erlass darstellt, ist vermutlich darauf zurückzuführen, dass er die Geburt Jesu auf diese Weise in welthistorische Dimensionen rücken will. Ein darstellerisches Interesse verbindet sich auch mit der Nennung der Maßnahme des Claudius.

Warum Lukas die Ausweisung der Juden aus Rom erwähnt, lässt sich, in analoger Weise zu Lk 2,1, aus der sprachlichen Beschreibung dieser Anweisung entnehmen.[65] Die erste Information, die Lukas diesbezüglich in Apg 18,2 gibt, lautet, dass Paulus, aus Athen nach Korinth kommend, dort »einen Juden fand« (εὑρών τινα Ἰουδαῖον). Das wird anschließend durch die Angaben von seinem Namen (Aquila) und seiner Herkunft (Pontus), die Erwähnung seines kürzlich erfolgten Kommens aus Italien nach Korinth, der Begleitung durch seine Frau Priskilla sowie schließlich des Grundes des Ortswechsels (die Maßnahme des Claudius) näher erläutert. Schließlich wird noch darüber informiert, dass sie denselben Beruf wie Paulus ausübten und er deshalb bei ihnen blieb. Dies wird durch die Angabe ergänzt, um welchen Beruf es sich handelte (ἦσαν γὰρ σκηνοποιοὶ τῇ τέχνῃ).

Die Abfolge dieser zahlreichen Angaben in einem einzigen Satz ist keineswegs zufällig. Sie macht deutlich, dass es Lukas vor allem darauf ankommt, Aquila und Priskilla als nach Korinth gekommene Juden zu beschreiben. Dass sie *christusgläubige* Juden waren, wird dagegen mit keinem Wort erwähnt, obwohl es historisch wahrscheinlich ist und für die Aufnahme des Paulus vermutlich eine nicht minder gewichtige Rolle gespielt hat als der gleiche Beruf.[66] Lukas betont auf

---

Schriften als θεοῦ δόγματα. Politische Anordnungen werden in 4Makk 4,23.26 (Antiochus) und Dan 6,13 (die δόγματα der Meder und Perser) bezeichnet.

65  Wenig überzeugend ist die Interpretation von J.-A. Edelmann, Das Römische Imperium im Lukanischen Doppelwerk. Darstellung und Ertragspotenzial für christliche Leser des späten ersten Jahrhunderts, WUNT II 547, Tübingen 2021, 145: Lukas weise dem Kaiser indirekt eine »heilsgeschichtliche Funktion« zu, weil seine Entscheidung mittelbar dazu beitrage, »dass sich das Evangelium ausbreitet und Glauben an den Herrn schafft und dass Korinther getauft werden«. Dass dies mit der Anordnung des Claudius in einer auch nur entfernten Weise zusammenhänge, lässt sich dem Text des Lukas allerdings nicht entnehmen.

66  Aufgrund der Sueton-Notiz, dass die Juden *impulsore Chresto assidue tumultantis* aus Rom ausgewiesen wurden, wird in der Forschung häufig geschlussfolgert, dass Aquila und Priskilla zu den von der Ausweisung in erster Linie betroffenen christusgläubigen Juden gehörten, was durch die Tatsache, dass sie

diese Weise, dass die christliche Verkündigung ihre Wurzeln im Judentum hat, was sich nicht zuletzt an der Wirksamkeit des Paulus ablesen lässt.

Auffällig ist weiter, dass Lukas zufolge aufgrund des Claudius-Edikts *alle* Juden Rom verlassen mussten. Das erscheint bereits angesichts der genannten Sueton-Notiz unwahrscheinlich, die es vielmehr nahelegt, dass von der Ausweisung die Unruhe stiftenden Juden betroffen waren. Es ist aber auch historisch wenig plausibel, denn es wäre schlechterdings nicht durchzusetzen gewesen, *alle* jüdischen Einwohner aus Rom zu verbannen.[67] Lukas lässt das selbst erkennen, wenn er an späterer Stelle schreibt, dass Paulus in Rom mit Juden zusammentrifft, ohne dass dies mit der Notiz von der Ausweisung *aller* Juden ausgeglichen würde.[68] Es handelt sich demnach bei der Beschreibung der Maßnahme des Claudius um eine Generalisierung, vergleichbar derjenigen von der den gesamten Erdkreis betreffenden Erfassung der Bevölkerung in Lk 2,1. Die Intention des Lukas besteht demnach darin, die universale Gültigkeit der kaiserlichen Erlasse herauszustellen, die sich auch auf die Anfangsgeschichte des Christentums auswirken und diese in einen weltpolitischen Horizont rücken.[69]

In direktem Bezug auf den Weg des Paulus wird Rom sodann in Apg 19,21 erwähnt:

Ὡς δὲ ἐπληρώθη ταῦτα, ἔθετο ὁ Παῦλος ἐν τῷ πνεύματι διελθὼν τὴν Μακεδονίαν καὶ Ἀχαΐαν πορεύεσθαι εἰς Ἱεροσόλυμα εἰπὼν ὅτι μετὰ τὸ γενέσθαι με ἐκεῖ δεῖ με καὶ Ῥώμην ἰδεῖν.

---

sowohl in Ephesus als auch in Rom eine Hausgemeinde unterhielten (1Kor 16,19; Röm 16,3 f.), unterstützt wird. Um so bemerkenswerter ist, dass Lukas dies nicht erwähnt.

67  Von der ca. eine Million zählenden Einwohnerschaft Roms waren ca. 30.000–40.000 Juden. So die Angabe bei F. Kolb, Rom. Die Geschichte der Stadt in der Antike, München ²2002, 621. Mitunter liegen die Schätzungen noch höher.

68  Man könnte natürlich argumentieren, Lukas gehe stillschweigend davon aus, dass nach dem Regierungswechsel von Claudius zu Nero im Jahr 54 das Edikt seine Gültigkeit verlor und in der Folge Juden nach Rom zurückgekehrt sind. Diese Annahme hat aber wenig Wahrscheinlichkeit für sich. Deutlich näher liegt, dass Lukas darum wusste, dass auch nach der Maßnahme des Claudius Juden in Rom gelebt haben und er Paulus deshalb mit diesen zusammentreffen lässt.

69  Zu Rom als Ort kaiserlicher Entscheidungen vgl. Plümacher, Rom (s. Anm. 59), 161–168.

Als sich diese Dinge ereignet hatten, nahm sich Paulus vor, über Makedonien und Achaia nach Jerusalem zu reisen. Er sagte: Nachdem ich dort gewesen bin, muss ich auch Rom sehen.

Diese Bemerkung ist für die Darstellung des Weges des Paulus in der Apostelgeschichte von grundlegendem Charakter. Ihre programmatische Bedeutung wird sprachlich durch die Wendung ὡς δὲ ἐπληρώθη ταῦτα zum Ausdruck gebracht, die nicht nur auf die unmittelbar vorausgegangenen Ereignisse in Ephesus zurückblickt, sondern auf das Wirken des Paulus im ägäischen Raum oder sogar seit seinem Aufbruch aus Antiochia insgesamt.[70] Zudem wird der noch ausstehende Weg des Paulus thematisiert, der im Folgenden näher beschrieben wird. Mit der Notiz wird demnach das Wirken des Paulus als Missionar und Gemeindegründer zum Abschluss gebracht und zugleich derjenige Teil seines Weges in den Blick genommen, der ihn bis nach Rom führen wird.[71] Der Satz hat deshalb eine ähnlich programmatische Bedeutung für den Weg des Paulus in der Apostelgeschichte wie Lk 9,51 für den Weg Jesu im Lukasevangelium.[72]

---

70  In ähnlicher Weise verwendet Lukas πληροῦσθαι in Lk 1,1 und συμπληροῦσθαι in Lk 9,51. In allen drei Fällen sollte man keine theologische oder heilsgeschichtliche Bedeutung von »Erfüllung« in den Ausdruck hineinlesen. Vielmehr werden die Ereignisse, um die es jeweils geht, als zurückliegend und abgeschlossen charakterisiert. Die Lesart τότε anstelle von ὡς δὲ ἐπληρώθη ταῦτα im Codex Bezae unterstützt diese Interpretation zusätzlich. Vgl. auch Gen 25,24: καὶ ἐπληρώθησαν αἱ ἡμέραι τοῦ τεκεῖν αὐτήν; Num 6,13: ἦ ἂν ἡμέρᾳ πληρώσῃ ἡμέρας εὐχῆς αὐτοῦ; 1Chr 17,11 ὅταν πληρωθῶσιν αἱ ἡμέραι σου. Das trifft auch auf ἐν τῷ πνεύματι zu, das nicht auf den heiligen Geist zu beziehen ist, sondern eine notwendige Ergänzung zu ἔθετο darstellt, mit dem gemeinsam es den Vorsatz des Paulus beschreibt.

71  Zu dieser grundlegenden Bedeutung der Stelle vgl. Jervell, Apostelgeschichte (s. Anm. 53), 486 f.

72  Vgl. L. T. Johnson, The Acts of the Apostles, Sacra Pagina 5, Collegeville 1992, 351; W. Eckey, Die Apostelgeschichte. Der Weg des Evangeliums von Jerusalem nach Rom, Teilband II: 15,36–28,31, Neukirchen-Vluyn 2000, 443; Pervo, Acts (s. Anm. 50), 482; C. S. Keener, Acts. An Exegetical Commentary, Bd. 3: 15:1–23:35, Grand Rapids 2014, 2860; D. Marguerat, Les Actes des Apôtres (13–28), Genf 2015, 208. Jervell, Apostelgeschichte (s. Anm. 53), 487, Anm. 477, bestreitet diese Analogie mit dem Hinweis, dass Jerusalem nicht das endgültige Ziel der Reise des Paulus und er zudem Lukas zufolge weder in Jerusalem noch in Rom gestorben sei. Das ist allerdings ein unsinniger Einwand, denn es handelt sich nicht um eine exakte Parallelität, sondern um eine Analogie zwischen der jeweiligen Bedeutung von Jerusalem und Rom für den Weg Jesu und denjenigen des Paulus.

Schließlich wird durch die Formulierung δεῖ με καὶ Ῥώμην ἰδεῖν die Notwendigkeit des Kommens des Paulus nach Rom zum Ausdruck gebracht.[73] Lukas setzt auf diese Weise den Weg des Paulus nach Rom von seiner vorherigen Reise nach Makedonien, Achaia und Jerusalem ab. Dass Paulus nach Rom kommen *muss*, geschieht nicht aufgrund seines eigenen Entschlusses, sondern ist Teil des göttlichen Planes der Ausbreitung der Christusbotschaft.[74] Warum sein Weg dorthin führen soll, bleibt dabei allerdings noch offen. Für die Darstellung der weiteren Ereignisse ergibt sich zudem, dass Paulus, obwohl er noch eine Weile in der Asia blieb (V. 22), von dem unmittelbar im Anschluss (19,23–40) erzählten Aufruhr der Silberschmiede zu Ephesus nicht mehr betroffen ist und in der Episode dementsprechend keine aktive Rolle spielt.

Das auf die göttliche Führung verweisende δεῖ begegnet sodann an zwei weiteren Stellen, die den Weg des Paulus nach Rom als von Gott vorherbestimmten charakterisieren. In 23,11 wird dem mittlerweile in Jerusalem in Haft befindlichen Paulus durch den erhöhten Herrn Mut zugesprochen:

Τῇ δὲ ἐπιούσῃ νυκτὶ ἐπιστὰς αὐτῷ ὁ κύριος εἶπεν· θάρσει· ὡς γὰρ διεμαρτύρω τὰ περὶ ἐμοῦ εἰς Ἰερουσαλήμ, οὕτως σε δεῖ καὶ εἰς Ῥώμην μαρτυρῆσαι.

In der folgenden Nacht aber trat der Herr zu ihm und sprach: Fasse Mut! Wie du in Jerusalem die mich betreffenden Dinge bezeugt hast, so musst du auch in Rom Zeugnis ablegen.

Mit dem »Herrn« ist hier, wie auch in 13,47, der erhöhte Jesus gemeint, der zu Paulus spricht. Innerhalb der Apostelgeschichte wird damit an die Bestimmung des Paulus zum »auserwählten Gefäß« Jesu aus 9,15 f. angeknüpft, die bereits das Leiden für seinen Namen hatte anklingen lassen.[75] In der Gefangenschaft wird Paulus nunmehr zu-

---

73  Diese Bedeutung hat δεῖ auch in Lk 2,49; 4,43; 9,22; 13,33; 17,25; 21,9; 22,37; 24,7.26.44; Apg 3,21; 17,3 im Blick auf den Weg Jesu und die damit verbundenen Ereignisse. Für den Weg des Paulus vgl. noch Apg 9,16; 23,11; 27,24.

74  Die Stelle steht damit nicht zuletzt in Korrespondenz zu 9,15 f., wo Paulus als »auserwähltes Gefäß« (σκεῦος ἐκλογῆς) des Herrn bezeichnet wird, der für seinen Namen leiden muss (δεῖ αὐτὸν ὑπὲρ τοῦ ὀνόματός μου παθεῖν).

75  Vgl. dazu J. Schröter, Paulus als Modell christlicher Zeugenschaft: Apg 9,15 f. und 28,30 f. als Rahmen der lukanischen Paulusdarstellung und Rezeption des »historischen« Paulus, in: D. Marguerat (Hg.), Reception of Paulinism in Acts – Réception du paulinisme dans les Actes des apôtres, BEThL 229, Leuven 2009, 53–80.

gesichert, dass sein Weg tatsächlich nach Rom führen wird, was er selbst in 19,21 am Ende seines missionarischen Wirkens bereits kundgetan hatte.

Über diese Stelle hinaus wird mit μαρτυρῆσαι nunmehr der Grund dafür genannt, dass Paulus nach Rom gelangen soll. Er wird damit in die Reihe der μάρτυρες eingereiht, die gemäß dem Auftrag des Auferstandenen für ihn Zeugnis ablegen.[76] Seine spezifische Aufgabe besteht dabei darin, die Christusverkündigung bis nach Rom zu bringen.

Zur Darstellung des Weges des Paulus nach Rom gehört schließlich der Verweis darauf, dass er dort vor den Kaiser treten soll. Dies wird ebenfalls unter das Vorzeichen der göttlichen Bestimmung gestellt. Bei der Überfahrt nach Rom spricht Paulus den Seeleuten Mut zu, nachdem das Schiff in einen schweren Sturm geraten war. Er berichtet dabei, dass ihm ein Bote Gottes in der Nacht erschienen sei und zu ihm gesagt habe:

μὴ φοβοῦ, Παῦλε, Καίσαρί σε δεῖ παραστῆναι, καὶ ἰδοὺ κεχάρισταί σοι ὁ θεὸς πάντας τοὺς πλέοντας μετὰ σοῦ. (27,24)

Fürchte dich nicht, Paulus, du musst vor den Kaiser treten; und siehe, Gott hat dir alle geschenkt, die mit dir reisen!

Die Stelle knüpft an die beiden zuvor genannten Hinweise auf Rom als Ort an, zu dem Paulus gemäß der göttlichen Führung gelangen soll. Wie bereits in der Situation der Gefangenschaft wird auch in derjenigen der Seenot betont, dass der göttliche Plan ungeachtet dieser Widrigkeiten zur Vollendung gebracht wird. Als Grund für das Kommen des Paulus nach Rom wird hier das Auftreten vor dem Kaiser genannt. Auf der Ebene der theologischen Interpretation wird damit die Voraussage aus 9,15 aufgenommen, dass Paulus den Namen Jesu vor Heiden und Königen und vor Israel bezeugen soll. Zugleich wird eine Verbindung zur Appellation an den Kaiser hergestellt, die Paulus während seines Verhörs durch Festus vorgebracht hatte. Dort hatte er darauf bestanden, vom Kaiser gerichtet zu werden:

ἐπὶ τοῦ βήματος Καίσαρος ἑστώς εἰμι, οὗ με δεῖ κρίνεσθαι. (25,10)

Vor dem Richtstuhl des Kaisers stehe ich, wo ich gerichtet werden muss.

---

76 Vgl. 1,8.22; 2,32; 3,15; 5,32; 10,39.41; 13,31 (die Zwölf); 22,15; 26,16 (Paulus); 22,20 (Stephanus).

Festus bescheidet ihn daraufhin: Du hast dich auf den Kaiser berufen; zum Kaiser sollst du gehen! (Καίσαρα ἐπικέκλησαι, ἐπὶ Καίσαρα πορεύσῃ). Im Fortgang der erzählten Ereignisse ist damit die bislang offene Frage beantwortet, auf welche Weise Paulus überhaupt nach Rom gelangen soll: Der in 19,21 zum ersten Mal in den Blick getretene göttliche Plan, dem zufolge Paulus nach Rom kommen muss, wird durch seine Berufung auf ein Urteil seitens der kaiserlichen Gerichtsbarkeit in Gang gebracht.[77] Die doppelte, jedoch auf unterschiedlichen Ebenen liegende Formulierung, Paulus *müsse* vor den Kaiser treten in 25,10 und 27,24,[78] macht dabei deutlich, wie in der Apostelgeschichte die göttliche Vorsehung mit dem faktischen Gang der Ereignisse verknüpft wird. Die historischen Ereignisse werden auf diese Weise dem göttlichen Geschichtsplan zu- und untergeordnet, der sie zu ihrem vorherbestimmten Ziel führt.[79]

Die Paulusdarstellung des Lukas stellt seinen Weg nach Rom demnach unter das Vorzeichen der göttlichen Vorherbestimmung. Lukas folgt damit dem historischen Befund, dass Paulus tatsächlich als Gefangener nach Rom gelangt ist. Er interpretiert diesen jedoch in einer Weise, die Rom als Ort in den Blick treten lässt, an dem der Weg des Paulus nicht einfach endet, sondern an den ihn die göttliche Vorsehung führt und der eine besondere Bedeutung für seinen Auftrag be-

---

77  Auf welcher Grundlage Paulus in der Apostelgeschichte an den Kaiser appelliert, bleibt letztlich offen. Obwohl Lukas Paulus als römischen Bürger darstellt (Apg 16,37 f.; 22,25–29; 23,27), wird seine Appellation an den Kaiser nicht mit seinem römischen Bürgerrecht begründet. Dass dieses implizit vorausgesetzt sei (so Conzelmann, Apostelgeschichte, 144 [s. Anm. 45]; Haenchen, Apostelgeschichte [s. Anm. 45], 638 f. mit Anm. 3; Eckey, Apostelgeschichte [s. Anm. 72], 536), erscheint zweifelhaft, denn nach der Erzähllogik der Apostelgeschichte kann Festus nicht wissen, dass Paulus römischer Bürger ist. Die Frage nach der Historizität des römischen Bürgerrechts des Paulus bleibt davon unberührt und braucht hier nicht erörtert zu werden. Vgl. dazu die konzise Darlegung des Befundes und die Gewichtung der Argumente pro et contra bei Koch, Geschichte (s. Anm. 2), 345–350. Zum juristischen Kontext vgl. T. Mommsen, Die Rechtsverhältnisse des Apostels Paulus, ZNW 2 (1901), 81–96 sowie H. Omerzu, The Roman Trial against Paul, in: Puig i Tàrrech u. a. (Hg.), The Last Years of Paul (s. Anm. 59), 187–200.

78  Das δεῖ in 25,10 bezeichnet – wie auch in Lk 13,14; 19,5; Apg 5,29; 20,35 – Erfordernisse auf der Ebene der erzählten Ereignisse. Diese Verwendung ist von der Beschreibung durch die göttliche Vorherbestimmung bedingter Notwendigkeiten zu unterscheiden.

79  Vgl. dazu J. T. Squires, The Plan of God in Luke-Acts, SNTSMS 76, Cambridge 1993.

sitzt. Die besondere Rolle Roms für Lukas wird in der Schlussszene der Apostelgeschichte deutlich.

### 3. Die Schlussszene der Apostelgeschichte

Bereits die Darstellung des Kommens des Paulus nach Rom unterscheidet sich deutlich von den Beschreibungen seiner Ankunft in anderen Orten. Die erzählerische Annäherung erfolgt durch die detaillierte Schilderung einer dramatischen Seefahrt, einschließlich eines schweren Seesturms mit Schiffbruch und eines Aufenthalts auf der Insel Malta.[80] Paulus und seine Begleiter gelangen schließlich über Puteoli, Forum Appii und Tres Tabernae nach Rom (28,13–16). Lukas erwähnt dabei »Brüder«, also christliche Gemeindeglieder, in Puteoli sowie in Rom, wobei letztere Paulus entgegenreisen und ihn bereits vor Rom in Empfang nehmen. Auf diese Weise wird eine gegenüber dem bisherigen Wirken des Paulus neue Situation geschaffen, indem sein Kommen nach Rom erzählerisch von den vorangegangenen Ereignissen abgesetzt und der Boden für einen Neubeginn bereitet wird.[81] Rom wird so zum Ort, an dem sich das Christentum noch einmal in neuer Weise konstituiert.

Die letzte Szene der Apostelgeschichte[82] ist sodann vollständig auf die Begegnung des Paulus mit den angesehenen Juden (28,17: τῶν Ἰουδαίων πρῶτοι[83]) konzentriert, wogegen die zuvor genannten »Brü-

---

80  Apg 27,1–28,16. Vgl. dazu die Interpretation der lukanischen Darstellung im Kontext antiker Seefahrts- und Schiffbruchsberichte von J. Börstinghaus, Sturmfahrt und Schiffbruch. Zur lukanischen Verwendung eines literarischen Topos in Apostelgeschichte 27,1–28,6, WUNT II 274, Tübingen 2010. Eine Auslegung auf der Grundlage historisch-kritischer und narratologischer Methodik (insbesondere des semiotischen Modells von Greimas) findet sich bei P. Seul, Rettung für alle. Die Romreise des Paulus nach Apg 27,1–28,16, BBB 146, Berlin u. a. 2003.

81  Vgl. Johnson, Acts (s. Anm. 72), 458; Wolter, Doppelwerk (s. Anm. 43), 277 f.

82  Vgl. zu dieser G. Wasserberg, Aus Israels Mitte – Heil für die Welt. Eine narrativ-exegetische Studie zur Theologie des Lukas, BZNW 92, Berlin u. a. 1998, 71–115; Schaefer, Zukunft (s. Anm. 56), 342–365, sowie die in Anm. 59 genannten Beiträge.

83  Gemeint sind vermutlich die Vorsteher der örtlichen Synagogen, vgl. C.K. Barrett, Acts. A Critical and Exegetical Commentary on the Acts of the Apostles, ICC, Bd. II: Introduction and Commentary on Acts XV–XXVIII, Edinburgh 1998, 1237 f. Darin liegt vermutlich ein Hinweis darauf, dass die Juden Roms in mehreren Synagogengemeinden organisiert waren. Vgl. dazu E. Schürer, The History of the Jewish People in the Age of Jesus Christ (175

der« nicht mehr in Erscheinung treten. Gegenüber den vorangegangenen Stationen des Wirkens des Paulus wird dieses Zusammentreffen in eigener Weise entfaltet. Hat er zuvor stets in der Synagoge bzw. Proseuchê das Christuszeugnis vor Juden und Gottesfürchtigen (in Athen auch auf dem Marktplatz vor den Vorbeikommenden) vorgetragen und Glauben bei Juden und Heiden gefunden, so trifft er nunmehr in zwei aufeinander aufbauenden Begegnungen mit je eigenem Inhalt mit den Juden Roms zusammen. Ähnlich wie bei der oben bereits in den Blick genommenen Szene im pisidischen Antiochia steht am Ende dieser Begegnungen ein Schriftwort, mit dem Paulus auf die ablehnende Haltung der Juden gegenüber der Christusverkündigung reagiert.[84]

Beim ersten dieser Treffen (28,18–22) geht es noch nicht um die Christusbotschaft, sondern um den Weg des Paulus nach Rom. Paulus betont, dass seine Gefangenschaft weder darauf zurückzuführen ist, dass er sich gegenüber dem jüdischen Volk und den väterlichen Sitten etwas habe zuschulden kommen lassen, noch auf ein todeswürdiges Verbrechen, sondern darauf, dass die Juden seine Freilassung verhindert haben und er deshalb den Kaiser anrufen musste. Dieser Bericht sowie die Reaktion der Juden, die entgegnen, nichts Negatives über Paulus gehört zu haben, jedoch von ihm selbst erfahren wollen, was er denkt, bereiten den Boden für eine »neutrale« Begegnung. Paulus steht fest auf dem Boden der jüdischen Traditionen, seine Verkündigung ist darauf gerichtet, die Juden von der Christusbotschaft zu überzeugen. Zugleich treten ihm die Juden unvoreingenommen gegenüber und wollen sich selbst ein Urteil über Paulus und »diese Gruppierung« (ἡ αἵρεσις αὕτη) bilden, auch wenn (oder: gerade weil) sie gehört haben, dass dieser überall widersprochen wird.[85]

---

B.C. – A.D. 135), hg. v. G. Vermes/F. Millar/M. Goodman, Bd. III.1, Edinburgh 1995, 95–100.

84 Apg 13,47 (s. o.) bzw. 28,26 f. In der erstgenannten Szene wird das Schriftwort auf den Auftrag von Paulus und Barnabas bezogen, in der letztgenannten interpretiert es die Haltung der uneinigen Juden gegenüber der Verkündigung des Paulus. Beide Zitate stammen aus dem Jesajabuch, was aber nur im zweiten Fall genannt wird. Beide Zitate werden als direkte Rede in die Gegenwart präsentiert: In 13,47 spricht der Herr zu Paulus und Barnabas, in 28,26 f. hat der Heilige Geist über die Väter der Juden gesprochen und damit, worauf wie die Futurformen des Zitates verweisen, die Situation des Volkes in späterer Zeit beschrieben.

85 Diese Äußerung zeigt, dass Lukas dezidiert eine neue, unvoreingenommene

Beim zweiten Treffen (28,23–28) bezeugt Paulus, wie bereits in früheren Fällen, den Juden, die in größerer Zahl zu ihm kommen, die Botschaft vom Gottesreich sowie von Jesus, von Mose und den Propheten her.[86] Damit wird das in 23,11 angekündigte Zeugnisablegen in Rom nunmehr eingelöst. Zugleich wird betont, dass die christliche Verkündigung auf der Basis der verbindlichen Schriften Israels erfolgt.[87]

Die Reaktion der Juden ist mit derjenigen vergleichbar, die sich bereits bei früheren Gelegenheiten gezeigt hatte: einige lassen sich überzeugen, andere bleiben dagegen ablehnend. Paulus konstatiert daraufhin die Verstockung des Volkes mit einem Wort des Heiligen Geistes durch den Propheten Jesaja und hält zudem fest, dass das Heil zu den Heiden gesandt sei, weil sie auch hören werden: αὐτοὶ καὶ ἀκούσονται (28,28).[88]

Die Szene ist für die Gesamtkonzeption der Apostelgeschichte und das lukanische Paulusbild in mehrfacher Hinsicht von Bedeutung. Durch ihre pointierte Schlussstellung und ihren Charakter als unvoreingenommener, neutraler Begegnung nimmt sie am Ende der Apostelgeschichte die Verkündigung des Paulus und die Reaktion der Juden darauf noch einmal in grundsätzlicher Weise in den Blick. Das Jesajazitat verleiht dieser Situation zusätzlich den Rang genereller Geltung. Gott selbst hat diese Situation geschaffen, indem er seinem Volk das Hören, Sehen und Verstehen verwehrt hat. Wenn Paulus dies am Ende der Apostelgeschichte mit einem Wort des Heiligen Geistes feststellt, blickt er auf die Erfahrungen während seines Wirkens zurück, an dessen Beginn die paradigmatische Situation im pisi-

---

Situation schafft, denn historisch betrachtet ist es angesichts der Entstehung der christlichen Gemeinden Roms (s. dazu oben, Anm. 23 bis 27) ausgeschlossen, dass die jüdischen Autoritäten noch nichts von den Anhängern des Christusglaubens gehört haben.

86 Zur Verkündigung des Gottesreiches in der Apg vgl. 1,3; 8,12 (Philippus verkündigt περὶ τῆς βασιλείας τοῦ θεοῦ καὶ τοῦ ὀνόματος Ἰησοῦ Χριστοῦ); 14,22; 19,8; 20,25.

87 Zu verweisen ist vor allem auf die Analogie in Lk 24,27.44: der Auferstandene interpretiert seinen Weg mit dem Verweis auf Mose und die Propheten bzw. das Gesetz des Mose, die Propheten und Psalmen.

88 Die mit dem Jesajazitat beschriebene Verstockung und das Hören der Heiden stehen in einem Kontrastverhältnis zueinander. Das Ende des Zitates (καὶ ἰάσομαι αὐτούς) kann zwar als Futur übersetzt werden, bleibt aber als Irrealis in die Satzstruktur eingebunden.

dischen Antiochia gestanden hatte, die nunmehr zu derjenigen in Rom in ein korrespondierendes Verhältnis tritt.

Die Ablehnung der Christusbotschaft betrifft dabei – wie auch in früheren Situationen – nur einen Teil des Volkes, denn es gibt unter den Juden sowohl Zustimmung als auch Ablehnung.[89] Zugleich unterscheidet sich die römische Situation von den vorangegangenen dadurch, dass nicht mehr von einer Feindseligkeit der Juden die Rede ist, sondern von ihrer Uneinigkeit.[90] Das zeigt sich auch daran, dass Paulus nicht wie bei früheren Anlässen fliehen muss oder von den Juden vor den städtischen Behörden verklagt wird, sondern ungehindert verkünden kann.[91]

Lukas stellt die Uneinigkeit der Juden über die Christusbotschaft demnach in einen geschichtstheologischen Kontext, indem er sie als Bestandteil des göttlichen Weges mit Israel interpretiert. In vergleichbarer Weise spricht Paulus in Röm 11,25 von der »Verhärtung« (πώρωσις), die über einem Teil Israels liegt. Sowohl Lukas als auch Paulus gehen dabei davon aus, dass das nicht für ganz Israel und nicht für alle Zeiten gilt. Die Uneinigkeit impliziert vielmehr, dass auch weiterhin Juden zum Glauben kommen können, ebenso wie die Einladung des Paulus, von dem es am Ende heißt, dass er »alle empfing, die zu ihm kamen«, auch an Juden gerichtet ist.[92] Aus der Verstockung des Volkes folgt zudem, dass diese durch ein weiteres Handeln Gottes – und nur durch ein solches – wieder aufgehoben werden kann.[93]

---

89  In der römischen Situation ist das durch V. 24 angezeigt: οἱ μὲν ἐπείθοντο τοῖς λεγομένοις, οἱ δὲ ἠπίστουν. In V. 25 wird daraufhin ihre Uneinigkeit konstatiert (ἀσύμφωνοι δὲ ὄντες).

90  Diese Uneinigkeit bezieht sich sowohl auf die in V. 24 beschriebenen unterschiedlichen Haltungen zur Verkündigung des Paulus als auch auf die Deutung dieser Situation durch das Jesajazitat, das Paulus zu den Juden und über sie spricht, bevor sie weggehen. Lukas bedient sich dazu in V. 25 f. einer Hysteron-proteron-Konstruktion, um das Jesajazitat pointiert ans Ende zu rücken. Vgl. Wasserberg, Mitte (s. Anm. 82), 92 f.

91  Vgl. Wolter, Doppelwerk (s. Anm. 43), 274.

92  Das wird zu Recht betont von Marguerat, Lukas (s. Anm. 20), 315 f.; Schaefer, Zukunft (s. Anm. 56), 353–358.

93  Lukas redet demnach ebenso wenig wie Paulus in Röm 9–11 von einer »Verwerfung« Israels, vielmehr führt er die Ablehnung der Christusbotschaft durch einen Teil des Volkes auf ein Handeln Gottes zurück. Die in Röm 11,25–32 in den Blick genommene Rettung ganz Israels findet sich bei Lukas allerdings nicht explizit. Sie liegt aber im Horizont seiner Darstellung.

In der Ausbreitung der Christusbotschaft ist mit dem Kommen des Paulus nach Rom demnach ein Einschnitt verbunden. Die Verkündigung der Christusbotschaft in den Synagogen erübrigt sich künftig. Paulus konstatiert diesbezüglich eine Differenz zu den Heiden, die, anders als die ablehnenden Juden, hören werden[94] und denen deshalb das Heil gesandt ist.[95] Die in 13,47 angekündigte Hinwendung zu den Heiden wird damit nunmehr vollzogen: Die Juden sind nicht mehr der ausdrückliche Erstadressat der christlichen Verkündigung, die sich künftig vielmehr vor allem an Heiden richten wird. Dass dies am Ende der Apostelgeschichte von Paulus in Rom verkündet wird, unterstreicht die Bedeutung der Stadt für die narrative und geschichtstheologische Konzeption des lukanischen Werkes.

Schließlich ist von Bedeutung, dass Lukas sein Doppelwerk mit dem ungehindert das Gottesreich verkündenden und über den Herrn Jesus Christus lehrenden Paulus beendet. Das liegt sicher nicht daran, dass ihm die Hinrichtung des Paulus in Rom nicht bekannt gewesen wäre.[96] Vielmehr beendet Lukas sein Werk mit einem Bild, das in seine eigene Zeit hineinweist: Die christliche Verkündigung richtet sich an alle, die dafür offen sind, Juden wie Heiden. Dafür steht Paulus als »der exemplarische Prediger«.[97]

---

94 In der Wendung αὐτοὶ καὶ ἀκούσονται (V. 28) wird durch das καί das Verbum betont: »Sie werden nämlich (anders als die Juden) hören.« Vgl. dazu die Darlegungen von Plümacher, Rom (s. Anm. 59), 143 f.

95 Der Begriff σωτήριον schlägt einen Bogen über 13,47 zurück bis zu Lk 2,30, wo Jesus als das σωτήριον Gottes für die Heiden und Israel bezeichnet wird. Für die geschichtstheologische Konzeption des lukanischen Werkes bedeutet dies, dass sich das für Israel und die anderen Völker gekommene Heil Gottes zunächst vor allem an den Heiden ereignen wird. Ein dauerhafter Ausschluss des ungläubigen Teils Israels aus dem Heil Gottes liegt dagegen nicht im Horizont des Lukas. Insofern ist dem Diktum Jervells, Apostelgeschichte (s. Anm. 53), 629, zu widersprechen, wenn er schreibt: »Und jetzt ist die Judenmission beendet, die Bussfertigen sind in dem erneuerten Israel gesammelt, während die Ungläubigen vom Volke ausgeschlossen sind.« Der letzte Teil dieser Aussage lässt sich mit der Sicht des Lukas nicht vereinbaren.

96 Diese Annahme wird zwar mitunter vertreten, verbunden mit einer Frühdatierung des lukanischen Werkes vor den Tod des Paulus (so etwa A. Mittelstaedt, Lukas als Historiker. Zur Datierung des lukanischen Doppelwerkes, TANZ 43, Tübingen 2006), ist aber angesichts der Argumente für eine Entstehung am Ende des ersten bzw. am Beginn zweiten Jahrhunderts (vgl. oben, Anm. 42) unwahrscheinlich.

97 So Marguerat, Lukas (s. Anm. 20), 320–322.

## 4. Die Bedeutung Roms in der Apostelgeschichte. Fazit

Wie lässt sich angesichts des Ausgeführten die Rolle Roms in der Apostelgeschichte beschreiben? Eine erste Antwort lautet: Rom war Lukas als Ort, an dem das Wirken des Paulus endete, vorgegeben.[98] Dass er sein Werk hier enden lässt, liegt also zunächst an der Orientierung am Weg des Paulus. Gleichwohl hätte er Rom nicht eine derart programmatische Bedeutung als Ort, an den Paulus kommen *musste*, verleihen müssen. Die programmatische Schlussszene zeigt jedoch, dass Lukas das Faktum des Kommens des Paulus nach Rom als Grundlage dafür nimmt, der Stadt eine besondere Rolle in der Geschichte des Christentums zuzuweisen.

Dieser Grund dürfte weder darin liegen, dass Rom als positives Gegenüber zu Jerusalem profiliert werden soll, noch, dass Lukas selbst zu den römischen Christen gehörte.[99] Auch dass er Rom als denjenigen Ort darstellen wollte, an dem – in Analogie zu den kaiserlichen Erlassen – die für die Christusverkündigung entscheidende Wende hin zur heidenchristlichen proklamiert wird,[100] liegt nicht nahe, denn dass Lukas eine Analogie zwischen den Verfügungen der Kaiser und dem letzten Wort des Paulus herstellen wollte, lässt sich seinem Werk schwerlich entnehmen.

Deutlich ist dagegen, dass Lukas den Weg des Paulus nach Rom unter das Vorzeichen der göttlichen Vorsehung stellt und dem Auftreten des Paulus in der Stadt ein gegenüber den vorangegangenen Situationen eigenes Profil verleiht. Die dafür charakteristischen Merkmale seien abschließend noch einmal genannt. Dass es in Rom Christen gegeben hat, wird aus der Erzählung ausgeblendet, obwohl Lukas darum wusste, wie die Bemerkung in 28,15 erkennen lässt. Auch berichtet er weder davon, wie der Prozess des Paulus weitergegangen ist, der ja Grund seines Kommens nach Rom war, noch wie sein Urteil

---

98 Lukas kannte also die Tradition eines Kommens des Paulus nach Spanien nicht (vgl. dazu oben, Anm. 60).

99 Diese Position wird pointiert von Roloff, Apostelgeschichte (s. Anm. 44), vertreten. Der Weg des Paulus nach Rom sei »im Sinne einer heilsgeschichtlichen Wende« aufzufassen, wobei Jerusalem und Rom »nicht nur Reisestationen des Paulus, sondern heilsgeschichtliche Symbole« seien (289). Die Orientierung auf Rom erkläre sich daher, dass »Lukas Glied der römischen Gemeinde war« (371). Beide Annahmen lassen sich aus dem lukanischen Werk schwerlich belegen.

100 So die These von Plümacher, Rom (s. Anm. 59).

gelautet oder der weitere Weg des Paulus sich gestaltet hat. Der Erzählfaden, der zum Kommen des Paulus nach Rom geführt hat, verliert sich vielmehr und die Apostelgeschichte endet mit einem offenen Schluss. Das Zusammentreffen des Paulus mit den stadtrömischen Juden setzt die vorhergehenden Begegnungen nicht einfach fort, sondern hat den Charakter einer eigenen, neuen Begegnung. In diese fließen zwar die früheren Erfahrungen des Paulus ein (insbesondere besteht eine Beziehung zur Szene im pisidischen Antiochia in 13,42–49), das letzte Wort des Paulus stellt jedoch eine neue, grundsätzliche Interpretation dar, die zugleich den Ausgangspunkt für die künftige Verbreitung der Christusbotschaft und das Verhältnis zu Israel bildet.

Rom erscheint in der Apostelgeschichte damit als derjenige Ort, der für die Zukunft der Kirche eine grundlegende Rolle spielen wird. Dass dies zur Zeit des Lukas tatsächlich der Fall war, wird durch die eingangs genannten Schriften und in Rom wirkenden christlichen Lehrer bezeugt. Mit ihrer heidenchristlichen Orientierung belegen diese Schriften und Lehrer zudem die im letzten Wort des Paulus anklingende Sendung des Heils zu den Heiden.[101] Damit soll nicht behauptet werden, der Verfasser der Apostelgeschichte habe diese Texte gekannt.[102] Er beschreibt jedoch eine geschichtliche Entwicklung, die zu demjenigen Milieu geführt hat, in dem derartige Schreiben entstanden sind. Deutlich ist auch, dass Lukas mit seiner Darstellung nicht einfach die tatsächlichen Entwicklungen zwischen Juden und Christen bis zum Ende des ersten bzw. Beginn des zweiten Jahrhunderts abbildet. Dass die entsprechenden Verhältnisse komplex und regional unterschiedlich waren und sich mit dem Modell einer »Trennung der Wege« nur ungenügend erfassen lassen, hat die neuere Dis-

---

101  Der 1. Petrusbrief richtet sich an Heidenchristen in Kleinasien (vgl. 1Petr 1,18f.; 2,12; 4,3) und überträgt auf diese Attribute Israels wie »auserwähltes Geschlecht«, »königliche Priesterschaft«, »heiliges Volk« und »Eigentumsvolk« (2,9). Die Pastoralbriefe bewegen sich inhaltlich und sprachlich in einem Diskurs, der sich von der Verwurzelung des Christusglaubens im Judentum bereits ein gutes Stück entfernt hat. Ähnliches gilt für den 1. Clemensbrief, der zudem etliche Gemeinsamkeiten mit den Pastoralbriefen aufweist.

102  Für die Pastoralbriefe ist bekanntlich sogar eine Abfassung durch den Verfasser der lukanischen Schriften vermutet worden (zuletzt von R. Riesner, Once more. Luke-Acts and the Pastoral Epistles, in: S.-W. Son [Hg.], History and Exegesis [FS Earle Ellis], New York u.a. 2006, 239–258). Das hat aber wenig Wahrscheinlichkeit für sich.

kussion deutlich gezeigt.[103] Die Apostelgeschichte als eine Stimme in diesem Diskurs möchte durch ihren zu einem wesentlichen Teil an Paulus orientierten geschichtstheologischen Entwurf eine Erklärung dafür liefern, warum die christliche Kirche zu ihrer eigenen Zeit überwiegend aus Heiden besteht, wogegen sich Juden in größerer Zahl der Christusbotschaft verschließen. Die Antwort, die Lukas auf diese Frage gibt, liegt dabei auf derselben Ebene wie diejenige, die Paulus im Römerbrief entwickelt, den Lukas sehr wahrscheinlich gekannt hat.[104]

Die Apostelgeschichte liefert demnach den historischen Hintergrund dafür, warum Rom zur Zeit der Entstehung des lukanischen Werkes zu einem wichtigen Zentrum des Christusglaubens geworden war. Die offene Verkündigung des Paulus vom Gottesreich und dem Herrn Jesus Christus kann dabei als eine paradigmatische Situation in Analogie zur Beschreibung des Lebens der Jerusalemer Gemeinde in Apg 2–5 aufgefasst werden. Dass andere Orte, die eine kaum minder wichtige Bedeutung besessen haben, wie etwa Alexandria, Antiochia oder Ephesus, demgegenüber in den Hintergrund rücken, ist der Perspektive des lukanischen Werkes geschuldet, die den Weg des Paulus so beschreibt, dass er unmittelbar in die Gegenwart des Verfassers hineinführt.[105]

---

103 Vgl. dazu J. Schröter u. a. (Hg.), Jews and Christians – Parting Ways in the First Two Centuries CE? Reflections on the Gains and Losses of a Model, BZNW 253, Berlin u. a. 2021. Vgl. auch das Themenheft: Parting of the Ways. Die Trennung der Wege von Juden und Christen in der neueren Forschung, EvTh 80/6 (2020), sowie T. Nicklas, Jews and Christians? Second Century ›Christian‹ Perspectives on the ›Parting of the Ways‹, Annual Deichmann Lectures 2013, Tübingen 2014.

104 Zur Analogie zwischen Lukas und Paulus im Blick auf das jeweilige Bild von Israel vgl. die Studie von Schaefer, Zukunft (s. Anm. 56). Auch wenn Lukas bekanntlich nirgendwo erwähnt, dass Paulus Briefe geschrieben hat, liegt es nahe, dass er zumindest einige von diesen gekannt hat.

105 Ich danke meiner Mitarbeiterin Sophie Rink für die sorgfältige Lektüre des Beitrags und ihre Hinweise zu sprachlichen Verbesserungen.

# Die römische Gefangenschaft des Paulus

## Das evozierte Raumbild in Apg 28,11–31 aus erzählwissenschaftlicher und lokalgeschichtlicher Perspektive

*Jan Rüggemeier*

### 1. Forschungsstand und methodische Reflexionen

Die letzten Jahre des Paulus sind seit der Arbeit von Theodor Mommsen ein wiederkehrendes Thema in der neutestamentlichen Wissenschaft.[1] Wie sich insbesondere am umfassenden Konferenzband »The
Last Years of Paul«[2] sowie den vorangehenden Forschungsarbeiten
von Friedrich Horn[3] und Heike Omerzu[4] zeigt, ist das Interesse am
Prozess und Ende des Paulus auch in jüngerer Zeit ungebrochen
groß.[5] Methodisch betrachtet ist erkennbar, dass die anfänglich vor
allem rechtsgeschichtlich-biografisch orientierten Arbeiten späte-

---

1 T. Mommsen, Die Rechtsverhältnisse des Apostels Paulus, ZNW 2 (1901),
81–96. Vgl. in der Folge insbesondere die Arbeiten von H.J. Cadbury, Roman
Law and the Trial of Paul, in: F.J. Foakes Jackson/K. Lake (Hg.), The Begin-
nings of Christianity, Teil 1: The Acts of the Apostles, Bd. 5: Additional Notes
to the Commentary, hg. v. K. Lake/H.J. Cadbury, 297–338; A.N. Sherwin-
White, Roman Society and Roman Law in the New Testament, Oxford 1963;
W.R. Long, The Trial of Paul in the Book of Acts. Historical, Literary, and
Theological Considerations, PhD Brown University 1982 (unveröffentlicht);
H.W. Tajra, The Trial of St. Paul. A Juridical Exegesis of the Second Half of
the Acts of the Apostle, WUNT II 35, Tübingen 1989.
2 A. Puig i Tàrrech u.a. (Hg.), The Last Years of Paul. Essays from the Tarragona Conference, June 2013, WUNT 352, Tübingen 2013.
3 F.W. Horn (Hg.), Das Ende des Paulus. Historische, theologische und literaturgeschichtliche Aspekte, BZNW 106, Berlin u.a. 2001.
4 H. Omerzu, Der Prozeß des Paulus. Eine exegetische und rechtshistorische
Untersuchung der Apostelgeschichte, BZNW 155, Berlin u.a. 2002.
5 H.-D. Betz, Der Apostel Paulus in Rom, Berlin 2013, 1, notiert gar selbstkri-
tisch: »Das Thema ›Paulus in Rom‹ wird in letzter Zeit so intensiv diskutiert,

stens seit den 1990er Jahren durch ein zunehmend erzählwissen-
schaftliches Interesse ergänzt werden, was sich auch in der Kommen-
tarliteratur niedergeschlagen hat.[6]

Bei aller Unterschiedlichkeit der einzelnen Studien fällt zugleich
auf, dass die Gefangenenjahre in Rom eher als Additum behandelt
werden und die romspezifischen Verhältnisse sowie der erzählte Raum
der Inhaftierung nur selten in den Blick geraten.[7] Wie bereits in der
Apostelgeschichte selbst[8] wird der Romaufenthalt auch in der Forschungsliteratur meist vergleichsweise knapp thematisiert.[9]

dass bei dessen bloßer Nennung der Verdacht aufsteigt, wirklich Neues sei hier
kaum noch zu erwarten.«

6  Vgl. insbesondere R. C. Tannehill, The Narrative Unity of Luke-Acts. A Literary Interpret, Bd. 2: The Acts of the Apostles, Minneapolis 1990; R. I. Pervo,
Luke's Story of Paul, Minneapolis 1990; J. D. G. Dunn, The Acts of the Apostles, Narrative Commentaries, Valley Forge 1996; L. T. Johnson, The Acts of
the Apostles, Sacra Pagina 5, Collegeville 1996; K. Löning, Das Geschichtswerk des Lukas, Bd. 1: Israels Hoffnungen und Gottes Geheimnisse, Stuttgart
u. a. 1997; ders., Das Geschichtswerk des Lukas, Bd. 2: Der Weg Jesu, Stuttgart
2006; A. Cornils, Vom Geist Gottes erzählen. Analysen zur Apostelgeschichte, TANZ 44, Tübingen 2006; H. Krauss/M. Lau, Kirchenträume. Ein Kommentar zur Apostelgeschichte, Erzählungen der Bibel 7, Fribourg u. a. 2014.
All diese Werke sowie neuere Einzelstudien spiegeln jedoch noch den literaturwissenschaftlichen Forschungsstand der 1980er Jahre wider. Die Entwicklungen der postklassischen Erzählwissenschaft – insbesondere die Veränderungen seit der »kognitiven Wende« – bleiben hier noch gänzlich unberücksichtigt.

7  Eine gewisse Ausnahme stellt M. L. Skinner, Locating Paul. Places of Custody
as Narrative Settings in Acts 21–28, Leiden u. a. 2003, dar, dessen Ausführungen zu Apg 28 jedoch ebenfalls weitaus kürzer ausfallen als zu Apg 21–27.
B. M. Rapske, The Book of Acts and Paul in Roman Custody, The Book of Acts
in Its First Century Setting, Bd. 3, Grand Rapids 1994, kontextualisiert die
lukanische Erzählung in Apg 28 durch historisches Quellenmaterial, lässt aber
eine erzählwissenschaftliche Fundierung vermissen. So wird letztlich nicht
deutlich genug, ob und wie der Leser der Apostelgeschichte entsprechende
Wissensbestände während der Lektüre aktiviert und welcher Mehrwert für die
Interpretation hieraus erwächst.

8  Die plausibelste Antwort für diese Knappheit des lukanischen Berichts ist weiterhin das unzureichende Quellenmaterial. So z. B. auch Betz, Apostel Paulus
(s. Anm. 5), 9–10 (10): »Das Fehlen von Quellenmaterial kann an sich nicht
verwundern, fiel doch der Tod des Paulus in die chaotischen Jahre in
Rom zur Zeit des großen Brandes vom Jahr 64 und des Terrorregimes unter
Nero und Tigellinus (62–68), über deren Gräuel wir durch die Berichte von
Tacitus und Suetonius unterrichtet sind.«

9  Omerzu, Prozeß (s. Anm. 4), 497–501, zeigt kein großes Interesse am Romaufenthalt, weil »[d]as weitere Verfahren gegen Paulus […] den Fall in juristischer

In den erzählwissenschaftlich orientierten Arbeiten gilt das Interesse insbesondere der narrativen Funktion des Erzähl-Schlusses[10] und dem Protagonisten Paulus,[11] während das evozierte Raumbild und dessen sozialgeschichtliche Implikationen bestenfalls am Rande diskutiert werden. Auf eine geradezu programmatische Ausblendung des römischen Kontexts stößt man in den bereits erwähnten Kommentarwerken, die stark vom nordamerikanischen *narrative criticism* und dessen Polemik gegenüber einer historischen Interpretation beeinflusst sind.[12]

Auch die übrigen, mit dem Romaufenthalt verknüpften Forschungsfragen lenken den Blick eher von den romspezifischen Verhältnissen weg. Dies gilt erstens und in besonderer Weise für die weiterhin kontrovers diskutierte Frage, ob Paulus seine letzten Jahre überhaupt durchgängig in Rom verbrachte oder nicht doch – der Darstellung des 1. Clemensbriefes entsprechend – zeitweise in Spanien missionierte.[13]

Hinsicht nicht voran[bringt]; dies gilt sowohl für die letzte Szene in Caesarea (25,13–26,32) als auch für die Romreise (27,1–28,15) und den dortigen Aufenthalt des Paulus (28,16–31)« (497). Vgl. auch H. Omerzu, The Roman Trial Against Paul according to Acts 21–26, in: Puig i Tàrrech u. a. (Hg.), Last Years (s. Anm. 2), 187–200. Ähnlich knapp die Darstellung bei Tajra, Trial (s. Anm. 1), 176–181.

10   Zur Frage nach dem Zweck und der Funktion des offenen Endes vgl. etwa D. Marguerat, On Why Luke Remains Silent about Paul's End (Apg 28,16–31), in: Puig i Tàrrech u. a. (Hg.), Last Years (s. Anm. 2), 305–332; H. Omerzu, Das Schweigen des Lukas. Überlegungen zum offenen Ende der Apostelgeschichte, in: Horn (Hg.), Ende des Paulus (s. Anm. 3), 127–156.

11   Zur narrativen Analyse des lukanischen Paulusbilds vgl. z. B. M.-E. Rosenblatt, Paul the Accused. His Portrait in the Acts of the Apostles, Collegeville 1995; G. Wasserberg, Aus Israels Mitte – Heil für die Welt. Eine narrativ-exegetische Studie zur Theologie des Lukas, BZNW 92, Berlin u. a. 1998, 338–355 (Acts 21–26); D. Marguerat, Paul's End (s. Anm. 10), 305–332.

12   Besonders deutlich wird diese Position bei R. I. Pervo, The Mystery of Acts. Unraveling Its Story, Santa Rosa 2008, 5: »Acts is a beautiful house that readers may happily admire, but it is not a home in which the historian can responsibly live.« Eine radikale Verweigerungshaltung gegenüber dem historischen Kontext ist insgesamt typisch für den narrative criticism. Vgl. bereits die – gegenüber der historisch-kritischen Exegese – höchst polemische Einführung von N. R. Petersen, Literary Criticism for New Testament Critics, Guides to Biblical Scholarship, Philadelphia 1978.

13   Zu einer positiven Einschätzung gelangen u. a. A. Puig i Tàrrech, Paul's Missionary Activity during His Roman Trial. The Case of Paul's Journey to Hispania, in: ders. u. a. (Hg.), Last Years (s. Anm. 2), 469–506 sowie R. Riesner, Paul's Trial and End according to Second Timothy, 1 Clement, the Canon Muratori, and the Apocryphal Acts, in: Puig i Tàrrech u. a. (Hg.), Last Years

Zweitens kommt aber auch die aus der Paulusforschung bzw. Einlei-
tungswissenschaft eingetragene Frage, ob der Philipper- und dann
auch Philemonbrief in Rom verortet werden kann, weitgehend ohne
eine nähere Erschließung der stadtrömischen Rahmenbedingungen
aus. So wird hier primär auf einer inhaltlichen Ebene die lukanische
Darstellung mit den impliziten Situations- und Selbstbeschreibungen
der paulinischen Briefe abgeglichen.[14] Drittens vermag auch die
rechtsgeschichtlich-biografische Frage nach dem Bürgerrecht des
Paulus nur die Voraussetzungen für die Überführung und die äuße-
ren Haftbedingungen zu erhellen,[15] während detaillierte Erkenntnisse zur alltäglichen Haftsituation, zur Unterbringung des Paulus
oder zur Frage des sozialen Kontakts über diese Betrachtung nicht zu
gewinnen sind oder jedenfalls nicht thematisiert werden.

Im Unterschied zum bisherigen Forschungsdiskurs, der das Setting
in Apg 28 und die urbanen Rahmenbedingungen absichtlich oder un-
absichtlich auszublenden droht, nähere ich mich der lukanischen Darstellung auf eine andere Weise. Ich lasse mich auf die erzählte Welt
der Apostelgeschichte ein und analysiere diese aus einer kognitiv-nar-
ratologischen und lokalgeschichtlichen Perspektive. Dies bedeutet,
dass ich nicht bei dem kargen Zellenbild des Endtextes mit seinen –

(s. Anm. 2), 391–409. Vgl. dazu aber die kritische Erwiederung von J. Herzer,
The Mission and the End of Paul Between Strategy and Reality. A Response
to Rainer Riesner, in: Puig i Tàrrech u. a. (Hg.), Last Years (s. Anm. 2), 411–
431. S. zum Ganzen auch J. Herzer, Verurteilung oder Freilassung und erneute Mission, in: F. W. Horn (Hg.), Paulus Handbuch, Tübingen 2013, 124–127.
14  Vgl. exemplarisch das Vorgehen bei U. Schnelle, Paul's Literary Activity during his Roman Trial, in: Puig i Tàrrech u. a. (Hg.), Last Years (s. Anm. 2),
434–451. Von den acht genannten Argumenten, die aus Sicht Schnelles für
eine Verortung in Rom sprechen, sind sechs auf einer inhaltlichen Ebene anzusiedeln. Das letzte Argument (8) verweist auf die frühe kirchliche Tradition, die den Philipperbrief in Rom ansiedelt. Einzig Schnelles Überlegungen
zur Verkehrsverbindung zwischen Rom und Philippi (440) lassen ein stär-
keres Interesse an den realen Alltagsverhältnissen erkennen. In diese Richtung wäre verstärkt weiterzudenken; z. B. indem andere bestehende Kommu-
nikations- oder Handelsnetzwerke noch präziser erschlossen und zur Erhellung der paulinischen Philippi-Korrespondenz herangezogen werden.
15  Zur Frage des römischen Bürgerrechts im Verhältnis zum Tod des Paulus vgl.
V. Marotta, St. Paul's Death. Roman Citizenship and summa supplicia, in:
Puig i Tàrrech u. a. (Hg.), Last Years (s. Anm. 2), 248–269; W. Stegemann,
War der Apostel Paulus ein römischer Bürger?, ZNW 78 (1987), 200–229;
Zur Relevanz des sozialen Status vgl. J. Chapa, Paul's Social Status and the
Outcome of his Trial, in: Puig i Tàrrech u. a. (Hg.), Last Years (s. Anm. 2),
231–245.

aus heutiger Sicht – spärlichen Rauminformationen stehen bleibe. Stattdessen frage ich, wie der intendierte Rezipient[16] das explizit Erzählte aufgrund seines textexternen Wissens sowie der vorherigen Lektüre der Apostelgeschichte zu ergänzen vermag und inwieweit sich aus Sicht dieses Modelllesers eine Kompatibilität zwischen der erzählten Welt und der Wohn- und Gemeindesituation des 1. Jahrhunderts herstellen lässt.[17]

Natürlich kann es bei diesem Vorgehen nicht darum gehen, zu »zeigen, wie es eigentlich gewesen [ist].«[18] Vielmehr wird der Versuch unternommen, das literarisch evozierte Bild der Apostelgeschichte erzählwissenschaftlich zu reflektieren und mit textexternen Quelleninformationen abzugleichen. Statt die lukanische Darstellung vorschnell als »fiktiv« und damit »unhistorisch« abzutun, soll deren Plausibilität aus verschiedenen Blickwinkeln beschrieben werden.

Aus der Vielzahl möglicher Fragerichtungen greife ich zwei heraus:
– Paulus und der stadtrömische Wohnungsmarkt: Wie lässt sich das von Lukas evozierte Raumbild von der Gefangenschaft des Paulus in die urbanen Wohnverhältnisse der römischen Metropole einzeichnen?
– Die soziale Zusammensetzung der stadtrömischen Gemeinden: Welche sozialen und wirtschaftlichen Implikationen ergeben sich aus einer entsprechenden Unterbringung des Paulus für die »Christen«[19] in Rom? Wer hätte für die Miete und Verpflegung des Paulus potenziell aufkommen können?

16 Mit S. Finnern, Narratologie und biblische Exegese. Eine integrative Methode der Erzählanalyse und ihr Ertrag am Beispiel von Matthäus 28, WUNT II 285, Tübingen 2011, 51–54 verstehe ich unter dem »intendierten Rezipienten« das mentale Modell, das sich ein Autor von seinem Idealleser macht und das sich aufgrund des vorausgesetzten Vorwissens ableiten lässt. Ähnlich ist das Konzept des »Modell-Lesers« bei K. Dennerlein, Narratologie des Raumes, Narratologia 22, Berlin u. a. 2009, 196. Von einem kognitiven Rezipientenverständnis zu unterscheiden ist Isers rein textimmanent verstandener »impliziter Leser.«

17 Zur Kompatibilität zwischen erzählter Welt und Lebenswelt der Rezipierenden vgl. S. Finnern/J. Rüggemeier, Methoden der neutestamentlichen Exegese. Ein Lehr- und Arbeitsbuch, UTB 4212, Tübingen 2016, 232 f.

18 L. von Ranke, Geschichten der romanischen und germanischen Völker von 1494 bis 1514, Leipzig 1885, vii.

19 Die hier verwendete Bezeichnung »Christen« greift die Redeweise der Apostelgeschichte auf (Apg 11,26; 26,28) und wird auch im Folgenden bei Bezugnahmen auf die erzählte Welt gebraucht. Im Kontext historischer Aussagen wird der Begriff hingegen vermieden, da die ursprüngliche Fremdbezeichnung

## 2. Das von Lukas evozierte Raumbild und die stadtrömische Wohnsituation des Paulus

*2.1 Erzählerische Kohärenz und Reflexionsgrad des evozierten Raumbilds*

In Apg 28,16–31 stoßen wir zunächst auf zwei explizite und eine implizite Information, die uns bei der Erhellung der Unterbringung des Paulus weiterhelfen und die jeweils vor dem Hintergrund des vorherigen Erzählverlaufs sowie des textexternen Weltwissens der Rezipienten zu erschließen sind.

a. ἐν ἰδίῳ μισθώματι: Der abschließende Hinweis in V. 30, dass Paulus zwei Jahre lang ἐν ἰδίῳ μισθώματι geblieben sei, ist die am schwierigsten zu deutende Rauminformation. Bereits bei Ephraem dem Syrer, aber auch im heutigen exegetischen Diskurs wird immer wieder vermutet, Paulus habe – nach Ansicht des Lukas – ›von seinem eigenen Lohn‹ bzw. ›auf eigene Kosten‹ gelebt.[20] Hierzu scheint Apg 20,34 zu passen, weil Paulus im Zusammenhang seiner Abschiedsrede in Ephesus vorgibt, sein Handwerk zur eigenen Versorgung sowie zur Versorgung seiner Mitarbeiter genutzt zu haben. Anderseits steht die Vorstellung einer solchen Selbstversorgung im Widerspruch zum unmittelbar vorangehenden Erzählverlauf.[21] So ist zu beachten, dass gemäß der lukanischen Erzähllogik Paulus als mittelloser[22] Gefangener und Schiffbrüchiger nach Rom kommt,[23] der bereits von den Maltesern

Χριστιανοί vermutlich erst gegen Ende des 1. Jahrhunderts n. Chr. von den Christen übernommen wurde. Es werden in diesem Rahmen alternative Begriffe – wie Christusanhänger oder Christusgläubige – verwendet, die sich im aktuellen Forschungsdiskurs etabliert haben.

20 So z.B. E. Hansack, »Er lebte … von seinem eigenen Einkommen« (Apg 28,30), BZ 19 (1975), 249–252; ders., Nochmals zu Apostelgeschichte 28,30. Erwiderung auf F. Saums kritische Anmerkungen, BZ 21 (1977), 118–121. Zu Ephraim dem Syrer vgl. F.C. Conybeare, The Commentary of Ephrem on Acts, in: J.H. Ropes (Hg.), The Text of Acts, The Beginnings of Christianity I/3, London 1926, 373–453, hier 443 mit Anm. 1. Eine ähnliche Vorstellung findet sich in ActPaul 11,1, wo es im Zuge des Martyriumberichts heißt, Paulus habe eine Scheune außerhalb Roms angemietet.

21 Ähnlich R.I. Pervo, Acts. A Commentary, Hermeneia, Minneapolis 2009, 527: »Acts 18:3-5 (Corinth) introduced the idea that Paul practiced a craft, but no reader of Acts (cf. 18:5) would have concluded that he did so constantly.«

22 Auch πολλαῖς τιμαῖς ἐτίμησαν (Apg 28,10) wird man kaum so verstehen dürfen, dass Paulus und sein Gefolge Geld für die Heilungen erhalten habe. Es geht hier um den Ruhm, den die Christusanhänger diesbezüglich bei den Insulanern erlangten.

23 Die Differenzierung, die Robert Maddox und andere zwischen dem »Gefangenen« und dem »Missionar« Paulus treffen, ist hingegen zu schematisch,

versorgt werden musste (Apg 28,10). Auch sonst erscheint Paulus an vielen Orten eher als Gast anderer Christusanhänger.[24] Berücksichtigt man zudem die enorm hohen Mietkosten in Rom, so wäre Paulus in jedem Fall auf finanzielle Hilfe angewiesen gewesen (s. u. 2.2.3).

Weitaus einfacher erscheint es demgegenüber, die Formulierung ἐν ἰδίῳ μισθώματι als lokale Angabe zu verstehen. Paulus wäre demzufolge zwei Jahre lang »in einer eigenen Mietswohnung geblieben,«[25] d. h. er hätte eine Mietswohnung für sich alleine nutzen können. Mit dieser Information würde von Lukas ein Sachverhalt wiederholt, der bereits in V. 16 durch das καθ’ ἑαυτόν zur Sprache gebracht worden war.[26]

b. ξενία: Während die Situierung des Paulus in einer Mietswohnung keinen unmittelbaren Rückschluss auf eine finanzielle Unterstützung zulässt, könnte der Begriff ξενία (V. 23) eine entsprechende Fremdhilfe andeuten. Auch bei diesem Ausdruck ist eine lokale Bedeutung – im Sinne von »Gastzimmer« – anzunehmen und der alternativen Bedeutung »Gastfreundschaft« vorzuziehen.[27] Für das Begriffsverständnis erhellend ist zugleich eine Auswertung des papyrologischen Befunds. So vermag Peter Arzt-Grabner aufzuzeigen, dass ξενία in Rechtsvereinbarungen nahezu nie eine spezifische Bauform bezeichnet, wohl aber zumeist »für eine ›Unterkunft‹ [steht], die man nichtansässigen Personen zur Verfügung stellt[e].«[28] Ein besonders

---

weil Paulus auch als Gefangener in der Rolle des Missionars bleibt. Vgl. R. Maddox, The Purpose of Luke Acts, FRLANT 126, Göttingen 1982, 67. Gleichwohl tragen die zunehmende Detailliertheit der Charakterisierung in Apg 21–28 und die Verlangsamung des Erzähltempos dazu bei, dass die Vorstellung von Paulus als Gefangenem im Lesegedächtnis präsent bleibt.

24 Vgl. Apg 9,19 (Jünger); 9,27 (Barnabas); [15,34]; 16,15.40 (Lydia); 17,5.7 (Jason); 20,6; 21,4 (Jünger); 21,8 (Philippus); 21,16 (Mnason aus Zypern); 21,17 (Geschwister); 28,7 (Publius); 28,14 (Geschwister). In Bezug auf die Unterbringung bei Prisca und Aquila wird darauf hingewiesen, dass das Ehepaar und Paulus das gleiche Handwerk ausübten. Ob Paulus hier durch seine Mitarbeit für etwaige Kosten aufkommen musste, wird aber nicht explizit gesagt.

25 So auch D. L. Mealand, The Close of Acts and its Hellenistic Greek Vocabulary, NTS 26 (1990), 583–597, bes. 583–586; Omerzu, Prozeß (s. Anm. 4), 500; H. Balz, μίσθωμα, EWNT II (1981), 1066; F. Saum, »Er lebte ... von seinem eigenen Einkommen« (Apg 28,30), BZ 20 (1976), 226–229.

26 »Luke likes to vary his terms to describe the same thing, stressing different characteristic each time [...]« Marguerat, Paul's End (s. Anm. 10), 319.

27 Vgl. hierzu Omerzu, Schweigen (s. Anm. 10), 127–156 (145–147); C. Spicq, Lexique théologique du Nouveau Testament, Fribourg u. a. 1991, 1040 f.

28 P. Arzt-Grabner, Philemon, PKNT 1, Göttingen 2003, 257.

anschauliches Beispiel hierfür ist die Erwähnung eines Vereinsvorste-
hers, der dazu verpflichtet wird, einem Tänzer und seinen drei Beglei-
tern nicht nur einen Lohn von achtundzwanzig Drachmen zu zahlen,
sondern auch für das Quartier und die entsprechenden Mietkosten
Sorge zu tragen (P.Oxy. IV 747,2–3).[29] Dass eine solche, für andere
Vereine übliche Praxis auch in den christlichen Gemeinschaften
praktiziert werden konnte, deutet bereits Röm 16,23 an (wobei in unserem Fall zweitrangig ist, ob Gaius in Korinth nun »Gast« oder
»Gastgeber«[30] war).

   c. Erzählerisch evoziertes Raumbild: Weitere Rückschlüsse auf die
von Lukas implizierte Größe und Beschaffenheit der Unterkunft lassen sich insbesondere über die genannten Figuren(gruppen) sowie
deren Bewegungen und Interaktionen ziehen.[31] Wenn es zu Beginn in
V. 16 heißt, Paulus sei »für sich geblieben – mit dem Soldaten, der ihn
bewachte,« so wird hiermit nicht allein auf die vergleichsweise leichten Haftbedingungen, die *custodia militaris* (Dig. 2,11,4,1; 48,3,1–3)
angespielt, sondern es lässt bereits indirekt an eine mehrräumige Unterkunft denken, die ausreichend Platz für Paulus und das Wachper-
sonal bot.[32] Dieser Eindruck verstärkt sich dadurch, dass Paulus laut
Lukas wiederholt Gäste empfangen habe. Hierbei ist gerade nicht an

---

29  Z. 11–16: »wobei du für unsere Verpflegung aufkommst und uns eine geeig-
    nete Unterkunft (ξενίαν ἐπιτήδειον) zur Verfügung stellst […].« Das Doku-
    ment stammt aus dem späten 2. oder frühen 3. Jahrhundert n. Chr. In dersel-
    ben Bedeutung wird ξενία aber bereits in früheren Texten benutzt: vgl. SB I
    3924,8.15.17 (19. n. Chr.); P. Brem. 15 (118 n. Chr.?); P. Mich. 8,473,12–13 (frü-
    hes 2. Jahrhundert n. Chr.); P.Oxy 34,2721 (234 n. Chr.). Zum genauen Text-
    laut dieser Beispiele und ihrer Einordnung vgl. ebenfalls Arzt-Grabner, Phi-
    lemon (s. Anm. 28), 257–258.
30  Zum aktuellen Diskussionstand vgl. M. Wolter, Der Brief an die Römer, Teil-
    band 2: Röm 9–16, EKK VI/2, Ostfildern u. a. 2019, 498–500. Für eine Über-
    setzung von ξένος durch »Gast« plädiert erneut J. Kloppenborg, Christ's As-
    sociations. Connecting and Belonging in the Ancient City, New Haven 2019,
    85, wobei er Gaius für einen Besucher aus Rom hält.
31  Auch andere Kommentatoren merken an, dass die Größe der Wohnung nicht
    explizit erwähnt wird und daher von den Rezipienten über die Größe der Be-
    suchsgruppe erschlossen werden muss. Vgl. z. B. Pervo, Acts (s. Anm. 21), 682.
    Hierbei wird aber oft verkannt, dass die Überlegungen des intendierten Rezi-
    pienten vom historisch determinierten Weltwissen abhängig bleiben und mit-
    nichten beliebig sind.
32  Zugleich gibt es keinen Grund, die in V. 20 erwähnten Ketten lediglich meta-
    phorisch zu verstehen. In der Regel war die Wache durch diese Kette mit dem
    Häftling dauerhaft verbunden. Ähnlich Pervo, Acts (s. Anm. 21), 683.

den überaus gewöhnlichen Besuch zur Verpflegung durch Familienangehörige bzw. in diesem Fall durch andere Christusgläubige gedacht, sondern an Lehrgespräche mit den »Ersten der Juden« (τοὺς ὄντας τῶν Ἰουδαίων πρώτους) und später dann mit »allen, die zu ihm kamen« (V. 30). Da diese Gespräche laut Apg 28,23 eine größere Teilnehmerzahl anzogen und von morgens bis abends dauerten, setzt Lukas eine geräumigere und zugleich ausreichend repräsentative Unterkunft voraus.

Insgesamt sind die Raumbeschreibungen in Apg 28 keineswegs widersprüchlich, sondern fügen sich durchaus zu einem kohärenten Gesamtbild zusammen.[33] Dies ist zugleich ein erster Hinweis auf eine entsprechende Reflexion durch den Autor. Lukas scheint nicht nur die Charakterisierung seines Protagonisten Paulus, sondern auch die Raumgestaltung – jedenfalls bis zu einem gewissen Grad – bedacht zu haben. Für eine Reflexion der Raumdarstellung lassen sich weitere Indikatoren und Argumente anführen:

a. Allgemeine Geografie- und Ortskenntnisse: Bezieht man den weiteren Erzählkontext in die Betrachtung ein, so muss im Hinblick auf die in Apg 28 skizzierte Reiseroute des Paulus und das Entgegenkommen einer römischen Delegation (28,15) festgehalten werden, dass die Informationen geografisch gesehen nachvollziehbar und jedenfalls für einen antiken Leser plausibel waren.[34] Diese Beobachtung schließt die einzelnen Stationen, die genannten Reisezeiträume und weitere Raumdetails ein.[35] Man wird Lukas daher kaum eine geographische Unkenntnis Italiens sowie der Umgebung Roms unterstellen können.[36] Vor diesem Hintergrund wäre es dann aber verwun-

---

33 U.E. Eisen, Die Poetik der Apostelgeschichte. Eine narratologische Studie, Göttingen 2006, 215, spekuliert, dass die verschiedenen Termini zugleich auf unterschiedliche Quartiere hindeuten sollen. Ein solcher Umzug des Paulus lässt sich aus dem Erzählverlauf aber gerade nicht ableiten.

34 Eine umfassende Auflistung spezifischer Lokalkenntnisse (»specific local knowledge«) bietet C. Hemer, The Book of Acts in the Setting of Hellenistic History, WUNT 49, Tübingen 1989, 105–158.

35 Ähnlich das Urteil bei Pervo, Acts (s. Anm. 21), 676: »The verses tersely describe logical stages on the journey to Puteoli.« Zu den glaubwürdigen Details zählt, dass die Gruppe ein Schiff aus Alexandria betrat, da solche Schiffe – meist mit Getreide beladen – regelmäßig auf dieser Hauptversorgungsroute verkehrten (vgl. Sen.ep. 77). Dass die Gruppe drei Monate auf der Insel überwintert, könnte ein Hinweis auf die jährliche Einstellung des Schiffbetriebs in den Wintermonaten sein.

36 Hier bleibt auch bemerkenswert, dass der »Verf. [...] bei seinen Lesern vo-

derlich, wenn er ausgerechnet über die Wohnverhältnisse und sozialen Rahmenbedingungen in Rom uninformiert gewesen wäre bzw. sich keine Gedanken dazu gemacht hätte. Dies gilt um so mehr, als man keineswegs nur in Rom, sondern vielerorts von der angespannten Lage auf dem römischen Wohnungsmarkt Kenntnis haben konnte.[37]

b. Genauigkeit: Das häufig wiederholte Urteil, die räumlichen Informationen in Apg 28,16–31 seien ausgesprochen unpräzise, lässt sich in dieser zugespitzten Weise nicht halten. Man darf an dieser Stelle schlichtweg nicht den Fehler begehen, heutige Rezeptionserwartungen an den lukanischen Text anzulegen. Aufschlussreicher ist demgegenüber ein Vergleich mit der übrigen Erzählung. Wenn in Apg 28 von der Unterbringung des Paulus im Haus des Publius (28,7) oder in Syrakus und Puteoli die Rede ist, so fehlen hier in der Tat jegliche Näherbestimmungen. Auch sonst spricht Lukas meist recht unspezifisch vom »Haus«, in das Paulus einquartiert wurde. Vor diesem Hintergrund ist es dann aber bemerkenswert, dass Lukas zur Beschreibung der römischen Unterkunft gleich zwei Formulierungen benutzt (ξενία, ἐν ἰδίῳ μισθώματι). Umgekehrt lassen sich in der Apostelgeschichte einige Berichte mit einer noch detaillierteren Raumdarstellung finden. Zu nennen ist etwa die Erzählung vom Fenstersturz in Troas (20,7–12), insofern hier die hinzugefügten Raumdetails ein vergleichsweise präzises Bild einer Mietswohnung im 3. Stock erkennen lassen. Im Hinblick auf Apg 28,16–31 wäre somit von einer mittleren Genauigkeit der Raumdarstellung zu sprechen.

c. Kontrastierung: Die Situierung des Paulus in einem bewachten und damit begrenzten Wohnraum steht in einem offensichtlichen Kontrast zur Aussage von V. 31, dass Paulus die Lehre Jesu Christi, des Herrn, ungehindert und mit Freimut verkündigen konnte. Die eingeschränkte Bewegungsfreiheit des Paulus und die damit korres-

---

raus[setzt], daß sie die beiden letzteren unbedeutenden Orte [sc. Appii Forum und Tres Tabernae] kennen« (A. v. Harnack, Die Apostelgeschichte, Beiträge zur Einleitung in das Neue Testament 3, Leipzig 1908, 96).

37  Eine anschauliche Zusammenfassung und Präsentation der entsprechenden Quellen bietet C. Kunst, Wohnen in der antiken Grosstadt (sic!). Zur sozialen Topographie Roms in der Frühen Kaiserzeit, in: J. Zangenberg/M. Labahn (Hg.), Christians as a Religious Minority in a Multicultural City. Modes of Interaction and Identity Formation in Early Imperial Rome, London u. a. 2004, 2–18 (2–4). Auch jemand, der nicht in Stuttgart, München oder Hamburg wohnt, kann eben sehr wohl über die angespannte Wohnsituation in diesen Orten informiert sein.

pondierende Statik des Schauplatzes stehen in einem bewussten Kontrast zur Dynamik der Ereignisse und zur uneingeschränkten Ausbreitung des Evangeliums. Indem Paulus die angemieteten Räumlichkeiten offensichtlich nicht verlässt, werden diese zum Ort der Lehrgespräche und der Verkündigung. Unter Anwendung von Lotmans Raumsemantik sowie deren Präzisierung durch Matías Martínez und Michael Scheffel könnte man hier von einer »revolutionären Grenzüberschreitung«[38] sprechen, weil die für eine Gefängnishaft typische Isolation und Inaktivität des Häftlings auf provokative Weise aufgehoben wird.

Alle drei Indikatoren sprechen dafür, dass im Hinblick auf Apg 28 von einer bewussten Raumkonzeption gesprochen werden kann. Eine solche literarische Gestaltungsabsicht bedeutet aber nicht, dass damit zwangsläufig auch die historische Zuverlässigkeit des Berichteten zu bestreiten ist. Das Verhältnis zwischen der literarischen Gestalt eines Textes und dessen historischem Wert ist komplexer. An dieser Stelle lohnt sich m. E. ein Blick auf parallele Diskurse in den Literatur- und Geschichtswissenschaften. Auf der Grundlage dieser Reflexionen wird dann eine Plausibilitätsprüfung unseres Textabschnitts erfolgen, wobei das evozierte Raumbild aus Apg 28 mit lokalem Quellenmaterial ins Gespräch gebracht wird.

*Exkurs: Zum historischen Wert fiktionalisierter Erzählungen*
Der Gießener Anglist Ansgar Nünning konstatierte bereits vor mehr als zwanzig Jahren, dass »die Frage nach dem Verhältnis von Historiographie und Literatur ein zentrales Problem der zeitgenössischen Literatur- und Kulturwissenschaft [sei].«[39] Seither ist innerhalb des

---

38 Vgl. hierzu J. M. Lotman, Die Struktur literarischer Texte, UTB 103, München 1972, 311–329 sowie M. Martínez/M. Scheffel, Einführung in die Erzähltheorie, München ⁹2012, 158.

39 A. Nünning, »Verbal Fictions?« Kritische Überlegungen und narratologische Alternativen zu Hayden Whites Einebnung des Gegensatzes zwischen Historiographie und Literatur, Literaturwissenschaftliches Jahrbuch 40 (1999), 351–380 (380). Weitere wichtige Studien hierzu sind: F. Zipfel, Fiktion, Fiktivität, Fiktionalität. Analysen zur Fiktion in der Literatur und zum Fiktionsbegriff in der Literaturwissenschaft, Allgemeine Literaturwissenschaft, Wuppertaler Schriften 2, Berlin 2001; P. Blume, Fiktion und Weltwissen. Der Beitrag nichtfiktionaler Konzepte zur Sinnkonstitution fiktionaler Erzählliteratur, Allgemeine Literaturwissenschaft, Wuppertaler Schriften 8, Berlin 2004; J. A. Bareis, Fiktionales Erzählen. Zur Theorie der literarischen Fiktion als Make-Believe, Göteborger germanistische Forschungen 50, Göteborg

literaturwissenschaftlichen Diskurses zunehmend ins Bewusstsein gerückt, dass man fiktionale und faktuale Erzählungen nie kategorial, sondern immer nur graduell unterscheiden kann. Während die ältere Literaturwissenschaft nahezu vollständig ignoriert hat, dass fiktionale Texte auch faktuale Elemente enthalten können,[40] wird – insbesondere im Anschluss an die kognitive Wende in den Literatur- und Kulturwissenschaften – vermehrt der Wirklichkeitsbezug fiktionaler Literatur diskutiert.

Kognitionswissenschaftlich betrachtet muss jede Erzählung notwendigerweise faktuale Elemente enthalten, weil der Rezipient sonst gar keinen sinnhaften Bezug zum Erzählten herstellen könnte. Die Erzählung bliebe ohne faktuale Elemente schlichtweg unverständlich. »Geschichten, die in keiner Relation zu unserer Wirklichkeitskonzeption stehen, könnten wir weder erzählen noch verstehen, wir könnten sie uns nicht einmal vorstellen.«[41] Selbst die Figuren oder Schauplätze eines Science-Fiction-Films müssen Eigenschaften aufweisen, die den Rezipienten aus ihrer Realität bekannt sind. Umgekehrt tragen die Rezipienten unweigerlich ihr Weltwissen in das Erzählte ein. Ist ein Wüstenplanet der Schauplatz eines Films, so schlussfolgert der Rezipient intuitiv, dass auf diesem Planeten die Möglichkeiten des landwirtschaftlichen Anbaus eingeschränkt sind (auch wenn theoretisch ja denkbar wäre, dass sich in einer fiktiven Welt Wüstenböden als besonders fertil erweisen). Erhält der Rezipient keine anderweitigen Informationen, wird er immer zunächst versuchen, das Erzählte vor dem Hintergrund seines eigenen Weltwissens zu deuten (»principle of minimal departure«[42]).

Noch fließender sind die Übergänge zwischen Fiktion und Realität, wenn sich eine Erzählung durch einen geringen Fiktionalitätsgrad auszeichnet und beispielsweise reale Städte- und Ortsbezeichnungen, bekannte Ereignisse, oder berühmte Personen genannt wer-

---

2008; D. Cohn, Fictional versus Historical Lives. Borderlines and Borderline Cases, Journal of Narrative Technique 1 (1989), 3–24.

40  So erkennt Blume, Fiktion (s. Anm. 39), 7, in der älteren Fiktionsforschung (G. Gabriel, J. Anderegg, W. Iser, G. Genette u. a.) »eine gewisse Totalisierung sowohl des Fiktionsprinzips als auch des Autonomiegedankens,« weil die Literaturtheorie von der »Autonomie des Kunstwerks« ausginge.

41  Zipfel, Fiktion (s. Anm. 39), 82.

42  Zu diesem Prinzip vgl. M.-L. Ryan, Fiction, Non-Factuals and the Principle of Minimal Departure, Poetics 9 (1980), 403 422.

den.[43] Im Hinblick auf Apg 28 fällt sogar eine besondere Häufung realer Orts- und Städtebezeichnung auf.[44] Ist diese allein der Form des Berichts geschuldet oder soll hierdurch ein bewusster Realitätseffekt erzielt werden?

Nicht nur die Literaturwissenschaft, sondern auch die Historiographie hat seit einiger Zeit Interesse an der literarischen Gestalt der Geschichtspräsentation gefunden. Hierbei wird – gerade umgekehrt – betont, dass jede Form der Geschichtsschreibung immer eine literarische Seite besitzt.[45] Besonders pointiert kommt dies in den Arbeiten von Hayden V. White zum Ausdruck.[46] Wenngleich White seinerseits Gefahr läuft, den fiktiven Charakter der Geschichtsschreibung zu verabsolutieren,[47] verweist er zusammen mit anderen Historikern zu Recht darauf, dass bereits der Prozess der Ereignisauswahl, aber auch die Herstellung kausaler (Erzähl)Zusammenhänge[48] ein (teils) fiktives

43  Vgl. nur Nünning, Verbal Fictions (s. Anm. 39), 370 f.: Im historischen Roman können »bei den außertextuellen Referenzen variable Mischverhältnisse zwischen fiktiven und realen Entitäten bestehen. Dies gilt sowohl im Hinblick auf die Darstellung von Ereignissen als auch hinsichtlich der Beschreibung aller weiteren Konstituenten der Fiktionswelt. So zeichnen sich Romane vielfach dadurch aus, daß sich im Bereich des Personals fiktive Figuren und fiktionalisierte Darstellungen historischer Personen finden und daß die thematisierten Schauplätze ebenfalls teils rein fiktiv, teils referentialisierbar sind.«

44  Syrakus (Apg 28,12), Rhegion, Puteoli (28,13), Rom (28,14.16), Forum Appia, Tres-Tabernae (28,15).

45  Vgl. einführend S. Jäger, Erzählen im historiographischen Diskurs, in: C. Klein/M. Martínez (Hg.), Wirklichkeitserzählungen Felder, Formen und Funktionen nicht-literarischen Erzählens, Stuttgart 2009, 110–135; S. Haas, Fiktionalität in den Geschichtswissenschaften, in: T. Klauck/T. Köppe (Hg.), Fiktionalität. Ein interdisziplinäres Handbuch, Revisionen 4, Berlin u.a 2014, 516–532.

46  H. V. White, Metahistory. Die historische Einbildungskraft im 19. Jahrhundert in Europa, Frankfurt a. M. (1991) 2008. Eine kompakte Einführung bietet Zipfel, Fiktion (s. Anm. 39), 172–179 (mit Kritik an Whites undifferenzierter Gleichsetzung von Narrativität und Fiktionalität). Zum Verhältnis von Literatur- und Geschichtswissenschaft vgl. ferner J. Schönert, Zum Status und zur disziplinären Reichweite von Narratologie, in: V. Borsò/C. Kann (Hg.), Geschichtsdarstellung. Medien – Methoden – Strategie, Europäische Geschichtsdarstellungen 6, Köln u. a. 2004, 131–143 (140–143).

47  Auch hier ist Whites Urteil, dass dadurch die Geschichtsschreibung selbst zur Fiktion werde, stark überzogen. So auch das Urteil von P. M. Lützeler, Klio oder Kalliope? Literatur und Geschichte. Sondierung, Analyse, Interpretation, Philologische Studien und Quellen 145, Berlin 1997, 13–14.

48  So lautet auch die zentrale These zur historischen Leistung des Lukas bei D. Marguerat, The First Christian Historian. Writing the »Acts of the

Geschäft darstellen. Analoges gilt für die archäologische Rekonstruktion eines Gebäudes oder urbaner Lebensverhältnisse.[49] Ein historiographischer Erzähler kommt außerdem nie umhin, aus einer bestimmten Perspektive zu berichten und bei der Verhältnisbestimmung sowie Charakterisierung seiner Protagonisten aktiv einzugreifen.[50]

Was tragen diese Reflexionen zum Verhältnis von Literatur und Historiographie für unser Thema aus? Erstens zeigt sich im innerexegetischen Diskurs immer noch ein fehlendes Bewusstsein für die gegenseitige Durchdringung von faktualen und fiktiven Elementen.[51] Nach wie vor werden die Begriffe des Fiktionalen und Faktualen viel zu häufig im Sinne sich gegenseitig ausschließender Kategorien verwendet. Die parallelen Diskurse in den Literatur- und Geschichtswissenschaften können dafür sensibilisieren, dass man stattdessen besser von einer Fiktionalitätsskala sprechen sollte, auf der neutestamentliche Erzählungen dann graduell zu verorten wären. Nur so lässt sich der Tatsache Rechnung tragen, dass sich die historiographische, literarische und theologische Arbeit des Lukas gegenseitig durchdringen und die literarische Gestaltung des Actaschlusses für sich genommen noch kein Kriterium gegen die historische Zuverlässigkeit ist.

Apostles«, MSSNTS 121, Cambridge 2002, 30–32. Der Autor des lukanischen Doppelwerks habe die ungeordneten Fakten in eine Ordnung gebracht und ebenso eine Gründungsgeschichte der frühen Jesusbewegung erschaffen. Allerdings ist die Erzählordnung nur ein Teilaspekt der literarischen und damit zugleich historischen Leistung des Lukas.

49 Vgl. auch die Überlegungen bei S. Samida, »Virtuelle Archäologie« – Zwischen Fakten und Fiktion, in: K. Bär/K. Berkes u. a. (Hg.), Text und Wahrheit, Frankfurt a.M. 2004, 195–207 (202): »Der gesamte Bildschirm muss ausgefüllt werden, selbst dann, wenn nur wenige Fakten zur Verfügung stehen.«

50 Eine gute Übersicht über literarische Formen und Elemente in der Historiographie bieten D. Fulda/S. Matuschek, Literarische Formen in anderen Diskursformationen. Philosophie und Geschichtsschreibung, in: F. Jannidis u. a. (Hg.), Zu Begriff und Phänomen des Literarischen, Revisionen 2, Berlin 2009, 188–219.

51 Vgl. jedoch J. Schröter, Neutestamentliche Wissenschaft jenseits des Historismus. Neuere Entwicklungen in der Geschichtstheorie und ihre Bedeutung für die Exegese urchristlicher Schriften, ThLZ 128 (2003), 855–866; ders., Konstruktion von Geschichte und die Anfänge des Christentums. Reflexionen zur christlichen Geschichtsdeutung als neutestamentlicher Perspektive, in: ders./A. Eddelbüttel (Hg.), Konstruktion von Wirklichkeit. Beiträge aus geschichtstheoretischer, philosophischer und theologischer Perspektive, TBT 127, Berlin u. a. 2004, 201–219.

Insbesondere die in der Acta-Forschung weiterhin umstrittene Gattungsfrage begünstigt allzu oft ein solch einseitiges Entweder-Oder-Denken.[52] Demgegenüber muss aber gesehen werden, dass selbst

die Zuweisung zur antiken Geschichtsschreibung weder die Frage nach der konkreten literarischen Gestaltung noch diejenige nach der historischen Referenz der Apostelgeschichte beantwortet. Der Grund hierfür ist, dass die historiographische Literatur der Antike ein breites Spektrum mit vielfältigen Beziehungen zu romanhafter und mythischer Literatur umfasst.[53]

Aus Sicht der postmodernen Literaturwissenschaft wäre diese Erkenntnis noch weiter zu verallgemeinern. Die Überlagerung verschiedener Gattungsvorstellungen ist nicht die Ausnahme, sondern der literarische Regelfall. Dies hängt damit zusammen, dass Gattungen als Schemata und damit als eine kognitive und überaus prozesshafte Größe des Rezeptionsprozesses zu begreifen sind. Der Leser stellt »im Verlauf des Leseprozess immer wieder neue Hypothesen [auf], die auf der Grundlage neuer Textdaten und -signale und im

---

52 Diese falsche Alternative zwischen einer »theologischen« oder »historischen« Absicht hat in der Actaforschung eine lange Tradition: vgl. bereits F.F. Bruce, The Acts of the Apostles. Historical Record or Theological Reconstruction?, ANRW II 25,3, Berlin u.a. 1985, 2569–2603. Die historische Qualität der Apg wird v.a. betont von B. Witherington III, Editing the Good News. Some Synoptic Lessons for the Study of Acts, in: ders.(Hg.), History, Literature, and Society in the Book of Acts, Cambridge 1996, 324–347 (324 n. 3): »historical monograph in the Hellenized Jewish mold«) sowie neuerdings wieder von C.R. Holladay, Acts. A Commentary, Louisville 2016, 7–13 und G. Stanton, Accommodation for Paul's Entourage, NT 60 (2018), 227–246 (229): »The theological presuppositions of this document have been emphasised in recent decades, but the basic nature of the work seems to me to be historical.« Einen hilfreichen Überblick über die Gattungsdiskussion bietet S.A. Adams, The Genre of Luke and Acts. The State of the Question, in: ders./M.W. Pahl (Hg.), Issues in Luke-Acts. Selected Essays, Piscataway 2012, 97–120.

53 J. Schröter, Zur Stellung der Apostelgeschichte im Kontext der antiken Historiographie, in: J. Frey u.a. (Hg.), Die Apostelgeschichte im Kontext antiker und frühchristlicher Historiographie, BZNW 162, Berlin u.a. 2009, 27–47 (28). Dieses Problem spiegelt sich auch in der Begriffsvielfalt wider, die zur Näherbestimmung der historiographischen Grundgattung herangezogen wird, etwa wenn einschränkend von einer »apologetischen Historiographie« gesprochen (G.E. Sterling, Historiography and Self-Definition. Josephos, Luke-Acts and Apologetic Historiography, NT.S 64, Leiden u.a. 1992) oder eine besondere Nähe zu einzelnen antiken Geschichtsschreibern behauptet wird.

Abgleich mit existierenden Schemata beständig verifiziert und falsifiziert werden müssen.«[54] Dies bedeutet wiederum, dass der intendierte Leser am Ende der Apostelgeschichte ausreichend Kompetenz erlangt haben kann, um die historische Plausibilität des Berichteten jenseits biographischer und historiographischer Einzelelemente zu evaluieren. Wenngleich die Erzählung in Apg 28,11–31 zunehmend auf die Person des Paulus fokussiert und der literarische Gestaltungswille überdeutlich hervortritt, wird dieser Idealleser den Erzählinhalt nicht einfach als fiktiv abtun.

Hieran knüpft die heutige literaturwissenschaftliche Erkenntnis an, dass die Leser die erzählte Welt nie allein auf der Grundlage des Textes deuten, sondern immer zugleich vor dem Hintergrund ihres eigenen Weltwissens verstehen, d. h. dass verstehensrelevante bzw. -notwendige Vorstellungsgehalte intuitiv ergänzt werden.

Auf Apg 28 übertragen bedeutet dies, dass das evozierte Raumbild nur hinreichend erschlossen werden kann, wenn u. a. das topographische, architektonische, nautische, wirtschaftliche oder auch politische (Alltags-) Wissen der Rezipienten mitberücksichtigt wird. Konkret muss sich der Leser aufgrund der in Apg 28 erwähnten Besucher Gedanken über die Größe und Ausstattung der Wohnung machen. Ebenso wird der intendierte Rezipient den Gefangenen Paulus entweder in einem Hotel, einer Mietswohnung oder einer anderen Unterkunft situieren.[55] Eine Kombination aus den beiden Begriffen μίσθωμα und ξενία veranlasst den Leser, sich Gedanken zur Finanzierung eines entsprechenden Wohnobjekts zu machen. Im Unterschied hierzu ist die genaue Lokalisierung der Wohnung für das Verständnis des Textes unerheblich und soll vom intendierten Leser wohl kaum bedacht werden. Es reicht völlig aus, dass die Wohnung in fußläufiger

---

54  Vgl. hierzu einführend W. Hallet, Gattungen als kognitive Schemata. Die multigenerische Interpretation literarischer Texte, in: M. Gymnich u. a. (Hg.), Gattungstheorie und Gattungsgeschichte, Trier 2007, 53–71 (63). Zur Applikation einer solchen Schema-Theorie auf neutestamentliche Text vgl. Finnern/Rüggemeier, Methoden (s. Anm. 17), 85–102.

55  Interessant ist hier die Hinzufügung des D-Texts in V. 16, weil dieser eine weitere Unterbringungsart ins Spiel bringt: Paulus sei nicht mit den anderen Gefangenen (Pl.!) untergebracht worden, sondern »außerhalb der Baracke« (ἔξω τῆς παρεμβολῆς). Wenngleich diese Variante aus mehreren Gründen historisch unplausibel ist, fußen auch solche späteren Textrevisionen auf kognitiven Prozessen: das Erzählte wird auf der Grundlage eigener, kultureller Vorstellungsgehalte aufgefüllt und ergänzt.

Entfernung zu den Anführern der Juden liegt und Paulus deshalb wiederholt besucht werden kann. Auch ein bestimmtes Wohnviertel muss der Leser nicht mit der Unterkunft des Paulus in Verbindung bringen.[56]

### 2.2 Auf Wohnungssuche in Rom: Das Raumbild in Apg 28 und das Angebot des stadtrömischen Wohnungsmarkts

Kehren wir mit diesen Reflexionen im Hinterkopf zu unserem Auslegungstext zurück und versuchen im gerade beschriebenen Sinne, das von Lukas evozierte Raumbild in den römischen Stadtkontext und Wohnungsmarkt einzuzeichnen. Drei Fragehorizonte sollen hierbei leitend sein:

– An welche Unterbringungsart soll der intendierte Rezipient der Acta denken? Steht ihm ein Gasthaus oder eine Mietwohnung vor Augen?
– Welcher genauere Wohnungstyp passt zur lukanischen Beschreibung und welche etwaigen Kosten wären aus Sicht des Rezipienten für eine entsprechende Unterkunft und eine Unterbringung von zwei Jahren zu veranschlagen gewesen?
– Wer hätte aus Sicht des intendierten Rezipienten für etwaige Unterbringungskosten aufkommen können? Auf welche potenzielle Finanzkraft und soziale Schichtung der stadtrömischen Christusanhänger lässt dies zurückschließen?

### 2.2.1 Wohnte Paulus in einem Gast- oder Mietshaus?

Die erste Frage, ob bei den gemieteten Räumlichkeiten in Apg 28 eher an eine Unterbringung in einem Gasthaus oder an eine Mietwohnung zu denken ist, lässt sich vergleichsweise eindeutig beantworten. So vielfältig das römische Angebot an Gasthäusern, Inns und Hotels

---

56 Ein solches Interesse zeigt sich erst in der weiteren Rezeption- bzw. Wirkungsgeschichte. So wird bis heute über die genaue Lage des Hauses spekuliert, wobei insbesondere die beiden Kirchen San Paolo alla Regola und Santa Maria (in der Via Lata) mit dem historischen Wohnort in Verbindung gebracht werden.

auch war,[57] sprechen mindestens drei Gründe gegen eine entsprechende Einquartierung des Paulus:[58]

Erstens konnte Paulus wohl zu Beginn eines Aufenthalts einige
Tage in einer bezahlten Herberge unterkommen, aber der vorausgesetzte Zeitraum von zwei Jahren wäre für eine solche Unterbringung
eher ungewöhnlich gewesen. Zwar konnten sich auch Ärmere für
mehrere Tage oder gar Wochen ein einfaches Zimmer nehmen, das
dann wohl täglich zu bezahlen war,[59] aber Langzeitaufenthalte – wie
in Apg 28 von Lukas vorausgesetzt – waren ausschließlich wohlhabenden Bürgern beschieden.[60]

Zweitens hatten Gasthäuser aufgrund der mit ihnen in Verbindung
gebrachten Prostitution und des häufig beklagten Alkoholmiss-
brauchs einen ausnehmend schlechten Ruf.[61] Sie wären von den vo-

---

57  Neuere Schätzungen gehen von einer Anzahl von über 5000 Hotels in Rom
    aus. So z.B. W. Broekaert/A. Zuiderhoek, Industries and Services, in: P. Erd-
    kamp (Hg.), The Cambridge Companion to Ancient Rome, Cambridge 2013,
    317–335 (330): »[...] Rome, the capital might have counted at least 10,000 *ta-
    bernae* and 5,500 hotels« (Hervorhebung im Original).

58  Rapske, Roman Custody (s. Anm. 7), 237f., überlegt ferner, ob Paulus auf-
    grund jüdischer Speisegebote bzw. seiner jüdischen Essgewohnheiten eine
    Unterbringung in einer römischen Herberge vermieden hätte.

59  A. Scobie, Slums, Sanitation, and Mortality in the Roman World, Kilo 68.2
    (1986), 399–433 (402): »The very poor might also hire rooms in cheap board-
    ing houses where rent was probably paid daily.«

60  Dig. 47,5,1,6 ist ein Indiz für solche Langzeitgäste. Archäologisch lassen sich
    drei Arten von Hotels unterscheiden, wobei nur das *hospitium* die Möglichkeit
    zu einem (komfortablen) Langzeitaufenthalt bot. So war das *hospitium*, das
    manchmal auch als *deversorium* bezeichnet werden konnte, zumeist eine grö-
    ßere Unterkunft, die ganz überwiegend Reisende beherbergte, aber mitunter
    auch wiederkehrenden Gästen eine längere Unterbringungsmöglichkeit bie-
    ten konnte. Beispielhaft ließe sich hier auf das Haus des Sallust in Pompeii
    verweisen, das einzelnen Gäste möglichweise sogar ein eigenes kleines Haus
    bot (vgl. hierzu J.E. Stambaugh, The Ancient Roman City, Baltimore 1988,
    164). Vielleicht diente dieses Haus an der Südseite des Anwesens aber auch der
    Unterbringung des Hotelmanagers (so W.M.F. Jashemski, The Gardens of
    Pompeii. Herculaneum and the Villas Destroyed by Vesuvius, New Rochelle
    1979, 170). Die *caupona* war demgegenüber eine Schänke bzw. ein Wirtshaus,
    das Reisenden nur ein Bett sowie Essen und Trinken während des Zwischen-
    stopps bot. Das *stabulum* war eine Art Gehöft – ebenfalls für Reisende –, in
    dem zugleich Pferde versorgt werden konnten. Vgl. zu dieser Einteilung der
    Hotelarten J. DeFelice, Roman Hospitality. The Professional Women of
    Pompeii, Warren Center 2001, 178; Ders., Inns and Taverns, in: J.J. Dob-
    bins/P.W. Foss (Hg.), The World of Pompeii, London 2007, 474–486.

61  Vgl. zu diesem zweifelhaften Ruf von Gasthäusern die umfassende Monogra-

rausgesetzten Ehrengästen des Paulus zwangsläufig als offene Provokation empfunden worden und hätten den Abbruch jedweder Gespräche vor ihrem eigentlichen Anfang bedeutet. Drittens lässt sich die durchschnittliche Größe und Beschaffenheit eines Hotelzimmers nur schwer mit dem lukanischen Bericht in Einklang bringen. Zumeist waren die zahlreichen Kammern (*cellae*) eines Inns oder Hotels klein und boten häufig nicht einmal Tageslicht.[62]

Wer solche Bezahlquartiere aus eigener Erfahrung oder aufgrund des Hörensagens kannte, wäre also nicht auf die Idee gekommen, den Gefangenen Paulus hier zu verorten. Das von Lukas evozierte Raumbild – insbesondere der Empfang größerer Gruppen und die Aussage,

---

fie A. Glazebrook/B. Tsakirgis, Houses of Ill Repute. The Archaeology of Brothels, Houses, and Taverns in the Greek World, Philadelphia 2016. Zum Aspekt der Prostitution und des Alkoholkonsums vgl. die folgenden Aussagen von T. McGinn, The Economy of Prostitution in the Roman World. A Study of Social History and the Brothel, Ann Arbor 2004, 15 f.: »generally speaking, inns, lodging houses, taverns, and restaurants of all kinds were associated with the practice of prostitution, often, though not exclusively, by the staff.« A.a.O., 17 f.: »It is difficult [... ] to determine whether alcohol was more important for selling sex or sex for selling alcohol.« Gleichwohl kann in der späteren frühchristlichen Literatur ganz beiläufig und selbstverständlich davon erzählt werden, dass einzelne Apostel und ihre Nachfolger in Hotels Unterkunft gefunden hätten (vgl. PsClem H 6,26; PsClem R 4,1; 7,2; 9,38 [Petrus]; ActThom 4,16 [Thomas]; ActAndr 21–22 [Andreas]; ActJoh 61 [Johannes]). Vielleicht lässt sich aber selbst der Hinweis auf die gehorsamen Bettwanzen in ActJoh 61 noch als implizite Kritik verstehen. Jedenfalls dann, wenn man in diesem »lustigen Spiel« mit H.-J. Klauck, Apokryphe Apostelakten, Stuttgart 2005, 40, einen »leicht erotischen Beiklang« mithören möchte. So könnte es sich bei dem verwendeten Wort κόρις um eine Anspielung auf κόρη (Mädchen) handeln (nach Handschrift M spricht Johannes die Wanzen dann tatsächlich als Mädchen an).

62 Die wohl detaillierteste Beschreibung von einer Herberge und deren Interieur bietet Petron. 94–97. Der Gast Encolpius mietet hier eine *cella* (94,4.7; 95,3.5.7), von der es viele in dieser Herberge gibt (97,7). In seinem Zimmer befindet sich lediglich ein Bett an der Wand (94,8 f.) und ein großer hölzerner Kerzenständer (95,6). Eine ähnlich spartanische Einrichtung lässt auch der Bericht bei Iuv. 3,202–207 erkennen. Der von Rapske, Roman Custody (s. Anm. 7), 233 zur Veranschaulichung herangezogene Gebäudekomplex in der Nähe des Forums, ist hingegen mit neueren Studien eher als Bordell zu identifizieren (vgl. hierzu McGinn, The Economy of Prostitution [s.o.], 233 mit Anm. 72 [»purpose-built brothels«]; ders., Sex and the City, in: Erdkamp [Hg.], Ancient Rome [s. Anm. 57], 375–376).

Paulus sei ›für sich‹ untergebracht gewesen – lassen sich hiermit nicht in Einklang bringen.[63]

Im Vergleich zu den meist einfachen Herbergen waren auf dem stadtrömischen Wohnungsmarkt diverse Mietobjekte verfügbar, die den Anforderungen des lukanischen Berichts besser entsprochen hätten. Sondieren wir im Folgenden das Angebotsspektrum und schätzen im Anschluss etwaige Kosten für die Unterbringung des Paulus ab.

Wie sich anhand des am Nordwesthang des Kapitols in der Via Giulio Romano befindlichen Wohnblocks (s. Abb. 1; um 100 n. Chr.) beispielhaft erkennen lässt, zeichneten sich römische Mietshäuser häufig durch eine vertikale Ausdifferenzierung aus, wobei die Größe der Wohneinheiten und der absolute Mietpreis von unten nach oben stetig abnahmen.[64]

Ganz unten auf Straßenniveau befand sich – wie bei der *Insula Aracoeli* – oft eine geschlossene Zeile an kleinen Ladenlokalen und Werkstätten, die sogenannten *tabernae*.[65] Obwohl diese in der Regel nur wenige Quadratmeter groß waren,[66] dienten sie nicht selten als Arbeits- und Wohnstätte.

---

63  Einschränkend ist hierbei zu sagen, dass Herbergen und Inns selbstverständlich nicht zwangsläufig immer als eigenständiges Gebäude auszumachen waren, sondern durchaus in ein größeres Mietshaus integriert sein konnten. Ein literarischer Beleg hierfür ist Petron. 95 u. 96: Durch den Lärm in der Herberge gestört, sieht sich der Verwalter des ganzen Mietshauses, Bargates, dazu veranlasst, dort nach dem Rechten zu schauen. Als Eigentümer des Mietshauses wird zuvor Marcus Mannicius erwähnt.

64  Die *Insula Aracoeli* ist ein vergleichsweise gut erhaltener Wohnkomplex in Rom. Wenngleich man im Hinblick auf dieses Gebäude sicherlich nicht von einem Standardmodell des römischen Wohnhauses sprechen sollte, kann es uns hier zur Illustration dienen. Anders als es in der Forschungsliteratur zuweilen diskutiert wurde, dürfte es im Regelfall kaum höhere Wohnblöcke gegeben haben (vgl. G. R. Storey, Housing and Domestic Architecture, in: Erdkamp [Hg.], Ancient Rome [s. Anm. 57], 155–162). Eine kritische Bestandsaufnahme der Diskussion bietet S. Priester, Ad summa tegulas. Untersuchungen zu vielgeschossigen Gebäudeblöcken mit Wohneinheiten und Insula im kaiserzeitlichen Rom, Rom 2002, bes. 141–142. Die von Tertullian erwähnte Insula Felicles (Tert.Val. 7,1–3) mit ihren sieben Stockwerken hatte auch in ihrer Zeit eher Seltenheitswert.

65  Eine ausführliche Darstellung der *tabernae*, ihrer Lage in Rom und ihrer unterschiedlichen Funktionen bietet C. Holleran, Shopping in Ancient Rome. The Retail Trade in the Late Republic and the Principate, Oxford 2012, 99–158.

66  Im Falle der *Insula Aracoeli* haben die *tabernae* eine Durchschnittsgröße von ca. 30 m².

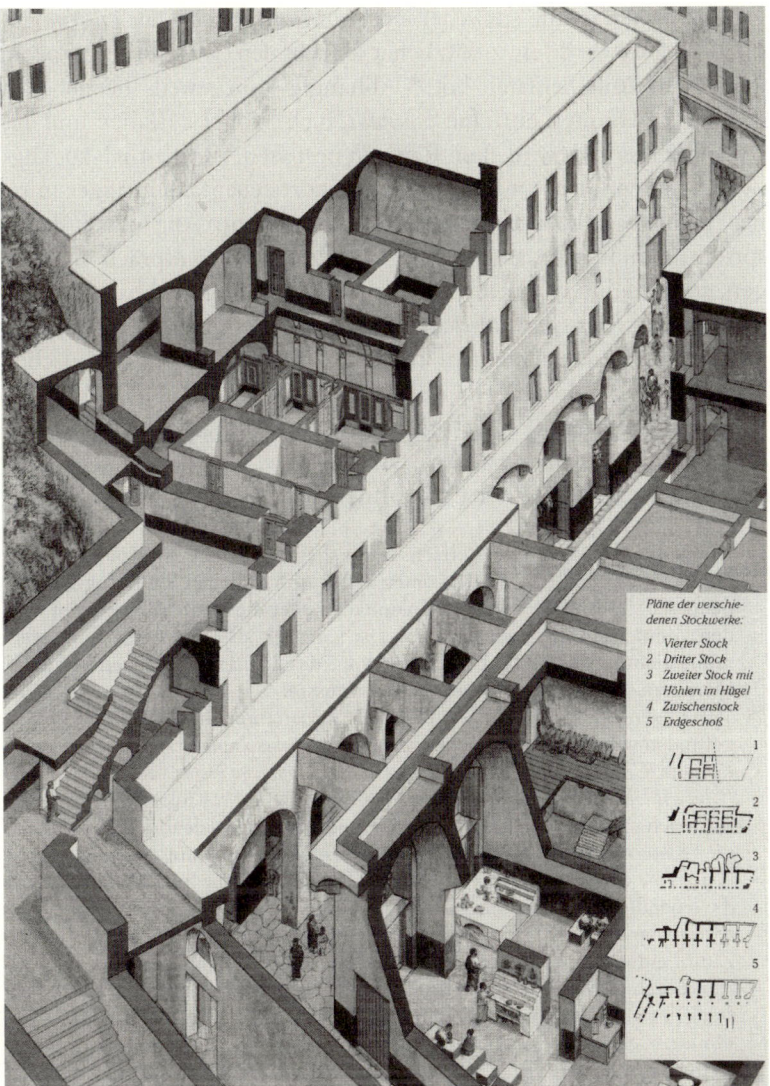

Abb. 1. »Rekonstruktion eines Wohnblocks am Kapitol«;
P. Connolly/H. Dodge, Die antike Stadt. Das Leben in Athen & Rom,
Köln 1998, 142 (© P. Connolly)

Zum Wohnen wurde entweder ein hinterer Bereich[67] der *taberna* genutzt oder es wurde ein zusätzlicher Dachboden (*pergula*) eingezogen,
der Raum zum Schlafen bot.[68] Abhängig vom jeweils betriebenen
Handwerk konnten einzelne *tabernae* auch größer ausfallen und aus
mehreren, teils verwinkelten Räumen bestehen.[69] Öffentlich zugäng-
liche Schulen waren in Rom und andernorts ebenfalls häufiger in einer gemieteten *taberna* untergebracht.[70] Wenn Apg 28,16 davon
spricht, Paulus habe angesehene Gäste zum Lehrgespräch empfangen, so wäre dies in einem entsprechenden Setting denkbar gewesen.
Andererseits lässt das von Lukas evozierte Raumbild aber keinerlei
Werkstattcharakter erkennen und eine Übersetzung des lateinischen
Begriffs *taberna* durch ξενία wäre ungewöhnlich.[71] Auch der anfängliche Hinweis, dass Paulus »für sich« untergerbacht war, fügt sich
kaum zur geschäftigen Szenerie einer *taberna*. Und dass die Handels-
geschäfte zum Zwecke der Unterbringung des Paulus ausgesetzt wur-

---

67  Die Nutzung des hinteren Bereichs war insbesondere dann möglich, wenn der
    Handel während der Geschäftszeiten auf den öffentlichen Raum vor dem La-
    dengeschäft, d. h. die Arkaden, Kolonnaden oder die Straße, ausgedehnt wer-
    den konnte und die eigentliche *taberna* lediglich als Werkstatt oder Lager-
    raum diente. Mart. 7,61 berichtet davon, dass dieser Straßenverkauf unter
    Domitian stärker reglementiert werden musste.
68  Vgl. folgende Anzeige, die in der Insula Arriana Polliana (VI 6) in Pompeii
    gefunden wurde und die u. a. *tabernae cum pergulae* anbietet: »*Insula Arriana |
    Polliana [C]n. Al[le]i Nigidi Mai | equestria et Doms conductor | convenito Primus
    [C]n. Al[le]i | Nigidi Mai ser(uum)*« (CIL 4,138). Archäologisch bieten die
    zahlreichen Reste von Treppenaufgängen einen unzweideutigen Hinweis auf
    die Existenz solcher Dachböden. S. dazu Holleran, Shopping (s. Anm. 65), 104
    u. 107, die zudem auf die ausreichende Höhe der Räume hinweist. Vgl. ferner
    die lebendige und satirische Erzählung in den Metamorphosen (Apul. 9,40–
    42), wo der Esel des Gärtners auf den Dachboden gezerrt und versteckt wird.
    Zum Leidwesen des Gärtners verfügt dieser Dachboden sogar über ein Fen-
    ster, durch das einer der Soldaten den neugierigen Esel erspäht und das Ver-
    steck des Gärtners somit verraten ist.
69  Holleran, Shopping (s. Anm. 65), 117: »[T]he *taberna* appears in our literary
    sources as a flexible space that could be used for practically any purpose that
    its owner or tenant desired. The *taberna* may be primarily a commercial space,
    but could be used to house any number of ventures, from retail shops, to the
    provision of services by people such as doctors and barbers, to workshops
    housing small-scale manufacturing, to bars and inns, storage units, and even
    offices.«
70  Vgl. F. Kolb, Rom. Die Geschichte der Stadt in der Antike, München 2002,
    581.
71  Erwartbarer wäre demgegenüber die Verwendung von ἐργαστήριον (vgl. z. B.
    Dion Hal. ant. 3,67,4; Hdn. 7,12,5; CGL 3,388,33).

den, ist aus wirtschaftlichen Gründen nahezu undenkbar.[72] Somit ist es unwahrscheinlich, dass der intendierte Rezipient bei der Lektüre von Apg 28 zuerst an eine *taberna* denkt.

Noch weniger in Frage kommen die – zumeist im 1. oder 2. Stock der *insulae* befindlichen und mit ca. 200–300 m² ebenso geräumigen sowie luxuriösen – Stadtwohnungen. Diese Wohnungen wurden, allein schon wegen ihres teils exorbitant hohen Mietpreises nahezu ausschließlich von der Elite, also von Senatoren, Rittern und Decurionen bewohnt.[73] Nur eine eigene *domus* konnte im Vergleich dazu für einen noch höheren Gesellschaftsrang stehen. Paulus empfängt Gäste, die innerhalb ihrer Religionsgemeinschaft angesehen sind. Wenngleich hier an einflussreiche und wohl auch wohlhabendere Juden gedacht ist, handelt es sich sicherlich nicht ausschließlich um Mitglieder der sozialen Elite. Auch die vorherige Charakterisierung des Paulus, insbesondere seine soziale Verortung als Handwerker, lässt kaum die Schlussfolgerung zu, man habe ihn in Rom in einem solch bevorzugten Wohnungstyp untergebracht.

In die engere Erwägung zu ziehen, ist demgegenüber das Wohnungsangebot im 3. und 4. Stock. Hier stoßen wir auf eine ganze Bandbreite unterschiedlich ausgestatteter,[74] variabel aufteilbarer *cena-*

---

72 Die wirtschaftliche Bedeutung der *tabernae* darf jedenfalls nicht unterschätzt werden. In den Rechtstexten findet sich eine Vielfalt von Hinweisen darauf, dass es die feste Funktion eines Ladenmanagers (*institor*) gab, was einen ausreichenden wirtschaftlichen Erfolg vieler Läden voraussetzt: vgl. etwa Ulp. dig. 14,1,1 pr; 14,3,3; 14,3,11,6; 14,3,13,2; Gaius dig. 14,3,8; Marcel.dig. 7,8,29; Papin.dig. 14,3,19,2; 32,1,91,2; Scaev.dig. 33,7,7; Paul.dig. 14,3,18. Vgl. auch Mart. 7,61; CIL 3,14206. In griechischen Inschriften findet sich als Parallele der Begriff des ἐργαστηριάρχης (z. B. SEG IV 512, Z. 15–16). Juv. 1,105–106 macht sich über einem Freigelassenen lustig, der behauptet, mit seinen fünf Läden 400 Sesterzen Gewinn zu erwirtschaften.

73 Vell. 2,10,1 nennt eine Jahresmiete von 6000 Sesterzen für eine Senatorenwohnung, was für einen Senator aber ein kaum würdiger Preis sei. Entsprechend lassen sich mit Leichtigkeit weitaus höhere Mietkosten für eine entsprechende Stadtwohnung finden. Laut Cic.Cael. 7,17 war eine Jahresmiete von 30.000 Sesterzen für einen wohlhabenden Bürger keineswegs ungewöhnlich. Vgl. zur Wohnsituation der oberen Schichten u. a. B. W. Frier, Landlords and Tenants in Imperial Rome, Princeton 1980, 39–47.

74 Auch hier ist die bereits erwähnte Annonce aus Pompeji von Interesse, weil in *der insula Arriana Polliana* (CIL IV 138) *cenacula equestria* im Unterschied zum normalen *cenaculum* angeboten werden. Ebenfalls in Pompeji aber auch in Herculaneum finden sich hochwertig wirkende, lichtdurchflutete *cenacula*, die sogar über eine eigene Balustrade und einen freien Blick in den Peristyl bzw. in das Atrium verfügen. Vgl. hierzu Kunst, Wohnen (s. Anm. 37), 11. Neben

*cula*. Wie sich gleichermaßen aus dem archäologischen Befund und der römischen Rechtsliteratur ableiten lässt, wurden diese Stadtwohnungen häufig in Teilen untervermietet, wobei ein gemeinsamer Flur (*medianum*) Zugang zu den Wohneinheiten bot.[75] Setzen wir eine typisch Wohnungsgröße von 30 m² voraus, wären die nächtliche Unterbringung einer Wache und der Empfang von Gästen möglich gewesen.

Noch weiter oben befanden sich die baulich weitaus einfacheren und zumeist nicht mehr als 5–10 m² Quadratmeter messenden *cellae* sowie möglicherweise noch ärmlichere Holzaufbauten. Auch diese Zimmer konnten mitunter zusammenhängend und damit als größere Wohneinheit vermietet werden, aber die insgesamt beengte und teils verwinkelte Wohnsituation könnte kaum mehr erklären, warum Lukas eigens hervorhebt, Paulus habe für sich gewohnt. In Martials Epigrammen stoßen wir auf ein humorvolles, darum aber nicht weniger illustratives Beispiel für die Beengtheit eines solchen Quartiers: »Mein Nachbar ist Novius, ich kann ihn mit der Hand berühren, (und das sogar) von meinem Fenster aus! Wer würde mich nicht beneiden und meinen, daß ich zu allen Stunden glücklich sein müßte, weil ich mich eines Freundes erfreuen darf, der mir (so) nah ist.«[76]

### 2.2.2 Die Höhe der Mietkosten und die Frage der Kostenübernahme

Fragen wir ausgehend von diesen Überlegungen nach entsprechenden Mietkosten, so bietet uns zunächst der kurze Hinweis in Plutarchs Biographie des Sullas ein Indiz. Hier wird die Miete für ein oberes *cenaculum*, das von einem Freigelassenen bewohnt wird, mit 2000 Ses-

dem archäologischen Befund lassen auch die epigraphischen Zeugnisse auf eine Bandbreite bei der Wohnungsgröße schließen. Nach CIL VI 29781 = ILS 6034 gab es in der *insula Sertoriana* am *Forum Boarium* lediglich 6 *cenacula* (»*cinacula* [sic] n.VI«) und 11 *tabernae*. In einem anderen Mietshaus gab es dagegen mindestens 24 *cenacula* (CIL VI 10248), was nicht allein durch die Gesamtgröße des Gebäudes, sondern wohl auch durch die kleinere Größe der einzelnen Wohneinheiten erklärt werden muss.

75 Eine solche Regelung der Untervermietung beschreibt dig. 9,3,5 pr.1. Interessant ist in unserem Kontext auch dig. 7,1,13,8. Hier wird einem Erben gerade untersagt, ein Haus (*domus*) in einzelne Wohneinheiten zu unterteilen. Dies schließt explizit auch die Möglichkeit aus, in diesem Haus *deversoria* einzurichten. Dies deutet indirekt an, dass in Mietshäusern auch Reisende oder Kurzzeitgäste einquartiert werden konnten.

76 Mart.ep. 1,86. Übersetzung: C. Neumeister, Das antike Rom. Ein literarischer Stadtführer, München 1991, 40.

terzen beziffert.[77] Es gibt keinen Grund, diese Angabe in Frage zu stellen. Zur Zeit des Lukas dürfte der Mietpreise eher noch höher gelegen haben. Berücksichtigen wir die eben genannte Möglichkeit, dass Stadtwohnungen aufgeteilt wurden und bedenken zugleich, dass der Vermittler in diesem Fall eine Provision verlangt hätte,[78] käme man bei einem durchschnittlichen *cenaculum* immer noch auf einen Mindestpreis von ca. 1200 Sesterzen. Es ist gut möglich, dass man für eine noch etwas kleinere Wohneinheit oder bei besonders schlechter Wohnlage weniger bezahlte.[79] Ein Preis unter 800 Sesterzen erscheint aber auch dann eher unwahrscheinlich.

Alle weiteren Kosten, die wir für den Aufenthalt des Paulus zu veranschlagen haben – wie z. B. Kosten für die tägliche Verpflegung oder die Bestechung der Wache – fallen demgegenüber nicht mehr ins Gewicht. Seneca nennt für tägliche Aufwendungen in Rom eine Summe von einem Sesterz, was kein schlechter, wohl aber eher schon ein zu hoher Schätzwert sein dürfte.[80]

Wer hätte nun in Rom für entsprechende Jahresausgaben von 1200–1500 Sesterzen aufkommen können? Interessanterweise wird diese Frage in der Forschungsliteratur, auch ohne ausführliche sozialgeschichtliche Erörterungen, durchaus diskutiert. Drei Personen bzw. Personengruppen sind ernsthafter in Erwägung zu ziehen.

a. Paulus als autonomer Mieter: Keineswegs selten findet sich in der Literatur die bereits oben genannte These, Paulus selbst habe die Kosten für seine Unterkunft in Rom getragen.[81] Entsprechend zeigt sich

---

77  Plut.Sull. 1,4. Bereits Caesar verfügte durch das Mietpreisedikt, dass Mieten in Rom bis zu 2000 Sesterzen für ein Jahr auszusetzen sein (vgl. Suet.Iul. 38; Cic.off. 2,83–84; Cass. Dio 42,51,1–2; 48,9,5), und reagierte damit auf steigende Mieten und deren sozialen Folgen.

78  Dig. 19,2,7,30 pr. setzt sogar eine Rendite von 30 % für den Vermittler voraus. Aufgrund der hohen Mietkosten ist zu vermuten, dass aber auch einzelne Mieter Zimmer weitervermieteten. Hier ist nicht mit Sicherheit abzuschätzen, wie hoch die Rendite in diesem Fall ausfiel.

79  Kunst, Wohnen (s. Anm. 37), 5: »Die Gegenden in Flußnähe, die von den häufigen Tiberüberschwemmungen bedroht waren, müssen tendenziell einfache Wohnlagen aufgewiesen haben. Dazu sind das *Forum Boarium* und das *Forum Holitorium* zu rechnen, wo sich schon im 3. Jahrhundert v. Chr. dreigeschossige Bauten fanden« (vgl. Liv. 21,62,3; Plut.qu.Gr.12).

80  Sen.ep. 2,6,18; vgl. Petron. 44,9–11.

81  So bereits J. G. Gray, Roman Houses, in which Paul Preached the Kingdom of God, USQR 15 (1904), 310–319. Nicht immer wird hierbei hinreichend zwischen dem historischen Paulus und dem lukanischen Bild des Paulus differenziert.

der Althistoriker Jens-Uwe Krause überzeugt, dass Paulus in einer
»von ihm angemieteten Herberge geblieben [sei].«[82] Auch Heike
Omerzu hält es – immerhin aus historischer Sicht – für wahrscheinlich, »daß Paulus seine Miete aus eigenen Einkünften bestritten
[habe],« wobei sie darauf verweist, dass Gefangene während der *custodia militaris* mitunter ihrem Beruf weiterhin nachgehen konnten (vgl.
dig. 4,6,10).[83]

Aber wie hätte Paulus durch handwerkliche Arbeit (1Thess 2,9;
1Kor 4,12; Apg 20,34 f.) und dies bedeutet – aus der Perspektive des
Lukas – als Zeltmacher oder Lederhandwerker (Apg 18,3: σκηνο-
ποιός),[84] ausreichend Einnahmen in Höhe von jährlich 1000 Sesterzen
generieren sollen? Martial bedauert selbst römische Anwälte und
Dichter, weil sie die hohen Mietkosten nicht begleichen können
(Mart. 3,38).[85] Trotz leichter Haftbedingungen wäre Paulus in seinem

---

82 J.-U. Kraus, Gefängnisse im Römischen Reich, Heidelberger Althistorische
   Beiträge und Epigraphische Studien 23, Stuttgart 1996, 250 (meine Hervor-
   hebung).
83 Omerzu, Schweigen (s. Anm. 10), 146. Zugleich betont sie, dass dies aus der
   Erzählung selbst nicht unmittelbar ableitbar sei. Ähnlich, aber weniger diffe-
   renziert, W. Reinbold, Propaganda und Mission im ältesten Christentum.
   Eine Untersuchung zu den Modalitäten der Ausbreitung der frühen Kirche,
   FRLANT 188, Göttingen 2000, 163: »In Rom angekommen, gestattet man
   Paulus, in einem eigenen, von ihm selbst zu bezahlenden Quartier zu wohnen
   [ ].« Vgl. ferner R. F. Hock, The Social Context of Paul's Ministy. Tentmaking
   and Apostleship, Philadelphia 1980, 25; Ders., The Workshop as a Social Setting for Paul's Missionary Preaching, CBQ 41/3 (1979), 438–450 (440); H.J.
   Cadbury, Lexical Notes on Luke-Acts III. Luke's Interest in Lodging, JBL 45
   (1926), 305–322 (321 f.).
84 Vgl. zum Beruf des Zeltmachers ausführlich B. Witherington, A Closer Look.
   Why Paul Made Tents, in: ders., Conflict and Community in Corinth. A Socio-Rhetorical Commentary on 1 and 2 Corinthians, Grand Rapids 1995,
   208–209; T. D. Still, Did Paul Loathe Manual Labor? Revisiting the Work of
   Ronald F. Hock on the Apostle's Tentmaking and Social Class, JBL 125/4
   (2006), 781–795.
85 In der Grabinschrift eines Freigelassenen wird die Mietzahlung als große Al-
   terssorge benannt (CIL 6,7193). Christiane Kunst, die auf diese Inschrift hinweist, bemerkt zu Recht: »Allein die Tatsache, dass er sich einen Stein leisten
   konnte, deutet darauf hin, dass das Mietproblem nicht allein die Mittellosen
   betraf« Kunst, Wohnen (s. Anm. 37), 16. Vgl. ferner die kritischen Anmerkungen zur Mietsituation bei Mart. 12,32; Juv. 3,225. Laut Diod.hist. 31,18
   hatte selbst der aus Ägypten geflohene Ptolemaios VI (64.v.Chr.) Schwierigkeiten, eine repräsentative Stadtwohnung zu bezahlen. Umgekehrt beklagen
   sich die Vermieter über die Schwierigkeiten, die es beim Eintreiben der Miete
   gäbe (Cic.Att. 15,17,1; 15,20,4).

Handwerk zumindest stark eingeschränkt gewesen. Wie hätte er als Gefangener die Warenbeschaffung organisieren sollen? Wie hätte er in einer fremden Stadt Handelskontakte herstellen können? Insgesamt ist es wenig wahrscheinlich, dass Paulus auch nur einen nennenswerten Teil seiner Mietkosten selbst tragen konnte. Zudem deutet der Begriff ξενία – wie bereits erläutert – eher darauf hin, dass Paulus von anderen gastlich aufgenommen bzw. finanziert wurde. Will man Lukas keine Unbedachtheit bei der Verwendung seines Vokabulars unterstellen, wird man in diese Richtung weiterdenken müssen.

b. Einzelne wohlhabende Gemeindeglieder: Alternativ wird von Exegetinnen und Exegeten erwogen, ob Paulus von einzelnen reichen Christusgläubigen unterstützt wurde. Gerne wird hierbei das Beispiel von Prisca und Aquila bemüht.[86] Wenngleich das Ehepaar in Rom – ebenso wie in Ephesus und vermutlich auch in Korinth – einer Gruppe von Christusgläubigen ihre Wohnung oder Werkstatträume zur Verfügung stellte (Röm 16,5; 1Kor 16,19; Apg 18,3),[87] so hätte die Unterbringung des Paulus, die in ihrer Dauer nicht abschätzbar war und zu den laufenden Betriebskosten hinzugekommen wäre, wohl ein allzu großes finanzielles Risiko bedeutet. Folgt man an dieser Stelle der von Walter Scheidel und Steven J. Friesen erhobenen Einkommensskala,[88] so müssten wir Prisca und Aquila schon den obersten 3–5 % der römischen Bevölkerung zurechnen, um eine entsprechende Finanzkraft voraussetzen zu können. Obwohl das Urteil über die wirt-

---

86 Vgl. z. B. Frier, Landlords (s. Anm. 73), 28: »[Paul's] rent was presumably paid by the wealthy Christians at Rome, such as the traveling military provisioner Aquila and his wife Priscilla.« Zu einer ähnlichen Einschätzung der finanziellen Situation des Paares kommt auch P. Oakes, Reading Romans in Pompeii. Paul's Letter at Ground Level, Minneapolis 2009, 45.

87 Natürlich sind hier die Differenzen zwischen der Darstellung des Paulus und der Acta zu berücksichtigen. Nach Apg 18 stammen Prisca und Aquila zwar aus Italien, aber sie wohnen zunächst in Korinth und bleiben dann nach einer kurzen gemeinsamen Reise mit Paulus in Ephesus zurück. Eine spätere Rückkehr nach Rom leitet sich allein aus dem Hinweis des Paulus in Röm 16,5 ab. Da eine solche Rückkehr historisch durchaus plausibel erscheint, könnten die Rezipienten hiervon jedoch Kenntnis gehabt haben. Prisca und Aquila als alleinige Unterstützer des Paulus zu betrachten, legt sich aber auch dann nicht nahe. Warum sollte der intendierte Rezipient in Apg 28 gerade an sie denken, obwohl sie gänzlich unerwähnt bleiben?

88 W. Scheidel/S. J. Friesen, The Size of the Economy and the Distribution of Income in the Roman Empire, JRS 99 (2009), 61–91.

schaftliche Situation des Ehepaars in der Forschungsliteratur disparat ausfällt, reichen hier selbst die optimistischeren Einschätzungen nicht aus. Aus den gleichen Gründen scheiden dann aber auch andere, mit Rom in Verbindung stehende Unterstützer und Unterstützerinnen aus – wie etwa die »Wohltäterin« Phoebe (Röm 16,1–2),[89] die ohnehin nicht zum Figurenensemble der Apostelgeschichte zählt.

Ebenso wenig kommt m. E. ein anonymer Finanzier in Betracht, weil sich dann unweigerlich die Frage stellt, warum Lukas diesen unerwähnt gelassen hätte. Sonst versäumt er es kaum, Patrone und andere Unterstützer zu nennen, die Paulus oder einem anderen Apostel Unterkunft, Schutz und Unterstützung geboten haben (vgl. Apg 12,12; 16,15.40; 18,1–3; 19,9). Nur wenige Verse zuvor wird noch Publius erwähnt (Apg 28,7–10), der Landgüter auf Malta[90] besessen und Paulus und seinen Anhang beherbergt hat.

c. Das »Kooperationsmodell«: Will man das von Lukas evozierte Bild von der Unterbringung des Paulus nicht voreilig als reine Fiktion oder zumindest Überzeichnung abtun, bleibt noch eine weitere Möglichkeit, die Unterbringung des Paulus plausibel zu machen: Die stadtrömischen Christusanhänger könnten als Kollektiv für die Unterbringung aufgekommen sein. Als historische Option wird dies von Peter Oakes erwogen:

[M]ost support would come from Christians locally, especially from known supporters of Paul. Our model would predict that this could easily be afforded. The size of the Christian population and the economic range in the model mean that financial support of one prisoner, or even a prisoner and a small entourage, should not be difficult.[91]

---

89 Für sie wäre eine derart lange finanzielle Unterstützung zugleich ein logistisches Problem gewesen. In Röm 16,1–2 bitte Paulus ja gerade umgekehrt, um Unterstützung für Phoebe, wobei auch hier wohl u. a. an eine Unterbringung zu denken ist.

90 Nach H. Warnecke, Die tatsächliche Romfahrt des Apostels Paulus, SBS 127, Stuttgart 1987 ist die Insel Μελίτη nicht mit Malta, sondern Mljet in der kroatischen Adria zu identifizieren. Hier stellt sich allerdings u. a. die Frage, warum ein Schiff aus Alexandria (28,11) derart abseitig überwintert haben sollte. Entsprechend konnte sich diese These forschungsgeschichtlich nicht durchsetzen.

91 P. Oakes, Using Historical Evidence in the Study of Neronian Christian Groups and Texts, in: Puig i Tàrrech u. a. (Hg.), Last Years (s. Anm. 2), 131–151 (150).

Allerdings übergeht Oakes im Zuge seiner Berechnungen gerade die allesentscheidenden Kosten für die Miete. Berücksichtigt man diesen Hauptkostenpunkt, dürfte es aber auch für ein Gemeindekollektiv keineswegs einfach gewesen sein, Paulus und seine Mitarbeiter zu beherbergen. Ein Großteil der römischen Bevölkerung lebte unter oder nur knapp über dem Level, der für die Lebenserhaltung nötig war (*bare-bones-level*). Gleichwohl hat sich im Zuge des neueren sozialgeschichtlichen Diskurses zunehmend die Erkenntnis durchgesetzt, dass es durchaus eine finanzkräftigere Mittelschicht gegeben haben muss. Markus Öhler betont in einer neuer Studie zur ökonomischen Perspektive der paulinischen Gemeinden völlig zu Recht, dass der »Bevölkerungsanteil dieser mittleren Gruppe in einer Stadt [...] sicherlich um einiges höher [war] als im Gesamtdurchschnitt des Imperium Romanum.«[92] Abhängig vom jeweiligen Berechnungsmodell, das man zu Grunde legt, verfügten etwa 15–25 % der Bevölkerung über ein Jahreseinkommen von 300–500 Sesterzen.[93]

Setzt man nun beispielhaft eine Gabe von 10 % pro Person voraus, hätte eine Gruppe von rund 30 Personen für die Unterbringung des Paulus und dessen Verpflegung aufkommen können. Zugleich ist aber kaum wahrscheinlich, dass ein solcher Unterstützerkreis während der Inhaftierungszeit alle anderen sozialdiakonischen Aufgaben ausgesetzt hätte. Selbst wenn wir zusätzlich mit einigen wohlhabenden Gemeindegliedern rechnen, hätte eine einzelne Hausgemeinde diese finanzielle Last nicht tragen können. Die stadtrömischen Christusanhänger hätten hier gemeinschaftlich vorgehen müssen.

Ein solches Kooperationsmodell besitzt gegenüber den beiden vorangehenden Lösungsvorschlägen eine vergleichsweise höhere Plausi-

---

92  M. Öhler, Zwischen Elend und Elite. Paulinische Gemeinden in ökonomischer Perspektive, in: J. Schröter u. a. (Hg.), Receptions of Paul in Early Christianity. The Person of Paul and His Writings Through the Eyes of His Early Interpreters, BZNW 234, Berlin u. a. 2018, 249–286 (256).

93  Vgl. Scheidel/Friesen, Economy (s. Anm. 88), 61–91 (90): 15–25 %; B. W. Longenecker, Remember the Poor. Paul, Poverty, and the Greco-Roman World, Grand Rapids 2010, 52 u. 55: 15 %. Im Unterschied hierzu greift P. Oakes bei der Bestimmung der Mittelschicht auf Statistiken zur Haushaltsgröße zurück, wobei die Angaben aus Pompeij aber nicht auf Rom übertragbar sind. Vgl. P. Oakes, Methodological Issues in Using Economic Evidence in Interpretation of Early Christian Texts, in: B. W. Longenecker/K. D. Liebengood (Hg.), Engaging Economics. New Testament Scenarios and Early Christian Reception, Grand Rapids u. a. 2009, 9–34.

bilität, ist aber dennoch mit Problemen behaftet. So setzt eine solche Finanzierung ein Maß der zwischengemeindlichen Kooperation voraus, dass in deutlicher Spannung zum heutigen forschungsgeschichtlichen Konsens steht. In Anschluss an Peter Lampe werden die Christusanhänger in Rom nämlich zumeist als fraktionierte Größe vorgestellt. Und obwohl bereits Lampe hervorhebt, dass »die Christen mitnichten durchweg ›arme Leute‹ waren [...],«[94] müssten wir auf der Grundlage unserer Erwägungen von einer noch besseren wirtschaftlichen Situierung der Gemeindeglieder ausgehen. Auf diese Differenzen zwischen dem (impliziten) Gemeindebild der Acta und dem bisherigen Forschungsbild ist noch einmal im Zuge der abschließenden Reflexionen zurückzukommen.

Konzentrieren wir uns zunächst auf die lukanische Erzählung. Kann der intendierte Rezipient der Apostelgeschichte mit einem entsprechenden Zusammenwirken der stadtrömischen Christusgläubigen rechnen? Immerhin zeigt sich in den abschließenden Szenen der Apostelgeschichte kein ausgeprägtes Interesse an den römischen Gemeinde- und Sozialverhältnissen. Die Erzählung rückt nahezu vollständig die Person des Paulus in den Vordergrund. Wie bereits oben festgehalten wurde (s. Exkurs), bedeutet ein solches Schweigen des Textes aber nicht, dass sich der Rezipient keine Gedanken hierzu macht. Bei den fehlenden Informationen handelt es sich zwar nicht um eine erzählerische Lücke, d.h. um Angaben, die zum richtigen Verständnis der Erzählung zwingend notwendig wären, aber doch um eine Leer- bzw. Inferenzstelle, d.h. um einen Aspekt der Erzählung, den der Rezipient aufgrund seiner Frames und Skripts sowie seines bisherigen Lektürewissens intuitiv ergänzt bzw. ergänzen kann.

*2.2.3 Das kollaborative Zusammenwirken der italischen Gemeinden*
Tatsächlich lassen sich einige Indizien finden, die das gerade entworfene Modell einer römischen Gemeindekooperation immerhin möglich erscheinen lassen.

a. Die Vorgeschichte (Apg 28,11–16): Zunächst ist es keineswegs so, dass wir über die Beziehung zwischen Paulus und den stadtrömischen Christusgläubigen rein gar nichts erfahren würden.[95] In der unmittel-

---

94  P. Lampe, Die stadtrömischen Christen in den ersten beiden Jahrhunderten, Tübingen 1989, 52.
95  Gerade so wird es aber im exegetischen Diskurs bisweilen dargestellt: Vgl. z.B. W. Reinbold, Propaganda und Mission im ältesten Christentum. Eine

bar vorangehenden Episode (Apg 28,11–16) wird im Zuge der Beschreibung der letzten Reiseetappe bereits ein Zusammenwirken der italischen und römischen Gemeinden angedeutet. Nachdem Paulus und seine Anhänger in Puteoli angekommen sind und dort Geschwister gefunden haben (28,14), werden sie von diesen gebeten »sieben Tage« vor Ort zu bleiben.[96] Im Unterschied zu den vorherigen Zeitangaben in V.11 (»nach drei Monaten«) und V.12 (»drei Tage«), die sich recht leicht durch eine jahreszeitliche bzw. wetterabhängige Verzögerung der Schiffsreise erklären lassen,[97] ist die hier genannte Verzögerung der Romreise nicht auf Anhieb verständlich.[98] Allerdings erhält der Rezipient in V. 15 einen Hinweis, der diese einwöchige Pause – im

Untersuchung zu den Modalitäten der Ausbreitung der frühen Kirche, FRLANT 188, Göttingen 2000, 163: »Über die Beziehungen des Apostels zu den römischen Gemeinden erfahren wir bedauerlicherweise nichts.«

96  Die Information als solche muß nicht gänzlich unhistorisch sein. Auch im Zusammenhang von Ignatius' Überführung nach Rom werden längere Aufenthalte erwähnt oder vorausgesetzt (vgl. IgnRöm 5,1; IgnSm 13,2; IgnPol 8,2).

97  Die Zeitangabe von drei Monaten bezieht sich offenbar auf den gesamten Aufenthalt auf der Insel Malta. Laut Veg.mil. 4,39 begann die Schifffahrt ab dem 10. März, wobei es aber wohl durchaus jahresspezifische Unterschiede gab. Von einer Unterbrechung des Schiffverkehres in den Wintermonaten geht auch Lukas zuvor schon aus (Apg 27,9). Dass sich die Weiterreise durch ungünstige Winde um einzelne Tage verzögern konnte, wie in V. 12 offensichtlich vorausgesetzt wird, ist nicht ungewöhnlich.

98  Entsprechend disparat fallen die Erklärungen zu dieser Textstelle aus: a. Paulus musste vor dieser anstrengenden Landreise (vgl. ActPetr 2,6) neue Kraft sammeln. So etwa B.M. Rapske, Acts, Travel and Shipwreck, in: D.W.J. Gill (Hg.), The Book of Acts in Its Graeco-Roman Setting, Grand Rapids 1994, 20–21; C. Talbert, Reading Acts. A Literary and Theological Commentary on the Acts of the Apostles, Macon 2005, 220; b. Paulus musste nach seiner Ankunft von der örtlichen Gemeinde gebührend geehrt werden. So z.B. Puig i Tàrrech, Missionary Activity (s. Anm. 13), 474; c. Paulus sollte einen Sabbat mit der Gemeinde verbringen und so Gelegenheit zur Predigt erhalten. So bereits H.J. Ripley, The Acts of the Apostles. With Notes, Chiefly Explanatory. Designed for Teachers in Sabbath Schools and Bible Classes, Boston 1843, 326; die Verweildauer ist Ausdruck des Respekts, den die römischen Soldaten dem Gefangenen Paulus gegenüber zeigen oder gar Ausdruck ihres eigenen christlichen Glaubens. So A. Schlatter, Erläuterungen zum Neuen Testament, Bd. 1: Die Evangelien und die Apostelgeschichte, Stuttgart u.a. ²1918, 1049; e. die römischen Soldaten waren nach der Ankunft in Italien erst einmal mit offiziellen Angelegenheiten beschäftigt (F.F. Bruce, The Acts of the Apostles, Grand Rapids u.a. 1988, 502) bzw. mussten warten, bis das Schiff entladen war (C.K. Barrett, A Critical and Exegetical Commentary on the Acts of the Apostles, Bd. 2, Edinburgh 1998, 1230).

Sinne eines nachträglichen Schlussfolgerungsprozesses – erklären
könnte. So heißt es hier, dass die Geschwister in Rom von der Ankunft des Paulus »gehört« hätten und daraufhin ihm und seinem Gefolge entgegenkommen und ihn begrüßen. Dies setzt notwendigerweise voraus, dass zuvor ein Bote die Kunde nach Rom gebracht haben muss. Tatsächlich hätte ein solcher Bote aus Puteoli die etwas
über 200 km lange Strecke nach Rom in fünf bis sieben Tagen zurück-
legen können.[99] Zur Idee eines kooperativen Vorgehens der italischen
und römischen Gemeinden passt dann auch, dass die römische Delegation ihrerseits nicht die gesamte Strecke bis Puteoli zurücklegt,
sondern zwei Posten in Forum Appii und Tres-Tabernae abstellt, um
Paulus und seine Anhänger offiziell in Empfang zu nehmen
(ἀπάντησις)[100] und auf der letzten Wegstrecke zu begleiten.[101] Auch
ein solches Vorgehen hätte der Absprache zwischen den Gemeinden
bedurft. Sollte Lukas davon ausgehen, dass die italischen und römischen Gemeinden – zumindest situativ – zusammenwirken konnten, so erscheint es möglich, dass der intendierte Rezipient im Hinblick auf die weitere Versorgung des Paulus mit einer Kooperation vor
Ort rechnet. Wer Paulus als einen Ehrengast empfängt, wird ihn nach
seiner Ankunft kaum den Nöten des römischen Wohnungsmarkts
überlassen.

b. Die Wir-Perspektive: Der Reisebericht von Malta bis zur Ankunft des Paulus in Rom wird nahezu durchgängig in der Wir-Perspektive erzählt. Dies bleibt – jenseits der vieldiskutierten Frage nach
der Funktion der lukanischen Wir-Stücke[102] – ein in unserem Kon-

99  Barrett, Acts 2 (s. Anm. 98), 1230: »[T]he final stretch from Puteoli could be
    covered by a good walker in five days [...].« So auch schon G. Stählin, Die
    Apostelgeschichte, NTD 5, Göttingen 1996, 324.
100  Bruce, Acts (s. Anm. 98), 536: »›Welcome‹ (ἀπάντησις) appears to have been
    a sort of technical term for the official welcome extended to a newly arrived
    dignitary by a deputation which went out from the city to greet him and es-
    cort him for the rest of his way.«
101  Mit Barrett, Acts 2 (s. Anm. 98), 1231 und Pervo, Acts (s. Anm. 21), 677 mit
    Anm. 73. Die beiden Orte tauchen auch in anderen Quellen als Zwischensta-
    tionen auf (vgl. ferner Hor.sat. 1,5; Strab.geogr. 6,3,7). Auch Cic.Att. 2,10
    bezieht sich auf beide Stationen, als er ein geplantes Treffen neu arrangiert:
    »*Nunc fac ut sciam, quo die te visuri simus. Ab Appi Foro hora quarta. Dederam
    aliam paulo ante a Tribus Tabernis.*«
102  Vgl. einführend W.S. Campbell, The ›We‹ Passages in the Acts of the
    Apostles. The Narrator as Narrative Character, SBLStBL 14, Atlanta 2007,
    1–13. Zur älteren Forschungsgeschichte vgl. J. Wehnert, Die Wir-Passagen

text relevanter Sachverhalt. Unabhängig davon, ob das »Wir« mit dem Autor der Apostelgeschichte identifiziert werden soll, impliziert die Verwendung der 1. Ps. Pl., dass Paulus bis zu seiner Einquartierung in Rom in Begleitung war. Obwohl die Erzählung dann im Folgenden wieder aus der Sicht eines extradiegetischen Er-Erzählers berichtet wird, wird der intendierte Rezipient mit einer bleibenden Anwesenheit der Gefolgsleute rechnen. Paulus ist aus Sicht des intendierten Rezipienten nicht allein und kann mittels seiner Helfer weitere Unterstützung mobilisieren.

c. Innensicht in Paulus (V.15b): Der einzige Halbvers, in dem die gerade benannte Wir-Perspektive kurz unterbrochen wird, ist Apg 28,15b. Hier gewährt uns der Erzähler eine Innenperspektive in Paulus. Wozu dient diese Information, die durch perspektivische Mittel gewisse Aufmerksamkeit erhält? Manche Exegeten wollen die Textstelle vor dem Hintergrund von Röm 1,9–13 und 15,22–32 lesen und erklären die gewonnene Zuversicht des Paulus damit, dass sich für ihn der lang gehegte Wunsch eines Romaufenthalts endlich erfülle.[103] Naheliegender ist es jedoch, die gewonnene Zuversicht des Paulus aus dem unmittelbaren Erzählkontext abzuleiten. Die Zuversicht ist zunächst Ausdruck des Gottesdanks und damit der Erfahrung, dass Gott die Geschicke in seiner Hand behält (vgl. Apg 27,24 f.). Zugleich bleibt aber bemerkenswert, dass Paulus genau diese Erfahrung beim Anblick der römischen Geschwister macht. Paulus weiß sich bei ihrem Anblick der Tatsache versichert, dass das Evangelium bereits vor ihm Rom erreicht hat und ihn eine christliche Gemeinschaft vor Ort erwartet. Der Leser wird auch hier kaum annehmen können, dass diese Zuversicht des Paulus in Rom enttäuscht wurde.

d. Erzählerisch evoziertes Gemeindeideal: Lukas verpasst es nicht, bereits zu Beginn seiner Erzählung ein starkes Idealbild der Gemeinde zu zeichnen (Apg 2,42–47; 4,32–37). Dieses prägt sich zwangsläufig im Lesegedächtnis des Rezipienten ein. Einerseits, weil sich der Leser anfängliche Informationen einer Erzählung immer besonders gut merkt und spätere Informationen vor dem Hintergrund dieser zu interpretieren versucht.[104] Andererseits aber auch, weil Lukas dieses positive Idealbild mit einem mindestens ebenso eindrücklichen, wie

---

der Apostelgeschichte. Ein lukanisches Stilmittel aus jüdischer Tradition, GTA 40, Göttingen 1989, 47–124.

103 So z.B. Bruce, Acts (s. Anm. 98), 503.

104 Vgl. zum *primacy effect* C.A. Castro, Primacy and Recency Effects, in: W.E.

warnenden Gegenbild kontrastiert (Apg 5,1–11). Trotz dieses anfänglich propagierten Ideals einer Gütergemeinschaft bzw. eines »Liebeskommunismus«[105] ist natürlich nicht gesagt, dass die römischen Geschwister ihr Eigentum ebenfalls zur Unterstützung des Paulus verwendet haben. Lukas hat hiermit aber immerhin »einen sozialethischen Anspruch für seine Kirche«[106] formuliert, der sich zwangsläufig auf die Ebene der erzählten Welt niederschlägt und eine entsprechende Freigiebigkeit in Rom erwarten lässt.[107]

e. Die soziale Schichtung der Gemeinden: Wie bereits angemerkt wurde, wäre auch eine kollektive Unterstützung des Paulus nur möglich gewesen, wenn ausreichend Gemeindeglieder in Rom oberhalb des *bare-bones-level* lebten. Leider schweigt sich Lukas über die soziale Situierung der römischen Christusanhänger aus. Er hat seinen intendierten Leser über den Erzählverlauf hinweg aber immer wieder wissen lassen, dass auch Angehörige der Mittelschicht und sogar der sozialen Elite im Umfeld der Christusanhänger anzutreffen waren. Für die letzte Gruppe lassen sich Sergius Paullus, Dionysios der Areopagite und die γυναικῶν τε τῶν πρώτων οὐκ ὀλίγαι (Apg 17,4), d. h. »nicht wenige Frauen von Angehörigen der sozialen Elite«[108] nennen. Zu den Vertretern der Mittelschicht lassen sich u. a. Barnabas, der durch Unterstützungen der Jerusalemer Gemeinde bekannt ist (Apg 4,36 f., 11,30), Jason (Apg 17,9), der Hausbesitzer ist und eine Bürgschaft leisten kann, die Purpurhändlerin Lydia (Apg 16,14), sowie der Centurio Cornelius (Apg 10,2; 11,4), der Kerkermeister in Philippi (16,31) und der Synagogenvorsteher Krispus (18,8) zählen, die sich jeweils mit

---

Craighead/C. B. Nemeroff (Hg.), The Corsini Encyclopedia of Psychology and Behavioral Science, Bd. 3: M–P, 2001, 1241–1243.

105 G. Theißen, Urchristlicher Liebeskommunismus. Zum »Sitz im Leben« des Topos πάντα κοινά in Apg 2,44 und 4,32, in: T. Fornberg/D. Hellholm (Hg.), Texts and Contexts. Biblical Texts in Their Textual and Situational Context, Kopenhagen u. a. 1995, 689–711 (707) hält dieses Ideal gar für historisch: »Der ›urchristliche Liebeskommunismus‹ könnte eine Reformidee der Jerusalemer Urgemeinde selbst gewesen sein. Die Idee wäre in diesem Fall nicht der immer hinter ihr zurückbleibenden Realität erst gefolgt (so die übliche Sicht), sondern die könnte ihr vorausgegangen sein.«

106 F. W. Horn, Die Gütergemeinschaft der Urgemeinde, EvTh 58/5 (1998), 370–383 (383).

107 Vgl. auch Apg 20,35, wobei die Forderung zum Geben hier zusätzliche Aufmerksamkeit erhält, indem sie als Herrenwort ausgewiesen wird.

108 Mit A. Weiß, Soziale Elite und Christentum. Studien zu ordo-Angehörigen unter den frühen Christen, Göttingen 2015, 101.

ihrem »Haus« bekehren.[109] Ist der christliche Glaube – nach der Vorstellung des Lukas – in allen sozialen Schichten vertreten, so ist dies ein weiterer Ermöglichungsfaktor dafür, dass auch in Rom die Unterbringung des Paulus finanziert werden konnte.

## 3. Zusammenfassung

Die zurückliegende Analyse hat den Versuch unternommen, die von Lukas in Apg 28 vorausgesetzte Gefangenschaftssituation des Paulus nachzuzeichnen, indem die erzählerischen Details und Andeutungen mit lokalgeschichtlichen Informationen abgeglichen und mit der vorherigen Erzählung und dem Vorwissen des intendierten Lesers in Beziehung gesetzt wurden. Trotz der (aus heutiger Sicht) eher geringen Detailliertheit der räumlichen Beschreibungen lässt sich für den gesamten Erzählabschnitt Apg 28,11–31 eine topographische, soziale und wirtschaftliche Kompatibilität zwischen der erzählten Welt und dem Weltbild der intendierten Rezipienten feststellen.[110] Im Hinblick auf den vorausgesetzten Wohnungstyp und die Unterbringungsart hat es die höchste Plausibilität, dass der intendierte Leser Paulus in einem Mietshaus verorten soll, wobei näherhin an ein kleines bis mittelgroßes *cenaculum* zu denken ist. Wenngleich sich der intendierte Leser die Frage nach der Unterstützung des Paulus nicht zwangsläufig stellen muss, kann er auf der Grundlage der vorherigen Lektüre und seines textexternen Weltwissens auch diesbezüglich zu einem begründeten Urteil gelangen. Die in der Forschung immer wieder anzutreffende Selbstversorgungsthese, wonach Paulus für seine Miete und Verpflegung selbst aufgekommen sei, lässt sich kaum begründen.

109  Nicht so eindeutig ist der soziale Status des Titius Justus (Apg 18,17). Zählte er zu den »εὐγενεῖς und der römischen Elite der Kolonie« (D. Zeller, Der erste Brief an die Korinther, KEK 5, Göttingen 2010)? Hierauf könnten die Zuordnung zur Familie der Titii und die Information, dass er in direkter Nachbarschaft zur Synagoge ein eigens Haus besaß hindeuten. Immer wieder wird zu Recht überlegt, ob sich Titius Justus mit Gaius (Röm 16,23) identifizieren lässt. Vgl. hierzu B. Schliesser, Streifzüge durch die Straßen von Korinth. Neues zu den Sozialstrukturen der Jesusbewegung, in: J. Thiessen/C. Stettler (Hg.), Paulus und die Gemeinde in Korinth in ihrem historisch-kulturellen Kontext, BThSt, Göttingen 2020.

110  Vgl. zu den hier verwendeten Kompatibilitätskriterien M.-L. Ryan, Artifical Intelligence and Narrative Theory, Bloomington 1991, 31–47 (32 f.) sowie deren Weiterentwicklung und Adaption bei Finnern/Rüggemeier, Methoden (s. Anm. 17), 232 f.

Auch an einzelne wohlhabende Unterstützer scheint Lukas nicht gedacht zu haben. Demgegenüber sprechen gleich mehrere Indizien dafür, dass von Lukas ein kollaboratives Zusammenwirken der römischen und italischen Gemeinden vorausgesetzt wird.

# Paulus als Heiler in der neutestamentlichen Apostelgeschichte und in der Apostelgeschichte Raffaels

*Clarissa Paul*

## 1. Einleitung

Die Apostelgeschichte des »Lukas« profiliert Paulus als führende Gestalt neben Petrus und stellt ihn in mehreren Erzählungen in besonderer Weise als Heiler dar. Eine interessante Rezeption einer dieser Erzählungen findet sich in der Apostelgeschichte des Raffael (1483–1520), einer Tapisserie-Serie, die er für die Sixtinische Kapelle entworfen hat und die von Aelst gewebt wurde. Die Tapisserie-Serie stellt eindrucksvoll das Schaffen Raffaels und Pieter van Aelsts unter Beweis. Apg 14,8–13 präsentiert Paulus als Heiler in Lystra; die anwesende Menge ist von dem erfolgten Geschehen so beeindruckt, dass sie annehmen, dass Paulus und der ihn begleitende Barnabas Götter seien. Der achte Wandteppich der Serie bildet diese Episode auf äußerst faszinierende und dynamische Weise ab.

Zunächst wird die Darstellung von Paulus als Heiler in der neutestamentlichen Apostelgeschichte besprochen und exemplarisch anhand von Apg 14,8–13 vorgestellt. Hierbei werde ich mich vorwiegend auf Beobachtungen zu den Erzählstrukturen und der Charakterisierung des Paulus konzentrieren. Im Anschluss daran wird die Apostelgeschichte des Raffael thematisiert werden, in der die Erzählung von Paulus als Heiler, die in diesem Aufsatz exemplarisch angesehen wird, aufgegriffen und bildlich rezipiert wird.

## 2. Paulus als Heiler in der neutestamentlichen Apostelgeschichte

Das Neue Testament weist unterschiedliche Rezeptionen[1] des Paulus auf. Hierzu zählen auch die Paulusbriefe, da Paulus in diesen ein be-

---

1 Vgl. zum Rezeptionsansatz z.B. die Beiträge in: J. Schröter/S.D. Butticaz/A.

stimmtes Bild seiner Person, seines Evangeliums und seines Handelns entwirft.[2] Ein weiterer Rezeptionsstrang liegt in der Apostelgeschichte vor, in der ebenfalls ein spezifisches Paulusbild entworfen wird.[3] Die Rezeption des Paulus, die in der neutestamentlichen Apostelgeschichte vorliegt, legt viel Gewicht auf seine Taten und auf seine Heilungen; Paulus werden mehrere Heilungen zugeschrieben, ein Exorzismus, eine Totenerweckung und es finden sich Summarien, die weitere Heilungen enthalten.[4] Die Rezeption, die sich in den Briefen des Paulus findet, weist dagegen keine Konzentration auf die Heilungen, wie auch auf seine Taten, auf.[5] Zugleich besteht aber auch kein völliges

Dettwiler (Hg., unter Mitarbeit von Clarissa Paul), Receptions of Paul in Early Christianity. The Person of Paul and His Writings Through the Eyes of His Early Interpreters, BZNW 234, Berlin 2018. Vgl. auch D. Marguerat (Hg.), Reception of Paulinism in Acts, BEThL 229, Leuven 2009; D. Marguerat, Paul After Paul. A (Hi)story of Reception, in: ders., Paul in Acts and Paul in His Letters, WUNT 310, Tübingen 2013, 1–21; D. Marguerat, The Image of Paul in Acts, in: ders., Paul in Acts (s. o.), 22–47; B. White, Remembering Paul. Ancient and Modern Contests over the Image of the Apostle. Oxford u. a. 2014; vgl. auch J. Schröter, Actaforschung seit 1982. IV. Israel, die Juden und das Alte Testament. Paulusrezeption, ThR 73/1 (2008), 1–59 (58 f.); M. C. de Boer, Images of Paul in the Post-Apostolic Period, The Catholic Biblical Quarterly 42/3 (1980), 359–380; A. den Heijer, Portraits of Paul's Performance in the Book of Acts. Luke's Apologetic Strategy in the Depiction of Paul as Messenger of God, WUNT II 556, Tübingen 2021, 3. Auf die Unterschiede und Gemeinsamkeiten der Briefe und der Apostelgeschichte gehen u. a. auch ein S. E. Porter, Paul as Epistolographer and Rhetorician? Implications for the Study of the Paul of Acts, in: ders., The Paul of Acts. Essays in Literary Criticism, Rhetoric, and Theology, WUNT 115, Tübingen 1999, 98–125 (99–101); ders., The Paul of Acts and the Paul of the Letters. Some Common Conceptions and Misconceptions, in: ders. The Paul of Acts (s. o.), 187–205; S. Schreiber, Paulus als Wundertäter. Redaktionsgeschichtliche Untersuchungen zur Apostelgeschichte und den authentischen Paulusbriefen, BZNW 79, Berlin 1996. Porter und Schreiber setzen aber noch nicht den Rezeptionsansatz voraus.

2 Vgl. J. Schröter/S. D. Butticaz/A. Dettwiler, Introduction, in: dies. (Hg.), Receptions (s. Anm. 1), 3–22; Marguerat, Paul (s. Anm. 1), 5; Marguerat, Image (s. Anm. 1), 31; anders A. Lindemann, Paulus im ältesten Christentum. Überlegungen zur gegenwärtigen Diskussion über die frühe Paulusrezeption, in: Schröter/Butticaz/Dettwiler (Hg.), Receptions (s. Anm. 1), 22–58 (31).

3 Vgl. Marguerat, Paul (s. Anm. 1); Schröter/Butticaz/Dettwiler, Introduction (s. Anm. 2). Vgl. auch F. F. Bruce, The Acts of the Apostles. The Greek Text with Introduction and Commentary, NICNT, Grand Rapids 1990, 52–59.

4 Vgl. Schreiber (Paulus [s. Anm. 1], 19), der eine Tabelle der Passagen der Apostelgeschichte bietet, in denen er Paulus als Wundertäter in der Apostelgeschichte repräsentiert sieht.

5 Vgl. Marguerat, Paul after Paul (s. Anm. 1), 7 f.; ders., Image (s. Anm. 1), 32; B.

Schweigen der Briefe zu diesem Thema, wie einige wenige Stellen in den paulinischen Briefen, insb. 2Kor 12,12 und Röm 15,18f., zeigen:

2Kor 12,12: Die Zeichen des Apostels sind unter euch gewirkt worden, in aller Geduld, durch Zeichen und Wunder und Machttaten.

τὰ μὲν σημεῖα τοῦ ἀποστόλου κατειργάσθη ἐν ὑμῖν ἐν πάσῃ ὑπομονῇ, σημείοις τε καὶ τέρασιν καὶ δυνάμεσιν.

Röm 15,18f.: Denn ich würde es nicht wagen, von Dingen zu reden, die Christus nicht durch mich gewirkt hat, um die Völker zum Gehorsam zu bringen, durch Wort und Tat, 19 durch die Macht von Zeichen und Wundern, in der Kraft des Geistes. So habe ich denn das Evangelium Christi verkündigt von Jerusalem und seiner Umgebung aus bis nach Illyrien …

οὐ γὰρ τολμήσω τι λαλεῖν ὧν οὐ κατειργάσατο Χριστὸς δι' ἐμοῦ εἰς ὑπακοὴν ἐθνῶν, λόγῳ καὶ ἔργῳ, 19 ἐν δυνάμει σημείων καὶ τεράτων, ἐν δυνάμει πνεύματος [θεοῦ]· ὥστε με ἀπὸ Ἰερουσαλὴμ καὶ κύκλῳ μέχρι τοῦ Ἰλλυρικοῦ πεπληρωκέναι τὸ εὐαγγέλιον τοῦ Χριστοῦ,

Paulus verweist an diesen Stellen sehr knapp auf Taten, die er gewirkt hat und die für ihn zur apostolischen Tätigkeit dazu gehören.[6] Die Hinweise auf von ihm gewirkte δυνάμεις, σημεῖα und τέρατα werden innerhalb der Paulusbriefe aber nicht mit konkreten Taten verbunden, so dass es nicht möglich ist, zu sagen, was im Speziellen unter diesen δυνάμεις, σημεῖα und τέρατα zu verstehen ist.[7] Doch zeigen die-

Heininger, Im Dunstkreis der Magie. Paulus als Wundertäter nach der Apostelgeschichte, in: E.-M. Becker/P. Pilhofer (Hg.), Biographie und Persönlichkeit des Paulus, WUNT 187, Tübingen 2005, 271–291 (272); J. Becker, Paulus. Der Apostel der Völker, Tübingen 1992, 235; Schreiber, Paulus (s. Anm. 1), 3.

6 Vgl. zu Röm 15,19: E. Lohse, »In der Kraft von Zeichen und Wundern« (Röm 15,19). Wunder im Urteil des Apostels Paulus, in: P.-G. Klumbies/D.S. du Toit (Hg.), Paulus – Werk und Wirkung (FS A. Lindemann), Tübingen 2013, 225–235. Neben 2Kor 12,11f. und Röm 15,18f. verweisen R. Brucker, Die Wunder der Apostel, ZNT 7 (2001), 32–45 (33), und Peerbolte noch auf 1Kor 2,4 (B.J.L. Peerbolte, Paul the Miracle Worker. Development and Background of Pauline Miracle Stories, in: M. Labahn/ders. [Hg.], Wonders Never Cease. The Purpose of Narrating Miracle Stories in the New Testament and its Religious Environment, London 2005, 180–199 [195]) und Brucker, Wunder, sowie Marguerat, Paul (s. Anm. 1); Marguerat, Image (s. Anm. 1) zusätzlich noch auf 1Thess 1,5.

7 Vgl. S. Alkier, Wunder und Wirklichkeit in den Briefen des Apostels Paulus. Ein Beitrag zu einem Wunderverständnis jenseits von Entmythologisierung und Rehistorisierung, WUNT 134, Tübingen 2001, 240–244; Brucker, Wunder (s. Anm. 6), 32f.; Peerbolte, Paul (s. Anm. 6), 197–199; Lohse, Kraft (s. Anm. 6), 232; B. Heininger, Die Rezeption des Paulus im 1. Jahrhundert, in

se Aussagen, dass für ihn auch Taten ein fester Bestandteil des apostolischen Wirkens sind und dass er auch nach eigenem Verständnis Zeichen und Wunder (in der Kraft des Geistes) wirkte. Diese führen gemeinsam mit dem Wort zum Glauben.[8] Die Wunder im Zusammenhang seiner Verkündigungstätigkeit reklamiert Paulus aber nicht für sich, sondern schreibt sie Gott bzw. Christus zu.[9]

Auch wenn also die Rezeption innerhalb der Briefe die Taten des Paulus anführt, so geschieht dies doch eher nebensächlich und beinahe diskret, wie Maguerat[10] schreibt. Die Paulusdarstellung der Apostelgeschichte dagegen zeigt mit ihrer Konzentration auf die Taten (und Reden) des Paulus eine andere Schwerpunktsetzung.[11]

Die Wortverbindung »Zeichen und Wunder« taucht in der Apostelgeschichte häufig auf[12] und trägt Entscheidendes für die Rückbindung der Charakterisierung der Apostel Petrus und Paulus als Heiler an die Charakterisierung Jesu bei. Des Weiteren verweist die Verbindung der Begriffe »Zeichen« und »Wunder« auf diejenige Figur zurück, die Jesus gesandt hat: auf Gott. Dieser Rückverweis auf Gott ist bei Kenntnis der israelitisch-jüdischen Tradition deutlich ersichtlich, wird in der Apostelgeschichte aber zugleich durch das erste Vorkommen der Worte kenntlich gemacht. In der Tradition wird mit der Verwendung dieses Begriffspaares auf die Zeichen und Taten angespielt, die Gott wirkte und wirkt, einerseits wird dabei auf die Zeichen und

---

O. Wischmeyer (Hg.), Paulus. Leben – Umwelt – Werk – Briefe, Tübingen u. a. 2012, 349–380 (373); anders noch E. Haenchen, Die Apostelgeschichte, KEK 3, Göttingen 1977, 100 f. Brucker (Wunder [s. Anm. 6]) möchte mit Alkier (Wunder [s. Anm. 7], 288–296) gegenüber der Reduktion der Fragestellung, wie sie im Zuge der Form- und der Redaktionsgeschichte entstanden ist, den Horizont ausweiten zu einer umfassenden Wahrnehmung des »Wunders«, wodurch nicht mehr allein die Begriffe Zeichen, Wunder und machtvolle Taten zum semantischen Feld von »Wunder« gezählt werden, sondern auch unterschiedliche Begriffe für wunderwirkende Kraft, Fähigkeiten der Wundertäter und für das, was Wunder bewirkt.

8  Vgl. Heininger, Dunstkreis (s. Anm. 5), 272.
9  Vgl. Brucker, Wunder (s. Anm. 6), 32; Alkier, Wunder (s. Anm. 7), 288–301. Vgl. zu den echten Paulusbriefen auch noch Peerbolte, Paul (s. Anm. 6), 195–199.
10  Vgl. Marguerat, Paul (s. Anm. 1), 8; vgl. auch Lohse, Kraft (s. Anm. 6), 232.
11  Vgl. Marguerat, Paul (s. Anm. 1), 8; Marguerat, Image (s. Anm. 1), 32; Heininger, Rezeption (s. Anm. 7), 373 f. S.a. Heininger, Dunstkreis (s. Anm. 5), 273 und Peerbolte, Paul (s. Anm. 6), 180, die beide von der Vereinbarkeit der Briefe und der Apg ausgehen, nicht vom Rezeptionsansatz.
12  Apg 2,19.22.43; 4,30; 5,12; 6,8; 7,36; 14,3; 15,12.

Wunder verwiesen, die Gott in Ägypten wirkte (Ex 7,3; 11,9 f.; Dtn 11,3), andererseits auf die »einzigartige Allmacht Gottes in der Geschichte« (Est$^{LXX}$ 10,6; Dan$^{LXX}$ 4,37, vgl. auch SapSal 10,16).[13] Der Sprachgebrauch drückt »die machtvolle Präsenz des göttlichen Wirkens«[14] aus und verbindet die Vorstellung der Zeichen und Wunder, die Gott vollbringt mit seinem Rettungshandeln an seinem Volk oder an Gerechten (Est$^{LXX}$ 10,6; Dan 3,32; 6,28; Dan$^{LXX}$ 4,37).[15] Neben diesem Sprachgebrauch lässt sich in der Tradition aber bereits vereinzelt die Übertragung dieses Begriffspaares auf Gottes Agenten[16] feststellen. Moses dient ein Zeichen bzw. Wunder als Ausweis (Ex$^{LXX}$ 7,9) und er und Aaron wirkten Wunder (Ex 11,10); Jesaja ging drei Jahre nackt und barfuß als Zeichen und Wahrzeichen über Ägypten und über Kusch (Jes 20,3).

In der Verwendung der Wörter innerhalb der Apostelgeschichte lässt sich eine Beziehungslinie nachzeichnen, die bei der Darstellung von Gottes Wirken beginnt und über die Deutung von Jesu Wirken und seinem Geschick zu der Deutung des Wirkens der Apostel führt. Die ersten zwei Vorkommen der Begriffe, die entscheidend für die Aufnahme der Beziehungslinie sind, finden sich in der Pfingstrede des Petrus (Apg 2,14–41). Das erste Vorkommen der Begriffe erfolgt noch nicht in der festen Wortverbindung, doch ist es richtungsweisend für die weitere Verwendung. Die Rückführung der Zeichen und Wunder auf das Wirken Gottes wird innerhalb eines Joelzitats (Apg 2,17–21; Joh 3,1–5a) als Gottesrede vorgenommen. Die zweite Nennung der Begriffe erfolgt nun in der Wortverbindung, wobei die traditionelle Reihenfolge umgekehrt ist. Die Wunder und Zeichen gelten als Ausweis bzw. Beglaubigung Jesu durch Gott. Es wird herausgestellt, dass die Wunder und Zeichen durch Jesus von Gott gewirkt verstanden

---

13  Vgl. W. Weiß, »Zeichen und Wunder«. Eine Studie zu der Sprachtradition und ihrer Verwendung im Neuen Testament, WMANT 67, Neukirchen-Vluyn 1995, 6–16. Vgl. zu Zeichen und Wundern auch Brucker, Wunder (s. Anm. 6), 33 f.; Heininger, Dunstkreis (s. Anm. 5), 272; B. Kollmann, Paulus als Wundertäter, in: U. Schnelle (Hg.), Paulinische Christologie. Exegetische Beiträge (FS H. Hübner), Göttingen 2000, 76–96 (81); Schreiber, Paulus (s. Anm. 1), 50–61.

14  Weiß, Zeichen (s. Anm. 13), 17.

15  Vgl. Weiß, Zeichen (s. Anm. 13), 16 f.

16  Vgl. zur Verwendung des Begriffs »Agenten« die verschiedenen Beiträge in: U. Eisen/I. Müllner (Hg.), Gott als Figur. Narratologische Analysen biblischer Texte und ihrer Adaptionen, HBS 82, Freiburg 2016.

werden. Somit wird Jesus als Gottes Agent verstanden. Im weiteren Erzählverlauf wird das Begriffspaar nun an mehreren Stellen auf das Wirken der Apostel angewandt (Apg 2,43; 4,30; 5,12; 6,8; 14,3 und 15,12), wodurch eine Kontinuität und Parallelität zum Wirken Jesu hergestellt wird. Als verbindendes Element erscheint durch die Beziehungslinie der Ursprung ihres Wirkens in Gott, der die Zeichen und Wunder durch Jesus und die Apostel wirkt. Die Aufnahme aller Elemente dieser Beziehungslinie erfolgt im Gebet der Gemeinde in Jerusalem, das für die Rückbindung des Wirkens der Apostel an Jesus und Gott bezeichnend ist:[17] »Und nun Herr, (…) strecke deine Hand aus, damit Heilungen und Zeichen und Wunder geschehen durch den Namen deines heiligen Knechts Jesus.« (Apg 4,29 f.)

Der Text der Apostelgeschichte des »Lukas« stellt eine starke Parallelität zwischen den Erzählungen von Petrus und Paulus her, indem sich die Darstellung ihrer Heiltätigkeit in weiten Teilen deckt.[18] Die Heiltätigkeit beider wird in Erzählungen von der Heilung eines Gelähmten als jeweils erste berichtete Heilungserzählung geschildert (Petrus: Apg 3,1–11; Paulus: Apg 14,8–13). Es wird von Heilungen und Exorzismen berichtet, die sich ohne direkte Handlung ihrerseits vollziehen (Petrus: Apg 5,15 f. Schatten; Paulus: 19,11 f. Schweißtücher) und von Totenerweckungen (Petrus: Apg 9,36–42; Paulus: 20,7–12). Darüber hinaus wird von beiden jeweils eine weitere Heilungserzählung angeführt, bei Petrus eine weitere Heilung eines Gelähmten (Apg 9,32–35) und bei Paulus die Heilung eines Fieberkranken (28,7 f.). In Summarien wird ebenfalls von der Heiltätigkeit beider berichtet

---

17 Vgl. Weiß, Zeichen (s. Anm. 13), 73–119.
18 Aber auch ihre Missionsreden, Strafwunder (5,1–11; 13,4–12), Gefängnisbefreiungen (5,17–26; 12,4–11; 16,23–40), Visionen (10,1–33; 16,9 f.), Konfrontation mit Magiern (8,9–24; 13,4–12; 19,13–20), übernatürliches Wissen (5,3 f.9; 20,25–30; 27,9 f.21–26). Vgl. zum Beispiel A. Lindemann, Einheit und Vielfalt im Lukanischen Doppelwerk. Beobachtungen zu Reden, Wundererzählungen und Mahlberichten, in: J. Verheyden (Hg.), The Unity of Luke-Acts, BEThL 142, Leuven 1999, 225–253, passim; F. Avemarie, Acta Jesu Christi. Zum christologischen Sinn der Wundermotive in der Apostelgeschichte, in: J. Frey/C. K. Rothschild/J. Schröter (Hg.), Die Apostelgeschichte im Kontext antiker und frühchristlicher Historiographie, Berlin u. a. 2009, 539–562, passim; F. Neirynck, The Miracle Stories in the Acts of the Apostles. An Introduction, in: J. Kremer (Hg.), Les Actes des Apôtres. Traditions, Rédaction, Théologie, BEThL 48, Leuven 1979, 169–213, passim; Brucker, Wunder (s. Anm. 6), 37 f.; Heininger, Dunstkreis (s. Anm. 5), 283 f.; Peerbolte, Paul (s. Anm. 6), 182–187; Bruce, Acts (s. Anm. 3), 33.

(Petrus: Apg 2,43[; 5,16]; Paulus: 14,3; 15,12[; 19,11 f.]; 28,9). Allein eine Erzählung eines Exorzismus des Paulus besitzt keine Entsprechung in der Darstellung der Heilungen des Petrus, nämlich die Austreibung des Geistes Python aus der wahrsagenden Sklavin in Philippi (Apg 16,16–18).[19] Aus narratologischer Sicht kann man bei diesen Erzählungen von internen Analogien sprechen. Sie übernehmen die Funktion, dass die Figur des Paulus vom Erzähler der Figur des Petrus ebenbürtig an die Seite gestellt wird.[20]

Neben dieser internen Analogie in der Darstellung besteht eine externe Analogie[21] beider zur Darstellung Jesu als Heiler im Lukasevangelium; der Erzähler der Apostelgeschichte berichtet von Petrus und Paulus nur solche Heilungen, die er in ähnlicher Weise von Jesus im Lukasevangelium berichtete.[22]

Anhand von Apg 14,8–13 soll nun Paulus als Heiler in der Apostelgeschichte des Lukas exemplarisch vorgestellt werden, weil diese Erzählung von Raffael für die Tapisserie-Serie, die er für die Sixtinische Kapelle entworfen hat, rezipiert wurde.

19 Ebenfalls keine Entsprechung findet sich bei den Immunitätswundern (14,19 f.; 28,3–6), so dass die Apostelgeschichte ein leichtes Mehr an Pauluserzählungen aufweist. Vgl. Neirynck, Miracle Stories (s. Anm. 18), 172–182; B. Kollmann, Hinführung zu den Wundererzählungen in der Apostelgeschichte, in: R. Zimmermann (Hg.), Kompendium der frühchristlichen Wundererzählungen, Bd. 2: Die Wunder der Apostel, Gütersloh 2017, 115–131 (118); Brucker, Wunder (s. Anm. 6), 37 f.
20 Vgl. Peerbolte, Paul (s. Anm. 6), 183.
21 Brucker spricht hier von intertextuellen Bezügen zum Lukasevangelium (Wunder [s. Anm. 6], 38 f.).
22 Die Apostelgeschichte setzt das Lukasevangelium voraus (s. Apg 1,1 f.), in Apg 1,1 findet sich ein ausdrücklicher intertextueller Bezug zum Lukasevangelium. Die Heilungen der Apostel nehmen ihren erzählerischen Anfang innerhalb des Lukasevangeliums bei den Aussendungen der Jünger (Lk 9,1 f.; 9,6.10; 10,1 ff.; 10,17–19). Die Verwendung der Wendung »in Jesu Namen« im Kontext der Exorzismen und Heilungen der Jünger bzw. der Apostel schlägt dabei eine Brücke zwischen dem Lukasevangelium und der Apostelgeschichte (Lk 9,49; Apg 3,3; 4,10; 16,18). Vgl. hierzu Brucker, Wunder (s. Anm. 6), 38. Eine weitere Anknüpfung an das Lukasevangelium findet sich mit dem Aufgreifen der Taten Jesu in Apg 2,22 und 10,38. Das Wirken der Apostel wird erzählerisch nach dem Vorbild der Taten Jesu ausgestaltet. Vgl. Brucker, Wunder (s. Anm. 6), 39. Eine Auflistung der Parallelen bietet Brucker, Wunder (s. Anm. 6), 39.

## 3. Paulus als Heiler in Apg 14,8–13

### *3.1 Inhaltsangabe und unmittelbarer Kontext*

Die Heilungserzählung, die in Apg 14,8–13 berichtet wird, bildet den ersten Abschnitt der Episode in Lystra (14,8–20),[23] welche gegen Ende der ersten Missionsreise platziert ist.[24] Die Erzählung stellt unerwarteter Weise zunächst nur Paulus in den Mittelpunkt ohne Barnabas zu erwähnen,[25] dessen Anwesenheit einerseits in 14,1–7 (»sie« αὐτούς, τῶν χειρῶν αὐτῶν, τοῖς ἀποστόλοις, αὐτούς) und danach wieder in V. 12 deutlich wird. Apg 14,8–13 berichtet knapp von der Heilung eines Gelähmten durch Paulus (V. 8–10), bei der Paulus den Heilungsbefehl »Stell dich aufrecht auf deine Füße!«[26] verwendet. An die direkt nach dem Befehl angeschlossene Demonstration der Heilung – »Und er

---

23  Vgl. B. Kollmann, Einfach nur göttlich (Die Heilung des Gelähmten in Lystra) – Apg 14,8–13, in: Zimmermann (Hg.), Kompendium (s. Anm. 19), 228–235 (228), und W. Eckey, Die Apostelgeschichte. Der Weg des Evangeliums von Jerusalem nach Rom, Bd. 1: Apg 1,1–15,35, Neukirchen-Vluyn 2000, 359 f., betrachten 14,8–20 als Umfang der Episode und gehen von einer Gliederung in drei Szenen (14,8–13; 14–18; 19 f.) aus. Vgl. auch M. Öhler, Barnabas. Die historische Person und ihre Rezeption in der Apostelgeschichte, WUNT 156, Tübingen 2003, 330 f.; C. S. Keener, Acts. An Exegetical Commentary, Bd. 2: Grand Rapids 2013, 2130; R. I. Pervo, Acts. A Commentary, Minneapolis 2009, 348.351; J. A. Fitzmyer, The Acts of the Apostles. A New Translation with Introduction and Commentary (AncB 31), New York 1998, 528–534. M. Fournier, The Episode at Lystra. A Rhetorical and Semiotic Analysis of Acts 14:7–20a, American University Studies 7 New York 1997, sieht den Beginn dagegen bereits in Vers 7, so dass die Episode 14,7–20a umfassen würde. So auch C. Dionne, L'épisode de Lystre (Act 14,7–20a). Une analyse narrative, SciEsp 57 (2005), 5–33. L. T. Johnson (The Acts of the Apostles, Sacra Pagina Series 5, Collegeville 1992, 245) gliedert in 14,1–18; C. K. Barrett sieht 14,8–18 als eigenständige Episode, die dem Abschnitt 14,1–23 angehört. Vgl. ders., A Critical and Exegetical Commentary on the Acts of the Apostles, Bd. 1: Preliminary Introduction and Commentary on Acts I–XIV, Edinburgh 1994, 662.664. Schreiber, Paulus (s. Anm. 1), 62, versteht 14,8–10 als Heilungserzählung, die in den größeren Kontext von 14,8–20 eingebunden ist, in 14,11–20a sieht er den »Aufenthalt in Lystra expliziert« (62); Vers 11 schildert die Reaktion der Menge, welche im Anschluss bis Vers 18 ausgeführt wird. Den Heijer, Portraits (s. Anm. 1), 101 f., sieht den Beginn der Episode in V. 6. In V. 6 f. sieht er den »background« und das »spacial setting«, daran anschließend drei Szenen, die er anhand von Paulus Performances gliedert: V. 8–10; V. 11–18 und V. 19 f. Zum Konzept der Performance siehe ebd., 10–28.

24  Vgl. Schreiber, Paulus (s. Anm. 1), 62.

25  Vgl. Öhler, Barnabas (s. Anm. 23), 332.

26  ἀνάστηθι ἐπὶ τοὺς πόδας σου ὀρθός.

sprang auf und lief umher«[27] – schließt sich die Darstellung der Reaktion der Menge und eines Priesters des Zeus an, die Paulus und Barnabas für Hermes und Zeus halten und ihnen opfern wollen (14,11–13). Der direkt daran anschließende zweite Abschnitt der Episode Apg 14,14–18 beschreibt, dass Paulus und der ebenfalls anwesende Barnabas sie nur mit Mühe davon abhalten können; die beiden ἀπόστολοι – wie sie hier genannt werden – argumentieren mit ihrer eigenen Sterblichkeit, ihrer Predigt des Evangeliums und dem Verweis auf Gott,[28] den Schöpfer. Die Verwendung des Begriffs ἀπόστολοι zieht einerseits die Aufmerksamkeit auf ihre Autorität als Boten Gottes und andererseits auf ihre Menschlichkeit.[29] Auf die Rede folgt die Verfolgung (14,19 f.).

Weil es in dieser Untersuchung von Apg 14,8–13[30] um die Darstellung des Paulus als Heiler geht, wird die Erzählung narratologisch analysiert, wobei die Konzentration auf der Charakterisierung des Paulus als Heiler liegt.

### 3.2 Die Charakterisierung des Paulus als Heiler

Die Charakterisierung des Paulus als Heiler wird innerhalb dieser kurzen Erzählung durch mehrere Mittel der Charakterisierung erreicht: durch indirekte Charakterisierung in Rede (*speech*) und Tat (*action*) sowohl des Paulus als auch anderer Erzählfiguren und durch die

---

27  καὶ ἥλατο καὶ περιεπάτει.

28  Ein Verweis auf Jesus Christus findet sich dagegen nicht. Vgl. D. Marguerat, Paul as Socratic Figure in Acts, in: ders., Paul (s. Anm. 1), 66–77 (69 f.); C. Breytenbach, Paulus und Barnabas in der Provinz Galatien. Studien zur Apostelgeschichte 13 f.; 16,6; 18,23 und den Adressaten des Galaterbriefs, AGJU 38, Leiden u. a. 1996, 53–75.

29  Dieser Begriff wird in der Apostelgeschichte sonst nicht für Paulus (oder Barnabas) verwendet, sondern nur für die zwölf Apostel. Vgl. zur Verwendung z. B. A. Lindemann, Paulus im ältesten Christentum. Das Bild des Apostels und die Rezeption der paulinischen Theologie in der frühchristlichen Literatur bis Marcion, BHTh 58, Tübingen 1979, 60–67; Lindemann, Paulus im ältesten Christentum (s. Anm. 2), 39; Barrett, Acts (s. Anm. 23), 666 f.; Schreiber, Paulus (s. Anm. 1), 69; J. Frey, Das Selbstverständnis des Paulus als Apostel, in: Schröter/ Butticaz/Dettwiler (Hg.), Receptions (s. Anm. 1), 115–142 (121 f.); Bruce, Acts (s. Anm. 3), 318 f.; D. G. Peterson, The Acts of the Apostles, PNTC, Grand Rapids 2009, 404 f.408; Porter, Paul of Acts (s. Anm. 1), 196 f.; den Heijer, Portraits (s. Anm. 1), 118 f.; K. Haacker, Die Apostelgeschichte, ThKNT 5, Stuttgart 2019, 240.

30  Für eine ausführliche Analyse von Apg 14,7–20a vgl. Fournier, Episode (s. Anm. 23), passim.

Umwelt (*environment*), dies wird unterstützt durch interne Analogie zu Petrus und externe Analogie zu Jesus.[31] Diese Charakterisierung wird unterstützt durch die Darstellung der Schwere der Lähmung und die Fokalisierung des Erzählers.

Im folgenden Abschnitt soll zunächst die Fokalisierung des Erzählers betrachtet werden, bevor die Darstellung der Lähmung und die Mittel der Charakterisierung beschrieben werden.

### 3.2.1 Fokalisierung und Perspektivwechsel

Der Erzähler wählt innerhalb dieser Erzählung eine Darstellungsform bzgl. der Perspektive, die eine Fokalisierung auf einzelne Erzählfiguren erkennen lässt. Innerhalb der Erzählung bleibt der Erzähler sehr eng bei seinen einzelnen Erzählfiguren, die er jeweils zeigt; diese Darstellungsform bedingt, dass die anwesende Volksmenge, der Priester des Zeus und Barnabas, an dessen Anwesenheit die Leserinnen und Leser durch die Reaktion der Menge erinnert werden (vgl. Apg 13,50), zunächst vollständig ausgeblendet werden und nach der erfolgten Heilung überraschend auftauchen.

Der Erzähler beginnt mit einer Fokalisierung auf der Erzählfigur eines gelähmten Mannes (V. 8–9a), so dass die gesamte Aufmerksamkeit der Leserinnen und Leser auf diese Erzählfigur gerichtet ist, bevor innerhalb von V. 9 von der alleinigen Fokalisierung auf den Mann zur Fokalisierung auf ihn und Paulus gewechselt wird. Hier weitet der Erzähler gewissermaßen das Blickfeld, so dass beide Erzählfiguren – Paulus und der Mann – im Blickfeld der Betrachter liegen. Paulus nimmt nonverbal den Kontakt zu dem Mann auf,[32] indem er ihn intensiv anblickt.[33] Hier wechselt der Erzähler kurzzeitig zu einer internen Fokalisierung, die es ihm ermöglicht zu erzählen, dass Paulus den Glauben des Mannes sehen kann.[34] Im Unterschied zu anderen

---

31  Vgl. zur Methode der Charakterisierung z.B. S. Rimmon-Kenan, Narrative Fiction. Contemporary Poetics, London u. a. ²2002, 59–71.

32  Gegen Lindemann, Einheit (s. Anm. 18), 242, der schreibt, dass der Mann die Initiative ergreift.

33  Den Heijer, Portraits (s. Anm. 1), 108 f., weist auf die Macht hin, die einem intensivem Blick in der antiken Rhetorik zugeschrieben wird.

34  Keener, Acts (s. Anm. 23), 2131, beschreibt, dass Paulus Fähigkeit den Glauben wahrzunehmen als »supernatural« angesehen werde. Vgl. R. Strelan, Strange Acts. Studies in the Cultural World of the Acts of the Apostles, BZNW 126, Berlin 2004, 127; Pervo, Acts (s. Anm. 23), 352, spricht von »spiritual insight«. Haacker, Apostelgeschichte (s. Anm. 29), 239 denkt dagegen

Vorkommen von »Glauben«[35] in lukanischen Heilungserzählungen wird der »Glaube« hier näherbestimmt als »Glaube geheilt bzw. gerettet zu werden« (V. 9).[36] Auf der Ebene der Erzählung ist nicht klar, ob der Mann den Glauben an Paulus Heilungskraft besitzt oder an die heilschaffende Rettung durch Gott vermittelt durch Paulus. Im verwendeten Verb σῴζω finden sich beide genannten Übersetzungsmöglichkeiten, wodurch die Wendung eine Doppeldeutigkeit erfährt, die auch bereits an unterschiedlichen Stellen des Lukasevangeliums (Lk 6,9; 7,50; 8,36.48.50; 17,19; 18,42) und einmal in der Apostelgeschichte (Apg 4,9) im Kontext von Heilungen Anwendung fand. Dadurch verwebt der Erzähler für die Lesenden geschickt beide Aspekte miteinander, einerseits der Glaube/das Vertrauen, (körperlich) geheilt zu werden, andererseits der Glaube an die Rettung und das umfassende Heil.[37] Zumindest die Lesenden des Lukanischen Doppelwerks wissen um die über die rein körperliche Heilung hinausgehende Bedeutung der verwendeten Formulierung.

an einen Vertrauen ausdrückenden Gesichtsausdruck des Mannes, welchen Paulus sieht.

35 Vgl. zum Glauben Lk 5,20; 7,9f.; 7,50; 8,48; 17,19; 18,42; Apg 3,16. Vgl. Keener, Acts (s. Anm. 23), 2130f.; Haacker, Apostelgeschichte (s. Anm. 29), 239. Bruce, Acts (s. Anm. 3), 321, versteht σωθῆναι als vor allem im körperlichen Sinne »to be healed«, gleichzeitig schwinge schwach und undefiniert ein moralischer und spiritueller Gedanke mit. Peterson, Acts (s. Anm. 29), 407, schreibt, dass das Verb mit »healed« übersetzt werden müsse; er argumentiert also vom Standpunkt der Erzählfigur des gelähmten Mannes aus. Den Heijer, Portraits (s. Anm. 1), 108, dagegen versteht hierunter den Glauben an den Namen Jesu als Symbol der eschatologischen Rettung mittels seines Namens.

36 Vgl. Lindemann, der schreibt, dass wir hier erfahren, was beide »denken« (Einheit [s. Anm. 18], 242).

37 Vgl. Lindemann, Einheit (s. Anm. 18), 242; Schreiber, Paulus (s. Anm. 1), 72; s.a. Brucker, Wunder (s. Anm. 6), 37; Öhler, Barnabas (s. Anm. 23), 333; B. Witherington III, The Acts of the Apostles. A Socio-Rhetorical Commentary, Grand Rapids u.a. 1998, 827f.; Barrett, Acts (s. Anm. 23), 675. Schreiber schreibt: »Als Bedeutungsinhalt dieser Wendung wird der Glaube sowohl an die physische Heilung als auch an umfassendes Heil erwogen. Letztlich ist aber wohl beides zu sehen: Es geht Lk sicher um die körperliche Heilung, aber auch – und darauf verweist diese und steht dafür zeichenhaft – um den Anbruch der neuen Heilszeit, um Gottes Wirken an seinem neuen Volk. Dieser Glaube an Heil und Heilung ist hier wohl als Voraussetzung für das Heilungswunder verstanden.« (Paulus [s. Anm. 1], 72f.) Johnson, Acts (s. Anm. 23), 251, verweist auf die symbolische Funktion der Heilung, die Beeinträchtigung stehe symbolisch für die »human condition« in Bezug auf die Errettung. Der Mann erkenne in Paulus Worten die Macht Gottes und sei offen für sie.

Der folgende Heilungsbefehl und die Demonstration der Heilung erfolgen wieder mittels einer externen Fokalisierung, die auf die Erzählfiguren des Paulus und des Mannes konzentriert sind (V. 10).

In Vers 11 verlässt der Erzähler diese ausschließliche Konzentration auf Paulus und den Mann und verschiebt seinen Blick, den er nun auf eine neue Gruppe von Erzählfiguren lenkt, die er in der bisherigen Erzählung völlig ausgeblendet hatte und deren Reaktion auf die von Paulus gewirkte Heilung nun geschildert wird. Ihrer Reaktion räumt der Erzähler innerhalb der Episode einen relativ breiten Raum ein.[38]

Der Erzähler fokisiert somit innerhalb der Erzählung nur relativ kurz auf Paulus, nämlich während Paulus Bemerkens des gelähmten Mannes und der daran anschließenden Heilung (Apg 14,9 f.), davor geht es um die Darstellung des Gelähmten und anschließend darum, wie die Heilung auf Außenstehende wirkt.

### 3.2.2 Der Zustand des Mannes vor und nach der Heilung

Die ausführliche Vorstellung des gelähmten Mannes (Apg 14,8) seitens des Erzählers ist von Relevanz für die Charakterisierung des Paulus als Heiler. Der Erzähler beschreibt den Mann als 1) kraftlos an den Füßen[39], was eine sehr ungewöhnliche Bezeichnung für eine Lähmung ist. τοῖς ποσίν beschreibt hierbei den Bereich, bzgl. dessen der Mann ἀδύνατος ist.[40] 2) Fügt der Erzähler hinzu, dass der Mann lahm vom Mutterleib an sei[41] und 3) dass er noch nie gehen konnte.[42]

Der Erzähler beschreibt demnach die Lähmung des Mannes mit mehreren erzählerischen Details,[43] wodurch die Schwere der Läh-

---

38 Vgl. Öhler, Barnabas (s. Anm. 23), 331; den Heijer, Portraits (s. Anm. 1), 103.

39 ἀδύνατος (...) τοῖς ποσίν.

40 Vgl. Barrett, Acts (s. Anm. 23), 674. Keener stellt fest, dass die Verwendung von ἀδύνατος in diesem Sinne im NT allein hier erscheine, anderswo aber auf physische Kraftlosigkeit verweisen kann (Keener, Acts [s. Anm. 23], 2131).

41 χωλὸς ἐκ κοιλίας μητρὸς αὐτοῦ. Die Anführung des Mutterleibs greift den Sprachgebrauch der LXX auf: Ps 21,11; 70,6; Hi 1,21; Jes 49,1. Vgl. Öhler, Barnabas (s. Anm. 23), 332.

42 ὃς οὐδέποτε περιεπάτησεν.

43 Im Kommentar von Johnson wird es als »redundant« bezeichnet (»The description itself is certainly redundant«). Johnson, Acts (s. Anm. 23), 247. Auch Pervo spricht von Redundanz (Acts [s. Anm. 23], 352). Aber die erzählerischen Details machen die Erzählung und die Erzählfiguren lebendiger und lenken die Aufmerksamkeit der Lesenden auf die Situation des Mannes. Sie machen das Geschehen anschaulich.

mung hervorgehoben wird,[44] was insbesondere durch den doppelten Verweis auf die Dauer der Lähmung[45] erreicht wird. Neben der Hervorhebung der Schwere wird mittels dieser Details auch eine Anschaulichkeit[46] für die Lesenden erreicht. Sie können sich den Mann dadurch besser vorstellen. Dieser körperlichen Einschränkung entsprechend beschreibt der Erzähler, dass der Mann sitzt. Die Lähmung des Mannes stellt aus Sicht der antiken Medizin einen unheilbaren Fall dar.

Die Darstellung des Mannes nach dem Heilungsbefehl stellt einen starken Kontrast zu dem eher statischen Bild des gelähmten Mannes vor der Heilung dar und ist von Verben der Bewegung geprägt. ἥλατο im Aorist beschreibt das Aufspringen des geheilten Mannes, und περιεπάτει im Imperfekt, dass er begann umherzugehen und es weiterhin tut.[47] Das Umhergehen des ehemals gelähmten Mannes kann als Hinweis auf Jes 35,6 gesehen werden; auf diese Stelle wird innerhalb der Figurenrede Jesu in Lk 7,22 Bezug genommen.[48]

Die deutliche erzählerische Herausstellung der Schwere der Krankheit hebt die von Paulus gewirkte Heilung umso mehr hervor,[49] was unterstützt wird von der Verwendung der Verben der Bewegung, die die neu gewonnene Aktivität des Mannes unterstreichen. Die Ausgestaltung der Schwere der Krankheit und die deswegen mehr Gewicht gewinnende Heilung, bereiten den folgenden Verehrungsversuch von Paulus und Barnabas vor und lassen ihn aus Sicht der Menge nachvollziehbarer erscheinen.[50]

### 3.2.3 Indirekte Charakterisierungen

Die indirekte Charakterisierung von Paulus als Heiler erfolgt durch die Darstellung seiner Handlungen und Reden innerhalb des Abschnittes der Erzählung, innerhalb dessen der Erzähler auf Paulus

---

44 Vgl. Pervo, Acts (s. Anm. 23), 353; Bruce, Acts (s. Anm. 3), 321; Peterson, Acts (s. Anm. 29), 407; Den Heijer, Portraits (s. Anm. 1), 107.
45 1. χωλὸς ἐκ κοιλίας μητρὸς αὐτοῦ, 2. ὃς οὐδέποτε περιεπάτησεν.
46 Vgl. zur Anschaulichkeit z.B. G.M. Nassauer, Heil sehen. Strategien anschaulicher Christologie in Lk 1–2, HBS 83, Freiburg im Breisgau 2016, 45–97.
47 Vgl. Barrett, Acts (s. Anm. 23), 675; Bruce, Acts (s. Anm. 3), 321.
48 Vgl. Keener, Acts (s. Anm. 23), 2131, der dies am Wort »leaping« festmacht.
49 Vgl. Bruce, Acts (s. Anm. 3), 321; den Heijer, Portraits (s. Anm. 1), 107.
50 Vgl. hier auch Schreiber, Paulus (s. Anm. 1), 72; Haenchen, Apostelgeschichte (s. Anm. 7), 413.417.

und den Mann fokalisiert. Hierzu zählt, dass Paulus mittels eines intensiven Blicks in der Lage ist, den Glauben des Mannes zu sehen (Apg 14,9). Nachdem er dessen Glauben wahrgenommen hat, entscheidet sich Paulus zur Heilung, die er allein mittels eines laut ausgesprochenen[51] Heilungsbefehls bewirkt. Der Inhalt des Heilungsbefehls »Stell dich aufrecht auf deine Füße!«[52] (Apg 14,10) korrespondiert mit der Beschreibung der Lähmung in V. 8.[53]

Indem der Mann der Anweisung des Paulus unmittelbar Folge leistet und so die erfolgte Heilung demonstriert wird, tritt die Befähigung des Paulus zu heilen klar hervor.

Was der Erzähler als Bewertung der Volksmenge in direkter und indirekter Rede auf die Heilung durch Paulus berichtet (V. 11 f.) und wie er den Priester des Zeus handeln lässt (V. 13), trägt ebenfalls zur Charakterisierung des Paulus als Heiler bei. Die Verwendung geringster Mittel zur Heilung – ein Befehl genügt – ohne irgendein medizinisches Handeln in Verbindung mit der von Geburt an bestehenden körperlichen Beeinträchtigung, fordert ihre überbordende Reaktion heraus. Durch die Schilderung der Reaktion der anderen Figuren wird die Größe und der wunderhafte Charakter der Heilung hervorgehoben;[54] die Heilung ist solcher Art, dass sie sie nur als göttlich verursacht verstehen können.

### 3.2.4 Umgebung

Ein weiterer relevanter Aspekt für Paulus Charakterisierung als Heiler ist innerhalb der Erzählung die Umgebung, in der das Geschehen stattfindet. Diese erhellt die Reaktionen der Menge und des Priesters.

---

51  Der Verweis auf die laute Stimme macht deutlich, dass Paulus die Aufmerksamkeit der Anwesenden erregt und sie den Heilungsbefehl hören. Zugleich weist die erhobene Stimme auf eine emotionale Ergriffenheit hin (vgl. z. B. Apg 2,14; 7,57.60; 8,7). Vgl. Pervo, Acts (s. Anm. 23), 353; den Heijer, Portraits (s. Anm. 1), 108. Peterson, Acts (s. Anm. 29), 407 urteilt, dass der Befehl den Mann herausfordere, seinen Glauben zu zeigen, indem er dem Befehl Folge leiste.

52  ἀνάστηθι ἐπὶ τοὺς πόδας σου ὀρθός.

53  Vgl. Lindemann, Einheit (s. Anm. 18), 242, der schreibt, dass das Heilungswort 14,10a dem Kontext entspricht; den Heijer, Portraits (s. Anm. 29), 107.109.

54  Gegen H. J. Klauck (With Paul in Paphos and Lystra. Magic and Paganism in the Acts of the Apostles, Neotestamentica 28/1 [1994], 93–108 [102]), der die Heilung als »rather simple healing miracle« versteht.

Lystra[55] erscheint in der Erzählung als ein durchweg pagan geprägter Ort, an dem der Erzähler nun den ersten Kontakt des Paulus mit einer rein paganen Bevölkerung schildert.[56] Nur vor dem paganen Hintergrund kann das Missverständnis[57] der Menge bzgl. der Personen des Barnabas und des Paulus und ihr Versuch, ihnen zu opfern, richtig verstanden werden. Der erzählerische Fokus liegt nicht auf dem Priester oder den Details des Opfers, sondern auf der Menge und ihrer Reaktion.[58]

Die pagane Prägung Lystras verdeutlicht der Erzähler durch die Verwendung zahlreicher erzählerischer Details: 1) der lykaonische Dialekt, 2) der Glaube, dass es mehrere Götter gibt, 3) die Deutung der Menschenmenge,[59] dass sie von Göttern besucht werden, 4) die

---

55  Zu Lystra siehe Pervo, Acts (s. Anm. 23), 351 f.; S. E. Porter, The Argumentative Dimension of Paul's Missionary Speeches in Acts, in: ders., Paul of Acts (s. Anm. 1), 126–150 (137).

56  Vgl. Klauck, Paul (s. Anm. 54), 101; D. Marguerat, Magic and Miracle in the Acts of the Apostles, in: T. E. Klutz (Hg.), Magic in the Biblical World. From the Rod of Aaron to the Ring of Solomon, JSNT.S 245, London u. a. 2003, 100–124 (104); Johnson, Acts (s. Anm. 23), 250; Peterson, Acts (s. Anm. 29), 406 f. verweist unter Rückgriff auf Gaventa ebenfalls auf die Bedeutung der kulturellen Identität in Lystra für die Erzählung. J. D. Basczok, Szenen, Inszenierungen und Bühnen in der Apostelgeschichte, WUNT II 538, Tübingen 2021, 143, schließt, dass die Bevölkerung von Lystra Paulus und Barnabas fälschlicherweise in ihr Götterbild integriere.

57  Lindemann (Einheit [s. Anm. 18], 242) spricht davon, dass sie das »Wunder auf groteske Weise« missverstehen. Öhler verwendet eine vergleichbare Ausdrucksweise bzgl. der Darstellung der Heiden Lystras: »Viel grotesker hätte Lukas die Heiden Lystras nicht mehr darstellen können.« (Öhler, Barnabas [s. Anm. 23], 339). Keener, Acts (s. Anm. 23), 2142 f. bezeichnet sie als »misinformed characters« (a. a. O., 2143), die auf die eindeutig wunderhafte Heilung vor dem Hintergrund ihrer eigenen Kultur reagierten. Den Heijer, Portraits (s. Anm. 1), 103 f., stellt fest, dass Lystra als »backwards mountain region« dargestellt werde (vgl. auch S. 110) und der Dialekt ein Hinweis auf mangelnde Bildung sei (S. 111). Pervo urteilt, dass die Reaktion der Menge mit Problemen behaftet sei und nicht allein auf Missverständnis aufgefasst werden können, da die beiden Teile der Erzählung nicht zusammenpassten (Pervo, Acts [s. Anm. 23], 353). Die Menge verwechselt »the gift with the giver« (Pervo, Acts [s. Anm. 23], 356). Ähnlich auch: Peterson, Acts (s. Anm. 29), 407, und R. C. Tannehill, Narrative Criticism, in: R. J. Coggins/J. L. Houlden (Hg.), Dictionary of Biblical Interpretation, London 1990, 178: »tendency to confuse the power that heals with the healer himself.«

58  Vgl. Pervo, Acts (s. Anm. 23), 355.

59  Die Menge (ὄχλος) taucht in der Episode in den Versen 11, 13, 14, 18 und 19 auf und somit relativ häufig. Dadurch entsteht der Eindruck einer vollen, lebhaften Stadt. Vgl. den Heijer, Portraits (s. Anm. 1), 105 f.

Nennung von Zeus und Hermes und 5) des Priesters des Zeus.[60] Dass der Erzähler die Menge auf Lykaonisch sprechen lässt, dient der Dramatik der Erzählung. Die für sie fremde Sprache erklärt, warum Paulus und Barnabas nicht von Beginn an protestieren, sondern erst gegen das Verständnis der Menge und des Priesters das Wort ergreifen, als der Priester bereits die Opfertiere gebracht hat. Sie verstehen Lykaonisch offenbar nicht und dadurch konnte das Geschehen so weit voranschreiten.[61]

Die Vorstellung, dass die Götter in Menschengestalt herabkommen ist ein verbreiteter Topos und findet sich unter anderem bereits in Homers Odyssee.[62] Bei seiner Rückkehr kommt Odysseus als Bettler verkleidet nach Hause und Antinoos, der Wortführer der Verehrer seiner Frau, wirft eine Fußbank nach ihm. Die anderen Verehrer weisen ihn jedoch zurecht, indem sie ihn daran erinnern, dass Odysseus ein Gott sein könnte, der ihr Verhalten testen könnte.[63] Die Ver-

60 Vgl. zum Priester des Zeus: Keener, Acts (s. Anm. 23), 2153 f.
61 Vgl. Klauck, Paul (s. Anm. 54), 102; E. Plümacher, Lukas als hellenistischer Schriftsteller. Studien zur Apostelgeschichte, StUNT 9, Göttingen 1972, 93 f.; Öhler, Barnabas (s. Anm. 23), 333 f.358; Marguerat, Magic (s. Anm. 41), 104; Keener, Acts (s. Anm. 23), 2145; Bruce, Acts (s. Anm. 3), 321; Johnson, Acts (s. Anm. 23), 248; Breytenbach, Paulus (s. Anm. 28), 31; Barrett, Acts (s. Anm. 23), 679; Peterson, Acts (s. Anm. 29), 408. Pervo, Acts (s. Anm. 23), 355, schreibt, dass der Erzähler die Sprachbarriere, die er geschaffen habe, ignorieren würde und die Missionare die Menge verstehen könnten. Dies erklärt aber nicht, warum Paulus und Barnabas erst so spät intervenieren. Dass es sich um Lykaonisch handelt, wird z. T. bestritten, stattdessen wird lykaonisches Griechisch angenommen. So z. B. G. Neumann, Kleinasien, in: ders./J. Untermann (Hg.), Die Sprachen im römischen Reich der Kaiserzeit, BoJ.B 40, Bonn 1980, 167–185 (179); R. Schmitt, Die Sprachverhältnisse in den östlichen Provinzen des Römischen Reiches, ANRW II 29,2, Berlin u.a. 1983, 554–586, 569 Anm. 64. Dies erklärt dann aber nicht, dass Paulus und Barnabas erst reagieren, als der Priester bereits das Opfer bringt.
62 Vgl. Klauck, Paul (s. Anm. 54), 102; Marguerat, Magic (s. Anm. 56), 104 f. Öhler, Barnabas (s. Anm. 23), 353; M. Frenschkowski, Offenbarung und Epiphanie, Bd. 2: Die verborgene Epiphanie in Spätantike und frühem Christentum, WUNT II 80, Tübingen 1997, 52 ff.; D. Zeller, Die Menschwerdung des Sohnes Gottes im Neuen Testament und die antike Religionsgeschichte, in: ders. (Hg.), Menschwerdung Gottes – Vergöttlichung von Menschen, Freiburg u.a. 1988, 141–176 (159 ff.). Siehe auch Keener, Acts (s. Anm. 23), 2143–2145.2147 f.; Pervo, Acts (s. Anm. 23), 356.
63 Vgl. Hom.Od. 17,483–487. Siehe aber auch Hom.Od. 1,96–324.405–419; 6,149 ff.; 11,266 ff.; 16,172 ff.; 17, 484–487; Hom.Il. 6,107 ff.128 ff.; Hdt. 6,61; 7,56; Philostr.Ap. 4,31; Plut.mor. 225C; Lukian dial.mort. 14,1; Iamb.vit. Pyth. 3,15 ff.; 6,28 ff. Vgl. Öhler, Barnabas (s. Anm. 23), 334.356 f. mit weiteren

wechslung von eindrucksvollen Persönlichkeiten mit Göttern taucht darüber hinaus auch in hellenistischen Texten auf.[64]

In Apg 14,8–13 werden diese Vorstellungen für die Erzählung aufgegriffen und mit einer weiteren Tradition, die diese Vorstellung mit einem Besuch durch Zeus und Hermes enthält, verknüpft. Das Einbinden von Zeus und Hermes in die in Lystra spielende Erzählung greift vermutlich Lokaltradition auf. Zeus und Hermes wurden in hellenistischer Zeit mit den alten hetithischen Gottheiten Tarchu(nt) und Ru(nt) identifiziert und angebetet. Auf Inschriften der Region werden darüber hinaus Zeus und Hermes gemeinsam genannt.[65] Eine Erzähltradition, die im achten Buch von Ovids Metamorphosen[66] wiedergegeben wird, handelt von einem Besuch der beiden Götter in ihrer römischen Gestalt in Phrygien in der Nähe Lystras. Jupiter und Merkur besuchen Phrygien in menschlicher Form und werden dort von keinem Bewohner mit Gastfreundschaft aufgenommen. Allein Philemon und Baucis, ein älteres Ehepaar, nehmen die Götter auf und bewirten sie, obwohl sie arm sind. Während sie sie bewirten, erkennen sie schließlich die Götter und versuchen, ihnen zu opfern; die Götter belohnen Philemon und Baucis für ihre Gastfreundschaft und bestrafen diejenigen, die sie nicht aufgenommen hatten.[67]

Stellen; Keener, Acts (s. Anm. 23), 2145.2147 f. mit weiteren Beispielen zu verkleidet erscheinenden Göttern; sowie Pervo, Acts (s. Anm. 23), 356; Frenschkowski, Offenbarung (s. Anm. 62), 52 f.

64 Vgl. z. B. Heliodorus, Aeth. 1,2,1; Diod.hist. 10,3,2; Iamb.vit.Pyth. 3,15 ff.; vgl. Johnson, Acts (s. Anm. 23), 248; Öhler, Barnabas (s. Anm. 23), 357; Pervo, Acts (s. Anm. 23), 356. Auch die »acclamation of deity« taucht regelmäßig in antiken Romanen auf und werden vom Erzähler der Apg noch in Apg 10,25 und 28,6 verwendet. Vgl. Keener, Acts (s. Anm. 23), 2144.2148 mit Beispielen; Pervo, Acts (s. Anm. 23), 356.

65 Vgl. C. Breytenbach, Zeus und der lebendige Gott. Anmerkungen zur Apostelgeschichte 14,11–17, NTS 39 (1993), 396–413 (399 ff.); ders., Paulus (s. Anm. 28), 32–34; Haacker, Apostelgeschichte (s. Anm. 29), 240; Kollmann, Einfach nur göttlich (s. Anm. 23), 231; Öhler, Barnabas (s. Anm. 23), 354–356; Barrett, Acts (s. Anm. 23), 677; Keener, Acts (s. Anm. 23), 2144.2149.2152 f.; Peterson, Acts (s. Anm. 29), 408; Bruce, Acts (s. Anm. 3), 322; Fitzmyer, Acts (s. Anm. 23), 531. Siehe aber Pervo, Acts (s. Anm. 23), 353, der schreibt, dass Zeus und Hermes kein traditionelles Paar sind.

66 Vgl. Ov.met. 8,610–725.

67 Zur Auslegung siehe Frenschkowski, Offenbarung (s. Anm. 62), 10 f.; Öhler, Barnabas (s. Anm. 23), 337 f.; Breytenbach, Paulus (s. Anm. 28), 34. S.a. Keener, Acts (s. Anm. 23), 2146 f.; Pervo, Acts (s. Anm. 23), 353 f.; Fitzmyer, Acts (s.

Der Erzähler der Apostelgeschichte spielt in der Deutung der Menge bezüglich der Heilung und ihrem Verständnis der Personen von Paulus und Barnabas mit diesen Traditionen.[68] Sie erkennen göttliches Wirken in der Heilung und möchten den Göttern ein angemessenes Verhalten entgegenbringen und nicht den Fehler derer wiederholen, die den Göttern die Gastfreundschaft verweigerten.[69] Sie nehmen Paulus als Wortführer wahr und identifizieren ihn deswegen mit Hermes, der der Gott der Rede[70] ist. Dies ist die einzige Begründung für die Zuordnung, die sich innerhalb der Erzählung findet.[71] In Apg 7,58 wird Paulus darüber hinaus auch als νεανίας dargestellt, was darauf hinweist, dass er der Menge in Lystra als der jüngere von beiden Aposteln erscheint. Den älteren, ruhigeren Barnabas identifizieren sie mit Zeus. Dies passt zu antiken Darstellungen von Zeus und Hermes: Zeus wird als bärtiger und älterer Mann abgebildet, Hermes als junger Mann, der keinen Bart trägt.[72] Die Reihenfolge, in der sie hier genannt werden, leitet sich von der Hierarchie der Götter Zeus und

Anm. 23), 531; Bruce, Acts (s. Anm. 3), 321; Peterson, Acts (s. Anm. 29), 408; Porter, Dimension (s. Anm. 54), 136; Breytenbach, Zeus (s. Anm. 65), 404–407; Den Heijer, Portraits (s. Anm. 1), 111.

68 Vgl. Witherington, Acts (s. Anm. 37), 421 mit Bezug auf Philemon und Baucis. Öhler, Barnabas (s. Anm. 23), 338, schließt einen Einfluss dieser Erzählung auf Lukas aus. Auch Amy Wordelman verweist auf einen anderen mythologischen Hintergrund und zieht die Erzählung von Lykaon heran (Ov.met. 1,163–167.209–240). A.L. Wordelman, Cultural Divides and Dual Realities. A Greco-Roman Context for Acts 14, in: T. Penner/C. Vander Stichele (Hg.), Contextualizing Acts. Lukan Narrative and Greco-Roman Discourse, SBL-SymS 20, Atlanta 2003, 205–232.

69 Vgl. R.I. Pervo, Profit with Delight. The Literary Genre of the Acts of the Apostles, Philadelphia 1987, 64f.; Johnson, Acts (s. Anm. 23), 248.251; Marguerat, Magic (s. Anm. 65), 105; Kollmann, Einfach nur göttlich (s. Anm. 23), 232; Öhler, Barnabas (s. Anm. 23), 338; Keener, Acts (s. Anm. 23), 2147; Pervo, Acts (s. Anm. 23), 196–198.354; Peterson, Acts (s. Anm. 29), 408.

70 Iamb.myst. 1,1; Diod.hist. 1,16; Lukian gall. 2; vgl. Johnson, Acts (s. Anm. 23), 248; Haacker, Apostelgeschichte (s. Anm. 29), 240; Keener, Acts (s. Anm. 23), 1251f.; Bruce, Acts (s. Anm. 3), 322; Peterson, Acts (s. Anm. 29), 408; Öhler, Barnabas (s. Anm. 23), 335. Den Heijer, Portraits (s. Anm. 1), 120 verweist auf Philo, Legatio 99–101, hier werden Schlüsselworte verwendet, die Lukas für Paulus Aufgabe nutzt und die bei Philon zur Beschreibung des Hermes herangezogen werden.

71 Vgl. Keener, Acts (s. Anm. 23), 2151.

72 Vgl. R. Vollkommer, Zeus in Anatolien, in: LIMC VIII,1 (1997), 375–384; G. Siebert, Hermes, in: LIMC V,1 (1990), 285–387 (285 ff.); Öhler, Barnabas (s. Anm. 23), 339; Witherington, Acts (s. Anm. 37), 422; Keener, Acts (s. Anm. 23), 2152.

Hermes ab. Nicht geklärt hierbei ist aber das Verhältnis zur erfolgten Heilung, die den eigentlichen Anlass zur Identifizierung der beiden mit den Göttern darstellt (Apg 14,11a).[73] Möglich wäre, dass sie über die Vorstellung von Zeus als Σωτήρ zu denken ist, in der Zeus die Fähigkeit zugeschrieben wird, jedwede Not und Beeinträchtigung zu beheben.[74]

Der Erzähler bewirkt durch seine Erzählfiguren Paulus und Barnabas eine Abweisung[75] der Interpretation der Menge und des Priesters sowie durch die Stimme seiner Erzählfiguren Paulus und Barnabas eine sachliche Richtigstellung des Missverständnisses, indem er sie den falschen Eindruck bezüglich ihrer Personen in einer Rede aufzulösen lässt (Apg 14,15–17).[76] Gleichzeitig zeigt er mit der Reaktion der Menge und des Priesters aber auch, dass sie die richtige Disposition/ Voraussetzung mitbringen, um zum Glauben zu kommen. Sie missverstehen zwar die Rolle des Paulus (und des Barnabas) bei der Heilung, doch erkennen sie das göttliche Wirken, das die Heilung verursacht.[77]

73  Vgl. Öhler, Barnabas (s. Anm. 23), 335 f.
74  Vgl. Öhler, Barnabas (s. Anm. 23), 336.
75  Mittels der zwei Handlung des Zerreißens der Kleidung und des Schreiens. Das Zerreißen der Kleidung ist eine Reaktion auf Blasphemie, es kann Ausdruck von Entsetzen, Bedauern und Reue sein, es kann aber auch ein Zeichen von Trauer sein. Siehe z.B. Gen$^{LXX}$ 37,29; Est$^{LXX}$ 4,1; Jdt$^{LXX}$ 14,16.19; vgl. Keener, Acts (s. Anm. 23), 2157 mit weiteren Stellenangaben; Pervo, Acts (s. Anm. 23), 356; Fitzmyer, Acts (s. Anm. 23), 531 f.; Peterson, Acts (s. Anm. 29), 409; Bruce, Acts (s. Anm. 3), 323; Haacker, Apostelgeschichte (s. Anm. 29), 240. Das Schreien zeigt ebenfalls, wie entschlossen Paulus und Barnabas ihre Identifizierung als Götter ablehnen. Vgl. Den Heijer, Portraits (s. Anm. 1), 109.112.
76  Vgl. Öhler, Barnabas (s. Anm. 23), 333. Zur Analyse der Rede vgl. z.B. Öhler, Barnabas (s. Anm. 23), 340–342; Fournier, Episode (s. Anm. 23), 61–69.131– 137; Keener, Acts (s. Anm. 23), 2157–2172; Marguerat, Paul as Socratic Figure (s. Anm. 28), 69 f.; Breytenbach, Paul (s. Anm. 28), 53–75; Den Heijer, Portraits (s. Anm. 1), 114–116; Haacker, Apostelgeschichte (s. Anm. 29), 241.
77  Vgl. Johnson, Acts (s. Anm. 23), 251. Er schreibt: »At a deeper level, Luke portrays these rustics as having precisely the conditions for genuine faith. They may misunderstand the status of the apostles, but they recognize a divine work of healing when they see one« (S. 251). Schreiber, Paulus (s. Anm. 1), 69 schreibt, dass »gerade dieser ›Irrtum‹ die Größe und die Möglichkeiten derer veranschaulicht, die im Dienste Gottes stehen.« Gegen Lindemann, Einheit (s. Anm. 18), 242, der hier von einer Verspottung der Menge spricht. Klauck empfindet die Reaktion der Menge als »a bit excessive in relation to the rather simple healing miracle«, Klauck, Paul (s. Anm. 54), 102. Gegen das

*3.2.5  Interne und externe Analogie*

Die Tendenz des Erzählers, Paulus in Analogie zu Petrus darzustellen, wird auch deutlich bei einem Vergleich zwischen der Heilung eines Gelähmten durch Paulus in Lystra einerseits und der ersten Heilung eines Gelähmten durch Petrus im Jerusalemer Tempelbezirk auf der anderen Seite (Apg 3,1–10).[78] Anders als in Apg 14,8–13 ist die Begegnung des Gelähmten mit Petrus und die Heilung breiter ausgeführt.[79] In beiden Erzählungen hebt der Erzähler die Schwere der Lähmung hervor, indem angeführt wird, dass sie von Geburt an besteht. Hierfür verwendet der Erzähler die gleiche Wendung χωλὸς ἐκ κοιλίας μητρὸς αὐτοῦ (3,2; 14,8).[80] ἀτενίσας (3,4; 14,9) wird je verwendet, um das Anblicken durch Petrus (und Johannes) bzw. Paulus zu beschreiben.[81] Der Heilungsbefehl ἀνάστηθι ἐπὶ τοὺς πόδας σου ὀρθός (14,10), den Paulus verwendet, entspricht dem des Petrus, auf den ebenfalls die direkt erfolgende Heilung festgestellt wird.[82] Bei der Beschreibung verwendet der Erzähler jeweils περιεπάτει (3,8; 14,10).[83] Weitere Übereinstimmungen sind κάθημαι (3,10; 14,8) und ἅλλομαι

---

Verständnis von Klauck ist m.E. einzuwenden, dass gerade die Einfachheit, mit der Paulus die Heilung wirkt (ein Befehl genügt), die Größe der in der Heilung wirkenden Kraft/Macht zeigt.

78  Vgl. Lindemann, Einheit (s. Anm. 18), 241, der einen Vergleich zwischen der Heilung eines Gelähmten durch Jesus mit den Heilungen Gelähmter durch Petrus und Paulus vornimmt (238–242). S.a. Keener, Acts (s. Anm. 23), 2130; Fournier, Episode (s. Anm. 23), 199–203; Pervo, Acts (s. Anm. 23), 352; Fitzmyer, Acts (s. Anm. 23), 529; Bruce, Acts (s. Anm. 3), 321.326 f.; Peterson, Acts (s. Anm. 29), 407; Peerbolte, Paul (s. Anm. 6), 183.187. Schreiber, Paulus (s. Anm. 1), 63, wendet sich Apg 3,1–10 und Lk 5,17–26 im Kontext der Frage nach literarischen Vorlagen zu. Auch Öhler spricht davon, dass die Paulus Heilung in Lystra die Heilung durch Petrus in Apg 3,1–10 in Erinnerung ruft und sich hierin ein bewusstes Gestaltungselement zeigt. Vgl. Öhler, Barnabas (s. Anm. 23), 330.345 f.

79  Vgl. Schreiber, Paulus (s. Anm. 1), 64.

80  Vgl. Schreiber, Paulus (s. Anm. 1), 63; Öhler, Barnabas (s. Anm. 23), 332; Keener, Acts (s. Anm. 23), 2130; Pervo, Acts (s. Anm. 23), 352; Bruce, Acts (s. Anm. 3), 321; Peterson, Acts (s. Anm. 29), 407.

81  Vgl. Schreiber, Paulus (s. Anm. 1), 63; Keener, Acts (s. Anm. 23), 2130; Pervo, Acts (s. Anm. 23), 352; Fitzmyer, Acts (s. Anm. 23), 530.

82  14,10: καὶ ἥλατο καὶ περιεπάτει.

83  Vgl. Schreiber, Paulus (s. Anm. 1), 63, s.a. Keener, Acts (s. Anm. 23), 2130; Pervo, Acts (s. Anm. 23), 352; Fitzmyer, Acts (s. Anm. 23), 530; Johnson, Acts (s. Anm. 23), 247; Öhler, Barnabas (s. Anm. 23), 345 f.

(3,8; 14,10).[84] Außerdem taucht in beiden Erzählungen ein Tempel auf, ein Eingang, eine religiöse Auseinandersetzung, die auf die Heilung folgt sowie eine Rede, die die Ursache der Heilung erklärt.[85] Anders als bei der Heilung des Gelähmten durch Petrus, legt der Erzähler in der Lystra-Episode ein großes Gewicht auf die Schwere der Lähmung (V. 8), führt den Glauben des Gelähmten innerhalb der Heilungserzählung an (V. 9)[86] und macht mittels unterschiedlicher erzählerischer Details die heidnische Umgebung deutlich, in der sich die Episode abspielt.[87] Anders als in den Heilungen des Petrus findet sich in der Episode in Lystra auch kein Verweis auf den Namen Jesu wie in Apg 3,4–6, auf die Ursache von Paulus Befähigung zur Heilung oder das Gotteslob des Geheilten (so in Apg 3,8).[88] Diese würden aber innerhalb des Erzählzusammenhangs von Apg 14,8–13 nicht passen, da sie dem Missverständnis, auf das der Erzähler die Heilung in seiner geschickt gestalteten Erzählung hinauslaufen lässt, vorbeugen könnte.

Zu dieser Erzählung findet sich auch eine externe Analogie zur Darstellung von Jesus als Heiler im Lukasevangelium. Eine Heilung eines Gelähmten wird von Jesus im Lukasevangelium in 5,17–26 berichtet und die Heilung Gelähmter wird in Lk 7,22 in Jesu Antwort auf die Anfrage Johannes des Täufers angeführt. Obwohl die Heilung des Gelähmten durch Jesus anders als die Heilung durch Paulus mit Jesu Vollmacht zur Vergebung der Sünden verknüpft ist, weisen die Erzählungen einige Gemeinsamkeiten bezüglich der Darstellung von Jesus und Paulus als Heiler auf.[89] Der Erzähler berichtet sowohl in Lk 5,20 als auch in Apg 14,9, dass Jesus bzw. Paulus in der Lage sind, den Glauben zu sehen[90] und beide Heilungen werden mittels eines Befehls gewirkt[91]. Die Darstellung des Glaubens unterscheidet sich

---

84 Sonst nur noch einmal im Neuen Testament; vgl. Pervo, Acts (s. Anm. 23), 352.

85 Vgl. Pervo, Acts (s. Anm. 23), 352; Peterson, Acts (s. Anm. 29), 406.

86 In Apg 3 erst in der Rede des Petrus in 3,16.

87 Vgl. Schreiber, Paulus (s. Anm. 1), 64.

88 Vgl. hierzu mit Bezug auf das fehlende christologische Element: Pervo, Acts (s. Anm. 23), 353.

89 Schreiber (Paulus [s. Anm. 1], 63) betont die Unterschiede zwischen beiden Erzählungen. Er betrachtet sie unter der Fragestellung, ob eine literarische Abhängigkeit ersichtlich sei, welche er verneint.

90 Lk 5,20: ἰδὼν τὴν πίστιν αὐτῶν; Apg 14,9: ἰδὼν ὅτι ἔχει πίστιν τοῦ σωθῆναι.

91 Lk 5,24: ἔγειρε καὶ ἄρας τὸ κλινίδιόν σου πορεύου εἰς τὸν οἶκόν σου; Apg 14,10: ἀνάστηθι ἐπὶ τοὺς πόδας σου ὀρθός.

aber. In Apg 14,9 wird der Glaube des Mannes näher bestimmt als
Glaube geheilt/gerettet zu werden und die Erzählfiguren, die den
Glauben zeigen, divergieren: in Lk 5,20 ist es der Glaube derer, die
den Gelähmten zu Jesus bringen und in Apg 14,9 ist es der Glaube des
gelähmten Mannes selbst.[92] In beiden Erzählungen geht es im Speziellen um die Person des Heilers; in Lk 5,17–26 wird dies deutlich anhand der Frage der Pharisäer und Schriftgelehrten (V. 21), die fragen,
wer das sei und wer außer Gott Sünden vergeben kann, sowie durch
Jesu Antwort auf ihre Frage. In Apg 14,8–13 hingegen wird dieser
Aspekt durch die Reaktionen der Menschenmenge und des Priesters
des Zeus thematisiert. Die beschriebenen Szenen unterscheiden sich
dabei aber eindeutig voneinander.[93]

### 3.3  Zwischenfazit: Paulus Charakterisierung als Heiler in Apg 14,8–13

An dieser Stelle soll nun ein Fazit zu Paulus Charakterisierung als
Heiler in Apg 14,8–13 gezogen werden. Dadurch, dass Paulus selbst
vom Erzähler in Apg 14,8–13 als nur wenig agierend dargestellt wird
und die Lähmung des Mannes dagegen erzählerisch breit ausgeführt
wird, wirkt die von Paulus gewirkte Heilung umso erstaunlicher. Paulus muss nur einen Befehl aussprechen und der Mann ist geheilt. Insgesamt ergibt sich damit das Bild einer sehr absichtsvollen Gestaltung, die auf die Person des Heilers ausgerichtet ist und die bewirkt,
dass Paulus als ein souverän agierender Heiler erscheint, dessen Macht
so groß ist, dass ein Befehl seinerseits zur Heilung eines von Geburt
an gelähmten Mannes genügt. Der Erzähler begünstigt dadurch mit
seiner Erzählweise das Missverständnis der Menge und des Priesters
des Zeus bezüglich der Person des Paulus. Erst in Paulus (und Barnabas) Reaktion auf den Versuch, ihnen zu opfern, wird das Missverständnis aufgeklärt (Apg 14,14–17).

Anders als die Erzählfiguren der Menge und des Priesters des Zeus
wissen die Lesenden der Apostelgeschichte aber, dass Paulus als »auserwähltes Werkzeug Gottes«[94] berufen ist (9,15). Zudem bemerkt der
Erzähler in der Episode, die der Heilung in Lystra vorausgeht (14,3),
dass Gott durch die Hände des Paulus und des Barnabas σημεῖα καὶ
τέρατα geschehen ließ.[95] Den Lesenden ist demnach bewusst, dass alle

---

92  Vgl. Schreiber, Paulus (s. Anm. 1), 63.
93  Vgl. Schreiber, Paulus (s. Anm. 1), 63.
94  ὅτι σκεῦος ἐκλογῆς ἐστίν μοι οὗτος.
95  Siehe auch 14,27; 15,4.12; 19,11; 21,19. Vgl. J. Schröter, III. Die Paulusdarstel-

Taten des Paulus, dementsprechend auch die Heilung des Gelähmten in Lystra, auf Gott zurückgeführt werden können, auch wenn es in dieser einen Erzählung nicht ausdrücklich benannt wird.[96] Es geht um den Erweis der Macht Gottes, die durch Paulus erfahrbar und sichtbar wird.[97]

## 4. Wirkungsgeschichte in Rom: Raffaels Apostelgeschichte

Obgleich die Geschichte vom Opfer in Lystra große narrative Qualitäten aufweist und sich zur bildlichen Darstellung durchaus eignet, ist sie nicht ins Standardrepertoire der Ikonographie des abendländischen Christentums eingegangen. Bilddarstellungen kommen vor, sind aber insgesamt eher selten. Umso mehr verdient die »Wiederentdeckung« des Motivs in der frühen Neuzeit Aufmerksamkeit: ausgerechnet in Rom, ausgerechnet durch Raffael, ausgerechnet in einem sinntragenden und viel beachteten Kontext. Direkt neben der Peterskirche hatte Sixtus IV. ab 1475 einen neuen Sakralraum errichten lassen, der in den folgenden Jahrzehnten zum zentralen Ort künstlerischer Repräsentation des Papsttums werden sollte. Die besten Künstler der Zeit haben die Sixtinische Kapelle mit Fresken ausgestattet. Weniger bekannt ist der Tapisserie-Zyklus, der für die Zone unterhalb der Fresken auf den Seitenwänden vorgesehen war. Raffael[98] hat dort Episoden aus der Apostelgeschichte ins Bild gesetzt – darunter auch das hier interessierende »Opfer zu Lystra«.

lung der Apostelgeschichte, in: F.W. Horn (Hg.), Paulus Handbuch, Tübingen 2013, 542–551 (548); Brucker, Wunder (s. Anm. 6), 34; Peterson, Acts (s. Anm. 29), 406. Lindemann, Einheit (s. Anm. 18), 250, stellt fest, dass es sich kaum entscheiden ließe, ob hier ein Rückgriff auf Apg 13,6–12 vorliegt oder eine Vorbereitung auf die Heilung in Lystra.

96 Vgl. Brucker, Wunder (s. Anm. 6), 34 f. Siehe auch Avemarie, Acta (s. Anm. 18), 553–556; Heininger, Dunstkreis (s. Anm. 5), 284, stellt mit Blick auf Apg 19,11 f. fest, dass es Gott ist, der diese Machttaten durch die Hände des Paulus wirkt.

97 Vgl. Schreiber, Paulus (s. Anm. 1), 69.

98 Raffael, genauer Raffaello Santi, 06.04.1483–06.04.1520 (das Geburtsdatum ist nicht gesichert). (Vgl. M. Evans, Raphael of Urbino [1483–1520], in: ders./C. Browne/A. Nesselrath [Hg.], Raphael. Cartoons and Tapestries for the Sistine Chapel, hrsg. V.M. Evans and A.M. De Strobel, London 2010, 10–12; R. Frhr. Hiller von Gaertringen, Raffaels Lernerfahrungen in der Werkstatt Peruginos. Kartonverwendung und Motivübernahme im Wandel, Kulturwissenschaftliche Studien 76, München u.a. 1999; M. Lang, Paulus auf dem Areopag. Exegetische und kunstgeschichtliche Beobachtung zur Archi-

Die Vorlagen, die Raffel im Auftrag Leo X. auf Kartons für eine Tapisserie-Serie für die Sixtinische Kapelle entwarf, sowie die Tapisserie-Serie selbst, die von Aelst gewebt wurde, sind beeindruckende Kunstwerke der Renaissance und »a spectacular Missa Solemnis«,[99] in denen die Inspiration und der Einfluss der Antike auf Raffael erkennbar sind.[100] Die Kartons mit den Vorlagen Raffaels wurden vielfach als Vorlage für Tapisserien verwendet, welche im 16. und 17. Jahrhundert in ganz Europa Verbreitung fanden. Zunächst soll kurz auf die Geschichte der Kartons und der Tapisserien eingegangen werden, bevor die Darstellungen selbst besprochen werden.

*4.1 Geschichte*

Leo X. beabsichtigte die unterste Wandzone der Sixtinischen Kapelle mit Tapisserien zu schmücken, um die Dekoration zur Vollendung zu bringen. Hierzu gab er die Kartons,[101] die als Vorlage für die Tapisse-

tektur eines Programms bei Lukas und Raffaello Santi, in: ders. [Hg.], Worte und Bilder. Beiträge zur Theologie, christlichen Archäologie und kirchlichen Kunst. Zum Gedenken an Andrea Zimmermann, Leipzig 2011, 57–78 [60]). 1514–1517 schuf Raffael die berühmten Fresken, unter denen insbesondere die Philosophenschule Athens hervorzuheben ist, für die päpstlichen Gemächer. Während dieser Schaffensphase erfolgte der Auftrag zur Anfertigung der Tapisserien. (Vgl. Lang, Paulus, 61 f.; s. a. R. Harprath, Raffaels Teppiche in der Sixtinischen Kapelle, in: C. L. Frommel/A. Chastel [Hg.], Raffaello a Roma. Il convegno del 1983, Rom 1986, 117–126 [118].)

99 C. La Malfa, Raphael and the Antique, London 2020, 213.
100 Zu Raffaels Rezeption der Antike vgl. La Malfa, Raphael (s. Anm. 99), passim; A. Debenedetti, The Making of the Cartoons. Raphael and his Workshop, in: dies. (Hg.), The Raphael Cartoons, London 2020, 27–45 (40).
101 Die Anzahl der Kartons ist nicht völlig geklärt. In seinem Artikel »Acts of the Apostles« geht Nesselrath von einem ursprünglichen Auftrag von 16 Kartons aus, in »Raffael!« schreibt er von zehn oder womöglich sogar 16 Kartons (A. Nesselrath, The Acts of the Apostles. Raphael's Design Process for Tapestries in the Sistine Chapel, Studiae Bruxellae 13 [2019], 311–323 [313]; A. Nesselrath, Raffael!, Stuttgart 2020, 68); U. Pfister, Raffael. Glaube, Liebe, Ruhm, München 2019, 245, und S. Fermor, The Raphael Tapestry Cartoons. Narrative, Decoration, Design, London 1996, 10–12, erwägen, ob es 16 gewesen sein könnten; La Malfa geht von zehn Kartons aus (La Malfa, Raphael [s. Anm. 99], 211), ebenfalls mit zehn Kartons rechnen: S. Koja/N. v. Maciejunes, Raffael als Erzähler. Die Dresdner Tapisserien nach Raffael, in: S. Koja (Hg.), Raffael – Macht der Bilder. Die Tapisserien und ihre Wirkung, Dresden 2020, 8–11 (9); J. Shearman, Raphael's Cartoons in the Collection of Her Majesty the Queen and the Tapestries for the Sistine Chapel, London 1972, 21–44; J. Shearman, Raphael in Early Modern Sources. 1483–1602, New Haven u. a. 2003, 293; A. M. De Strobel/A. Nesselrath, The Sisti-

rien dienen sollten, 1514/15 bei Raffael in Auftrag.[102] Dies war eine
sehr anspruchsvolle Aufgabe, mussten sie doch mit dem eindrucksvollen von Michelangelo geschaffenen Deckenfresko mit Szenen aus
Genesis und Figuren der Sybillen und Propheten[103] und den Fresken
des Quattrocentos, welche von Pietro Perugino (1446–1523), Sandro
Botticelli (1444/5–1510), Domenico Ghirlandaio (1449–1494) und
Cosimo Rosselli sowie dem Mitarbeiter Luca Gignorelli (1450–1523)
geschaffen wurden, mithalten, sie komplementieren und nach Möglichkeit sogar überbieten.[104] Die Fresken enthalten rechts über dem
Altar das Leben Christi und links über dem Altar das Leben Moses,

ne Chapel tapestries and their Setting, in: M. Evans/C. Browne (Hg.), Raphael. Cartoons and Tapestries for the Sitine Chapel, London 2010, 26–32
(26–29); A.M. De Strobel/A. Nesselrath, La Commisione e l' allestimento',
in: A.M. De Strobel (Hg.), Leone X e Raffaello in Sistina gli Arazzi degli
Atti degli Apostoli, 2 Bde., Città del Vaticano 2020, Bd. 1, 68–78 (68f.); A.
Rodolfo, Raphael's Tapestries. Past and Present, in: Debenedetti (Hg.), Cartoons (s. Anm. 100), 46–61 (48); L. Karafel, Raffaels Apostelgeschichte. Kar-
tons und Tapisserien, in: Koja (Hg.), Raffael (s. Anm. 101), 58–77 (59.72).
Antinio de Beatis, der Sekretär von Kardinal Luigi d'Aragona, schreibt nach
dem Besuch der Werkstatt van Aelst in seinem Tagebuch von 16 Tapisserien.
Vgl. Karafel, Apostelgeschichte (s. Anm. 101), 66; Shearman, Cartoons (s.
Anm. 101), 42; Shearman, Raphael (s. Anm. 101), 292f.; Pfister, Raffael (s.
Anm. 101), 238; A. Libby, Flämische Tapisseriekunst in der Tradition von
Raffaels »Apostelgeschichte«, in: Koja (Hg.), Raffael (s. Anm. 101), 206–221
(209). Ergibt sich die Anzahl 16 möglicherweise aus der gemeinsamen Nennung der Darstellungen der Apostelgeschichte (zehn Tapisserien) und den
senkrechten Bordüren (sechs), die separat gewebt wurden?
102 Vgl. La Malfa, Raphael (s. Anm. 99), 211; Nesselrath, Raffael! (s. Anm. 101),
26; Nesselrath, Acts (s. Anm. 101), 311; Shearman, cartoons (s. Anm. 101); M.
Evans/C. Brown/A. Nesselrath (Hg.), Raphael – Cartoons and Tapestries for
the Sistine Chapel, London 2010; Koja/v. Maciejunes, Raffael als Erzähler (s.
Anm. 101), 9; A. Debenedetti, The Museum Story. An Introduction, in: dies.
(Hg.), Cartoons (s. Anm. 100), 10–17 (11); Debenedetti, Making (s. Anm. 100),
27f.; A. Nesselrath, Die Sixtinische Kapelle, in: Koja (Hg.), Raffael (s.
Anm. 101), 20–29 (28); Pfister, Raffael (s. Anm. 101), 242; Karafel, Apostelge-
schichte (s. Anm. 101), 59; T. Weddingen, Tapisseriekunst unter Leo X. Raffaels Apostelgeschichte für die Sixtinische Kapelle, in: F. Buranelli (Hg.),
Ausst.kat. Hochrenaissance im Vatikan, Ostfildern-Ruit 1998, 267–284; W.
Bombe, Raffaels Teppiche und Pieter Van Aelst, Repetitorium für Kunst-
wissenschaft 50 (1929), 15–29 (15–17); Lang, Paulus (s. Anm. 98), 63. A.
Gnann, Raffaels Entwürfe für die Bildteppiche der Sixtinischen Kapelle, in:
Koja (Hg.), Raffael (s. Anm. 101), 30–51 (31), schreibt, dass nicht bekannt sei,
wann der Auftrag erteilt wurde.
103 Vgl. Debenedetti, Making (s. Anm. 100), 28.
104 Vgl. Koja/v. Maciejunes, Raffael als Erzähler (s. Anm. 101), 9; Debenedetti,

darüber im Register eine Reihe Figuren, die die 31 ersten präkonstan-
tinischen Päpste darstellen.[105] Das übergreifende Programm der sixtinischen Dekoration waren die Heilsgeschichte und der Glaube an die
Auferstehung der Toten.[106]

Raffael fertigte die Kartons nach gründlicher Planung und eingehender Betrachtung der Raumverhältnisse[107] im Maßstab 1:1[108] an,
wobei er für die Teppichweber spiegelverkehrt planen musste, weil die
Darstellung erst im gewebten Zustand die richtige Richtung erhielt.[109]
Zur Überprüfung der Richtigkeit der Darstellung fertigte er Abklat-
sche an. Um die Verbindung mit den darüberliegenden Fresken zu
verstärken, verwendete Raffael die gleiche »acidic, cool palette.«[110]
Mithilfe seiner Werkstatt, zu deren wichtigsten Mitarbeitern Gio-
vanni da Udine gehörte, der seit 1515 eine wichtige Rolle bei den Ent-
würfen spielte,[111] vollendete er die Kartons rund ein Jahr später.[112]
Eine erste Teilzahlung von 300 Dukaten erhielt Raffael am 15.6.1515,
die Abschlusszahlung von 134 Dukaten erhielt er am 20.12.1516.[113]
Die Kartons bestanden aus kleinen Seiten aus Papier, die zusammen-
geklebt wurden.[114] Das Opfer zu Lystra ist der größte erhaltene Kar-

Making (s. Anm. 100), 27–29; Nesselrath, Kapelle (s. Anm. 102), 24; Gnann,
Entwürfe (s. Anm. 102), 31.

105  Vgl. Debenedetti, Making (s. Anm. 100), 27; Nesselrath, Kapelle (s.
Anm. 102), 25; Karafel, Apostelgeschichte (s. Anm. 101), 72.
106  Vgl. Nesselrath, Kapelle (s. Anm. 102), 24.
107  Vgl. Harprath, Teppiche (s. Anm. 98), 118; Nesselrath, Kapelle (s. Anm. 102),
26.
108  Vgl. Hiller von Gaertringen, Lernerfahrung (s. Anm. 98), 117.
109  Vgl. Nesselrath, Raffael! (s. Anm. 101), 174; Gnann, Entwürfe (s. Anm. 102),
31 f.; Debenedetti, Making (s. Anm. 102), 29.
110  Debenedetti, Making (s. Anm. 102), 41.
111  Vgl. Nesselrath, Raffael! (s. Anm. 101), 67; Nesselrath, Acts (s. Anm. 101),
314–318; Debenedetti, Making (s. Anm. 102); Karafel, Apostelgeschichte (s.
Anm. 101), 59.
112  Vgl. La Malfa, Raphael (s. Anm. 99), 212; Nesselrath, Raffael! (s. Anm. 101),
26.
113  Vgl. La Malfa, Raphael (s. Anm. 99), 211; Shearman, Raphael in Early Modern Sources (s. Anm. 101), 205.271 f.; Nesselrath, Raffael! (s. Anm. 101), 72;
Nesselrath, Acts (s. Anm. 101), 311; Debenedetti, Museum Story (s.
Anm. 102), 11; Debenedetti, Making (s. Anm. 100), 29; Gnann, Entwürfe (s.
Anm. 102), 31; Karafel, Apostelgeschichte (s. Anm. 101), 62 f., s. zur Bezah-
lung auch Pfister, Raffael (s. Anm. 101), 238.242.
114  Vgl. Debenedetti, Making (s. Anm. 100), 32; Nesselrath, Acts (s. Anm. 101),
318 f.; Karafel, Apostelgeschichte (s. Anm. 101), 63.

ton.[115] Es sind 16 vorbereitende Zeichnungen und Figurenstudien erhalten, die einen Einblick in den Entstehungsprozess erlauben,[116] insbesondere das Blatt zum wunderbaren Fischzug ist aufschlussreich für den Entstehungsprozess.[117] Unter ihnen befindet sich auch eine Darstellung des Opfers von Lystra.

Die Tapisserien wurden in den Jahren danach[118] in Brüssel in der Werkstatt des Pieter van Aelst gewirkt.[119] Die Herstellung war äußerst kostspielig, weil die Teppiche aus Wolle und Seide mit goldenen und silbernen Fäden durchzogen wurden. Die Pracht, Detailgenauigkeit und Dramatik der Teppiche und die Kunstfertigkeit, mit der sie hergestellt wurden, wurde staunend wahrgenommen.[120] Die Kostspieligkeit lässt sich auch anhand von Zahlungsbelegen feststellen.[121] Die Kartons Raffaels verblieben zunächst auf unbestimmte Zeit in Brüssel, wo sie als Vorlage für weitere Tapisserien verwendet wurden.[122] Wie lange sie in Brüssel verblieben, ist nicht vollständig ge-

---

115  353 cm x 542 cm. Vgl. Nesselrath, Acts (s. Anm. 101), 318.
116  Vgl. La Malfa, Raphael (s. Anm. 99), 212; Nesselrath, Raffael! (s. Anm. 101), 81; Nesselrath, Acts (s. Anm. 101), 311; Gnann, Entwürfe (s. Anm. 102), 32 f.; Debenedetti, Making (s. Anm. 100), 33–37; Karafel, Apostelgeschichte (s. Anm. 101), 59.63.
117  Vgl. Nesselrath, Raffael! (s. Anm. 101), 81 f.; Nesselrath, Acts (s. Anm. 101), 314–318; A. Gnann, Der wunderbare Fischzug, in: Koja (Hg.), Raffael (s. Anm. 101), 52 f.; Gnann, Entwürfe (s. Anm. 102), 33; Debenedetti, Making (s. Anm. 100), 34 f.; Karafel, Apostelgeschichte (s. Anm. 101), 63.
118  1517–1520. La Malfa, Raphael (s. Anm. 99), 211: 1519.
119  Vgl. J. Shearman, Cartoons (s. Anm. 101), 2. Siehe auch La Malfa, Raphael (s. Anm. 99), 211; Koja/v. Maciejunes, Raffael als Erzähler (s. Anm. 101), 9; Nesselrath, Kapelle (s. Anm. 102), 28; Nesselrath, Acts (s. Anm. 101); Gnann, Entwürfe (s. Anm. 102), 31; Debenedetti, Making (s. Anm. 100), 38; Rodolfo, Tapestries (s. Anm. 101), 47; Karafel, Apostelgeschichte (s. Anm. 101), 59.63.65; Libby, Tapisseriekunst (s. Anm. 101), 209.
120  Vgl. den Bericht eines anonymen Autors: »(…) *Moxaque Leo X. mus ingenio Raphaelis Urbinatis architecti, et pictoris celeberrimi, Auleis auro. purpuraque intextis insignivit, quae absolutissimi operis pulchritudine omnium oculos tenet, animos in adminationem convertunt.*« (Bibliotheca Apostolica Vaticana, MS. Vat. Lat. 3535, fols 85r. ff., *Scripturus quae memoratu digna Romae et in Italia ab excess Adriani, vj. Pont. Max. gesta sunt, fols.* 96v.–97r.); s.a. Shearman, Cartoons (s. Anm. 101), 2; Koja/v. Maciejunes, Raffael als Erzähler (s. Anm. 101), 9; Gnann, Entwürfe (s. Anm. 102), 31; Debenedetti, Making (s. Anm. 100), 45; Rodolfo, Tapestries (s. Anm. 101), 48.
121  Vgl. J. Meyer zur Capellen, Raffael, München 2010, 79; Lang, Paulus (s. Anm. 98), 63; Rodolfo, Tapestries (s. Anm. 101), 47.
122  Tapisserien nach den Vorlagen ließen anfertigen: Franz I, König von Frankreich, zwischen 1534–1542; Heinrich VIII, König von England, zwischen

klärt. Anfang des 17. Jahrhunderts waren neun von ihnen in Italien, sieben von ihnen wurden 1623 von dem Prinzen von Wales, dem späteren König Charles I., angekauft wurden. Sie wurden in der englischen Tapisserie-Manufaktur in Mortlake erneut als Vorlagen verwendet.[123] Dabei wurde nicht nur eine Serie für Charles I. gewoben, sondern auch weitere, von denen eine Serie in der Dresdener Gemäldegalerie[124] ausgestellt ist. Die Kartons wurden ab 1699 in den Kunstsammlungen von Hampton Court in einer eigenen Galerie ausgestellt und befinden sich seit 1865 als Leihgabe im Victoria and Albert Museum in London.[125] Die Kartons 5, 6 und 9 sind nicht er-

1540–1542; Kardinal Ercole Gonzage, der Herrscher von Mantua, zwischen 1545–1557; Kaiser Karl V oder Philipp II, der König von Spanien, zwischen Ende der 40ger und Anfang der 50er Jahre des 16. Jahrhunderts. Vgl. Nesselrath, Raffael! (s. Anm. 101), 26; Nesselrath, Acts (s. Anm. 101), 322; T. P. Campbell, The Acts of the Apostles Tapestries and Raphael's Cartoons, in ders. (Hg.), Tapestry in the Renaissance – Art and Magnificence, New York 2002, 186–223 (201 f.); Debenedetti, Making (s. Anm. 100), 42; Karafel, Apostelgeschichte (s. Anm. 101), 74 f.; Pfister, Raffael (s. Anm. 101), 242.

123  Vgl. Nesselrath, Raffael! (s. Anm. 101), 26; Campbell, Acts (s. Anm. 122), 197.201 f. 210; C. Browne, The Cartoons at the Mortlake Tapestry Manufactory, in: Evans/Browne/Nesselrath (Hg.), Raphael (s. Anm. 102), 54–56; Koja/v. Marciejunes, Raffael als Erzähler (s. Anm. 101), 91; Gnann, Entwürfe (s. Anm. 102), 31; Pfister, Raffael (s. Anm. 101), 242; Karafel, Apostelgeschichte (s. Anm. 101), 61.64; Weddingen, Tapisseriekunst (s. Anm. 102); Bombe, Teppiche (s. Anm. 102), 15–17.

124  In der Online Collection des Museums können die Abbildungen angesehen werden: https://skd-online-collection.skd.museum (letzter Zugriff: 30.04. 2021). Siehe auch Koja/v. Maciejunes, Raffael als Erzähler (s. Anm. 101), 9; Gnann, Entwürfe (s. Anm. 102), 31; Karafel, Apostelgeschichte (s. Anm. 102), 75.

125  Vgl. La Malfa, Raphael (s. Anm. 99), 211; Gnann, Entwürfe (s. Anm. 102), 31; B. Dolman, The Cartoons at Hampton Court Palace, in: Debenedetti (Hg.), Raphael Cartoons (s. Anm. 100), 62–75; Pfister, Raffaff (s. Anm. 101), 242; Karafel, Apostelgeschichte (s. Anm. 102), 61; Weddingen, Tapisseriekunst (s. Anm. 102); Bombe, Teppiche (s. Anm. 102), 15–17; Vgl. A. Nesselrath, Rede 2010 über die Kartons Raffaels anlässlich der Ausstellung im Victoria and Albert Museum (online unter https://www.museivaticani.va/content/dam/ museivaticani/pdf/eventi_novita/iniziative/eventi/2010/MV_6_Arazzi_in_ sistina_intervento_nesselrath.pdf, letzter Zugriff am 30.04.2021). Die erhaltenen Kartons können farbig publiziert betrachtet werden in: Fermor, Raphael (s. Anm. 101), 30–36. Die Kartons können auch auf der Website des Victoria and Albert Museums (https://www.vam.ac.uk/articles/story-of-the-raphael-cartoons#slideshow=5239394909&slide=0 sowie https://www.vam. ac.uk/collections/raphael-cartoons, letzter Zugriff jeweils am 30.04.2021) angesehen werden, sowie in einem Katalog: Evans/Browne, Raphael (s.

halten.[126] Ebenfalls nicht erhalten sind die Vorlagen der Ornamente der Seitenränder und die Kartons des unteren Abschnitts der Teppiche mit den Darstellungen von Ereignissen aus dem Leben des Paulus und von Leo X.[127]

Die Tapisserien, die Leo X. in Auftrag gegeben hatte, haben selbst eine bewegte Geschichte. Am 26. Dezember 1519 wurden die ersten sieben Tapisserien in der Sixtinischen Kapelle aufgehängt und der Öffentlichkeit zugänglich gemacht, wobei sie staunend aufgenommen wurden.[128] Sie befanden sich nur kurz in der Sixtinischen Kapelle. Unter Clemens VII. verloren sie ihren Platz in der Kapelle, weil sie an der Altarwand nicht mehr aufgehängt werden konnten,[129] da Michelangelos Letztes Gericht die gesamte Altarwand bedeckt. 1521 wurden sie verpfändet, dann zurückgebracht, 1523 wieder ausgestellt, und wenige Jahre später[130] wurden einige von Söldnern Karls V. gestohlen.[131] 1536 befanden sich sieben der Tapisserien wieder in Rom[132] Die anderen kehrten bis 1554 zurück.[133] Bis ins 18. Jahrhundert hingen die Tapisserien ab und an in der Sixtinischen Kapelle, sie waren Teil der Fronleichnamsprozession und hingen im Atrium der Petrusbasilika, bis sie 1798 erneut gestohlen wurden, diesmal beim Einmarsch der franz. Truppen unter Napoleon I. 1801 wurden sie in Paris ausgestellt

Anm. 102). Siehe auch Debenedetti, Raphael Cartoons (s. Anm. 100), Abb. und S. 19–25.

126 Vgl. Lang, Paulus (s. Anm. 98), 62; La Malfa, Raphael (s. Anm. 99), 211.

127 Vgl. La Malfa, Raphael (s. Anm. 99), 211; Gnann, Entwürfe (s. Anm. 102), 33; Debenedetti, Making (s. Anm. 100), 31.

128 Vgl. die Aussage des Zeremonienmeisters Paris de' Grassis, in Shearman, Raphael (s. Anm. 101), 490; vgl. auch La Malfa, Raphael (s. Anm. 99), 211; Pfister, Raffael (s. Anm. 101), 238; Nesselrath, Acts (s. Anm. 101), 312; Koja/v. Marcijunes, Raffael als Erzähler (s. Anm. 101), 9 f. Gnann (Entwürfe [s. Anm. 102], 31) und Nesselrath (Acts [s. Anm. 101], 312) sprechen von sieben Teppichen, die übrigen drei seien bis spätestens Dezember 1521 eingetroffen. Vgl. Debenedetti, Making (s. Anm. 100), 42.45; Rodolfo, Tapestries (s. Anm. 101), 48; Karafel, Apostelgeschichte (s. Anm. 101), 59.74.

129 Vgl. Nesselrath, Kapelle (s. Anm. 102), 28.

130 Im Jahr 1527.

131 Vgl. Nesselrath, Kapelle (s. Anm. 102), 28; De Strobel/Nesselrath, Sistine Chapel Tapestries (s. Anm. 101), 25; Pfister, Raffael, 245; Rodolfo, Tapestries (s. Anm. 101), 53 f.; Karafel, Apostelgeschichte (s. Anm. 101), 74; Weddingen, Tapisseriekunst (s. Anm. 102), Bombe, Teppiche, (s. Anm. 102), 15–17.

132 Vgl. Karafel, Apostelgeschichte (s. Anm. 101), 74

133 Vgl. Rodolfo, Tapestries (s. Anm. 101), 55 f.; Pfister, Raffael (s. Anm. 101), 245; Karafel, Apostelgeschichte (s. Anm. 101), 74.

und 1808 zurückgekauft. Unter Papst Gregor XVI. (1831–1846) wurden die Tapisserien in der heutigen Wandteppichsammlung platziert. Heute sind die Tapisserien im Besitz der ständigen Sammlung der Vatikanischen Museen, in der Pinakothek des Vatikans.[134] 2010 wurden einige der Wandteppiche zusammen mit den Kartons vom 8. September bis zum 17. Oktober 2010 im Victoria and Albert Museum ausgestellt, die Ausstellung war betitelt als »Raphael cartons and tapestries for the Sistine Chapel«.[135] Anlässlich des 500. Todestags Raffaels wurden alle zehn Wandteppiche gemeinsam in einer Sonderausstellung im Februar 2020 in der Sixtinischen Kapelle präsentiert. Weitere Ausstellungen, die sich der ungebrochenen Ausstrahlung der Tapisserien widmeten, waren die Ausstellung »Raffael – Macht der Bilder. Die Tapisserien und ihre Wirkung«, die in der Gemäldegalerie Alte Meister in Dresden und unter dem Titel »Raphael – The Power of Renaissance Images: The Dresden Tapestries and their Impact« im Columbus Museum of Art in Columbus, Ohio stattfanden.[136] Hierbei wurden Sie weitestgehend nach der vermuteten ursprüng-

---

134  Vgl. Weddingen, Tapisseriekunst (s. Anm. 102); S.a. Gnann, Entwürfe (s. Anm. 102), 31; Pfister, Raffael (s. Anm. 101), 245; Karafel, Apostelgeschichte (s. Anm. 101), 74; Bombe, Teppiche (s. Anm. 102), 15–17. Die Website der Pinakothek: https://www.museivaticani.va/content/museivaticani/de/collezioni/musei/la-pinacoteca.html, s.a. Abteilung Wandteppiche und Stoffe: https://www.museivaticani.va/content/museivaticani/de/collezioni/reparti/reparto-arazzi-tessuti.html, letzter Zugriff jeweils am 30.04.2021. Vgl. Rodolfo, Tapestries (s. Anm. 101), 56–61 zur Präsentation.

135  Vgl. Nesselrath, Acts (s. Anm. 101), 322 f.; die Pressemitteilung der Vatikanischen Museen, italienisch: https://www.museivaticani.va/content/dam/museivaticani/pdf/eventi_novita/iniziative/eventi/2010/MV_1_Arazzi_in_sistina_cs_MV_ita.pdf, englisch: https://www.museivaticani.va/content/dam/museivaticani/pdf/eventi_novita/iniziative/eventi/2010/MV_2_Arazzi_in_sistina_cs_MV_eng.pdf (letzter Zugriff jeweils am 30.04.2021); die Pressemitteilung des Victoria and Albert Museum: https://www.museivaticani.va/content/dam/museivaticani/pdf/eventi_novita/iniziative/eventi/2010/MV_4_Arazzi_in_sistina_cs_VandA_eng.pdf (letzter Zugriff am 30.04.2021); Nesselraths Vortrag (s. Anm. 125); die Auflistung der Ausstellungsgegenstände findet sich unter: https://www.museivaticani.va/content/dam/museivaticani/pdf/eventi_novita/iniziative/eventi/2010/MV_7_Arazzi_in_sistina_didascalie_immagini.pdf (letzter Zugriff am 30.04.2021); sowie eine beschreibende Kartei https://www.museivaticani.va/content/dam/museivaticani/pdf/eventi_novita/iniziative/eventi/2010/MV_8_Arazzi_in_sistina_schede_descrittive.pdf (letzter Zugriff am 30.04.2021). Vgl. Nesselrath, Kapelle (s. Anm. 102), 29.

136  Vgl. Koja/v. Marcijunes, Raffael als Erzähler (s. Anm. 101), 9.

lichen Aufhängung gruppiert. Von der Anordnung wurde aber in einem Punkt abgewichen: voraussichtlich flankierten ursprünglich zwei Tapisserien den Altar,[137] um »Das Jüngste Gericht« nicht zu verhängen, wurde auf diese Flankierung verzichtet; diese zwei wurden den päpstlichen Thron flankierend aufgehängt, dem von Nesselrath und De Strobel angenommenen ursprünglichen Ort.[138]

### 4.2 Darstellungen

Die von Raffael entworfenen Tapisserien sollten die Fresken der Sixtinischen Kapelle um zehn[139] Szenen aus dem Leben der für Rom bedeutenden Apostel Petrus und Paulus ergänzen, da sie auf den Fresken nur punktuell innerhalb der Vita Christi dargestellt wurden. Mit den Tapisserien soll die Bedeutung, die die Apostel Petrus und Paulus für Rom ausüben, auch in der Innenausstattung der Sixtinischen Kapelle widergespiegelt werden.[140] Zugleich sollen die Teppiche auch die Au-

---

137  Rodolfo vermutet die Steinigung des Stephanus und der Wunderbare Fischzug; Rodolfo, Tapestries (s. Anm. 101), 51–53.

138  Vgl. die Pressemitteilung der Vatikanischen Museen: https://www.museiva ticani.va/content/dam/museivaticani/pdf/eventi_novita/iniziative/eventi/ 2020/122_comunicato_stampa.pdf; die Ausstellungsbroschüre: https://www. museivaticani.va/content/dam/museivaticani/pdf/eventi_novita/iniziative/ eventi/2020/122_brochure_arazzi.pdf; A. Rodolfo, Die Inszenierung von Raffaels Wandteppichen in der Sixtinischen Kapelle, online unter: https:// www.museivaticani.va/content/dam/museivaticani/pdf/eventi_novita/inizi ative/eventi/2020/122_arazzi_raffaello_sistina.pdf; Vatican News: https:// www.vaticannews.va/en/vatican-city/news/2020-02/vatican-raphael-tapes tries-sistine-chapel.html,    https://www.vaticannews.va/de/vatikan/news/ 2020-02/sonderschau-raffael-wandteppiche-in-der-sixtinischen-kapelle. html (letzter Zugriff jeweils am 30.04.2021). Vgl. Rodolfo, Tapestries (s. Anm. 101), 51–53; Nesselrath, Rede 2010 über die Kartons Raffaels anlässlich der Ausstellung im Victoria and Albert Museum (s. Anm. 125). Zur ursprünglichen Anordnung der Tapisserien vgl. auch: Shearman, Cartoons (s. Anm. 101), 25 Abb. 2; Fermor, Raphael (s. Anm. 101), 38–44. Zu der Unsicherheit bzgl. der Anordnung äußerte sich auch die Museumsdirektorin der Vatikanischen Museen anlässlich der Sonderausstellung 2020 in einem Interview mit dem Radio Vatikan. https://www.vaticannews.va/de/vatikan/ news/2020-02/sonderschau-raffael-wandteppiche-in-der-sixtinischen-ka pelle.html (letzter Zugriff am 30.04.2021).

139  Fermor, Raphael (s. Anm. 101), 10–12 erwägt, ob ursprünglich 16 Wandteppiche gestaltet werden sollten.

140  Vgl. Weddingen, Tapisseriekunst (s. Anm. 102); Lang, Paulus (s. Anm. 98), 63; Debenedetti, Making (s. Anm. 100), 29; Pfister, Raffael (s. Anm. 101), 242 f.; Karafel, Apostelgeschichte (s. Anm. 101), 59. S.a. Gnann, Entwürfe (s. Anm. 102), 31: »Die Darstellungen auf den Tapisserien geben Ereignisse aus

torität des Papstes, der sich als ihr legitimer Erbe sah, bestätigen. Dieser Aspekt kommt besonders deutlich zum Vorschein, folgt man dem Vorschlag zur Hängung von Nesselrath und De Strobel, da eine Folge dieser Hängung ist, dass der päpstliche Thron von den Tapisserien des Petruszyklusses flankiert wird, wodurch der Papst als Teil der narrativen Botschaft erscheint.[141] Die ikonographische Auswahl lag bei Mitgliedern des päpstlichen Hofes, die Ausgestaltung und Komposition bei Raffael.[142] Für die Tapisserien verwendet Raffael einen neuen Stil, der sich unter anderem darin ausdrückt, dass er plötzliche Lücken in der Anordnung der Figurengruppen schafft. Er verwendet transluzente Töne und ungesättigte Farben im Wechsel.[143] Eine Innovation Raffaels besteht in dem Design der Tapisserien als gewebte Fresken.[144] Die Darstellungen weisen »[p]erfectly balanced proportion[s] between man and nature – and, where the backgrounds feature colossal buildings in the classical style, between man and architecture.«[145] Bei der Gestaltung der Figuren und ihrer Gestik orientiert Raffael sich an der Antike, an klassischen Statuen und Reliefs.[146] »Raffaels Bildersprache hat von jeher beeindruckt, denn der Künstler erwies sich als ein Meister klar erkennbarer Bildaussagen, ja geradezu ›sprechender‹ Bilder. Dabei fungieren die Gesten als Katalysator der Narration«.[147] Raffael führt mittels eines klaren Bildaufbaus und aufeinander hinweisenden Gesten der Figuren durch die einzelnen Szenen der Tapisserien.[148]

der Apostelgeschichte und den Evangelien wieder und schildern Taten der beiden Apostelfürsten Petrus und Paulus, von denen der Papst seine Autorität ableitete.«

141  Vgl. De Strobel/Nesselrath, Commissione (s. Anm. 101), 78; Rodolfo, Tapestries (s. Anm. 101), 50; Karafel, Apostelgeschichte (s. Anm. 101), 75.

142  Vgl. Debenedetti, Making (s. Anm. 100), 29.

143  Vgl. La Malfa, Raphael (s. Anm. 99), 212.

144  Vgl. Debenedetti, Making (s. Anm. 100), 40.

145  La Malfa, Raphael (s. Anm. 99), 213.

146  Vgl. La Malfa, Raphael (s. Anm. 99), 213; L. Mohr/S. Wetzig, Zwischen Inspiration und Transformation. Raffael und die Antike, in: Koja (Hg.), Raffael (s. Anm. 101), passim.

147  Koja/v. Maciejunes, Raffael als Erzähler (s. Anm. 101), 10. Vgl. Auch Pfister, Raffael (s. Anm. 101), 240: »dramatisches Erzählen mit großen Figuren in perspektivisch und atmosphärisch überzeugenden Räumen«.

148  Vgl. Koja/v. Maciejunes, Raffael als Erzähler (s. Anm. 101), 10; Karafel, Apostelgeschichte (s. Anm. 101), 61.

Da die Darstellungen der Tapisserien vor allem auf der Apostelgeschichte des Neuen Testaments beruhen und das Leben der Apostel Petrus und Paulus repräsentieren,[149] erhielten sie ebenfalls den Namen Apostelgeschichte. Die Tapisserien enthalten eine vierteilige Petrus- und eine sechsteilige Paulusreihe. Die Petrusreihe enthält den wunderbaren Fischzug (Lk 5,1–11),[150] die Berufung Petri (Mt 16,13–20; Joh 21,15–23),[151] die Heilung eines Gelähmten (Apg 3,1–10)[152] und den Tod des Ananias (Apg 5,1–5).[153] Die Paulusreihe enthält die Steinigung des Stephanus (Apg 7,54–60),[154] die Bekehrung des Saulus (Apg 9,1–7),[155] die Bestrafung des Elymas (Apg 13,4–13),[156] das Opfer zu Lystra (Apg 14,8–18),[157] die Befreiung aus dem Gefängnis (Apg 16,23–26)[158] und die Predigt zu Athen (Apg 17,16–34)[159].[160]

Die Tapisserien zeigen deutlich, dass sie für die Sixtinische Kapelle geschaffen wurden. Die Szenen, welche auf den Tapisserien abgebildet sind, fügen sich in das vorhandene Bildprogramm der Fresken ein, sie komplementieren es und haben eine aufeinander aufbauende narrative Anordnung.[161] Alle Szenen sind von einem farbigen architektonischen Bildrahmen umschlossen. Alle Tapisserien haben Bordüren, die horizontal verlaufenden Bordüren des Petrus-Zyklusses imitieren Bronzereliefs, die Szenen aus dem Leben Leo X. darstellen, die unteren Seiten des Paulus-Zyklusses bilden Szenen aus dem Leben des Paulus ab. Die senkrechten Bordüren, die sich nicht an allen Teppichen finden, zeigen Allegorien der sieben Tugenden, der Stunden, der Jahreszeiten, der Elemente und der Arbeiten des Herkules.[162] Die

---

149  Vgl. Debenedetti, Making (s. Anm. 100), 29.
150  Wandteppich 493x440 cm; Karton 319x399 cm.
151  Wandteppich 466x634 cm; Karton 343x532 cm.
152  Wandteppich 501x575 cm; Karton 342x536 cm.
153  Wandteppich 488x631 cm; Karton 342x532 cm.
154  Wandteppich 450x370 cm.
155  Wandteppich 464x533 cm.
156  Wandteppich 501x579 cm; Karton 342x446 cm. Die untere Hälfte des Teppichs ist nicht erhalten.
157  Wandteppich 482x581 cm; Karton 347x532 cm.
158  Wandteppich 479x128 cm.
159  Wandteppich 498/504x535 cm; Karton 343x442 cm.
160  Vgl. Weddingen, Tapisseriekunst (s. Anm. 102); Pfister, Raffael (s. Anm. 101), 242; Karafel, Apostelgeschichte (s. Anm. 101), 59.
161  Vgl. Debenedetti, Making (s. Anm. 100), 40.
162  Vgl. Debenedetti, Making (s. Anm. 100), 31; Pfister, Raffael (s. Anm. 101), 242; Karafel, Apostelgeschichte (s. Anm. 101), 61.

genaue Beziehung zwischen den Darstellungen der Tapisserien und den Bordüren ist aber noch unklar.[163] Die Leserichtung der Szenen, die beidseitig vom Altar ausgeht, sowie ihre Lichtführung sind von den darüber liegenden Fresken übernommen.[164] Die Petrusreihe hing wahrscheinlich auf der linken Seite unter dem Freskenzyklus des Mose und die Paulusreihe auf der rechten Seite unter dem Leben Christi.[165] Mittels des Aufgreifens des Bildprogramms der Fresken

163  Vgl. Karafel, Apostelgeschichte (s. Anm. 101), 61.66 f.
164  Vgl. Weddingen, Tapisseriekunst (s. Anm. 102).
165  Vgl. Nesselrath, Rede 2010 (s. Anm. 25); De Strobel/Nesselrath, Sistine Chapel Tapestries (s. Anm. 101), 28; Pfister, Raffael (s. Anm. 101), 245 f. Über die ursprüngliche Anordnung der Tapisserien besteht aber keine Gewissheit, wie sich auch bei den divergierenden Rekonstruktionen von John Shearman und Sharon Fermor zeigt. Siehe Shearman, Cartoons (s. Anm. 101), 25 Abb. 2; Fermor, Raphael (s. Anm. 101), 38–44. Shearman rekonstruiert, dass der Petruszyklus rechts des Altars unter dem Christuszyklus mit der Berufung des Petrus beginne und sich an der nördlichen Wand (rechts des Altars) fortsetze, während der Pauluszyklus links des Altars mit der Steinigung des Stephanus einsetze und sich an der südlichen Wand unter dem Mose-Zyklus fortsetze. Vgl. Shearman, Cartoons (s. Anm. 101), 25 Abb. 2; Gnann, Entwürfe (s. Anm. 102), 31 f.; Rodolfo, Tapestries (s. Anm. 101), 48; Pfister, Raffael (s. Anm. 101), 244–246 mit Grundriss mit rekonstruierter Hängung; Karafel, Apostelgeschichte (s. Anm. 101), 72. Zu dieser Unsicherheit bzgl. der Anordnung äußerte sich auch die Museumsdirektorin der Vatikanischen Museen (s. Anm. 138). Eine Übersicht darüber, in welcher Anordnung die Wandteppiche anlässlich der Sonderausstellung 2020 in der Sixtinischen Kapelle aufgehängt wurden, bieten Rodolfo, Tapestries (s. Anm. 101), 61–63; die Broschüre der Ausstellung (s. Anm. 138). Nesselrath verweist auf die Wichtigkeit der Verschiebung der Marmorschranke, die den Raum der Kapelle teilt, sowie der Fußleiste unterhalb der Sängerkanzel für die Rekonstruktion der ursprünglichen Hängung der Tapisserien. Siehe Nesselrath, Kapelle (s. Anm. 102), 26 f.; De Strobel/Nesselrath, Commissione (s. Anm. 101). »In jedem Falle handelte es sich bei der gegenwärtigen Position und den Platzverhältnissen von Schranke und Sängerkanzel um die Situation, von der Raffael ausgehen musste, als er die Kartons für seine Teppiche entwarf. Der schmale Teppich, mit der Darstellung von Paulus im Kerker und dem Erdbeben darunter, der präzise in den Zwischenraum von Sängerkanzel und Schranke passt, ist also von Raffael in der Tat genau für diese Stelle entworfen.« Nesselrath, Kapelle (s. Anm. 102), 27; Vgl. A. Nesselrath, Vaticano – la Capella Sistina. Il Quattrocento, Mailand 2003, 37; De Strobel/Nesselrath, Sistine Chapel, tapestries (s. Anm. 101), 27 f.; A. Nesselrath, The Sistine Chapel, in: Evans/Browne/Nesselrath (Hg.), Raphael (s. Anm. 102), 21–25 (23 f.); Nesselrath, Acts (s. Anm. 101), 312 f.; Nesselraths Ausführungen werden aber nicht von allen geteilt, dagegen Gnann, Entwürfe (s. Anm. 102), 31, der Shearmanns Rekonstruktion für überzeugender halt und auf eine noch unveröffentlichte Monographie Rohrmanns verweist. S. a.

Abb. 1: »Il Sacrificio di Lystra«, 482x581 cm, Pinakothek der
Vatikanischen Museen, Saal VIII, Inventarnummer: MV.43874.0.0
(Photo Copyright © Governorate of the Vatican City State-Directorate
of the Vatican Museums).

wird der Eindruck erweckt, dass die Tapisserien den älteren Freskenzyklus vollenden.[166]

In »Das Opfer zu Lystra« (Abb. 1) greift Raffael die Aspekte der
Erzählung der neutestamentlichen Apostelgeschichte heraus, denen
der Erzähler von Apostelgeschichte 14,8–13 den meisten Raum gewährt. Die Erzählung läuft – ausgelöst durch die Heilung des gelähmten Mannes – auf das Missverständnis bezüglich der Person des Paulus (und des Barnabas) zu, welches so weitreichend ist, dass ihnen sogar geopfert werden soll. Raffaels Darstellung lässt eine Inspiration

Rodolfo, Tapestries (s. Anm. 101), 48–50; Karafel, Apostelgeschichte (s.
Anm. 101), 72.
166 Vgl. Weddingen, Tapisseriekunst (s. Anm. 102).

von antiken Darstellungen und Reliefs erkennen.[167] Raffael ist in der Lage, diese Aspekte als aufeinanderfolgende Handlungsfolge abzubilden,[168] welche auf Raffaels Karton von rechts nach links zu lesen ist, auf dem Teppich dagegen von links nach rechts.

Am rechten Bildrand des Kartons (auf der Tapisserie am linken Bildrand) stellt Raffael den geheilten Mann dar. Er ist rötlich-cremefarbend gekleidet und wird als bärtiger Mann mit Halbglatze abgebildet, der leicht vorgebeugt steht[169] und mitten in einer Bewegung eingefangen zu sein scheint. Die nicht mehr benötigten Krücken scheint er eben erst fallen gelassen zu haben, sie liegen vor ihm auf dem Boden und er scheint sich gerade aufzurichten. Die Erzählung der Apostelgeschichte berichtet, dass die Menge, nachdem sie die Heilung sah, Paulus und Barnabas für Götter hielten und ihnen opfern wollten. Dieser Verehrungs- und Opferungsversuch wird von Raffael als nächster Aspekt in der Handlungsfolge dargestellt. Für die Gestaltung der Opferszene in das Opfer zu Lystra greift Raffael auf ein antikes Sarkophagrelief zurück, dass Szenen aus dem Leben eines Feldherrn zeigt. In der Mitte des Reliefs ist ein Feldherrenopfer abgebildet,[170] bei dem er vor einer Tempelfront stehend vor einem Altar gezeigt wird. Ihm gegenüber steht eine Gruppe bestehend aus zwei Opferdienern und einem Flötenspieler. Ein Opferdiener hockt neben einem Stier und hält seinen Kopf an den Nüstern und am Horn am Boden, der andere erhebt eine Axt, um den Stier für das Opfer zu töten.[171] Raffael platziert die Opferszene zwischen den Aposteln und der Menge, die sich direkt hinter und vor dem geheilten Mann befindet. Der Priester befindet sich im Hintergrund.[172] Ein in Blau gekleideter Mann hat die Hände zum Gebet erhoben. In der Bildmitte steht ein Mann, der eine Axt erhoben hält und ausholt, um den neben ihm stehenden Stier, der mit Blumen geschmückt ist, zu opfern. Am vorderen mittleren Bildrand kniet ein weiterer Opferdiener, der den Kopf des Stiers festhält (am Horn und den Nüstern), damit das Opfer vollzogen

---

167 Vgl. Gnann, Entwürfe (s. Anm. 102), 45; Shearmann, Cartoons (s. Anm. 101), 122; Mohr/Wetzig, Inspiration (s. Anm. 146).

168 Vgl. L. Mohr, Das Opfer zu Lystra, in: Koja (Hg.), Raffael (s. Anm. 101), 126–129 (126 f.).

169 Vgl. Gnann, Entwürfe (s. Anm. 102), 45.

170 Vgl. Mohr/Wetzig, Inspiration (s. Anm. 146), 169; Florenz, Uffizien, Inv.-Nr. 82.

171 Vgl. Mohr/Wetzig, Inspiration (s. Anm. 146), 169 f.

172 Vgl. Mohr/Wetzig, Inspiration (s. Anm. 146), 170.

werden kann.[173] Ein junger Mann aus der Menge, rot bekleidet, wird beim Versuch, die Opferung zu verhindern, dargestellt. Darum verteilt befindet sich die Menge, in deren Mitte ein weiterer Stier zu erkennen ist.

Eine schmale Gasse, die als vertikale Sichtachse fungiert, trennt die auf der Tapisserie rechts stehenden Figuren Barnabas, Paulus und einen Mann mit Widder von der sich auf der linken Seite befindenden Menschenmenge. Im Vordergrund findet sich ein Opferaltar, von dem aus die schmale Gasse zu einer auf einem Sockel stehenden Hermes-Statue[174] im hinteren Bildbereich führt. Statt des dreibeinigen Altars seiner Vorlage fügt Raffael einen viereckigen Girlandenaltar ein, der an römischen Grabaltären orientiert ist.[175] Die Hermes-Statue weist die Hermes-Attribute Hut (Petasos), Heroldstab, Flügelsandalen und langes Haar auf. Sie kann als Anspielung auf die Deutung des Paulus durch die Menge verstanden werden[176] und zugleich als Hinweis auf den Glauben der Menge und des Priesters in Lystra.[177] Paulus und Barnabas sind auf Stufen stehend, und somit erhöht, am rechten Rand der Tapisserie abgebildet. Säulen trennen sie zusätzlich von der Menge. Zwischen ihnen und dem Mann, der im Begriff ist, den Stier zu opfern, befindet sich eine bildliche Barriere in Form des Altars und zweier Kinder, die hinter dem Altar stehen, ein Flötenspieler, wie auf dem Sarkophagrelief und zusätzlich ein Kind mit einem Kasten.[178] Paulus, in Rot und Blau gekleidet, wird würdevoll und stark und mit einem ausdrucksstarken Kopf porträtiert.[179] Er greift sich an den Kragen seiner Kleidung und wendet den Kopf, so dass er von der Menge abgewandt ist. Seine Blickrichtung führt zu einer am unteren Bildrand stehenden Figur, die einen Widder als weiteres Opfertier

---

173  Vgl. Gnann, Entwürfe (s. Anm. 102), 46.
174  Die Körperhaltung der Statue ist an den Typus Hermes Andros-Farnese angelehnt. Die Statue weist ein rechtes Standbein und linkes Spielbein auf, der rechte Arm ist angewinkelt in die Hüfte gestemmt, der linke Arm hängt herab und der Kopf ist nach recht gewandt und geneigt. Vgl. Mohr/Wetzig, Inspiration (s. Anm. 146), 171.
175  Vgl. Mohr/Wetzig, Inspiration (s. Anm. 146), 170.
176  Vgl. Mohr, Opfer (s. Anm. 168), 127; Mohr/Wetzig, Inspiration (s. Anm. 146), 171.
177  Vgl. Mohr/Wetzig, Inspiration (s. Anm. 146), 171.
178  Vgl. Gnann, Entwürfe (s. Anm. 102), 46; Mohr/Wetzig, Inspiration (s. Anm. 146), 170.
179  Vgl. Gnann, Entwürfe (s. Anm. 102), 46.

herbeibringt.[180] Barnabas, hinter Paulus stehend, hält die Hände zum
Gebet vor seiner Brust. Die von Raffael gewählte Darstellung stellt
nicht die Heilung selbst dar, sondern greift den Aspekt der Erzählung
heraus, der das Besondere der Episode in Lystra enthält. Aus dem
Missverständnis um die Personen Paulus und Barnabas aufgrund der
Heilung, möchte die Menge ihnen opfern. Der dargestellte Griff des
Paulus an seinen Kragen verweist auf Apg 14,14a.[181]

Die interne Analogie, die in der neutestamentlichen Apostelgeschichte zu Petrus als Heiler gezogen wird, findet sich auch innerhalb
der Apostelgeschichte Raffaels. Petrus wird ebenfalls als Heiler dargestellt, wofür auch hier seine erste Heilung, die Heilung eines Gelähmten, gewählt wurde. Auch bei dieser Tapisserie wird ein Aspekt
der Erzählung dargestellt, der vom Erzähler besonders narrativ ausgestaltet wurde, die Begegnung des Mannes mit den Aposteln und
Heilung des Mannes. Drei Säulenreihen fungieren als trennendes
Mittel zwischen den Figurengruppen. Die gewundene Säulendarstel-
lung gründet Raffael auf antiken Beispielen, die er in St. Peter vorgefunden hat.[182] Petrus, mit einem roten Umhang bekleidet[183] steht im
Mittelpunkt der Darstellung. Johannes wird mit einem hellen Umhang und einem blauen Untergewand dargestellt und der Gelähmte
mit einer gelben Tunika mit rotem Rand.[184] Eine Gruppe Frauen, die

---

180  Vgl. Mohr, Opfer (s. Anm. 168), 126.
181  Vgl. auch Lang, Paulus (s. Anm. 98), 69.
182  Vgl. A. Debenedetti, The Raphael Cartoons, in: dies (Hg.), Cartoons (s.
     Anm. 100), 18–25 (21); Gnann, Entwürfe (s. Anm. 102), 39.
183  Hier variiert der Wandteppich vom Karton, auf dem Petrus mit einem gelb-
     en Umhang dargestellt wird. Raffael verwendet die Farbe der Gewänder als
     Mittel zur Identifizierung der Hauptfiguren. Wieso sie auf dem Wandtep-
     pich geändert wurde, ist nicht bekannt, möglicherweise hängt die Differenz
     mit Ausbesserungen am Teppich zusammen. Vgl. Karafel, Apostelgeschichte
     (s. Anm. 101), 66; Evans/De Strobel, Catalogue, in: Evans/Browne/Nessel-
     rath (Hg.), Raphael (s. Anm. 102), 87; Lang, Paulus (s. Anm. 98), 65. Vgl. auch
     Nesselrath, Acts (s. Anm. 101), 320f. zum wunderbaren Fischfang und zum
     Opfer in Lystra: »In the Sacrifice at Lystra the lame man had been using
     crutches before Paul healed him, which are both lying on the ground in the
     cartoon, while in the tapestry the foremost one has been put further back
     and a pegleg has been located in its previous place« (S. 321).
184  Auch hier findet sich eine Differenz zur Darstellung auf dem Karton, wo
     Johannes mit einem roten Umhang und einem grünen Untergewand abge-
     bildet ist und der Gelähmte eine blaue Tunika trägt. Die Differenzen
     könnten auf eine Erneuerung am Teppich hindeuten. Vgl. Evans/De Stro-
     bel, Catalogue (s. Anm. 183), 87; Lang, Paulus (s. Anm. 98), 65.

sich nach der Geburt eines Kindes reinigen möchten, und andere Figuren sind ebenfalls abgebildet. Sie werden Zeugen der Heilung des Mannes durch Petrus und Johannes. Die Blickrichtungen der Figurengruppen links und rechts zeigen zur Bildmitte und sind somit auf Petrus, Johannes und den Mann gerichtet. Die Betonung dieser drei als Bildmittelpunkt wird einerseits dadurch erreicht, dass die sie flankierenden Säulen größer und breiter erscheinen als die anderen Säulen,[185] andererseits auch »durch den Wandabschluss im Hintergrund, an dem sich eine Ädikula schemenhaft im Lampenlicht abzeichnet. Sie führt die durch kräftige Farbe hervorgehobenen Hauptfiguren zusammen und bekrönt sie zugleich.«[186] Die Darstellung scheint das Geschehen mitten in einer Bewegung einzufangen, die Teil der Heilung ist: Petrus hat den rechten Arm des Mannes genommen und richtet ihn auf. Der Mann wiederum ist dabei, sein linkes Bein zu heben.[187] Die Abbildung des Wandteppichs fängt hier anscheinend die Beschreibung des Heilungsvorgangs ein und stellt Petrus so als Heilenden dar.

## 5. Schluss

Die Darstellung des Paulus auf dem achten Wandteppich entspricht dem Aspekt der Erzählung, dem der Erzähler von Apostelgeschichte 14,8–13 den meisten Raum gewährt. Apg 14,8–13 läuft auf das Missverständnis bezüglich der Person des Paulus (und des Barnabas) zu, das so weitreichend ist, dass ihnen sogar geopfert werden soll. Dies wurde als Repräsentation der Erzählung für die Darstellung auf der Tapisserie gewählt. Raffael zeigt die Reaktion der Menge und des Priesters und in seiner Darstellung der Figur des Paulus deutet er bereits den Übergang zur sachlichen Richtigstellung durch ihn und Barnabas an, die damit beginnt, dass beide ihre Kleidung zerreißen.

Dieser Versuch, ihm (und Barnabas) zu opfern, zeigt in bestechender Weise, wie groß die göttliche Macht ist, die durch Paulus wirkt. Die Menge und der Priester des Zeus erkennen sie, deuten sie aber falsch. Somit ist die Wahl dieser Heilung sehr treffend, um Pau-

185 Vgl. Gnann, Entwürfe (s. Anm. 102), 39.
186 Gnann, Entwürfe (s. Anm. 102), 39.
187 Vgl. Lang, Paulus (s. Anm. 98), 65.

lus im Bildprogramm der Sixtinischen Kapelle in seiner Rolle als Heiler zu porträtieren.[188]

188 Ich danke Saskia Breuer, André Visinoni und Lucas Froemberg für das Korrekturlesen sowie für ihr Feedback zu diesem Beitrag.

# Rome as ›lieu de mémoire‹ in 2 Timothy*

*Luc Bulundwe*


In his *De finibus bonorum et malorum* (5.1.2), Marcus Tullius Cicero writes about the evocative power of memory that lies in geographical location. Recounting his habit of taking a walk with friends and relatives in the gardens of Plato's Academy in Athens, he claims, through the mouth of his friend Thereupon Piso:[1]

I am reminded of Plato, the first philosopher, so we are told, that made a practice of holding discussions in this place; and indeed the garden close at hand [...] not only recalls his memory but seems to bring the actual man before my eyes. [...] such powers of suggestion do places possess. No wonder the scientific training of the memory is based upon locality.

According to 2 Timothy (1:17), Rome might be the last place to have seen the apostle Paul alive, but fettered. In light of Cicero's quote, one

* »Lieu de mémoire« is traditionally translated as »realm of memory«. However, as we will show (see footnotes 29–31), the word »realm« involves immaterial sites. In this contribution, we will be more focused on how memory can be anchored to geographical places. For this reason, we will rather speak of »place of memory« or »lieu de mémoire« in French, even when the link to the geographical location becomes more abstract and symbolic.
I would like to express my deepest gratitude to the organisers of the research seminar held in Rome in November 2019, Professors Jörg Frey, Jens Schröter and Martin Wallraff, as well as the Centro Melantone's staff, and particularly M. Tom Siller. Without them this publication would not have been possible. I received thought provoking questions and remarks from the participants of the *Paulus* research seminar, thanks to all of them, it helped me a lot to improve my paper. My thanks also go to Dr. Kevin Buton-Maquet, Dr. Dogara Ishaya Manomi, M. Ruben Binyet and M. Calen Gayle for the proofreading and the useful suggestions provided. They saved me from many errors. All that remain are, of course, my responsibility. Last but not least, I thank my supervisor, Professor Andreas Dettwiler, for his unwavering support and the way he challenges me to give my best.
1 M. T. Cicero, De finibus bonorum et malorum, Book 5, English translation: Rackham Harris, London et al. 1961, 391.

would make the assumption that 2 Timothy's author does not name the Eternal City[2] as the last place Paul visited aimlessly. While it is difficult, on the basis of the available texts – above all: Acts, 1 Clement and the *Corpus Paulinum* –, to know with certainty what Paul did in his last years of life in Rome,[3] the capital city of the Empire remains crucial in building the memory of the Apostle to the nations.[4] This is

---

2  S.M. Hom, Consuming the View. Tourism, Rome, and the Topos of the Eternal City, Annali D'Italianistica 28 (2010), 93–94, features the expression »Eternal City« (*Urbs Aeterna*). She shows that Rome was first called this way by the Roman poet Tibullus in the 1st century B.C.E.

3  J.M.G. Barclay, Introduction. The Last Years of Paul's Life. What are the Issues?, in: A. Puig i Tàrrech/J.M.G. Barclay/J. Frey (ed.), The Last Years of Paul. Essays from the Tarragona Conference, June 2013, WUNT 352, Tübingen 2015, 1–14 (7), underlines that the »early Christian sources« (the Acts of the Apostles, 1 Clement and 2 Timothy), portray a heroic figure but »answer few if any of our historical questions«. The sentence describes 1 Clement in Barclay's text but shows a tendency for the two other texts. It is interesting that one of the hypotheses for 2 Timothy's authorship is precisely granted to Luke. See: C.F.D. Moule, The Problem of the Pastoral Epistles. A Reappraisal, BJRL (1965), 430–452; S.G. Wilson, Luke and the Pastoral Epistles, London 1979; M. Frenschkowski, Pseudepigraphie und Paulusschule. Gedanken zur Verfasserschaft der Deuteropaulinen, insbesondere der Pastoralbriefe, in: F.W. Horn (ed.), Das Ende des Paulus. Historische, theologische und literaturgeschichtliche Aspekte, BZNW 106, Berlin/Boston 2001, 263–264; Y. Redalié, Les épîtres pastorales, in: D. Marguerat (ed.), Introduction au Nouveau Testament. Son histoire, son écriture, sa théologie, MdB 41, Geneva ⁴2008, 335; J. Herzer, Den guten Kampf gekämpft. Das Ende des Paulus im Spiegel des Zweiten Timotheusbriefes und der frühchristlichen Überlieferung, in: R. Hoppe/M. Reichardt (ed.), Lukas – Paulus – Pastoralbriefe, FS Weiser, SBS 230, Stuttgart 2014, 343; R. Riesner, Paul's Trial and End according to Second Timothy, 1 Clement, the Canon Muratori, and the Apocryphal Acts, in: Puig i Tàrrech/Barclay/Frey (ed.), The Last Years of Paul, 396–397. D. Marguerat, Paul après Paul. Une histoire de réception, NTS 54 (2008), 317–337 (329), identifies Acts and the proto-Pauline letters in 2 Timothy's sources. That could explain, to some extent, the role of Rome in the two writings. Going back to Barclay, he then outlines that if the Martyrdom of Paul and the Acts Paul tell more about Paul's death, they follow the same tendency of presenting »Paul as an exemplary figure« that should be historically questioned. See one more time Herzer, Den guten Kampf gekämpft, 366–369.

4  Rome is preeminent not only in the Acts of the Apostles but also in the letter to the Romans and 2 Timothy. The analysis will point out that the relationship between these two epistles is not meaningless, as does M. Theobald, Israel-Vergessenheit in den Pastoralbriefen. Ein neuer Vorschlag zu ihrer historisch-theologischen Verortung im 2. Jahrhundert n.Chr. unter besonderer Berücksichtigung der Ignatius-Briefe, SBS 229, Stuttgart 2016, 94–109 among others

at least what emerges from the New Testament canon.[5] If Paul set by himself his own memory,[6] the process of memory construction is further intensified in one of the first receptions of his work, namely the deutero-Pauline epistles. Among them, the second letter to Timothy is the only one that refers explicitly to Rome. Why does the author of 2 Timothy mention Rome? What role does the Eternal City play in the letter? These are the central questions this paper shall address. To do so, first, we will begin by presenting 2 Timothy's historical background. Second, the definition of »memory« will be given to shed light on the concept of »lieu de mémoire«. Third, in view of the first two parts, we will show that Rome's mention in 2 Timothy can be seen as a means to make the city a *must* for any follower of the Apostle to the nations. Indeed, the letter invites its addressees to join Paul in Rome. By doing so, we can say that 2 Timothy, and other documents at the turn of the 1st and 2nd centuries C.E., try to redirect Christianity away from Jerusalem to Rome, in the conquest of the Roman Empire »and to the ends of the earth« (Acts 1:8b; 2 Tim 4:17, καὶ ἀκούσωσιν πάντα τὰ ἔθνη).[7]

has also recently shown. According to him (110–116) the two letters should be considered as both extremities of the Pauline corpus.

5  See footnote 4.

6  On Paul building his own memory in his letters, see J. Frey, Das Selbstverständnis des Paulus als Apostel, in: J. Schröter/S.D. Butticaz/A. Dettwiler (ed.), Receptions of Paul in Early Christianity. The Person of Paul and His Writings Through the Eyes of His Early Interpreters, BZNW 234, Berlin 2018, 115–142. See also the book Introduction, J. Schröter/S.D. Butticaz/A. Dettwiler, Introduction, 3–22, in particular 5–6: »At what point did receptions of Paul begin? There are letters that were written or dictated by Paul himself. One could argue, therefore, that receptions of Paul started after these, with the deutero-Pauline letters, the Acts of the Apostles, with apocalypses written under the name of Paul, etc. However, such a view would probably be too simplistic. In his letters, Paul constructs a distinct image of himself and ›his‹ gospel. [...] Receptions of Paul do not only begin after Paul wrote his letters, but with those letters themselves.« and before, see: J. Becker, Paul. L'apôtre des nations, translated from German by J. Hoffmann, Théologies bibliques, Paris et al. 1995, 95–101.

7  For C. Karakolis, Paul's Mission to Hispania. Some Critical Observations, in: Puig i Tàrrech/Barclay/Frey (ed.), The Last Years of Paul (s. Anm. 3), 516, based on A. Weiser, Der zweite Brief an Timotheus, EKK 16/1, Düsseldorf et al. 2003, 323, »The expression πάντα τὰ ἔθνη in 2 Tim 4,17 most probably presents the image of a courtroom that is filled with representatives from all different parts and nations of the empire, which, historically speaking, may not be entirely out of place, considering the multiethnic and multicultural character

## 1. A Farewell Speech That Closes the Corpus Paulinum

Since the beginning of the 19th century,[8] Titus, 1 and 2 Tim are known as the Pastorals. Over the century, a threefold consensus[9] has emerged that the Pastorals 1) were written by the same author, 2) as a collection, 3) after Paul's death. Since the early 1990s,[10] this consensus has been challenged to lead to three new research trends: 1) whereas some exegetes, particularly in the German-speaking exegesis, remain convinced of the relevance of the threefold consensus,[11] 2) a growing

of the city of Rome«. The nickname: *Caput Mundi*, that means, literally: »Head of the World«, shows this feature of the city, Hom, Consuming the View (see n. 2), 94.107–108.

8 C. Spicq, Les Épîtres Pastorales. Vol. 1, Paris [4]1969, 31; P. N. Harrison, The Problem of the Pastoral Epistles, Oxford 1921, 13–14 and M. Gourgues, Les deux lettres à Timothée. La lettre à Tite, CB.NT 14, Paris 2009, 43 show that the term »Pastorals« already appears at the beginning of the 18th century. First for Titus, which David Nikola Berdot describes as a pastoral epistle in 1703, and then for the two letters to Timothy, which Paul Anton uses in the same way in 1726. Harrison and Gourgues specify that Paul Anton's conferences were about the pastoral teachings of the Pauline epistles.

9 Gourgues, Les deux lettres à Timothée (see n. 10), 44 and J. Herzer, Fiktion oder Täuschung? Zur Diskussion über die Pseudepigraphie der Pastoralbriefe, in: J. Frey et al. (ed.), Pseudepigraphie und Verfasserfiktion in frühchristlichen Briefen. Pseudepigraphy and Author Fiction in Early Christian Letters, WUNT 246, Tübingen 2009, 489–536, who points out the impact of Ferdinand Christian Baur's book: »Die sogenannten Pastoralbriefe«, published in 1835, on the development of this consensus. Baur's study itself depend to a large extent on Friedrich Schleiermacher's work on 1 Tim, which Baur spread to the three Pastorals. Herzer thus stress (489) that a minority of exegetes denounce a methodological bias at the origin of this consensus, as early as Baur's work, which consists in extending true remarks for one of them (1 Tim) to the other Pastorals.

10 As evidenced by H.-U. Weidemann, Die Pastoralbriefe, ThR 81 (2016), 353–403, and the website reporting all the latest publications on the Pastorals: pastoralepistles.com, the already extensive literature on the three letters has gained in intensity in the last decade. J. Herzer, Abschied vom Konsens? Die Pseudepigraphie der Pastoralbriefe als Herausforderung an die neutestamentliche Wissenschaft, ThLZ 129 (2004), 1267–1282, is key to measure the paradigm shift in the research on the Pastorals at the turn of the 20th and the 21st centuries.

11 While this trend is vast and not all authors could be named, a front line can be sketched around P. Trummer, Die Paulustradition der Pastoralbriefe, BET 8, Frankfurt a. M. et al. 1978; M. Wolter, Die Pastoralbriefe als Paulustradition, FRLANT 146, Göttingen 1988; H. Merkel, Die Pastoralbriefe, NTD 9/1, Göttingen et al. 1991 and most recently A. Merz, Die fiktive Selbstauslegung des Paulus. Intertextuelle Studien zur Intention und Rezeption der Pastoral-

minority acknowledges at least one of the Pastorals to be authentic.[12]
3) The third and burgeoning tendency considers that the three epistles
would benefit from being studied each for its own sake, without necessarily questioning the pseudepigraphy.[13] This third trend has made it

briefe, NTOA/SUNT 52, Göttingen 2004 and Theobald, Israel-Vergessenheit (see n. 4). In the French-speaking world, Y. Redalié, Paul après Paul. Le
temps, le salut, la morale selon les épîtres à Timothée et à Tite, MdB 31, Geneva 1994, is an important relay of this interpretative line. In the Anglo-Sax-
on world, one of the particularly noteworthy commentaries in this line is the
one of R. F. Collins, 1 & 2 Timothy and Titus. A Commentary, NTL, Louisville 2002.

12  Herzer reads Titus and 2 Timothy as proto-Pauline and has been publishing
several other papers that also changed the face of the classical trend. One
programmatic paper has been published in 2004 (see n. 10) and one of the lasts
that sum up his opinion is the following: Zwischen Mythos und Wahrheit.
Neue Perspektiven auf die sogenannten Pastoralbriefe, NTS 63/3 (2017),
428–450. In the 2004 paper, Herzer relies extensively on L. T. Johnson, The
First and Second Letters to Timothy. A New Translation with Introduction
and Commentary, AncB 35A, New York 2001. Johnson comments the two
letters as written by the historical Paul. Spicq, Les Épîtres Pastorales (see n. 8);
M. Prior, Paul the Letter Writer and the Second Letter to Timothy, JSNT-
Sup 23, Sheffield 1989 and J. Murphy O'Connor, 2 Timothy Constrasted with
1 Timothy and Titus, RB 98 (1991), 403–418, could be seen as pioneers of this
trend. More or less influenced or relaying on it, one would also mention,
among others: P. H. Towner, The Letters to Timothy and Titus, NICNT,
Grand Rapids et al. 2006; S. Bénétreau, Les épîtres pastorales. 1 et 2 Timothée, Tite, CEB 26, Vaux-sur-Seine 2007; Gourgues, Les deux lettres à Timothée (see n. 7), who is closer to the Fragment hypothesis, which sees parts of
authentic letters in the Pastoral epistles. See Harrison, The Problem of the
Pastoral Epistles (see n. 7) for more details about the Fragment hypothesis;
R. W. Wall/R. B. Steele, 1 & 2 Timothy and Titus, Grand Rapids et al. 2012;
A. N. Kirk, The Departure of an Apostle. Paul's Death Anticipated and Remembered, WUNT II 406, Tübingen 2015, 218–219 and G. Bray, The Pastoral Epistles. 1 Timothy, 2 Timothy, Titus, ATC, London et al. 2019.

13  Johnson, The First and Second (see n. 12), 63–64, believes that this grouping
biases the historical analysis of the letters by attributing certain characteris-
tics of the letters to each other. As shown in the note 11, Herzer follows Johnson on this point, as shown in the former note (see n. 12). For R. Fuchs, Uner-
wartete Unterschiede. Müssen wir unsere Ansichten über die Pastoralbriefe
revidieren?, BM 12, Wuppertal 2003, 175, even titled his fourth chapter: »Abschied von ›den‹ Pastoralbriefen« what Towner, The Letters to Timothy and
Titus (see n. 12), 88–89, took over and translated »Farewell to ›the Pastoral
epistles‹«. In addition to these authors, Gourgues, Les deux lettres à Timothée (see n. 8), 39, cites chronologically: G. D. Fee, Toward a Theology of 2
Timothy – From a Pauline Perspective, The SBL 1997 Seminar Papers, Atlanta 1997, 732–749; La Bible de Jérusalem (1998), based mainly on Prior and
Murphy O'Connor's studies; W. A. Richards, Difference and Distance in

clear that several lines of research, topics or problematic cannot concern the three letters in the same way. This is the case for the end of Paul in Rome. It is therefore possible to inscribe our contribution to it. 2 Timothy's biggest specificity is its literary genre.[14] Whereas 1 Tim and Titus have been likened to administrative letters, 2 Timothy contains testamentary features and has a much more personal character. In spite of this difference, the qualifier »Pastorals« points out their lexical and historical proximities. In sum, we consider that 1 and 2 Timothy and Titus form a differentiated unit in which each letter benefits from being analysed for itself. Regarding the historical back-

Post-Pauline Christianity. An Epistolary Analysis of the Pastorals, StBL 44, New York et al. 2002; G.M. Wieland, The Significance of Salvation. A Study of Salvation Language in the Pastoral Epistles, Milton Keynes 2006; J.W. Aageson, Paul, the Pastoral Epistles and the Early Church, Peabody 2008, among the exegetes that also argue for the treatment of every letter for its own sake (39) and refers (41) to James Moffatt who claims, as early as the beginning of the 20th century (1901), that the designation of »pastoral« is so inadequate and misleading as to be retained and used as rarely as possible, for reasons of convenience, see J. Moffatt, An Introduction to the Literature of the New Testament, Edinburgh ³1920, 566. Gourgues also questions this qualification of the letters for semantic reasons, among others. He argues in a subtle way and tries, in particular, not to use the adjective »Pastorals«. See also M. Engelmann, Unzertrennliche Drillinge? Motivsemantische Untersuchungen zum literarischen Verhältnis der Pastoralbriefe, BZNW 192, Berlin 2012, in particular 111, and from the same author: »Ich, Paulus«. Die Paulusbilder der Pastoralbriefe, in: M. Lang (ed.), Paulus und Paulusbilder. Konstruktion – Reflexion – Transformation, ABG 31, Leipzig 2013, 221–276, where Engelmann shows how different are the images of Paul built in each letter.

14  On 2 Timothy's literary genre, see: Wolter, Die Pastoralbriefe als Paulustradition (see n. 11), 222–241 and Weiser, Der zweite Brief an Timotheus (see n. 7), 7–41. For 2 Timothy's literary genre as differentiation factor between the Pastorals, see (chronologically): Prior, Paul the Letter Writer (see n. 12), 168; Murphy-O'Connor, 2 Timothy Constrasted, 403–418 and idem, Paul et l'art épistolaire. Contexte et structures littéraires (Études annexes de la Bible de Jérusalem), Paris 1994, 78 where he affirms: »Sufficient evidence has now been gathered to be able to state conclusively that 2 Timothy is clearly different from 1 Timothy and Titus.« In the original French: »On a recueilli à présent suffisamment d'indices pour pouvoir affirmer indiscutablement que 2 Tm se distingue nettement de 1 Tm et de Tite«; Redalié, Les épîtres pastorales (see n. 3), 329–348; Collins, 1 & 2 Timothy and Titus (see n. 11), 185; Herzer, Den guten Kampf gekämpft (see n. 3), 339–344 and M. Gourgues, Temps court et temps long, temps urgent et temps courant. Une tension interne dans la seconde lettre à Timothée, in: M. Leroy/M. Staszak (ed.), Perceptions du temps dans la Bible, EB 77, Leuven et al. 2018, 397–399, who relies to a large extent on Prior and Murphy-O'Connor quoted studies.

ground of production, from the overview of research and our own textual analysis,[15] we conclude that: 1) The author of 2 Timothy is a Gentile Christian from Asia Minor;[16] 2) he would have familiarity with a first collection of Paul's letters and referred to them in his own writings, at the turn of the first and the second century C. E.,[17] probably between 95 and 110; 3) they could have circulated first in Asia Minor, and then more widely in the Mediterranean Rim;[18] 4) 2 Tim-

15  Some details of each statement can be found in the footnotes.

16  This point is related to the second and third on whose footnotes it is key to rely. We locate the author in Asia Minor mainly because of Timothy's role in this region. He is from Lystra (Acts 16:1) and 2 Timothy mentions Asia (1:15) and Ephesus (1:18; 4:12). Moreover, the Pastoral epistles do not appear in any of Paul's letters collection until the end of the 2nd century, at the earliest, since the first mention seems to be the Muratorian fragment at the end of the 2nd century. However, Ignatius of Antioch and Polycarp seem to be inspired by the Pastorals, in the first half of the 2nd century already. Both are coming from Asia Minor. For this use of the Pastorals in these two Apostolic Fathers, see Merz, Die fiktive Selbstauslegung (see n. 11), 72–194 (114–140 for Polycarp and 141–187 for Ignatius) and Theobald, Israel-Vergessenheit (see n. 4), 330–331.

17  The writing of the Pastorals can be dated between 95 and 117 C.E., or even until 130. 95 to 98 corresponds to the most probable dating of 1 Clement. See Clément de Rome, Epître aux Corinthiens, SC 167, introduction, traduction, notes and index by A. Jaubert, SC 167, Paris ²2000, 19–20. The three letters seem to have been written at the same time as 1 Clement, as shown, among others, by A. Lindemann, Paul's Influence on ›Clement‹ and Ignatius«, in: A. F. Gregory/C. M. Tuckett (ed.), Trajectories through the New Testament and the Apostolic Fathers, New Testament and the Apostolic Fathers 2, New York 2007, 9–24. Regarding the date of the epistles of Ignatius of Antioch, several hypotheses are made. Some of them, as Ignace d'Antioche, Polycarpe de Smyrne, Lettres, Martyre de Polycarpe, introduction, traduction et notes de P. A. Camelot, SC 10bis, Paris ⁴2007, 13 and 49, aim at the end of Trajan's reign and the death of Ignatius of Antioch, between 110 and 117 CE. 95 and 117 CE would thus correspond to the end of the Pastorals because their influence on 1 Clement is uncertain while Ignatius of Antioch seems to be inspired by them. However, Ignatius's martyrdom is debated. Theobald, Israel-Vergessenheit (see n. 4), 252–331, therefore only relies on Polycarp martyrdom to set 156 as the most certain terminus ante quem of the Pastorals (331). E. Norelli, La tradition paulinienne dans les lettres d'Ignace, in: Schröter/Butticaz/Dettwiler (ed.), Receptions of Paul (see n. 6), 519–551, sketch the debate and locates Ignatius's letters between 110 and 130 (522). The Pastorals could even have been written at least 10 to 20 years before Ignatius's letters, that show another development of the church's hierarchy.

18  For the first limited circulation in Asia Minor, see footnotes 15 and 16. Wall, with Steele, 1 & 2 Timothy and Titus (see n. 12), 19, also argue in this way. Without going so far, J. Schröter, Sammlungen der Paulusbriefe und die Ent-

othy would have been written as a farewell speech. Considering the memory approach, its goal could be to close the Pauline corpus.[19]

## 2. A Social Memory Approach – Methodological Benchmarks

### 2.1 *Remembering to Bridge a »Breakdown in Tradition«*[20]

The memory approaches cover a wide range of disciplines and authors.[21] In biblical scholarship, the field is relatively young.[22] New Tes-

stehung des neutestamentlichen Kanons, in: idem/Butticaz/Dettwiler (ed.), Receptions of Paul (see n. 6), 799 (cf. 1st footnote), also implies an independent elaboration and circulation of the Pastorals as a corpus in a close area first.

19  From manuscript studies (H.-J. Klauck, Ancient Letters and the New Testament. A Guide to Context and Exegesis [translation of: Die antike Briefliteratur und das Neue Testament], Waco 2006, 324–325 and Schröter, Sammlungen der Paulusbriefe [see n. 18], 818, according to whom Paul's letters follow a chronological sequence in the Muratorian Fragment), literary studies (T. Glaser, Paulus als Briefroman erzählt. Studien zum antiken Briefroman und seiner christlichen Rezeption in den Pastoralbriefen, NTOA/StUNT 76, Göttingen 2009, 170–171) as well as from the Pastorals geography (U. Schnelle, Einleitung in das Neue Testament, UTB 1830, Göttingen ⁸2013, 411), 2 Timothy can be seen as the third and last of the Pastoral epistles, in a canonical perspective. As such, it would be at the end of the Pauline corpus and would refer to several Pauline epistles, in particular retracing the features of the apostle Paul and closing his teaching. The epistle would also draw in the Acts of the Apostles, according to the image of Paul in the letter (see 2 Tim 3:11, 4:11.19). About the proximity between Acts and 2 Timothy, see footnote 3. About 2 Timothy showing Paul facing death, among others, see: Barclay, Introduction (see n. 3), 7; Herzer, Den guten Kampf gekämpft (see n. 3), 340. and Kirk, The Departure of an Apostle (see n. 12), 222–232.

20  We discovered this expression in S. D. Butticaz, The Construction of Apostolic Memories in the Light of Two New Testament Pseudepigrapha (2 Tm and 2 Pt), ASE 33/2 (2016), 342 (see n. 7 of Butticaz's paper). It translates Jan Assmann's concept of *Traditionsbruch*, see: Das kulturelle Gedächtnis. Schrift, Erinnerung und politische Identität in frühen Hochkulturen, C. H. Beck Kulturwissenschaft, München 1992, 32. 157. 193–194. 218. The english translation (*Breakdown in Tradition*), is originally from A. Kirk, Social and Cultural Memory, in: idem/T. Thatcher (ed.), Memory, Tradition, and Text. Uses of the Past in Early Christianity, SemeiaSt 52, Leiden 2005, 6. Butticaz specifies that he also relies on W. Kelber's use of the same concept in Kirk and Thatcher's book, see: The Works of Memory. Christian Origins as Mnemo-History – A Response, 243–244.

21  C. Keith who published two articles that offer a detailed state of research about memory approaches in the field of the New Testament gospels: Social Memory Theory and Gospels Research. The First Decade (Part One), EC 6/3 (2015), 354–376 and Social Memory Theory and Gospels Research. The First Decade (Part Two), EC 6/4 (2015), 517–542, shows (Part One, 358) that many

tament exegetes draw mainly from the works of Maurice Halbwachs on collective memory, and Jan Assmann on cultural memory.[23] Collective memory[24] is focused on the living members of a group as social levers of memory. Halbwachs talks about »social frameworks« (cadres sociaux) of memory. Cultural memory,[25] on the other hand, identifies other media, as texts, that can pass on memories *post mortem*. The latter fits better 2 Timothy, considered as a deutero-Pauline document. Following Simon Butticaz's reading of the event, the death of the apostles can be seen as a »breakdown in tradition« (*Traditionsbruch*).[26] The

authors from different fields of study contributed to the development of the memory approaches and a critical view of memory, such as Freud, Marx, Lévi-Strauss, Nietzsche, Foucault, Derrida, Gadamer, Nora or Ricoeur. For this reason, and before going further with the concept of memory, here is one definition from J. K. Olick/J. Robbins, Social Memory Studies. From ›Collective Memory‹ to the Historical Sociology of Mnemonic Practices, Annual Review of Sociology 24 (1998), 112: »[A]s a general rubric for inquiry into the varieties of forms through which we are shaped by the past, conscious and unconscious, public and private, material and communicative, consensual and challenged. We refer to distinct sets of mnemonic practices in various social sites, rather than to collective memory as a thing«.

22  Keith, Social Memory (Part One) (see n. 21), 354–355, identifies Halbwachs's first quotation in biblical scholarship in R. L. Wilken, The Myth of Christian Beginnings, University of Notre Dame Press 1971, several years before memory theories developed as a specific field of study in biblical sciences. Keith specifies that *Les cadres sociaux de la mémoire*, Paris 1925, one of Halbwachs major works on memory with *La mémoire collective*, Paris 1950, will be translated in English only twenty years after Wilken's book, in the 1990's.

23  Keith, Social Memory (Part One) (see n. 21), 356 mentions Jens Schröter and Cilliers Breytenbach as pioneers who applied Jan and Aleida Assmann's theories on cultural memory to biblical texts. He also quotes Kirk/Thatcher (ed.), Memory, Tradition, and Text (see n. 20). We can also mention E. Norelli, La notion de ›mémoire‹ nous aide-t-elle à mieux comprendre la formation du canon du Nouveau Testament?, in: P. S. Alexander/J.-D. Kaestli (ed.), The Canon of Scripture in Jewish and Christian Tradition/Le canon des Écritures dans les traditions juive et chrétienne (PIRSB 4), Prahins 2007, 169–206; Butticaz, The Construction of Apostolic Memories (see n. 20); S. D. Butticaz/E. Norelli, Memory and Memories in Early Christianity. Proceedings of the International Conference held at the Universities of Geneva and Lausanne (June 2–3, 2016), WUNT 398, Tübingen 2018, 1; Olick/Robbins, Social Memory Studies (see n. 21), 106–108. See now S. Hübenthal, Gedächtnistheorie und Neues Testament: Eine methodisch-hermeneutische Einführung, UTB 5904, Tübingen 2022.

24  Halbwachs, Les cadres sociaux de la mémoire (see n. 22), 6.

25  Assmann, Das kulturelle Gedächtnis (see n. 20), 34–50.

26  See above, n. 20.

answer of the »emerging Christianity« was to start writing in order to face the challenge of passing on their legacy.[27] In this context 2 Timothy builds a specific and subtle memory of Paul referring to his letters with the symbolic dimension that lies in the deposit (ἡ παραθήκη; 1:12–14). In light of the memory approaches, this deposit and »what Timothy heard from Paul« (καὶ ἃ ἤκουσας παρ' ἐμοῦ διὰ πολλῶν μαρτύρων; 2:2) could be two subtle references to some of the proto-Pauline letters, maybe to a proto-collection. A detailed study[28] shows that the author relies, at least, on Rom, 1 Cor, Phil and Philemon.

27  Butticaz, The Construction of Apostolic Memories (see n. 20), 343–344, talks about a »Twofold Safety Mechanism«. The first one corresponds to the writing of the gospels as construction of Jesus's memory (reference to D.C. Allison Jr., Constructing Jesus. Memory, Imagination, and History, Grand Rapids 2010), and the second one to the pseudepigraphy as way to build the memory of the apostles. 2 Timothy is included in the second mechanism.
28  Such a detailed intertextual study would go well beyond the scope of this contribution. However, it is crucial to sketch briefly to what extent these links are plausible. Some of them will be shown later (see n. 37), specifically the links between Romans and 2 Timothy. See, for instance, N. Brox, Die Pastoralbriefe, RNT 7/2, Regensburg ⁴1969, 68; G. Lohfink, Die Vermittlung des Paulinismus zu den Pastoralbriefen, BZNS 32 (1988), 169–188 and Weiser, Der zweite Brief an Timotheus (see n. 7), 64–66. For Lohfink, the Pastorals draw in the Pauline corpus and shape the Pauline figure through the lens of their own time perception of the Apostle to the nations. Annette Merz and Michael Theobald, in particular, ask again the question of the relationship of the Pastorals to a Pauline collection. For the latter – see Theobald, Israel-Vergessenheit (see n. 4), 56–57 –, the existence of a collection in which 2 Timothy would refer to different letters depends above all on the link with Romans. The two letters would represent the two endpoints. For the former – see Merz, Die fiktive Selbstauslegung (see n. 11), 232 and Amore Pauli. Das Corpus Pastorale und das Ringen um die Interpretationshoheit bezüglich des paulinischen Erbes, ThQ 187 (2007), 274–294 (here 277–278) –, the Pastorals play the very role of a reception filter and must rely on a pauline collection: »Es geht ihr um die ›Wirkung, die die späteren Texte auf die Interpretation der von ihnen als Quellen verwendeten Orthographen [= der echten Paulinen] hatten. […] Wenn wir […] mit der Mehrheit der Exegeten davon ausgehen dürfen, dass die Pseudepigraphen tatsächlich mit der Absicht geschrieben wurden, die Empfänger über den Autor zu täuschen, dann dürfen wir die faktische Wirkungsgeschichte der pln. Pseudepigraphen, als Rezeptionsfilter der orthonymen Paulinen gewirkt zu haben, nicht mehr von vornherein als irrelevant für die auktorial intendierte Wirkung betrachten. Wenn die Pseudopaulinen als Paulusbriefe zusammen mit den echten Paulinen gelesen werden wollten, dann ist auch ernsthaft damit zu rechnen, dass auf diesem Wege bestimmte authentisch paulinische Aussagen aus den Orthonymen zurechtgerückt, andere entschärft, andere verstärkt werden sollten««. The links with

## 2.2  Places as Carriers of Memory

Today, the concept of »*lieu de mémoire*« (realm of memory) is mainly metaphoric and refers to multiple studies, amongst which one of considerable scope led by the French historian Pierre Nora[29] about his nation's collective memory. The historian defines the realm of memory as areas crossed by numerous dimensions of commemoration from the most concrete to the most abstract.

Before Nora's project, in 1941, Halbwachs's book *La Topographie légendaire des Évangiles en Terre Sainte*, already took into account the significance of geographical places in the social process of remembering. Applying a kind of form criticism to the locations to which the

1 Cor depend mainly on the images of Paul and Timothy. Paul's apology of his apostolic authority in 1 Cor 9 seems to be an inspiration in 2 Timothy. See the metaphors 1 Cor 9:6–7 // 2 Tim 2:3–7; the race metaphor 1 Cor 9:24 // 2 Tim 4:7 and the use of δόκιμος and ἀδόκιμος in 1 Cor 9:27 // 2 Tim 2:15; 3:8. A last intertext could be seen in 1 Cor 15:32 // 2 Tim 4:17, about the fight against wild animals, see Merz, Die fiktive Selbstauslegung (see n. 11), 46–48. About Timothy, the main link is the reference to Timothy as Paul's »beloved and faithful child in the Lord« (τέκνον ἀγαπητόν; 1 Cor 4:17 // 2 Tim 1:1) and, moreover, who has to »remind Paul's teaching everywhere« (ἀναμνήσει [...] ἐν πάσῃ ἐκκλησίᾳ διδάσκω; 1 Cor 4:17 // 2 Tim 1:11). Such a universal consideration of Paul's teaching, instead of preaching for instance, cannot be a coincidence. Paul's teaching becomes a key feature in the Pastorals, but 1 Cor 4:17 is the only place where the Tarsian uses the verb διδάσκειν in first person singular. Furthermore, 1 Cor 4:16 evokes the *imitatio pauli*, a key motif of 2 Tim. See Kirk, The Departure of an Apostle (see n. 12), 237–238, who shows the proximity between 1 Cor and 2 Tim and even sees a parallel between 2 Cor 5:6–8 and 2 Tim 4:18. 2 Tim 4:6–8 could be seen as »a re-writing of Phil 2,16–17«, according to Gourgues, Les deux lettres à Timothée (see n. 8), 333. See also Weiser, Der zweite Brief an Timotheus (see n. 7), 305–308 and L. Bulundwe, 2 Timothy 4:6–8 as Paradigm of the Apostle Paul's Legacy, AJSS 4/4 (2017), 418–419. Lastly, the proximity with Philemon appears obvious with the prison context. Several terms attest to it: τῷ συστρατιώτῃ, verse 2 // 2 Tim 1:8; 2:3; 4:5; χαρᾶς, verse 7 // 2 Tim 1:4; εὔχρηστος, verse 11 // 2 Tim 4:11 and the greetings verse 25 // 2 Tim 4:22.

29 P. Nora, Les lieux de mémoire, 3 vol., Quarto, Paris 1984–1993. One hundred and thirty »lieux de mémoire« are identified by more than hundred scholars working with Nora. Here is a short definition: Nora, Les lieux de mémoire, t. 1, 1984, 7: »all the meanings of the word, from the most material and concrete [...] to the most abstract. Crossroad places, therefore, crossed by multiple dimensions«. In the original French: »tous les sens du mot, du plus matériel et concret [ ] au plus abstrait. D]es lieux carrefours donc, traversés de dimensions multiples«. Nora's first volume, at least, has been translated into English by A. Goldhammer. See: P. Nora/L.D. Kritzman, Realms of Memory. The Construction of the French Past, vol. 1: Conflicts and Divisions, New York 1996.

Gospels testify, and especially their destiny in the early Christian traditions, Halbwachs highlights the intrinsic link between tradition and location. These places have a role to play for the followers of this heritage. Halbwachs is therefore not interested here in the historical value of the gospels. But as a sociologist, he is studying the role of topography in the »creation and evolution of the pious traditions«.[30] He then notes that the intensity of the topographical creations depends on the changing needs of faith. In other words, depending on the needs of a faith community, it will concentrate its efforts not only on relating to certain myths but especially on anchoring them in certain places. In that respect, a »*lieu de mémoire*« can be a geographical location or a space that produces a resonance effect.[31] If this resonance takes on a collective dimension of commemoration, it becomes a »*lieu de mémoire*«.[32]

This finding is similar to that of Butticaz based on the Assmanian concept of *Traditionsbruch*. The first believers in Jesus who witnessed the death of the apostles in 60 C.E. produced texts to commemorate what happened and pass on the apostles's legacies. Considering that the spatial dimensions of myth would parallel the mapping of perceived space,[33] the concept of »lieu de mémoire« focuses one's attention on the way some key places contribute in generating and foster-

---

30  H. Bernier-Farella, Maurice Halbwachs, La Topographie légendaire des Évangiles en Terre sainte. Étude de mémoire collective, RHR (online) 1 (2012), accessed online at: http://journals.openedition.org/rhr/7850 (accessed 28 March 2022); in the original French: »la création et l'évolution des traditions pieuses«.

31  A. Assmann, How History Takes Place, in: I. Sengupta (ed.), Memory, History, and Colonialism. Engaging with Pierre Nora in Colonial and Postcolonial Contexts, London 2009, 151–165 (158): »Whatever we have consciously or unconsciously invested in them will later produce the specific effect of a ›resonance‹«. As mentioned in the first footnote, the concept of »realm of memory«, in Nora's project, takes into account immaterial sites, such as certain figures, events, or symbols. However, we are focusing here on geographical locations, even when they take a symbolic value. In that respect, our use of the concept of »lieu de mémoire« is more similar to the one of A. Assmann than the one of P. Nora.

32  Assmann, How History Takes Place (see n. 31), 159: »When we move from me-memory to we-memory, that is, from individual *lieux de souvenir* to collective and cultural *lieux de mémoire*, we move from embodied forms of remembering to disembodied and reembodied cultural practices of commemoration«.

33  Bernier-Farella, Maurice Halbwachs (see n. 30).

ing a tradition. It does not matter whether something historically crucial did happen in the actual place, inasmuch as the *naming* of the latter within *a writing that has become sacred* is sufficient to *grant it some authority.*

This reality goes beyond the New Testament and early Christian traditions. Aleida Assmann[34] shows indeed that the usage is drawn from the Hellenistic and Roman art of creating memory. She claims that »the ancient Roman art of memory [...] created durable props for the notoriously unstable memorising capacities by combining specific *loci* (places) with *imagines* (images)«.[35] This leads us to examine Rome as a place of memory in 2 Timothy. The mention is brief and anecdotal, indeed, but it is the only one that attests the Tarsian sojourn in Rome in one of his own letters.

## 3. The Letter to the Romans as Background

Paul's will and testament appears mainly at both ends of 2 Timothy (1:1–2,13; 4:6–8.16–18), and specifically in the fourth chapter. Here, Frey[36] asserts that »the form of a ›literary testament‹ is chosen to focus on Paul as a true martyr who has fought the good fight to the end, finished the race, and kept the faith to receive the crown of righteousness [2 Tim 4:7–8]. Paul's captivities and martyrdom are now ultimately canonized as something to be rewarded at the day of Christ«. The heart of the letter is rather focused on what Timothy has received from Paul and is now responsible for passing it on to faithful human beings literally (ἄνθρωποι 2,1–2; see also 3:10–11). This is expressed in ethical terms. If the author mentions Rome explicitly at 1:17, the first chapter looks similar to the one of the letter to the Romans. This proximity creates an implicit link with the Eternal City and the role it played in the Tarsian's missionary project. We will analyse this proximity before the explicit mention.

---

34 Assmann, How History Takes Place (see n. 31).
35 Assmann, How History Takes Place (see n. 31), 151.
36 J. Frey, Paul the Apostle. A Life Between Mission and Captivity, in: Puig i Tàrrech/Barclay/Frey (ed.), The Last Years of Paul (see n. 3), 576. Frey also talks (553) of Paul's martyrdom as »the ›seal‹ to his mission«. This illustration is mostly influenced by 2 Tim 4:6–8, in a canonical perspective.

Several exegetes have pointed out the proximity between Romans and 2 Timothy.[37] One would identify at least three points of comparison: 1) The two letters's thanksgivings; 2) 2 Timothy's *exordium* (2 Tim 1:6–14) in comparison to Romans's *propositio* (Rom 1:16–17) and 3) the use of Rom 6:8 in 2 Tim 2:11–13 about the water baptism. Other details could also be pointed out, as the similarities between 2 Tim 2:20 and Rom 9:21 metaphors – Theobald talks about parables – or David's lineage both mentioned in Rom 1:3 and 2 Tim 2:8.[38] The first two points of comparison reveal Paul's fascination for Rome and this is why we will consider them only.

### 3.1 The Romans's Propositio Becomes 2 Timothy's Exhortation

Let us begin first with Romans's main thesis (1:16–17) and 2 Timothy's *exordium* (1:6–14), or Paul's »self-recommendation«.[39] This section can be isolated by an *inclusio* phenomenon between the two references of πνεῦμα (vv. 7 and 14). While the Holy Spirit is explicitly referred to in verse 14, it is the link to the gift received by God through the laying on of Paul's hands, in verse 6, that suggests that verse 7 also

---

37  For the proximity between Romans and the Pastorals, see among others Lohfink, Die Vermittlung des Paulinismus, (see n. 28), 169–170; M. Wolter, Paulus, der bekehrte Gottesfeind. Zum Verständnis von 1Tim 1:13, NT 31 (1989), 48–66. For 2 Timothy specifically, see: Weiser, Der zweite Brief an Timotheus (see n. 7), 103; Gourgues, Les deux lettres à Timothée (see n. 8), 245–248; the most detailed comparison is probably that of Theobald, Israel-Vergessenheit (see n. 4), 94–110, which culminates in a chart summarizing the intertextual links between the three Pastorals and Romans (110); see lastly M. Wolter, Der Apostel und sein Schüler. 2 Timotheus 1:1–18, in: R. Bieringer (ed.), 2 Timothy and Titus Reconsidered, MRB 20, Leuven 2018, 24–25.
38  Theobald, Israel-Vergessenheit (see n. 4) discusses the five links in detail: The thankgsivings (94–97); 2 Timothy's *exordium* and Rom *propositio* (97–102); David lineage (102–105); The baptism *topos* of Rom 6:8 used in 2 Tim 2:11–13 (105–108) and two parables (108–110).
39  The »self-recommendation« is a key feature of ancient epistolography. It allows the author to introduce himself by supporting his own legitimacy to his addressees. See F. Schnider/W. Stenger, Studien zum neutestamentlichen Briefformular, NTTS 11, Leiden et al. 1987, 50–68. In the pseudepigraphic letters, it can be expanded to emphasize the profile of the fictitious author and sometimes also be placed in the body of the letter, to bring the author into the very content of his letter. This is what shows A. Dettwiler, Christologie et existence apostolique dans Colossiens et Ephésiens, in: C. Raimbault (ed.), Paul et son Seigneur, LD 271, Paris 2018, 229–255 (230–231). For the detailed comparison between Rom 1:16 and 2 Tim 1:6–14, see Theobald, Israel-Vergessenheit (see n. 4), 97–99.

refers to the Holy Spirit. Still in terms of structure, the section forms a chiasmus (scheme: A-B-C-B'-A') with a soteriological statement at its center (vv. 9–10).[40] The key words that stand out as pillars of this structure are the »spirit« (πνεῦμα), already quoted (verses 7 and 14); the »power« (δύναμις) of God (verses 7, 8 and 12); »love« (ἀγάπη; verses 7 and 13); the absence of shame (μὴ οὖν ἐπαισχυνθῇς; verses 8 and 12); suffering (συγκακοπαθέω verses 8 and 12); the inner gift (τὸ χάρισμα τοῦ θεοῦ, ὅ ἐστιν ἐν σοί; verses 6 and 14); and the Gospel (τό εὐαγγέλιον; verses 8 and 11). Considering the distribution of these expressions, the chiastic process marks an enhancement around the climax of verses 9 and 10. The structure is thus built around two emphatic nodes: the soteriological statement of 9–10, but also the symmetrical exhortative framework surrounding it. The two depend on each other. The framework highlights the exhortation that begins in verse 6 and reminds (ἀναμιμνῄσκειν) to »revive the gift of God« (ἀναζωπυρεῖν τὸ χάρισμα τοῦ θεοῦ). Meanwhile, verses 9 and 10 ground the exhortation with a soteriological statement that inscribes the apostle Paul's suffering for the sake of the gospel (1:8) in the saving work of Christ manifesting not only God's grace but also his power (δύναμις).[41]

The *exordium* theme invites Timothy – read also the addressees – not to be ashamed of Paul, introduced next to the Christ Jesus in the text, according to the Gospel, which will also be referred to as the Gospel of Paul in 2:8. The beginning of Paul's inscription to the Romans (1:16a): »For I am not ashamed of the gospel; it is the power of God for salvation to everyone who has faith«, shows how close the two texts are. 2 Timothy develops an exhortation linked to the conviction of the apostle to the Romans in which the recipient becomes the one who is supposed to be able to respond in the same way as Paul. For Theobald,[42] who also draws on the conclusions of Glaser, Weiser and Lips,[43] the proto-Pauline thesis takes on an existential dimension

---

40  Among others, see: Redalié, Paul après Paul (see n. 11), 104–105; Collins, 1 & 2 Timothy and Titus (see n. 11), 194.

41  This shows that if Paul is the only apostle and the example to be followed in the Pastorals, he is nonetheless himself following Christ, as stressed by R. F. Collins, The Image of Paul in The Pastorals, LTP 31/2 (1975), 147–173 (172).

42  Theobald, Israel-Vergessenheit (see n. 4), 99–100.

43  H. v. Lips, Glaube – Gemeinde – Amt. Zum Verständnis der Ordination in den Pastoralbriefen, FRLANT 122, Göttingen 1979, 158; Weiser, Der zweite Brief an Timotheus (see n. 7), 112; T. Glaser, Paulus als Briefroman erzählt.

in 2 Timothy. This confession must be pronounced publicly and its consequences can be dramatic, especially in the light of 2 Timothy's mention of persecutions (3:11–12).

### 3.2  Paul's Fascination for Rome as Anchor Point

Let us go on with the second point of comparison: the thanksgivings. They contain the most important links. At least eight common elements can be highlighted between Rom 1:8–12 and 2 Tim 1:3–5:1) the thanksgiving (εὐχαριστῶ Rom 1:8; Χάριν ἔχω 2 Tim 1:3); 2) addressed to God (τῷ θεῷ μου Rom 1,8; τῷ θεῷ 2 Tim 1:3); 3) the worship offered to God (ᾧ λατρεύω Rom 1:9; ᾧ λατρεύω 2 Tim 1:3); 4) the relentless character of Paul's intercession (ἀδιάλειπτον 2 Tim 1:3; ἀδιαλείπτως Rom 1:9); 5) the memory of the recipients (μνείαν ὑμῶν ποιοῦμαι Rom 1:9; ἔχω τὴν περὶ σοῦ μνείαν 2 Tim 1:3); 6) constant prayer (πάντοτε ἐπὶ τῶν προσευχῶν Rom 1:10; ἐν ταῖς δεήσεσίν μου νυκτὸς καὶ ἡμέρας 2 Tim 1:3); 7) the strong desire to see those to whom the letter is addressed (ἐπιποθῶ γὰρ γὰρ ἰδεῖν ὑμᾶς Rom 1:11; ἐπιποθῶν σε ἰδεῖν 2 Tim 1:4) and 8) the faith of the recipients (ἐν ὑμῖν διὰ τῆς ἐν ἀλλήλοις πίστεως Rom 1:12; ἐν σοὶ ἀνυποκρίτου πίστεως 2 Tim 1:5).

Still in the first chapter, the comparison has to be extended from a thematic point of view, at least about the feature of »shame«. In Rom 1:16, Paul proclaims: »For I am not ashamed of the gospel; it is the power of God for salvation to everyone who has faith«.[44] In 2 Tim 1:8, this claim becomes an exhortation to follow, with almost exactly the same words, with Paul as part of the »Gospel«: »Do not be ashamed, then, of the testimony about our Lord or of me his prisoner, but join with me in suffering for the gospel, relying on the power of God«. This proximity is not innocuous.

Going back to the thanksgivings, the seventh lexical link is the most interesting about Rome. In Rom 1:11, in light of Paul's travel plans, his willingness to meet the Romans can be seen as a strong desire to reach Rome.[45] In 2 Tim 1:4, Paul wants to see Timothy. No

---

Studien zum antiken Briefroman und seiner christlichen Rezeption in den Pastoralbriefen, NTOA/StUNT 76, Göttingen 2009, 247.

44 For this quote of the New Testament in English and the others on pages 12 and 13, we use the New Revised Standard Version (NRSV).

45 C. Reynier, Vie et mort de Paul à Rome, Paris 2016, 14, talks about Rome as the »object of an eager desire« from Paul, in the original French: »objet d'un désir passionné« de Paul. Reynier shows in the following pages (15–22), that

clear willingness to go to Rome is expressed. However, in 2 Tim 4:9 and 21, the recipient discovers that he is the one who has to satisfy Paul's desire to meet each other, expressed in 1:4.[46] In other words, the geographical perspective sheds light on the need to go to Rome. Stated differently, 2 Timothy's author might build on Paul's fascination for Rome in the epistle to the Romans to implicitly urge his recipients to go to Rome. The explicit mention of Rome in 2 Tim 1:17 would confirm this hypothesis. By honouring Onesiphorus's bravery in Rome – he was looking for Paul and he found him, in spite of the danger – the *auctor ad Timotheum* is now urging Paul's real followers to reach the Eternal City. A glance at Rom 15:22–24, 28–29, 32[47] shows that, while Paul wants to go to Rome, even eagerly, he does not have the goal to complete his journey there. In 2 Timothy, Rome seems to be the final destination. A look at the status of personal records in the letter shows that they might well support 2 Timothy's exhortation, above the concern of fitting Paul's biography.

this does not just come out from the Acts of the Apostles (see Acts 19:21b; 23:11; 25:12; 27:24) but also from the letter to the Romans. About Acts 19:21b, Kirk, The Departure of an Apostle (see n. 12), 44, stresses that: »Commentators are divided as to whether this verse refers to a human decision [...] or a decision guided by the Holy Spirit«. Kirk »thinks the latter« and one would agree that, in Acts, the emphasis is not on Paul's willing. His journey to Rome is part of a broader project whose designer is the Holy Spirit.

46  Weiser, Der zweite Brief an Timotheus (see n. 7), 40, underlines that the feature of the apostolic parousia in which Paul hopes to reach his recipients is now reversed. Whereas in Rom, Paul is longing to go to Rome to announce the Gospel (εὐαγγελίσασθαι) to the »brethren« (Rom 1:11,15), in 2 Timothy Paul is urging Timothy to come to him (2 Tim 1:4 is related to Rom 1:11 but the call to come to him is in 2 Tim 4:9, 21).

47  R. Bieringer, The Jerusalem Collection and Paul's Missionary Project. Collection and Mission in Romans 15.14–32, in: Puig i Tàrrech/Barclay/Frey (ed.), The Last Years of Paul (see n. 3), 26–27, drew our attention on Paul's »[m]issionary principle of not preaching the gospel where others have already preached it« that tempers the role of Rome in the Tarsian's travel diary. In the same book, see also: Riesner, Paul's Trial and End (see n. 3), 394, who points out that, whereas Rome is a crucial leg in Paul's journey, »[w]hen [...] the preaching of the Gospel had been ›fullfilled‹ [πεπληρωκέναι] in the East [Rom 15:19], he still had to reach the Gentiles at the farthest western ›end of the earth‹ with the Gospel [cf. Rom 15:23–24].« Moreover, in Riesner's understanding, »for the apostle the mission to Spain was [...] an eschatological necessity.«

## 4. From history to narrative – necessity of a Roman mention

### *4.1  The Second Imprisonment*[48] *Theory*

Rome's mention appears in a brief autobiographical narrative (1:15–18):

15 You are aware that all who are in Asia have turned away from me, including Phygelus and Hermogenes. 16 May the Lord grant mercy to the household of Onesiphorus, because he often refreshed me and was not ashamed of my chain (τὴν ἅλυσίν μου οὐκ ἐπαισχύνθη); 17 when he arrived in Rome (ἀλλὰ γενόμενος ἐν Ῥώμῃ), he eagerly searched for me and found me 18 – may the Lord grant that he will find mercy from the Lord on that day! And you know very well how much service he rendered in Ephesus.

The personal record refers to the preceding exhortation (1:6–14). As the other notices (1:3, 5; 3:11, 15; 1:8; 4:6–8, 10–11, 13, 16–18),[49] its purpose could be to make 2 Timothy fit in the framework of Paul's personal correspondence.[50] However, a research overview shows that such an interpretation has created more problems than it has solved. Indeed, if this note seems to give a detail on Paul's life that corresponds to the biographical framework of Acts particularly – Paul would have gone to Rome –, Onesiphorus is unknown in the other texts of the New Testament. Moreover, against the historicity of this biographical extract, one can, for example, highlight certain inconsistencies around the description of Paul's imprisonment in Rome (1:17). The references to Paul's chains (1:8, 16) and sufferings (1:8, 12) make it difficult, if not impossible for some exegetes, to concur with the Lukan account of Acts 28:28;[51] in particular verses 30 and 31 which refer to: 1) renting one's own home (ἐν ἰδίῳ μισθώματι); 2) free

---

48  Paul's experiences of captivity exceed the framework of our contribution, focused on 2 Timothy and Rome. For an overview of the different stays in prison and the related sources available, see for instance: Frey, Paul the Apostle (see n. 36), 570–573, particularly thought provoking for the assumption of an imprisonment in Ephesus.

49  J. Luttenberger, Prophetenmantel oder Bücherfutteral? Die persönlichen Notizen in den Pastoralbriefen im Licht antiker Epistolographie und literarischer Pseudepigraphie, ABG 40, Leipzig 2012, identifies only 1:3, 5; 3:15; 1:8, 15; 4:10–11, 13, 16 as personal notices.

50  Redalié, Paul après Paul (see n. 11), 126–127; Merkel, Die Pastoralbriefe (see n. 11), 60; Collins, 1 & 2 Timothy and Titus (see n. 11), 214 and above all Luttenberger, Prophetenmantel oder Bücherfutteral? (see n. 49), 14–15.

51  Merkel, Die Pastoralbriefe (see n. 11), 60; Gourgues, Les deux lettres à Timothée (see n. 7), 267.

reception of guests (ἀπεδέχετο πάντας τοὺς εἰσπορευομένους πρὸς αὐτόν); 3) freedom of preaching and teaching (κηρύσσων [...] καὶ διδάσκων [...] μετὰ πάσης παρρησίας ἀκωλύτως) for two full years (διετίαν ὅλην). This contrast led the researchers to consider two distinct stays of Paul in prison in Rome.[52] As early as the fourth century, Eusebius of Caesarea (Hist. eccl. 2.22.2) already sees a difference between Acts (Acts 28:17–31) and 2 Timothy, evoking a second period of detention in the same city, during which he would have written 2 Timothy. According to Eusebius, the apostle is said to have reached Spain in between the two. He thus makes Paul's wish (Rom 15:23–24.28) a reality. Between the two stays in prison, Paul would also have continued his missionary activity, as attested by 1 Tim and Titus.[53]

*4.2 Adjective or Proper Noun, How to Translate Ῥώμη?*
Another hypothesis, formulated first by Duncan,[54] locates 2 Timothy at the time of Paul's captivity in Caesarea, described in Acts 24–26. In addition to the inconsistencies between 2 Tim 1:8, 12, 16 and Acts 28:30–31, the main argument remains on the proximity between 2 Tim 4:9–12, on the one hand, and Col 4:7–14 and Phm 24, on the other. This hypothesis complicates the explanation of an imprisonment in Rome in 2 Tim 1:17, prior to that of Caesarea, as Gourgues[55] points out. This is where some have pointed out, subtly, that ῥώμη can very well be translated as an adjective – meaning: filled with courage or vigorously – and not as the proper noun form referencing the Eternal City. In doing so, Gineste[56] translates 2 Tim 1:16–17 with the following sentence, which he considers »more coherent«: »He was not

52  Becker, Paul. L'apôtre des nations, (see n. 6), 551.
53  See Gourgues, Les deux lettres à Timothée (see n. 8), 267. The discussion of these assumptions on Paul's journeys and stays in prison goes beyond the framework of our paper. For a more detailed discussion, see the book from Puig i Tàrrech/Barclay/Frey (ed.), The Last Years of Paul (see n. 3), and specifically for 2 Timothy the two following papers: Riesner, Paul's Trial and End (see n. 3) and J. Herzer, The Mission and the End of Paul Between Strategy and Reality. A Response to Rainer Riesner, in: Puig i Tàrrech et al. (ed.), The Last Years (see n. 5), 411–431. In the latter, the »Summary of the Arguments«, 427–430 is of particular interest.
54  D. G. Simpson, St. Paul's Ephesian Ministry. A Reconstruction with Special Reference to the Ephesian Origin of the Imprisonment Epistles, London 1929.
55  Gourgues, Les deux lettres à Timothée (see n. 8), 267.
56  B. Gineste, Genomenos en rhômè (2 Tm 1,17). Onésiphore a-t-il »été à Rome«?, RT 96 (1996), 67–106.

intimidated by my imprisonment, but rather *vigorously* demanded of me, and obtained«.[57]

The epistle would thus have been written during Paul's captivity in Caesarea (Acts 24–26). The episode of 2 Tim 1:15–18 would then refer to the courage of Onesiphorus in the trials Paul endured before. The strength of this hypothesis, as well as its validity, lies in the fact that it allows the story to correspond with a historically plausible framework of Pauline biography. Nevertheless, its weakness stems from the isolation of 1:15–18 interpretation. How do we consider the author's mentions of different cities in 2 Tim? If Ephesus is cited, as well as Asia in a hyperbolic way, it seems precisely that geographical places play a role, even a symbolic one. Moreover, Gourgues[58] points out that γενόμενος followed by the preposition ἐν and a place name corresponds to common usage (see Matt 26:6; Mark 9:33; Acts 13:5; GELNT, 160, § II 4a). Nevertheless, these hypotheses show that the reference to Rome is ambiguous. The personal records are precise enough to fit Paul's biography and vague enough for details and uncertainties not to be historically assessable. Either way, Rome had to be mentioned.

### 4.3 *Insights from Acts 28*

If Paul indeed went to Rome, however, the question remains: is it the same imprisonment as in Acts 28:30–31 or another one? It is true that in Acts 28 Paul resides in his own home and enjoys a great freedom that contrasts with other episodes. Nevertheless, in Luke's work he is also presented in chains and in a much more constraining situation at times, as in Acts 16:22–40. Just as in 2 Tim 1:16, there is also a reference to the Tarsian's chain (ἡ ἅλυσις μου), with the personal pronoun in the genitive. In Acts 28:20 the Lukan Paul speaks of »this chain« (ἡ ἅλυσις αὕτη), with the demonstrative pronoun. The two texts present two settings of Paul's death's narrative. If Acts 28 says nothing about the end of Paul's life, the rest of the work shows that the Lukan author knows it perfectly well (Acts 19:21; 20:17–38; 21:11). Luke thus remains silent about Paul's death in Rome for a specific purpose.[59]

---

57  Gineste, Genomenos en rhômè (see n. 56), 97.
58  Gourgues, Les deux lettres à Timothée (see n. 8), 268.
59  D. Marguerat, On Why Luke Remains Silent about Paul's End (Acts 28:16–31), in: Puig i Tàrrech/Barclay/Frey (ed.), The Last Years of Paul (see n. 3),

Firstly, he could be pleading for good relations between the state and the Christian communities.[60] Secondly, for the sake of literary coherence, the author portrays Paul as dominating the circumstances he encounters. Even when he is under military surveillance, between Acts 23:12 and 28:16, and perhaps in chains most of the time, Paul remains in control of what is happening to him. Thirdly, the Lukan author leaves the door open, above all, to other testimonies of »acts« in which the recipients of his work are called to be the actors. As he says at the outset (see Acts 1:8), the Gospel must reach the ends of the earth. This explains why Paul's death is not mentioned, even though it was announced beforehand in Acts.[61] This look at Acts 28 shows that the exhortative concern might exceed the historical framework.

## 5. A Place to Be for Paul's Followers

Likewise, in 2 Timothy the historical framework in which Paul is described is secondary to the exhortation which calls the recipients to be ashamed neither of the Lord nor of the Tarsian and to suffer with him

321–332, following passages 321, assumes Paul's »violent end as a reasonable historical hypothesis«. The swiss exegete shows that, from this assumption, the research has been focused on »historical and literary« reasons raised to explain Luke's silence.

60   The hypotheses are drawn from Becker, Paul. L'apôtre des nations (see n. 6), 549. For a detailed research overview, see Marguerat, On Why Luke Remains Silent (see n. 59), 305–332.

61   D. Marguerat, Les Actes des apôtres (13–28), CNT 5b, Geneva 2015, 387 sums up well the paradigmatic value of Luke's silence about Paul's death: »This last image of Paul has a paradigmatic value for the present of the readers. In the dynamics of a not yet completed mission, since it must reach the ›ends of the earth‹ (1,8), Paul stands out as the exemplary pastor: open to all, daring and bearer of a free word. The framework looks similar to the one the Lukan Christianity: the evangelist is sedentary, financially independent, and the space where Christian identity is composed is the home, a place that is both neutral and intimate, allowing the welcome of everyone – whatever their religious origin or social status.« In the original French: »Cette ultime image de Paul a valeur paradigmatique pour le présent des lecteurs. Dans la dynamique d'une mission non encore achevée, puisqu'elle doit atteindre les ›confins de la terre‹ (1,8), Paul se profile comme le pasteur exemplaire: ouvert à tous, audacieux et porteur d'une parole libre. Le cadre ressemble à celui de la chrétienté lucanienne: l'évangéliste est sédentaire, financièrement indépendant, et l'espace où se compose l'identité chrétienne est la maison, lieu à la fois neutre et intime permettant l'accueil de chacun – quels que soient son origine religieuse ou son statut social.«

(1:8; 2:3), in Rome.[62] In 2 Tim 1:8–14, the link between the Christ
Jesus and Paul and the description of the latter's sufferings are characteristic. They give the Tarsian an almost soteriological role.[63] For
the sake of consistency with the figure of the apostle and for the role
that the sufferings play in the exhortation, it is not possible to present
Paul as freely as in the Acts of the Apostles in 2 Timothy. Moreover,
as a testamentary letter, 2 Timothy does not focus so much on the
figure of Paul as on his legacy. The goal of the writing is therefore the
transmission of the deposit, on the one hand, and about encouraging
disciples to follow the Apostle to the Gentiles under conditions that
may seem difficult. For Esler,[64] the reason for the suffering, and more
particularly the imprisonment that is to be commemorated, makes it
possible to redefine the collective memory and the perception of the
identity of the recipient communities. Their affliction and their po-
tentially shameful collective identity as »suffering prisoners« now
place them on the side of Christ and his glory. To support this description of the apostle, the author of 2 Timothy even uses some de-
scriptions apparently taken from the Acts of the Apostles. In 2 Tim
3:11–12, he cites »persecutions and sufferings« that occurred in Antioch, Iconium, and Lystra (see Acts 13:14, 45, 50; 14:1–2, 5–6, 19) and
appends that all who wish to live godly in Christ, to whom the recipients are called, will be persecuted. These two verses support the argument that the conditions of the recipients could be particularly difficult. Nevertheless, as demonstrated, the historical status of this re-

---

62  Herzer, Den guten Kampf gekämpft (see n. 3), 368–369, argues in the same
    way, already about Rom 15:22–23, 28–29, 32. According to Herzer, the fact
    that Paul went to Rome seems to have been more a conviction than a proved
    historical fact.

63  See here above, the paragraph entitled: »The Romans' propositio becomes
    2 Timothy's exhortation« where we explain Paul's new status in a deutero-
    Pauline literature illustrated for Colossians and Ephesians by Dettwiler,
    Christologie et existence apostolique (see n. 39), 230–231.

64  P. F. Esler, »Remember My Fetters«. Memorialisation of Paul's Imprison-
    ment, in: P. Luomanen/I. Pyysiäinen/R. Uro (ed.), Explaining Christian Or-
    igins and Early Judaism. Contributions from Cognitive and Social Science,
    BIS 89, Leiden et al. 231–258 (254): »the way in which those wishing to propel
    a group in a particular direction re-construct group memories of one of its
    great figures from the past. The figure of an imprisoned Paul probably relates
    to a similar experience of suffering and imprisonment being experienced by
    some Christ-followers contemporary to these documents«.

mark is not what is at stake here.[65] This description of a suffering Paul as an example to follow (1:6–14) culminates in verses 1:15–18. Onesiphorus's narrative is therefore compelling in that it supports the exhortation and makes it concrete, but its role is not primarily to support Paul's authorship.[66] Let us then focus on what would have happened in Rome.

65 Most of the commentators question the plausibility of any real physical threat. Thus Theobald, Israel-Vergessenheit (see n. 4), 100, referring to Weiser, Der zweite Brief an Timotheus (see n. 7), 109–112, claims that the historical recipients should probably not have been in a situation of persecution. On the other hand, Lips, Glaube – Gemeinde – Amt (see n. 43), 158 shows that persecution had to be a plausible threat. He puts a new emphasis on the topos of suffering and even sees in it a way of differentiating 1 and 2 Timothy, on the one hand, and Titus, on the other hand, from the reception of the figures of Timothy and Titus in the Acts that refer to each of them, see: H. v. Lips, Die Timotheus- und Titusakten und die Leidensthematik in den Pastoralbriefen. Aspekte zur Entstehungszeit und Intention der Pastoralbriefe, EC 2 (2011), 219–241 (238–241). Considering the several persecutions, in the 60s as well as the beginning of the second century, we argue that a real threat should not be excluded, see: L. Bulundwe, Un évangile subversif. 2 Timothée au prisme d'une analyse sociologique de récit de soi, in: idem/C. Bergot (ed.), with the collaboration of S. D. Butticaz, Approches et méthodes en sciences bibliques. Enjeux d'un renouveau, Approches et méthodes en sciences bibliques: quoi de neuf?, RThPh 25 (2021), 17–35. This without neglecting the literary motif of suffering, the stakes of which have been demonstrated by Dettwiler, Christologie et existence apostolique (see n. 39), 249.

66 Redalié, Paul après Paul (see n. 11), 126; Merkel, Die Pastoralbriefe (see n. 11), 60 et Collins, 1 & 2 Timothy and Titus (see n. 11), 214, among others, consider the personal records as tools to make 2 Timothy plausible as written by the historical Paul. According to this assumption, personal information about Paul provided by 2 Timothy might be wrong. However, T. Manabu, Persönliche Korrespondenz des Paulus. Zur Strategie der Pastoralbriefe als Pseudepigrapha, NTS 56/2 (2010), 253–272 (256–259), which is part of the consensus that sees Pastorals as pseudepigraphic letters, argues that a falsification of data on the Pauline biography would have limited their chances of being received as authentic epistles. Thus, Manabu shows that the use of the personal records is subtler. The details offered in the autobiographical narratives cannot be assessed by anyone else than Paul, Timothy, or the other protagonists who are all supposed to be dead according to the intended date of the letter. Therefore, the focus is not only on making the writing plausible but also on sending a message that can be fitting a new historical context. D. G. Meade, Pseudonymity and Canon. An Investigation into the Relationship of Authorship and Authority in Jewish and Earliest Christian Tradition, WUNT 39, Tübingen 1986, would speak of »actualisation«. This means that the letter has its own goal, in which Rome is crucial for the historical addressees.

*5.1  En route to Rome, Following Onesiphorus*
From the beginning of the excerpt (verse 15), the author of 2 Timothy addresses his readers as witnesses, with the second person singular interpellation »οἶδας τοῦτο«. What does he know? That everyone in Asia has turned away from Paul, including Hermogenes and Phygelus. In verse 18, the author also recalls something known to his audience (σὺ γινώσκεις): Onesiphorus did him a lot of good in Ephesus. All the elements are gathered to suggest that these places are places of memory.[67] The two mentions of what the addressee knows are memory markers and three geographical places are cited: Asia, Rome and Ephesus. The call to remember them is also characteristic. If the epistle is addressed to Timothy, it is not impossible to think that it is addressed to people who are in Ephesus, in Asia Minor, or more precisely even in the Roman province of »Asia«. The fact that everyone in Asia turned away from Paul then resounds as a warning. If we add to this the exhortation of not being ashamed and to suffer with him, in verses 6 to 14, the fact of joining the Tarsian in Rome takes the dimension of a solemn call to follow his example and to take over what he started there. As previously noted, this is why Paul does not hope to reach Timothy but commends him to come before winter (2 Tim 4:9, 21).[68]

In other words, the symbolic meaning of this exhortation could be to follow Paul's footsteps in Rome. The researchers speak about a Pauline tradition,[69] what we would call his cultural memory.[70] The author would be calling upon his recipients to remember that the best way to follow Paul is to suffer as he did in Rome, for the sake of the

---

67  Weiser, Der zweite Brief an Timotheus (see n. 7), 135, builds the bridge with the feature of memory.

68  Weiser, Der zweite Brief an Timotheus (see n. 7), 40.

69  N. Brox, Die Pastoralbriefe, RNT 7/2, Regensburg ⁴1969; W. Stenger, Timotheus und Titus als literarische Gestalten. Beobachtungen zur Form und Funktion der Pastoralbriefe, Kairós 16 (1974), 252–267 and above all Trummer, Die Paulustradition der Pastoralbriefe (see n. 11) and Wolter, Die Pastoralbriefe als Paulustradition (see n. 11), 1988. M. Wolter, Die Entwicklung des paulinischen Christentums von einer Bekehrungsreligion zu einer Traditionsreligion, EC 1/1 (2010), 15–40 (15), opposes a religion of conversion (*Bekehrungsreligion*) to a religion of tradition (*Traditionsreligion*). For a more recent analysis of 2 Tim 1:1–18 from Wolter, see: Wolter, Der Apostel und sein Schüler (see n. 37).

70  See the above-mentioned definition from J. Assmann (for the original definition, see n. 25).

Gospel. The symbolism of the names used supports this reading.[71] Onesiphorus means the one who brings a profit, an advantage (ὀνίνημι). The root is reminiscent of Philemon verse 20 where Onesimus appears. For the opponents, Hermogenes seems to be an example of idolatry since his first name can mean »born of Hermes«, or Mercury for the Romans. In mythology, Hermes is considered as the messenger of the gods, among themselves and with mortals. The deity grants fortune but is also seen as the master of thieves. On the other hand, Phygelus comes from the root φεύγειν (to flee). Hasler links the term to the notion of »deceitfulness« (Schläuling), which recalls the meaning of Jacob's name, in the Hebrew Bible.[72] The proximity to δειλία (cowardice; 1:7) is probably not trivial. Phygelus thus appears as counter-example of the posture to which Timothy is called.

This symbolism, typical of the whole epistle, returns in particular in chapter 4, with Demas (4:10), Luke (4:11) and, once again, Onesiphorus (4:19). The two mentions of Onesiphorus thus produce an inclusive effect (See 2 Tim 1:15–18; 4:19). This small apparently autobiographical account would thus have an exhortative goal. The message underlying this illustration is that some members of the tradition may have failed the Apostle and that others, on the contrary, have sought to pursue Paul's example of »orthodoxy«, following the example of Onesiphorus in Rome. The latter then embodied a model of courage and tenacity[73] that contrasts with those who were ashamed

71 Except for 2 Timothy, Onesiphorus appears in the Acts of Paul as well as Hermogenes and Demas, most probably influenced by 2 Timothy. C. Moreschini/E. Norelli, Histoire de la littérature chrétienne ancienne grecque et latine. 1. De Paul à l'ère de Constantin, Geneva 2000 (Italian version 1995), 194, date the *terminus ad quem* of the Acts of Paul in 200 C.E. The influence is clearly from 2 Timothy to the Acts of Paul. Wall, with Steele, 1 & 2 Timothy and Titus (see n. 12), 232–233, sees the description of Phygelus, Hermogenes and Demas as »heretical adversaries of Paul« in the Acts of Paul as a »second-century haggadah midrash of 2 Timothy's Pauline biography [...] composed to help readers understand Paul's cryptic reference to the disaffection of ›all those in Asia‹ (1:15)«. If we add to this that οἶδας τοῦτο (verse 15) and σὺ γινώσκεις (verse 18) could be *inclusio* markers used to get the addressees attention, the symbolism of the names becomes even more thought-provoking.

72 V. Hasler, Die Briefe an Timotheus und Titus (Pastoralbriefe), ZBKNT 12, Zürich 1978, 60.

73 Collins, 1 & 2 Timothy and Titus (see n. 11), 217; Towner, The Letters to Timothy and Titus (see n. 12), 480; Gourgues, Les deux lettres à Timothée (see n. 8), 265–268.

and fell. The various obstacles overcome by Onesiphorus show the right attitude to have when following the Lord and Paul. This posture will be rewarded by obtaining the mercy of the Lord for his house on the day of judgment (ἐν ἐκείνῃ τῇ ἡμέρᾳ), as it appears twice as a prayer of the Apostle, in verses 16 and 18: »May the Lord have mercy on the house of Onesiphorus« (δῴη ἔλεος ὁ κύριος τῷ Ὀνησιφόρου οἴκῳ).

To sum it up, the narrative illustrates that there are two possibilities:[74] remembering Paul, as does Onesiphorus,[75] which means going to Rome, or, second option, following Phygelus and Hermogenes's example, which means turning away from Paul in Asia.[76] On the perspective of memory, the city of Rome embodies the faithfulness to Paul's (cultural) memory.[77] So why Rome?

### 5.2 Conquering Rome to Conquer the World

It results from the above that 2 Timothy's exhortation is illustrated by a call to its recipients to go to Rome. The book of Acts concludes in Rome to signify the gospel's proclamation to the ends of the earth (1:8). In 1 Clem. 5:6, another work from the end of the first century C.E. deemed very close to the Pastorals and probably written shortly after Acts[78], Paul is presented as a herald (κῆρυξ) in both East and

74  The syntagm δῴη ἔλεος, at the beginning of verse 16 put emphasis on the contrast between the two possibilities.

75  Collins, 1 & 2 Timothy and Titus (see n. 11), 217; Towner, The Letters to Timothy and Titus (see n. 12), 480. This ambivalence between following Paul or abandoning him comes back in chapter 4, with a new mention of the house of Onesiphorus, which further underlines its role as an example to follow.

76  Moreschini/Norelli, Histoire de la littérature chrétienne (see n. 71), 270, show that Irenaeus fought for the maintenance of communion between the churches of Rome and Asia, in the context of controversy on which day of the week to pick for the celebration of Passover. This historical background could explain this discrepancy between Rome and Asia.

77  The semantic field of memory, which appears from the beginning of the epistle (ἔχω μνείαν 1:3; μεμνημένος 1:4; ὑπόμνησιν λαβών 1:5), make Rome become a place where communities that claim to belong to Paul find a reason to remember. Paul's call to Timothy in 4:9 is a form of call to pilgrimage and indeed makes the Eternal City a place of memory. Rome becomes the place where one can »hunt down« the Apostle's way more diligently. Redalié, Paul après Paul (see n. 11), 105, who taught for a long time here in Rome and wrote his doctoral dissertation on the Pastorals speaks about 2 Tim 1,16–18 as an exhortative anamnesis (anamnèse exhortative).

78  See footnote 17 and Becker, Paul. L'apôtre des nations, (see n. 6), 551, for the relationship between the three writings about Paul's end in Rome.

West. If the epistle written from Rome to Corinth does not mention Rome here, in 1 Clem. 6:1 it nevertheless suggests that both Peter and Paul died there. By implicitly assuming Paul's death occurred in Rome, 1 Clement pleads especially for a universal mission of the apostle (1 Clem. 5:5–7). It seems to us that neither Acts nor 2 Timothy do otherwise. In all three works – at the turn of the first and second centuries CE – situating Paul's death in Rome is a way of showing that the apostle has completed his mission (see Gal 2:8), namely to evangelise the nations. Thus the whole world, if not the universe, may be represented by the imperial capital. By metonymy, to reach Rome with the Gospel means to reach the entire Roman Empire, even if it meant not mentioning Spain.

This connection between the conquest of Rome and the conquest of the Empire has been discussed and demonstrated in the study of Paul's ascent to Rome in Acts 23:12 to 28:31. Marguerat[79] had the intuition to bring this Tarsian's journey, as described by Luke, closer to the Greek foundation stories (κτίσεις). Butticaz[80] went a step further in his doctoral thesis by systematically comparing Acts and the Hellenistic foundation stories of the colonies. He concluded that the former imitates the latter with the aim of »launching Pauline Christianity to conquer the Roman *oikoumenè*«. 2 Timothy seems to be part of this same conquest. Moreover, Marie-Françoise Baslez claims that 1 Clem. 45:8 establishes the time and places of persecution as founding events[81] and prepares the »pilgrimage to the ›apostles‹ trophies«.[82] In the same

---

79  D. Marguerat, La première histoire du christianisme. Les Actes des apôtres, LD 180, Geneva et al. ²2003, 336.

80  S.D. Butticaz, L'identité de l'Eglise dans les Actes des apôtres. De la restauration d'Israël à la conquête universelle, BZNW 174, Berlin 2011, 383–456, see particularly the paragraph entitled: »La chrétienté à la conquête de l'Empire« (Christianity in the conquest of the Empire), 439–454. In the original French (453): »Luc lance la chrétienté paulinienne à la conquête de l'oikoumenè romaine«.

81  M.-F. Baslez, Les persécutions dans l'Antiquité. Victimes, héros, martyrs, Paris 2007, 171, even affirms, by quoting 1 Clem. 45,8, that »the martyrs have been inscribed by God in his memorial for eternity and constitute the references of Christian memory«. In the original French: »les martyrs ont été inscrits par Dieu dans son mémorial pour l'éternité et constituent les référents de la mémoire chrétienne .

82  Baslez, Les persécutions dans l'Antiquité (see n. 81), 172: claims that Clement of Rome »»exalts‹ the ›heroic apostles‹ Peter and Paul, ›columns‹ of the community, thus laying the foundations of a cult that will be embodied at the end of the 2nd century by the pilgrimage to the ›apostles‹ trophies«. In the origi-

way, the mention of Rome in Paul's canonical farewell speech not only strengthens the idea of the Eternal City as a place of memory for the emerging Christianity, but also Paul's role in it. The mention of Rome in 2 Timothy is thus twofold: on the one hand, it confirms that the Apostle to the Gentiles did indeed go there. On the other hand, it calls on his disciples to continue this mission of conquering Rome, thereby securing for Christianity a destiny that is, similarly, eternal.

## 6. Conclusion

In conclusion, considering 2 Timothy as a pseudepigraphic letter, written as a farewell speech at the beginning of the second century C.E. – where Paul's beloved son is called to join him swiftly – turns Rome into the »place to be« for any disciple who wishes to follow Paul faithfully. The Eternal City becomes a place of fulfilment of the Pauline mission and the Tarsian an »exemplary figure« for Christianity.[83] In that respect, Rome becomes a »*lieu de mémoire*« that focuses the cultural memory of the emerging Christianity on Paul's »teaching, [...] conduct and [...] suffering«.[84] Therefore, one could say that 2 Timothy precedes and prepares the literature of martyrdom related to Rome.

Ignatius of Antioch's journey to martyrdom shows that the way Paul's memory was built in 2 Timothy worked well in the 2nd century.[85] If Ignatius identifies himself with Christ walking towards the

nal French: »»exalte‹ les ›apôtres héroïques‹ Pierre et Paul, ›colonnes‹ de la communauté, posant ainsi les fondements d'un culte qui se matérialisera à la fin du IIe siècle par le pèlerinage aux ›trophées des apôtres‹«. This would coincide with the tradition in the Martyrdom of Paul 1–4 which depicts Paul's death, around 180–190 according to Barclay, Introduction (see n. 3), 6, the movement of »remembrance« is intensified through the time, up to Eusebius who brings closer Peter's and Paul's death in Rome (Hist. eccl. 2.25.5).

83 Barclay, Introduction (see n. 3), 7.

84 Barclay, Introduction (see n. 3), 7, sums up Paul's legacy in 2 Timothy. We showed that the παραθήκη refers to the seven proto-Pauline letters and here to Paul's teaching, whereas ethical instructions are more emphasized in the heart of the letter (2,13–4,5) with ethical exhortations, and the sufferings at both ends in 1:6–2,13 and 4:6–19, even if others also mention sufferings of persecutions, as 3:11.

85 The general framework of Ignatius of Antioch's journey to martyrdom recalls that of 2 Tim 4:6–8. We can take as an example the fact of being offered as a libation (σπένδεσθαι; 2 Tim 4:6 and Ignatius to the Romans 2.2; already in Phil 2.17). See Merz, Die fiktive Selbstauslegung (see n. 11), 185–187.

cross, his goal is not to reach Jerusalem, but Rome.[86] Hence further study could show that, along with the Acts of the Apostles and 1 Clement, 2 Timothy can be seen as a filter, which would have reoriented martyrdom from the beginning of the second century towards the heart of the Empire. According to Baslez,[87] this key role of Rome was to increase in the literature of the following centuries, proving that the process of building a memory of early Christianity, in which 2 Timothy took an active part, was successful. According to Aleida Assmann's[88] study of »*lieux de mémoire*«, the city that has the privilege of seeing a hero dying in its midst would be gratified with a form of »holiness«. Indeed, Paul surely did not reach Spain,[89] but according to 2 Timothy, he could have finished the race in Rome and would have led several generations of the first believers of Jesus in an assault on the Empire. Referring to the Pauline »Word of the Cross« (1 Cor 1:18–25), 2 Timothy thus tends to turn Paul's worst defeat into his most powerful victory, putting into action one of the Tarsian's most famous quotes: »for whenever I am weak, then I am strong« (2 Cor 12:10).

86  See Ignatius to the Ephesians 1.1–2 and 21.2.
87  Baslez, Les persécutions dans l'Antiquité (see n. 81), 173–174 and Reynier, Vie et mort de Paul à Rome (see n. 45), 203 shows the same tendency.
88  Assmann, How History Takes Place (see n. 31), 160, highlights the specific link between the place of memory and the heroic death of a character. »The memorability of a lieu de mémoire is built on various past incidents, which more often than not refer to the dying of a heroic death than to the living of an exemplary life. Wars, battles, rebellions, daring adventures, and tragic suffering stand out in the list of possible investments in places«.
89  Herzer, The Mission and the End of Paul (see n. 53), 431 claims: »Historically speaking, the only conclusion to be drawn with a certain degree of probability is that Paul was not able to accomplish his plans for Spain, which failed just as many others of his projects, and that he died under unknown circumstances in Rome during the reign of Nero. His Gospel of God's saving grace for all nations, however, did indeed find its way to the ›ends of the earth‹ […]«.

# Spuren des Apostels Paulus im 1. Clemensbrief
# Römische Reminiszenzen zwischen lebendiger Tradition
# und literarischer Rezeption*

*Michael R. Jost*

## 1. Einleitung

Kaum ein anderes Dokument antwortet so direkt auf die Fragestellung nach Paulustraditionen in Rom, wie der erste Clemensbrief. Es handelt sich hierbei zweifellos um einen Brief, der wenige Jahrzehnte nach dem Tod des Paulus in Rom verfasst wurde,[1] und sich explizit zu

---

* Ich schrieb meine erste kleine Arbeit zu 1Clem und der Einführung von Adolf von Harnack im Rahmen eines Proseminars Kirchengeschichte im Sommersemester 2006/07 an der Universität Basel. Dabei beobachtete ich die Tendenz in der Forschung, dass gegenwärtig wieder deutlicher der paulinische Einfluss wahrgenommen wird, was sich in den letzten Jahren bestätigt hat und ich in diesem Beitrag weiter herausarbeiten möchte. Der Unterricht von Martin Kessler bleibt mir bis heute in bester Erinnerung. Zudem danke ich Benjamin Schliesser und Jacob Cerone für Literaturhinweise.

1 Nach wie vor datiert die Mehrheit der Ausleger den Brief in die 90er Jahre des ersten Jahrhunderts. So auch A. Lindemann, Die Clemensbriefe, HNT 17, Die apostolischen Väter I, Tübingen 1992, 12; J.A. Fischer, Die apostolischen Väter, SUC 1, Darmstadt ¹⁰2006, 20; H.E. Lona, Der erste Clemensbrief. Übersetzt und erklärt, KAV 2, Göttingen 1998, 77f. und B.D. Ehrmann, The Apostolic Fathers, Bd. 1: I Clement, II Clement, Ignatius, Polycarp, Didache, LCL 24, Cambridge 2003, 17–151 (23–25). Es gibt aber auch immer mehr Stimmen, die für eine Frühdatierung zur Zeit Vespasians plädieren, vgl. D. Powell, Clemens von Rom, TRE 8 (1981), 113–120 (117); T.J. Herron, The Most Probable Date of the First Epistle of Clement to the Corinthians, Studia Patristica 21 (1989), 106–121; K. Erlemann, Die Datierung des ersten Klemensbriefes. Anfragen an eine Communis Opinio, NTS 44 (1998), 591–607 (606f.) und R. Riesner, Apostelgeschichte, Pastoralbriefe, 1. Clemens-Brief und die Martyrien der Apostel in Rom, in: S. Heid u.a. (Hg.), Petrus und Paulus in Rom. Eine interdisziplinäre Debatte, Freiburg 2011, 153–179 (166–169). Dagegen wird eher seltener eine Spätdatierung angenommen. Für eine Abfassung um 120–125 n.Chr. argumentiert O. Zwierlein, Petrus und Paulus in Jerusalem und Rom. Vom Neuen Testament zu den apokryphen Apostelakten, UALG 109,

Paulus äußert. Folglich drängt sich eine Analyse dieses ausführlichen Schreibens der römischen Gemeinde an die Gemeinde in Korinth auf. Die Spurensuche nach Paulus in diesem Brief gestaltet sich jedoch keineswegs einfach. Denn man begibt sich auf einen Weg mit vielen Spuren, der von einer vielfältigen Tradition zeugt, so dass sich die einzelnen Spuren an gewissen Punkten kreuzen, sich zuweilen verlieren und an anderer Stelle wieder neu aufgenommen werden. So hat auch schon Adolf von Harnack den Eindruck geäußert, »dass hinter ihm [1Clem] ein gewaltiger Traditionsstrom steht, aus dem er geflossen ist.«[2] Dieser Aussage misst von Harnack höchste Wichtigkeit bei und erklärt, »dass die Zurückführung der kirchlichen Tradition auf die Schriften des Neuen Testaments oder gar auf die neutestamentlichen ›Lehrbegriffe‹ ein Irrtum ist. Die Tradition muss sich aus einer Fülle von in den Grundzügen einstimmigen lebendigen Zeugnissen gestaltet haben.«[3] Diese Sicht wird wiederum dadurch bestätigt, »dass Klemens nicht als Privatmann in persönlicher Verantwortung die Initiative ergriffen und passende Argumente zur Befriedung des korinthischen Streitfalls ausgewählt hat, sondern als Exponent der römischen Gemeinde deren Theologie und Frömmigkeit samt ihren Überlieferungen und religionsgeschichtlichen Hintergründen wiedergibt«, wie Ernst Dassmann richtig bemerkt hat.[4] Dennoch steht kaum zur Diskussion, dass insbesondere 1Kor und Röm bedeutende Spuren in 1Clem hinterlassen haben. Gerade in jüngeren Publikationen zum ersten Clemensbrief wird den paulinischen Schriften be-

---

Berlin 2013, 104; ähnlich auch L.L. Welborn, »Take Up the Epistle of the Blessed Paul the Apostle«. The Contrasting Fates of Paul's Letters to Corinth in the Patristic Period, in: G.A. Phillips/N.W. Duran (Hg.), Reading Communities – Reading Scripture (FS Patte), Harrisburg 2002, 345–357 (348); ders., The Preface to 1 Clement. The Rhetorical Situation and the Traditional Date, in: C. Breytenbach/L.L. Welborn (Hg.), Encounters with Hellenism. Studies on the First Letter of Clement, Leiden 2004, 197–216; gar für eine Abfassung in der Mitte des 2.Jh. plädiert H. Delafosse, La lettre de Clément Romain aux Corinthiens, RHR 97 (1928), 53–89.

2   A. von Harnack, Einführung in die alte Kirchengeschichte. Das Schreiben der römischen Kirche an die korinthische aus der Zeit Domitians (1. Clemensbrief), Leipzig 1929, 76.

3   Von Harnack, Einführung (s. Anm. 2), 76.

4   E. Dassmann, Der Stachel im Fleisch. Paulus in der frühchristlichen Literatur bis Irenäus, Münster 1979, 78.

sondere Beachtung geschenkt, wobei über 1 Kor und Röm hinaus auch weitere Schriften des *Corpus Paulinum* ins Blickfeld rücken.[5]

Demzufolge werde ich zuerst die beiden expliziten Hinweise auf Paulus analysieren. Anschließend werde ich in einem zweiten Teil eine Auswahl impliziter Bezugnahmen auf Paulus und seine Schriften analysieren, die in der Forschung diskutiert werden. Im dritten und letzten Teil versuche ich dann die Spuren wieder zusammenzuführen, um einerseits das Paulusbild von 1 Clem zu skizzieren und andererseits die historische Authentizität des Bildes zu evaluieren.

## 2. Explizite Hinweise

### 2.1 *1 Clem 5,5–7*

Der erste explizite Hinweis auf Paulus steht in 1 Clem 5 – eine in der Forschungsgeschichte bereits viel diskutierte Aussage.

Doch um mit den alten Beispielen aufzuhören, lasst uns zu den Kämpfern der jüngsten Zeit kommen; nehmen wir die edlen Beispiele unserer Generation. Wegen Eifersucht und Neid wurden die größten und gerechtesten Säulen verfolgt und kämpften bis zum Tode. Halten wir uns die tapferen Apostel vor Augen: Petrus, der wegen unberechtigter Eifersucht nicht eine oder zwei, sondern vielerlei Mühseligkeit erduldete und, nachdem er so Zeugnis abgelegt hatte, an den gebührenden Ort der Herrlichkeit gelangte. Wegen Eifersucht und Streit zeigte Paulus den Kampfpreis der Geduld; siebenmal in Ketten, vertrieben, gesteinigt, Herold im Osten wie im Westen empfing er den echten Ruhm für seinen Glauben; er lehrte die ganze Welt Gerechtigkeit,

---

5 Als allgemeine Einführung siehe A. Lindemann, Paulus im ältesten Christentum. Überlegungen zur gegenwärtigen Diskussion über die frühe Paulusrezeption, in: J. Schröter/S. D. Butticaz/A. Dettwiler (Hg.), Receptions of Paul in Early Christianity. The Person of Paul and His Writings Through the Eyes of His Early Interpreters, BZNW 234, Berlin 2018, 23–58. Vgl. auch Dassmann, Stachel im Fleisch (s. Anm. 4), 77–98; D. A. Hagner, The Use of the Old and New Testaments in Clement of Rome, NT.S 34, Leiden 1973, 195–237; O. B. Knoch, Im Namen des Petrus und Paulus. Der Brief des Clemens Romanus und die Eigenart des römischen Christentums, ANRW II 27,1, Berlin/New York 1993, 3–54. Die Beziehung von Paulus und 1 Clem wurde neuerdings beschrieben von A. F. Gregory, 1 Clement and the Writings that Later Formed the New Testament, in: ders./C. Tuckett (Hg.), The Reception of the New Testament in the Apostolic Fathers, Oxford 2005, 129–157; C. K. Rothschild, The Reception of Paul in 1 Clement, in: T. D. Still/D. E. Wilhite (Hg.), The Apostolic Fathers and Paul, Pauline and Patristic Scholars in Debate, London u. a. 2017, 101–135 und J. Verheyden, Paul, Clement and the Corinthians, in: Schröter/Butticaz/Dettwiler (Hg.), Receptions of Paul (s. o.), 555–578.

kam bis an die Grenze des Westens und legte vor den Machthabern Zeugnis ab; so schied er aus der Welt und gelangte an den heiligen Ort, das größte Beispiel der Geduld (1Clem 5,5–7).[6]

Auffallend ist die einleitende Formulierung, die Petrus und Paulus als Wettkämpfer der »jüngsten Zeit« (ἐπὶ τοὺς ἔγγιστα) und Beispiele »unserer Generation« (γενεᾶς ἡμῶν) bezeichnet. Der Superlativ, der mit dieser Bedeutung in den apostolischen Vätern nicht ein zweites Mal zu finden ist,[7] aber in der Forschung kaum je diskutiert wird,[8] macht deutlich, dass der Autor die eigene Erfahrung im direkten Zusammenhang mit den Aposteln sah – eine Sichtweise, die umgekehrt natürlich auch von den Empfängern behauptet wird.[9] Der Verfasser des Briefes spricht nicht von einer grauen Vorzeit, sondern nennt die Apostel als Beispiele seiner Zeit, weshalb vermutet werden kann, dass zumindest einzelne Zeugen der Apostel noch lebten und dass gewisse Kenntnisse über das Leben und die Person des Paulus vorausgesetzt werden konnten, ohne dass sie hätten explizit gemacht werden müssen.[10] Doch was genau wird über Paulus ausgesagt? Die Beschreibung

---

6 Übersetzung von 1Clem jeweils aus Fischer, Die apostolischen Väter (s. Anm. 1).

7 Ein weiterer Treffer ist noch in IgnPhld 10,1 zu finden, wo der Begriff jedoch nicht zeitlich, sondern örtlich verstanden wird.

8 Eine Ausnahme stellt Riesner, Apostelgeschichte (s. Anm. 1), 167–168 dar, der jedoch darin einen Hinweis auf die Abfassung in den 70er Jahre erkennt, womit er m. E. diesen Punkt überstrapaziert. Denn diese Aussage muss zugleich mit den Angaben in 1Clem 42–44 abgeglichen werden. Hier wird der Blick auf die zweite Generation nach den Aposteln gerichtet, die nicht mehr durch die Apostel, sondern durch die Gemeinde eingesetzt wurden. Zudem scheint die Bezeichnung als »altehrwürdige« Gemeinde (ἀρχαίαν ... ἐκκλησίαν) in 1Clem 47,6 nicht recht in die 70er Jahre zu passen, ebenso wenig wie das Faktum, dass es Zeugen gibt, die von Jugend an bis ins Greisenalter (ἀπὸ νεότητος ἀναστραφέντας ἕως γήρους) einen guten Wandel bewiesen, womit auch mindestens 40 Jahre überblickt werden (wobei hier für die Datierung davon abhängt, wann diese Zeugen Christen wurden). Obwohl die einzelnen Punkte durchaus mit einer Frühdatierung erklärt werden können (vgl. Herron, Most Probable Date [s. Anm. 1], 197–216), scheint mir die Kombination aller doch für eine Datierung in den 90er Jahren zu sprechen. So auch Ehrmann, Apostolic Fathers (s. Anm. 1), 25.

9 W. Bauer, Griechisch-deutsches Wörterbuch zu den Schriften des Neuen Testaments und der frühchristlichen Literatur, hg. von K. Aland/B. Aland, Berlin/New York ⁶1988, 432: »vor ganz kurzer Zeit«.

10 So auch Powell, Clemens von Rom, TRE 8 (1981), 117; A. Jaubert, Clément de Rome. Épître aux Corinthiens, Introduction, Texte, Traduction, Notes et Index, SC 167, Paris 1971, 19; Ehrmann, Apostolic Fathers (s. Anm. 1), 24–25;

des Paulus ist deutlich detailreicher als diejenige des Petrus.[11] Könnte die ausführlichere Beschreibung ein Ausdruck dafür sein, dass die Bedeutung des Paulus vertieft begründet werden musste? Oder ist sie ein Hinweis darauf, dass die Vita des Paulus in Rom lebendiger war?[12] Ist sie schlicht ein Beleg dafür, dass die Schriften des Paulus bekannter waren, aus denen die Informationen gewonnen werden konnten?

Einige Informationen aus 1Clem 5 lassen sich nämlich aus paulinischen Schriften herleiten. In 2Kor 11,23–33 findet man den Hinweis, dass er im Gefängnis und auf der Flucht war und gesteinigt wurde. Mit Blick auf den Römerbrief ist die Zusammenfassung seiner Botschaft mit dem Begriff der Gerechtigkeit durchaus passend.[13] Und dass er an die Grenze des Westens weiterreisen wollte, kann in Röm 15,23–25 gesehen werden.[14]

vgl. auch K. Bihlmeyer, Die apostolischen Väter. Neubearbeitung der Funkschen Ausgabe, Sammlung ausgewählter kirchen- und dogmengeschichtlicher Quellenschriften als Grundlage für Seminarübungen herausgegeben unter Leitung von Prof. D. Gustav Krüger, II/1/1, Tübingen 1924, XXV, der sogar davon ausgeht, dass Clemens selbst noch den Apostel kannte, wie es in Iren.haer. 3,3,3 bezeugt ist: »Nachdem also die seligen Apostel die Kirche gegründet und eingerichtet hatten, übertrugen sie dem Linus den Episkopat zur Verwaltung der Kirche. Diesen Linus erwähnt Paulus in seinem Briefe an Timotheus. Auf ihn folgt Anacletus. Nach ihm erhält an dritter Stelle den Episkopat Klemens, der die Apostel noch sah und mit ihnen verkehrte. Er vernahm also noch mit eignen Ohren ihre Predigt und Lehre, wie überhaupt damals noch viele lebten, die von den Aposteln unterrichtet waren. Als unter seiner Regierung ein nicht unbedeutender Zwist unter den Brüdern in Korinth ausbrach, da sandte die römische Kirche ein ganz nachdrückliches Schreiben an die Korinther, riet ihnen eindringlich zum Frieden und frischte ihren Glauben auf und verkündete die Tradition, die sie unlängst von den Aposteln empfangen hatte.« (Übersetzung E. Klebba, Des heiligen Irenäus fünf Bücher gegen die Häresien, BKV I/3, München 1912). Vgl. auch J. B. Lightfoot, The Apostolic Fathers. Clement, Ignatius, and Polycarp, Revised Texts with Introductions, Notes, Dissertations, and Translations, Part One, Bd. 1, Grand Rapids 1981 [reprint from Macmillan edition 1889–1890], 63–67.

11 Vgl. Lona, Der erste Clemensbrief (s. Anm. 1), 159.

12 Die Vermutung nennt O. Cullmann, Petrus. Jünger, Apostel, Märtyrer. Das historische und das theologische Petrusproblem, Zürich 1952, 106.

13 So auch G. Rubel, Paulus und Rom. Historische, rezeptionsgeschichtliche und archäologische Aspekte zum letzten Lebensabschnitt des Völkerapostels, NTA 57, Münster 2014, 158–159.

14 Zudem entspricht auch die Bezeichnung von Paulus als Herold (κῆρυξ) der Tradition in 1Tim 2,7 und 2Tim 1,11 (sofern man von einer Frühdatierung dieser bzw. einem dieser Briefe ausgeht). Wie verwirrend die Konstruktionen zum Teil sind, zeigt sich z. B. bei Georg Rubel, der zwar von einer pseudepi-

Diese geographische Angabe im ersten Clemensbrief wird nämlich
mehrheitlich so gedeutet, dass damit Spanien gemeint sei, wie es im
Römerbrief explizit formuliert ist.[15] Ob aber damit die Spanienreise
des Paulus als historische Tatsache ausgewiesen ist, bleibt kontrovers.
Für eine Spanienreise des Paulus plädieren u. a. Adolf von Harnack,[16]
Joseph B. Lightfoot,[17] Harry W. Tajra[18] und Rainer Riesner.[19] Weitere
Autoren vermuten, dass die Reise wahrscheinlich oder möglicherwei-
se stattfand, wie Werner G. Kümmel, Horacio E. Lona, Charles E. B.
Cranfield, Martin Hengel und Anna Maria Schwemer.[20] Auch Her-
mut Löhr meint, dass der Autor »um eine Tätigkeit des Apostels im

graphischen Verfasserschaft der Pastoralbriefe um das Jahr 100 n. Chr. und
somit nach der Abfassung des ersten Clemensbriefes ausgeht, dann aber später
kommentiert: »Wenn in 1 Clem 5,6 der Apostel als κῆρυξ tituliert und sein
Wirken in 1 Clem 5,7 mit der Aussage δικαιοσύνην διδάξας ὅλον τὸν κόσμον
umschrieben wird, so geht daraus klar hervor, dass der Verfasser von 1 Clem
in der paulinischen Tradition steht und die Trias der Pastoralbriefe in seiner
Paulusnotiz verwertet.« Rubel, Paulus und Rom (s. Anm. 13), 157.

15 Vgl. H. W. Tajra, The Martyrdom of St. Paul. Historical and Judicial Context,
   Traditions, and Legends, WUNT II 67, Tübingen 1994, 110–111; M. Öhler,
   Geschichte des frühen Christentums, UTB 4737, Göttingen 2018, 285; Fi-
   scher, die Apostolischen Väter (s. Anm. 1), 33 Anm. 44 und Lona, Der erste
   Clemensbrief (s. Anm. 1), 165. Diskutiert wird auch, ob damit eher Gallien
   und Britannien gemeint seien, wofür es aber deutlich weniger Belege gibt; vgl.
   E. J. Schnabel, Urchristliche Mission, Wuppertal 2002, 1216–1217. Forschungsgeschichtlich wird die Diskussion nachgezeichnet bei W. Grünstäudl,
   Hidden in Praise. Some Notes on 1 Clement 5.7, in: A. Puig i Tàrrech u. a.
   (Hg.), The Last Years of Paul. Essays from the Tarragona Conference, June
   2013, WUNT 352, Tübingen 2015, 375–389.
16 Vgl. A. von Harnack, Die Chronologie der altkirchlichen Litteratur bis Eusebius. Bd. 1: Die Chronologie der Litteratur bis Irenäus, Leipzig 1897, 239–
   240.
17 Vgl. J. B. Lightfoot, The Apostolic Fathers. Clement, Ignatius, and Polycarp,
   Revised Texts with Introductions, Notes, Dissertations, and Translations,
   Part One, Bd. 2, Grand Rapids 1981 [reprint from Macmillan edition 1889–
   1890], 30–31.
18 Vgl. Tajra, The Martyrdom (s. Anm. 15), 102–117.
19 R. Riesner, Paul's Trial and End according to Second Timothy, 1 Clement,
   the Canon Muratori, and the Apocryphal Acts, in: Puig i Tàrrech u. a. (Hg.),
   The Last Years of Paul (s. Anm. 15), 391–409.
20 Vgl. W. G. Kümmel, Einleitung in das Neue Testament, Heidelberg [21]1983,
   219; Lona, Der erste Clemensbrief, 165; C. E. B. Cranfield, Romans, Bd. 2:
   9–16, ICC, Edinburgh 1979, 768 und M. Hengel/A. Maria Schwemer, Paulus
   zwischen Damaskus und Antiochien. Die unbekannten Jahre des Apostels,
   WUNT 108, Tübingen 1998, 403 Anm. 1660.

Westen über Rom hinaus wusste«.[21] Vorsichtig prüft zudem Bernd Wander diese Option.[22] Wer sich aber skeptisch gegen eine Spanienreise äußert, versucht diese meist schon dadurch als obsolet zu erweisen, dass mit dem äußersten Westen nicht Spanien gemeint sei sondern Rom, so beispielsweise Jens Herzer, Andreas Lindemann oder Udo Schnelle.[23] Diese These ist jedoch wenig überzeugend, denn ein römischer Schreiber wird seine eigene Stadt kaum als äußersten Westen verstanden haben, weshalb diese Interpretation von der Mehrheit abgelehnt wird.[24] Auch der Verweis auf ApkPetr 14 ist hier nicht hilfreich, da »Stadt des Westens« in einer Schrift, die im Osten abgefasst wurde (vermutlich Ägypten), definitiv nicht dasselbe bedeutet, wie der »äußerste Westen« (ἐπὶ τὸ τέρμα τῆς δύσεως) in einer Schrift, die in Rom entstand.[25] Desgleichen kann auch die Wendung in IgnRöm 2 εἰς δύσιν ἀπὸ ἀνατολῆς nicht als Parallele dienen, weil Rom aus Sicht Antiochias schlicht im Westen liegt und deshalb keine Aussage darüber liefert, wo der äußerste Westen gedacht wird. Daher ist die Position von Karlmann Beyschlag eher ungewöhnlich.[26] Er hält an der Interpretation des äußersten Westens als Spanien fest, und lehnt dennoch die Reise als historische Tatsache ab. Ähnlich argumentiert auch Markus Öhler, der aber die Schwierigkeit dieser Interpretation selbst andeutet, indem er sie als ein ungelöstes Rätsel bezeichnet.[27] Wenig zwingend ist schließlich das Argument, dass die Reise unwahrscheinlich sei, weil sie nicht in zusätzlichen Schriften des frühen 2. Jahrhunderts bezeugt wird.[28] Methodisch erachte ich es als sinnvoller, die ex-

---

21  H. Löhr, Zur Paulus-Notiz in 1 Clem 5,5–7, in: F. W. Horn (Hg.), Das Ende des Paulus. Historische, theologische und literaturgeschichtliche Aspekte, BZNW 106, Berlin 2001, 197–213 (212).

22  B. Wander, Warum wollte Paulus nach Spanien? Ein forschungs- und motivgeschichtlicher Überblick, in: Horn (Hg.), Das Ende des Paulus (s. Anm. 21), 175–195.

23  Vgl. J. Herzer, The Mission and the End of Paul Between Strategy and Reality. A Response to Rainer Riesner, in: Puig i Tàrrech u. a. (Hg.), The Last Years of Paul (s. Anm. 15), 411–431; Lindemann, Clemensbriefe (s. Anm. 1), 39 oder U. Schnelle, Einleitung in das Neue Testament, UTB 1830, Göttingen [8]2013, 415–416.

24  So auch schon Lightfoot, The Apostolic Fathers I.2 (s. Anm. 17), 31.

25  So aber J. Herzer, Verurteilung oder Freilassung und erneute Mission, in: F. W. Horn (Hg.), Paulus Handbuch, Tübingen 2013, 126.

26  Vgl. K. Beyschlag, Clemens Romanus und der Frühkatholizismus. Untersuchungen zu I Clemens 1–7, BHTh 35, Tübingen 1966, 298.

27  Vgl. Öhler, Geschichte (s. Anm. 15), 285.

28  So aber Schnelle, Einleitung (s. Anm. 23), 416 Anm. 106.

pliziten Aussagen zu deuten, anstatt diese durch ein *argumentum e silentio* in Frage zu stellen. Diese Forderung gilt umso mehr, weil die spärliche schriftliche Bezeugung Anfang des 2. Jahrhunderts einfacher erklärt werden kann (es gibt ja sowie so nur wenig Textmaterial aus dieser Zeit), als die Frage, weshalb lediglich 30 Jahre später der Autor des 1Clem, der sich auf lebendige Erinnerungen an Paulus stützt, so selbstverständlich einer anderen Gemeinde davon berichten konnte. Darum bleibt letztlich die Interpretation für mich am überzeugendsten, die darin einen frühen Hinweis auf eine zusätzliche Reise des Paulus sieht, die er ausgehend von Rom in den Westen (vermutlich Richtung Spanien) unternommen haben soll.

Trotz der inhaltlichen Verbindungen zu paulinischen Briefen ist nirgendwo eine simple literarische Abhängigkeit festzustellen. Die Zahl sieben bei den Gefangenschaften ist ohne Beleg im *Corpus Paulinum*.[29] Anstatt Spanien (Σπανία) spricht der Autor vom äußersten Westen (ἐπὶ τὸ τέρμα τῆς δύσεως). Die Zusammenstellung der Informationen in dieser Reihenfolge scheint eigenständig zu sein. Das Gewicht, das der missionarischen Tätigkeit im Osten und Westen und der Reise bis an die Grenze des Westens verliehen wird, ist vor ihm nirgendwo sonst zu finden. Diese Beobachtung wird noch erstaunlicher durch die Tatsache, dass die Informationen nicht näher erläutert oder begründet werden müssen, sondern schlicht als Gegebenheit und Nachweis der Verkündigung des Paulus auf der ganzen Welt behauptet werden. Offensichtlich verfügt der Autor über Zugang zu lebendigen Traditionen, die über die schriftlichen Zeugnisse hinausgehen. Diese sammelt und präsentiert er in stilisierter Form.[30]

Letztlich darf auch nicht übersehen werden, dass in diesen Zeilen der Tod des Apostels als selbstverständlich vorausgesetzt wird, und dieser Sachverhalt in keiner Weise durch literarische Mittel umgangen werden soll. So meint auch Georg Rubel: »Die Bedeutung der Paulusnotiz in 1Clem 5,5–7 liegt darin, dass es sich hierbei um die erste ausdrückliche Nachricht über den Tod des Apostels Paulus han-

---

29 »Dieser Angabe kann allein deshalb mehr Zutrauen geschenkt werden, weil sie nicht auf eine im Neuen Testament enthaltene Notiz Bezug nimmt, obwohl wir natürlich über Gefangenschaften und Fesseln des Paulus informiert sind.« Wander, Warum wollte Paulus (s. Anm. 22), 194.

30 Die Stilisierung betont besonders Rubel, Paulus und Rom (s. Anm. 13), 155–164.

delt.«[31] Dass Paulus gestorben ist, steht in Rom in den 90er Jahren unzweifelhaft fest, gleichwohl weder die Art und Weise seines Todes, noch seine Zeit in Rom besondere Beachtung finden. Im Gegenteil ist aus diesen Zeilen nicht einmal zweifellos zu entnehmen, ob und wenn ja, wie er in Rom das Martyrium erlitt.[32] Wenn auch der Begriff μαρτυρέω selbst noch nicht eindeutig ist, so scheint dennoch der Kontext und die Stilisierung ähnlich der Makkabäerliteratur (z. B. 4Makk 17,11–16) auf ein Martyrium des Paulus hinzuweisen.[33] Zumindest wird in 1Clem 6,1 mit der Formulierung ἐν ἡμῖν (»bei uns«) explizit auf römische Beispiele verwiesen, so dass auch das Martyrium des Paulus in Rom damit angedeutet sein kann.[34]

Demnach zeigt sich, dass die Informationen nicht allein auf einer literarischen Abhängigkeit von den paulinischen Schriften beruhen, sondern ebenfalls auf weitere Überlieferungen zurückgreifen, die aber nicht alle explizit genannt werden müssen. Diesen Umstand betont besonders Karlmann Beyschlag: »Vielmehr ist auch hier stets zuerst die Möglichkeit anonymer, schriftlicher oder mündlicher, Gemeindetradition zu prüfen, ehe man sich Clemens als Benützer der (damals noch nicht kanonisierten) neutestamentlichen Schriften vorstellt.«[35] Darum ist die Beobachtung von Harnacks nach wie vor zutreffend, der gerade darum eine weitere Reise in den Westen (Spanien) als historisch Tatsache anerkennt, weil es unwahrscheinlich sei, »dass diese Meinung in Rom lediglich aus der von Paulus im Römerbrief geäußerten Absicht entstanden ist.«[36]

---

31  Rubel, Paulus und Rom (s. Anm. 13), 164.
32  Hier ist die Diskussion zu beachten, ob der Begriff bereits als *terminus technicus* für den christlichen Märtyrer zu deuten ist, vgl. Lona, Der erste Clemensbrief (s. Anm. 1), 166.
33  Vgl. U. Schnelle, Paulus. Leben und Denken, Berlin ²2014, 414 f.
34  So Cullmann, Petrus (s. Anm. 12), 105.117; Lona, Der erste Clemensbrief (s. Anm. 1), 168–169; J. Becker, Paulus. Der Apostel der Völker, UTB 2014, Tübingen ³1998, 507; vgl. auch M. Vielberg, Philologisches zum 1. Klemensbrief. Bemerkungen zum Gebrauch der Pronomina ›Wir‹ und ›Ihr‹, in: S. Heid (Hg.), Petrus und Paulus in Rom. Eine interdisziplinäre Debatte, Freiburg 2011, 492–496.
35  Beyschlag, Clemens Romanus (s. Anm. 26), 29–30.
36  Von Harnack, Einführung (s. Anm. 2), 107 und von Harnack, Chronologie (s. Anm. 16), 239–240.

## 2.2 1Clem 47,1–3

Der Name Paulus wird ein zweites Mal in 1Clem 47,1 genannt:

> Nehmt den Brief des seligen Apostels Paulus! Was schrieb er euch zuerst am Anfang [der Verkündigung] des Evangeliums? Wahrhaftig im Geiste sandte er euch Weisung hinsichtlich seiner eigenen Person sowie des Kephas und Apollo, weil ihr auch damals Parteien gebildet hattet. (1Clem 47,1–3)

Mit dem Verweis ist unzweifelhaft der erste Brief des Paulus an die Korinther gemeint (1Kor 1,12), ohne aufgrund dessen bestimmen zu können, welchen Umfang der Brief hatte. Der Autor geht davon aus, dass die Korinther diesen Brief aufbewahrt haben und nun wieder hervornehmen können. Paulus wird wieder, wie in 1Clem 5,3, explizit als Apostel bezeichnet, und zudem als μακάριος gewürdigt. Im Unterschied zu Kapitel 5 wird an dieser Stelle aber die literarische Abhängigkeit deutlich, die sich darin zeigt, dass einerseits eine Einleitung vorangestellt ist, die sich explizit auf einen Brief (ἐπιστολή) des Paulus bezieht. Andererseits wird auch der Name Kephas aus 1Kor 1,12 übernommen. Im Unterschied dazu ist nämlich in 1Clem 5,4 von Petrus die Rede, was auch dafür spricht, dass dort eine andere Tradition aufgegriffen wird. Ferner wird hier die Botschaft des Paulus nicht mit dem Begriff der Gerechtigkeit, sondern mit dem Begriff des Evangeliums zusammengefasst, worin auch eine Anlehnung an 1Kor gesehen werden kann. Denn Paulus verknüpft seine Aufgabe in 1Kor mit der Verkündigung des Evangeliums (z. B. 1Kor 1,17 und 15,1),[37] wohingegen der Begriff Gerechtigkeit nur einmal zu finden ist (1Kor 1,30). Alle diese Beobachtungen deuten auf eine präzise Kenntnis des 1Kor hin, so dass durchaus auf sprachliche Details Gewicht gelegt werden darf. Dennoch liegt auch hier kein Zitat im eigentlichen Sinne vor, sondern eine inhaltliche und begriffliche Bezugnahme, die bereits in die eigene Argumentation eingebunden ist.[38]

---

37 Am Anfang des Evangeliums (ἐν ἀρχῇ τοῦ εὐαγγελίου) meint hier zwar den Anfang des Briefes (so vermutlich schon Polykarp, PolPhil 11,3, sofern man der lateinischen Übersetzung Vertrauen schenken kann, vgl. Fischer, Die apostolischen Väter [s. Anm. 1], 260 f.). Zugleich ist damit aber auch die grössere Perspektive angedeutet, die den Brief in den Kontext der Missionstätigkeit des Paulus stellt, der sich als Bote des Evangeliums verstand (vgl. 1Kor 1,17 und 15,1). In Phil 4,15 findet sich exakt dieselbe Wendung, wo ἐν ἀρχῇ auch nicht temporal verwendet wird, aber nicht in Bezug auf einen Brief, sondern in Bezug auf die Anfänge der Missionstätigkeit, vgl. Hagner, The Use (s. Anm. 5), 330.

38 Vgl. Gregory, 1 Clement (s. Anm. 5), 144.

## 2.3  Zwischenergebnisse

Somit ist festzuhalten, dass Paulus nur zwei Mal explizit genannt wird.[39] Obwohl sich viele Informationen aus 1Clem 5,5–7 mit Angaben aus dem *Corpus Paulinum* decken, so führen diese doch deutlich über das in den Briefen des Paulus Vorfindliche hinaus, weshalb eine breitere Tradition angenommen werden muss. Die Nennung in 1Clem 47,1–3 greift im Unterschied dazu in einer solchen Weise auf einen Brief des Paulus zurück, die eine wörtliche Kenntnis des Briefes voraussetzt. Dennoch handelt es sich auch hier nicht um ein Zitat.

Darüber hinaus ist auffallend, dass an keiner Stelle die Gegenwart des Paulus in Rom besonders betont wird – nicht einmal bei seinem Tod. Paulus wird schlicht als apostolische Autorität angeführt, die unabhängig von Rom anerkannt ist. Freilich weist besonders 1Clem 5 darauf hin, dass in der Gemeinde in Rom zusätzliche Informationen über die Briefe hinaus bekannt waren, die noch als aktuelle Beispiele gegolten haben, so dass eigenständig auf verschiedene Traditionen Bezug genommen werden konnte, wozu auch die Reise in den Westen zu zählen ist. Darum fast Harry Tajra die Beobachtungen treffend zusammen: »The great value of Clement's text lies in the fact that it is a very early – almost contemporary – witness to the *historic reality* of Paul's violent death, even though, for its own reasons, it supplies no details as to the circumstances surrounding that death.«[40]

## 3. Implizite Bezugnahmen

Die im ersten Abschnitt untersuchten expliziten Verweise begründen, weshalb des Weiteren nach impliziten Bezugnahmen zu suchen ist. Eine Vielzahl von Anspielungen wurde in der Forschung diskutiert, so dass im Folgenden nur eine Auswahl besprochen werden kann. Diese bietet zwar wenig zusätzliche Informationen über die Person des Paulus, belegt aber, dass Paulus und die paulinischen Schriften eine signifikante Rolle in Rom spielten.

---

39  Doch muss an dieser Stelle gleich ergänzt werden, dass auch Petrus lediglich an zwei Stellen explizit genannt wird (1Clem 5,3–4 und 47,3).
40  Tajra, The Martyrdom (s. Anm. 15), 167.

## 3.1 Der Bezug auf Apostel

Zuerst sind hier die Stellen zu nennen, in denen generell von den Aposteln die Rede ist, zu denen auch Paulus gehört. Zwei Verweise finden wir in Kapitel 42,1–3 und Kapitel 44, die beide im selben Kontext stehen, in dem der Konflikt um die Absetzung von Leitern in Korinth kritisiert wird. In 1Clem 42,1–5 werden zuerst die Apostel als die Verkündiger des Evangeliums von Jesus Christus beschrieben, die direkt von ihm eingesetzt sind und somit als seine Boten in die Länder und Städte auszogen, um dort wiederum Episkopen und Diakone nach eingehender Prüfung einzusetzen. Dieses Geschehen wird anschließend in 1Clem 43 durch einen Vergleich mit Mose begründet, der ebenso Älteste eingesetzt hat (Num 17,16–26). Aufgrund dieses Rückblicks spricht schließlich der Verfasser in 1Clem 44 die aktuelle Situation in Korinth an, wonach diese Sukzession in der dortigen Gemeinde offensichtlich problematisiert wurde.

Auch unsere Apostel wussten durch unsern Herrn Jesus Christus, dass es Streit geben würde um das Bischofsamt. Aus diesem Grunde nun setzten sie, da sie genauen Bescheid im Voraus erhalten hatten, die oben Genannten ein und gaben dabei Anweisung, es sollten, wenn sie stürben, andere erprobte Männer deren Dienst übernehmen. Dass nun die, die von jenen oder hernach von anderen angesehenen Männern unter Zustimmung der gesamten Gemeinde eingesetzt wurden, die untadelig der Herde Christi in Demut dienten, friedlich und großherzig, und von allen lange Zeit hindurch ein [gutes] Zeugnis bekamen – dass diese vom Dienst abgesetzt werden, halten wir nicht für recht. (1Clem 44,1–3)

Die Formulierung »unsere Apostel« wurde schon dahingehend gedeutet, dass damit Petrus und Paulus als die römischen Apostel gemeint seien, eine Interpretation, die heute aber meist verworfen wird.[41] Unzweifelhaft wird hier aber an Paulus zu denken sein, der ja der Gründer der korinthischen Gemeinde ist (Apg 18,1–17). Die Frage nach der Gemeindeleitung wird in diesen Kapiteln in Abhängigkeit von den Aposteln gesehen bzw. sogar auf Jesus selbst zurückgeführt. Insgesamt zeichnet der Autor ein Geschehen über vier Generationen:

---

41  Während in 1Clem 6,1 eine Lokalisierung in der Wendung ἐν ἡμῖν angedeutet ist, und darum auf Rom hinweist, ist in 1Clem 44,1 eine gemeinsame (ortsunabhängige) Tradition in Anschlag gebracht, wozu der »Herr Jesus Christus« und die Apostel zählen. So auch schon Cullmann, Petrus (s. Anm. 12), 98 Anm. 56a; vgl. auch Lindemann, Clemensbriefe (s. Anm. 1), 130 und Lona, Der erste Clemensbrief (s. Anm. 1), 455–456.

von Jesus Christus, über die Apostel und ihre Nachfolger, die sie eingesetzt haben, zu den Nachfolgern, die nun unter Zustimmung der
gesamten Gemeinde eingesetzt wurden, womit eine zeitliche Einordnung des Briefes in die 90er Jahren bestätigt wird.[42] Der Text bietet
jedoch keine zusätzlichen Hinweise über die Person des Paulus, lässt
aber erahnen, dass auch Paulus mit der Beauftragung von Nachfolgern in Verbindung gebracht wurde – ob als nachträgliche Autorisie-
rungsstrategie oder doch als übernommene Tradition sei an dieser
Stelle dahingestellt.

### 3.2 Literarische Bezugnahmen

Zudem werden eine Vielzahl literarischer Anspielungen diskutiert,
die jedoch mehr oder weniger deutlich erkennbar sind.[43] Die Formulierung im Präskript in 1Clem 1,1: »An die Berufenen, die nach Gottes
Willen geheiligt sind« hat deutlich paulinische Züge (1Kor 1,2; Röm
1,6–7), ebenso das Postskript in 1Clem 65,1–2, das gleiche Namen erwähnt (1Kor 16,17) und ähnliche Formulierungen verwendet (1Kor
16,11.23), weshalb Clare Rothschild 1Clem als ein pseudepigraphi-
sches Schreiben bezeichnet, obwohl der Brief nicht vorgibt von Paulus
selbst geschrieben worden zu sein.[44] Die Thematik der zukünftigen
Auferstehung, die verbunden wird mit dem Bild des Samenkorns in
1Clem 24 scheint im Anschluss an 1Kor 15 zu argumentieren. Lindemann meint, dass der Autor sich »an 1Kor 15 orientiert (diesen Text
kennen seine Leser ja) und dabei geläufige zusätzliche Bildelemente
eingefügt« habe.[45] Die Rede von der Rechtfertigung durch Glauben
als Gabe Gottes in 1Clem 32,4 lässt paulinische Diktion erkennen
und erinnert an Aussagen in Röm 3,28 oder Gal 2,16,[46] was durch
weitere Wendungen wie in 1Clem 22,1: ταῦτα δὲ πάντα βεβαιοῖ ἡ ἐν
Χριστῷ πίστις (Kol 2,7) oder in 1Clem 31,2: δικαιοσύνην [...] διὰ

---

42  Vgl. Lona, Der erste Clemensbrief (s. Anm. 1), 457.
43  Ausführlich diskutiert bei Hagner, The Use (s. Anm. 5), 195–237 und Grego-
    ry, 1 Clement (s. Anm. 5), 142–151; vgl. auch Verheyden, Paul (s. Anm. 5),
    566–567; Rothschild, Reception (s. Anm. 5), 112–133 und Lindemann, Paulus
    (s. Anm. 5), 41–42.
44  Vgl. Rothschild, Reception (s. Anm. 5), 108–109.
45  Lindemann, Clemensbrief (s. Anm. 1), 87; vgl. auch Gregory, 1 Clement (s.
    Anm. 5), 147; Rothschild, Reception (s. Anm. 5), 129–131 und Dassmann, Sta-
    chel in Fleisch (s. Anm. 4), 80–81.
46  Vgl. Fischer, Die apostolischen Väter (s. Anm. 1), 65 Anm. 179.

πίστεως (Röm 3,22) zusätzlich gestützt wird.[47] Die Frage nach der Bedeutung der guten Werke und die Antwort darauf lassen ebenso die paulinische Verkündigung erkennen (1Clem 33,1 und Röm 6,1).[48] Der Lasterkatalog in 1Clem 35,5–6 »lehnt sich deutlich an den Lasterkatalog in Röm an«[49] (Röm 1,28–32). Die Leibmetaphorik für die Kirche in 1Clem 38 spricht zweifelsohne paulinische Sprache (1Kor 10,16–17; 12,27; Röm 12,4),[50] ebenso wie die Konsequenzen für die Einheit der Gemeinde, die daraus gezogen werden (1Kor 1,10; Eph 4,4–6). Auch kleinere Wendungen wie »Tiefen der göttlichen Erkenntnis« (τὰ βάθη τῆς θείας γνώσεως) in 1Clem 40,1 (vgl. Röm 11,33) oder »jeder von uns, Brüder, soll auf seinem Posten/an seinem Platz Gott gefallen« (Έκαστος ἡμῶν ἀδελφοί ἐν τῷ ἰδίῳ τάγματι εὐαρεστείτω τῷ θεῷ) in 1Clem 41,1 (vgl. 1Kor 15,23) oder »am Anfang des Evangeliums« (ἐν ἀρχῇ τοῦ εὐαγγελίου) in 1Clem 47,1 (vgl. Phil 4,15) lassen paulinische Anklänge erkennen. Das Lob der Liebe in 1Clem 49 ist schließlich deutlich von 1Kor 13 inspiriert: »Liebe verbindet uns mit Gott, Liebe deckt eine Menge Sünden zu, Liebe erträgt alles, duldet alles; nichts Engherziges ist an der Liebe, nichts Überhebliches; Liebe kennt keine Spaltung, Liebe lehnt sich nicht auf, Liebe tut alles in Eintracht, [...]«.[51]

### 3.3  Theologische Neuakzentuierungen

Die Liste möglicher Bezugnahmen ist damit keinesfalls vollständig. Jedoch muss sogleich angefügt werden, dass diese Parallelen nicht darüber hinwegtäuschen dürfen, dass sich theologische Neuakzentuierungen erkennen lassen. Bezugnahmen sind noch kein Garant dafür, dass die Texte auch dieselbe theologische Aussage implizieren. Dieses

---

47  Vgl. Lightfoot, The Apostolic Fathers I.1 (s. Anm. 10), 96.
48  Vgl. Gregory, 1 Clement (s. Anm. 5), 150.
49  Fischer, Die apostolischen Väter (s. Anm. 1), 69 Anm. 204; so auch Lona, Der erste Clemensbrief (s. Anm. 1), 49; Verheyden, Paul (s. Anm. 5), 566–567 und Dassmann, Stachel im Fleisch (s. Anm. 4), 81–82.
50  Vgl. Rothschild, Reception (s. Anm. 5), 124–126.
51  Vgl. Verheyden, Paul (s. Anm. 5), 572–574. Interessant ist gewiss die Beobachtung, dass der 2. Korintherbrief im Gegensatz zum ersten kaum Spuren hinterlassen hat, vgl. Welborn, »Take Up the Epistle« (s. Anm. 1), 345–357. Diese Liste ließe sich mit Blick auf die Briefe fortsetzen, deren paulinische Autorschaft umstritten ist; so z.B. lässt 1Clem 21 Anklänge an Haustafeln in Kol 3,18 bzw. Eph 5,22ff und in den Pastoralbriefen (1Tim 2,9; 5,17; Tit 2,4–7) erkennen.

gilt sowohl für die Rechtfertigungslehre, die in 1Clem neue Akzente erhält,[52] als auch für den Auferstehungsglauben[53] oder die Leibmetaphorik.[54] Die theologische Analyse muss aber im Rahmen dieses Aufsatzes, in dem lediglich nach Reminiszenzen an Paulus gefragt wird, nicht geleistet werden. Die Beobachtung bestätigt allerdings die Eigenständigkeit des Autors ein weiteres Mal. Joseph Verheyden fasst diese Erkenntnis pointiert zusammen:

Paul inspires, but Clement is not just his parrot. There follows from it that Clement does not openly pose as a sort of *Paulus redivivus* and does not make any explicit claims in this direction. But at the same time, he tacitly stands in for Paul, he in a sense re-enacts Paul, and occasionally perhaps even supersedes him, as when he freely rewrites the crucial and undoubtedly famous passage on Christian ἀγάπη.[55]

### 3.4 Vergleich mit Zitaten aus den alttestamentlichen Schriften

An dieser Stelle ist auch ein Vergleich mit der Verwendung alttestamentlicher Zitate aufschlussreich, die in hoher Dichte zu finden sind und meist der griechischen Fassung des LXX-Textes folgen.[56] Im Unterschied zu den neutestamentlichen Schriften, werden diese oft mit Einführungsformeln gekennzeichnet.[57] »Gegenüber dem AT, das noch die ›Schrift‹ schlechthin ist (23,3.5; 34,6; 35,7; vgl. 45,2; 53,1), tritt die Benützung ntl Bücher zurück.«[58] Somit lässt sich zeigen, dass die alttestamentlichen Texte als »bestehende Größe« angesehen werden, die die »faktische Normativität« besitzen.[59] Die neutestamentlichen Schriften haben in ihrem Bezug auf die Apostel auch Autorität,

---

52  Vgl. W. Grünstäudl, Kontinuität und Innovation. Πίστις im Ersten Clemensbrief und den Ignatianen, in: J. Frey/B. Schliesser/N. Ueberschaer (Hg.), Glaube. Das Verständnis des Glaubens im frühen Christentum und in seiner jüdischen und hellenistisch-römischen Umwelt, unter Mitarbeit von Kathrin Hager, WUNT 373, Tübingen 2017, 667–682 (667–673); besonders kritisch auch von Harnack, Einführung (s. Anm. 2), 76–77. Ebenso diskutiert bei Dassmann, Stachel im Fleisch (s. Anm. 4), 83–95.
53  Vgl. Rothschild, Reception (s. Anm. 5), 129–132.
54  Vgl. Rothschild, Reception (s. Anm. 5), 124–126.
55  Verheyden, Paul (s. Anm. 5), 577.
56  Nach der Berechnung von Lona besteht der Text zu mehr als 25 % aus alttestamentlichen Zitaten; Lona, Der erste Clemensbrief (s. Anm. 1), 42.
57  Gesammelt bei Lona, Der erste Clemensbrief (s. Anm. 1), 43–44.
58  Fischer, Die apostolischen Väter (s. Anm. 1), 7.
59  Lona, Der erste Clemensbrief (s. Anm. 1), 49.

doch noch in Verbindung mit der lebendigen (mündlichen) Tradition. Dementsprechend werden sie flexibler aufgegriffen.

### 3.5 Zwischenergebnisse

Die Beobachtungen in diesem Abschnitt zeigen die große Bedeutung der paulinischen Schriften für den Autor des Briefes.[60] Insbesondere die Kenntnis des Römerbriefes und des 1. Korintherbriefes sind zweifellos vorauszusetzen. Diese Nähe zum *Corpus Paulinum*, die sich in der mannigfachen Bezugnahme auf unterschiedliche Briefe zeigt, führt Clare Rothschild sogar zur These, 1Clem als »a Pauline epistle« zu bezeichnen.[61] Ähnlich formulierte auch bereits Otto B. Knoch: »Die deutliche und relativ umfängliche Verwendung paulinischer Schriften legt nahe anzunehmen, dass die paulinische Tradition bewusst zur Geltung gebracht werden soll.«[62] Damit ist die Verbreitung und Sammlung paulinischer Schriften belegt, ohne den Umfang der Sammlung, welcher in Rom vorlag, exakt bestimmen zu können.[63] Zudem ist darin der Anfang des Kanonisierungsprozesses der paulinischen Schriften zu erkennen, welcher mit der Autorität der Person des Paulus als Apostel begründet wird, oder wie es Bart Ehrmann treffend formuliert:

That is to say, we can see here the very beginnings of the process in which Christian authorities (Jesus and his apostles) are assigned authority compara-

---

60  Schon von Harnack, Einführung (s. Anm. 2), 76 betonte die hervorgehobene Bedeutung der Zeugnisse des Paulus.

61  Rothschild, Reception (s. Anm. 5), 103.

62  Knoch, Petrus und Paulus (s. Anm. 5), 34.

63  Vgl. Dassmann, Stachel im Fleisch (s. Anm. 4), 77–98, der nebst 1Kor, auch die Kenntnisse von Röm, Gal und Phil als gesichert, und die Benutzung von 2Kor, Eph, Kol und Pastoralbriefe als möglich bezeichnet (79). Einen ähnlich maximalistischen Ansatz fährt Hagner, The Use (s. Anm. 5), 195–237, der 1/2Kor, Röm, Gal, Eph, Phil, Kol und die Pastoralbriefe diskutiert. Knoch, Petrus und Paulus (s. Anm. 5), 34 setzt Kenntnisse von 1Kor, 2Kor, Röm, Gal und Phil und zudem vielleicht von Eph voraus. Vorsichtiger ist Clare Rothschild, die im Appendix nebst den Verweisen auf Röm und 1Kor Anspielungen aus Gal, Phil, 1Tim und Tit auflistet; Rothschild, Reception (s. Anm. 5), 133. Doch weil es sich nicht um Zitate handelt, ist schwierig zu beurteilen, ob wirklich schriftliche Vorlagen anzunehmen sind, oder lediglich mündliche paulinische Überlieferungen, so Lona, Der erste Clemensbrief (s. Anm. 1), 58. Darum setzt auch Lindemann nur die Kenntnis von 1Kor und Röm als gesichert voraus, während andere Briefe des *Corpus Paulinum* »denkbar« seien, wobei er ebenfalls die auffallende Nähe zu den Pastoralbriefen betont; vgl. Lindemann, Clemensbriefe (s. Anm. 1), 18.

ble to that of the Jewish Scriptures, the beginnings, in other words, of the formation of the Christian canon.[64]

Diese hervorgehobene Stellung erachte ich nur dann als sinnvoll, wenn die Person des Paulus an sich ihre Spuren in Rom hinterlassen und nicht nur als literarische Gestalt in der Fremde gegolten hat. Nicht nur sein schriftliches Vermächtnis sollte bewahrt werden, sondern die Erinnerung an seinen vorbildlichen Lebenswandel insgesamt (1Clem 7,1–2).[65]

An dieser Stelle muss dennoch wiederholt werden, dass sich Clemens zwar häufig an paulinischen Briefen orientiert, ohne aber die Person des Paulus und seine Briefe explizit hervorheben und wörtlich zitieren zu müssen.[66] Er geht vielmehr in einer freien, eigenständigen Weise mit den Briefen des Paulus um, die auch einen Unterschied zum Umgang mit den alttestamentlichen Schriften erkennen lassen. Selbiges gilt aber auch für andere Apostel, selbst für Petrus, der auch nur zwei Mal explizit genannt wird (1Clem 5,4 und 47,3).[67] Lediglich der Hebräerbrief nimmt über die gesamte Schrift betrachtet eine vergleichbare Stellung ein, dessen Autor jedoch gänzlich unbekannt ist.[68]

64  Ehrmann, Apostolic Fathers (s. Anm. 1), 26.
65  Obwohl an dieser Stelle mit »unser« kaum die exklusiv römische Überlieferung gemeint ist (so Knoch, Petrus und Paulus [s. Anm. 5], 41), so ist darin dennoch zu erkennen, dass der Gemeinde in Rom die Bewahrung jener Überlieferung ein Anliegen war und dadurch auch behauptet, dass sie im Besitz derer ist.
66  Herausgearbeitet und diskutiert bei Verheyden, Paul (s. Anm. 5), 555–578 (zusammengefasst 577–578) und Rothschild, Reception (s. Anm. 5), 101–135.
67  Der erste Petrusbrief ist wahrscheinlich dem Autor von 1Clem bekannt, hat aber im Vergleich zu den paulinischen Briefen weit weniger deutlich Spuren hinterlassen; vgl. Hagner, The Use (s. Anm. 5), 239–248; Fischer, Die apostolischen Väter (s. Anm. 1), 7–8; Lindemann, Clemensbriefe (s. Anm. 1), 17–20; Lona, Der erste Clemensbrief (s. Anm. 1), 56–57.
68  Das Verhältnis von Hebr und 1Clem wurde ausführlich besprochen, siehe Zusammenfassung und Literatur bei Lona, Der erste Clemensbrief (s. Anm. 1), 52–55 oder Lindemann, Die Clemensbriefe (s. Anm. 1), 17–20. Die besondere Bedeutung des Hebr für 1Clem hat auch schon Eus.h.e. 3,38,1–3 diskutiert. Vgl. Auch Philippe Henne, La Christologie chez Clément de Rome et dans le Pasteur d'Hermas, Fribourg 1992, 2 und Hagner, The Use (s. Anm. 5), 179–195.

## 4. Paulinische Tradition und Rezeption in 1Clem

Ernst Dassmann fasst die bisherigen Erkenntnisse treffend zusammen:

So viel ist sicher: Sie [die römische Gemeinde] besaß eine eigenständige Form der christlichen Verkündigung, eine profilierte, wenn auch mit zahlreichen Fäden an andere Traditionen geknüpfte Theologie, die nicht einfach mit der des Paulus oder des Petrus oder einer anderen neutestamentlichen Tradition gleichzusetzen ist. Die römische Gemeinde hat Paulus gekannt, den Apostel, der in ihrer Mitte sein Zeugnis vollendet hatte, sie hat seine Verkündigung aufgenommen und weitergegeben und ist dennoch nicht zu einer paulinischen Gemeinde im engeren Sinn geworden.[69]

Diese generelle Beurteilung der Informationen, die wir aus dem ersten Clemensbrief gewinnen, sollen aber im letzten Abschnitt noch präzisiert werden, indem wir das darin enthaltene Paulusbild zusammenfassen und dessen historische Authentizität evaluieren.

### 4.1 Das Paulusbild

Paulus ist in der Beschreibung des ersten Clemensbriefes ein bereits verstorbener Apostel, der durch viele Bedrängnisse ging und das Evangelium der ganzen Welt verkündigte – besonders im Westen. Er gründete Gemeinden, unter anderem die in Korinth, und schrieb Briefe, die in den Gemeinden aufbewahrt und gelesen wurden, wobei Begriffe wie »Gerechtigkeit« und »Evangelium« seine Botschaft charakterisierten. 1Clem deutet an, dass Paulus auch in Rom war und dort als Märtyrer starb, ohne dieses aber explizit hervorzuheben.[70] Ganz im Gegenteil wird vielmehr auf seine Weiterreise Bezug genommen und somit gerade der missionarische Dienst des Paulus im Osten und Westen betont und nicht seine Rolle in der römischen Gemeinde.[71] Der erste Clemensbrief kann somit als Beleg dafür gewertet werden, dass Paulus in Rom war, er aber als eine übergemeindliche apostolische Autorität angesehen wurde, ohne ihm eine partikulare Rolle für die römische Gemeinde beizulegen.

---

69 Dassmann, Stachel im Fleisch (s. Anm. 4), 94.
70 Vgl. die Zusammenfassung bei Beyschlag, Clemens Romanus (s. Anm. 26), 343–344 und die Monographie von Tajra, The Martyrdom (s. Anm. 15).
71 Ebenso präzise hervorgehoben bei Dassmann, Stachel im Fleisch (s. Anm. 4), 98.

## 4.2  Historische Authentizität des Paulusbildes

Adolf von Harnack hat bekannterweise diese Schrift als Einführung in die Alte Kirchengeschichte gewählt, »da es keine zweite Urkunde gibt, die mit ihm in Hinsicht der geschichtlichen Bedeutung zu rivalisieren vermag.«[72] Diese grundsätzliche Hochschätzung ist durchaus berechtigt, wenn auch mit Blick auf das Paulusbild dahingehend anzupassen, dass hier die authentischen Paulusbriefe dem Clemensbrief vorzuziehen sind. Doch zeigt gerade die Paulusnotiz in 1Clem 5,5–7, dass die Informationen sich nicht allein auf literarische Bezüge stützen, sondern auf zusätzliche Traditionen. Diese lassen sich nun noch präziser als lebendige Erinnerungen fassen.[73] Dafür spricht erstens, dass es sich nicht um einen Privatbrief handelt, sondern um ein Gemeindeschreiben. Dieses steht zweitens in zeitlicher und örtlicher Nähe zu den erinnerten Informationen, so dass eine personale Kontinuität wahrscheinlich ist. Drittens muss das Paulusbild deswegen nur angedeutet werden.[74] Die Erinnerungen der angesprochenen Ereignisse in Bezug auf Paulus werden in den Gemeinden in Rom und Korinth vorausgesetzt – ohne Befürchtung, dass denen widersprochen werden könnte. Sie werden im ersten Clemensbrief gewiss stilisiert, aber sind dennoch kaum erfunden. Hermut Löhr folgert dementsprechend:

Einfacher erscheint mir aus solchen Erwägungen – und weil ich auch sonst in 1 Clem keine Indizien für die Tendenz zur historischen Ausmalung und legendarischen Fortschreibung entdecke –, dass der Verfasser in der Paulus-Notiz auf vorhandene Informationen über das Wirken und das Ende des

---

72  Von Harnack, Einführung (s. Anm. 2), 6.

73  So auch Riesner, Apostelgeschichte (s. Anm. 1), 163–165, der auch auf die Arbeiten Markus Bockmuehls über den Apostel Petrus zurückgreift, vgl. M. Bockmuehl, The Remembered Peter in Ancient Reception and Modern Debate, WUNT 262, Tübingen 2010, bes. 119–124; M. Bockmuehl, Simon Peter in Scripture and Memory. The New Testament Apostle in the Early Church, Grand Rapids 2012.

74  An dieser Stelle wäre gewiss eine präzise Beschreibung des Autors hilfreich. Da eine Deutung der Fakten auf viele Hypothesen bauen muss, sobald man nach der Herkunft und Bildung fragt, verzichte ich darauf. Meist wird aber die Einstimmigkeit in der Überlieferung so gedeutet, dass der Brief tatsächlich von einer führenden Person der Gemeinde in Rom verfasst wurde, die Clemens hieß. Vgl. Lona, Clemensbrief, 66–75 oder Fischer, Die apostolischen Väter (s. Anm. 1), 16–18.

Paulus im Westen zurückgreift, ohne dass aus seiner knappen und anspie-
lenden Art die Details noch erkennbar wären.[75]

Aufgrund dieser Beobachtungen können die grundsätzlichen Informationen als lebendige Reminiszenzen an den historischen Paulus
gelten, wozu eine zusätzliche Reisetätigkeit im Westen (vermutlich
Richtung Spanien), die Einsetzung von Gemeindeleitern durch Paulus und dessen Tod (vermutlich Märtyrertod in Rom) zu zählen sind.
Durch die Einbindung in eine Reihe heilsgeschichtlicher Vorbilder
fügt aber der Autor diese Informationen in ein größeres Bild, das eine
eigene Interpretationsleistung darstellt. Demzufolge ist insbesondere
Vorsicht bei der Deutung des Reiseverlaufs und der Beurteilung des
Erfolges der Missionstätigkeit im äußersten Westen, der Bedeutung
des Paulus für die Gemeinde in Rom und der Beschreibung der Ursache und des Kontextes des Martyriums des Paulus geboten.

Letztlich zeichnet sich darin ab, dass die apostolische Zeit von der
nachfolgenden Tradition abgehoben wird. Die verstorbenen Apostel
erhalten durch die beginnende Rezeption ihrer Schriften bleibende
Autorität. Diese Bezugnahme geschieht jedoch noch kaum im wörtlichen Zitat oder einer Kommentierung, sondern in einer noch freie-
ren Mischung aus lebendiger Erinnerung und Paraphrasierung, was
die eigene Stellung des Autors des ersten Clemensbriefes als souve-
räner Tradent hervorhebt. Weil dieser sich aber zugleich in den römischen Gemeindekontext stellt, handelt es sich dennoch nicht um
eine individuelle Perspektive auf den Apostel Paulus.

75 Löhr, Zur Paulus-Notiz (s. Anm. 21), 213.

# »Heimsuchung des Nero« – das Martyrium des Paulus und die Akten des Petrus

*Thomas J. Kraus*

## 1. Paulus in Rom – einige Vorbemerkungen

Paulus in Rom? Natürlich war Paulus in Rom. Oder war er das nicht? Darüber ließe sich vortrefflich streiten. Denn es ist dann konkret zu unterscheiden, ob Paulus wirklich in Rom war, also dies als eine historisch zu sichernde und gesicherte Tatsache erachtet werden kann, oder ob eine paulinische Tradition vorgibt, Paulus eng an Rom zu binden und ihn damit in Rom zu situieren. Diese Fokussierung soll allerdings nicht Thema des vorliegenden Beitrags sein, noch dazu weil sich Quellenlage, Argumente und Interpretationen letztlich ähnlich, wenngleich weniger dicht und umfangreich darstellen lassen, wie dies die Auseinandersetzung um die Tatsächlichkeit bzw. Historizität der Anwesenheit des Petrus in Rom und dessen dortigen Märtyrertod veranschaulicht.[1] Leicht ließen sich im knappen Zeitraffer die Reisestationen des Paulus aus Apg 18–28 aneinanderreihen, auf einer Landkarte visuell vor Augen führen und so könnte damit sein Weg von Athen über zahlreiche Zwischenaufenthalte und Ereignisse nach Rom hin nachgezeichnet werden. Das könnte zudem durch eine Begriffskette, kohärent linear wie Perlen an einer Kette gereiht, schlüssig ergänzt werden: Verhaftung in Jerusalem (Apg 21,27) – Verteidigungsrede des Paulus (22,1–21) – Status als römischer Bürger (22,25.26.27.29),

---

1 Hierzu im Überblick T.J. Kraus, Vergegenwärtigende Erinnerung – was die Petrusakten (AktPetr) überhaupt über »Petrus in Rom« erkennen lassen, in: J. Frey/M. Wallraff (Hg.), Petrusliteratur und Petrusarchäologie. Römische Begegnungen, Rom und Protestantismus. Schriften des Melanchthon-Zentrums in Rom (Rom und Protestantismus 3), Tübingen/Turin 2020, 125–157; P. Gemeinhardt, Liegt Petrus in Rom, und wenn ja, seit wann?, in: J. Frey/M. Wallraff (Hg.), Petrusliteratur und Petrusarchäologie, 219–254, hier 229–231.

Bürgerrecht (22,28),[2] Möglichkeit der Freilassung nicht gegeben (26,32) – Mordkomplott und Überführung nach Cäsarea (23,12–35) – Berufung an den Kaiser (25,9) und Reise nach Rom (27–28) – Ankunft über Rhegion in Puteoli (28,13),[3] am Forum Appii und Tres Tabernae (28,15) – Recht, in Rom unter Bewachung alleine zu wohnen (28,16) – zweijähriges Wirken (28,30–31).[4] Natürlich könnte so auf dem Weg des Paulus nach Rom gepilgert werden, was sicherlich reizvoll wäre. Rhegion bzw. Regium, das heutige Reggio Calabria an der Straße von Messina hat so einiges zu bieten.[5] Puteoli, heutiges Pozzuoli, mit seiner günstigen Lage nahe der Via Appia und der Stadt Capua, war für Rom – und das auch nach dem Ausbau von Ostia noch – eine eminent wichtige Hafenstadt, die auch heute noch, wenngleich spärliche, so doch einige Reste ihrer Blütezeit bewahrt hat.[6] Der Weg – mit welchem Transportmittel auch immer oder doch gleich, mitunter dann zumindest damals strapaziös zu Fuß – führte über den Markt des Appius, dem Forum Appii, das noch knapp 70 Kilometer von Rom entfernt liegt.[7] Dann gelangte man auf der Via Appia alsbald nach Tres

---

2 Die Diskussion über das römische Bürgerrecht des Paulus bilden beispielsweise ab: W. Stegemann, War der Apostel Paulus ein römischer Bürger?, ZNW 78 (1987), 200–229; B.M. Rapske, The Book of Acts in Its First Century Setting, Bd. 3, Grand Rapids/Carlisle 1994, 71–112; S. Légasse, Paul's pre-Christian Career according to Acts, in: R. Bauckham (Hg.), The Book of Acts in Its Palestinian Setting, The Book of Acts in Its First Century Setting 4, Grand Rapids/Carlisle 1995, 365–390. Ferner hierzu B.N. Fisk, Paul. Life and Letters, in: S. McKnight/G.R. Osborne (Hg.), The Face of New Testament Studies. A Survey of Recent Research, Grand Rapids 2004, 283–325 (308–310).
3 Vgl. hierzu ActPetr 5–6: Auch Petrus kommt über Puteoli nach Rom.
4 Vgl. auch O. Zwierlein, Petrus in Rom. Die literarischen Zeugnisse. Mit einer kritischen Edition der Martyrien des Petrus und Paulus auf neuer handschriftlicher Grundlage, UaLG 96, Berlin/New York ²2010, 41 f. Ferner ders., Petrus und Paulus in Jerusalem und Rom. Vom Neuen Testament zu den apokryphen Apostelakten, UaLG 109, Berlin/Boston 2013, 132–133. P.W. Dunn, The New Testament in the Acts of Paul, in: J.-M. Roessli/T. Nicklas (Hg.), Christian Apocrypha. Receptions of the New Testament in Ancient Christian Apocrypha, Novum Testamentum Patristicum 26, Göttingen 2014, 149–171 (152–164).
5 Für einen knappen Abriss historischer und literarischer Bezüge vgl. G. Radke, Rhegion, DKP 4 (1979), 1392–1393.
6 Über Puteoli vgl. C. Hülsen, Dikaiarcheia, PRE 5,1 (1903), 546; G. Radke, Puteoli, DKP 4 (1979), 1244–1245.
7 Hierzu T. Ashby, Forum Appii, in: H. Chisholm (Hg.), Encyclopaedia Britannica. Bd. 8, Cambridge ¹¹1911, 729. Ferner über die *fora*, ihre Aufgaben und ihr Wesen, G. Radke, Forum (1), DKP 2 (1979), 601–604, bes. 602 (Forum Appii).

Tabernae in Latium[8] und könnte sich unweit des modernen Cisterna di Latina die Ausgrabungsstätten ansehen. Danach sind es noch etwa 50 Kilometer bis Rom, wo dann vortrefflich spekuliert werden könnte, wo denn schließlich in Rom Paulus alleine aber bewacht wohnen durfte, wie es Apg 28,16 berichtet,[9] und ob er dort denn auch Ketten trug, wie er selbst dies in Apg 28,20 den zu ihm gekommenen Juden gegenüber kundtat (vgl. hierzu etwa Hier.vir.ill. 1).[10]

Auch käme in den Sinn, über die Abfassung von Briefen zu sinnieren, die Paulus in Rom verfasst haben könnte, etwa die Briefe an die Philipper und an Philemon, die möglicherweise während seiner oftmals als »mild« eingestuften Haft in Rom entstanden sein könnten.[11] Nicht zu vergessen ist der Brief an die Römer, der selbst als Verbindungslinie zwischen Paulus und einer dortigen Gemeinde zu sehen ist.[12] Am *Mamertinum* bzw. dem antiken *Carcer Tullianus*, dem Ort der vermeintlichen Gefängnishaft von Petrus und Paulus vor ihrer jeweiligen Hinrichtung (vgl. Ps.Lin. Mart.Pet. 5),[13] entstand alsbald

8 Hierzu G. Radke, Viae publicae Romanae, Stuttgart 1971, 99 und 102; G. Radke, Tres Tabernae (1), DKP 4 (1979), 938; G. Uggeri, Tres Tabernae (1), DNP 12,1 (2002), 784.

9 Vgl. etwa H.W. Tajra, The Martyrdom of St. Paul. Historical and Judicial Context, Traditions and Legends, WUNT II 67, Tübingen 1994, 40–48.

10 Hinsichtlich der Lehrtätigkeit des Paulus in dieser Zeit vgl. J. Schröter, Paulus als Modell christlicher Zeugenschaft: Apg 9,15 f. und 28,30 f. als Rahmen der lukanischen Paulusdarstellung und Rezeption des »historischen« Paulus, in: D. Marguerat (Hg.), Reception of Paulinism in Acts/Réception du paulinisme dans les Actes des apôtres, BEThL 229, Leuven 2009, 53–80. Über die Herleitung des Kettenmotivs und die Bedeutung in der Ikonographie des Apostels vgl. S. Witetschek, Sankt Paul in Ketten. Zur Paulus-Ikonographie in der Apostelgeschichte und im Corpus Paulinum, Biblical Studies on the Web 96 (2015), 245–272.

11 Für eine rasche Orientierung vgl. z.B. U. Schnelle, Einleitung in das Neue Testament, Göttingen ³1999, 146–148 (Phil) und 159–160 (Phlm); D. Burkett, An Introduction to the New Testament and the Origins of Christianity, Cambridge 2002, 353–361; K. Müller, Paulus' Gefangenschaften, das Ende der Apostelgeschichte und die Pastoralbriefe, Bibelstudien 19, Münster 2018.

12 Neben den einschlägigen Kommentaren vgl. den Überblick über die Forschungsgeschichte von B. Wander, Warum wollte Paulus nach Spanien? Ein forschungs- und motivgeschichtlicher Überblick, in: F.W. Horn (Hg.), Das Ende des Paulus. Historische, theologische und literaturgeschichtliche Aspekte, BZNW 106, Berlin/New York 2001, 175–195; Fisk, Paul (s. Anm. 2), 319–321.

13 Vgl. B. Jürgens, In dieser Todeszelle starben die Feinde Roms, Welt-Online vom 15.07.2016, online unter https://www.welt.de/geschichte/article15707

im Mittelalter eine christliche Gebetsstätte und wurden später zwei
Kirchen errichtet (San Giuseppe dei Falegnami oben und San Pietro
in Carcere darunter). Und letztlich ist ab dem ersten Klemensbrief
(1Clem 5,1–7)[14] der gewaltsame Tod von Petrus und Paulus ein Thema und schreibt Ignatius von Antiochien (IgnEph 12,1–2) von Paulus Tod, beide unter Verwendung des Verbs μαρτυρέω, selbst wenn
dies noch nicht *terminus technicus* für das »Sterben als Märtyrer« gewesen sein mag.[15] Irenäus von Lyon weiß um den »Fortgang« [aus
dem Leben] (ἔξοδος) der beiden Apostel (haer. 3,1,1) und Tertullian
von Neros Wüten gegen die Christen (apol. 5,3) und den gewaltsamen
Tod von Petrus und Paulus für ihren Glauben (praescr. 36,3; Marc.
4,5,1).[16]

Soweit so gut. Und das war es dann auch eigentlich, was Paulus mit
Rom verbindet. Denn dieses »eigentlich« hängt nun davon ab, wie die
Quellen zeitlich und in ihrer Verlässlichkeit eingeordnet werden, und
natürlich auch davon, ob es überhaupt um eine verantwortbare historische Einordnung zu tun sein sollte.[17] Denn was der moderne Mensch
als historisch erachtet, mag es für den spätantiken Menschen nicht
gewesen sein, was in der Moderne als unhistorisch gilt, in der Spätantike durchaus als historisch angesehen worden sein. Vielmehr sind die
Qualifizierungen »wichtig«, »glaubwürdig« oder »verlässlich« wahrscheinlich aus Sicht spätantiker Rezipientinnen und Rezipienten –
und das meint die Leser- und Hörerschaft von literarischen Quellen
– eher angetan, um eine damalige Perspektive wenigstens annähernd
einzunehmen. Für Paulus bedeutet das: Wir heute rekonstruieren auf
Basis des *Corpus Paulinum* und der Apostelgeschichte Biographisches

---

9493/In-dieser-Todeszelle-starben-die-Feinde-Roms.html (letzter Zugriff
28.03.2022), der für den im Heiligen Jahr wieder zugänglich gemachten Mar-
mertinischen Kerker die Frage aufwirft »Saßen Petrus und Paulus hier ein?«.

14  Zu 1Clem in dieser Hinsicht vgl. Zwierlein, Petrus und Paulus (s. Anm. 4),
    14–20; Gemeinhardt, Liegt Petrus in Rom? (s. Anm. 1), 240–242, mit an-
    schließendem Verweis auf IgnRöm 4,1–3.

15  So D.L. Eastman, The Ancient Martyrdom Accounts of Paul and Peter,
    WGRW 39, Atlanta 2015, 391 Anm. 1 und 393 Anm. 6. Zu μαρτυρέω ausführ-
    lich Zwierlein, Petrus in Rom (s. Anm. 4), 17 und 206–211.

16  Für diese und weitere Quellen vgl. Eastman, (s. Anm. 15), 389–443.

17  Diesbezüglich die Überlegungen von J. W. Barrier, The Acts of Paul and The-
    cla, WUNT II 270, Tübingen 2009, 10–12, und die Anmerkungen von B.
    Lang, Die Taten des Petrus. Kleine Bibliothek der antiken jüdischen und
    christlichen Literatur, Göttingen 2015, 10 und 13.

über ihn, betrachten gleichzeitig andere – wenngleich grundsätzlich später verfasste – Quellen als sekundär, legendarisch und damit nicht mehr zuverlässig.[18] Was ist aber nun mit Paulus gewaltsamen Tod in Rom, den er für seinen Glauben erlitten haben soll? Um dem Martyrium des Paulus, das sich in Hinweisen bei den frühchristlichen Schriftstellern und fortan sehr wohl niedergeschlagen hat, näher zu kommen, bedarf es letzten Endes eines Blicks in jene Texte, die sich nicht im uns heute vertrauten Neuen Testament finden. Im vorliegenden Fall wird deshalb der Fokus auf den Petrus-Akten bzw. *Acta Petri* (ActPetr) und den Paulus-Akten bzw. *Acta Pauli* (ActPaul) liegen, die beide den Aufenthalt des Paulus in Rom thematisieren, letztere dann auch seinen Tod.[19] Beide gehören zu den »fünf alten Apostelakten«,[20] die vermehrt kritisch im Zusammenhang mit dem antiken Roman zu sehen sind.[21] Heute wissen wir von der Kreuzigung des Petrus kopfüber, der Enthauptung des Paulus mit dem Schwert, dem Sturz des Simon Magus, dem wunderhaften Überstehen des eigenen Martyriums der Heiligen Thekla und vielem mehr eben durch die *Acta Petri* und die *Acta Pauli* sowie deren Rezeptionen und Fort-

---

18 In diese Richtung verweist auch R. Bauckham, The *Acts of Paul* as a Sequel to Acts, in: B.W. Winter/A.D. Clarke (Hg.), The Book of Acts in Its Ancient Literary Setting, Grand Rapids/Carlisle 1993, 105–152 (= ders., The Christian World Around the New Testament. Collected Essays II, WUNT 386, Tübingen 2017, 521–561); ders., The *Acts of Paul*. Replacement of Acts or Sequel of Acts?, Semeia 80 (1997), 159–168 (= ders., The Christian World [s.o.], 563–571).

19 Hinsichtlich einer näheren Bestimmung der *Acta Petri* und neutestamentlicher Texte vgl. W. Rordorf, In welchem Verhältnis stehen die apokryphen Paulusakten zur kanonischen Apostelgeschichte und zu den Pastoralbriefen?, in: T. Baarda (Hg.), Text and Testimony. Essays on New Testament and Apocryphal Literature in Honor of A.J.F. Klijn, Kampen 1988, 225–241; Bauckham, The Acts of Paul as a Sequel to Acts (s. Anm. 18), 105–152; R.I. Pervo, A hard Act to Follow. The Acts of Paul and the Canonical Acts, The Journal of Higher Criticism 2 (1995), 3–32.

20 H.-J. Klauck, Apokryphe Apostelakten, Stuttgart 2005, 10.

21 Klauck, Apokryphe Apostelakten (s. Anm. 20), 14–21; Barrier, The Acts of Paul and Thecla (s. Anm. 17), 7–10, 30–31; R.I. Pervo, Narratives about the Apostles. Non-canonical Acts and Related Literature, in: A. Gregory/C. Tuckett (Hg.), The Oxford Handbook of Early Christian Apocrypha, Oxford 2015, 65–67.

schreibungen selbst,[22] aber ebenso durch die selbstverständliche Verwertung dieser Motive durch die darstellende Kunst.[23]

## 2. Warum die Acta Petri und die Acta Pauli als Quellen?

Dass die *Acta Pauli* (ActPaul) – oder auch, um dem Charakter dieser Kompilation etwas, aber doch nicht gänzlich gerecht zu werden, die *Acta Pauli et Theclae* (ActPaulThkl) – für Überlegungen hinsichtlich des Tods des Apostels herangezogen werden müssen, liegt auf der Hand. Die eigentlichen Paulus-Akten dürften ein – auch gegenüber der Apostelgeschichte des Neuen Testaments – Werk beachtlichen Umfangs gewesen sein.[24] Der kompilatorische Charakter der ActPaul, wie sie heute vorliegen, wird während der Lektüre rasch deutlich:[25] (1) Die eigentlichen »Taten des Paulus« wurden erst durch die Edition eines koptischen (P.Heid.Kopt. 300 + 301)[26] und eines Papyrus mit verschiedenen Texten, der die ActPaul auf griechisch erhalten hat (P.Hamb.bil. 1),[27] wirklich greifbar.[28] (2) Die *Acta Theclae* (ActThcl) sind anfänglich auf das Zueinander von Paulus und der Titelheldin, alsbald dann auf die letztere allein konzentriert.[29] (3) Der Briefwechsel zwischen Paulus und den Korinthern, als 3Kor bekannt, der auch un-

22  Einen Überblick bieten v. a. Zwierlein, Petrus in Rom (s. Anm. 4), bes. 36–40; Eastman, The Ancient Martyrdom (s. Anm. 15).

23  Hierzu etwa D. R. Cartlidge/J. K. Elliott, Art & the Christian Apocrypha, London/New York 2001, 134–171.

24  Klauck, Apokryphe Apostelakten (s. Anm. 20), 62, der sich auf Codex Claromontanus bezieht, wo für Apg 2600 und ActPaul 3650 Stichen angegeben sind. Hierzu E. L. Gallagher/J. D. Meade, The Biblical Canon Lists from Early Christianity. Texts and Analysis, Oxford 2017, 183–186, mit den Stichen für alle auf dem diesen Kodex beigefügten lateinischen Bücherkatalog vermerkten Texte (*uersus scribturarum sanctarum*).

25  Entsprechend die Zwischenüberschriften bei G. Poupon, Actes de Pierre, in: F. Bovon/P. Geoltrain (Hg.), Écrits apocryphes chrétiens I, Paris 1997, 1049–1114.

26  C. Schmidt, Acta Pauli aus der Heidelberger koptischen Papyrushandschrift Nr. 1, Leipzig 1904 (Nachdruck: Hildesheim 1965 von ²1905 [ohne Tafeln]).

27  C. Schmidt/W. Schubart, Πράξεις Παύλου. Acta Pauli. Nach dem Papyrus der Hamburger Staats- und Universitäts-Bibliothek, Glückstadt/Hamburg 1936.

28  Vgl. den Überblick bei Klauck, Apokryphe Apostelakten (s. Anm. 20), 64–65, 74–83. Ferner G. E. Snyder, Acts of Paul. The Formation of a Pauline Corpus, WUNT II 352, Tübingen 2013, 66–99 und 190–216.

29  Vgl. W. Schneemelcher, Paulusakten, NTApo⁶ II, 197, 200–202; Klauck, Apokryphe Apostelakten (s. Anm. 20), 63, 65–74. Für Weiteres siehe Barrier, The Acts of Paul and Thecla (s. Anm. ), bes. 30–190; Snyder, Acts of Paul (s.

abhängig von den ActPaul im Umlauf war.[30] (4) Das Martyrium des Paulus, das auch den Abschluss der ActPaul bildet und als Komplex eigenständig und vom Rest losgelöst zirkulierte, schildert die Ankunft des Paulus und dessen Hinrichtung in Rom.[31] Letztendlich ist damit aber noch gar nicht einmal die außerordentlich komplexe Bezeugungs- und Überlieferungssituation der ActPaul mit den vielfältigen Textzeugen, Übersetzungen und Fortschreibungen erfasst.[32] Dies würde hier auch deutlich zu weit führen.

Warum aber die *Acta Petri* (ActPetr) als Quelle, sind es doch die »Taten des Petrus«,[33] die dort im Zentrum zu stehen haben, so wie jene des Johannes, Andreas, Thomas und eben auch Paulus in den mit ihrem Namen als Titelbestandteil versehenen Texte?[34] Was also haben die *Acta Petri* mit Paulus in Rom und mit seinem dortigen Martyrium zu tun? Mehr jedenfalls, als zunächst auf den ersten und oberflächlichen Blick ersichtlich scheint:

(a) Bevor der Titelheld Petrus überhaupt auftritt, wird in den *Acta Petri* die Situation in Rom dargestellt und die Abberufung des Paulus

---

Anm. 28), 100–147; J.W. Barrier u. a. (Hg.), Thecla. Paul's Disciple and Saint in the East and West, Studies on Early Christian Apocrypha 12, Leuven 2017.

30 Hierzu Schneemelcher, Paulusakten (s. Anm. 29), 197–198, 231–234; G. Luttikhuizen, The Apocryphal Correspondence with the Corinthians and the Acts of Paul, in: J.N. Bremmer (Hg.), The Apocryphal Acts of Paul and Thecla, Studies on the Apocryphal Acts of the Apostles 2, Kampen 1996, 75–91; Klauck, Apokryphe Apostelakten (s. Anm. 20), 63, 65–74; Snyder, Acts of Paul (s. Anm. 28), 148–189; Gallagher/Meade, The Biblical Canon Lists (s. Anm. 24), 102–103. Ferner Zwierlein, Petrus und Paulus (s. Anm. 4), 191–230.

31 Vgl. Schneemelcher, Paulusakten (s. Anm. 29), 198, 210–211; Klauck, Apokryphe Apostelakten, 63; Snyder, Acts of Paul (s. Anm. 28), 23–65; D.L. Eastman, Paul the Martyr. The Cult of the Apostle in the Latin West, WGRWS 4, Atlanta 2011, 15–16; Eastman, Martyrdom Accounts (s. Anm. 15), 121–137.

32 Vgl. Schneemelcher, Paulusakten (s. Anm. 29), 195–198; Klauck, Apokryphe Apostelakten (s. Anm. 20), 61–63; Eastman, Martyrdom Accounts (s. Anm. 15).

33 Für das Folgende über die *Acta Petri* grundlegend (und mit weiterführender Literatur) W. Schneemelcher, Petrusakten, NTApo⁶ II, 243–255; Poupon, Actes de Pierre (s. Anm. 25), 1041–1114; M.C. Baldwin, Whose *Acts of Peter?* Text and Historical Context of the Actus Vercellenses, WUNT II 196, Tübingen 2005; Klauck, Apokryphe Apostelakten (s. Anm. 20), 93–96; Lang, Die Taten (s. Anm. 17), 10–25; Zwierlein, Petrus in Rom (s. Anm. 4).

34 Zu Leucius Charinus als potentiellen Verfasser dieser fünf ältesten Apostelakten K. Schäferdick, Die Leukios Charinos zugeschriebene manichäische Sammlung apokrypher Apostelgeschichten, NTApo⁶ II, 81–87; Klauck, Apokryphe Apostelakten (s. Anm. 20), 12–14.

für eine Missionstätigkeit in Spanien.[35] Diese ersten Abschnitte fungieren sicherlich auch dazu, die situative Einbettung des Folgenden und die narrative Notwendigkeit der Romreise des Petrus, die Gefährdung der Gemeinde in Rom durch das entstandene Autoritätsvakuum und die das so motivierte, angekündigte Auftreten des in der Nähe verweilenden Simon Magnus, vorzuzeichnen.

(b) Wirken und Tod von Petrus und Paulus in Rom sind in ActPetr und ActPaul mit der Regentschaft des Kaisers Nero verknüpft[36] – zudem dann noch expliziter in den späteren Traditionen und Fortschreibungen der Martyrien Petri und Pauli –, der als »gottloser und ungerechter Mensch« und als Verfolger der Christenheit[37] dargestellt und dem eine Traumvision zuteil wird.

(c) Gegen Ende der ActPetr wird Petrus gefangen genommen und zum Tode verurteilt. Seine Hinrichtung kopfüber und die Erscheinung in Neros Traum, der dann von der Verfolgung der Christen abgelassen habe, ist wohl bekannt. Der gewaltsame Tod beider Apostel selbst und die Traumvision des Nero verbinden das Martyrium des Petrus mit dem des Paulus am Ende der ActPaul, die, neben weiteren Aspekten, hinsichtlich des zeitlichen Zueinander beider Darstellungen von Interesse sind und das natürlich wiederum auch in den späteren fortschreibenden Traditionen der Martyrien beider.

(d) Neben thematischen und narrativen Ähnlichkeiten lassen sich für beide Martyrien auch thematische und narrative sowie formale und äußere Verbindungen aufzeigen, die beispielsweise in der Einbindung des Paulus in den ActPetr und in der Überlieferung durch die

---

35  Hierzu Eastman, Paul the Martyr (s. Anm. 31), 144–148 (»Traditions of a Pauline Visit«).

36  Für den Zusammenhang des Aufbruchs des Petrus von Jerusalem nach Rom zwölf Jahre nach der Auferstehung Jesu Christi (ActPetr 5), das Wirken von Simon Magus in Rom (Iust.apol. 26,2) und den dann damals eigentlichen Herrscher Claudius schreibt Klauck, Apokryphe Apostelakten (s. Anm. 20), 116, von einem Anachronismus. Es setze »sich die andere Tendenz durch, Petrus und Paulus gemeinsam unter Nero in Rom das Martyrium erleiden zu lassen.« Der Chronologie von ActPetr und ActPaul zufolge allerdings findet das Martyrium der beiden Apostel in zeitlichem Abstand statt. Hierzu auch Nicklas, Antike Petruserzählungen (s. Anm. 42), 172–173.

37  Hierzu W. Rordorf, Die neronische Christenverfolgung im Spiegel der apokryphen Paulusakten, NTS 28 (1981), 365–374 (zu 1Clem 5–6 [Märtyrertod von Petrus und Paulus, aber nicht Rom angezeigt] und AscJes 4 [Nero als Muttermörder und Gefangennahme eines der Apostel]).

drei griechischen Handschriften mit dem *Martyrium Petri* zu finden sind. Dazu später mehr.

## 3. Paulus und Nero in den Acta Petri (ActPetr)

### 3.1 *Die Acta Petri – eine Einordnung*

Die *Acta Petri*[38] sind meist auf die Zeit um das Jahr 200 herum[39] bzw. auf »das späte 2. bzw. frühe 3. Jahrhundert als Entstehungszeitraum«[40] datiert und in Kleinasien (oder Syrien) verortet, aber auch Bithynien, Alexandrien, Oberitalien und Rom wurden vorgeschlagen.[41] Meine eigenen Erwägungen, Rom als Abfassungsort wegen vermeintlicher geringer Ortskenntnis des Verfassers nicht vorschnell abzutun, habe ich an anderem Orte vorgelegt.[42] Drei griechische Handschriften des

---

38 Als maßgebliche kritische Edition liegt dem Folgenden zugrunde: M. Döhler, Acta Petri. Text, Übersetzung und Kommentar zu den Actus Vercellensesi, TU 171, Berlin/Boston 2018. Hinzugezogen werden die Übersetzungen von Schneemelcher, Petrusakten (s. Anm. 33), 256–258; Lang, Die Taten (s. Anm. 17), 77–79. Ferner werden für das Martyrium des Petrus noch hinzugezogen die kritische Edition von Zwierlein, Petrus in Rom (s. Anm. 4), 404–425, und die englische Übersetzung von Eastman, Martyrdom Accounts (s. Anm. 15), 6–25.

39 So beispielsweise Klauck, Apokryphe Apostelakten (s. Anm. 20), 96; Zwierlein, Petrus in Rom (s. Anm. 15), 78. Ferner Schneemelcher, Petrusakten (s. Anm. 33), 255 mit der Annahme einer Entstehung »vermutlich in dem Jahrzehnt 180–190.« Baldwin, Whose *Acts of Peter*? (s. Anm. 33), 302–303, schlussfolgert auf eine Abfassung der *Acta Petri* nach der Decianischen Verfolgung (250 n. Chr.). Vgl. hierzu die kritisch-ablehnenden Ausführungen von Zwierlein, Petrus in Rom (s. Anm. 4), 38–39.

40 Döhler, Acta Petri (s. Anm. 38), 48, als Ergebnis einer kritischen Zusammenschau der Forschungsgeschichte (46–48).

41 Vgl. die Literaturangaben in Anm. . Für Bithynien plädiert Zwierlein, Petrus in Rom (s. Anm. 4), 341–342.

42 Hierzu Kraus, Vergegenwärtigende Erinnerung (s. Anm. 1), 139–143 und 149–157, ein Konferenzbeitrag, der 2017 für den Druck abgeschlossen wurde und in dem Rom als potentieller Entstehungsort der *Acta Petri* auch dadurch in die ernsthafte Diskussion wieder eingebracht wird, dass etliche Ortsangaben als *topoi* im narrativen Geflecht fungieren und der Lokalkolorit über die Charaktere herzustellen sein könnte. Eine kritische Darstellung der Argumente für die einzelnen Verortungen bietet Döhler, Acta Petri (s. Anm. 38), 43–46, die abschließend aber ebenso »[d]ie gern bemühte ›mangelnde Ortskenntnis Roms‹ im Text« (45) als Grund für eine Ablehnung Roms als Abfassungsort für nicht überzeugend ausweist, indem sie herausstellt (46), »vieles ist ohnehin toposhaft, der Text auf Exempla angelegt« und »[e]s werden bekannte Punkte benannt, die nicht unbedingt der Erklärung bedürfen.« Auf

abschließenden Teils der *Acta Petri*, des Martyriums des Petrus – P (Cod. Patmiacus 48, 9. Jahrhundert), A (Cod. Athous Vatoped. 79, 10.–11. Jahrhundert) und O (Cod. Ochrid bibl. Mun. 44, 11. Jahrhundert) –, und ein griechisches Blatt eines Pergamentkodex (P.Oxy. VI 849, 4. Jahrhundert) helfen einerseits, das im Hauptzeugen, dem Codex Vercelli, Biblioteca Capitolare 158, das einzige lateinische Manuskript der *Acta Petri*,[43] ausgefallene Blatt mit den Abschnitten 35–36 zu vervollständigen, lassen andererseits aufgrund von textlichen Überlappungen der Abschnitte 25–26 interessante Rückschlüsse auf die Textentwicklung zu.[44] Matthew Baldwin geht nach ausführlicher Untersuchung und Analyse sogar so weit, dass er die lateinische Handschrift von den ursprünglichen *Acta Petri* loslöst, denn »the *Actus Vercellensis* may be called the *Acts of the Apostle Peter* of a late fourth century Latin *scriptor* from Spain or North Africa.«[45] Marietheres Döhler stimmt in ihrer konzisen und mit prägnanten Beobachtungen bestückten kritischen Neuedition der *Actus Vercellenses* unter Angabe plausibler Schlüsse unter anderem hinsichtlich bestehender Verbindungslinien innerhalb der Überlieferung der ActPetr der Ansicht Baldwins nicht zu.[46]

### 3.2 Paulus in den Acta Petri

Zwar setzt der koptische P.Berolinensis 8502 damit ein, dass Petrus zahlreiche Heilungswunder vollbracht habe, sich aber der Aufforderung durch jene Menschenmenge, die ihn umdrängte, widersetzte,

---

Rom als Erinnerungslandschaft verweist T. Nicklas, Antike Petruserzählungen und der erinnerte Petrus in Rom, in: Frey/Wallraff (Hg.), Petrusliteratur und Petrusarchäologie (s. Anm. 1), 159–187, hier 162–163, der aber vorsichtig – aufgrund der »unkonkreten Ortskenntnisse« und basierend auf potentiellen kirchenpolitischer Gründen – eher zu Kleinasien oder Syrien als Abfassungsort tendiert (178; ferner im Ergebnis 186–187).

43 Für eine ausführliche Beschreibung und Analyse vgl. Baldwin, Whose *Acts of Peter?* (s. Anm. 33), 134–193.

44 Hierzu O. Zwierlein, Griechische Papyri in der Überlieferung der Acta Apostolorium apocrypha, in: G. Bastianini/A. Casanove (Hg.), I Papiri Letterari Cristiani, Atti del convegno internazionale di studi (Firenze, 10–11 giugno 2010), Florenz 2011, 123–125 (= ders., Petrus und Paulus [s. Anm. 4], 161–164); Baldwin, Whose *Acts of Peter?* (s. Anm. 33), 242–251.

45 Baldwin, Whose *Acts of Peter?* (s. Anm. 33), 302.

46 Vgl. Döhler, Acta Petri (s. Anm. 38), 37–41, u.a. gegen Baldwins Zuweisung der ActPetr bzw. der *Actus Vercellenses* in das Umfeld der Pseudoklementinen (Whose *Acts of Peter?* [s. Anm. 33], 171–174 und 193).

indem er seine eigene halbseitig gelähmte Tochter – diese Lähmung
erlitt sie, als, nachdem sie von einem gewissen Ptolemäus im Alter von
zehn Jahren entführt worden war, dieser ihr sexuell nahekommen
wollte – nur kurzzeitig heilte, sie dann aber wieder in den vorherigen
Zustand zurückversetzte.[47] Dagegen beginnt die Geschichte in den
*Actus Vercellenses*, der lateinischen Hauptüberlieferung, in zweifacher
Weise:

Paulus gelingt es durch seine Taten seine Freilassung aus dem Gefängnis zu erwirken (Kap. 1). Candida, die Gattin des Gefängniswär-
ters Quartus, ergriffen von den Reden des Apostels, überzeugt ihren
Mann davon, Paulus freizulassen. Daraufhin fastet Paulus drei Tage
und verweilt, trotz Drängens des zum Glauben gekommenen Quartus, Rom doch zu verlassen, in der Stadt. Paulus erbittet vom Herrn,
was ihm angemessen erscheine. Der Herr erscheint ihm und entsendet ihn dann nach Spanien (*Paule, surge et qui in Spania sunt corpore tuo
medicus esto.* »Paulus, steh auf und sei denen, die in Spanien leben,
durch deine Anwesenheit ein Arzt.«[48]). Damit wird die in Röm 15,24[49]
bereits angekündigte Reise aufgegriffen.[50] Nachdem Paulus dies allen
mitgeteilt hat, bricht er sofort auf, was »ein großes Wehklagen unter der gesamten Brüderschaft« (*magnus fletus factus est circa fraterni-
tatem omnem*) verursacht, die Angst um Paulus hat und ihn anfleht, er
solle »nicht länger als ein Jahr wegbleiben« (*ut annum plus non abes-*

---

47 Vgl. die Übersetzungen von Schneemelcher, Petrusakten (s. Anm. 33), 256–
258; Lang, Die Taten (s. Anm. 17), 77–79. Ptolemäus aber gelangt zum Glauben und lässt davon ab, die Tochter des Petrus heiraten zu wollen.

48 Fortan alle lateinischen Zitate und deutschen Übersetzungen nach Döhler,
Acta Petri (s. Anm. 38), 50–52. Ferner die Kommentierung zu dieser Stelle,
152–153. Vgl. auch Lang, Die Taten (s. Anm. 17), 26 Anm. 2, der für »Arzt« als
Erklärung »Lehrer, der andere von ihrer Unwissenheit heilt« an.

49 Vgl. u.a. F. Pfister, Die zweimalige römische Gefangenschaft und die spa-
nische Reise des Apostels Paulus und der Schluß der Apostelgeschichte,
ZNW 14 (1913), 216–221; Wander, Warum wollte Paulus nach Spanien? (s.
Anm. 12), 175–195; S. Koch, »Wenn ich nach Spanien reise« (Röm 15,24).
Hinweise zu Hintergründen und Bedeutung der Reisepläne des Paulus, in: U.
Schnelle (Hg.), The Letter to the Romans, BEThL 226, Leuven 2009, 699–
712.

50 Ferner hierzu 1Clem 5,7, sofern die »Grenzen des Westens« sich wirklich auf
Spanien beziehen, und der Kanon Muratori (Zeilen 38–39: *profectione Pauli ab
Vrbe ad Hispaniam proficiscentis* »the departure of Paul from the city [of Rome]
when he journeyed to Spain«; Gallagher/Meade, The Biblical Canon Lists [s.
Anm. 24], 179).

*set*[51]). Schon hier wird Nero als große Gefahr, als ein Gottloser und Ungerechter angeführt, indem eine Stimme aus dem Himmel ankündigt, Paulus werde wieder zurückkehren, da er seinen Tod durch Nero finden werde (*inter manus Neronis hominis impii et iniqui sub oculis uestris consummabitur*). Zwar sind die Anwesenden voller Furcht wegen dieser Stimme und nicht explizit durch die Vorhersage des gewaltsamen Todes Petri sowie die Nennung des Namens Nero, doch gleichzeitig bewirkt ebenjene Stimme, dass sie in ihrem Glauben gefestigt werden (*et multo magis confirmati sunt*). Vor seinem endgültigen Abschied erhält Paulus Brot und Wasser zum Opfer, das er nach dem Gebet allen anderen reicht (Kap. 2). Am Beispiel der Ehebrecherin Rufina, die unwürdig die Eucharistie empfangen möchte,[52] belehrt Paulus die Anwesenden über Reue, Umkehr und das Vertrauen auf Gottes Verheißung und Barmherzigkeit. Zudem führt er sich selbst als Beispiel an, der er einst Verfolger war, nun darunter leide, verfolgt zu werden (*tunc eram persecutor, modo ab aliis persecutionem patior*; vgl. auch Apg 9,1–2; 22,4–5). Paulus tut seinen eigenen Glauben als feste Überzeugung kund, so dass ihm die Gnade Jesu Christi voraus wandeln solle und die Anwesenden (*fratres*) bitten weinend und – wie eine Vorausahnung des Kommenden – um ihre Schwachheit im Glauben wissend darum, dass Paulus für sie bewahrt werden würde. Anschließend bestürmen Frauen den abreisenden Paulus und begleiten ihn zusammen mit anderen (Kap. 3). Genannt sind Dionysius und Balbus aus Asia, beides »römische Ritter, hervorragende Männer«, ein Senator »mit Namen Demetrius« und namentlich etliche Frauen ohne weitere Attribute.[53] Am Hafen predigt Paulus dann und immer mehr Menschen kommen zu ihm aus der Stadt, da er drei Tage wegen eines Seesturms im Hafen ausharren muss. Ausgestattet mit dem Nötigsten und mit zwei gläubigen Jünglingen segelt Paulus ab und die Menge kehrt nach Rom zurück. Wir wissen alle, dass dieses Autoritätsvaku-

---

51  Zu *tempus* in der ersten Zeile von *Actus Vercellenses* und *annus* an dieser Stelle vgl. Döhler, Acta Petri (s. Anm. 38), 146–147.

52  Rufina fällt, gelähmt auf ihrer linken Seite, nieder und kann nicht mehr sprechen, was zu Furcht und Erforschung aller Anwesenden führt. Dies nimmt Paulus zum Anlass, Sünden und Tugenden aufzuzählen. Vgl. Döhler, Acta Petri (s. Anm. 38), 162–163 (mit einer potentiellen Parallele zur Episode mit der Tochter des Petrus), 168 (Lasterkatalog) und 172–173 (Tugendkatalog).

53  Auffällig ist, dass »ranghohe Christen« aufgeführt werden, was sowohl narrativer Kniff als auch eine inhaltliche Nuance darstellen mag. Vgl. Döhler, Acta Petri (s. Anm. 38), 181–182.

um rasch zu Unruhe und Verunsicherung in der Gemeinde führt, so dass Simon Magus seine Chance wittert und Petrus auf den Plan gerufen wird, letzter ebenso durch eine Vision wie zuvor Paulus (Kap. 5).

Im Hinblick auf diese Fokussierung auf Paulus wird vorgebracht, dass die ersten drei Kapitel der ActPetr störend seien und deshalb nicht Teil dieser Akten sein müssten.[54] Allerdings bereitet die Paulus-Episode nicht nur das Auftreten von Petrus und seines Antagonisten Simon Magus vor, die Abberufung des Paulus führt vielmehr erst dazu, dass ein Autoritätsvakuum in der Gemeinde Roms besteht, das der in der Nähe weilende Simon für seine Zwecke ausnutzen möchte. Zudem ist in Kapitel 4, also nach der Abreise des Paulus, ebendieser fünfmal genannt, u. a. in einem Dialog zu Beginn und der Feststellung, dass »die Brüder untereinander angefochten« wurden, »insbesondere da Paulus nicht in Rom war und auch nicht Timotheus und Barnabas«, also ein Bedauern über das entstandene Machtvakuum bzw. die Führungsvakanz. In Kapitel 6 verweist Ariston darauf, dass Paulus fehle, um ihn im Glauben zu ermutigen, auf dessen Vision, und darauf, dass durch das Einschleichen des Simon Magus eine große Gefahr bestünde. In Kapitel 10 wird Paulus in Zusammenhang mit dem von ihm bekehrten Marcellus erwähnt, in Kapitel 23 verweist auch Petrus auf Paulus. Eben deshalb ist die Paulus-Geschichte sehr gut mit dem Rest der ActPetr verwoben und es bedarf nicht zwingend der Annahme einer redaktionellen Überarbeitung in dieser Hinsicht.[55] Gérard Poupon hält die Kapitel 1–3, 30 und 41 für Interpolationen und glaubt, in Kapitel 4, 6 und 10 (die Erwähnungen des Paulus) Spuren einer Überarbeitung zu erkennen.[56] Da allerdings ein »Urtext«, also die eigentliche griechische Vorlage der ActPetr nicht erreichbar ist, fällt eine kritische Beurteilung der These schwer. Der

---

54 So z. B. Schneemelcher, Petrusakten (s. Anm. 33), 252; J. K. Elliott, The Apocryphal New Testament. A Collection of Apocryphal Christian Literature in an English Translation. Based on M. R. James, Oxford 1993, 391; Klauck, Apokryphe Apostelakten (s. Anm. 20), 94–95, u. a. mit Verweis auf Poupon, Actes de Pierre (s. Anm. 25), 1042. Dessen Position ist auch dargelegt in G. Poupon, Les Actes de Pierre et leur remaniement, ANRW II 25,6, Berlin u. a., 4363–4383. Ohne sich im Hinblick auf die Position Poupons zu positionieren, stellt Eastman (Paul the Martyr [s. Anm. 31], 20–21) die Verbindungslinien zwischen Paulus und ActPetr ebenfalls deutlich heraus.
55 So in Übereinstimmung mit Döhler, Acta Petri (s. Anm. 38), 29–30.
56 So Poupon, Actes de Pierre (s. Anm. 25), 1042. Hierzu Klauck, Apokryphe Apostelaken (s. Anm. 20), 94–95; Döhler, Acta Petri (s. Anm. 38), 30.

Text, wie er mit den *Actus Vercellenses* und in den griechischen Handschriften vorliegt, erscheint jedoch auch ohne die Annahme von solchen Interpolationen und Überarbeitungsspuren homogen und sinnvoll zu interpretieren. Darüber hinaus stellen gerade die Paulus-Episode und die mehrmalige Bezugnahme auf Paulus wichtige und funktionale narrative Momente für die Strukturierung des Textgewebes dar.[57]

Und letztlich wichtig, um die Rückkehr des Apostels Paulus aus Spanien anzubahnen, ist in Kapitel 40 der Bericht des Marcellus über die ihm zuteil gewordene Erscheinung des Petrus, mit der alle – und auch er selbst – durch ebenjenen Petrus im Glauben gestärkt würden, »bis zur Ankunft des Paulus in Rom« (μέχρι τῆς ἐπιδημίας Παύλου τῆς εἰς Ῥώμην),[58] wie dies in der griechischen Überlieferung des MartPet erhalten ist.[59] Darin kann eine Parallele zur Abreise des Paulus und des Auftretens von Petrus zu Beginn der ActPetr gesehen werden, da hier Petrus nach dem Tod zwar nochmals erscheint, dann aber fehlen wird und auf die Rückkehr von Paulus zu warten ist. Dies verweist nochmals auf den von Petrus und Paulus in der Zielsetzung und Ausrichtung gemeinsam und sich gegenseitig ergänzenden Kampf für die Gemeinde in Rom und die Sache Jesu Christi und damit gegen alles Böse. Von einer Konfrontation oder einer Rivalität zwischen Petrus und Paulus ist jedenfalls nirgends die Rede.

### 3.3 Nero in den Acta Petri

Nero, Kaiser von Rom, greift als aktiver Charakter in den eigentlichen ActPetr erst am Ende des Martyriums, also nach dem Tod Petri und dessen Erscheinung vor Marcellus ein (Kap. 41).[60] Ansonsten

57 Mit Döhler, Acta Petri (s. Anm. 38), 30, die sich auch beruft auf R. A. Lipsius, Die Apokryphen Apostelgeschichten und Apostellegenden. Ein Beitrag zur altchristlichen Literaturgeschichte. Bd. II,1, Braunschweig 1887, 174.
58 Nach Zwierlein, Petrus in Rom (s. Anm. 4), 422–423. So auch Baldwin, Whose *Acts of Peter*? (s. Anm. 33), 293 (in Gegenüberstellung zu *Actus Vercellenses*); Eastman, Martyrdom Accounts (s. Anm. 15), 24–25.
59 Enthalten in den Übersetzungen von Schneemelcher, Petrusakten, 288; Elliott, The Apocryphal New Testament (s. Anm. 54), 426; Poupon, Actes de Pierre (s. Anm. 25), 1144; Lang, Die Taten (s. Anm. 17), 76. Alle tragen hier die Version der griechischen Überlieferung ein. Logischerweise fehlt der Passus in Döhler, Acta Petri (s. Anm. 38), 142–143.
60 Für das Folgende grundlegend Zwierlein, Petrus in Rom (s. Anm. 4), 113–116. Ferner Snyder, Acts of Paul (s. Anm. 28), 52–53.

wird von Nero »jeweils abstrakt von *Caesar* (sechsmal) oder *imperator* (zweimal) gesprochen – ohne Festlegung auf einen bestimmten Kaiser.«[61] Nero ist verärgert über den Präfekten Agrippa, weil er Petrus grausamer hätte foltern und härter hätte bestrafen wollen. Seine Motivation deckt sich in etwa mit jener Agrippas, denn beiden hatte der Apostel ihnen zugehörige Menschen abspenstig gemacht (vgl. ActAnd, wo Statthalter [*praefectus*] Aegeas bzw. Aegeates Andreas beschuldigt, Frauen abtrünnig zu machen[62]), d. h. einige der Sklaven des Nero, was sich so in der griechischen, nicht in der lateinischen Überlieferung findet,[63] und die Konkubinen des Präfekten (Agrippina, Icaria, Euphemia und Doris). Ausgangspunkt des Ganzen ist allerdings die Predigt des Petrus, welche die Konkubinen des Agrippa (Kap. 33) und Xantippe, die Frau des Albinus, eines Freundes des Kaisers (*Aluini clarissimi uiri amici Caesaris coniunx nomine Xantippe* bzw. Ἀλβίνου φίλου τοῦ Καίσαρος γυνή ὀνόματι Ξανθίππη),[64] dazu bewegt, sich den Männern sexuell zu verweigern und zum Glauben zu kommen. Doch auch weitere Frauen wie selbst Männer trennen sich von ihren Partnern und Partnerinnen, um »keusch und rein Gott dienen« zu können. So haben wir hier mit Agrippa auch einen Betroffenen, der sich im engeren Umkreis des Kaisers befindet, so dass wir dadurch, auch wenn er namentlich nicht genannt ist, einen Bezug zu Nero herstellen können, dessen Interesse nicht darin liegen kann, dass Unzufriedenheit unter den Seinen entsteht.

In Kapitel 25–26 erweckt Petrus einen Jüngling wieder zum Leben, den auch der Kaiser gern hatte. Nachdem Petrus einen weiteren Jungen wiedererweckt (Kap. 27), geht das Gerücht seiner mächtigen Taten durch die ganze Stadt und dürfte auch – es waren der Präfekt Agrippa und Senator Marcellus[65] anwesend – dem kaiserlichen Hof, so

---

61 Zwierlein, Petrus in Rom (s. Anm. 4), 115. Im Schlusskapitel wird der Name Nero in der griechischen Überlieferung fünfmal angeführt, in der lateinische einmal durch *imperator* ersetzt.

62 Vgl. Synder, Acts of Paul (s. Anm. 28), 53.

63 Vgl. Zwierlein, Petrus in Rom (s. Anm. 4), 422–423; Eastman, Martyrdom Accounts (s. Anm. 15), 24–25. Ferner Schneemelcher, Petrusakten (s. Anm. 33), 288; Lang, Die Taten (s. Anm. 17), 74. Für das Ganze vgl. Baldwin, Whose *Acts of Peter?* (s. Anm. 33), 294–299.

64 Zwierlein, Petrus in Rom (s. Anm. 4), 78–79, 406–407; Eastman, Martyrdom Accounts (s. Anm. 15), 12–13; Döhler, Acta Petri (s. Anm. 38), 132.

65 Gerade der Charakter ›Marcellus‹ spielt in ActPetr eine signifikante Rolle und ist sicherlich in seinem Verhalten und Glauben (Glaube – Abfall vom

jedenfalls der Narration immanent, nicht verborgen geblieben sein. Die Furcht vor dem Kaiser kommt in Kap. 11 zum Ausdruck: Petrus lässt einen Dämon aus einem Jüngling herausfahren, doch dabei geht eine Statue des Kaisers zu Bruch. Marcellus fürchtet die Strafe des Kaisers und kann aufgrund seines Glaubens die Statue wieder ganz machen, indem er sie unter Anrufung des namens Christi mit Wasser besprengt.[66] Von der Vorausschau auf die Rückkehr des Paulus nach Rom und dessen gewaltsamen Tod unter Nero (Kap. 1) war schon die Rede. Hier bleibt noch festzuhalten, bei Nero handele es sich um einen »gottlosen und ungerechten Menschen«, vor dem sich die Menschen fürchten. Allerdings verspüren die Anwesenden dort eine »[n]och größere Furcht« (*[t]imor autem magnus plus*) wegen »der Stimme, die vom Himmel gekommen war«.[67] Zudem ist es Nero dann selbst, der Furcht verspürt, als er in einer nächtlichen Erscheinung gegeißelt und ihm befohlen wird, die Verfolgungen zu beenden (Kap. 41).

Interessanterweise werden spätere Petrus-Akten – zu nennen sind beispielsweise Pseudo-Linus, *Martyrium beati Petri apostoli*,[68] Pseudo-Marcellus (= *Passio Petri et Pauli [longior]* und *Passio Petri et Pauli brevior* – in ihren Darstellungen keinen Zweifel daran lassen, dass letztlich Nero in boshafter Weise und alleine verantwortlich für die Hinrichtung des Petrus ist (so etwa Ps.Lin. Mart.Pet. 2 *antichristus Nero*, 16 *crudelissimus Nero*), auf den er zudem wegen des Todes seines Freundes Simon Magus – auch das fehlt in den ActPetr – so drängt (u. a. Ps.Lin. Mart.Pet. 2; Ps.Marcellus 56–57; *Passio apostolorum Petri et Pauli*).[69] Darüber hinaus wird die anonyme Figur, die Nero in der Nacht erscheint und ihm Order erteilt, er solle von der Verfolgung

Glauben – Rückkehr zu Standfestigkeit und Glauben) bewusst so ausgestaltet, dass er eine gewisse Parallele zu Petrus und gleichzeitig einen weiteren Anknüpfungspunkt für die Hörer- und Leserschaft dieser Akten dienen kann. Der Figurenkonstellation, insbesondere die Ausgestaltung des Marcellus, werde ich mich in einem gesonderten Beitrag widmen.

66  Hierzu ausführlich Döhler, Acta Petri (s. Anm. 38), 238–243.

67  Döhler, Acta Petri (s. Anm. 38), 52–53.

68  Allgemeines bietet A. Santos de Otero, Jüngere Apostelakten, NTApo⁶ II, 392. Einleitung, lateinischer Text und englische Übersetzung bei Eastman, Martyrdom Accounts (s. Anm. 15), 27–65.

69  Hierzu Zwierlein, Petrus in Rom (s. Anm. 4), u. a. 75–82. Vgl. auch die entsprechenden Texte bei Eastman, Martyrdom Accounts (s. Anm. 15). Diese Tendenz trifft auch für Pseudo-Hegesipp zu. Vgl. Klauck, Apokryphe Apostelakten (s. Anm. 20), 119–120, für »jüngere Erzählungen«, die über Simon Magus ausführlicher erzählen.

der Christen ablassen (Kap. 41), in Ps.Lin. Mart.Pet. 17, mit Petrus selbst eindeutig identifiziert.[70]

## 4. Das Martyrium Petri und das Martyrium Pauli

### 4.1 Der Tod des Petrus in den Acta Petri

Auch wenn Paulus hier nicht vorkommt – mit Ausnahme der griechischen Überlieferung von Kapitel 40 (s. o.) –, so spielt das *Martyrium Petri* dennoch eine gewichtige Rolle für die Einordnung der Darstellung des gewaltsamen Todes von Paulus in den ActPaul bzw. dem *Martyrium Pauli*.[71] Deshalb folgt hier eine kurze Darstellung der Rahmenhandlung (für alles Weitere sei dann auf die Zusammenschau mit ActPaul verwiesen): Petrus wird nach dem Leben getrachtet und Xantippe unterrichtet ihn von den Tötungsplänen des Agrippa und Albinus. Nach der berühmten *Quo vadis?*-Szene und seiner Rückkehr nach Rom wird Petrus verhaftet. Eine Menge will ihn befreien und fordert eine Anklagebegründung ein, die sie aber nicht erhält. Und die Menschenmasse ist offensichtlich groß (Kap. 36): Es kommt »die ganze Menge der Brüder zusammen, Reiche und Arme, Waisen und Witwen, Machtlose und Mächtige [...].«[72] Petrus begibt sich geduldig und entsprechend der ihm zuteil gewordenen Offenbarung in den Tod. Vor dem Kreuz predigt er, am Kreuz selbst dann ein zweites Mal, erläutert die Kopfüberkreuzigung mit Verweis auf den ersten sündigen Menschen, betet, dankt Gott und bestärkt die Beistehenden im Glauben. Auch die *Acta Andreae* kennen eine intensive Predigttätigkeit des Apostels Andreas vom Kreuz herab, der noch zwei Tage lang gelehrt haben soll,[73] und die *Acta Ioannis* teilen zumindest andeutungsweise dieses Motiv: Bevor sich Johannes in das Grab legt und friedlich stirbt, betet und lehrt er ausgiebig (§§ 106–115).[74] Später

---

70 So Eastman, Martyrdom Accounts (s. Anm. 15), 25 Anm. 31.

71 So auch Snyder, Acts of Paul (s. Anm. 28), 52–53, obgleich er abschließend insbesondere auf die Besonderheit des MartPl verweist.

72 Übersetzung nach Döhler, Acta Petri (s. Anm. 38), 135. Der größte Teil von Kapitel 35 und das ganze Kapitel 36 fehlen in den *Actus Vercellenses* und sind aus der griechischen Überlieferung zu ergänzen. Vgl. Zwierlein, Petrus in Rom (s. Anm. 4), 410–411; Eastman, Martyrdom Accounts (s. Anm. 15), 16–17.

73 Vgl. W. Schneemelcher, Texte. Andreasakten, NTApo⁶ II, 112; Klauck, Apokryphe Apostelakten (s. Anm. 20), 142–144.

74 Hierzu K. Schäferdieck, Johannesakten, NTApo⁶ II, 186–190; Klauck, Apokryphe Apostelakten (s. Anm. 20), 50–52.

kümmert sich Marcellus um den Leichnam Petri und der Apostel erscheint ihm nachts. Den Abschluss bildet die Vision des Nero, in der ihm durch die Geißelung selbst physikalischer Schmerz zugefügt wird und die ihn dazu bringt, die Christenverfolgung zu beenden. Die Erscheinung lässt ihn Furcht verspüren. Einigen dieser Motive begegnet man analog im *Martyrium Pauli* der ActPaul.

### 4.2 Der Tod des Paulus in den Acta Pauli

Innerhalb des kompilatorischen Geflechts der *Acta Pauli* ist das *Martyrium Pauli* ein Teil, der losgelöst von den anderen, auch eigenständig zirkulierte. Zeitlich eingeordnet wird der Text in die Zeit vor 200 und nach Kleinasien verortet.[75] Glenn E. Snyder kann sich für MartPl auch die Zeit »around the reign of Trajan, as perhaps implied by Ignatius's letter to the Romans (Rom 4)« vorstellen, d.h. dann irgendwann im Umfeld von 98–117 n. Chr.),[76] während Willy Rordorf das MartPl als natürlichen Teil der ActPaul ansieht und auf die Zeit um 150 und Peter W. Dunn auf »the first quarter of the second century« datieren.[77] Doch erscheint eine genaue zeitliche Einordnung aufgrund der disparaten Überlieferungssituation und des komplexen Zueinanders der einzelnen Teile kaum wirklich möglich.[78]

Folgendes passiert im eigentlichen *Martyrium Pauli* am Ende der *Acta Pauli*:[79] Auf dem Weg nach Rom wird Paulus von den auf ihn wartenden Lukas und Titus empfangen. Paulus mietet außerhalb der Stadt eine Scheune an, wo »er zusammen mit den Brüdern das Wort

75 So Schneemelcher, Paulusakten (s. Anm. 29), 214 (»185–195«); Klauck, Apokryphe Apostelakten (s. Anm. 20), 64 (»ca. 170–180«); Zwierlein, Petrus in Rom (s. Anm. 4), 40 (»etwa 185–195«).

76 Snyder, Acts of Paul (s. Anm. 28), 62–63 (63).

77 W. Rordorf/R. Kasser, Actes du Paul. Introduction, in: F. Bovon/P. Geoltrain (Hg.), Écrits apocryphes chrétiens I, Paris 1997, 1117–1122. Hierzu Eastman, Martyrdom Accounts (s. Anm. 15), 123; Dunn, The New Testament (s. Anm. 4), 149.

78 Vgl. etwa J.N. Bremmer, Magic, Martyrdom and Women's Liberation, in: ders. (Hg.), The Apocryphal Acts of Paul and Thecla, Studies on the Apocryphal Acts of the Apostles 2, Kampen 1996, 56–57.

79 Für eine kritische Ausgabe des griechischen Texts nebst moderner Übersetzung vgl. Zwierlein, Petrus in Rom (s. Anm. 4), 426–449; Eastman, Martyrdom Accounts (s. Anm. 4), 126–137. Übersetzungen bieten, neben den beiden angeführten Titeln, u.a. Schneemelcher, Paulusakten (s. Anm. 29), 238–241; W. Rordorf/P. Cherix/R. Kasser, Actes de Paul, in: F. Bovon/P. Geoltrain (Hg.), Écrits apocryphes chrétiens I, Paris 1997, 1172–1177; Elliott, The Apocryphal New Testament (s. Anm. 54), 385–388.

der Wahrheit lehrte« (μετὰ τῶν ἀδελφῶν ἐδίδασκε τὸν λόγον τῆς ἀληθείας). Die Anwesenheit des Apostels verbreitet sich rasch in Rom (1,2), so dass viele den Glauben annehmen und »eine große Menge aus dem Haus des Kaisers« (πλῆθος πολὺ ἐκ τῆς Καίσαρος οἰκίας; vgl. Phil 4,22) zu ihm kommt und »sogleich dem Wort« glaubt« (πιστεύειν εὐθέως τῷ λόγῳ).[80] Auch ein gewisser Patroklos, Mundschenk [eigentlich »Weinschenk«] des Kaisers (τις οἰνοχόος τοῦ Καίσαρος ὀνόματι Πάτροκλος),[81] möchte »das Wort Gottes« hören (ἤκουεν τὸν λόγον τοῦ θεοῦ), sucht sich aufgrund des Gedränges einen Platz in einem hochgelegenen Fenster (1,3) und, nachdem er eingenickt war, stürzt er hinab und stirbt. Die »Diener« (bzw. eher sogar »Hausbediensteten«) berichten Nero sofort von dem Unglück (1,4; ταχέως ἀναγγελθῆναι τῷ Νέρωνι ὑπὸ τῶν οἰκετῶν). Als Ursache des Sturzes allerdings gibt die Erzählung an, dass der »böse Teufel« (ὁ πονηρὸς διάβολος) aus Eifersucht (»auf die Liebe zum Herrn und auf die Rettung der Brüder«)[82] Patroklos habe einschlafen lassen. Dies erfährt Paulus durch den Geist bzw. »im Geiste« (συνιδὼν τῷ πνεύματι), weist die Menge an, den außerhalb der Scheune zu findenden Jungen zu ihm zu bringen. Paulus und die Menge beten zum »Herrn Jesus Christus« und der Junge kehrt in das Leben zurück, wird zusammen mit den anderen »aus dem Haus des Kaisers« (μετὰ τῶν ἄλλων τῶν ἀπὸ τῆς οἰκίας τοῦ Καίσαρος) entlassen (1,6). Noch in großer Trauer um den Tod des Jüngling (2,1) erhält der Kaiser dann die Kunde, dass Patroklos lebt, und so er lässt ihn zu sich kommen. Im Gespräch mit ihm erfährt der Kaiser, dass »Jesus Christus, der König des ganzen Kosmos und der Äonen« (Ἰησοῦς Χριστὸς ὁ βασιλεὺς τοῦ σύμπαντος κόσμου καὶ τῶν αἰώνων) ihn wieder lebendig gemacht habe (2,2). Der Kaiser ist bestürzt, umso mehr noch als Patroklos die Aussagen über die Königsherrschaft Jesu Christi wiederholt und dieser alle Königreiche auflöse und nur sein Königtum auf ewig sein werde (2,3). Daraufhin schlägt der Kaiser Patroklos ins Gesicht und lässt ihn und andere Beistehende

---

80 Zwierlein, Petrus in Rom (s. Anm. 4), 427, übersetzt »sogleich seinem Wort glaubte« (1,2), was hinsichtlich des Verständnisses von λόγος durchaus einen Unterschied ausmachen könnte (vgl. die Verwendung von λόγος zuvor in 1,1). Eastman, Martyrdom Accounts (s. Anm. 15), 127, hat »immediately believed in the word«.

81 Zur Patroklos-Geschichte vgl. Snyder, Acts of Paul (s. Anm. 28), 39–41.

82 So der griechische Text und die englische Übersetzung bei Eastman, Martyrdom Accounts (s. Anm. 15), 126–127.

in Ketten legen und foltern, da sie ihm versicherten, sie leisteten
»Kriegsdienst« für diesen »ewigen König«. Späher sollen von nun an
»die Soldaten des großen Königs« suchen und in einem Edikt erlässt
der Kaiser, alle aufgefundenen Christen seien hinzurichten (2,6).
Auch Paulus wird aufgegriffen. Sofort erkennt der Kaiser ihn als »Anführer der Krieger« (3,1) und befragt ihn. Paulus bestätigt die Anwer-
bung von Soldaten für den ewigen König von überall her und lädt
sogar den Kaiser direkt dazu ein, »Soldat in seinen [= des Königs;
Anm. d. Verf.] Diensten« (3,2) zu werden. Nur der Glaube an Jesus
Christus würde retten. Daraufhin ordnet der Kaiser die Verbrennung
aller Gefangenen an, Paulus aber solle enthauptet werden »gemäß
dem Gesetz der Römer« (τῷ Ῥωμαίων νόμῳ; vgl. Apg 22,25–29). Paulus gelingt es dennoch weiterhin, Menschen aus den römischen Ober-
schichten und der Militärstruktur für den Glauben zu gewinnen,
etwa den Präfekten Longinos und den Centurio Keskos (3,5). Als Leser erfahren wir dabei aber, dass »Nero in Rom durch mannigfache
Einwirkung des Bösen« zur Christenverfolgung veranlasst wird. Der
Protest der Römer gegen diese Verfolgung veranlasst Nero dazu, die
Verfolgung auszusetzen und die Sache genauer untersuchen zu wollen
(3,6). Doch kurz darauf bestätigt Nero das Enthauptungsurteil gegen
Paulus, der prophezeit (4,1): »Das aber wisse: Auch wenn du mich
wirst enthaupten lassen, werde ich folgendes tun: wieder auferweckt,
werde ich dir erscheinen, damit du erkennst, daß ich nicht gestorben
bin, sondern lebe meinem König Jesus Christus, der den ganzen Erdkreis richten wird« (vgl. Apg 17,31). Longinos und Keskos möchten
von Paulus den starken Glauben erhalten, wofür sie ihn freilassen
würden. Dem widersteht Paulus (»ich bin kein Fahnenflüchtiger«,
vgl. MartPet 6,2)[83] unter Hinweis auf seinen Glauben an das ewige
Leben durch seinen »König Christus« (4,3). Nero schickt dann weitere Häscher (Parthenios und Phreres), um den Vollzug der Hinrichtung zu überprüfen. Auch diese würden glauben wollen, wenn Paulus
von den Toten erweckt werden würde (5,1). Wieder prophezeit Paulus
Dinge, die geschehen werden, d. h. Titus und Lukas würden an seinem Grab ihnen »das Siegel in Christus geben« (κἀκεῖνοι ὑμῖν
δώσουσιν τὴν ἐν Χριστῷ σφραγῖδα; 5,3). Paulus betet dann in Richtung

---

83 Das mag an Sokrates und dessen Standhaftigkeit und absolute Überzeugung
   erinnern. Vgl. Rordorf/Cherix/Kasser, Actes de Paul (s. Anm. 79), 1175 Anm.
   zu XIV,4: »*Je ne suis pas un déserteur*: y a-t-il ici une allusion à Socrate?«

Osten und »in hebräischer Sprache«,[84] stellt sich anschließend bereitwillig für die Hinrichtung auf. Als sein Haupt abgeschlagen ist, spritzt
Milch auf das Gewand des Soldaten. Alle Beistehenden preisen Gott
und vermelden Nero, was sie mit eigenen Augen gesehen haben (5,4).
Dem noch ratlosen und verwunderten Kaiser erscheint Paulus »ungefähr um die neunte Stunde« im Beisein von Philosophen, Staatsbeam-
ten, Vornehmen, Würdenträgern und dem Centurio. Alle sehen (und
hören) Paulus prophezeien, dass dem Kaiser »viel Übles« als »Vergel-
tung« widerfahren wird für »das Blut vieler Gerechter« (6,2). Nero ist
bestürzt und gibt Order, die Gefangenen frei zu lassen, wozu auch
»Patroklos und die übrigen alle« gehören (6.3). Wie geheißen finden
der Centurio und seine Gefährten Titus und Lukas und zwischen beiden Paulus an dessen Grab vor (7,1). Titus und Lukas fliehen vor Be-
stürzung, die Römer laufen ihnen nach, nicht um sie zu töten, so rufen sie ihnen zu, sondern um »damit ihr uns das ewige Leben schenkt,
so wie es uns Paulus aufgetragen hat« (7,2). Dann erhalten sie »das
Siegel in Christus durch die Gnade unseres Herrn Jesus Christus,
dem die Ehre sei in Ewigkeit. Amen.« So das Ende des MartPl, das an
1Kor 1,4 bzw. 1Tim 1,17 erinnert.

*4.3 Eine knappe Zusammenschau*
Beide Apostel begeben sich jeweils bereitwillig in ihr Martyrium in
Rom. Paulus wird sogar die Flucht als Möglichkeit eingeräumt, doch
er bleibt standhaft. Petrus predigt ausführlich vor der Kreuzigung
und am Kreuz selbst, während Paulus immer wieder unter Verwendung einer klaren Kriegsmetaphorik Kaiser Nero gegenüber (u. a.
Soldaten, Kriegsdienst, anwerben, kämpfen)[85] auf den wahren und
ewigen König, Jesus Christus, verweist, für den und den Glauben an
ihm er Menschen gewinnen möchte, auch den Kaiser selbst. Petrus
begegnet Kaiser Nero im MartPet nicht noch als Lebender. Seine
Ankündigungen sind eher pädagogischer Natur, handeln von Sünde
und Umkehr – Motive, die in den ActPetr und im Hinblick auf die
beiden Charaktere Petrus und Marcellus eine wichtige Rolle spielen.
Paulus tritt zudem äußerst souverän, ohne Zaudern und Furcht, als
felsenfest im Glauben verwurzelter und auf Jesus Christus und das
ewige Leben vertrauender Verkünder auf. Er bietet selbstbewusst

84 Hierzu Snyder, Acts of Paul (s. Anm. 28), 42–43.
85 Vgl. Snyder, Acts of Paul (s. Anm. 28), 64.

dem Kaiser die Stirn, so dass eine narrativ ausgestaltete antonymische Frontstellung zwischen Paulus und Nero zu konstatieren ist,[86] während in Apg Paulus keineswegs als Gegner des römischen Reichs oder des Kaisers gezeichnet ist.[87] Seine beiden Prophezeiungen – die Erscheinung vor Nero und die Geschehnisse an seinem Grab – sind narrativ so ausgestaltet, dass sie beide exakt eintreffen und so die Wahrheit und Autorität untermauern, durch die andere zum Glauben gelangen bzw. zum Handeln gezwungen werden. Wunderhaft ist auch die Hinrichtung selbst: Jeder konnte es sehen, noch dazu war die aus ihm spritzende Milch als tatsächliche Realie auf dem Gewand des Soldaten. Die Betonung der permanenten Augenzeugenschaft, nahezu überdeutlich konzipiert, ist ein weiteres Kennzeichen des MartPl. Während die anonyme Figur, die Nero erscheint, in späteren Überlieferungen des MartPet als Petrus identifiziert (s. o. etwa Ps.Lin., Ps. Marc.), den Kaiser sogar geißelt und ihm große Furcht einflösst, reicht im MartPl die Wiederholung der zu Lebzeiten ausgesprochenen Prophezeiung aus, um Nero zu bestürzen, zum Umdenken und Handeln zu bewegen. Dem wird die Erfüllung der zweiten Prophezeiung noch nachgestellt, eine zweite Erscheinung des Paulus, die wie eine vollständige Erfüllung des MartPl wirkt und so der Sieg des ewigen Königs Jesus Christus Bestätigung erfährt. Dennoch sind beide Martyrien situativ ähnlich konstruiert, indem sie während einer Verfolgung der Christenheit in Rom angesiedelt sind und ihre Titelhelden *posthum* durch direkte oder stellvertretende (so MartPet) Intervention bei Kaiser Nero ein Aussetzen der Zwangsmaßnahmen bewirkten. Demnach haben wir deutliche Berührungspunkte, aber ebenso eindeutige Unterschiede in (a) thematischer, (b) motivischer und (c) narrativer Art (u. a. Parallelhandlungen sowie *asides* für die

---

86 So auch Snyder, Acts of Paul (s. Anm. 28), 62 (gegen eine Opposition Christen-Römer und somit für eine Engführung auf »one person Paul, a general of Christ, who is opposed by another, *imperator* Nero« und 64 (»the *Martyrdom* narrates a contest between two generals, Christ's [Paul] and the Evil One's [Nero]), in which states and statuses are revaluated: in Paul's death is Life, and in his defeat is Victory.« In diese Richtung geht auch J. Bolyki, Events after the martyrdom. Missionary transformation of an apocalyptical metaphor in Martyrium Pauli, in: J. N. Bremmer (Hg.), The Apocryphal Acts of Paul and Thecla (Studies on the Apocryphal Acts of the Apostles 2), Kampen 1996, 103–105, obwohl Bolykidie die generelle Opposition »Christianity and the Roman Empire« (105) betont.

87 So Tajra, The Martyrdom (s. Anm. 9), 120–121.

Leserschaft im MartPl), darüber hinaus (d) eine klar zu differenzie-
rende Charakterisierung der beiden Apostel, (e) eine stark explikative
Tendenz im *Martyrium Pauli* und (f) eine nuanciert andere Zeichnung des Kaisers Nero.[88] Nicht zu vergessen bleibt dabei für einen
möglichen Zusammenhang, dass im MartPet nach Petrus Tod die
Rückkehr des Paulus angekündigt wird (Kap. 40), die – ohne Bezug
auf eine Rückkehr oder Reise aus Spanien – im MartPl auch erfolgt
(1,1). Analoges gilt für die Prophezeiung des gewaltsamen Todes des
Paulus unter Nero in Rom (Kap. 1) im Petrus-Martyrium, die so auch
im Paulus-Martyrium eingelöst wird.

### 4.4 Nero in den Acta Pauli

Das Nero-Bild des MartPl ist ein klarer gezeichnetes als das im Mart-
Pet (s. o.), zumal der Kaiser als Charakter aktiver, präsenter und
mehrfach selbst handelnder Herrscher dargestellt wird, während er
im Petrus-Martyrium einfach nur der »gottlose und ungerechte
Mensch« (Kap. 1) ist.[89] Auch die Umgebung an seinem Hof ist durch
die stete Nennung von Namen und Funktionen deutlicher dargeboten. Zwar kann Nero offensichtlich Gefühl für andere entwickeln,
Trauer und emotionale Regungen zeigen, etwa in Bezug auf Patroklos, gleichzeitig lässt die Erzählung des MartPl keinen Zweifel daran, dass Nero dann Paulus und die an Jesus Christus Glaubenden
brutal bekämpft, weil (a) Paulus von einem ewigen König, der alle
Königreiche auflösen wird, lehrt, (b) für die Gefolgschaft dieses Königs wirbt und (c) Personen aus der unmittelbaren Umgebung des
Kaisers abtrünnig macht. Nero hört zwar durchaus auf die ihn Umge-
benden, z. B. die Masse, die das Ende der ersten Verfolgungswelle
einfordert, handelt dennoch autokratisch und scheinbar unabhängig.
Besonders zu erwähnen ist, dass zweimal die Macht des Bösen – beim
ersten Mal als »böser Teufel«, beim zweiten Mal als Einwirkung auf
den Kaiser – offenbar über der Macht des Menschen Nero steht, also
letztlich die Hauptverantwortung für die Christenverfolgung zu tragen scheint, so dass Nero mitunter – zumindest in 3,5 – als Werkzeug
dieses Bösen betrachtet werden kann, so erfahren das zumindest die
Leserinnen und Leser der Geschichte. Beide Erscheinungen aller-

---

88 Entsprechend fällt das Urteil von Snyder, Acts of Paul (s. Anm. 28), 53, stim-
   mig aus: »Hence the *Martyrdom of Paul*, despite its similarities to martyrdoms
   and to other acts of apostles, remains distinctive.«
89 Für das Folgende vgl. Zwierlein, Petrus in Rom (s. Anm. 4), 116–118.

dings bestürzen den Kaiser, bewirken Furcht und Handeln bei ihm, so dass er von den Christen und deren Verfolgung ablässt. Ist Nero damit dargestellt »as conquered by the passions (esp. fear) and controlled by ›the Evil One,‹« a symbol of irrationality and disorder who is a pawn in God's plan for Paul at Rome«, wie dies Glenn Snyder interpretiert?[90] Das mag der Ausgestaltung des Charakters Nero nicht vollends gerecht zu werden, handelt der Kaiser dennoch nicht unlogisch und keineswegs von Panik und Wahn beseelt.

Nicht jemand anderes (vgl. Agrippa und Albinus in MartPet), sondern Nero selbst ist für Gefangenschaft und Hinrichtung des Apostels in MartPl verantwortlich. Hart geht der Kaiser gegen alle vor, die von ihm abfallen und sich dem neuen Glauben zuwenden. Von zwei Edikten ist die Rede, die der Kaiser erlässt.[91] Der in den Act-Paul, d. h. im MartPl dargestellte Nero gleicht mehr jenem Kaiser, der nach Tacitus (Ann. 15,44)[92] immer Schuldige für eigenes Versagen gesucht und deshalb die Christen dann wie Fackeln brennen lassen, oder der gezielt die Christen verfolgt habe, wie dies auch Sulpicius Severus (chron. 2,29,1–4a) und Sueton (Nero 16,2)[93] mit klarer pejorativer Färbung berichten, so auch Cassius Dio (hist.rom. 61–63).[94] Und dennoch sind die menschlichen Züge und die betonte Verantwortung des Bösen für die Geschehnisse Punkte der Entlastung für den Kaiser. Inwiefern etwa Tacitus als verlässlich zu gelten[95] oder doch möglicherweise als von christlichen Quellen beeinflusst zu gelten haben, wie dies Brent Shaw zu bedenken gibt,[96] bzw. oder nur Gehörtes wie-

---

90  Snyder, Acts of Paul (s. Anm. 28), 62.

91  Generell zu der Christenverfolgung in den *ActPaul* vgl. Rordorf, Die neronische Christenverfolgung (s. Anm. 37), 365–374.

92  Hierzu speziell P. Keresztes, The Imperial Roman Government and the Christian Church. I. From Nero to the Severi, ANRW II 23,1, Berlin u. a. 1979, 247–315 (247–257), und insbesondere M. Williams, Tacitus, in: C. Keith (Hg.), From Celsus to the Catacombs. Visual, Liturgical, and Non-Christian Receptions of Jesus in the Second and Third Century CE, Bd. 3, London/New York 2019, 61–70 (mit Fokus auf die angeführte Textstelle).

93  Über Suet.Nero 16,2, vgl. M. Williams, Suetonius, in: Keith (Hg.), From Celsus to the Catacombs (s. Anm. 92), 51–59, vor allem 51 f.

94  So auch Snyder, Acts of Paul (s. Anm. 28), 63, unter Hinweis auf Tacitus und Sueton, so dass für ihn das MartPl »definitely anti-Neronian but not necessarily anti-imperial« aufzufassen sei.

95  So z. B. P. R. Eddy/G. A. Boyd, The Jesus Legend. A Case for the Historical Reliability of the Synoptic Jesus Tradition, Ada 2007, 181.

96  Vgl. B. D. Shaw, The Myth of the Neronian Persecution, Journal of Roman Studies 105 (2015), 73–100. Hierzu etwa die kritischen Anmerkungen von

dergibt, kann hier nicht umfassend diskutiert werden, zumal dies an
den Beobachtungen in MartPet und MartPl nichts ändert und die
Analyse der Darstellung des Nero davon unbeeinträchtigt bleibt.
Trotzdem ist hervorzuheben, (1) dass eben jenes Nerobild, das Mart-
Pet und MartPl zeichnen, im Widerspruch zur tatsächlichen vier-
zehnjährigen Herrschaft des letzten iulisch-claudischen Kaisers steht,
die hinsichtlich Politik, Verwaltung und Finanzen eine sehr erfolg-
reiche Zeit für Rom war,[97] (2) dass die Zeichnung Neros als Schurken
und Bösewicht von seinen Gegnern stammte und posthum intensiv
ausgestaltet wurde[98] und (3) dass die – späteren – Vorwürfe, er sei
Mörder bzw. Muttermörder (neben den einschlägigen anderen Quellen[99] vgl. AscJes 4,2, ApkPetr 14,4–6 [nach P.Vindob.G 39756][100] und
or.Sib. 5,119–122[101]), Brandstifter und Christenverfolger (so auch Asc-
Jes 4,3)[102] als solche aufgrund der Quellenlage nicht zu halten sind.[103]

B. van der Lans/J.N. Bremmer, Tacitus and the Persecution of the Christians. An Invention of Tradition?, Eirene. Studia Graeca et Latina 53 (2017),
299–331; Williams, Tacitus (s. Anm. 92), 65.

97  So zuletzt J.F. Drinkwater, Nero. Emperor and Court, Cambridge 2019,
    56–168 und 326–368. Vgl. die Rezension von H. Sonnabend, Bryn Mawr
    Classical   Review   (BMCR)   2020.01.55   (http://bmcr.brynmawr.
    edu/2020/2020-01-55.html; letzter Zugriff 31.01.2020). Ferner die Beiträge
    in: J. Merten (Hg.), Nero. Kaiser, Künstler und Tyrann, Darmstadt/Trier
    2016, insbesondere die Abschnitte »V Nero, der Politiker« (108–177) und
    »VI Nero, der Bauherr« (179–207).
98  Hierzu die Beiträge der Abschnitte »IX Das Ende« und »X Rezeptionsge-
    schichte« in: Merten (Hg.), Nero (s. Anm. ).
99  Dies sind vor allem Tac.ann. 11–16 (jedenfalls das, was von den Büchern 11
    und 16 erhalten ist; hier 14,3–13), Suet.Nero (hier 34,2–4) und Cass.Dio hist.
    rom. 61–63 (hier 62,13–14). Hierzu auch Y. Schmuhl, Neros Mord an seiner
    Mutter Agrippina, in: Merten (Hg.), Nero (s. Anm. 96), 228–234.
100 Zu den beiden Stellen Gemeinhardt, Liegt Petrus in Rom? (s. Anm. 1), 243–
    244. Zu P.Vindob.G 39756 vgl. die Edition von T.J. Kraus, P.Vindob.G
    39756 + Bodl. MS Gr. th. f. 4 [P]. Fragmente eines Codex der griechischen
    Petrus-Apokalypse, BASP 40 (2003), 45–61.
101 Die Sibyllinischen Orakel nehmen des öfteren Bezug auf Nero. Vgl. J.D.
    Gauger, Sibyllinische Weissagungen. Griechisch-Deutsch, Darmstadt 1998,
    453 (Nero-Legende) und 556 (Index) mit Verweis auf folgende Stellen 4,119–
    124.138; 5,137–152.217–224.303–374; 8,70–71.88–90.140–159.176–177.
102 Hierzu auch C. Panella, Nero und der große Brand von Rom im Jahr 64, in:
    Merten (Hg.), Nero (s. Anm. ), 241–249; M. Fiedrowicz, Die römische
    Christenverfolgung nach dem Brand Roms im Jahr 64, in: Merten (Hg.),
    Nero. Kaiser, Künstler und Tyrann (s. Anm. 97), 250–256.
103 Hierzu ausführlich Drinkwater, Nero (s. Anm. 97), besonders 7–32 (»Nero,
    ›Bad‹ or ›Good‹«) und 169–325.

Eindeutig stärker verdeutlichende und explikativere Darstellungen
bieten dann die späteren Paulus-Martyrien, so etwa Ps.Lin. Mart.
Pet., Ps.Marc. (= *Passio Petri et Pauli [longior]*), die *Passio Petri et Pauli
brevior*[104] und Pseudo-Abdias.[105]

## 5. Zusammenhänge zwischen dem Martyrium Petri und dem Martyrium Pauli

Was war zuerst? Die Henne oder das Ei? Irgendwie sind Datierungs-
versuche der apokryphen Apostelakten eine Erinnerung an ein ur-
altes gedankliches Dilemma. Das ist mit diesem literarischen Genre
deshalb so schwierig, weil (a) die Bezeugungs- und Überlieferungsla-
ge so komplex und (b) das Zueinander der einzelnen fünf großen und
ältesten apokryphen *Acta* so oder diametral umgekehrt aufgefasst
werden könnte. Analoges gilt auch für alle weiteren apokryphen Apostelakten. Umso mehr erschwert sich die Suche für die ActPetr und
ActPaul angesichts der Zusammensetzung dieser Akten aus einzelnen, teils auch unabhängig voneinander zirkulierenden Teilen, die
wiederum unterschiedlichen Alters sein können. Dennoch werden
entweder die *Acta Petri* oder die *Acta Pauli* – in bestimmter Art und
Weise – als von einander beeinflusst angesehen, mal mit der Annahme die erste habe der zweiten vorgelegen,[106] mal umgekehrt, alles
meist aufgrund innertextlicher Befunde, die aus historischer Sicht
oder in einem literarkritischen Herangehen untersucht wurden,[107]

---

104 Vgl. zu diesen Texten Eastman, Martyrdom Accounts (s. Anm. 15), 27–65, 221–347.
105 Hierzu Zwierlein, Petrus in Rom (s. Anm. 4), v. a. 75–127; Eastman, Martyr-dom Accounts (s. Anm. 15), bes. 139–187, 221–341. Pseudo-Abdias 8 (der la-teinische Text und die englische Übersetzung nach Eastman, The Ancient Martyrdom Accounts, 182–187) stellt die Beisetzung wie folgt dar: *cuius corpus Lucina Christi famula, secundo ab urbe miliario, uia Ostiensi, in proprio praedio, differtum aromatibus speeliuit.passus est autem Illo kalendas Iulias, duobus iam a passione Petri elapsis annis, regnante domino nostro Iesu Christo* »Lucina, a servant of Christ, packed his body with spices and buried it at the second milestone from the city on the Ostian Road on her estate. He suffered on the third calends of July (June 29) two years after the passion of Peter, during the reign of our Lord Jesus Christ.« Über die Krypta der Lucina in den Callix-tus-Katakomben sowie die an ihr ablesbaren Hagiographisierung vgl. East-man, Paul the Martyr (s. Anm. 31), 107–110.
106 Vgl. z. B. Eastman, Paul the Martyr (s. Anm. 31), 20 (»most of this text pre-dates the *Martyrdom of the Holy Apostle Paul*« über die ActPetr).
107 Vgl. etwa Schneemelcher, Paulusakten (s. Anm. 29), 214 (Abhängigkeit der

wobei auch die Bezugnahme von Tertullian auf diese apokryphen Apostelakten eine Rolle spielt.[108] Was aber lässt sich sonst aufgrund der Überlieferungs- bzw. Bezeugungssituation sagen? Dabei lasse ich potentielle Bezüge und Verweise beispielsweise auf die ActIo und ActAnd im Folgenden unberücksichtigt.

Die innertextlichen Bezüge beider apokryphen Apostelakten zueinander waren bereits Thema: In den ActPetr wird Paulus nach Spanien entsendet, verlässt also Rom. Seine Rückkehr mitsamt seines gewaltsamen Todes unter dem »gottlosen und ungerechten Menschen« Nero wird zu Beginn in der Paulusgeschichte der *Acta* (Kap. 1) und am Ende der Offenbarung des Marcellus sowie noch vor der Nero-Episode (Kap. 41) angekündigt. Mit MartPl 1, der von Titus und Lukas erwarteten Ankunft des Paulus vor Rom, seiner Verhaftung und seiner Hinrichtung unter Nero, von diesem angeordnet und verantwortet (vgl. aber auch die Rolle des »bösen Teufels« bzw. des »Bösen«), wird beides dann eingelöst. So legen die textimmanenten Ereignisse – insbesondere in den ActPetr – nahe, dass Paulus erst später hingerichtet wird, also ein gemeinsames Martyrium in Rom nicht erzählt wird. Dieses wird aber in späteren Martyriumstexten sehr wohl vorausgesetzt, wird auch von Hieronymus, Ambrosius, Augustinus und Prudentius als wichtiges Detail angeführt.[109] Darüberhinaus, auch wenn dies nichts über das Martyrium beider aussagt, gelten für Irenäus von Lyon Petrus und Paulus als »Begründer der römischen Kirche«, ist also die römische Gemeinde apostolischem Ursprungs, was sich auch in Kult und Sukzession widerspiegelt.[110] Analoges gilt

ActPaul von den ActPetr); Snyder, Acts of Paul (s. Anm. 28), 59–63 (Datierung der ActPaul um die Regierungszeit des Trajan herum, damit implizit vor den ActPetr); Klauck, Apokryphe Apostelakten (s. Anm. 20), 10 (vorsichtige Datierung der fünf apokryphen Apostelakten mit ActPaul vor Act-Petr); Poupon, Les Actes de Pierre (s. Anm. 25), 4363–4383 (Annahme von Einträgen aus ActPaul in ActPetr), dazu Rordorf/Cherix/Kasser, Actes de Paul (s. Anm. 79), 1122 (ActPaul um 150 herum).

108 So etwa A. Hilhorst, Tertullian on the Acts of Paul, in: J. N. Bremmer (Hg.), The Apocryphal Acts of Paul and Thecla, Studies on the Apocryphal Acts of the Apostles 2, Kampen 1996, 150–163; Gemeinhardt, Liegt Petrus in Rom? (s. Anm. 1), 234–235.

109 Vgl. Eastman, Martyrdom Accounts (s. Anm. 15), xix (mit Verweis auf Hier. vir.ill. 5; Hier.tract.Ps. 96,10; Ambr.virginit. 19,124; Aug.serm. 295,7; 381,1; Prud.perist. 12).

110 Hierzu Zwierlein, Petrus in Rom (s. Anm. 4), 140–156 (Zitat 141). Ferner Eastman, Martyrdom Accounts (s. Anm. 15), xx–xxii.

für die von Dionysios von Korinth geäußerte Ansicht, Petrus *und* Paulus haben gemeinsam die Gemeinden von Korinth und Rom gegründet.[111] Entsprechend scheint man früh versucht zu haben, für Kultzwecke die Hinrichtungsorte zu lokalisieren, d.h. für Petrus nahe des vatikanischen Hügels und für Paulus entlang der Via Ostia[112] sowie der Via Appia,[113] beide Male unweit der Stadtmauern Roms.

Zudem hat das Martyrium beider Apostel, also von Petrus *und* Paulus, Nachhall in der Liturgie gefunden, wurden beide mit den legendarischen Stadtgründern Romulus und Remus verglichen und eine Gründungsfeier der christlichen Gemeinde in Rom ab dem oder um das Jahr 258 mit beiden Aposteln verbunden worden zu sein, so jedenfalls die *depositio martyrum* (genauer noch auf den 29. Juni 258), die zusammen mit der *depositio episcoporum* einen Kalender mit Begräbnisstätten und Verehrungstagen der römischen Bischöfe bildet und deren Entstehung auf das Jahr 354 datiert wird.[114] Natürlich ist dieses Zeugnis kritisch zu hinterfragen.[115] Die liturgische Verbindung spiegelt sich auch noch »[i]n der seit 1976 gültigen katholischen Liturgie zum Hochfest der Apostel Petrus und Paulus« wider, in der sowohl von der Gründung der Kirche der Rede ist, als auch davon, dass sie »den Kelch des Herrn getrunken« haben.[116] Frühere Fassungen ver-

---

111 Vgl. Zwierlein, Petrus in Rom (s. Anm. 4), 112–115.

112 Vgl. Eastman, Paul the Martyr (s. Anm. 31), 15–69; Eastman, Martyrdom Accounts (s. Anm. 15), xix–xx.

113 Vgl. Eastman, Paul the Martyr (s. Anm. 31), 71–114.

114 So Eastman, Martyrdom Accounts (s. Anm. 15), xix Anm. 5: »The Burying of the Martyrs assigns the celebration of a joint apostolic festival on June 29 to 258 CE.« Zur *Depositio martyrum* (im *Chronographus anni* 354) vgl. M. Hartl, Martyrium, WiBiLex (Oktober 2013; https://www.bibelwissenschaft.de/stichwort/51986; letzter Zugriff 02.11.2019). Die Liste selbst ist zu finden bei H. Lietzmann, Die drei ältesten Martyrologien, Kleine Texte für theologische Vorlesungen und Übungen, Bonn 1903, 4 (*Petri in Catacumbas et Pauli Ostense Tusco et Basso cons.* [258]). Beide Apostel werden auch anderswo gemeinsam erwähnt, z. B. im syrischen Martyrolog für den 28. Dezember (a.a.O., 9). Zur Verbindung von Petrus und Paulus mit Romulus und Remus vgl. Zwierlein, Petrus in Rom (s. Anm. 4), 177–178.

115 Vgl. die kritischen Anmerkungen von M. Wallraff, Wo in Rom liegt Petrus? Zur Entwicklung römischer Petrustraditionen im dritten Jahrhundert, in: Wallraff/Frey (Hg.), Petrusliteratur und Petrusarchäologie (s. Anm. 1), 253–275, hier 264–265, unter Bezugnahme auf die Neuausgabe von J. Divjak/W. Wischmeyer, Das Kalenderjahrbuch von 354. Der Chronograph von des Filocalus. Bd. 1: Der Bildteil des Chronographen, Wien 2014, 61–71.

116 So nach den Schott-Messbüchern angeführt von Zwierlein, Petrus und Paulus (s. Anm. 4), 106.

knüpften Gemeindegründung und den klar als solchen benannten und teilweise in Rom lokalisierten Märtyrertod beider Apostel expliziter miteinander. Das Schott-Messbuch aus dem Jahr 1957 führt den Text der Erstauflage von 1884 fort. Für den 29. Juni, das »Fest der heiligen Petrus und Paulus« heißt es: »Das Fest der beiden Apostel wird am gleichen Tage gefeiert, weil beide, nachdem sie Rom durch ihre Gegenwart und Lehrtätigkeit geheiligt hatten, dort auch ihr mühevolles Apostelwirken mit dem Martertod beschlossen: der eine, Petrus, wurde gekreuzigt, auf seine Bitten mit dem Kopf nach unten; der andere, Paulus, enthauptet.«[117] Das Messbuch verweist zudem auf die *Depositio martyrum* von 354 und eine Umbettung der sterblichen Überreste der beiden Apostel »in der Valerianischen Verfolgung (258) von ihrer ursprünglichen Ruhestätte zeitweise in die Katakomben des hl. Sebastian«, etwas das aus der Überlieferung und der Fortschreibung der beiden Martyrien erschlossen ist.[118] Diese Verknüpfung von Fest und Martyrium reicht zurück bis hin zu *Hymnus* 12 des Ambrosius mit der Nennung von drei Kultstätten für die am gleichen Tag das Martyrium erleidenden Apostel (Petrusbasilika an der *via Aurelia*, Paulusbasilika an der *via Ostiensis* und die beiden zugeordnete San Sebastiano an der *via Appia*) und den Anmerkungen von Prudentius mit deren zwei (für Petrus die so bezeichnete Konstantinsbasilika und für Paulus San Paolo fuori le mura an der Straße nach Ostia) für die zwar am selben Datum Hingerichteten, von denen aber Paulus mit einem Jahr Abstand den Tod gefunden habe.[119] Das mag zwar modern historisch betrachtet nichts über die Tatsächlichkeit der Geschehnisse aussagen, so doch ergibt sich hieraus Interessantes in Bezug auf die Entwicklung von Traditionen und Überlieferungssträngen, die

117 A. Schott, O. S. B., Das Meßbuch der heiligen Kirche. Mit liturgischen Erklärungen und kurzen Lebensbeschreibungen der Heiligen, Freiburg i. B. 1957, 814.

118 Vgl. Wallraff, Wo in Rom liegt Petrus? (s. Anm. 115), 264–270, zur Nennung der Grablegung von Petrus *in catacumbas* und Paulus an der *Via Ostiensis* und dort *ad catacumbas* sowie Überlegungen hinsichtlich der vielfach angenommenen Translation der Reliquien beider Apostel eben dann am 29. Juni 258, die möglicherweise und vorsichtig auf eine – wie auch immer zu situierende – spezielle Gruppierung zurückgeführt werden könnte (270–273).

119 Vgl. Zwierlein, Petrus und Paulus (s. Anm. 4), 106–115. Wiedergabe und Interpretation von Ambr.hymn. 12, bei Zwierlein, Petrus in Rom (s. Anm. 4), 173–176. Zu Prudentius: a.a.O., 176–178. Für eine Zusammenschau der Quellen vgl. Gemeinhardt, Liegt Petrus in Rom? (s. Anm. 1), 232 Anm. 39.

sehr wohl – zu jeweils gegebener Zeit – als verbürgt und historisch aufgefasst wurden. Durch eine kultische Verehrung werden somit – nach und nach – Orte und auch zeitliche Daten, also Festtage, fixiert.

Wenig beachtet wurde bislang der Textbestand der drei griechischen Handschriften mit dem *Martyrium Petri*, obgleich auf diese in der Literatur durchaus klar verwiesen wird:[120] Kodex Patmiacus bzw. Patmensis 48 aus dem 9. Jahrhundert ist ein Pergamentkodex mit 824 Seiten, ein Menologion, also für den liturgischen Gebrauch geschrieben, das Erzählungen über wichtige Heilige enthält. Dabei ist das MartPet, das ab Kap. 33 erhalten ist, überschrieben als μαρτύριον τοῦ ἁγίου Πέτρου ἀποστόλου ἐν Ῥώμῃ, das unmittelbar im Kodex folgende MartPl dann als μαρτύριον τοῦ ἁγίου Παύλου ἀποστόλου ἐν Ῥώμῃ.[121] Kodex Athous Vatopedianus 79 aus dem 10. bzw. 11. Jahrhundert ist ein weiteres Menologion, das neben den Martyrien etlicher Heiliger auch jene der beider Apostel Petrus und Paulus (ab Kap. 30) beinhaltet.[122] Kodex Ochrid bibl. Mun. 44 aus dem 11. Jahrhundert, aufbewahrt in Ochrida, Mazedonien, besteht aus 812 Seiten, ist eine Sammelhandschrift und deckt sich offensichtlich im Umfang – Beginn mit Kap. 33 – mit dem des Kodex Patmiacus bzw. Patmensis.[123] Noch deutlicher konstatiert Otto Zwierlein als Befund für die drei Handschriften,[124] dass dort »jeweils auf das griech. Martyrium Petri (d. h.

---

120  So etwa Schneemelcher, Petrusakten (s. Anm. 33), 250; Eastman, Martyrdom Accounts (s. Anm. 15), 3 und 123.
121  So Baldwin, Whose *Acts of Peter?* (s. Anm. 33), 252 und bes. Anm. 179, der den Kodex näher beschreibt.
122  Hierzu Baldwin, Whose *Acts of Peter?* (s. Anm. 33), 252. Baldwin, der sich auf die *ActPetr* beschränkt, gibt als Überschrift wieder: μαρτύριον τοῦ ἁγίου ἀποστόλου Πέτρου. Ἐκ τῶν ἱστορικῶν Κλήμεντος Ῥώμης ἐπισκόπου ἐν τῷ ἐσχάτῳ λόγῳ ἱστοροῦντος οὕτως. Κύριε εὐλόγησον »Martyrdom of the holy apostle Peter. From the histories of Clement, Bishop of Rome, who narrates thus [sic!] in the last book. O Lord, bless!«
123  So Baldwin, Whose *Acts of Peter?* (s. Anm. 33), 253, unter Verweis auf M. Geerard, Clavis Apocryphorum Novi Testamenti. The Uncanonical Gospels and other Writings referring to the First Ages of Christianity, London 1852. Weiteres dort unter §190 iv und §193. Eine Beschreibung bietet F. Halkin, Manuscrits byzantins d'Ochrida en Macédonia yougoslave, Analecta Bollandiana 80 (1962), 5–21 (15).
124  Eine knappe Beschreibung der drei Kodizes mit Angabe relevanter Literatur bei Zwierlein, Petrus in Rom (s. Anm. 4), 338. Zu den beiden erstgenannten Kodizes auch R. A. Lipsius, Die Apokryphen Apostelgeschichten und Apostellegenden. Ein Beitrag zur altchristlichen Literaturgeschichte, Bd. 1, Braunschweig 1890, 78–102; ders., Passiones Petri et Pauli graece ex codice

den Schluß der ursprünglichen ›actus Petri‹) das griech. *Martyrium Pauli* (d. h. der Schluß der ursprünglichen ›acta Pauli‹) folgt«.[125] Zwierlein bietet noch weitere Textzeugen mit »beiden Martyrien Petri und Pauli im Verbund«, dabei u. a. Ps.Lin., die drei koptischen Pergamentkodizes Borgiani 128, 129 und 130 (wohl 9. Jahrhundert), einen fragmentarischen koptischen Papyrus aus Sankt Petersburg (eventuell 5. Jahrhundert) und eine *versio slavica* (im Kodex collect. Undol'skianae 1296 der Bibliothek des Fürsten Rumjánzew in Moskau, 15. oder 16. Jahrhundert).[126] Damit ist durch handschriftliche Überlieferung die enge Verknüpfung beider Martyrien (MartPet und MartPl) zu bestimmten Zeiten (und zumindest für die Gegend, für welche die Handschrift geschrieben wurde und/oder aus der die Handschrift stammt) ebenso belegt, insbesondere auch in einer bestimmten Abfolge festgehalten.

## 6. Ergebnisse

Was ist damit nun erwiesen? Ich möchte keineswegs auf die teilweise mit wirklich harten Bandagen geführte Auseinandersetzung um »Petrus in Rom« rekurrieren. Dort liegt die Schwierigkeit auch darin begründet, weil es mit Petrus auch um Sukzession und einen Teil des Selbstverständnisses der römisch-katholischen Kirche geht. Es reicht schon aus, sich mit Paulus zu beschäftigen, also mit »Paulus in Rom«. Ist denn Paulus in Rom hingerichtet worden und Nero der Erzschurke und Bösewicht, wie dies die Überlieferung glauben machen möchte? Können wir denn dann ausmachen, dass Paulus dort den Tod durch das Schwert fand, an dem heute die Kirche San Paolo alle Tre Fontane zu finden ist? Und wie sieht es mit dem gemeinsamen Märtyrertod der beiden Apostel Petrus und Paulus aus?

Nichts dergleichen wissen wir, nichts, das unserer heutigen Auffassung von gesichertem historischen Wissen entspricht. Die beiden frühen literarischen Quellen, die hier näher untersucht wurden, die *Acta Petri* und die *Acta Pauli* – in ihren erreichbaren rekonstruierten Fassungen – bieten zwar narrative Aspekte, die hier auch dargeboten wurden, archäologische und als im heutigen Sinne grundsätzlich ver-

Patmensi primum edidit, JPT 1 (1886), 86–106; ders., Nachträgliches zu den Passiones Petri et Pauli, JPT 1 (1886), 175–176.
125 Zwierlein, Petrus in Rom (s. Anm. 4), 37–38.
126 So Zwierlein, Petrus in Rom (s. Anm. 4), 339–341 (Zitat 338).

lässlich geltende zeitnahe Berichte oder offizielle Aufzeichnungen suchen wir vergeblich. Und doch wissen wir gleichzeitig viel. Das Para-
doxon beruht auf eben jenen narrativen Überlieferungen der Martyrien der beiden Apostel (MartPet und MartPl) sowie durchaus auch
auf deren Rezeption, ihren Weiterverarbeitungen und Fortschreibungen. Recht früh wird die Annahme einer Tätigkeit von Paulus
und Petrus in Rom zur gesicherten, d. h. geglaubten Tatsache, die sich
noch dazu in kultischen Vollzügen manifestiert hat. Ihr Märtyrertod
wird ebenso alsbald als unumstrittenes Faktum gesetzt, selbst wenn
die zeitliche Abfolge – ob zuerst Petrus und dann Paulus oder dann
doch beide gleichzeitig – eine sich entwickelnde Vorstellung aufzeigt.
Und die Überlieferung zeigt überdeutlich: Die Verbindung beider ist
ein bedeutsamer Aspekt. Im Detail – das meint in etwa, ob beide
gleichzeitig in Rom wirkten oder beide zur selben Zeit bzw. in derselben Verfolgungsphase den Tod fanden – gilt es feine Nuancen zu beachten.

Die ActPetr will Paulus nach Spanien ziehen sehen und die Ankündigung seines gewaltsamen Todes durchaus eingelöst wissen, zumindest implizit durch den Verweis auf die Rückkehr des Paulus nach
Petri Tod. Dazu passt das MartPl mit der Anreise des Paulus nach
Rom sehr gut, auch wenn ein Bezug auf Spanien (vgl. aber eine syrische Geschichte des Heiligen Apostels Paulus[127]) und eine Rückkehr
nicht angegeben sind. Deutlich kompakter sind die Charakterisierung
des Paulus und die schlüssige, lineare Anlage des Handlungsstrangs.
Während Nero in den ActPetr zwar gottlos und ungerecht ist, sind
dort andere die Hauptverantwortlichen für den Tod des Petrus. Im
MartPl allerdings bleibt an der Verantwortlichkeit des Nero, noch
dazu als eine Art Werkzeug des Bösen bzw. des Teufels, kein Zweifel.
Hier ist Nero ein aktiver Charakter, der die Handlung mitträgt und
in seinem Denken, Fühlen und Handeln plastisch ausgestaltet wird.
Dies deckt sich dann durchaus mit anderen pejorativen Urteilen über
den Kaiser (vgl. vor allem Tacitus, Sueton und Sepulchius Severus).

---

127 Hierzu Eastman, Martyrdom Accounts (s. Anm. 15), 189–192 (Einleitung)
und 194–201 (Text mit der Überschrift »History of the Holy Apostle My
Lord Paul«): Die ersten sieben Abschnitte des wohl im 6./7. Jahrhundert verfassten Texts geben das schon in Apg Berichtete wieder. In Abschnitt 9 ist
dann von einer Freilassung des Paulus nach dem Verhört vor Nero die Rede.
Paulus zieht nach Spanien und lehrt dort zehn Jahre lang. Als er vom Tod
Petri erfährt, eilt er nach Rom zurück.

Gleichzeitig ist beiden literarischen Quellen eines gemeinsam: Petrus und Paulus wirken über ihren Tod hinaus. Das den Tod Überdauernde, das Ewige und die Kraft des Glaubens erweisen sich als verlässliche Größen, so dass nach Erscheinungen Nero in beiden Erzählungen bestürzt ist und von der Verfolgung der Christen ablässt.

Die im vorangehenden Abschnitt 5 eingangs aufgeworfene Doppelfrage »Was war zuerst? Die Henne oder das Ei?« lässt sich aufgrund der gemachten Beobachtungen und angestellten Überlegungen unter Vorbehalt wie folgt beantworten: Die ActPetr, zumindest Teile daraus, d. h. vor allem das *Martyrium Petri*, sind älter als das *Martyrium Pauli* und gehen jenen narrativ klar voraus. Jedenfalls legen dies die Überlieferung selbst, deren Fortschreibungen und textimmanente Aspekte nahe.

# Paulus in der Theologie des 2. Jahrhunderts
## Das Beispiel von Tatians »Rede an die Griechen«

*Josef Lössl*

## 1. Einleitung

Tatians »Rede an die Griechen« (*Oratio ad Graecos*)[1] entstand zwischen 160 und 180 n. Chr. in Rom und Antiochia am Orontes.[2] Sie steht unter den frühchristlichen griechischen Apologien als Zeugin paulinischer Präsenz in der Theologie des 2. Jahrhunderts nicht unbedingt im Rampenlicht der Forschung.[3] Es handelt sich bei ihr –

---

1 Im Folgenden zitiert nach der Ausgabe von H.-G. Nesselrath, Gegen falsche Götter und falsche Bildung. Tatian, Rede an die Griechen, SAPERE 28, Tübingen 2016. Zusätzlich herangezogen werden die Ausgaben von J. Trelenberg, Tatianos. Oratio ad Graecos/Rede an die Griechen, BHTh 165, Tübingen 2012; M. Whittaker, Tatian. Oratio ad Graecos and Fragments, OECT, Oxford 1982; sowie E. Schwartz, Tatiani oratio ad Graecos, TU 4.1, Leipzig 1888.

2 Tatian hielt sich zu Lebzeiten Justins des Märtyrers in Rom auf und war wohl sogar ein Schüler Justins, entfremdete sich aber nach Justins Tod um 165 von der Kirche (so Iren.haer. 1,28,1) und wurde 172 aus der Kirche ausgeschlossen (Hier.chron. 172 [206 Helm]), woraufhin er zurück in den Osten ging (s. Epiphan.pan. 46,1,7). Große Teile von or. 1–30, die (besonders in or. 5–7, 12–13, 15, 28) die wichtigsten theologischen Darlegungen enthalten, dürften wohl noch in Rom, vielleicht sogar noch zu Lebzeiten Justins entstanden sein, obgleich die Endredaktion des Werkes erst nach 172 (wahrscheinlich erst kurz vor 180) im Osten (Antiochia) anzusetzen ist. Zur redaktionellen Schichtung der Rede s. besonders A. E. Osborne, Tatian's *Discourse to the Greeks*. A literary analysis and essay in interpretation, Cincinnati 1969; zu Datierung und Situierung J. Lössl, Date and Location of Tatian's *Ad Graecos*. Some old and new thoughts, StPatr 74 (2016), 43–56.

3 In neueren Studien zur Paulusrezeption im zweiten Jahrhundert spielt Tatian selbst kaum eine Rolle. Was in der »Rede an die Griechen« an ›Paulinischem‹ enthalten ist, kann auch unter Justin abgehandelt werden, von dem Tatian abhängt, oder unter Irenäus und Clemens von Alexandrien, die auf Tatian verweisen (ausführlicher dazu weiter unten in diesem Beitrag). J. R. Strawbridge, The Pauline Effect. The use of the Pauline Epistles by Early Christian writers, SBR 5, Berlin/New York 2016, erwähnt als in der »Rede an die Griechen«

etwa im Vergleich mit den Werken Justins des Märtyrers, von denen
sie z. T. abhängt – um einen eher kurzen Text.[4] Vieles wird in ihr nur
kurz und in vagen Anspielungen angerissen.[5] Theologische Themen
(Gott, Schöpfung, Erlösung) sind zwar in ihr enthalten, werden aber
nur wenig entwickelt.[6] Aufgrund dieser Kürze bleiben viele Aussagen
unklar.[7] Deshalb ist es schwierig, Berichte frühchristlicher Zeitgenossen, die bei Tatian häretische, etwa valentinische, markionitische
oder enkratitische Positionen feststellten, anhand der *Oratio* zu über-

enthaltene Paulusstellen Kol 1,15 (or. 5,2), Eph 6,11–13,14 (or. 16,7) und 1 Kor
15,53 (or. 20,6) und verweist kurz auf or. 5,2 in einer Fußnote auf S. 149. J.
Schröter/S. D. Butticaz/S. Dettwiler, Receptions of Paul in Early Christianity.
The person of Paul and his writings through the eyes of his early interpreters,
BZNW 234, Berlin/New York 2020 erwähnt Justin an über 30, Irenäus an über
40, Tatian hingegen nur an zwei Stellen, wobei sich keine von diesen Stellen
auf Tatians Paulusrezeption im engeren Sinne bezieht. J. R. Strawbridge, Reconsidering Pauline Influence in Tatian, in: D. Wilhite (Hg.), Paul and the
Apologists, London 2021 klingt vielversprechend, war jedoch zum Zeitpunkt
der Abfassung dieses Beitrags noch nicht veröffentlicht bzw. dem Verf. nicht
zugänglich.

4 Das Werk umfasst 42 kurze Kapitel, die in den modernen kritischen Editionen
kaum 50 Seiten einnehmen. Zum Vergleich: Justins »erste« Apologie allein ist
unterteilt in 70 Kapitel und nimmt in modernen Editionen ca. 100 Seiten ein.
Zur Abhängigkeit Tatians von Justin s. ausführlich Trelenberg, Tatianos (s.
Anm. 1), 195–204; s. auch weiterhin R. Hanig, Tatian und Justin. Ein Vergleich, VigChr 53 (1999), 31–73.

5 Tatsächlich beschäftigt sich die *Oratio* als frühchristliche Apologie mit außerordentlich vielen Themen, die sich über die gesamte antike Kultur erstrecken.
Eine kurze Gliederungsübersicht kann nur einen vagen Eindruck von dieser
Vielfalt vermitteln: Kapitel 1–3: Kritik an den Griechen: Sie haben nichts erfunden; ihre Dichter und Philosophen taugen nichts; 4–7: Kurze Einführung
in Gottes-, Logos-, Pneuma- und Schöpfungslehre sowie die Lehre vom Fall;
8–11: Kritik an Polytheismus und Heimarmene-Lehre; 12–15: Pneumatologie
und Seelenlehre; 16–19: Kritik der Dämonologie; 20: Zusammenfassung zum
gegenwärtigen Stand der Menschheit; 21–28: Kritik verschiedener Aspekte
griechischer Kultur; 29–32: Tatians Bericht von seiner Bekehrung und Über-
leitung zum Altersbeweis; 33–34: Polemik gegen griechische Skulpturen; 35–
41: Altersbeweis; 42: Schluss.

6 Für einen kurzen, vergleichenden Überblick über die wichtigsten in der Rede
an die Griechen enthaltenen theologischen Themen s. jetzt J. Lössl, Tatian,
Theophilus of Antioch and Irenaeus of Lyons, in: M. Edwards (Hg.), The
Routledge Handbook of Early Christian Philosophy, London 2021, 342–256.

7 Beispiele (etwa: Konzipierte Tatian den Logos als geschaffen oder ungeschaf-
fen? Oder: Vertrat er bereits die Lehre einer *creatio ex nihilo*?) werden bei Lössl,
Tatian, Theophilus of Antioch (s. Anm. 5) diskutiert.

prüfen.[8] Ausdrückliche Zitate oder Erklärungen von Bibelstellen enthält die *Oratio* ebenfalls nicht. Tatian fasst sich in der *Oratio*, wie erwähnt, generell kurz. Doch hat er Bibelstellen elliptisch zitiert und stark paraphrasiert, wobei darunterliegende Denk- und oft sogar Satzstrukturen weiterhin sichtbar und nachvollziehbar bleiben. Wahrscheinlich war es auch die intendierte pagane Leserschaft, die ihn im Lehrkontext der *Oratio* biblisches Material verfremden und pagan-philosophischen und klassisch-antiken Denkformen angleichen ließ.[9]

Was Paulusstellen betrifft, so haben bisherige Untersuchungen der Theologie Tatians in der Tat bereits eine ganze Reihe möglicher Belege identifiziert und einige markante Stellen diskutiert.[10] Dabei

---

8  Irenäus etwa verweist auf Tatian als den Urheber der Lehre von der Unerlöstheit Adams (haer. 1,28,1 und 3,23,8). Nach Clemens von Alexandria (strom. 3,12,80 f.) lehnte Tatian die Ehe ab, da durch sie das Fleisch in Sünde verstrickt werde. Beide Autoren verweisen auf irrtümliche Auslegungen von Paulusstellen (1 Kor 15,22 und 1 Kor 7,5.6.39) als Gründe für die häretischen Positionen. Für die Rede an die Griechen lässt sich lediglich sagen, dass Tatian in ihr diese Positionen nicht vertritt.

9  S. etwa unten den Abschnitt zu or. 4,3 f., wo sich in enger Nachbarschaft mit Versatzstücken stoischer und platonischer Lehren Spuren von Röm 1,20 und 25 finden. Tatian vermeidet dort (wie überhaupt in der *Oratio*) den in Röm 1,20 vorkommenden Ausdruck κτίσις für Gottes Schöpfung (s. dazu auch Anm. 27) und bevorzugt stattdessen Ausdrücke wie ποίησις und δημιουργία, wie sie in der platonischen Tradition geläufig waren. Oder, wenn Röm 1,21 die Götzenanbeter anklagt, dass sie unentschuldbar seien, weil sie Gott durch seine Schöpfung kannten (γνόντες τὸν θεόν), spiegelt sich dies im Kontext von or. 4,3 in Tatians Aussage wieder, dass »wir ihn [= Gott] durch seine Schöpfung kennen« (τοῦτον διὰ τῆς ποιήσεως αὐτοῦ ἴσμεν). Ähnlich or. 29,3, wo Tatian von Lehren berichtet, die »die in der Welt herrschende Knechtschaft auflösen« (λύει τὴν ἐν κόσμῳ δουλείαν), uns der Herrschaft vieler (böser) Mächte und unzähliger Tyrannen entreißen (ἀποσπᾷ) und uns etwas geben, was wir ursprünglich schon einmal besaßen, wegen unseres »Irregehens« (ὑπὸ τῆς πλάνης) aber verhindert waren, zu besitzen. Röm 8,20 f. spricht davon, dass »die Schöpfung der Nichtigkeit unterworfen ist« (τῇ γὰρ ματαιότητι ἡ κτίσις ὑπετάγη) und »von der Knechtschaft der Vergänglichkeit befreit werden wird« (ἡ κτίσις ἐλευθερωθήσεται ἀπὸ τῆς δουλείας τῆς φθορᾶς). Wie erwähnt, vermeidet Tatian den Ausdruck κτίσις. Ihn mit κόσμος zu ersetzen, wäre plausibel, ebenso ein Paraphrasieren von ἐλευθεροῦν mit λύειν und ἀποσπᾶν. Ein Einfluss von Röm 8,20 f. auf or. 29,3 ist damit zwar nicht durch ein Vollzitat belegt, legt sich jedoch von der Struktur von Tatians Argument und von der Art und Weise her nahe, wie Tatian sein Argument formuliert.

10  Trelenberg, Tatianos (s. Anm. 1), 261 f. hat im Stellenregister über 30 Paulusstellen aufgelistet. Bereits M. Elze, Tatian und seine Theologie, FKDG 9, Göttingen 1969, 71 und 117 diskutiert Irenäus' und Clemens' Kritik der Pau-

scheinen einige ältere Studien vorauszusetzen, dass Tatians ›Paulinismus‹ ›valentinisch‹ geprägt war.[11] In einer 2003 erschienenen Studie
hat Emily Hunt aber gezeigt, dass Tatians Paulusexegese durchaus
eigenständige Züge trägt.[12] Neuere Studien bauen auf diese Erkenntnis auf und nehmen Tatian stärker als frühere Studien als einen unab-
hängigen, ja innovativen Paulusausleger wahr.[13]

## 2. Tatians Paulusauslegung nach frühchristlichen Zeugnissen

### 2.1 Irenäus von Lyon

Bereits einer der frühesten frühchristlichen Berichte über Tatian bestätigt diesen Eindruck. Kurz nach 180, also nicht lange nach der
wahrscheinlichen Vollendung und Veröffentlichung der Oratio,[14]
schrieb Irenäus von Lyon, dass Tatian zu Lebzeiten Justins und noch
einige Zeit nach dessen (um 165 datierten) Märtyrertod in Rom als

lusinterpretation Tatians (s. Anm. 7) und Tatians mögliche Abhängigkeit von
Röm 1,20 in or. 4,3 (44 Nesselrath), wo es in Bezug auf Gott heißt: »Wir erfassen das Unsichtbare seiner Macht durch seine Werke« (τῆς δυνάμεως αὐτοῦ
τὸ ἀόρατον τοῖς ποιήμασι καταλαμβανόμεθα; vgl. dazu Röm 1,20: τὰ γὰρ ἀόρατα
αὐτοῦ ἀπὸ κτίσεως κόσμου τοῖς ποιήμασιν νοούμενα καθορᾶται, ἥ τε ἀΐδιος αὐτοῦ
δύναμις καὶ θειότης…).

11  So E. Hunt, Christianity in the Second Century. The case of Tatian, London
2003, 36, unter Verweis auf R. Grant, The Heresy of Tatian, JThS 5 (1954),
62–68 (65). Grant, so Hunt, habe recht, insofern er die Theologie Tatians als
stark paulinisch beeinflusst erkenne. Fraglich sei jedoch Grants Annahme,
dass Tatians ›Paulinismus‹ valentinisch beeinflusst sei.

12  Hunt, Christianity (s. Anm. 9), 36–45 widmet sich umfassend der Verwendung paulinischen Materials in der Oratio: Röm (36–38), 1–2Kor (38–41), Gal
(41), Eph (41–43), Hebr (43) und Pastoralbriefe (44 f.).

13  S. etwa die Diskussionen bei M. R. Crawford, The Problemata of Tatian. Re-
covering the Fragments of a Second-Century Christian Intellectual, JThS 67
(2016), 542–575 (546) und 559–562, der zeigt, dass die kritischen Stellen bei
Irenäus (haer. 3,23,8) und Clemens von Alexandrien (strom. 3,12,80 f.) sich auf
spezifische Exegesen von Stellen in Paulusbriefen beziehen, die Tatian zugewiesen wurden, was es sehr wahrscheinlich macht, dass Tatian tatsächlich in
dieser Weise Paulusexegese betrieb (allerdings nicht in der Oratio, wo er nirgends explizit Stellen aus Paulusbriefen zitiert oder auslegt). Zur innovativen
Qualität der Theologie Tatians – einschließlich seiner Paulusexegese – s. J.
Lössl, The Religious Innovator Tatian. A precursor of Mani in Syrian Christianity?, in: J. Van Oort (Hg.), Manichaeism and Early Christianity. Selected
papers from the 2019 Pretoria Congress, Leiden 2021, 1–23. Die für 2021 angekündigte Studie von Strawbridge, Reconsidering Pauline Influence in Tatian (s. Anm. 3) ist mir leider noch nicht zugänglich.

14  Zu Einzelheiten s. Lössl, Date and Location (s. Anm. 2).

christlicher Lehrer aktiv war.[15] Er sei aber nach dem Tod Justins von
der Kirche abgefallen und habe eine ›Lehre eigener Prägung‹ entwickelt. Später, im 4. Jahrhundert, berichten Eusebius von Caesarea und
Epiphanius von Salamis, dass Tatian um 172 zum Häretiker erklärt
wurde und daraufhin Rom verlassen habe.[16] Es scheint aber, dass in
der Zeit, auf die Irenäus sich bezieht (um bzw. kurz vor 180), Tatians
Theologie zunächst weiter in Rom wirkte, unabhängig davon, ob Tatian selbst (noch) in Rom anwesend war oder nicht.[17] Für Irenäus war
Tatian also ein kreativer und innovativer theologischer Denker, der
eine Lehre eigener Prägung entwickelt habe (ἴδιον χαρακτῆρα, was
Irenäus sicherlich nicht als Kompliment intendierte); und, was im gegebenen Zusammenhang noch entscheidender ist, Irenäus nahm Tatian als einen Paulusausleger wahr: Tatians Irrlehre, so Irenäus, leitete
sich direkt aus einer (so Irenäus, »verlogenen«) Exegese einer Paulusstelle (nämlich 1 Kor 15,22) ab.[18] Nach Irenäus war Tatian also als Pau-

15 Iren.haer. 1,28,1: »Er [= Tatian] war ein Hörer Justins, und solange er mit jenem zusammen war, vertrat er nie eine solche Lehrmeinung [= dass Adam, der
erste Mensch, nicht erlöst würde]. Nach dessen Martyrium aber fiel er von der
Kirche ab. … Er entwickelte eine Lehre ganz eigener Prägung …« (ὃς
Ἰουστίνου ἀκροατὴς γεγονώς, ἐφ’ ὅσον μὲν συνῆν ἐκείνῳ, οὐδὲν ἐξέφηνεν
τοιοῦτον· μετὰ δὲ τὴν ἐκείνου μαρτυρίαν ἀποστὰς τῆς ἐκκλησίας … ἴδιον
χαρακτῆρα διδασκαλείου συνεστήσατο). N. Brox, Irenäus von Lyon. Epideixis,
Adversus Haereses/Darlegung der apostolischen Verkündigung. Gegen die
Häresien I, FC 8/1, Freiburg i.Br. 1993, 325 übersetzt ἴδιον χαρακτῆρα
διδασκαλείου συνεστήσατο: »… Er gab seiner Schule eine eigene Richtung.«
16 Dass Tatian nach dem Tod Justins Rom verlassen habe und in den Osten gegangen sei, wo er seine Lehre in Pisidien, Kilikien, um Antiochia und in Me-
sopotamien verbreitet habe, berichtet erst Epiphan.pan. 46,1,7 (in den 370er
Jahren): Ἀπὸ Ῥώμης γὰρ μετὰ τὴν τοῦ ἁγίου Ἰουστίνου τελείωσιν διελθὼν ἐπὶ τῆς
ἀνατολῆς μέρη …; zu weiteren Details s. Lössl, Date and Location (s. Anm. 2),
46–48. Dass dies nach 172, dem Jahr in dem Tatian zum Häretiker erklärt
wurde (*haereticus agnoscitur*), gewesen sein dürfte, legt sich aus Hier.chron.
172 (206.13 Helm) nahe.
17 Nach Iren.haer. 1,28,1 gab es den von Marcion und Satornin ausgehenden
Enkratismus schon längere Zeit (etwa seit den 140er Jahren). Die von Tatian
»erstmals eingeführte« (πρώτως … εἰσενέγκαντος), ihn dogmatisch unter-
mauernde Irrlehre vom Unerlöstsein Adams dagegen sei erst »jetzt« (νῦν) aufgekommen: Ἀπὸ Σατορνίνου καὶ Μαρκίωνος οἱ καλούμενοι Ἐγκρατεῖς ἀγαμίαν
ἐκήρυξαν … ἀντιλέγουσι τε τῇ τοῦ πρωτοπλάστου σωτηρίᾳ, καὶ τοῦτο νῦν
ἐξευρέθη παρ’ αὐτοῖς, Τατιανοῦ τινος πρώτως ταύτην εἰσενέγκατος βλασφημίαν.
Danach könnte die von Tatian »eingeführte« Irrlehre nach ihm also auch von
anderen weiterverbreitet worden sein. Iren.haer. 1,28,1 ist auf Griechisch erhalten und wird bei Eus.h.e. 4,29,2 f. (GCS 9.1, 390.6–20) überliefert.
18 Iren.haer. 3,23,8 verurteilt Tatians Lehre von der Unerlöstheit Adams als Re-

lusausleger tätig und erwies sich zugleich als ein – wenngleich devian-
ter – theologischer Denker, der seine Paulusexegese kreativ in innova-
tive Lehre umsetzte.

## 2.2 Clemens von Alexandria

Einen sehr ähnlichen Eindruck vermittelt ein einige Jahrzehnte später datierendes Zeugnis des Clemens von Alexandria.[19] Clemens berichtet darin, dass Tatian in einem eigenen Werk, »Über die Vollkommenheit nach den Worten des Erlösers«,[20] also nicht in der *Oratio*, Paulus' positives Eheverständnis in 1Kor 7,39 als »Bindung der
Frau an den Mann« in ein negatives Verständnis der Ehe als »Verstrickung des Fleisches in die Sterblichkeit« verdreht habe.[21] Er habe dies

sultat einer irregeleiteten, ja »lügenhaften« (*mendax*) Exegese von 1 Kor 15,22
(*in Adam omnes moriuntur*). An derselben Stelle nennt Irenäus Tatian *connexio
omnium haereticorum*. Der Ausdruck wird meist dahingehend verstanden, dass
bei Tatian die Fäden aller früheren Enkratiten (etwa Marcion und Satornin)
zusammenlaufen. Seine systematische, theologisch-anthropologische Lehre
von der Unerlöstheit Adams wäre demnach die theologische Kulmination
dessen, was auch andere vor ihm bereits irrtümlich bei Paulus gefunden zu
haben glaubten, nämlich einen Ruf zum Enkratismus, dies aber theologisch
nur unzureichend begründen konnten. *Connexio* könnte hier auch in einem
noch engeren Sinne verstanden werden. Bei Quintilian (inst. 5,14,6) ist *connexio* in einem rhetorischen Schlussverfahren die Schlussfolgerung, die sich aus
der Verknüpfung der Intention eines Schlusses (*intentio*, also dessen, was zu
beweisen intendiert wird, die Behauptung) mit der die Behauptung begleiten-
den Annahme (*assumptio*) ergibt. Im vorliegenden Fall wäre *intentio* die Behauptung des Enkratismus als angemessener christlicher Lebensform, *assumptio* die Annahme, dass sich diese Behauptung autoritativ aus Paulus belegen lässt, und *connexio* Tatians (aus einer »lügenhaften« Exegese von 1 Kor
15,22 abgeleitetes) ›Dogma‹ von der Unerlöstheit des ersten Menschen, in der
der Enkratismus sozusagen systematisch kulminierte.

19 Clem.Al.strom. 3,12,80,1–81,3 (GCS 15, 232.5–233.2). Der Tatian betreffende
Abschnitt ist ebenfalls abgedruckt bei Whittaker, Tatian (s. Anm. 1), 78–81.
Nach E. Osborn, Clement of Alexandria, Cambridge 2005, 5–15 sind die Stro-
mata in das erste bis zweite Jahrzehnt des 3. Jahrhunderts zu datieren, also 20
bis 30 Jahre nach Irenäus' *Adversus haereses* und 30 bis 40 Jahre nach Tatians
Oratio. Diese spätere Datierung könnte sich auch in der Weise widerspiegeln,
wie Clemens auf Tatian referiert: Er verweist auf ihn als »Tatian der Syrer«,
so als ob Tatian bereits unter diesem Namen bekannt war. Irenäus hingegen
hatte noch auf »einen gewissen Tatian« verwiesen.

20 Περὶ τοῦ κατὰ τὸν σωτῆρα καταρτισμοῦ. Einleitend dazu s. Trelenberg, Tatianos (s. Anm. 1), 3–4.

21 Clem.Al.strom. 3,12,80,3 (GCS 15, 232.18–20) schreibt zu 1 Kor 7,39 (γυνὴ
δέδεται ἐφ' ὅσον χρόνον ζῇ ὁ ἀνὴρ αὐτῆς) wörtlich: »Denn man darf nicht, wie
einige diese Stelle ausgelegt haben, annehmen, dass mit der Bindung der Frau

unter Verweis auf 1Kor 7,5–6 getan, indem er Paulus dort so auslegte, als ob er den ehelichen Akt als korrupt verurteilt habe. Nach Paulus, so Tatian (laut Clemens), sei es allein »wegen Satan und der Unfähigkeit, sich zu beherrschen,« dass Eheleute nach einer Phase der Abstinenz wieder zusammenkämen. Paulus gestehe ihnen dies zu, jedoch nur um zu zeigen, dass sie sich dadurch wie Leute verhielten, die – wie Mt 6,24 es ausdrückt – beabsichtigten, zwei Herren zu dienen, Gott, wenn sie abstinent im Gebet vereint waren, dem Teufel, wenn sie der Unmäßigkeit und der Unzucht frönten.[22] Konsistentes christliches Leben wäre nach Tatian demnach in der Ehe nicht möglich, sondern nur in einer ›enkratischen‹ Lebensform. Erneut basiert sein Argument (laut Clemens) direkt auf einer Paulusauslegung.

### 3.  Tatians Paulusauslegung in der »Rede an die Griechen« (*Oratio ad Graecos*)

#### *3.1  Überblick*

Wie bereits angedeutet, lassen sich die bei Irenäus und Clemens fast alle aus zweiter Hand umrissenen enkratitischen Positionen Tatians nicht anhand der *Oratio* verifizieren, was nicht heißt, dass sie nicht in sich selbst plausibel wären. Es lässt sich nur aus ihnen in Kombination mit der *Oratio* keine kohärente Theologie Tatians rekonstruieren. Im Hinblick auf die Weise wie Irenäus und Clemens Tatians ›Paulusverwendung‹ (seine ›Methode‹) beschreiben, lassen sich allerdings gewisse Kontinuitäten in einigen Passagen der *Oratio* feststellen. Auf

---

an den Mann die Verstrickung des Fleisches in die Sterblichkeit gemeint sei;« οὐ γάρ, ὥς τινες ἐξηγήσαντο, δέσιν γυναικὸς πρὸς ἄνδρα τὴν σαρκὸς πρὸς τὴν φθορὰν ἐπιπλοκὴν μηνύεσθαι ὑποτοπητέον. Der von Tatian (laut Clemens) verwendete Ausdruck lautet – wörtlich –»Gemeinschaft der Sterblichkeit« bzw. »des Verderbens«, κοινωνία φθορᾶς; ebd. 3,12,81,1 (232.25).

22  Tatian, »Über die Vollkommenheit« apud Clem.Al.strom. 3,12,81,2 (232.25–29): »Dadurch nämlich dass er ihnen ›wegen Satan und der Unfähigkeit, sich zu beherrschen (ἀκρασία)‹ (1 Kor 7,5) gestattete, wieder (zum ehelichen Akt) zusammenzukommen, gab er zu verstehen, dass diejenigen, die von diesem Zugeständnis Gebrauch machten, ›zwei Herren dienen wollten‹ (Mt 6,24), durch die (spirituelle) Einigung (im Gebet) Gott, durch die (sinnliche) ›Zerstreuung‹ der Unbeherrschtheit (ἀκρασία), der Unzucht (πορνεία) und dem Teufel;« πάλιν γὰρ ἐπὶ ταὐτὸ συγχωρήσας γενέσθαι διὰ τὸν σατανᾶν καὶ τὴν ἀκρασίαν, τὸν πεισθησόμενον ‹δυσὶ κυρίοις μέλλειν δουλεύειν› (Mt 6,24) ἀπεφήνατο, διὰ μὲν συμφωνίας θεῷ, διὰ δὲ τῆς ἀσυμφωνίας ἀκρασίᾳ καὶ πορνείᾳ καὶ διαβόλῳ.

einige dieser Passagen soll im Folgenden etwas näher eingegangen werden.

Beginnen wir mit einem Gesamtüberblick. Spuren des Corpus Paulinum, Deuteropaulinen und Pastoralbriefe eingeschlossen, finden sich an etwa fünfzehn Stellen in der *Oratio*.[23] Dabei werden etwa dreißig verschiedene Stellen aus dem Corpus Paulinum zumeist teilweise zitiert oder paraphrasiert. Ein vollständiges, explizites Zitat, unter Angabe von Verfasser und Werk, etwa gar mit einer Exegese versehen, findet sich nirgends in der *Oratio*.[24] Mögliche Stellen, oder zumindest Spuren paulinischen Einflusses, finden sich vor allem in ›theologischen‹ und ›autobiographisch-spirituellen‹ Abschnitten: or. 4,3 (Gott und Schöpfung), 5,2 (Logoslehre), 11,2.4 (Freiheit, Sünde, Umkehr), 15,5, 16,7, 20,4.6 (Körper, Fleisch, Seele, Geist), 29,3 (die Seele, »von Gott unterrichtet«, θεοδίδακτος, 1Thess 4,9), 30,1.2 (Wachsen im Geist), 32,1.2 (menschliche Weisheit im Gegensatz zu göttlicher Weisheit).

---

23 Eine Durchsicht der einschlägigen kritischen Editionen ergibt in etwa folgende (nicht notwendigerweise vollständige) Liste: Or. 4,3 (Röm 1,20); 5,2 (Kol 1,15); 11,2 (1Kor 7,20f.); 11,4 (Röm 6,6.10; 7,14; Eph 4,22; Kol 2,20; 3,9); 15,5 (Röm 8,9; 1Kor 3,16; 6,19; 2Kor 6,16; Eph 2,21); 16,7 (2Kor 10,4; Eph 6,11.14; 1Thess 5,8); 20,4 (1Tim 6,16); 20,6 (1Kor 15,53f.; 2Kor 5,1–4); 29,3 (Röm 8,21; 1Thess 4,9); 30,1 (Röm 7,8.11; Eph 4,22–24; Kol 3,9f.); 30,2 (Eph 3,8); 32,1 (1Kor 2,5); 32,2 (Eph 2,8).

24 In dieser Hinsicht unterscheidet sich die Oratio von einem Werk wie etwa »Über die Vollkommenheit« (s. Anm. 22), das explizit auf Paulus rekurriert; s. jedoch auch dort (wie auch in den von Irenäus diskutierten Beispielen) die Praxis, Paulusstellen nur kurz und teilweise zu zitieren, sowie die Neigung zum Paraphrasieren. Letztere zeigt sich etwa in der unter Anm. 22 zitierten Stelle in der Verwendung des Verbs πείθω, »überreden«, wo Paulus (1Kor 7,6) nicht von »Überredung«, sondern von »Zugeständnis« (συγγνώμη) gesprochen hatte. Die Wortwahl Tatians resultiert hier unmittelbar in einer tendenziös negativen Auslegung von Paulus' Einstellung zur Ehe. Ähnlich die Verwendung des Ausdrucks κοινωνία φθορᾶς, die in scharfem Kontrast zur Verwendung des Ausdrucks κοινωνία bei Paulus steht, etwa 1Kor 10,16 (κ. τοῦ ... Χριστοῦ). Auch die Praxis, nur teilweise zu zitieren, resultiert in tendenziösen Auslegungen; s. dazu etwa das Iren.haer. 3,23,8 angeführte Beispiel von Tatians Auslegung von 1Kor 15,22 (*in Adam omnes moriuntur*), wo der zweite Teil des Verses (*in Christo omnes vivificabuntur*) unterschlagen wird. Eben dies klagt Irenäus (ebd.; s. Anm. 18) als »lügenhaft« an: Tatian, so Irenäus, »übergeht [hier bewusst], dass [laut Paulus] ja da, wo ›die Sünde mächtig wurde, die Gnade übermächtig wurde‹ (Röm 5,20)« (*ignorans autem quoniam ›ubi abundavit peccatum, superabundavit gratia‹*); zu weiteren Werken Tatians mit weiteren Beispielen s. Crawford, Problemata (s. Anm. 13).

Das paulinische Material das an diesen Stellen zutagetritt, unterscheidet sich im Umfang, in der Intensität, in der es verwendet wird, und dementsprechend auch in der Sicherheit, mit der es sich verifizieren lässt. In or. 29,3 ist es etwa ein einziges Wort, θεοδίδακτος, das auf eine Paulusstelle, 1Thess 4,9 zurückgeht. Aber hat Tatian das Wort direkt aus Paulus[25] bzw. ist or. 29,3 paulinisch beeinflusst? Um diese Frage auch nur annähernd zu beantworten, ist der Abschnitt als ganzer zu untersuchen, nicht nur die Verwendung dieses einen Wortes,[26] auch wenn im Rest des Abschnitts vielleicht gar kein paulinisches Vokabular vorkommt.[27] Wie bereits erwähnt, fasst sich Tatian generell in der *Oratio* äusserst kurz. Dadurch kommt kurzen Formulierungen und sogar einzelnen Wörtern und Partikeln eine größere Bedeutung zu als dies unter Umständen in längeren Texten der Fall wäre.

Wenden wir uns nun der Reihe nach einigen Passagen aus der *Oratio* zu und untersuchen diese näher im Detail.

---

25 Der Ausdruck findet sich auch bei anderen Apologeten, etwa Athenag.leg. 11,1; 32,2; Theoph.Autol. 2,9, sowie bei Barn 21,6. Ausserdem spielt Tatian in der Oratio mit dem Thema Autodidaktik. Er verhöhnt etwa in or. 3,1 Heraklit, der sich selbst als αὐτοδίδακτος bezeichnet haben soll, als arrogant. Seine Selbstbezeichnung als θεοδίδακτος, gerade auch im Kontext des Berichts seiner Bekehrung zum Christentum in or. 29,3, ist sicher auch im Hinblick auf das negative Beispiel Heraklits gewählt, von dem er sich absetzen will. Inwieweit hier ein direkter Einfluss von 1Thess 4,9 vorliegt, ließe sich fragen.

26 Ausführlich ist dies hier nicht möglich, s. aber kurz dazu oben unter Anm. 9.

27 An manchen Stellen hat Tatian paulinische Formulierungen möglicherweise bewusst ›umgeschrieben‹, so dass vom Vokabular her die Quelle kaum mehr durchscheint. In or. 4,4 etwa fragt er, nachdem er in or. 4,3 unter Anspielung auf Röm 1,20 und einzelne Teile des Verses zitierend, von Gott gesagt hatte, »Ihn kennen wir durch seine Schöpfung und das Unsichtbare seiner Macht erfassen wir durch seine Werke« (τοῦτον διὰ τῆς ποιήσεως αὐτοῦ ἴσμεν καὶ τῆς δυνάμεως αὐτοῦ τὸ ἀόρατον τοῖς ποιήμασι καταλαμβανόμεθα): »Wie käme ich denn dazu, meine Diener [d.h. Geschöpfe wie Sonne und Mond, zum Dienst an den Menschen geschaffen] anzubeten?« – εἶτα πῶς τοὺς ἐμοὺς ὑπηρέτας προσκυνήσω; In Röm 1,25 heißt es: »Sie [scil. die Götzenverehrer] beten anstatt des Schöpfers die Schöpfung an« (ἐλάτρευσαν τῇ κτίσει παρὰ τὸν κτίσαντα). Es ist wahrscheinlich, dass Tatian mit seiner rhetorischen Frage auf Röm 1,25 anspielt. Implizit dachte auch Paulus an Phänomene wie Verehrung von Sonne, Mond und Gestirnen. Doch Tatian löst sich vom Paulustext. Er verwendet προσκυνέω statt λατρεύω und vermeidet grundsätzlich κτίζω und κτίσις. Gottes Schöpfung ist für ihn ποίησις. Κτίσις kommt nur an einer einzigen Stelle in der *Oratio* vor, in or. 36,1, wo es sich auf die »Gründung« Trojas bezieht.

### 3.2 Gott wird durch seine Schöpfung erfasst (Röm 1,20.25 in or. 4,3f.)

Or. 4,3 f. lautet wie folgt:

4.3: ›Geist ist Gott‹, nicht die Materie durchdringend, sondern Schöpfer materieller Geister und der Formen in ihr [scil. der Materie]. Unsichtbar und materiell nicht greifbar, ist er der Vater der wahrnehmbaren und sichtbaren Dinge geworden. Ihn kennen wir durch seine Schöpfung und das Unsichtbare seiner Macht erfassen wird durch seine Werke. 4.4: Die Schöpfung die von ihm her um unseretwillen entstanden ist, will ich nicht anbeten. Entstanden sind Sonne und Mond um unseretwillen. Wie käme ich denn dazu, meine Diener anzubeten? Wieso soll ich Hölzer und Steine zu Göttern erklären?

4.3: πνεῦμα ὁ θεός, οὐ διήκων διὰ τῆς ὕλης, πνευμάτων δὲ ὑλικῶν καὶ τῶν ἐν αὐτῇ σχημάτων κατασκευαστής, ἀόρατός τε καὶ ἀναφής, αἰσθητῶν καὶ ὁρατῶν αὐτὸς γεγονὼς πατήρ. τοῦτον διὰ τῆς ποιήσεως αὐτοῦ ἴσμεν καὶ τῆς δυνάμεως αὐτοῦ τὸ ἀόρατον τοῖς ποιήμασι καταλαμβανόμεθα. 4.4: δημιουργίαν τὴν ὑπ᾽ αὐτοῦ γεγενημένην χάριν ἡμῶν προσκυνεῖν οὐ θέλω. γέγονεν ἥλιος καὶ σελήνη δι᾽ ἡμᾶς· εἶτα πῶς τοὺς ἐμοὺς ὑπηρέτας προσκυνήσω; πῶς δὲ ξύλα καὶ λίθους θεοὺς ἀποφανοῦμαι;

Der Abschnitt setzt ein mit einem Teilzitat von Joh 4,24: »Geist ist Gott.«[28] Die Frage drängt sich auf, ob wir es auch hier nur mit einem theologischen Versatzstück zu tun haben oder ob Tatian sich genuin mit dem Johannesevangelium auseinandersetzte.[29] Sein eigener Text in or. 4,3 fährt nach dem kurzen Zitat ganz anders fort als Joh 4,24, wo es heisst, dass die, die Gott verehrten, dies im Geist und in der Wahrheit tun sollten.[30] In or. 4,3 folgt eine philosophische Analyse: Gott ist

---

28 Joh 4,24: »Geist ist Gott, und es ist notwendig, dass diejenigen, die ihn anbeten, ihn im Geist und in der Wahrheit anbeten.« – Πνεῦμα ὁ θεός, καὶ τοὺς προσκυνοῦντας αὐτὸν ἐν πνεύματι καὶ ἀληθείᾳ δεῖ προσκυνεῖν. Mit »Teilzitat« soll hier nicht gemeint sein, dass Tatian die Stelle explizit als solche ausweist. Wie erwähnt, tut er das nirgends in der Oratio (s. Anm. 13 und 24).

29 Or. 4,3 wird auch diskutiert bei A. Wucherpfennig, Heracleon Philologus. Gnostische Johannesexegese im zweiten Jahrhundert, WUNT 142, Tübingen 2002, 148; allgemein zu Tatians Johannesrezeption T. Nagel, Die Rezeption des Johannesevangeliums im 2. Jahrhundert. Studien zur vorirenäischen Aneignung und Auslegung des vierten Evangeliums in christlicher und christlich-gnostischer Literatur, AzBig 2, Leipzig 2000, 73–82. Im Zusammenhang mit Tatians Verfasserschaft des Diatessaron wird angenommen, dass Tatian Joh kannte; s. N. Perrin, The Diatessaron and the Second-Century Reception of the Gospel of John, in: T. Rasimus (Hg.), The Legacy of John. Second-Century Reception of the Fourth Gospel, NT.S 132, Leiden 2010, 301–318 (313).

30 Zum Text von Joh 4,24 s. Anm. 28. In dem Vers geht es um Gottesverehrung

nicht materielles Pneuma, sondern Schöpfer materieller Pneumata sowie der Materie selbst und der Formen, die sie annimmt. Diese Aussage setzt sich mit dem stoischen Pneuma-Begriff auseinander.[31] Der unmittelbar folgende Ausdruck, »unsichtbar und materiell nicht greifbar,« steht so wörtlich in einem platonischen Lehrbuch,[32] die Rede vom Vater aller Dinge, der gleichzeitig Demiurg (Schöpfer) sei

(τοὺς προσκυνοῦντας αὐτὸν … δεῖ προσκυνεῖν). In or. 4,3 f. geht es Tatian dagegen zunächst um eine Analyse des Gottesbegriffs. Erst gegen Ende des Abschnitts (or. 4,4), im Zuge seiner Verwendung von Röm 1,20 und 25, geht er auf den Aspekt der Gottesverehrung ein und verwendet dabei zweimal das in Joh 4,24 vorkommende Verb, προσκυνεῖν. Das in Röm 1,25 zu findende λατρεύω (ἐλάτρευσαν τῇ κτίσει παρὰ τὸν κτίσαντα) greift er ebensowenig auf wie κτίσις und κτίζειν. Dennoch klingt sein εἶτα πῶς τοὺς ἐμοὺς ὑπηρέτας προσκυνήσω; an die Römerbriefstelle an.

31  Der Begriff eines die Materie durchdringenden Pneumas »entspricht« freilich zu Tatians Zeit »geläufigen hellenistischen Vorstellungen«; so F. Dünzl, Pneuma. Funktionen des theologischen Begriffs in frühchristlicher Literatur, JbAC.E 30, Münster 2000, 31. Er wurde allerdings weiterhin als (in seiner philosophischen Qualität) ursprünglich stoisch wahrgenommen. Bei Chrysipp (ca. 280–207 v. Chr.), dem Begründer der jüngeren Stoa, findet sich in frg. Log. et phys. 473 (SVF 2, 154) die Formulierung »von einem alles [Sein] durchdringenden Geist« (πνεύματός τινος διὰ πάσης [οὐσίας] διήκοντος). Auch Clem.Al.protr. 66,3 schreibt die Lehre der Stoa zu: τοὺς ἀπὸ τῆς Στοᾶς … διὰ πάσης ὕλης καὶ διὰ τῆς ἀτιμοτάτης τὸ θεῖον διήκειν λέγοντας. Bezüglich Tatian ist wichtig festzuhalten, dass er nichts gegen einen materiellen Pneumabegriff hat. Er will ihn nur nicht auf Gott angewandt sehen. Wenn er sagt οὐ διήκων, so bezieht sich dies auf ὁ θεός, nicht auf πνεῦμα. Insofern Gott Pneuma ist, so Tatian, durchdringt er die Materie nicht. Um dies weiter klarzustellen, führt Tatian in den folgenden Sätzen Belege aus platonischen Quellen an. Vielleicht tut er dies auch, um die nachfolgenden Zitate aus dem Römerbrief gegen stoisierende Interpretationen abzusichern; s. dazu etwa den Ausdruck »unsichtbar« (ἀόρατος), der zweimal vorkommt, beide in einem möglichen Zitat aus einem mittelplatonischen Handbuch (Alcin.didasc. 13,1), das zweite Mal im Kontext der Teilzitierung bzw. Paraphrasierung von Röm 1,20.

32  Das »Lehrbuch« (διδασκαλικός) des Alkinoos (oder Albinus) bezieht die zwei Eigenschaften (ἀόρατός τε καὶ ἀναφής) auf die immaterielle Seele (ψυχή); Alcin.didasc. 13,1: »Die Welt besteht aus zwei Komponenten, Körper und Seele. Ersterer ist sichtbar und greifbar, letztere unsichtbar und materiell nicht greifbar.« – Ἐξ ὧν δὲ συνέστηκεν ὁ κόσμος δύο ὑπαρχόντων, σώματος καὶ ψυχῆς, ὧν τὸ μὲν ὁρατὸν καὶ ἁπτόν, ἡ δὲ ἀόρατός τε καὶ ἀναφής … In or. 12,1 (s. auch or. 13,1) bezeichnet Tatian das mit der Materie verbundene Pneuma als »Seele« (ψυχή). Worum es hingegen hier geht, ist die Immaterialität (platonisch verstanden), die Tatian dem ›Pneuma Sein‹ Gottes zuweist. Zum Lehrbuch des Alkinoos s. J. Whittaker, Alcinoos. Enseignement des doctrines de Platon, Paris 1990, 29; J. Dillon, Alcinous – The Handbook of Platonism. Translated With an Introduction and Commentary, Oxford 1993, 22 und 118–120.

und von dem her die Welt geworden, d. h. geschaffen sei, findet sich in
Platons Timaios.[33] Dies also ist der Kontext, in den hinein Röm 1,20
teils zitiert, teils paraphrasiert wird[34] und das Thema des Abschnitts
sozusagen übernimmt: Es geht im Rest von or. 4,3 f. darum, Gott, den
wir durch seine Schöpfung kennen und dessen Macht wir trotz ihrer
Unsichtbarkeit durch seine Werke erfassen, anzubeten, nicht aber seine Schöpfung, die ja von ihm her und um unseretwillen entstanden
ist, d. h. geschaffen wurde.[35] Darin eingeschlossen sind selbst Himmelskörper wie Sonne und Mond, die ja, so Tatian, ebenfalls zu unseren Diensten geschaffen wurden, sowie Hölzer und Steine.[36] »Wie
käme ich dazu,« fragt Tatian, »diese meine Diener anzubeten?« Da-

33  Platon Tim. 28c–29a. Die Rede ist dort vom »Vater von allem« (πατὴρ τοῦ
    παντός), der unter anderem der Schöpfer bzw. Demiurg (δημιουργός) der Welt
    (bzw. des Alls, τοῦ κόσμου) sei und die »vornehmste von allen Ursachen«
    (ἄριστος τῶν αἰτίων). »Auf diese Weise,« schließt Platon, »ist das All entstan-
    den« bzw. »wurde es geschaffen« (οὕτω δὴ γεγενημένος [scil. ὁ κόσμος] … καὶ
    … δεδημιούργηται …). Zu beachten ist, dass Tatian den Ausdruck »Vater« hier
    im Anschluss an Platon verwendet und nicht in einer biblischen oder früh-
    christlich-trinitätstheologischen Bedeutung. Deshalb kann er später (etwa or.
    5,5 f.; 7,1), wenn er den Schöpfungsvorgang erklärt, Vater, Logos und Pneuma
    miteinander identifizieren. Für ihn ist Gott gleichermaßen Vater, Logos und
    Pneuma und als solcher Demiurg. Die Schöpfung ist für ihn ποίησις und
    δημιουργία Gottes, nicht jedoch κτίσις (s. Anm. 9 und 27).
34  Das übernommene Material mag zunächst dürftig erscheinen. Vom Wortlaut
    her gibt es nur einige wenige Übereinstimmungen. Streng genommen teilen
    sich or. 4,3 und Röm 1,20 nur den Ausdruck τοῖς ποιήμασι. Doch wurde bereits
    darauf hingewiesen (s. Anm. 9 und 27), dass Tatian hier möglicherweise stark
    paraphrasiert. Statt κτίσις schreibt er ποίησις, aus τὰ ἀόρατα wird τὸ ἀόρατον,
    aus καθορᾶται wird καταλαμβανόμεθα. Tatians sprachliche Kreativität macht
    es auch nicht wahrscheinlicher, dass er hier, wie Nesselrath, Gegen falsche
    Götter (s. Anm. 1), 122 Anm. 67 vorschlägt, nicht von Röm 1,20 beeinflusst
    sein könnte, sondern von SapSal 13,5 (ἐκ γὰρ μεγέθους καὶ καλλονῆς κτισμάτων
    ἀναλόγως ὁ γενεσιουργὸς αὐτῶν θεωρεῖται), das (mit Ausdrücken wie κτισμάτων
    und θεωρεῖται) an Röm 1,20 anklingt als an or. 4,3 f.
35  S. hier auch noch einmal die Aufnahme eines Teils der Formulierung im Ti-
    maios: δημιουργίαν τὴν ὑπ᾽ αὐτοῦ γεγενημένην (zum Timaiostext s. Anm. 33).
    Von Gott geschaffen werden ist gleichbedeutend mit Entstehung, Entstehung
    ist gleichbedeutend mit von Gott geschaffen werden. Tatian erweitert diesen
    Gedanken paulinisch: Die Schöpfung ist »für uns«, zu »unseren Diensten«
    geschaffen. Darin impliziert ist, dass wir, wenn wir die Schöpfung verehren
    und Hölzer und Steine zu Göttern erklären, uns selbst zu Sklaven machen.
36  Die Erwähnung von Sonne und Mond resoniert weniger mit Röm 1,20ff.
    Umso mehr erinnert der Verweis auf Hölzer und Steine an Röm 1,23, wo von
    der Produktion von Abbildungen (ἐν ὁμοιώματι εἰκόνος) die Rede ist, die Men-
    schen und Tiere darstellen. Besteht hier ein Zusammenhang, so verweist Ta-

bei könnte er an Röm 1,25 gedacht haben, wo es von den Götzenanbe-
tern heißt, dass sie die Wahrheit Gottes mit der Lüge vertauscht,[37] das
Geschöpf angebetet und es anstelle des Schöpfers verehrt hätten.[38]

Zusammenfassend lässt sich nur wiederholen, dass die Beweislage
schwierig ist. Tatian zitiert kaum je explizit. Falls er in or. 4,3 f. von
Röm 1,20, 23 und 25 beeinflusst ist, hat er textliche Spuren durch
Fragmentierung und sprachliche Änderungen weitgehend verwischt.
Doch springen inhaltliche Elemente ins Auge, die einen möglichen
Einfluss dieser Verse auf den Abschnitt plausibel machen. Tatian betont die Notwendigkeit, Gott statt der Schöpfung zu verehren. Dass
er offenbar das Wort κτίσις für »Schöpfung« vermeidet, ändert nichts
an der Tatsache, dass er wie Paulus diese scharfe Trennlinie zwischen
Gott und seinem Werk zieht, das er um der Menschen willen schuf,
den Menschen zum Dienst. Tatian lehnt es ab, Himmelskörper, oder
auch aus Holz und Stein verfertigte Gegenstände anzubeten, wie dies,
so seine Implikation, die Götzendiener tun. All diese Einzelheiten
finden sich auch in Röm 1,20, 23 und 25. Tatian bettet diese Motive in
zwei weitere Schichten ein: 1) Das Zitat Joh 4,24 definiert Gott als
Pneuma und unterstreicht implizit das Postulat der Gottesverehrung,
das im nicht zitierten Teil dieses Verses auf ähnliche Weise angesprochen wird wie in Röm 1,20 und 25. 2) Die Präzisierung des Gottesbegriffs mittels Formulierungen stoischen und platonischen Ursprungs
(Gott als immaterielles Pneuma, unsichtbar, unfassbar, materiell nicht
greifbar, transzendent, Vater und Demiurg) verleiht den paulinischen
Aussagen von Gott als unsichtbar und nur durch seine Schöpfung er-
kenn- und wahrnehmbar ein solideres theologisches Fundament. In
or. 5,1 erwähnt Tatian in Bezug auf seine Logoslehre, dass er bestimmte Elemente von ihr aus der Überlieferung übernommen habe.[39] Bezüglich or. 4,3 f. lässt sich mutmaßen, dass dieser Satz auch
auf die Gottes- und Schöpfungslehre zutrifft und dass Röm 1,20, 23
und 25 Bestandteil dieser Tradition sind.

---

tian auf das Material, in dem solche Abbildungen üblicherweise verfertigt
werden, nicht auf die Abbildungen selbst.

37 Die Vertauschung der Wahrheit Gottes mit der Lüge (Röm 1,25: μετήλλαξαν
τὴν ἀλήθειαν τοῦ θεοῦ ἐν τῷ ψεύδει) klingt dann übrigens auch wieder an Joh
4,24 an (ἐν πνεύματι καὶ ἀληθείᾳ δεῖ προσκυνεῖν).

38 Röm 1,25: ... ἐλάτρευσαν τῇ κτίσει παρὰ τὸν κτίσαντα ...

39 Der griechische Ausdruck, den er dafür gebraucht, lautet παρειλήφαμεν.

### 3.3 Freiheit, Sünde, Umkehr, Erlösung (or. 11,4)

Am Ende eines Abschnitts über das dämonische Wesen der griechischen Götter und den fatalen Bann, in dem die Menschheit durch die Verehrung dieser Götter und die Pflege ihrer Mythologien sowie durch den Glauben an die Astrologie und an die Unausweichlichkeit des Schicksals (εἱμαρμένη) gehalten wird (or. 8–11),[40] steht folgender Appell:

11,4: Stirb der Welt und lehne den in ihr herrschenden Wahnsinn ab. Lebe für Gott und sage dich dadurch, dass du ihn ergreifst, vom alten Werden los. Nicht sind wir entstanden zum Sterben, sondern wir sterben wegen uns selbst. Zugrunde gerichtet hat uns die Freiheit. Sklaven sind wir, die Freien, geworden. Wegen der Sünde wurden wir verkauft. Nichts Schlechtes ist von Gott geschaffen. Wir haben die Schlechtigkeit ans Licht gebracht. Die sie aber ans Licht gebracht haben, sind auch in der Lage, sich wieder von ihr abzuwenden.

ἀπόθνησκε τῷ κόσμῳ παραιτούμενος τὴν ἐν αὐτῷ μανίαν· ζῆθι τῷ θεῷ διὰ τῆς αὐτοῦ καταλήψεως τὴν παλαιὰν γένεσιν παραιτούμενος. οὐκ ἐγενόμεθα πρὸς τὸ ἀποθνήσκειν, ἀποθνήσκομεν δὲ δι᾽ ἑαυτούς. ἀπώλεσεν ἡμᾶς τὸ αὐτεξούσιον· δοῦλοι γεγόναμεν οἱ ἐλεύθεροι, διὰ τὴν ἁμαρτίαν ἐπράθημεν. οὐδὲν φαῦλον ὑπὸ τοῦ θεοῦ πεποίηται, τὴν πονηρίαν ἡμεῖς ἀνεδείξαμεν· οἱ δὲ ἀναδείξαντες δυνατοὶ πάλιν παραιτήσασθαι.

Dieser Abschnitt ist vollgepackt mit paulinischen Motiven, wobei nun als Quellen zu Röm auch Kol und Eph hinzutreten. Wörtliche Zitate sind freilich erneut nicht zu identifizieren, ja es scheint, dass der Wortlaut der als Quellen in Frage kommenden Verse hier noch stärker als in or. 4,3 f. verschleiert und spezifisch christliches (bzw. paulinisches) Vokabular weitgehend vermieden wurde.[41] Zu einigen Details:

»Stirb der Welt (ἀπόθνησκε τῷ κόσμῳ)!« Dieser Aufruf bezieht sich einerseits speziell auf den pagan-religiösen Wahn (Götterkult, Mythologie, Astrologie und Schicksalsglauben), den Tatian in or. 8–11 ausführlich beschrieben hat, andererseits auch generell auf die Nichtigkeit weltlichen Treibens. Er hat also sowohl eine religiöse als auch eine ethische Dimension und scheint sehr allgemeiner Art und zu-

---

40 Zur rhetorischen Komposition des Abschnitts or. 8–11 und seiner Stellung im Gesamtgefüge der Oratio s. D. Karadimas, Tatian's Oratio ad Graecos. Rhetoric and Philosophy/Theology, Stockholm 2003, 9–15.
41 Neben dem nicht genuin christlichen Nomen »Gott« (ὁ θεός) wäre als einziger solcher Ausdruck »Sünde« (ἁμαρτία) zu verzeichnen.

nächst nicht einer bestimmten Quelle zuweisbar zu sein. Natürlich ist der Appell nicht wörtlich im Sinne eines physischen Sterbens gemeint, sondern eher im Sinne eines sich Lossagens von jenen Lehren bzw. auch ganz generell vom nichtigen Treiben der Welt, eines sich Befreiens von der Sklaverei, die jene Lebensweisen nach Tatian repräsentieren. Der parallel strukturierte Aufruf im unmittelbar darauffolgenden Satz, »Lebe für Gott!« (ζῆθι τῷ θεῷ), der den positiven Aspekt dieses sich Lossagens in den Blick nimmt, und die Bezeichnung der abzulegenden Lebensweisen als »altes Werden« (παλαιὰν γένεσιν)[42] lassen jedoch aufhorchen.

Der letztere Ausdruck erinnert im gegebenen Kontext an die paulinische Rede vom »alten Menschen« (παλαιὸς ἄνθρωπος) in Röm 6,6, Eph 4,22 und Kol 3,9 f.[43] Der Ausdruck »Lebe für Gott« erinnert an

42  Trelenberg, Tatianos (s. Anm. 1), 115 übersetzt den Ausdruck, sich näher an die möglichen Quellen (Röm 6,6; Eph 4,22; Kol 3,9) haltend, mit »alte Geburt«. Wir folgen Nesselrath, Gegen falsche Götter (s. Anm. 1), 59, der den stärker verfremdenden (und möglicherweise von Tatian in diesem Sinne intendierten) Ausdruck »altes Werden« wählte.

43  Röm 6,6: »Dies wissen wir: Unser alter Mensch wurde mitgekreuzigt, damit der sündige Leib vernichtet werde und wir nicht länger der Sünde als Sklaven dienen müssen.« – τοῦτο γινώσκοντες, ὅτι ὁ παλαιὸς ἡμῶν ἄνθρωπος συνεσταυρώθη, ἵνα καταργηθῇ τὸ σῶμα τῆς ἁμαρτίας, τοῦ μηκέτι δουλεύειν ἡμᾶς τῇ ἁμαρτίᾳ. Eph 4,22: »Legt in einer Umwälzung eures früheren Lebens den alten Menschen ab, der in Verblendung und Lust zugrundegeht.« – ἀποθέσθαι ὑμᾶς κατὰ τὴν προτέραν ἀναστροφὴν τὸν παλαιὸν ἄνθρωπον τὸν φθειρόμενον κατὰ τὰς ἐπιθυμίας τῆς ἀπάτης. Kol 3,9 f.: »Belügt einander nicht, habt ihr doch den alten Menschen mitsamt seinen Taten abgelegt und den neuen Menschen angezogen, der, damit man ihn wiedererkennt, nach dem Bild seines Schöpfers erneuert wird.« – μὴ ψεύδεσθε εἰς ἀλλήλους, ἀπεκδυσάμενοι τὸν παλαιὸν ἄνθρωπον σὺν ταῖς πράξεσιν αὐτοῦ, καὶ ἐνδυσάμενοι τὸν νεὸν τὸν ἀνακαινούμενον εἰς ἐπίγνωσιν κατ' εἰκόνα τοῦ κτίσαντος αὐτόν. Dass Tatian den Ausdruck »altes Werden« (παλαιὰ γένεσις) verwendet, ließe sich auf dem Hintergrund seiner Neigung deuten, paulinische Formulierungen zu verfremden. Die drei zitierten Paulusstellen legen nahe, dass der Ausdruck »alter Mensch« in ihnen eine ganz ähnliche Bedeutung hat wie in or. 11,4 »altes Werden«. Dies macht es plausibel, dass sie Tatian als Quellen gedient haben könnten: Tatian hält seine Addressaten an, durch das »der Welt Sterben« das »alte Werden« abzulegen, »für Gott zu leben« und dadurch die Sklaverei der Sünde zu überwinden. Allein was sich bei Tatian nicht findet, sind Hinweise auf das Kreuz (σταυρός und Wörter mit dem gleichen Stamm kommen in or. nicht vor), auf Christus – s. dazu Trelenberg, Tatianos (s. Anm. 1), 219–224; in or. 13,5 ist ein einziges Mal ganz am Rande vom »Gott der gelitten hat« (πεπονθότος θεοῦ) die Rede – und auf Gott als κτίστης (»Schöpfer«; doch s. or. 15,3 die Bezeichnung des Menschen als »Bild und Gleichnis Gottes«).

Röm 6,10, wo es heißt, dass diejenigen, die in Christus getauft sind, in Christus und damit auch ein für allemal der Sünde gestorben sind. Ihr Leben sei folglich ein Leben für Gott: ὃ γὰρ ἀπέθανεν, τῇ ἁμαρτίᾳ ἀπέθανεν ἐφάπαξ· ὃ δὲ ζῇ, ζῇ τῷ θεῷ. Mit dem Motiv des »der Sünde gestorben Seins« steht nun auch der einleitende Ausdruck »Stirb der Welt!« plötzlich in einem spezifisch paulinischen Kontext.

Zu erklären bliebe noch die Verschiebung von »der Sünde sterben« (Röm 6,10) zu »der Welt sterben« (or. 11,4). In Kol 2,20 wird »mit Christus sterben« mit »den Elementen der Welt sterben« gleichgesetzt.[44] Der Kontext ist hier zwar nicht das sich Lossagen von einer paganen Weltsicht, sondern von jüdischen Speisevorschriften. Doch die Grundannahme ist dieselbe: Die Elemente der Welt (τὰ στοιχεῖα τοῦ κόσμου), die Welt (ὁ κόσμος), das ist das, was im Widerspruch zum Leben in Christus, zum Leben für Gott steht, mit anderen Worten, die Sünde. Wie wir gleich noch sehen werden, ist »Sünde« (ἁμαρτία) neben »Gott« einer der wenigen biblischen bzw. paulinischen Ausdrücke, die Tatian in or. 11,4 stehen lässt. Doch wenden wir uns vorher noch einigen anderen Motiven zu.

»Nicht sind wir entstanden zum Sterben ...« Hinter diesem Satz wird Weish 2,23 als Quelle vermutet, wo es heißt, dass Gott den Menschen zur Unsterblichkeit geschaffen hat, als Abbild seiner eigenen Ewigkeit.[45] Die Stelle könnte auch schon Paulus beeinflusst haben. Interessant ist der folgende Gedanke, dass wir »wegen uns selbst« (δι' ἑαυτούς) sterben, nämlich indem uns unsere Macht über uns selbst, unsere Freiheit (τὸ αὐτεξούσιον), ins Verderben stürzt und uns, die wir eigentlich Freie sind, zu Sklaven werden lässt. Tatian kennt eine Ursünde, einen Abfall zunächst des ersten Engels und dann der ersten Menschen von Gott. In or. 7,2–4 liefert er eine detaillierte Analyse dieses Handlungskomplexes, in dem der freie Wille (αὐτεξούσιος γνώμη) der Menschen eine zentrale Rolle spielt.[46] Hier in or. 11,4 nun

---

44  Kol 2,20: »Wenn ihr mit Christus den Elementen der Welt gestorben seid, warum stellt ihr dann weiterhin Lehrsätze auf, als ob ihr noch in der Welt lebtet?« – εἰ ἀπεθάνετε σὺν Χριστῷ ἀπὸ τῶν στοιχείων τοῦ κόσμου, τί ὡς ζῶντες ἐν κόσμῳ δογματίζεσθε;

45  SapSal 2,23: ... ὁ θεὸς ἔκτισεν τὸν ἄνθρωπον ἐπ'ἀφθαρσίᾳ καὶ εἰκόνα τῆς ἰδίας ἀϊδιότητος ἐποίησεν αὐτόν.

46  Nach or. 7,3 besaß Gott durch die Macht des Logos ein Vorherwissen darüber, wie die ersten Menschen handeln würden. Dennoch erfolgte ihr Handeln »nicht gemäß eines unabänderlichen Schicksals, sondern durch den freien Willen derer, die eine Entscheidung trafen (οὐ καθ' εἱμαρμένην, τῇ δὲ τῶν

verknüpft er dies mit einem paulinischen Motiv, wie es ähnlich (mit einem interessanten Unterschied) in Röm 7,14 zu finden ist: Unsere aus freiem Willen vollzogene Abwendung von Gott, unser schuldhafter, sündiger Gebrauch unserer Freiheit bringt uns Menschen Verderben ein, so Tatian. Wir, die wir (eigentlich) Freie (ἐλεύθεροι) sind (d. h. im Besitz eines freien Willens), sind durch den sündigen Gebrauch unserer Freiheit (d. h. indem wir uns von Gott ab- und dem erstgeborenen Engel zuwandten und ihn zum Gott erklärten) Sklaven (δοῦλοι) geworden. Wegen unserer Sünde wurden wir [in die Sklaverei] verkauft. In Röm 7,14 heißt es etwas anders: »... unter [EÜ: »an«] die Sünde verkauft (... πεπραμένος ὑπὸ τὴν ἁμαρτίαν).« Der Zusammenhang ist klar: Mit Sklaverei ist hier die Sünde als Dauerzustand gemeint, der durch jenen ersten Akt der Abwendung von Gott initiiert wurde. Dass Tatian den Satz διὰ τὴν ἁμαρτίαν ἐπράθημεν im Anschluss an Röm 7,14 (... πεπραμένος ὑπὸ τὴν ἁμαρτίαν ...) formulierte, wo Paulus sich selbst als »unter die Sünde verkauft« bezeichnet, ist durchaus plausibel, und zwar umso mehr, als Tatian, der sonst christlich- oder paulinisch-theologisch ›geladene‹ Ausdrücke vermeidet, das Nomen ἁμαρτία (»Sünde«), einen Zentralbegriff paulinischer Theologie, hier stehen lässt.

Doch bleibt der paulinische Einfluss auf Tatian begrenzt. Bekanntlich rang Paulus in Röm 7–8 ausgiebig mit der Frage, was bzw. wer ihn aus dieser erdrückenden Macht der Sünde, die ihn seiner urständlichen Freiheit beraubte und sein Seelenheil infragestellte, befreien würde. Er fand eine Antwort in seinen Begriffen der Rechtfertigung und des Glaubens in Christus. Tatians Lösung in or. 11,4 ist weniger soteriologisch. Er fällt zunächst zurück auf die in or. 4,3 f. formulierte Position, dass Gott der Schöpfer der Welt und dass die Welt grundsätzlich gut ist: »Nichts Schlechtes wurde von Gott geschaffen.«[47] Was an Schlechtem in der Welt ist, wurde von uns Menschen verursacht, sowohl material, durch unser Handeln, als auch formal, dadurch dass wir es als solches identifizierten, »ans Licht brachten« (ἀναδείξαμεν).[48] Dieses »ans Licht Bringen,« das Böse als solches zu identifizieren, scheint für Tatian der Schlüssel zu seiner Überwin-

---

αἱρουμένων αὐτεξουσίῳ γνώμῃ).« Paulinische Motive oder mögliche Spuren paulinischer Quellentexte finden sich in or. 7,2–4 nicht.

47 Tat. or. 11,4: ... οὐδὲν φαῦλον ὑπὸ τοῦ θεοῦ πεποίηται ... Erneut verwendet Tatian für das Verb »schaffen« ποιεῖν.

48 Tat. or. 11,4: ... τὴν πονηρίαν ἡμεῖς ἀνεδείξαμεν ...

dung zu sein: Diejenigen die die Schlechtigkeit ans Licht gebracht, sie als solche exponiert haben, sind auch in der Lage (δυνατοί), sich wieder von ihr abzuwenden.[49]

Tatian erweist sich hier letztlich als theologisch viel weniger radikal als Paulus. Wenn er sagt, dass wir, die Freien, Sklaven geworden sind, dann scheint er anzunehmen, dass wir in gewisser Hinsicht noch frei sind; denn wir haben offenbar noch die Fähigkeit, das Böse als solches zu entlarven und uns ›wieder‹ von ihm abzuwenden (πάλιν παραιτήσασθαι). Dieses ›wieder‹ (πάλιν) verrät die Grenzen von Tatians theologischer Perspektive. Es zeigt sich an mehreren Stellen in der *Oratio*,[50] dass für Tatian der eschatologische Endzustand lediglich in einer Wiederherstellung, nicht aber in einer Überhöhung des Urzustandes besteht.[51] Für ihn erwächst, so scheint es, die Fähigkeit auch des sündigen Menschen, sich wieder vom Bösen abzuwenden, direkt und unmittelbar aus seiner Geschöpflichkeit.

Noch ein Nachgedanke zum Thema Sklaverei: In or. 11,2 hatte Tatian gesagt: »Wenn ich ein Sklave bin, ertrage ich meine Knechtschaft; und wenn ich frei bin, bilde ich mir nichts auf meine Wohlgeborenheit ein …« (δοῦλος ἐὰν ὦ, τὴν δουλείαν ὑπομένω· κἂν ἐλεύθερος ὑπάρχω, τὴν εὐγένειαν οὐ σεμνύνομαι). Diese Indifferenz findet sich in 1Kor 7,20 f. reflektiert, wo es heißt: »Jeder möge in dem Beruf verharren, in den er berufen wurde. Du wurdest als Sklave berufen? Lass dich nicht davon bedrücken. Selbst wenn du frei werden könntest, lebe lieber als Sklave weiter.«[52] Es ist möglich, dass Tatian auch hier in

---

49  Tat. or. 11,4: … οἱ δὲ ἀναδείξαντες δυνατοὶ πάλιν παραιτήσασθαι. Diese Formulierung ähnelt strukturell Röm 8,30, einer Stelle an der Paulus eine seiner Lösungen präsentiert: οὓς ἐκάλεσεν, τούτους καὶ ἐδικαίωσεν, diejenigen, die Gott »gerufen hat, hat er auch gerechtfertigt.« Inhaltlich ist diese Stelle weit von Tatian entfernt. Während bei Paulus die Initiative und die Fähigkeit zur Überwindung der Sünde allein bei Gott liegt, liegt sie nach Tatian beim Menschen, der sie im Grunde nie verloren hatte.

50  S. etwa or. 6,4, wo es heißt, dass Gott am Ende die auferstandenen Leiber (auch die von wilden Tieren zerrissenen oder vom Feuer verzehrten) in ihren alten Zustand zurückversetzen werde (… ἀποκαταστήσει πρὸς ἀρχαῖον). In or. 20,4 wird die Aussicht eröffnet, dass die zum Heil leiblich Auferstandenen an jenen von der hiesigen Welt aus unzugänglichen physischen Ort zurückkehren werden, aus dem die ersten Menschen nach ihrer Sünde verbannt worden waren.

51  In Röm 8,30 etwa folgt auf die »Rechtfertigung« (δικαίωσις) die »Verherrlichung« (δόξα).

52  1Kor 7,20 f.: ἕκαστος ἐν τῇ κλήσει ᾗ ἐκλήθη ἐν ταύτῃ μενέτω. δοῦλος ἐκλήθης; μή σοι μελέτω· ἀλλ᾽ εἰ καὶ δύνασαι ἐλεύθερος γενέσθαι, μᾶλλον χρῆσαι.

or. 11,2 von Paulus beeinflusst ist. Die Indifferenz gegenüber seinem sozialen Status, die er hier zum Ausdruck bringt, steht in einer gewissen Beziehung zu seiner Betonung der Geschöpflichkeit aller Menschen. Diese lässt die Trennwand zwischen Sklaverei und Freiheit, ob sozial oder theologisch gesehen, im Letzten hauchdünn erscheinen.

### 3.4 Der geistliche Mensch (or. 15,5, 16,7, 20,6)

Die verbleibenden Abschnitte sind kürzer und über den Rest der *Oratio* verstreut. Sie alle haben jedoch ein gemeinsames Thema, das wir mit dem Ausdruck »der ›geistliche‹ Mensch« umschreiben möchten, in Anlehnung an das Motiv des »neuen Menschen« (νέος ἄνθρωπος) in Kol 3,10,[53] das Tatian hier beeinflusst haben könnte. Gemeint ist der Mensch, insofern er durch Absage an die Materie mit Hilfe des göttlichen Geistes seine Gottebenbildlichkeit und damit seine Unsterblichkeit zurückgewinnen möchte.[54] An einigen dieser Stellen finden sich Motive, die möglicherweise paulinischer Herkunft sind.

Sehen wir uns die einzelnen Stellen im Kontext von Tatians theologischer Anthropologie näher an. Nach or. 12,1 waren die ersten Menschen bei ihrer Schöpfung im Besitz von »zwei unterschiedlichen Arten von Pneuma« (δύο πνεύματα), einer mehr auf der Seite der Materie stehenden Seele (ψυχή)[55] und eines göttlichen (»himmlischen«,

---

53  Kol 3,9 f.: μὴ ψεύδεσθε εἰς ἀλλήλους, ἀπεκδυσάμενοι τὸν παλαιὸν ἄνθρωπος σὺν ταῖς πράξεσιν αὐτοῦ καῖ ἐνδυσάμενοι τὸν νέον τὸν ἀνακαινούμενον εἰς ἐπίγνωσιν κατ᾽ εἰκόνα τοῦ κτίσαντος αὐτόν. – »Belügt einander nicht. Habt ihr doch den alten Menschen mit seinen Taten aus- und den neuen angezogen, der ständig erneuert wird zur Erkenntnis gemäß dem Bild dessen, der ihn geschaffen hat.« Alle hier enthaltenen Motive finden sich auch in den im Folgenden besprochenen Stellen der *Oratio* wieder. Vgl. Anm. 43.

54  S. insbesondere or. 16,7: τούτοις δὲ νικᾶν ἄν τις θελήσῃ, τὴν ὕλην παραιτησάσθω· θώρακι γὰρ πνεύματος ἐπουρανίου καθωπλισμένος πᾶν τὸ ὑπ᾽ αὐτοῦ περιεχόμενον σῶσαι δυνατὸς ἔσται. – »Wer jene [scil. Dämonen] besiegen will, widersage der Materie; denn mit dem Panzer des himmlischen Geistes gewappnet wird er alles, was von diesem umfasst wird, zu retten in der Lage sein.« Zu einer möglichen Anspielung hier auf 1Thess 5,8 bzw. Eph 6,14.17 s. unten.

55  Zur Sterblichkeit der Seele s. or. 13,1. Tatian sagt dort, dass die Seele sterblich sei und sich zusammen mit dem Körper in nichts auflöse, wenn sie die Wahrheit nicht erkenne. Später, bei der Vollendung der Welt, werde sie jedoch wiederauferstehen, um zusammen mit dem Körper (in ihrer Unsterblichkeit) mit dem Tod bestraft zu werden (σὺν τῷ σώματι θάνατον διὰ τιμωρίας ἐν ἀθανασίᾳ λαμβάνουσα), sofern sie nicht die Erkenntnis Gottes zurückerlangt habe. Nach or. 13,4 war die Seele unsterblich, solange sie mit dem Pneuma verbun-

ἐπουράνιον) Pneumas. Durch letzteres waren die Menschen, ihre Seele eingeschlossen, gottebenbildlich und unsterblich.[56] Da die Seele aber mehr der Materie zuneigte als dem Pneuma, wich das Pneuma von ihr und sie wurde zusammen mit dem Leib sterblich.[57] Die Folge davon ist der ›natürliche‹ Tod wie auch der ewige Straftod nach der Auferstehung am Ende der Welt.[58]

Trotz seiner Verwendung eines philosophisch beeinflussten Seelenbegriffs[59] fühlt Tatian sich einem biblischen Menschenbild verpflichtet. Zwar bezeichnet er die Seele als vielteilig, doch betont er, dass sie nicht vom Körper getrennt auftreten könne, noch könne »das Fleisch getrennt von der Seele auferstehen« (... οὔτε ἀνίσταται ἡ σὰρξ χωρὶς ψυχῆς, or. 15,2).[60] Die Bezeichnung des Menschen als Fleisch

den war, verlor ihre Unsterblichkeit aber, als das Pneuma sie verließ, weil sie ihm nicht folgen wollte. S. dazu auch die folgende Anmerkung (s. Anm. 56) zu or. 13,4 sowie Kol 3,9f. (s. Anm. 53), wo der »neue Mensch« mit den Begriffen »Wahrheit« und »Erkenntnis« definiert wird.

56  S. dazu etwa or. 12,1: δύο πνευμάτων διαφορὰς ἴσμεν ἡμεῖς, ὧν τὸ μὲν καλεῖται ψυχή, τὸ δὲ μεῖζον μὲν τῆς ψυχῆς, θεοῦ δὲ »εἰκὼν καὶ ὁμοίωσις‹· ἑκάτερα δὲ παρὰ τοῖς ἀνθρώποις τοῖς πρώτοις ὑπῆρχεν, ἵνα τὸ μέν τι ὦσιν ὑλικοί, τὸ δὲ ἀνώτεροι τῆς ὕλης. – »Wir kennen zwei unterschiedliche Arten von Geistern. Die eine von ihnen wird ›Seele‹ genannt, die andere aber, ›größer‹ als die Seele, Gottes ›Bild und Gleichnis‹ (s. Gen 1,26). Beide waren bei den ersten Menschen vorhanden, damit sie einerseits ›materiell‹ waren, zum andern aber auch über der Materie standen.« Was hier als Gottebenbildlichkeit bezeichnet wird, ist identisch mit dem, was in or. 16,7 als πνεῦμα ἐπουράνιον und in or. 13,4 einfachhin mit πνεῦμα bezeichnet wird: γέγονεν μὲν οὖν συνδίαιτον ἀρχῆθεν τῇ ψυχῇ τὸ πνεῦμα· τὸ δὲ πνεῦμα ταύτην ἔπεσθαι μὴ βουλομένην αὐτῷ καταλέλοιπεν. – »So hat also von Anfang an mit der Seele der Geist gelebt. Der Geist aber hat sie, da sie ihm nicht folgen wollte, verlassen.« Vgl. Anm. 53: In Kol 3,9f. wird der »neue Mensch« als der Mensch definiert, der zur Erkenntnis (Gottes und seiner selbst) nach dem Bild (κατ᾽ εἰκόνα) dessen, der ihn geschaffen hat, ständig wiedererneuert wird.

57  So or. 13,4 (s. Anm. 55 und 56). Dass der ›Ungehorsam‹ der Seele gegenüber dem Pneuma als ein Hinneigen der Seele zur Materie gedeutet werden kann, legt sich auch aus or. 13,7 nahe (s. Anm. 54).

58  So or. 13,1 (s. Anm. 55).

59  Die Bezeichnung der Seele als vielteilig (πολυμερής) in or. 15,2 ist beeinflusst unter anderem von Platon, Phaidr. 246a–b und der Stoa (SVF II 824; Tert. an.14,2). Eine Mehrteiligkeit der Seele lehrt auch Tatians Zeitgenosse Maximos von Tyros, or. 11,7a. Wie Tatian bezeichnet Maximos die der materiellen Welt zugewandte (›perzeptive‹) Seele ebd. als »vielteilig« (πολυμερής).

60  Or. 15,2: ψυχὴ μὲν οὖν ἡ τῶν ἀνθρώπων πολυμερής ἐστι καὶ οὐ μονομερής. συνθετὴ γάρ ἐστιν ὡς εἶναι φανερὰν αὐτὴν διὰ σώματος· οὔτε γὰρ ἂν αὐτὴ φανείη ποτὲ χωρὶς σώματος οὔτε ἀνίσταται ἡ σὰρξ χωρὶς ψυχῆς. – »Die Seele der Menschen freilich ist viel- und nicht einteilig; denn sie ist zusammengesetzt, so

(σάρξ)[61] und sein Insistieren auf den Menschen als untrennbare Einheit von Seele und Fleisch[62] weist Tatian als einen biblischen Denker aus.[63] Die philosophische Definition des Menschen als ein »mit Logos ausgestattetes Lebewesen« (ζῷον λογικόν) lehnt er zugunsten des biblischen Schöpfungsbegriffs – der Mensch als Bild und Gleichnis Gottes gemäß Gen 1,26 – ab.[64]

Die Bezeichnung des Menschen als »Fleisch« (σάρξ) und als »Bild und Gleichnis Gottes« (Gen 1,26) sowie die Vorstellung des einzelnen Menschen als eines leib-geistigen Ganzen, das auch über den Tod hinaus erhalten bleibt bzw. (durch eine ›Auferstehung des Fleisches‹) wiederhergestellt wird, weisen Tatians Anthropologie generell als biblisch aus. Um dezidiert paulinische Motive handelt es sich dabei allerdings nicht.[65] Paulinische Motive finden sich jedoch eingebettet in diese Stellen.

In or. 15,5 etwa heißt es wie folgt:

Wenn nun die derart zusammengesetzte Gestalt wie ein Tempel ist, dann will Gott in ihr wohnen durch das höhere Pneuma. Wenn das Zelt aber nicht von solcher Art ist, dann steht der Mensch nur in Hinsicht auf seine artikulierte Stimme über den Tieren ... und ist nicht Ebenbild Gottes.

τὸ δὲ τοιοῦτον τῆς συστάσεως εἶδος εἰ μὲν ὡς ναὸς εἴη, κατοικεῖν ἐν αὐτῷ θεὸς βούλεται διὰ τοῦ πρεσβεύοντος πνεύματος· τοιούτου δὲ μὴ ὄντος τοῦ σκηνώματος

dass sie durch den Körper sichtbar ist. Weder nämlich könnte sie selbst je vom Körper getrennt in Erscheinung treten, noch kann das Fleisch getrennt von der Seele auferstehen.«

61  Or. 15,4: ... ἄνθρωπος δὲ σάρξ ... – »... der Mensch ist Fleisch ...«
62  Or. 15,4: ... δεσμὸς δὲ τῆς σαρκὸς ψυχή, σχετικὴ δὲ τῆς ψυχῆς ἡ σάρξ. – »Das Band des Fleisches ist die Seele, das was der Seele Halt verleiht, ist das Fleisch.« Beide Komponenten stützen sich gegenseitig. Die Seele hält das Fleisch zusammen und verleiht ihm Form. Ohne das Fleisch aber hat die Seele keinen Bestand und löst sich auf (s. or. 13,1: λύεται μετὰ τοῦ σώματος).
63  Ganz abgesehen davon, dass er sich mit diesem Satz zur frühchristlichen Lehre einer »Auferstehung des Fleisches« bekennt. Die Junktur ἀνίσταται ἡ σάρξ findet sich vor Tatian nur ein einziges Mal bei 2Clem 9,1: καὶ μὴ λεγέτω τις ὑμῶν ὅτι αὕτη ἡ σάρξ οὐ κρίνεται οὐδὲ ἀνίσταται. – »Und behaupte keiner von euch, dass dieses Fleisch nicht gerichtet werde oder nicht auferstehe.« Später ist sie häufig.
64  Or. 15,3: ἔστι γὰρ ἄνθρωπος οὐχ ... ζῷον λογικὸν ... μόνος δὲ ὁ ἄνθρωπος εἰκὼν καὶ ὁμοίωσις τοῦ θεοῦ. – »Denn der Mensch ist kein ... ›logosbegabtes Lebewesen‹ ... sondern einzig ... ›Bild und Gleichnis‹ Gottes.«
65  Das Nomen σάρξ ist zwar paulinisch, findet sich aber generell häufig im Neuen Testament.

προὔχει τῶν θηρίων ὁ ἄνθρωπος κατὰ τὴν ἔναρθρον φωνὴν μόνον ... οὐκ ὢν ὁμοίωσις τοῦ θεοῦ.

Mit der >derart zusammengesetzten Gestalt< – wörtlich: »Gestalt der Zusammensetzung« – ist der Mensch als ganzer (Leib und Seele) gemeint. »Derart« (τοιοῦτον) bezieht sich darauf, dass nach Tatian im Menschen, wie oben erwähnt, Fleisch und Seele untrennbar miteinander verbunden sind. Εἶδος kann »inneres Wesen«, aber auch »äusserlich sichtbare (körperliche) Gestalt« bedeuten. Dass Tatian es hier mit einem Tempel (ναός) und einem Zelt (σκήνωμα) vergleicht, legt nahe, dass er eher an Letzteres gedacht hat. Zum Nomen »Zelt« (σκήνωμα): In 2 Petr 1,13 spricht der Verfasser von seinem körperlichen (fleischlichen) Leben vor dem natürlichen Tod als »noch in diesem Zelt« (scil. des Körpers) lebend (ἐφ᾽ ὅσον εἰμὶ ἐν τούτῳ τῷ σκηνώματι). Es lässt sich freilich nicht sagen, ob Tatian diesen Text kannte oder von ihm beeinflusst war, oder nicht.[66]

Etwas anders verhält es sich mit dem Motiv des menschlichen Körpers als Tempel (ναός), in dem Gott durch sein Pneuma wohnen will. Dieses Motiv weist starke Ähnlichkeiten mit 1 Kor 3,16 auf, wo Paulus seinen Adressaten rhetorisch die Frage stellt: »Wisst ihr denn nicht, dass ihr ein Tempel Gottes seid und der Geist Gottes in euch wohnt?«[67] Paulus wendet sich hier paränetisch an seine Adressaten, Mitglieder seiner Gemeinde in Korinth. Er will sie an etwas erinnern, was für sie bereits wirklich ist, nämlich dass der Geist Gottes in ihnen wohnt. Bei Tatian ist der Vergleich in ein Argument, eine »reductio ad absurdum« eingebaut. Daher bei ihm der Konditionalsatz: »Wenn ..., dann will Gott ... Wenn nicht ..., dann nicht ...« Tatians nicht ausgesprochene Schlussfolgerung würde demzufolge lauten: »Nun aber ist der Mensch Ebenbild Gottes, also ist diese Gestalt wie ein Tempel, dem das Pneuma Gottes innewohnen will.« Dass der Tempelvergleich in einen solchen Konditionalsatz eingebaut ist, könnte auch darauf hindeuten, dass Tatian davon ausging, bei seinen Adressaten voraus-

---

66 In 2Kor 5,4 bezeichnet Paulus den sterblichen Körper als »Zelt«, σκηνή (s. unten zu or. 20,6).

67 1Kor 3,16: οὐκ οἴδατε ὅτι ναὸς θεοῦ ἐστε καὶ τὸ πνεῦμα τοῦ θεοῦ οἰκεῖ ἐν ὑμῖν; Das Motiv des Körpers als Tempel findet sich auch an weiteren Stellen bei Paulus, etwa 1Kor 6,19; 2Kor 6,16; Eph 2,21 f.; Röm 8,9; und s. auch 1 Petr 2,5 und Hebr 3,6. Die größte Ähnlichkeit zur Tatianstelle weist jedoch 1Kor 3,16 auf.

setzen zu können, dass sie den Vergleich kennen und um seine pauli-nische Herkunft wissen.

Zu einigen Aspekten des Tempelvergleichs: Während Paulus in 1 Kor 3,16 den Geist als »Pneuma Gottes« (τὸ πνεῦμα τοῦ θεοῦ) be-zeichnet, redet Tatian von Gott selbst als jemand, der durch diesen Geist, d. h. das »höherstehende Pneuma«,[68] im Menschen als seinem Tempel wohnen möchte. Die Weise wie Tatian Gott und Geist mitei-nander identifiziert,[69] erklärt sich aus seiner eigenen Theologie, wie sie oben skizziert wurde. Dies ist auch bei der Übersetzung von τοῦ πρεσβεύοντος zu berücksichtigen. Dieser Ausdruck wird von moder-nen Übersetzern als Genitiv von ὁ πρεσβεύς, »der Botschafter/Ge-sandte« verstanden.[70] Es ist aber, wie schon gesagt, wahrscheinlicher, dass Tatian hier das Verb πρεσβεύειν gebraucht, »älter sein/höher ste-hen«.[71] Er bezieht sich auf den Geist Gottes als höherstehendes Pneu-ma im Gegensatz zum niedrigeren, auf die Materie bezogenen Pneu-ma, die Seele.[72]

Erneut lassen sich somit mögliches Ausmaß wie auch Grenzen pau-linischen Einflusses auf Tatian relativ genau bestimmen.

Eine weitere, bereits erwähnte Stelle ist or. 16,7.[73] Dort sagt Ta-tian, dass jemand, der den Kampf gegen die Dämonen »mit der Rü-stung des himmlischen Geistes gewappnet« (θώρακι γὰρ πνεύματος ἐπουρανίου καθωπλισμένος) aufnimmt, alles was vom Geist umfasst wird, zu retten in der Lage sein wird. Der zitierte Ausdruck klingt an

---

68 S. Anm. 56 zu or. 12,1 (zwei Arten von Pneumata).

69 S. Anm. 28 zu Joh 4,24 (Gott ist Pneuma).

70 S. etwa Trelenberg, Tatianos (s. Anm. 1), 125; Nesselrath, Gegen falsche Göt-ter (s. Anm. 1), 67, der aber auf S. 145 Anm. 254 den hier gemachten Vorschlag in Erwägung zieht. Dass Gott seinen Geist ›sendet‹, erwägt Tatian nirgends in der Oratio. Vielmehr ist Gottes Pneuma als Gottebildlichkeit von An-fang an präsent. Es entzieht sich nur, insofern die materielle Seele sich von ihm abwendet; s. dazu oben zu or. 12,1 (s. Anm. 56) sowie auch bereits or. 4,4, wo das Prinzip in Bezug auf die Schöpfung als ganze formuliert wird: πνεῦμα γὰρ τὸ διὰ τῆς ὕλης διῆκον, ἔλαττον ὑπάρχον τοῦ θειοτέρου πνεύματος, ὥσπερ δὲ ψυχῇ παρωμοιωμένον, οὐ τιμητέον ἐπ᾽ ἴσης τῷ τελείῳ θεῷ. – »Der Geist nämlich der die Materie durchdringt, ist geringer als der göttlichere Geist, und weil er der materiellen Seele gleich ist, darf er nicht gleich dem vollkommenen Gott verehrt werden.«

71 Vgl. or. 40,1, wo Tatian von Moses sagt, dass er gegenüber den Griechen »dem Alter nach höherstehend« sei: τῷ πρεσβεύοντι κατὰ τὴν ἡλικίαν. S. Nes-selrath, Gegen falsche Götter (s. Anm. 1), 145 Anm. 254.

72 S. Anm. 56 zu or. 12,1.

73 Zum Text s. Anm. 54.

Formulierungen an, die sich auch in 1 Thess 5,8 und in Eph 6,14.17 finden. Allerdings ist dort nicht von »gewappnet sein« die Rede (καθωπλισμένος), sondern lediglich von einem »die Rüstung Anziehen« (ἐνδυσάμενοι τὸν θώρακα). Auch ist es nicht das himmlische Pneuma, das an den paulinischen Stellen wie eine Rüstung angelegt werden soll, sondern der Glaube (πίστις, 1 Thess 5,8) bzw. in Eph 6,14 die Gerechtigkeit (δικαιοσύνη). Lediglich in Eph 6,17 ist dann auch noch vom »Schwert des Pneumas« (τὴν μάχαιραν τοῦ πνεύματος) die Rede. Dies ist aber ein Bild, das Tatian gerade nicht wählt.

In or. 20,6 sagt Tatian, dass die Propheten, die die von ihm vorgelegte Lehre überliefert haben, davon überzeugt waren, dass »die Seele den himmlischen Geist als Umhüllung ihrer Sterblichkeit besitzen wird« (ἅμα τὴν ψυχὴν πεπεισμένοι ὅτι πνεῦμα τὸ οὐράνιον ἐπένδυμα τῆς θνητότης τὴν ἀθανασίαν κεκτήσεται).[74] Diese Stelle wurde lange als von 1 Kor 15,53 f. beeinflusst erachtet.[75] Dort heißt es, »dass dieses Sterbliche Unsterblichkeit anziehen soll« (δεῖ ... τὸ θνητὸν τοῦτο ἐνδύσασθαι ἀθανασίαν). Paulus sagt dies jedoch nicht im Hinblick auf die Einzelseele und ihre Endzeithoffnung, sondern in einer großen Endzeitrede in Bezug auf das Ende allen Seins, wenngleich natürlich eine Ähnlichkeit mit Tatians Aussage besteht. Es gibt jedoch eine Stelle in 2 Kor 5,1–4, wo es ähnlich wie bei Tatian um die Hoffnung der Einzelseele in der Gegenwart, jetzt (ἐν τούτῳ, 2 Kor 5,2) geht, »mit dem himmlischen Haus überkleidet zu werden« (τὸ οἰκητήριον ... τὸ ἐξ οὐρανοῦ ἐπενδύσασθαι, ebd.). Im nächsten Satz (Vers 4) wiederholt Paulus emphatisch: »Solange wir nämlich in diesem Zelt (σκήνει) leben, stöhnen wir (στενάζομεν) und sind bedrückt (βαρούμενοι), weil wir nicht entkleidet (ἐκδύσασθαι) sondern umkleidet (ἐπενδύσασθαι) werden möchten, auf dass das Sterbliche vollständig vom Leben verschlungen werde (ἵνα καταποθῇ τὸ θνητὸν ὑπὸ τῆς ζωῆς).«[76]

Das Verb ἐπενδύσασθαι, das in Tatians ἐπένδυμα anklingt, kommt hier wiederholt vor (2 Kor 5,2.4). In 1 Kor 15,53 f. steht das schwächere ἐνδύσασθαι. Auch geht es in 2 Kor 5,1–5 um die Hoffnung der Einzelseele, nicht um das was alle Schöpfung in der Endzeit erwartet. Des Weiteren verwendet Paulus hier in 2 Kor 5,1 auch das oben im Zu-

---

74  Zu einer Diskussion des an dieser Stelle problematischen griechischen Textes s. Nesselrath, Gegen falsche Götter (s. Anm. 1), 152 Anm. 332. Darauf kann hier leider nicht weiter eingegangen werden.
75  Zuletzt etwa von Trelenberg, Tatianos (s. Anm. 1), 140 Anm. 229.
76  S. auch Nesselrath, Gegen falsche Götter (s. Anm. 1), 153 Anm. 332.

sammenhang mit or. 15,5 schon einmal erwähnte Bild vom jetzigen, irdischen Leben als einem Leben in einem Zelt, nämlich des Körpers, das eines Tages abgebrochen wird und sich auflöst (καταλυθῇ).[77] Letztlich enthalten beide Paulusstellen Elemente, die sich in or. 20,6 wiederfinden – 1 Kor 15,53 f. etwa das Nomen ἀθανασία, das in 2 Kor 5,1–5 nicht vorkommt –, während keine der beiden Stellen sich genau in Tatians Verwendung des Motivs widerspiegelt. Erneut ist es im Großen und Ganzen plausibel, dass Tatian hier paulinisch (und speziell von diesen Stellen) beeinflusst war. Dass Tatian hier einer paulinischen Tradition gefolgt sein könnte, und zwar bewusst, zeigt sich möglicherweise auch in seiner Aussage am Anfang von or. 20,6, dass er diese Dinge von Propheten gelernt habe (διὰ προφητῶν μεμαθήκαμεν). In einer (biblischen) Tradition zu stehen beansprucht Tatian in der Oratio mehrere Male für sich.[78] Dass er dazu auch Paulus gerechnet haben dürfte, legt sich aus den hier besprochenen Stellen zumindest als Möglichkeit nahe.

## 4. Zusammenfassung und Schluss

Tatians *Oratio ad Graecos* wurde bisher in der Forschung nur sporadisch auf mögliche paulinische Einflüsse hin untersucht. Das Interesse galt eher Tatians Lehrer Justin. Es wurde (und wird vielfach weiterhin) angenommen, dass im Vergleich zu Justin nichts nennenswert Neues bei Tatian zu entdecken sein dürfte. Dabei galt Tatian bereits in der christlichen Antike als einflussreicher, obgleich häretischer Paulusausleger. Die Vorwürfe Irenäus' und Clemens' von Alexandria, dass er als solcher von Markion, Satornin und möglicherweise auch Valentin beeinflusst war, wirkten lange auch in der modernen Forschung nach, etwa bei R. M. Grant. Doch obwohl den antiken Urteilen die Glaubwürdigkeit nicht einfach abgesprochen werden kann (Clemens etwa zitiert eine problematische Stelle aus einem Werk Tatians wörtlich), ist es nicht möglich, sie mit dem, was in der *Oratio* steht, abzugleichen. Es findet sich nichts in der *Oratio*, das als enkrati-

---

77 Vgl. or. 13,1 Tatians Aussage, dass die Seele zusammen mit dem Körper stirbt und sich auflöst: θνήσκει μὲν γὰρ καὶ λύεται μετὰ τοῦ σώματος.

78 S. Anm. 39 zu or. 5,1. In or. 29,2 verweist er auf »barbarische Schriften« (γραφαὶ βαρβαρικαί), mit deren Hilfe er sich zur Wahrheit bekehrt habe. In or. 29,3 bezeichnet er sich unter Bezug auf diesen Prozess als θεοδίδακτος, womit er möglicherweise auf 1Thess 4,9 anspielt; s. Anm. 25.

tisch, markionitisch oder valentinisch identifiziert werden könnte, gleich ob unter Berufung auf Paulus oder als ›Eigenleistung‹ Tatians. Explizite Bezüge auf Paulus und »Paulusexegese« in diesem Sinne sucht man in der *Oratio* freilich auch vergebens. Mögliche Belege aus Paulusbriefen lassen sich nur als Anspielungen oder implizite (nicht ausgewiesene) Teilzitate identifizieren. Eben dies wurde hier in einigen Ansätzen versucht. Einer schwerpunktmäßigen Untersuchung unterzogen wurde or. 4,3 f., wo für die Aussage, dass nur Gott zu verehren sei und nicht die Schöpfung, Röm 1,20.23.25 als mögliche Quelle diskutiert wurde. Ähnlich wurde or. 11,4 mit den Motiven Freiheit, Sünde und Überwindung der Sünde auf Einflüsse von Röm 6,6.10, Eph 4,22 und Kol 2,20 und 3,9 f. hin untersucht. Or. 15,5, 16,7 und 20,6 schließlich, wo es um die Motivation des Menschen geht, ein ›geistliches‹, d. h. vom göttlichen oder himmlischen Pneuma bestimmtes Leben zu führen, wurden u. a. mit Stellen wie 1 Kor 3,16, 1 Thess 5,8, Eph 6,14.17, 1 Kor 15,53 f. und 2 Kor 5,1–4 in Beziehung gesetzt.

Darüber hinaus wurden an einer Reihe von weiteren Stellen paulinische Einflüsse erwogen, etwa Kol 1,15 in or. 5,2 (der Logos als ἔργον πρωτότοκον τοῦ πατρός, Kol 1,15: πρωτότοκος πάσης κτίσεως), 1 Kor 7,20 f. in or. 11,2 (Indifferenz gegenüber dem Sklavendasein), 1 Thess 4,9 (θεοδίδακτος) in or. 29,3, oder Eph 3,8 (Evangelium Christi als Reichtum, πλοῦτος) in or. 30,2: Wer den »verborgenen Schatz« (ἀπόκρυφος θησαυρός, cf. Mt 13,44) gänzlich in Besitz genommen hat, hat damit Aussicht auf einen noch kostbareren »Reichtum« (πλοῦτος).

Diese und einige weitere Stellen konnten im gegebenen Rahmen leider nicht ausführlicher diskutiert werden. Insgesamt dürfte der hier vorgelegte Befund jedoch zeigen, dass das, was in Tatians *Oratio* als christliche Lehre präsentiert wird (besonders in den Kapiteln 4–6, 11–13, 20 und 29–31) ›auf breiter Front‹ paulinisch beeinflusst zu sein scheint, wenn dieser Einfluss auch nicht explizit, sozusagen an der Oberfläche des Textes sichtbar ist. Möglicherweise war es die intendierte pagane Leserschaft der ja »an die Griechen« (πρὸς Ἕλληνας) addressierten *Oratio*, die Tatian diesen Stil wählen ließ. Tatian nennt ja auch die Lehre (die ›Philosophie‹), für die er wirbt, an keiner Stelle »christlich«, sondern vielmehr »barbarisch«. Sie gründet auf ihrer eigenen, barbarischen Schrifttradition (or. 29,3). Es scheint, dass für Tatian Paulus fest zu dieser Tradition zählt.

# Paulus und Rom im 3. Jahrhundert
## Eine Spurensuche in den Briefen nach Karthago

*Elisa Victoria Blum*

Mitte des 3. Jahrhunderts n. Chr., in einer Phase, welche die christlichen Gemeinden angesichts von Verfolgung und theologischen Streitigkeiten um Einheit und Identität ringen lässt, erfährt ein Medium christlicher, zwischengemeindlicher Interaktion große Bedeutung: der Brief. Eva Baumkamp registriert eine Zunahme des brieflichen Austausches, da es nun nötiger denn je geworden sei, sich gegenseitig des christlichen Glaubens zu versichern und sich auch praktisch zu unterstützen.[1] Die Briefe unter Bischöfen und Presbytern bildeten ein Kommunikationsnetzwerk und geben einen unverstellten Eindruck der Denk- und Ausdrucksweise, vom Alltag der christlichen Gemeinden und davon, wie über das Gemeindeleben, Amtsernennungen und Angelegenheiten der Amtsführung sowie über theologische Debatten informiert oder gar gestritten wurde. Dabei zielte »[d]ie Etablierung der brieflichen Beziehungen zwischen den Bischöfen [...] auf die Aufrechterhaltung der Einheit der Gemeinden und die Schaffung einer gemeinsamen Identität sowie der Erhaltung der persönlichen Machtambitionen einzelner Bischöfe.«[2] Taktische Beweggründe motivierten das Schreiben ebenso wie die Definition, wer dazugehört und wer nicht.[3] Dem Umstand, dass die einzige

---

1 Vgl. E. Baumkamp, Kommunikation in der Kirche des 3. Jahrhunderts, STAC 92, Tübingen 2014, 3.
2 Baumkamp, Kommunikation (s. Anm. 1), 6. Dabei wird auch der »Spannungsbogen zwischen der Autonomie der Ortskirche und dem Streben nach Oikumene« (a. a. O., 2) erkennbar.
3 Dieses Taktieren wird zum Beispiel zu dem Zeitpunkt sichtbar, an dem Cyprian kein Interesse an einer weiteren Korrespondenz mit Rom hat, weil er nach Erhalt der ep. 30 und 31 die Unterstützung und Anerkennung der Hauptstadtgemeinde schlicht nicht mehr benötigt, vgl. H. Gülzow, Cyprian und Novatian. Der Briefwechsel zwischen den Gemeinden in Rom und Karthago zur

Möglichkeit, trotz leibhaftiger Abwesenheit in Kommunikation stehen zu können, die Verschriftlichung war,[4] ist es zu verdanken, dass es
hier möglich ist, Einblick in den regen Austausch zwischen den beiden damals wichtigsten westlichen Metropolen Karthago und Rom
zu erlangen. Im Briefkorpus des großen nordafrikanischen Kirchenvaters und Märtyrers Cyprian wurden von Anbeginn auch als besonders wichtig erachtete Briefe anderer Autoren – adressiert an Cyprian
oder die Gemeinde in Karthago – gesammelt.[5] Schon den Briefen
Cyprians ist mehrfach zu entnehmen, wie er sich um Verbreitung seiner Briefe bemühte, indem er Kopien vorheriger Briefe mitsandte sowie um Weiterreichung und Vorlesen bat.[6] Damit reihen sich diese
offenen Briefe in die Tradition christlicher Gemeindebriefe im Anschluss an die Paulusbriefe ein.[7] Aus Rom sind heute acht Briefe erhalten, die eine Vorstellung der Theologie und der Verhältnisse der
christlichen Gemeinde in Rom vermitteln können. Der Charme dieser Korrespondenz zwischen Rom und Karthago ist, dass mit den einfach gebildeten Presbytern und Diakonen sowie den im Gefängnis
sitzenden Bekennern auch Verfasser sichtbar werden, die sonst wohl
kaum literarischen Niederschlag gehabt hätten; und gleichzeitig tre-

---

Zeit der Verfolgung des Kaisers Decius, BHTh 48, Tübingen 1975, 105.
Baumkamp, Kommunikation (s. Anm. 1), 5–6, spricht von »Inklusions- und
Exklusionsmechanismen«.

4  Vgl. H.-J. Klauck, Die antike Briefliteratur und das Neue Testament, Paderborn 1998, 7, 26, zum Brief als »Fortsetzung eines Gesprächs mit anderen Mitteln«, was natürlich durch den Verzug von Abfassung und Lesen einen »Verlust der Unmittelbarkeit« bedeutet, dafür aber »vertiefte Reflexion« ermöglicht.

5  Eine ausführliche Überlieferungsgeschichte bieten H. von Soden, Die Cypri-
anische Briefsammlung. Geschichte ihrer Entstehung und Überlieferung, TU
10/3, Leipzig 1904, und Gülzow, Cyprian und Novatian (s. Anm. 3), 2–7.

6  So sichtbar bspw. in Cyp.ep. 20,2,1 (CChr.SL 3B, 107 Diercks); 27,3,2 (CChr.
SL 3B, 130 Diercks) und 32,1,1 (CChr.SL 3B, 162 Diercks). Vgl. von Soden,
Briefsammlung (s. Anm. 5), 16. Der Hinweis bei Gülzow, Cyprian und Novatian (s. Anm. 3), 3, auf ep. 27,4 (CChr.SL 3B, 131 f. Diercks), in dem Cyprian
höchstselbst das Wort *conpendium* in der heute gebräuchlichen Bedeutung verwendet und damit auch selbst einen Beweis für seine Korrespondenzsammlung
gegeben haben soll, entspricht dagegen in keinster Weise dem lateinischen
Text, der hier *conpendium* als ›zeitliche Abkürzung‹ versteht; so auch die richtige Übersetzung von J. Baer, Des Heiligen Kirchenvaters Caecilius Cyprianus
Briefe, BKV 60, München 1928.

7  Vgl. P. L. Schmidt, Brief. Arten des Briefes, DNP 2 (1997), 771–773 (771).

ten mit dem römischen Presbyter Novatian und dem karthagischen Bischof Cyprian zwei große Persönlichkeiten dieser Epoche auf.

Rom galt bereits damals als die Stadt, in der neben Petrus auch Paulus das Martyrium erlitten haben soll. Das Augenmerk liegt daher im Folgenden auf der Funktion, welche die verwendeten Paulusstellen sowie Paulus *in persona* in den Briefen erfüllen, und darauf, wie sie in die Briefe eingearbeitet werden. Zu fragen ist aber auch, warum Briefe möglicherweise gänzlich ohne Paulus oder sogar ohne Schriftbeleg auskommen. Dabei ist von Interesse, ob sich im 3. Jahrhundert in der römischen Gemeindetheologie sowie in der (zwischen)gemeindlichen Kommunikation, die beide in der Gattung des Briefes gut zutage treten können, ein besonderer, spezifisch römischer Umgang mit diesem großen und für Rom bedeutenden Apostel findet. Lässt sich in den Briefen erkennen, dass Rom um seine paulinische Tradition weiß und diese für eigene Zwecke nutzt?

## 1. Quellenkorpus und methodische Klärungen

Die Korrespondenz zwischen Rom und Karthago umfasst vier Phasen.[8]

1) Die Zeit der römischen Sedisvakanz von Januar/Februar 250 bis Frühjahr 251: Bischof Fabian hatte im Januar 250 während der Decischen Verfolgung das Martyrium erlitten und ein Machtvakuum hinterlassen; Cyprian hatte sich derweil aus Karthago zurückgezogen, um durch seine Prominenz den Aufruhr nicht weiter zu provo-

---

8 Die Datierung orientiert sich hier nach den Vorschlägen von Gülzow, Cyprian und Novatian (s. Anm. 3), und G. W. Clarke, Sancti Cypriani Episcopi Epistularium. Prolegomena, CChr.SL 3D, Turnhout 1999, wobei Abweichungen, die sich bspw. bei dems., The Letters of St. Cyprian. Bd. 1: Letters 1–27, ACW 43, New York/Ramsey 1984, 205, für ep. 8 (zwischen ep. 19 und 20 Ende Juni/ Anfang Juli) zeigen, hier keine Beachtung finden, weil sie für die Frage nach dem Umgang mit Paulus irrelevant sind. Aus den erhaltenen Briefen lassen sich die leider nicht überlieferten Briefe teilweise nachweisen oder gar inhaltlich rekonstruieren: A. von Harnack, Über verlorene Briefe und Actenstücke, die sich aus der cyprianischen Briefsammlung ermitteln lassen, TU N. F. 8/2, Leipzig 1902. Für die Briefe aus dem Jahr 250 ders., Die Briefe des römischen Klerus aus der Zeit der Sedisvacanz im Jahre 250, in: ders. u. a. (Hg.), Theologische Abhandlungen. Carl von Weizsäcker zu seinem siebzigsten Geburtstage 11. December 1892 gewidmet, Freiburg 1892, 1–36, bes. 3–20, und Gülzow, Cyprian und Novatian (s. Anm. 3), 18 f.

zieren und damit der Gemeinde zu schaden.[9] Zudem wurde die Frage nach der Art und Weise der Wiedereingliederung der *lapsi*, die dem allgemeinen Opferbefehl nachgekommen waren, ein vieldiskutiertes und spaltendes Problem. Erhalten sind aus dieser Zeit die aus Rom stammenden und von unterschiedlichen Autoren verfassten ep. 8, 21, 30, 31 und 36 sowie die Briefe Cyprians ep. 9, 20, 27, 28, 35, 37.[10]

2) Die Zeit nach dem Amtsantritt des Cornelius, der im März 251 zum Bischof Roms gewählt wurde. Dieser Austausch spiegelt den Beginn des Novatianischen Schismas wider und erstreckt sich auf die Jahre 251 bis 253. Erhalten sind aus diesen drei Jahren die drei Briefe des Cornelius ep. 49, 50 und 53 sowie Cyprians Briefe ep. 44, 45, 46, 47, 48, 51, 52, 54, 57, 59, 60.

3) Die kurze Zeit des römischen Bischofs Lucius, für die nur ein Brief Cyprians (ep. 61) erhalten ist.

4) Die Amtszeit Stephans von 254 bis 256, in die der Ketzertaufstreit fällt. Erstaunlicherweise ist kein einziger Brief aus Rom erhalten, obwohl sich die römische Position durchsetzte, nämlich Konvertiten lediglich die Hand aufzulegen und eine Taufe als gültig zu erklären, die *eodem symbolo*[11] gespendet wurde.[12] Von Cyprian wiederum liegen ep. 68 und 72 vor sowie weitere fünf Briefe zur Thematik der Ketzertaufe an andere Bischofskollegen, die für die Rekonstruktion zumindest eines Briefs von Stephan von Bedeutung sein werden.

Für Cyprian – den Korrespondenzpartner – ist bereits mehrfach untersucht worden, welche Bedeutung Paulus in seinen Werken und Briefen hatte und wie er Verse aus dessen Briefen oder ganz grundsätzlich Bibelzitate zur Argumentation aufnahm und auslegte.[13] Diese

---

9 Vgl. das Rechtfertigungsschreiben Cyp.ep. 20,1–2 (CChr.SL 3B, 106–108 Diercks).

10 Diese erste intensive Korrespondenz zwischen Rom und Karthago beschreibt Gülzow, Cyprian und Novatian (s. Anm. 3), ausführlich.

11 Vgl. Cyp.ep. 69,7,1 (CChr.SL 3C, 480 Diercks).

12 Laut G. Haendler, Der Ketzertaufstreit als ökumenisches Problem, EMZ 23 (1966), 184–193 (188), werfen die nicht erhaltenen Briefe Stephans »ein Licht auf die Bedeutung des ›Papstes‹ in der Kirche des 3. Jahrhunderts«. Für die Entstehung der ersten Sammlungen – u. a. in Rom – siehe von Soden, Briefsammlung (s. Anm. 5).

13 Siehe dazu die aktuelle Studie von E. Murphy, The Bishop and the Apostle. Cyprian's Pastoral Exegesis of Paul, SBR 13, Berlin/Boston 2018; außerdem D. E. Wilhite, Cyprian's Scriptural Hermeneutic of Identity. The Laxist ›Heresy‹, HBT 32 (2019), 58–98. Auf M. A. Fahey, Cyprian and the Bible. A Study in Third-Century Exegesis, BGBH 9, Tübingen 1971, greifen nach wie

Erkenntnisse sollen bei der Analyse und Interpretation der römischen Briefe nutzbar gemacht werden. Wie sich bei Cyprian gut nachvollziehen lässt und nachweislich auch für andere Kirchenväter gilt,[14] wurden in der Antike neben den heute als echt identifizierten Paulusbriefen ebenso die Deuteropaulinen und die Pastoralbriefe als Paulusbriefe eingeordnet. Deshalb werden in diesem Aufsatz alle Briefe – ganz im Sinne der altkirchlichen Schreiber – als paulinisch betitelt.

Wenn untersucht werden soll, ob und wie oft ein Paulusbrief zitiert und wie Verse aus den Paulusbriefen in die Argumentation der Briefe eingewebt werden, benötigt es eine Klärung der Definition von Auslegung, da es sich hier ja gerade nicht um für die Paulusexegese naheliegende Gattungen wie der Homilie oder des Kommentars handelt. Hilfreich sind deshalb die *reading strategies*, die Edwina Murphy bei Cyprian ausmacht und hier versuchsweise auf seine Korrespondenzpartner angewandt werden sollen: *model, images, maxims, titles, contextual exegesis, direct application, prophetic fulfilment, qualification.*[15]

Des Weiteren ist zu klären, was als Zitat definiert wird. Cyprian macht beispielsweise die biblischen Verse sehr oft feinsäuberlich kenntlich und führt sie mit *apostolus/Paulus dicit* ein,[16] aber nicht immer ist die Eindeutigkeit so gegeben. Für eine präzisere Bestimmung der bei Gerard F. Diercks[17] ausgewiesenen Stellen dienen hier des-

---

vor die meisten Forscher für die von ihm gelieferten Zahlen zurück, die auch hier kurz zusammengefasst werden sollen: er zählt folgende Zitate und Anspielungen: 88 verschiedene Mt-Stellen werden insgesamt 178x zitiert oder alludiert, davon 64x in den Briefen; 8 Mk 19x (5x in ep.); 50 Lk 84x (20x in ep.); 64 Joh 117x (32x in ep.) [knapp 50 % aus Joh koinzidieren mit Tert.Prax.]; 20 Apg 26x (8x in ep.); 168 Paulusstellen in 270 Kontexten, davon 82x in den Briefen, wobei Röm (33 Röm 53x [15x] und 47 1Kor 80x [21x]) zu den meistzitierten gehören. Die Datenbank https://paulandpatristics.web.ox.ac.uk/database liefert andere Zahlen, nämlich insgesamt 125 Kontexte mit Pauluszitaten (ohne die Pastoralbriefe).

14 Mehrere Bibelstellen der Deuteropaulinen und der Pastoralbriefe leitet Cyprian mit *apostolus/Paulus dicit* ein; so den Eph in bspw. ep. 4,2,1; 43,6,2; 45,2,4; 52,1,3; 55,27,1; den Kol in ep. 11,5,1; 55,16,1; 55,27,1; den 1Tim in ep. 3,3,3; 43,6,2; 2Tim in ep. 10,4,3; 55,25,1; 59,20,1 und den Tit in ep. 59,20,1; 74,6,1.

15 Murphy, Bishop (s. Anm. 13), 31 f.

16 Vgl. Fahey, Cyprian (s. Anm. 13), 56. Ebenso vermutet er, 29: »He takes pain to separate the Scriptural text from his own, not merely because the literary quality of his Latin Bible must have jarred his sensibilities for cultivated style, but also because of his reverence for the Word of God.«

17 G. F. Diercks (Hg.), Sancti Cypriani Episcopi Epistularium. Epistulae 1–57,

halb zwei unterschiedliche Kategorisierungen in Verbindung miteinander: Jennifer R. Strawbridge unterteilt bewusst grob in *reference,
possible reference* und *reference not found,*[18] da zurecht beachtet werden
muss, dass man bei einem zu modernen Verständnis eines Zitats dem
antiken Denken und Schreiben kaum gerecht werden kann.[19] Anne-
wies van den Hoek unterscheidet zwischen *certain dependence (quotati-
on/paraphrase), probable dependence (paraphrase/reminiscence), unprovable
dependence (reminiscence)* und *no dependence.*[20]

## 2. Paulus und seine Briefe in der römischen Korrespondenz

### 2.1 Der erste Brief aus Rom – ep. 8

Der erste aus Rom stammende Brief richtet sich – sehr zum Ärger
Cyprians – an die *fratres dilectissimi*[21], also den Klerus von Karthago,
statt an dessen Bischof, obwohl doch letzterem eigentlich das »Korre-
spondenzprivileg«[22] oblag. Nur der Umstand, dass der Bote Cremen-

---

CChr.SL 3B, Turnhout 1994; Epistulae 58–81 (CChr.SL 3C), Turnhout
1996.

18  J. R. Strawbridge, The Pauline Effect. The Use of the Pauline Epistles by
Early Christian Writers, SBR 5, Berlin 2015, 183–185; vgl. außerdem die Datenbank (s. Anm. 13).

19  Vgl. M. Choat, Echo and Quotation of the New Testament Papyrus Letters to
the End of the 4th Century, in: T. Kraus/T. Nicklas (Hg.), New Testament
Manuscripts. Their Texts and Their World, TENT 2, Leiden 2006, 267–292
(269). Er bemerkt zudem, dass es angesichts des damaligen Erinnerungsver-
mögens auch keine Garantie gibt, dass der christliche Autor die Bibelstelle aus
einer ihm vorliegenden Bibel abgeschrieben hat (280).

20  A. van den Hoek, Techniques of Quotation in Clement of Alexandria. A View
of Ancient Literary Working Methods, VigChr 50 (1996), 224–243 (228 f.):
*quotation* (considerable degree of literality; need not to be verbatim), *paraphrase* (only a few words of the original source are present), *reminiscences* (no literal
correspondences, but merely resemblences in theme or thought).

21  Cyp.ep. 8,2,1 (CChr.SL 3B, 41 Diercks).

22  Baumkamp, Kommunikation (s. Anm. 1), 8. Den karthagischen Klerus als
Adressaten einzusetzen war somit ein Affront, weil so Cyprian die Kontrolle
über die Informationsflüsse versagt blieb, könnte aber gleichwohl ein Echo
darauf sein, dass die Position der Bischöfe Mitte des 3. Jahrhunderts so gesichert noch nicht war. Allerdings ist bei allem Ärger für Cyprian zu bedenken,
dass der führungslose Klerus von Rom die karthagischen Kollegen in derselben schicksalhaften Situation wie sich selbst wähnt – nämlich führungslos zu
sein – und sich somit die Korrespondenz auf einer Ebene abspielt, vgl. Clarke,
Letters I (s. Anm. 8), 202.

tius trotzdem Cyprian den Brief aushändigt,[23] ermöglicht es letztgenanntem, von dem ihm gegenüber mit unangenehmen Spitzen versehenen Inhalt dieses Schreibens zu erfahren. Ep. 8 ist wohl ein Zusatzschreiben zum verlorengegangenen Bericht über das Martyrium des römischen Bischofs Fabian im Januar 250. So zumindest erklärt man sich die fehlende *superscriptio* und *adscriptio* zu Beginn des Briefes,[24] was allerdings Cyprian in ep. 9 gekonnt zum Anlass nimmt, den Martyriumsbericht ausgiebig zu loben, die Authentizität des unliebsamen Briefes hingegen zu bestreiten und zur Überprüfung zurückzuschicken. Als Verfasser können dennoch die Presbyter der römischen Gemeinde angenommen werden, die nach dem Martyrium ihres Bischofs über sich selbst sagen, dass sie nun an die Spitze gestellt sind (*praepositi esse*),[25] und nun als Gegenfolie zum vorbildlichen Verhalten Fabians die Flucht Cyprians aus Karthago mit Hilfe einschlägiger Stellen aus dem JohEv kommentieren.[26] Stützend für die indirekte Anklage des Verhaltens Cyprians sind Joh 10,11–12 und Joh 21,15–17 in Verbindung mit Ez 34,3–4. Das Bild vom guten Hirten und dem Mietling zeichnet das Verhalten des eigenen Bischofs Fabian

23  Crementius' Grund bleibt unklar (Clarke, Letters I (s. Anm. 8), 203: »We do not know whether loyalty, or malice, ensured that Cyprian received the letter«), zumal die Verfasser ja von eben diesem über die Flucht Cyprians überhaupt erst erfahren hatten. Ebenso kann nicht geklärt werden, ob der Klerus, der in Teilen Cyprian bereits seit der Wahl zum Bischof nicht wohlgesonnen war, den Brief trotzdem erhielt oder nicht.

24  Ausführlich dazu Gülzow, Cyprian und Novatian (s. Anm. 3), 38–46.

25  Cyp.ep. 8,1,1 (CChr.SL 3B, 40 Diercks). Cyprian erwähnt dann tatsächlich in ep. 20,3,2 (CChr.SL 3B, 110 Diercks) den römischen Klerus als Verfasser. Uneindeutig bleibt, wer genau zu den Verfassern gezählt werden kann. Aufgrund des Inhalts – zumal in der Frage der *lapsi* – lässt sich zumindest nicht eindeutig ein Rückschluss darüber zu, welche der sich mit der Zeit herauskristallisierenden Meinungsgruppen hier federführend war. Deutlich wird nur: sie haben die Position des Bischofs eingenommen, zumindest fungiert *praepositus* bei Cyp.ep. 9,1,2 (CChr.SL 3B, 44 Diercks) als Synonym für dieses Amt. Clarke, Letters I (s. Anm. 8), 204, stellt der Sprache des Briefes ein schlechtes Zeugnis aus: »The language of the letter is poor in quality, the expressions awkwardly turned, the train of thought halting and uncertain.« C. Mohrmann, Les origines de la latinité chrétienne à Rome, VigChr 3 (1949), 163–183 (178), konstatiert: »C'est un document émouvant, très rassasié d'éléments bibliques et plein de vulgarismes. Il nous donne une idée de la langue courante des simples fidèles.« Gülzow, Cyprian und Novatian (s. Anm. 3), 23, bemerkt desillusioniert, dass die römischen Kleriker unfähig waren, »einen Satz fehlerfrei zu Papier zu bringen«.

26  Cyp.ep. 8,1,1–2 (CChr.SL 3B, 40 f. Diercks).

in Kontrast zu dem Cyprians. Die dreimalige Frage an Petrus und der
dreimalige Auftrag, die Schafe zu weiden, verdeutlicht die Verantwortung der an der Spitze einer Gemeinde Stehenden, wobei Petrus hier
wohl nicht nur auf den Bischof von Rom verweist, sondern für alle
Bischöfe steht.[27] Im Schatten dieser prominent plazierten, direkt zitierten Bibelstellen klingen indirekt zwei Verse des Apostels Paulus
an: Die Verfolgungssituation wird als von Gott gebilligter Wettkampf
(*agon* als Lehnwort aus dem Griech.) interpretiert, durch den Gott in
der Welt den Widersacher niederringen (*conluctari*) will. Durch den
kurzen Relativsatz *qui uiceret coronetur*[28] geben die Autoren einen
zarten Hinweis auf 2Tim 2,5, wodurch sich das Verständnis dieses
Kampfes durch einen wichtigen Grundsatz[29] erweitert: nur der wird
als Sieger bekränzt, der nach den Regeln gekämpft hat. Welche Regeln das in Zeiten der Verfolgung sind, führen die Verfasser von ep. 8
im Folgenden durch die bereits oben genannten Bibelstellen auf. Zwischen den Zeilen – und nur für den bibelfesten Leser erkennbar – lässt
sich also erfahren: Cyprian kämpft durch seinen Rückzug aus Karthago in den Augen des römischen Klerus nicht regelkonform, zumal die
gültigen Vorstellungen von Sieg und Niederlage umgekehrt werden:
Sieger ist nicht der Überlebende, sondern der Tote, der dafür die
Martyriumskrone erhält, die hier sicherlich anklingt. Im zweiten Abschnitt des Briefes spricht der Klerus die karthagischen Kollegen direkt an: »The mood [...] is notably imperative, authoritative, indeed
episcopal«[30] Unter anderem gehört es laut römischer Auffassung zur
Aufgabe einer guten Gemeindeleitung, also guter Hirten, die Gemeinde aufzumuntern, unerschütterlich im Glauben zu stehen (*stare
in fidem inmobiles*)[31], eine Wendung, die in ep. 8,2,1–3 mit leichten Ver-

---

27  Vgl. dazu auch die Auffassung Cyprians, die bspw. in ep. 33,1,1 (CChr.SL 3B,
    164 Diercks) deutlich wird. Nichtsdestotrotz wird ein gewisser Stolz der Ver-
    fasser deutlich, dass Petrus diesem Auftrag bis ins Martyrium gefolgt ist, wie
    der letzte Satz von ep. 8,1,2 (CChr.SL 3B, 41 Diercks) zeigt.

28  Cyp.ep. 8,1,1 (CChr.SL 3B, 40 Diercks).

29  Bei Murphy, Bishop (s. Anm. 13), 32, sind *maxims* »a pithy phrase from Scrip-
    ture [which] can be applied to a range of situations«; hier wird also der faire
    Wettkampf als Maxime auf das Verhalten in der Verfolgung angewandt. Siehe
    auch 2Clem 7,5–6 (SUC, 247 Wengst), der durch den Vergleich von vergäng-
    lichem sportlichem Wettkampf und unvergänglichem Wettkampf auf das
    Ausmaß des Betrugs bei letzterem hinweist.

30  Clarke, Letters I (s. Anm. 8), 203.

31  Cyp.ep. 8,2,1–3 (CChr.SL 3B, 41 f. Diercks).

änderungen dreimal vorkommt. Hier nehmen die Autoren Anleihen aus 1 Kor 13,16, der Schlussparänese des Paulus, ohne diese aber vollständig zu zitieren. So wie Paulus die Gemeinde in Korinth ermahnte, so ermahnt nun der römische Klerus den von Karthago und wendet damit die Aufforderungen aus 1 Kor 13,16 direkt auf die aktuelle Situation an.[32] Wieder reichen wenige Worte aus, um Paulus' Ermunterungen in Erinnerung zu rufen, was durchaus die Dringlichkeit unterstreichen könnte.[33]

Offenbar wird das Selbstverständnis der Römer, den Kollegen in Karthago Ratschläge geben zu dürfen. Die Verfasser bedienen sich paulinischer Sprache, ohne aber auf Paulus als Urheber zu verweisen oder die Verse aus 2 Tim und 1 Kor vollständig zu zitieren. Gleichwohl scheinen sie erwartet zu haben, dass der Zusammenhang und somit die Gedankenwelt der beiden Verse von den Lesern des Briefes dazugedacht werden und also das Verständnis des Geschriebenen erweitern. Dennoch ist Vorsicht geboten, weil nie ausgeschlossen sein kann, dass biblische Phrasen und Wendungen bereits in den christlichen, klerikalen Sprachgebrauch übergegangen sind, ohne dass also der Schreiber in dem Moment bewusst an Paulus anknüpft.[34] Statt dass es sich hier um eine bewusste Referenz handelt, wäre es somit natürlich plausibel, dass das paulinische Vokabular den Verfassern von ep. 8 so in Fleisch und Blut übergegangen ist, dass sie die kurzen Phrasen ohne weitere Intention einweben. Gerade weil es sich bei den Verfassern um eher schlecht ausgebildeten Klerus handelt, könnte biblische Sprache adaptiert worden sein, um selbst sprachfähig zu werden oder gebildet zu klingen. Dagegen spricht indes, dass der in 2 Tim 2,5 versteckte Verweis auf einzuhaltende Kampfregeln während der Verfolgung sich so gut in den weiteren Inhalt des Briefes einreiht, dass von einer bewussten Referenz ausgegangen werden muss. Wie man auch entscheidet: die beiden paulinischen Briefe – oder vor-

---

32 Vgl. Murphy, Bishop (s. Anm. 13), 32: »direct application, in which Cyprian takes a text and directly applies it to a situation in his own congregation«.

33 Die höchst unauffälligen Bezugnahmen auf 1 Petr 2,21 und 1 Joh 2,6 im *ire cum domino* (ep. 8,2,2 [CChr.SL 3B, 41 Diercks]) versuchen das Thema der Nachfolge zu unterstreichen.

34 Strawbridge, Pauline Effect (s. Anm. 18), 19, wirft zurecht die Frage auf: »When so much of Scripture is a part of the vocabulary of early Christian writers, how do we know whether they are using one word or a series of words from the Pauline epistles or if a possible reference is simply a turn of phrase they have made their own?«

sichtiger formuliert: bestimmte Abschnitte – waren dem römischen
Klerus gut bekannt, ihr Vokabular – sollte es sich nicht um eine eindeutige Referenz handeln – sehr vertraut.

## 2.2 Die Schreiben der Presbyter und Diakone unter Federführung Novatians – ep. 30 und 36

Einige Monate später, im September/Oktober 250 läutet ein Schreiben aus Rom die große Wende in der römisch-karthagischen Korrespondenz ein.[35] Er ist die direkte Antwort auf ep. 20 und 27, in denen
sich Cyprian einerseits über die falschen Gerüchte beschwert und für
sein Vorgehen in der Zeit der Verfolgung geworben und andererseits
über Probleme in der Gefallenenfrage berichtet hatte. Nun richten
sich die Römer erstmals an Cyprian direkt,[36] adressieren ihr Schreiben mit *Cypriano papae* und reden den Bischof von Karthago mit *frater
Cypriane* und – verbunden mit guten Wünschen – mit *beatissime ac
glorissime papa* an.[37] Cyprian erwähnt später in ep. 55,5,2, dass Novatian der Verfasser gewesen sei und der Presbyter und Bekenner
Moyses nach Kenntnisnahme mit unterschrieben und den Entschluss
bezüglich der Gefallenen abgesegnet habe.[38] Es liegt also ein Brief
vor, der vom ersten auf Latein schreibenden, römischen Theologen

---

35  Die Bedeutung des Briefes spiegelt sich auch in seiner Überlieferungsgeschichte wider: er gehört nach von Harnack, Sedisvacanz (s. Anm. 8), 14, und
von Soden, Briefsammlung (s. Anm. 5), 49, zu den in den Handschriften am
frühesten und zuverlässigsten bezeugten Schriften.

36  In der Zwischenzeit waren zwei nicht erhaltene Briefe wieder an Cyprian vor-
bei nach Karthago adressiert worden.

37  Cyp.ep. 30,1,2 (CChr.SL 3B, 139 Diercks); 30,8,1 (CChr.SL 3B, 150 Diercks).

38  So urteilt auch Gülzow, Cyprian und Novatian (s. Anm. 3), 90–99, und erklärt
zuletzt, dass sich nach dem Schisma »niemand in der Kirche gerne an eine
solche subscriptio erinnerte« (99), weshalb sie in der Überlieferung getilgt
worden sei. Der Brief ist insofern auch eine Rarität, sind doch bis auf die im
Corpus Cyprianum überlieferten Briefe alle weiteren verlorengegangen, was
ders., a.a.O., 3.23.99, damit erklärt, dass die Autorenschaft Novatians – zumal
bei Briefen unwichtigeren Inhalts – nach dem Schisma unangenehm wurde.
Umso interessanter ist es, dass Cyprian das für seine Position in Karthago so
wichtige Dokument einem inzwischen zum Schismatiker gewordenen Unruhestifter bewusst zuschreibt. Vorsichtiger ist G. W. Clarke, The Letters of St.
Cyprian. Bd. 2: Letters 28–54, ACW 44, New York/Ramsey 1984, 118, wenn
er offenlässt, wieviel von Novatians eigenem Gedankengut in den Brief einge-
flossen ist: »indeed, it is feasible that the opinions may have been generally
shared by the clergy, Novatian being left the task merely of clothing them in
suitable literary dress.«

stammt, der noch dazu bereits seinen Zeitgenossen als sehr gebildet und eloquent galt.[39]

Die Situation ist für Cyprian in der Zwischenzeit keineswegs angenehmer geworden: In Karthago hatten Bekenner Friedensbriefe an Gefallene ausgegeben und damit einen sofortigen Generalablass erzwungen, ohne dass ausreichend Buße getan worden war, wie Cyprian es zuvor bestimmt hatte.[40] Eine ganze Gruppe hatte somit eine Vollmacht an sich gerissen, die dem Bischof zustand und über deren genaue Ausübung nach der Verfolgung verhandelt werden sollte. Cyprian hat somit ein Problem in seiner Gemeinde, und die römische Gemeinde und federführend Novatian nehmen sich das Recht, unterstützend einzugreifen. Henneke Gülzow sieht deshalb in ep. 30 den »hochoffiziellen Charakter dieses Hirtenbriefes« ganz in der Tradition des 1Clem, an die Novatian bewusst anknüpft.[41] Eine Intention des Briefs ist durchaus seelsorgerlicher Natur: Cyprian erfährt so, dass auch in Rom diese Probleme herrschen und man gemeinsam dieses Problem bekämpfen wird.[42] Novatian bestätigt Cyprians Beharren auf Buße und Aufschub und beginnt das Thema der Gefallenenfrage mit Betonung auf *antiqua [...] seueritas, antiqua fides, disciplina [...] antiqua*, um dreimalig hervorzuheben, dass es sich bei der in Rom genauso gestalteten Handhabung keineswegs um eine

---

39  Ein ebensolches Bild bestätigen – freilich in feindlicher Absicht – Cyprian an Antonianus in ep. 55,24,1 (CChr.SL 3B, 285 Diercks) sowie Cornelius an Fabius von Antiochien in Eus.h.e. 6,43,5 (GCS 9,2, 614 Schwartz). Mohrmann, Les origines (s. Anm. 25), 164, hebt im Blick auf Novatians Sprache besonders die »manière très claire et [ ] limpidité parfaite« hervor. Für eine kurze Biographie H.J. Vogt, Coetus Sanctorum. Der Kirchenbegriff des Novatian und die Geschichte seiner Sonderkirche, Theoph 20, Bonn 1968, 17–27. Für einen kurzen Überblick über Novatians Umgang mit der Bibel Ch. Kannengießer, Handbook of Patristic Exegesis. The Bible in Ancient Christianity 1, Leiden/Boston 2004, 634–636.

40  Neben der nötigen Buße war ein entscheidendes Element, die Wiederaufnahme bis zum Ende der Verfolgungen und einer möglichen Synode aufzuschieben und nur bei Kranken eine Ausnahme zu machen, vgl. dazu Cyp.ep. 18,1–2 (CChr.SL 3B, 100f. Diercks) und 20,3,1–2 (CChr.SL 3B, 108–110 Diercks) sowie grundsätzlich B. Poschmann, Paenitentia secunda. Die kirchliche Buße im ältesten Christentum bis Cyprian und Origenes. Eine dogmengeschichtliche Untersuchung, Theoph 1, Bonn 1940, 370–424.

41  Gülzow, Cyprian und Novatian (s. Anm. 3), 89.

42  Vgl. Clarke, Letters II (s. Anm. 38), 116: »Cyprian is made to feel that he is not struggling on alone against local and isolated problems, the universality of the devastation being stressed.«

Neuerung handele.[43] Schon Paulus habe Rom dafür sein Lob ge-
zollt, als er in Röm 1,8 schrieb: *quia fides uestra praedicatur in toto
mundo.*[44] Novatian und seine Presbyterkollegen nehmen sich hier
ganz bewusst als in der Nachfolge derer stehend wahr, die einst die
Empfänger dieses Paulusbriefes waren. Oder noch deutlicher: der
Brief des Paulus gilt auch der jetzigen römischen Gemeinde, die Aussage behält ihre Gültigkeit, weil die Christen Roms ihren Glauben –
genauer: ihre Strenge im Glauben – nicht verändert haben.[45] Die in
Rom angewandte Praxis ist damit über jeden im römischen Denken
schlimmen Verdacht, *novus* zu sein, erhaben: sie ist erwiesenermaßen
ursprünglich und alt und erhielt außerdem einst die Anerkennung des
Apostels. Die Regelung im Umgang mit den Gefallenen erhält so das
höchste Qualitätssiegel! Bei Paulus kann dieser Satz im Proömium
hingegen als eine *captatio benevolentiae* verstanden werden, die nun
hier von ihren Empfängern als evidenzbasiert angesehen wird.[46] Natürlich hebt Paulus zu Beginn seines Briefes nach Rom in keinster
Weise auf Bußstrenge ab – die Aussage bleibt vage, so dass sie ideal
erscheint, um von römischer Seite für ihre Glaubenspraxis aufgegriffen zu werden.[47] Gewissermaßen mag hier auch ein gewisser Stolz
der Römer sprechen, der sie zudem veranlassen könnte, ihre Praxis
auch anderen als Vorbild anzuraten.[48]

---

43  Cyp.ep. 30,2,2 (CChr.SL 3B, 140f. Diercks). Schon Cyp.ep. 20,3,1 (CChr.SL
    3B, 109 Diercks) betont, dass er kein (neues) Gesetz gegeben habe.
44  Cyp.ep. 30,2,2 (CChr.SL 3B, 141 Diercks).
45  Damit liegt hier eigentlich nicht nur eine *direct application* (Murphy, Bishop [s.
    Anm. 13]) vor, bei der irgendein biblischer Inhalt auf eine aktuelle Situation
    übertragen wird, sondern es wird tatsächlich ein echter Bezug über die Jahr-
    zehnte hinweg deutlich.
46  Amüsanterweise meint U. Wilckens, Der Brief an die Römer, Studienausgabe
    EKK 6, Neukirchen-Vluyn ²2014, 77, überdies, dass ja eigentlich »der Ruhm
    Gott, dem Geber der πίστις« gelte. Vogt, Coetus Sanctorum (s. Anm. 39), 80,
    hält indes die Übernahme von Röm 1,8 sogar für eine »Verdrehung dessen,
    was der Apostel gemeint hat«, ohne das weiter auszuführen.
47  Zumindest entscheidet Wilckens, Römerbrief (s. Anm. 46), 77, dass im Unter-
    schied zu 1Thess 1,8 hier tatsächlich »der im christlichen Leben erwiesene
    und bewährte Glaube« gemeint ist.
48  Vgl. Cyp.ep. 30,5,2 (CChr.SL 3B, 145 Diercks), wozu Clarke, Letters II (s.
    Anm. 38), 117, ergänzt: »Despite the liberal exchange of counsels between
    churches, resolution is still considered ultimately a local affair directed by the
    local bishop.« Dazu passen die Hinweise Cyprians, dass jeder Bischof in sei-
    ner Diözese frei entscheiden könne. So zeigt er sich selbst noch im Ketzer-
    taufstreit im letzten Kapitel seines Briefes an Iubaianus nichtsdestotrotz kon-

Der Halbvers aus Röm 1 wird unter Nennung ihres Verfassers eingeleitet und kann als Zitat im modernen Sinne verstanden werden. Novatian bezieht sich ganz bewusst auf den Apostel und sichert so die römische Bußpraxis ab, was gegenüber Cyprian, der ja in Karthago genauso verfährt, zwar nicht nötig ist, wohl aber gegen die Querulanten in dessen Gemeinde sowie wohlmöglich gegenüber denen in Rom, die einen milderen Umgang mit den Gefallenen präferieren und von denen sich Novatian ein gutes halbes Jahr später abspalten wird.[49]

In zwei Briefen an Cornelius ep. 59,14,1 und 60,2,1 greift Cyprian diesen Satz des Apostels Paulus übrigens wieder auf, indem er ihn paraphrasiert: in erstem Fall um deutlich zu machen, dass der gerühmte Glaube ja eben der der römischen Kirche sei und Irrglaube – in dem Fall der der Laxisten – damit keine Chance habe; in zweitem Fall überträgt Cyprian die Worte des Paulus auf den in der Verbannung befindlichen Cornelius und seine Gemeinde, die im Zuge einer neuen Verfolgungswelle Standhaftigkeit zeigt.

Zwei weitere paulinische Stellen klingen in diesem Brief Novatians zudem an, die keine eindeutigen Zitate sind und daher als nur mögliche Referenzen angesehen werden können.[50] Der *clipeus fidei* in ep. 30,6,3 könnte Vokabular aus Eph 6,16 sein. Der Glaubensabfall während der Verfolgung wird von Novatian als Desertieren interpretiert; entsprechend bedient er sich der Waffenmetaphorik aus Eph 6: wer Buße tun möchte, muss sich rüsten mit dem ›Speer der Bescheidenheit‹ und eben dem aus Eph 6,16 geliehenen ›Schild des Glaubens‹, wobei ersteres bemerkenswerterweise eine Angriffswaffe, letzteres ein Verteidigungsinstrument ist.[51] Das in einer Reihe mit positiven wie negativen Beschreibungen Gottes stehende *inaccessibilem*

---

ziliant: er hebt die bischöfliche Freiheit hervor, die es ihm verböte, einem Kollegen Vorschriften zu machen. Statt Streit unter den Bischöfen sucht er die göttliche Eintracht und den Frieden (ep. 73,26). Gleichwohl strebt Cyprian in ep. 20,3,2 (CChr.SL 3B, 109 f. Diercks) einen übereinstimmenden Beschluss mit Rom an.

49 Gülzow, Cyprian und Novatian (s. Anm. 3), 136, hegt den Verdacht, dass das Moratorium, die Entscheidung bis zur Bischofswahl aufzuschieben, den Gegnern Novatians in die Hände spielte und die Stimmung im Frühjahr 251 dann zugunsten einer milderen, wenngleich nicht laxen Praxis umschwang, weshalb Cornelius zum Bischof gewählt wurde.

50 Für Eph 6,16 entscheidet Strawbridge, Pauline Effect (s. Anm. 18), 221, anders und zählt die Stelle zu *reference not found*.

51 Welche Rezeptionsgeschichte Eph 6 in der Alten Kirche erfahren hat, wird das folgende Kapitel noch zeigen.

*lucem* in ep. 30,7,2 könnte aus der aus Gottesattributen bestehenden Doxologie 1Tim 6,16 entnommen sein. Novatian möchte hier die Dringlichkeit der vollumfänglichen Buße, zu der als Haltung *petitio modesta, postulatio uerecunda, humilitas necessaria, patientia non otiosa*[52] gehören, untermauern, indem er warnt, dass Gott nicht nur nachsichtig sei und darum beispielsweise nicht nur den Himmel geschaffen habe, sondern auch die Hölle. Belegt wird das von Novatian durch Paraphrase von Mt 22,13 und Vokabular aus 2 Petr 2,4. Gott hat also auch Eigenschaften, die ein Christ – und hier zuvorderst die Gefallenen – zu fürchten hat.[53] Bei der Einarbeitung von 1Tim 6,16 nimmt Novatian allerdings eine Änderung vor: während Gott in 1Tim 6,16 im unzugänglichen Licht wohnt, hat er es in ep. 30,7,2 geschaffen; erweitert wird diese positiv verstandene Schöpfungsaussage sodann durch die Nennung der ›ewigen Finsternis‹. Das paulinische Vokabular wird also durchaus nicht gänzlich anders verwendet, aber doch kreativ für den eigenen Gebrauch umgestaltet. Es steht hier zudem direkt neben anderen Schriftzitaten oder -anspielungen, wobei vor allem im Fall von 1Tim 6,16 nur vorsichtig von einer möglichen Abhängigkeit ausgegangen werden kann.[54]

An dieser Stelle soll noch kurz auf einen zweiten Brief eingegangen werden, der Cyprian aus Rom erreichte: es ist wieder ein Brief der Presbyter und Diakone; und wieder gilt aufgrund von Inhalt und Sprache Novatian als Verfasser.[55] Der Hintergrund dieses Schreibens ep. 36 ist, dass bevor ep. 30 eintreffen konnte, sich zuvor in Karthago die Lage für Cyprian zugespitzt hatte. Sein deswegen verfasster ep. 35, in dem Cyprian berichtet, dass die Gefallenen sich weigerten, Buße zu tun, da sie von einem karthagischen Märtyrer namens Paulus

---

52 Cyp.ep. 30,6,3 (CChr.SL 3B, 147 Diercks).

53 Weitere Stellen aus dem NT sind Mt 18,32 und Mt 10,33, die beide in 30,7,1 (CChr.SL 3B, 148 Diercks) mit *scriptum est* eingeleitet und anschließend direkt zitiert werden; 1Petr 3,16 und Mt 7,7–8 klingen in 30,6,3 (CChr.SL 3B, 147 Diercks) stichwortgebend an; aus dem AT finden sich keine Bezüge.

54 Hier zeigt sich, welche Herausforderung die unterschiedlichen Kategorien haben: nach Strawbridge sind beide Stellen wohl eine *possible reference*; nach van den Hoek allerdings könnte Eph 6,16 als *paraphrase* gelten, während 1Tim 6,16 nur *reminiscence* wäre – beides Kategorien innerhalb einer *probable dependence*.

55 Für Gülzow, Cyprian und Novatian (s. Anm. 3), 106, der sich wie auch schon zuvor auf B. Melin, Studia in Corpus Cyprianeum, Uppsala 1946, bezieht, ist die Verfasserschaft eindeutig. Für Clarke, Letters II (s. Anm. 38), 165, ist es höchst plausibel.

vor dessen Tod Friedensbriefe erhalten hätten, überkreuzt sich mit
ep. 30 und 31 und wird daher aus Rom erst mit ep. 36 beantwortet.
Die Römer ergänzen hier ihr Schreiben ep. 30 und reagieren auf die in
ep. 35 geschilderten Probleme in Karthago. Ep. 30,4 lässt vermuten,
dass zudem ein in der Zwischenzeit verfasster Brief Cyprians über die
Causa Privatus von Lambese verlorengegangen sein muss, in dem
vielleicht auch Cyprians Dank für das Anerkennungsschreiben seinen
Ort fand.[56] Obwohl doch angesichts der verschärften Situation in
Karthago erneut Argumente vonnöten sind, wird auf Schriftzitate
gänzlich verzichtet. Stattdessen vertieft sich Novatian in die Motiva-
tionslagen der Gefallenen und der Märtyrer und entkräftet deren Positionen mit Logik.

*2.3 Das Schreiben der Presbyter und Bekenner – ep. 31*
Zeitgleich mit dem zuvor besprochenen Brief Novatians wenden sich
auch die römischen Bekenner an Cyprian und antworten so auf dessen
sehr schmeichelhafte ep. 28. Die Verfasser sind teilweise namentlich
aufgeführt: es handelt sich um Presbyter und Diakone, die aufgrund
ihres Bekenntnisses im Gefängnis sitzen; unter ihnen ist beispielsweise auch der Presbyter Moyses, der ep. 31 mit unterschrieben hatte.[57]
Cyprian scheint den Nerv getroffen zu haben, denn sie bedanken sich
eindrücklich bei ihm für dessen trostvolle und ermutigenden Worte,
preisen im Anschluss ihre eigene Situation in höchstem Maße und
bekräftigen Cyprian in seiner strengen Haltung gegenüber den Gefallenen. Man wird Gülzow zustimmen, dass der Brief von »plumper
Selbstgefälligkeit« strotzt.[58] Der Wert des Briefes liegt hingegen darin, dass er eine ausführliche Argumentation für die rigorose Haltung
gegenüber den Gefallenen dokumentiert.[59] Umso interessanter ist es,
welche Schriftzitate und -bilder sich in diesem Brief finden.

---

56  Ein eigenes Dankschreiben zu ep. 30 ist nicht überliefert.
57  Detailliert behandelt Gülzow, Cyprian und Novatian (s. Anm. 3), 100–102,
    die Verfasserfrage. Novatian hat seiner Meinung nach »Formulierungshil-
    fen« (100) geleistet; ebenso Clarke, Letters II (s. Anm. 38), 119.134.
58  Gülzow, Cyprian und Novatian (s. Anm. 3), 99.
59  Vgl. Gülzow, Cyprian und Novatian (s. Anm. 3), 102. Die harte Linie in der
    Gefallenenfrage, die in diesem Brief zutage tritt, verweist im Übrigen schon
    auf die Zukunft: zwei der Verfasser – Maximus und Nicostratus – werden sich
    mit Novatian abspalten; Maximus wird zu Cornelius' Freude um Wiederauf-
    nahme bitten und zurückkehren (ep. 49,1,3 [CChr.SL 3B, 232 Diercks]) und
    sogar sein altes Amt wieder bekleiden dürfen (ep. 49,2,5 [CChr.SL 3B, 236

Nachdem der Brief in den ersten drei Kapiteln keinen biblischen Vers zitiert, wartet ep. 30,4 gleich mit einer ganzen Reihung direkter Schriftzitate auf, um zu verdeutlichen, dass die Verfolgung gottgewollt ist, bereits angekündigt war und Christus zu diesem Kampf dezidiert aufruft: wer in der Nachfolge steht und die Verfolgung erduldet, wird selig und zum Sieger erklärt werden.[60] Antiklimatisch in Bezug auf den Sprecher, aber doch bestärkend, fügt sich dann in ep. 30,4,2 mit *sed et apostolus* das Zitat aus Röm 8,35–37 an die kumulierte Christusrede an. Kein Leid dieser Welt vermag es, von der Liebe Christi zu trennen, die wiederum einen jeden Christen – der lebt, um zu sterben, wie Ps 44,23 als Zitat im Zitat versinnbildlicht – alles Leid überwinden lässt. Für die Presbyter und Bekenner sind diese Aussagen der Heiligen Schrift *faces* – ›Fackeln‹, die den Glauben entfachen und gar so furchtlos machen, dass der Gegner gerne herausgefordert wird. Im Hintergrund steht hier der Gedanke, dass ein Aufschub des Martyriums den göttlichen Plan behindere und für die Bekenner folglich ein Ärgernis sei.[61] Deshalb schließt sich die Bitte an Cyprian in ep. 31,5,2 an, er möge dafür beten, dass sie als Soldaten endlich auf das Schlachtfeld geführt werden. Dafür braucht es als Zurüstung *arma diuina, loricam iustitiae, clipeum fidei, (galeam salutis)* und *gladium spiritus*.[62] Diese Wortpaare tauchen in exakt dieser Reihenfolge in Eph 6,13.14.16.17 auf; dass dabei auch 1Thess 5,8 anklingt, liegt in der Natur des Wortfeldes.[63] Ohne Nennung des Apostels als Verfasser werden diese Stichworte hier in den Brief eingefügt und

---

Diercks]). Vor Nicostratus warnt Cornelius Cyprian in ep. 50,1,2 (CChr.SL 3B, 238 f. Diercks); über Rufinus ist nichts weiter bekannt.

60  Eingeleitet werden in ep. 31,4,1 (CChr.SL 3B, 154 Diercks) mit *excitat dominus* Mt 10,37–38, Mt 5,10–12, Mt 10,18a.21a.22b, Apk 3,21. Damit zitiert dieser Brief besonders viele Bibelstellen direkt; nur Mt 10,32 wird in 31,2,2 lediglich dem Sinn nach (*reminiscence)* wiedergegeben.

61  Vgl. Cyp.ep. 31,5,1 (CChr.SL 3B, 155 f. Diercks).

62  Cyp.ep. 31,5,2 (CChr.SL 3B, 256 Diercks); *galea salutis* aus Eph 6,17 fügen zwei Codices hinzu, die zu vernachlässigen sind; vgl. auch Clarke, Letters II (s. Anm. 38), 137.

63  Strawbridge, Pauline Effect (s. Anm. 18), 62, zeigt, dass 1Thess 5,8 zusammen mit 2Kor 10,3–5 bei anderen frühchristlichen Autoren sogar 66 Mal in unmittelbarer Nähe zu Eph 6,10–17 erscheint. Es mutet bei weiterer Betrachtung merkwürdig an, dass V. 15 ausgelassen wird, der doch die Bereitschaft zum Evangelium thematisiert; möglicherweise haben die Bekenner diese aber ja schon mit ihrem Bekenntnis bewiesen, so dass die Bereitschaft selbst nun weniger Rüstzeug für den Kampf im Martyrium ist.

durch Relativkonstruktionen erweitert, die deutlich machen, dass diese metaphorischen Waffen unzerstörbar und unbesiegbar sind. In gewisser Weise wird der paulinische Text hier fortgeschrieben. Die Waffen Gottes, die ein Bekenner hier anziehen soll, lassen sich dabei unterteilen in aktive Waffen, die dem Angriff, und passive, die der Verteidigung dienen: Gerechtigkeit und Glaube sind Tugenden und Lebenspraxis, die vor Angriffen schützen, während der Geist den aktiven Kampf ermöglicht. Erst mit Blick in V. 17 erklärt sich diese letztgenannte Waffe, da Paulus sie mit dem Wort Gottes identifiziert, das – so könnte man ergänzen – weiter verkündet werden muss.[64] Die eindeutig militärische Sprache in dieser Passage ist bei den frühen christlichen Schriftstellern keineswegs selten und nicht als Befürwortung des Krieges zu verstehen; vielmehr wird die angesichts einer hochmilitarisierten Kultur überall präsente Sprache auf das christliche Leben angewandt.[65] Die hier zitierten Verse aus dem Eph gehören außerdem, wie Strawbridge dargelegt hat, zu den vier am häufigsten verwendeten Paulusstellen in den ersten drei Jahrhunderten.[66] 450 Mal finden sich Fragmente aus Eph 6,10–17 bei mindestens 40 vornizänischen Autoren; die Verse werden vor allem im Zusammenhang von Verfolgung und Taufe benutzt, also in den zwei Situationen, in denen ein Christ besonders anfällig und verletzlich für die von außen, aber auch im Inneren des Menschen wirkenden Mächte des Bösen ist und deshalb besonderer Ermahnung bedarf.[67]

Während in ep. 30,6,3 die Verbindung zu Eph 6 nicht ganz so eindeutig war, liegt hier trotz fragmentarischer Übernahme eine eindeutige Zitierung vor, die keinen Zweifel lässt.[68]

---

64  Es lohnt sich an dieser Stelle ein Vergleich mit Cyprians Umgang mit Eph 6. In ep. 58,9,1–2 (CChr.SL 3C, 132 f. Diercks) erläutert er die Bildsprache und den Sinn einer jeden Waffe durch weitere biblische Bezüge, aber auch in Bezug auf den Helm durch alltägliche, leicht verständliche Bilder.

65  Vgl. Strawbridge, Pauline Effect (s. Anm. 18), 69.60.

66  Strawbridge, Pauline Effect (s. Anm. 18), 57–96, für Eph 6,10–17. Die weiteren Passagen sind 1Kor 2,6–16, 1Kor 15,50–58 und Kol 1,15–20 und lassen sich recht zuverlässig den sich damals entwickelnden Lehrmeinungen und Debatten zuordnen, vgl. a.a.O., 2.

67  Vgl. Strawbridge, Pauline Effect (s. Anm. 18), 58.60. Darunter befinden sich insbes. Ignatius, Clemens von Alexandrien, Tertullian und Origenes.

68  Nach Strawbridge *reference*, nach van den Hoek *quotation* und *certain dependence*.

## 2.4 Der Brief des Celerinus – ep. 21

Eine kleine, beinahe private Korrespondenz findet sich in den Briefen
ep. 21 und 22. Es schreiben sich der römische Bekenner Celerinus und
der karthagische Bekenner Lucianus. Berichtet wird aus Rom von
zwei Glaubensschwestern, von denen die eine wohl tatsächlich geopfert habe, die andere das Opfern durch Bestechung umgangen habe.
Für Celerinus sind sie beide somit von Christus abgefallen. Er bezeichnet das als Tod und bittet Lucianus *mecum doleas in morte sororis
meae.*[69] In Rom ist das Bußverfahren aufgrund des Entschlusses, bis
zur Wahl des neuen Bischofs nichts zu beschließen, für diese beiden
Frauen aufgeschoben. Darum hofft nun Celerinus, dass der nächste in
Karthago das Martyrium erleidende Bekenner den beiden die Sünden
erlässt.[70] Der Brief verwendet nur zwei Bibelstellen: aus den Weheru-
fen Mt 11,21 übernimmt er in ep. 21,2,1 den Ausdruck *in cilicio et cine-
re*[71] wortwörtlich und unterstreicht damit sein eigenes fürchterliches
Leid ob dieser Situation. Dass Licianus nun seinem eigenen Wunsch
gemäß im Kerker ist, wird mit Ps 19,5 *det tibi dominus secundum cor
tuum*[72] zur göttlichen Fügung stilisiert. Paulus wird nicht zitiert. Das
Antwortschreiben Licianus kommt sogar ganz ohne biblischen Verweis aus.

## 2.5 Die Briefe des Cornelius – ep. 49 und 50

Mit Cornelius gab die römische Kirche einem Mann der Praxis, der Verwaltung und der Diakonie den Vorzug vor ihrem ersten großen lateinischen
Theologen und Lehrer [sc. Novatian, EVB]; nach der persönlichen Seite war
es ein Sieg untadeliger Mittelmäßigkeit gegen die rasch emporgestiegene Be-
gabung. Es zeigte sich, daß die persönlichen Fähigkeiten und Qualitäten des
einzelnen wenig zählten gegenüber der entscheidenden Frage, wie er sich
dem Entwicklungsgesetz seiner Kirche einfügte,[73]

konstatiert Gülzow regelrecht ernüchtert. Die Wahl Cornelius' zum
Bischof von Rom wühlt die schwelenden Probleme zumindest so auf,
dass Novatian sich ebenfalls zum Bischof ernennen lässt und sich zusammen mit den Bekennern von der Gemeinde um Cornelius abspal-
tet. Der Korrespondenz zwischen Karthago und Rom ist abzulesen,

69 Cyp.ep. 21,2,1 (CChr.SL 3B, 112 Diercks).
70 Cyp.ep. 21,3,2 (CChr.SL 3B, 113 f. Diercks).
71 Cyp.ep. 21,2,1 (CChr.SL 3B, 112 Diercks).
72 Cyp.ep. 21,3,1 (CChr.SL 3B, 113 Diercks).
73 Gülzow, Cyprian und Novatian (s. Anm. 3), 154.

welches Chaos die doppelte Bischofswahl verursacht hat; Cyprian erreichten wohl zwei Briefe aus Rom, die jeweils die Wahl des einen
oder anderen berichteten, so dass er Cornelius erst als Bischof aner-
kannte, nachdem eigene Gesandte aus Rom zurückgekehrt waren.[74]
Von Cornelius fehlen heute mindestens drei Briefe, deren Existenz
und Anfragen bzw. Themen sich rekonstruieren lassen. Erst aus der
zweiten Hälfte des Jahres 251 existieren zwei Briefe ep. 49 und 50, in
denen Cornelius einerseits von der Rückkehr einiger Bekenner berichtet, andererseits vor den Unterstützern Novatians warnt, die auf
dem Weg nach Karthago sind. Dem berichtenden Charakter – und
bei ep. 50 auch der Kürze – ist es wohl geschuldet, dass nur ep. 49 zwei
Verweise auf Gen 3,1 und Mt 5,8 enthält. Ein Pauluszitat findet sich
nicht.

Die sehr kurze an Cyprian gerichtete Nachricht der Bekenner über
ihre Rückkehr ep. 53 entbehrt sogar jedes Schriftzitats.

*2.6 Das oder die verlorene(n) Schreiben Stephans von Rom*
Es wäre zu schön, wenn aus dem Ketzertaufstreit wenigstens *ein* Brief
Stephans von Rom überliefert wäre, um die römische Position zur
Taufe und die entstehende vehemente Gegnerschaft zu Cyprian noch
klarer herausarbeiten zu können und sich nicht auf Eusebs kurze Hinweise in h.e. 7,2.3 und natürlich Cyprian selbst verlassen zu müssen.
Es lässt sich rekonstruieren, dass Stephan zumindest einen Brief nach
Karthago schrieb – vermutlich als Antwort auf das Konzilsschreiben
ep. 72[75] – sowie möglicherweise, aber in der Forschung sehr umstritten, einen an Iubaianus, der sich daraufhin an Cyprian wandte und
diesen zu ep. 73 veranlasste.[76] Es ist bis heute nicht abschließend geklärt, ab wann Cyprian von Stephans divergierender Haltung zur
Taufe wusste. Auch bleibt im Dunkeln, ob Stephan von Rom der einzige Wortführer derer war, die die Taufe der Novatianer und anderer
Gruppen anzuerkennen gedachten. Wie dem auch sei: in den heute

---

74 Vgl. Cyp.ep. 44, 45 und letztlich sogar noch 48.
75 Cyprian hatte zuvor bereits mit ep. 68 einen Brief nach Rom geschrieben, in
   dem er Stephan an seine Amtspflichten im Zusammenhang mit einer Angelegenheit in Arles erinnerte, und ihm im Frühling 256 in ep. 72 die Konzilsbe-
   schlüsse der Frühjahrssynode sowie im Anhang ep. 70 und 71 zukommen
   lassen.
76 Vgl. Cyp.ep. 73,4,1 (CChr.SL 3C, 533 Diercks).

vorliegenden Quellen findet sich keine einzige Spur anderer, klar zu
verortender Gegner.

Auf Stephans gesicherte Antwort[77] auf das Synodalschreiben ep. 72
gehen zwei Briefe umfassend ein und setzen sich mit seiner Position
auseinander: ep. 74 ist der Brief Cyprians an Pompeius, der sich eine
Abschrift von Stephans Brief gewünscht hatte;[78] ep. 75 ist der Brief
Firmilians an Cyprian, der wohl das Schreiben Stephans an Cyprian
wie auch ep. 74 mit Cyprians Reaktion darauf vorliegen hatte.[79] Hier
lässt sich dezidiert Stephans Position rekonstruieren, wenngleich das
im Hinblick auf die konkrete Verwendung von Bibelversen schwierig
wird. Ein Hinweis darauf findet sich aber immerhin im letzten Kapitel
Firmilians: Stephan scheint sich wohlmöglich paulinischen Vokabulars bedient zu haben, als er Cyprian einen *pseudochristum et pseudoapo-
stolum et dolosum operarium*[80] schimpft. Das Vokabular aus 2Kor 11,13
entnehmend, vergleicht Stephan Cyprian also mit Missionaren, die
einen anderen Jesus predigten, sich verstellten und gewissermaßen
mit Satan gemeinsame Sache machten; mit Menschen also, die in ab-
soluter Gegnerschaft zum Apostel Paulus standen. Damit bekommt
Cyprian Titel zugewiesen,[81] die dem bibelfesten Leser einen weiteren
Verständnishorizont eröffnen. Rekonstruiert werden kann aber vor
allem, dass die Apostel als Vorbild[82] dienten und Paulus, Petrus oder
›die Apostel‹ *in persona* und mit ihrem Handeln als Argument genutzt
wurden. Aus ep. 74,2,4 erfährt man, dass Stephan behauptete, die
Apostel hätten die Ketzertaufe gebilligt: *Vt nemo infamare apostolos
debeat, quasi illi haereticorum baptismata probauerint aut eis sine ecclesiae*

---

77  Cyp.ep. 74,1,1 (CChr.SL 3C, 564 Diercks).
78  Cyp.ep. 74,1,1 (CChr.SL 3C, 564 Diercks). Clarke, Letters I (s. Anm. 8), 9,
    nimmt an, dass die Ausbreitung des Briefs grundsätzlich unterdrückt wurde
    und Cyprian ihn eben – bis auf die Ausnahme gegenüber Pompeius – nicht
    weiterschickte. Geht man davon aus, dass historisch die sich am Ende durch-
    setzende Position meist besser literarisch überlebt, ist dieser Umstand umso
    erstaunlicher.
79  Dass Stephan auch einen Brief an Firmilian schrieb, ist sehr umstritten; wahr-
    scheinlicher ist, dass Firmilian von Cyprian die bisherigen Briefe – und
    darunter auch den/die von Stephan – erhalten hatte, so dass sich auch bei ihm
    Hinweise auf Stephans Position finden.
80  Cyp.ep. 75,25,4 (CChr.SL 3C, 603 Diercks).
81  Nach Murphy, Bishop (s. Anm. 13), wäre das die Lesestrategie des *title*, wenn
    ein Prädikat, eine Zuschreibung oder eben ein Titel aus der Bibel verwendet
    wird.
82  Vgl. *model* bei Murphy, Bishop (s. Anm. 13).

*baptismo communicauerit.*[83] Firmilian bestätigt dies in ep. 75,5,1; in ep. 75,6,2 werden Petrus und Paulus außerdem namentlich genannt, weil Stephan wohl die beiden Apostel als Argument für seinen Bruch mit Karthago dienten. Doch schon in ep. 73,13,2 – in einem Brief, der vielleicht noch gar nicht auf Stephan reagiert – wehrt sich Cyprian gegen die Annahme, die Gegenseite stünde mit ihrem Vorgehen in Sachen Taufe in der Tradition der Apostel. Aus ep. 75,17,1 geht zudem hervor, dass sich Stephan sehr bewusst auf Petrus bezog; ein Reflex darauf mag sich in ep. 74,11,2 finden, als Cyprian Petrus als Vorbild der Einheit anführt, aber auch schon in ep. 73,7,1–2 betont Cyprian mit Petrus die Einheit und das Bischofsamt samt seiner Vollmacht zu taufen und Sünden zu vergeben.

Ob – und wenn ja: welche – Bibelstellen Stephan hierfür genutzt haben könnte, wird aus den einzelnen Zusammenhängen nicht deutlich. Aber ein Versuch kann gewagt werden: Mitte 256 wendet sich Cyprian in einem Brief, den er auf einer späteren Synode hinsichtlich seiner Tauftheologie als *plenissime*[84] bezeichnen wird und in dem auch das berühmte *salus extra ecclesiam non est*[85] vorkommt, an seinen Kollegen Iubaianus. Dieser war zuvor angeschrieben und zugunsten der Anerkennung der Ketzertaufe beeinflusst worden und hatte deshalb Cyprian in einem nicht erhaltenen Schreiben um dessen Standpunkt gebeten.[86] Mit wem Iubaianus vorher in Kontakt stand, geht aus Cyprians Brief nicht hervor, doch ist es nicht auszuschließen, dass es Stephan war, zumal von einigen Briefen seinerseits berichtet wird, oder – vorsichtiger formuliert – dass es zumindest Bischöfe waren, die unter seinem Einfluss standen.[87] Plausibel wird das auch dadurch, dass

---

83  Cyp.ep. 74,2,4 (CChr.SL 3C, 566 Diercks).
84  Cyp.sent. 87 (CChr.SL 3E, 107 Diercks).
85  Cyp.ep. 73,21,2 (CChr.SL 3C, 555 Diercks).
86  Vgl. Cyp.ep. 73,1,1 (CChr.SL 3C, 529 Diercks).
87  Für die anzunehmenden Briefe Stephans vgl. die Korrespondenz Dionysius' von Alexandrien, Eus.h.e. 7,4; 7,5,3–5 (GCS 9,2, 638–640 Schwartz). Natürlich muss dem Umstand Rechnung getragen werden, dass erst in Cyprians Brief an Pompeius ep. 74 und bei Firmilian ep.75 der Name des römischen Bischofs Stephan bewusst genannt wird. Da außerdem der Ton in ep. 73 noch weit weniger verärgert ist, wird vielfach davon ausgegangen, dass Stephan nur einen Brief verschickte und dieser nach dem Absenden von ep. 73 in Karthago eintraf. Firmilian bezieht sich allerdings selbst bei Inhalten, die aus ep. 73 stammen, auf eine Gruppe, die er in ep. 75,8,1 (CChr.SL 3C, 589 Diercks) mit *Stephanus et qui illi consentiunt* beschreibt, wobei er eine weitere Differenzierung für unnötig hält – möglicherweise, weil ihm schlicht für alle zuvor ange-

Rom bereits zuvor die Tradition pflegte, sich in Kontroversen einzumischen, wie 1Clem und der Brief Novatians zeigen. Lässt sich der Verfasser des nicht überlieferten Briefes auch nicht genau bestimmen, so kann man dennoch seine Position rekonstruieren. Hier von dezidiert römischer Theologie zu sprechen, mag natürlich gewagt erscheinen, ist aber nicht unmöglich; zumindest findet sich kein Niederschlag darin, wo die hier erwähnten Gegner noch zu suchen sein sollten. Auch aus der Quellenlage bei Euseb lässt sich keine weitere Gegenpartei ermitteln.

In seinem Brief an Iubaianus wehrt sich Cyprian gegen das Argument, man folge doch nur dem, was man von den Aposteln übernommen habe. In diesem Zusammenhang scheinen nun nicht weiter bestimmte *quidam*, also die Gegner der Praxis der Wiedertaufe, Phil 1,18 ins Feld geführt zu haben: *uerum tamen omnimodo, siue per occasionem siue per ueritatem Christus adnuntiatur.*[88] Durch die Einleitung

brachten gegnerischen Positionen die römische Herkunft klar ist. Die Autorenschaft bzw. die Identifizierung des nicht überlieferten Briefs wurde bereits mehrfach diskutiert: E. W. Benson, Cyprian. His Life, his Times, his Work, London 1897, 398, sieht im anonymen Werk *De rebaptismate* das Iubaianus beeinflussende Schreiben. O. Ritschl, De epistulis Cyprianici, Halle 1885, 37, hält ebenso wie H. von Soden, Der Streit von Rom und Karthago über die Ketzertaufe, QFIAB 12 (1909), 1–42 (15), Stephan für den Verfasser. A. von Harnack, Geschichte der altchristlichen Literatur bis Eusebius. I/2: Die Überlieferung und der Bestand, Leipzig 1958, 657, meint, der Brief sei »schwerlich von Stephan«, hält ihn aber in ders., Verlorene Briefe (s. Anm. 8), 10, für römisch. G. W. Clarke, The Letters of St. Cyprian. Bd. 4: Letters 67–82, ACW 47, New York/Mahwah 1989, 223, hält diese Annahmen für ungerechtfertigt und enthält sich einer Position; da das in ep. 73 behandelte Schreiben davon ausgeht, dass die Novatianer jeden Konvertiten tauften, der in ep. 74 behandelte Brief Stephans aber das Gegenteil behauptet, können die Verfasser beider Briefe seiner Meinung nach trotz vieler Gemeinsamkeiten nicht dieselben sein. Diese vielen Gemeinsamkeiten aber (75,9,1 [CChr.SL 3C, 499 f. Diercks] – »wer tauft, ist egal« – rekurriert auf 73,4,1 [CChr.SL 3C, 533 Diercks]; 75,7,1 [CChr.SL 3C, 571 f. Diercks] und 74,5,1 [CChr.SL 3C, 569 Diercks] sind der Sache nach ähnlich, die sich auch schon in 69,7,1 [CChr. SL 3C, 480 Diercks] und 73,16,1 [CChr.SL 3C, 547 Diercks] findet [dieselbe Glaubensformel und Tauffragen bzw. die Taufe auf den Namen Jesu]) und die beiden Tatsachen, dass die von der Gegenseite vertretene auffällige Position, auch Marcions Taufe könne gelten, sich in ep. 74,7,3 (CChr.SL 3C, 572 Diercks) unter namentlichem Hinweis auf Stephan aber auch schon in ep. 73,4,1 (CChr.SL 3C, 533 Diercks) findet sowie ungenaue Angaben zu den apostelgestützten Argumenten aus Rom sich mit ep. 73 erklären lassen, ermuntern mich hier, für den Moment von einer römischen Verfasserschaft auszugehen.

88  Cyp.ep. 73,14,1 (CChr.SL 3C, 544 Diercks).

*Quod enim quidam dicunt, quasi ad haereticorum suffragium pertineat quod dixerit apostolus Paulus*[89] ist bereits angezeigt, dass Cyprian dieser Interpretation der Paulusstelle widerspricht und sich nun gezwungen sieht, diese zu korrigieren und die Bibelstelle in den richtigen Kontext zu stellen. Cyprian arbeitet heraus, dass es im Philipperbrief nicht um Ketzer und ihre Taufe ging, die der Apostel hier um der Verkündigung des Evangeliums willen akzeptiert, sondern dass er *de fratribus siue inordinate et contra ecclesiasticam disciplinam ambulantibus siue euangelicam ueritatem de dei timore seruantibus* sprach.[90] Zudem möchte er unterschieden wissen zwischen denen, die *intus in ecclesia* in Christi Namen sprechen, und denen, die *foris [...] et contra ecclesiam* in Christi Namen handeln, nämlich taufen. Wer behaupten möchte, Paulus mache *haeretico aliquid concedendum*[91], den fordert Cyprian zuletzt zu einem echten Beweis auf – wohlwissend, dass dieser Beweis nicht erbracht werden könnte.[92]

Hier geschieht, was Murphy mit *contextual exegesis* als die Lesestrategie bezeichnet hat, die Cyprian v. a. gegen Gegner einsetzt und im Fall eines Paulusverses einmalig hier in ep. 73,14. Cyprian stellt den Bibelvers in seinen eigentlichen Kontext und zeigt damit auf, dass er nicht einfach in jedwede Situation übertragbar ist. Gleichzeitig bedient Cyprian sich einer vor Gericht erlernten Technik, die die mangelnde Eindeutigkeit eines Dokuments ausnutzt.[93] Indem Cyprian hier als Exeget hervortritt und Phil 1,18 sehr genau prüft und in den historischen, paulinischen Kontext stellt, lassen sich zwei Annahmen treffen: die Gegenseite verwandte diesen paulinischen Vers vermutlich recht prominent, um ihre Position apostolisch abzusichern. Und

---

89 Cyp.ep. 73,14,1 (CChr.SL 3C, 544 Diercks).

90 Ebenso kommt J. Gnilka, Der Philipperbrief, HThK 10/3, Freiburg 1968, 64, zu dem Schluss, dass es sich definitiv nicht um Häretiker gehandelt haben wird.

91 Cyp.ep. 73,14,3 (CChr.SL 3C, 546 Diercks).

92 Firmilian geht in seinem Brief ep. 75,20 (CChr.SL 3C, 599 Diercks) ebenfalls darauf ein, dass nicht genau erwähnte Leute (die wieder durch ep. 75,8,1 [CChr.SL 3C, 589 Diercks] als *Stephanus et qui illi consentiunt* bestimmt werden können) diesen Vers Phil 1,18 vorbrachten, und wird unterstreichen, dass es letztlich reichen sollte, den Brief des Paulus einfach zu lesen. Paulus hier als »Gegner aller Häresie« darzustellen basiert auf guter Tradition: vgl. A. Lindemann, Paulus im ältesten Christentum. Das Bild des Apostels und die Rezeption der paulinischen Theologie in der frühchristlichen Literatur bis Marcion, BHTh 58, Tübingen 1979, 112.

93 Vgl. Murphy, Bishop (s. Anm. 13), 174.

für Cyprian ist das nicht einfach nur ein aus seiner Sicht falsches Argument unter vielen, sondern das Zitat kann ihm regelrecht gefährlich werden, weil die Gegner mit Paulus *die* Autorität heranzogen.[94]

Welche Bibelstellen mag Stephan also angeführt haben, als er die Apostel, namentlich Petrus und Paulus, zum Beweis anführte? Ist es nicht möglich, dass für die bei Stephan rekonstruierte apostolische Billigung der Ketzer die in ep. 73,14,1–3 ernstlich besprochene Stelle Phil 1,18 im Hintergrund stand und als Maxime[95] für jeden Umgang mit Ketzern Anwendung fand? Das würfe freilich ein neues Licht auf die Frage der Verfasserschaft des nicht überlieferten Briefs an Iubaianus. Und für Petrus ist zumindest ebenfalls in diesem Brief ep. 73,9,1–2 belegt, dass Apg 8,14–17 den römischen Usus der Handauflegung apostolisch absicherte und damit in der Argumentation für die Anerkennung der Ketzertaufe Verwendung fand. Auch diese Bibelstelle weiß Cyprian übrigens zu seinen Gunsten auszulegen, indem er betont, dass der Diakon Philippus ja von den Aposteln ausgesandt worden war und im Einvernehmen der Kirche und mit dem rechten Glauben getauft hatte, die Täuflinge somit auch im rechten Glauben die Taufe empfangen hatten.[96] Auch hier handelt es sich bei Cyprian also wieder um kontextuelle Exegese. Sollte Stephan sich auf Petrus bezogen haben und seine Position doch schon früher als mit seiner Antwort auf ep. 72 in Nordafrika deutlich geworden sein, dann würde sich auch erklären, wieso Cyprian in ep. 71,3,1 mit Hilfe von Gal 2,2–10 und Apg 15,7–11 Paulus gegen Petrus ausspielt und verdeutlicht, dass nicht irgendeine Tradition zähle, sondern die Vernunft. Ebenso verstünde sich auch ep. 72,1,2 noch einmal besser, wo Cyprian Petrus und Apg 10,44–48 als Garanten dafür einsetzt, dass die in Rom ja praktizierte Handauflegung nicht ausreiche, weshalb Petrus nachgetauft habe.

---

94 Vgl. Strawbridge, Pauline effect (s. Anm. 18), 18; auch Fahey, Cyprian (s. Anm. 13), 496, der diese Stelle zu den Paradebeispielen der Auslegung bei Cyprian zählt und dessen schmerzhaftes Bemühen angesichts der Dringlichkeit hervorhebt.

95 Vgl. Murphy, Bishop (s. Anm. 13); während die Stelle bei Cyprian dann logischerweise dieses Gebrauchs enthoben und kontextualisiert wird.

96 Geschickterweise nutzt er Apg 8,14–17 dann dazu, die Praxis in Karthago zu erläutern und zu stützen, wonach die eben Getauften anschließend zum *praepositus* (bei Cyprian immer der Bischof) gebracht werden, der dann zur Geistverleihung die Hand auflegt (Cyp.ep. 73,9,2 [CChr.SL 3C, 539 Diercks]).

Wie entscheidend die Inanspruchnahme der Apostel in der Diskussion war, zeigt zuletzt noch eine weitere, bei Cyprian und Firmilian sehr oft zitierte Bibelstelle: Tit 3,10.11 wird beinahe zum ewigen Gegenargument, dass Ketzer auf apostolischen Rat hin auf jeden Fall zu meiden seien, weil sie Sünder sind und über sich selbst das Urteil längst gesprochen hätten.[97]

## 3. Konklusion

Ob Bischof, Presbyter oder Bekenner – als christlicher Briefeschreiber des 3. Jahrhunderts ist es nicht unbedingt notwendig, die Bibel zu zitieren. Vielmehr werden Bibelverse selektiv und mit Bedacht ausgewählt und dort passend eingefügt, wo sie die eigenen Argumentationslinien tatsächlich stützen. Verse aus Paulusbriefen werden von römischer Seite somit nur in ep. 8, 30 und 31 verwendet; ep. 21 und 49 führen alt- und andere neutestamentliche Stellen auf, ep. 36, 50 und 53 kommen sogar ohne jeglichen Verweis auf die Bibel aus. Wo ein Brief lediglich kurze Nachricht gibt und die Sachlage keiner weiteren Erläuterung bedarf, wird also auf Schriftverweise verzichtet. Wo die eigene Position aber geschwächt ist oder der Korrespondenzpartner überzeugt werden muss, dienen die Schriftzitate und -anklänge dazu, den eigenen Worten zusätzliches Gewicht zu verleihen. Dabei sind die Briefe der römisch-karthagischen Korrespondenz aufgrund ihrer Situation und ihrer Verfasser sehr unterschiedlich und zeichnen folglich kein einheitliches Bild einer Paulusrezeption in Rom Mitte des 3. Jahrhunderts.

Wenig paulinisch geprägt ist tatsächlich ep. 8, ein Brief, in dem sich der römische Klerus angesichts des Martyriums des eigenen Bischofs einerseits und des totalen Fehlverhaltens Cyprians andererseits auf der wahren Seite des Christseins wähnt. Hier braucht es keine apostolische Autorität, zumal die mit *ipse dominus [...] docet dicens*[98] eingeleiteten Schriftzitate aus Joh 10 und 21 die höchste Instanz für sich in Anspruch nehmen können und zudem thematisch nicht besser hätten gewählt werden können, um Cyprian klar und doch verdeckt ihre Meinung zu sagen.

97 Cyp.ep. 69,4,2 (CChr.SL 3C, 475 Diercks); 73,10,3 (CChr.SL 3C, 541 Diercks); 74,2,3 (CChr.SL 3C, 566 Diercks); 75,5,3 CChr.SL 3C, 586 Diercks); 75,6,2 (CChr.SL 3C, 587 Diercks).
98 Cyp.ep. 8,1,2 (CChr.SL 3B, 40 Diercks).

In den Briefen des fortschreitenden Jahres ändert sich die Situation. Die Probleme um die *lapsi* drohen die Gemeinden in Karthago und Rom zu spalten. Die herangezogenen Bibelzitate haben nun einen die eigene Position verteidigenden Charakter und verdeutlichen, dass es in der Buße keine billige Gnade gibt.[99] Sie dienen außerdem als Durchhalteparolen in der Zeit der Verfolgung, wie ep. 31,4,2 und 31,5,2 eindringlich veranschaulichen. Eine solche Ermutigung aus dem Munde des großen Apostels hinterlässt Eindruck. Ein Vergleich beider Briefe zeigt, dass Novatian in ep. 30 deutlich mehr mit den Schriftzitaten spielt und von einem klugen Leser ausgeht. Die Bekenner in ep. 31 schöpfen dagegen aus den klassischen Stellen zum Leiden um der Nachfolge willen und zitieren direkt und hintereinanderweg.

Die Briefe des Cornelius wiederum haben rein informativen Charakter und geben Nachricht von positiven Ereignissen. Sie bedürfen keiner biblischen Fundierung. Die Briefe, in denen Cornelius das Verhalten Cyprians nach seiner Wahl bemängelt und seinen Rang als gültig gewählten Bischof Roms festigen muss, sind bezeichnenderweise nicht enthalten, werden aber wohl eine andere Atmosphäre ausgestrahlt haben. Genauso einzuschätzen wie die erhaltene Korrespondenz des Cornelius ist auch das kurze Schreiben der wieder in die römische Gemeinde eingetretenen Bekenner. Es bedarf hier keiner ausführlichen Rechtfertigung; es reicht die frohe, alle beglückende Nachricht.

Dass Stephan von Rom unter Zuhilfenahme der Apostel argumentierte, ist aus den beiden Briefen ep. 74 und 75 mehrfach nachweisbar. In einer kirchenpolitisch äußerst brenzligen Phase werden die Apostel und damit neben Petrus auch Paulus zu wichtigen Stützen in der Begründung seiner theologischen Position. Wie Stephan Bibelstellen verwendete und auslegte, kann dagegen aufgrund der verlorenen Quellen nicht geklärt werden. Immerhin ist es möglich, mit Phil 1,18 einen Anhaltspunkt zu haben, auch wenn der exegetische Umgang der Gegenseite mit dieser Stelle im Dunkeln bleibt und hier nur Cyprians exegetische Antwort analysiert werden konnte. Im Spiegel der Reaktionen Cyprians lässt sich sehen, wie heikel es war, wenn die Gegenseite meinte, die Apostel vereinnahmen zu können. Besonders im Ketzertaufstreit wird ein Aspekt besonders entscheidend: wer Paulus auf seiner Seite hat, entzieht sich dem Vorwurf, sein Handeln sei *novus*.

---

99 Cyp.ep. 30,6–7 (CChr.SL 3B, 146–149 Diercks).

Die verwendeten Paulusbriefe ziehen einen weiten Rahmen: Röm, 1Kor, Eph, Phil, 1Tim, 2Tim finden Verwendung. Betrachtet man die römischerseits verwendeten Bibelstellen insgesamt, so fällt auf, dass mit zwei alttestamentlichen Bibelstellen in ep. 8 und ep. 49 sehr wenig aus diesem Teil der Bibel verwendet wird. Aus dem Neuen Testament überwiegen die acht Zitate aus dem MtEv, die insbesondere von Nachfolge und Verfolgung handeln und besonders oft direkt zitiert werden. Mit sieben Paulusstellen – ohne die rekonstruierte Korrespondenz Stephans – liegt das Gewicht der quantitativen Analyse bei den 17 Verweisen auf Evangelien, katholischen Briefen und Apokalypse. Läuft Paulus damit unter fernerliefen? Das sei ferne! Es zeigt sich vielmehr, dass die Paulusstellen eine besondere Position einnehmen, da sie in zwei Fällen sogar eingeleitet werden mit Rang und Namen und damit eindeutig als Zitat gekennzeichnet sind. Es handelt sich hier in beiden Fällen um den an die eigene Gemeinde adressierten Römerbrief, der die römische Gemeinde und ihren Glauben hervorhebt und sie gewissermaßen adelt. Die bloße Nennung *apostolus* in beiden Briefen ep. 30,2,2 und 31,4,2 betont Paulus' Bedeutung: er ist nicht einer unter vielen Aposteln, sondern eine unangefochtene Instanz, bei der der Name gar nicht erwähnt werden muss. Zugleich zeigt die Nennung der Herkunft des Zitats – nicht nur bei Paulus, sondern auch wenn Christus der Sprecher ist –, dass die folgende Aussage höchste Wichtigkeit hat.

Dass die Römer in ihrer Verwendung biblischer Stellen nicht aus dem damaligen Rahmen fallen, sich somit im Mainstream befinden, zeigt die Zitierung von Eph 6 – einer Stelle, die innerhalb der Themenkreise Taufe und Verfolgung eine weite Rezeption erfuhr. Die Botschaften der Paulusbriefe aktualisieren sich durch ihre Verwendung: sie gelten nicht mehr nur den damals angeschriebenen Gemeinden, sondern auch den Christen des dritten Jahrhunderts. Überdeutlich wird das, wenn sich die Römer in ep. 30,2,2 noch in der aktuellen Situation von Paulus angesprochen fühlen, weil sein Lob des Glaubens das Damals mit dem Heute verbindet und jede gegenwärtige, alte Glaubenspraxis absegnet. Der besonderen Stellung der römischen Gemeinde als einer, die von Paulus angeschrieben worden war, ist sich der Klerus um Novatian hier sehr bewusst und nimmt sich deutlich als Adressat wahr.

Eine theologische Auseinandersetzung mit Paulus findet hingegen nicht statt, womit durchaus die bisherige Paulusrezeption des vorherigen Jahrhunderts bis auf wenige Ausnahmen fortgeführt wird.[100] Paulus dient als Garant für den richtigen Glauben und die kirchliche Tradition. Sein Name wirkt. Sein Amt wirkt. Die genutzten Paulus-stellen stammen daher nahezu alle aus paränetischen und exhorta-tiven Abschnitten, die gut zur aktuellen Verfolgungssituation passen und somit direkt an die Gemeinde weitergegeben werden können, ohne einer Auslegung zu bedürfen. Erst mit dem Ketzertaufstreit scheint sich das zu ändern; die Debatte ist nun nicht nur kirchenpoli-tisch, sondern auch sakramentstheologisch aufzuarbeiten. Dabei ist für Cyprian ep. 74,10,3 die evangelische und apostolische Überliefe-rung die *norma normans*. Man wird vermuten dürfen, dass seine Ge-genseite das ähnlich sah, damit aber durchaus zu anderen Ergebnissen kam. Ohnehin fällt auf, dass sich Art und Weise der Verwendung von Paulusstellen bei Cyprian und den Römern ähneln, selbst wenn es hier eine Hypothese bleiben muss, dass Cyprian Paulus etwas häu-figer und intensiver anbringt.

Paulus spielt in den hier betrachteten Briefen des dritten Jahrhun-derts nicht die dominante Rolle, die man vermutet hätte, aber er ist in diesen Briefen neben den Jesusworten aus den Evangelien *die* Instanz, deren Worte man sich bedient, um die Positionen zu stärken und zu erklären sowie die Gemeinde in schwierigen Zeiten zu erbauen.

---

100 Paulus ist im 1. Jahrhundert der »Garant der sich entwickelnden Ordnung« und zudem ein »formales Vorbild« für Briefe wie den 1Clem; siehe A. Lin-demann, Die Rezeption des Paulus im 2. Jahrhundert, in: O. Wischmeyer (Hg.), Paulus. Leben – Umwelt – Werk – Briefe, Tübingen ²2012, 381–397 (386f.). Ders., Paulus (s. Anm. 92), 112, hält daher fest: »Paulus ist nicht pri-mär als Theologe gezeichnet. Nur selten verbindet sich mit ihm ein Aspekt genuin paulinischer Theologie.«

# Eucharistie und Memoria
## Zur Raumgestalt und liturgischen Verwendung der spätantiken Paulusbasilika in Rom

*Martin Wallraff*

Die Raumform der Basilika hat den Vorzug, in der konkreten Form der Raumnutzung sehr flexibel zu sein – sowohl im Blick auf die technischen Möglichkeiten als auch im Blick auf antike Seh- und Gebrauchsgewohnheiten. Dies gilt jedenfalls vor der Adaptation im christlichen Bereich, dann aber auch für die erste Generation christlicher Kirchen in diesem Bautyp. Man könnte von einer antiken Mehrzweckhalle sprechen: Es handelt sich gewissermaßen um einen Container, der mit unterschiedlichen Raum- und Rituskonzepten gefüllt werden konnte[1]. Die christliche Gemeinde musste sich ihn erst nach und nach aneignen, und es ist von vorne herein plausibel, dass dieser Vorgang mit diversen Suchbewegungen verbunden war, sicher auch Ab- und Umwegen. Der erstaunlichen Stabilität der Raumform, die unter Konstantin plötzlich »einfach da ist« und sich über Jahrhunderte bewähren sollte, entspricht keine vergleichbare Stabilität in den Einzelheiten der liturgischen Nutzung. Wer also fragt, wie diese Räume ursprünglich genutzt waren (oder gar: »eigentlich« genutzt gehören), muss vorsichtig zu Werke gehen und bereit sein, sich häufig mit einem *non liquet* zu bescheiden. Und er muss sich vor allem vor allzu schnellen Retroprojektionen aus späteren Gebräuchen hüten[2].

---

1 Zur Basilika als antiken Bautyp und zur Adaptation im Christentum vgl. S. de Blaauw, Kultgebäude (Kirchenbau), RAC 22, Stuttgart 2007, Sp. 227–393, hier 239–247 mit Verweis auf die umfangreiche Forschungsdiskussion.

2 Vgl. die nützlichen (und/weil) vorsichtigen Darlegungen von de Blaauw (s. Anm. 1), Sp. 373–389. Die Unterscheidung der Raumtypen »konzentrierte Disposition«, »gespreizte Disposition« und »bifokale Disposition« ist grundsätzlich angemessen und angesichts der verwirrenden Vielfalt belegter Raumkonzepte ein sehr hilfreicher Versuch, Ordnung in die Vielfalt zu bringen. Freilich stellt de Blaauw den Bezug von Apsis und Altar allzu direkt her (»Eine

Beispielsweise ist deutlich, dass der Apsisbereich keineswegs – nach modernen Sehgewohnheiten – selbstverständlich als »Altarraum« anzusprechen ist. Ob und wo es einen Altar in den konstantinischen Basiliken gab, ist unklar; es lassen sich darüber meist gar keine und, wenn überhaupt, höchstens im Einzelfall aufgrund von speziellen Indizien halbwegs präzise Aussagen machen[3]. Immerhin lässt sich doch so viel sagen, dass der Fokus des Raumes nicht so eindeutig im Bereich der Apsis lag, wie es modernem, an zahlreichen späteren Kirchbauten geschultem Raumempfinden entsprechen mag. Die »gefühlte Mitte« ist – wenn überhaupt dezentral – eher von der geometrischen Mitte aus Richtung Fassade als Richtung Apsis zu suchen. Besser als von einer exzentrischen Mitte sollte man aber von Ausrichtung sprechen: Die Basilika hat als Längsbau automatisch eine Richtung, und die *sacred direction* in der ersten Generation christlicher Basiliken ist in der Regel die zur Fassade und zum Eingang[4]. Das wird an der gewählten Himmelsrichtung deutlich: die erste Generation

Aufstellung des Altars an der Vorderkante der Apsis ist … aus praktischen Gründen selbstverständlich.« Sp. 375). Die hier zu besprechenden römischen Memorialbasiliken gehören dem bifokalen Typ an (Sp. 384f., Zuordnung m. E. etwas zu zögerlich).

3 Vgl. allgemein N. Duval, L'autel paléochrétien, in: M. Jurković (Hg.), The Altar from the 4th to the 15th century, Hortus Artium Medievalium 11, Zagreb 2005, 7–18, speziell zur Situation in Rom: S. de Blaauw, L'altare nelle chiese di Roma come centro di culto e della committenza papale, in: Roma nell'alto medioevo, 2 Bde., Settimane di studio del centro italiano di studi sull'alto medioevo 48, Spoleto 2001, Bd. 2, 969–990, zum Typus »Grabaltar« U. Peschlow, Altar und Reliquie. Form und Nutzung des frühbyzantinischen Reliquienaltars in Konstantinopel, in: M. Altripp/C. Nauerth (Hg.), Architektur und Liturgie. Akten des Kolloquiums vom 25. bis 27. Juli 2003 in Greifswald, Wiesbaden 2006, 175–202. Auch das umfangreiche Buch von S. Heid, Altar und Kirche. Prinzipien christlicher Liturgie, Regensburg 2019 ist hier zu nennen. Obwohl es vielerlei nützliche Hinweise enthält, ist es insgesamt nur mit Vorsicht zu benutzen, denn es leidet vielfach an einem zu stark deduktiven Ansatz (wie der Untertitel bereits erkennen lässt: ausgehend von gewissen Prinzipien, um nicht zu sagen: Postulaten christlicher Liturgie).

4 Vgl. M. Wallraff, Gerichtetes Gebet. Wie und warum richten Juden und Christen in der Spätantike ihre Sakralbauten aus?, in: A. Gerhards/H. H. Henrix (Hg.), Dialog oder Monolog? Zur liturgischen Beziehung zwischen Judentum und Christentum, QD 208, Freiburg 2004, 110–127 (hier 115f.). Beachte etwa die Formulierung von Paulinus von Nola (unten in Anm. 30 zitiert), der von einer »Blickrichtung« der Basilika spricht und damit die Fassade (den *prospectus basilicae*) meint. Ähnlich spricht Apollinaris Sidonius von der *arx frontis*, die dem Osten, genauer sogar: dem Sonnenaufgang zur Tag- und Nachtgleiche (*ortus aequinoctialis*) entgegenblickt (ep. 2,10,4).

christlicher Basiliken ist in der Regel fassadengeostet, also nicht mit der Apsis, sondern mit der Eingangsseite auf den Osten gerichtet, die seit jeher angestrebte *sacred direction* der Christen. In diesem Sinne sind diese Kirchen im wörtlichen Sinne »orientiert«. Blick- und Gebetsrichtung während des Gottesdienstes waren die nach Osten, zum aufgehenden Licht und zum geöffneten Portal. *Conversi ad Dominum oremus*, wie Augustin oft am Ende seiner Predigten und zu Beginn des eucharistischen Gottesdienstes zu seiner Gemeinde sagt: »Lasst uns beten gewendet zum Herrn«, gewendet zum Licht aus dem Osten[5].

Das gilt auch für die ersten römischen Basiliken, den Lateran und St. Peter (Abb. 1a). In beiden Fällen ist die Fassade nach Osten ausgerichtet, und in beiden Fällen ist damit auch die Hauptrichtung des Gebets und des Gottesdienstes gegeben, also die Richtung auf Portal und Fassade. Dieses gilt relativ unabhängig von der Frage, wie genau der Raumabschluss im Westen gestaltet war. Die Feierhalle als solche war davon in ihrer liturgischen Nutzung nicht unmittelbar berührt. Für St. Peter folgt daraus, dass der basilikale Hauptteil keineswegs als »Vorhalle« für den Märtyrerschrein im (nach späteren Analogien *per nefas*) so genannten Querschiff anzusprechen ist. Vielmehr hat man es mit der Addition zweier Raum- und Nutzungselemente zu tun: den basilikalen Hauptraum für den Gemeindegottesdienst, die eucharistische Feier, und das Transept als Ort der Verehrung und des Gedenkens an Petrus, die Memoria. Manches spricht dafür, dass der Altar, sofern es einen gab, (mehr oder minder) weit vorgezogen im Langhaus stand[6].

Für eine solche Addition von Raumkonzepten bieten die nächsten zeitgenössischen Vergleichsbauten, die Grabeskirche in Jerusalem und die Geburtskirche in Bethlehem, interessante Parallelen[7]: in Jerusalem sind die Raumelemente Basilika für die Eucharistie und Rotunde für die Memoria völlig getrennt; ein Innenhof liegt dazwi-

---

5  Vgl. mit Belegen M. Klöckener, Conuersi ad Dominum, in: Augustinus-Lexikon 1, Basel 1986–94, Sp. 1280–1282.

6  Vgl. A. Arbeiter, Alt-St. Peter in Geschichte und Wissenschaft. Abfolge der Bauten, Rekonstruktion, Architekturprogramm, Berlin 1988, 181–184; H. Brandenburg, Die konstantinische Petersbasilika am Vatikan in Rom. Anmerkungen zu ihrer Chronologie, Architektur und Ausstattung, Regensburg 2017, 44–47.

7  Zu Jerusalem vgl. J. Krüger, Die Grabeskirche zu Jerusalem. Geschichte – Gestalt – Bedeutung, Regensburg 2000, zu Bethlehem vgl. M. Bacci, The Mystic Cave. A History of the Nativity Church in Bethlehem, Rom 2017.

schen. In Bethlehem kommunizierten die beiden Räume miteinander, doch war der Übergang viel stärker eingeschnürt als in St. Peter in Rom. Hier war immerhin das Petrusgrab auch im basilikalen Hauptraum stets sichtbar und durch den prächtigen Triumphbogen optisch stark hervorgehoben. Daraus ergab sich freilich, dass der Raum eine merkwürdige Bipolarität hatte, denn die gottesdienstliche Feier konnte und wollte wohl weder von der angestammten Ostrichtung noch von der heiligen Stätte im Westen ganz absehen, schlicht keine Notiz nehmen.

Diese Spannung – so lautet meine These – prägt die weitere Geschichte dieser Basilika, und sie trägt wesentlich zum Verständnis auch anderer Kirchbauten bei. Zugespitzt formuliert: Einen guten Teil der römischen Kirchbaugeschichte nach Konstantin kann man verstehen aus dem Bestreben, die beiden Elemente Eucharistie und Memoria in Einklang, ja letztlich zur Deckung zu bringen. Einen vorläufigen Endpunkt erreichte die Entwicklung in St. Peter durch den Umbau unter Pelagius II. und Gregor dem Großen um 600, durch den bekanntlich mit der Höherlegung des Apsisbereichs und der Errichtung eines Altars direkt *über* dem verehrten Grab diese Spannung aufgehoben werden sollte[8].

Für den komplexen Prozess bis dorthin ist in jüngerer Zeit wesentliches neues Material durch die Grabungen in der Paulusbasilika zum Vorschein gekommen. Von diesem Bau und seiner liturgischen Verwendung soll im Folgenden etwas ausführlicher die Rede sein[9]. Die Ausgrabungen haben zu Beginn der 2000er Jahre stattgefunden. Im Zusammenhang der Veröffentlichung gab es eine Diskussion zwischen dem Ausgräber Giorgio Filippi und dem deutschen Archäologen Hugo Brandenburg, die erstaunlicherweise im technisch-archäologischen Befund weitgehend übereinstimmen, aber zu sehr unter-

8  Vgl. dazu J. Janssens, Papa Gregorio Magno e la tomba di S. Pietro, in: L. Casula/G. Mele/A.Piras (Hg.), Per longa maris intervalla. Gregorio Magno e l'Occidente mediterraneo fra tardoantico e altomedioevo. Atti del Convegno internazionale di studi, Cagliari 17–18 Dicembre 2004, Cagliari 2006, 91–123.
9  Den Kenntnisstand zum Bau und seiner Ausstattung fasst H. Brandenburg, Die frühchristlichen Kirchen Roms vom 4. bis zum 7. Jahrhundert. Der Beginn der abendländischen Kirchenbaukunst, Regensburg ³2013,121–138 luzide und weiterführend zusammen. Seither ist der wichtigste Beitrag die Monographie von N. Camerlenghi, St. Paul's Outside the Walls. A Roman Basilica, from Antiquity to the Modern Era, Cambridge 2018, zur theodosianischen Basilika: 41–81.

schiedlichen Schlussfolgerungen im Blick auf die liturgische Verwendung und demnach auch auf die bei den verschiedenen Umbauten jeweils treibenden Kräfte kommen[10]. Die Differenz zwischen beiden ist zunächst nicht aufgelöst worden; es hat 2006 weder eine Entscheidung noch weitere Diskutanden gegeben. Erst etwa zehn Jahre später hat dann der katholische Theologe Stefan Heid den Faden wieder aufgenommen und die Diskussion um einen weiteren Rekonstruktionsvorschlag bereichert[11]. Alle drei Vorschläge scheinen mir aus verschiedenen Gründen nicht befriedigend. Daher möchte ich zunächst das Problem erklären und dann eine eigene Lösung versuchen.

Zunächst einige Bemerkungen zur Topographie bzw. zu den architektonischen Ausgangsbedingungen. Das Grab des Apostels Paulus an der Straße nach Ostia war in der ersten Hälfte des vierten Jahrhunderts nur einer kleinen Kapelle gewürdigt worden, deren Ausrichtung im Übrigen dem vorhin genannten Prinzip der Fassadenostung entsprach. Sie erstreckte sich also über den relativ engen Raum zwischen

10 Vgl. G. Filippi, La tomba di San Paolo e le fasi della Basilica tra il IV e VII secolo. Primi risultati di indagini archeologiche e ricerche d'archivio, Bollettino dei Monumenti Musei e Gallerie Pontificie 24 (2004), 187–224; H. Brandenburg, Die Architektur der Basilika San Paolo fuori le mura. Das Apostelgrab als Zentrum der Liturgie und des Märtyrerkultes, Mitteilungen des deutschen archäologischen Instituts. Römische Abteilung 112 (2005/06), 237–275; G. Filippi, Die Ergebnisse der neuen Ausgrabungen am Grab des Apostels Paulus. Reliquienkult und Eucharistie im Presbyterium der Paulusbasilika, Mitteilungen des deutschen archäologischen Instituts. Römische Abteilung 112 (2005/06), 277–292. Die den Grabungen vorausgehende Publikation von G. Filippi/S. de Blaauw, San Paolo fuori le mura. La disposizione liturgica fino a Gregorio Magno, Mededelingen van het Nederlands Instituut te Rome 59 (2000), 5–25 ist unterdessen weitgehend überholt.

11 Vgl. S. Heid, Die päpstliche Liturgie in St. Paul vor den Mauern bis zu Gregor dem Großen, Römische Quartalschrift für Christliche Altertumskunde und Kirchengeschichte 112 (2017), 143–159. Die Argumentation ist nochmals vorgetragen in dem Buch Heid, Altar (s. Anm. 3), 310–323, doch beziehe ich mich im Folgenden auf die Originalpublikation. Sible de Blaauw hat übrigens in einer Rezension zu diesem Buch seine Reserve gegenüber der Rekonstruktion der Verhältnisse in St. Paul zum Ausdruck gebracht (H-Soz-Kult, 24.08.2020, online unter www.hsozkult.de/publicationreview/id/reb-28941, letzter Zugriff 28.03.2022). Wichtig ist auch sein vorausgehender Gesprächsbeitrag: S. de Blaauw, Liturgia e architettura nella Basilica di S. Paolo fuori le Mura tra antichità e medioevo, in: Umberto Utro (Hg.), San Paolo in Vaticano. La figura e la parola dell'apostolo delle genti nelle raccolte pontificie, Todi 2009, 81–90 (doch zur Kritik s. unten bei Anm. 22). Die große Monographie von Camerlenghi, St. Paul's (s. Anm. 9) spricht die Frage kurz an (77), zeigt aber kein vertieftes Interesse.

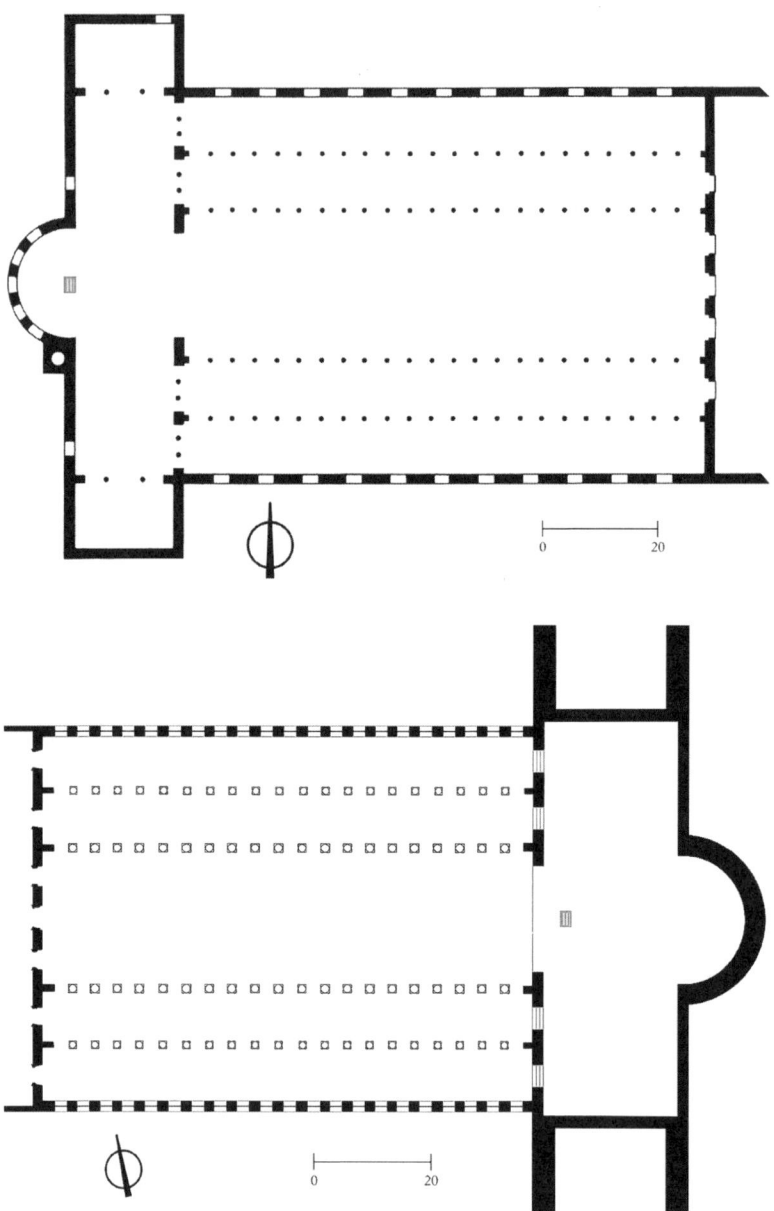

Abb. 1: Grundrisse der konstantinischen Petrusbasilika (a)
und der theodosianischen Paulusbasilika (b) im Vergleich, die Position
der Apostelgräber ist jeweils markiert.

der Straße und dem westlich davon gelegenen Grab (oder einen Teil dieses Raumes): mit der Fassade zur Straße und dem Grab im Bereich der Apsis. Erst im Jahr 386 unter den Kaisern Theodosius, Valentinianus II. und Arcadius kam es zum Bau einer repräsentativen Basilika, die ihrer Dimension und ihrem religiösen Profil nach an St. Peter anknüpft[12]. Auch in der architektonischen Gestaltung nahm der Neubau zweifellos das Vorbild der Basilika am Vatikan in den Grundzügen auf: ein basilikaler Hauptraum mit einem angelagerten Querhaus und einer Apsis (Abb. 1b). Freilich fallen auch eine Reihe von wichtigen Differenzen sofort ins Auge – Differenzen, die teilweise durch topographische Besonderheiten bedingt sein können, teilweise durch geänderte liturgische Erfordernisse. Die augenfälligste ist die Drehung um 180°: Die neue Basilika hat ihre Apsis im Osten und die Fassade samt Portalen im Westen. Diese Änderung ist sicherlich in erster Linie durch das Gelände gefordert, denn direkt östlich der alten kleinen Kirche verläuft die Via Ostiensis, und dahinter erhebt sich steil ein hoher Tuffabhang, so dass man in diese Richtung kein repräsentatives Langhaus errichten konnte. Wie sich zeigen wird, kam aber diese Neuausrichtung auch den liturgischen Anforderungen entgegen. Die zweite wesentliche Differenz liegt darin, dass hier das verehrte Grab nicht wie in St. Peter auf der Sehne der Apsis zu liegen kam, sondern fast direkt unter dem Triumphbogen, der das basilikale Langhaus mit dem Querhaus verbindet (der Raum zwischen Grab und Straße ist nun also durch das Transept gefüllt). Schon dadurch wird deutlich, dass die Bipolarität von eucharistischer Feierhalle und Memorialbau, wie sie für St. Peter charakteristisch ist, hier relativiert wird, da das Grab stärker ins Zentrum tritt.

Gerade an dieser sensiblen Stelle sind später diverse Eingriffe erfolgt, doch die neuesten Grabungen erlauben es, die Verhältnisse der Erbauungszeit präzis zu rekonstruieren[13]. Anders als in St. Peter war hier das Querhaus um etwa einen halben Meter erhöht. Zusätzlich hatte man die in St. Paul immer vom Grundwasser gefährdeten Apostelgebeine gehoben und in einem Sarkophag untergebracht, der seinerseits knapp 1,30 Meter über das Niveau des Querhauses aufragte.

---

12 Vgl. Brandenburg, Kirchen (s. Anm. 9), 122–126. Der Bau wurde von den drei Kaisern angeordnet; das entsprechende Reskript ist in der *Collectio Avellana* als ep. 3 erhalten (ediert von Otto Günther, CSEL 35, 46f.).

13 Das Folgende nach Filippi, Tomba (s. Anm. 10), S. 208–220, bes. Abb. 21, zum Triumphbogen s. die nächste Anm.

Der Triumphbogen, architektonisch durch zwei monumentale Säulen stark betont, ist nun nicht mehr primär Ort des *transitus* von einem Bereich zum anderen, sondern wird zur ehrenvollen Rahmung des weithin sichtbaren Grabmonuments, das fast wie auf einer Bühne erscheint (Abb. 2). Wenn man sich zusätzlich deutlich macht, dass hier durch die geänderte *sacred direction* keine Konkurrenz zwischen Blickrichtung nach Osten und Blickrichtung zum Triumphbogen entstehen konnte, wird sofort klar, dass jedenfalls und ganz von alleine ein enger Bezug von eucharistischer Liturgie und Märtyrerverehrung entstand. An die Stelle des Blicks auf die aufgehende Sonne in Richtung des Portals trat hier, wo der Osten und die Sonne durch den Tufffelsen und die Architektur verstellt waren, der Blick auf die mosaizierte Sonne am Triumphbogen, Christus mit dem Strahlenkranz des Helios, als »Sonne der Gerechtigkeit« stilisiert (Abb. 3) – zumindest wenn man sich einen Augenblick auf die unsichere Annahme einlässt, eine derartige Ikonographie sei schon Teil des ursprünglichen Raumkonzepts gewesen[14]. Jedenfalls ist dieser Christus bereits vor Mitte des fünften Jahrhunderts zugleich Ziel des Gebets und Krönung der triumphalen Apotheose seines Apostels und Märtyrers. Man kann hier von einer regelrechten kultischen Inszenierung sprechen und damit korrespondierend von einem neuen Typ liturgischer Frömmigkeit, einer Art Schaufrömmigkeit, die sich auch in den schriftlichen Quellen der Zeit niederschlägt[15] und die architekto-

14  Das heute am Triumphbogen zu sehende Mosaik ist – trotz stark eingreifender Restauration des 19. Jahrhunderts nach dem Kirchbrand 1823 – in seinem ikonographischen Grundbestand das des fünften Jahrhunderts. Seine Inschrift (ILCV 1761b) nennt Kaiserin Galla Placidia (421–450) und Papst Leo I. (440–461). Die Bildkomposition wie auch die architektonische Gestaltung des Triumphbogens wird gewöhnlich mit der im Liber pontificalis 47,6 (1, 239,4 Duchesne) bezeugten Restauration der Kirche unter Leo in Verbindung gebracht. Brandenburg, Architektur (s. Anm. 10), 252–264 hat indessen gezeigt, dass der Triumphbogen baulich in seiner bis 1823 bestehenden Gestalt im Wesentlichen schon auf die Erbauungszeit Ende des vierten Jahrhunderts zurückgeht. Zur Frage, ob auch vor Leo schon dieses oder ein ähnliches Bildprogramm den Bogen zierte, meint Camerlenghi, St. Paul's (s. Anm. 9), 72: »There is every reason to suppose that the original triumphal arch displayed much of the awesome apocalyptic imagery that it sported after the mid-fifth-century restoration.« (Diese Auffassung kontrastiert allerdings etwas mit der 74 geäußerten [m. E. nicht überzeugenden] Meinung, dass die Triumphbogenkonstruktion mit den sie tragenden Säulen erst in der Umgestaltung Mitte des fünften Jahrhunderts entstanden sei.)

15  Insbesondere die Taufkatechesen dieser Zeit entfalten eine regelrechte »Di-

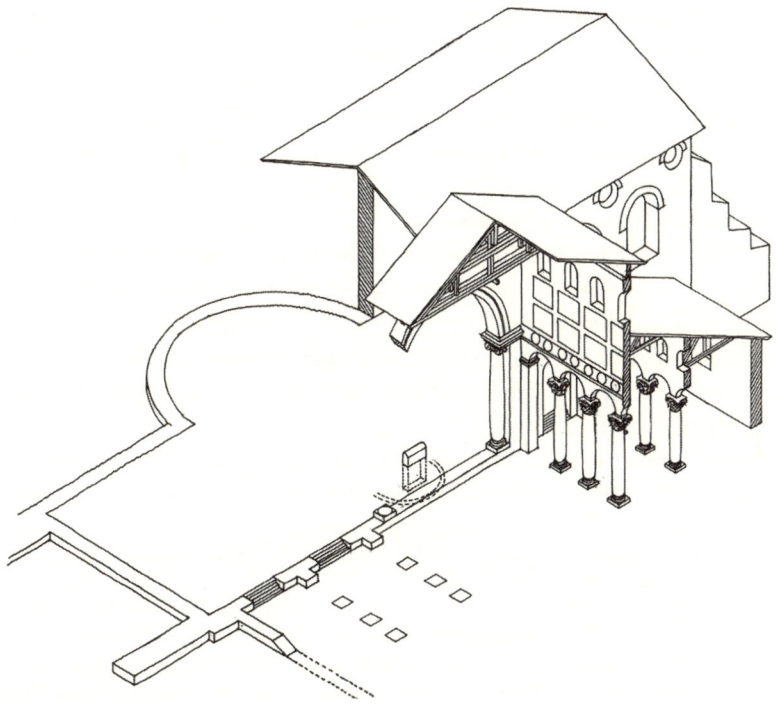

Abb. 2: Rekonstruktion des Querhauses in der theodosianischen
Paulusbasilika.

Abb. 3: Zentraler Christus im Triumphbogenmosaik der Paulusbasilika.

nischen Ausdruck sucht und in diesem Neubau findet. Das Thema
»Licht« ist dabei grundlegend – sowohl zum Verständnis der liturgischen Inszenierung als auch der konkreten Baugestalt der Paulusbasilika. Brandenburg spricht von der »diaphanen Weite« des Baus
und weist an zahlreichen architektonischen Details nach, wie hier die
Lichtführung im Vergleich zur älteren Peterskirche nochmals ver-
feinert und verbessert worden ist[16].
Wie aber genau hat man sich nun in diesem Raumgefüge den eucharistischen Kult vorzustellen? Giorgio Filippi nimmt an, dass bereits hier und hier zum allerersten Mal der für mittelalterliche Frömmigkeit so entscheidende Schritt vollzogen worden sei, Grab und Altar in eins zu setzen und direkt über dem Apostelgrab die Eucharistie
zu feiern[17]. Der Zelebrant stünde dann zum Hochgebet unmittelbar
am Sarkophag bzw. Altar. Stufen ins Querhaus gab es im Mittelschiff
nicht, so dass der Zelebrant wie auf einer Bühne auftrat[18]. Wenn hier

daktik des Sehens«, bei Kyrill (Johannes?) von Jerusalem programmatisch
ausgedrückt: »Sehen ist bei weitem überzeugender als Hören (ἠπιστάμην ὄψιν
ἀκοῆς πολλῷ πιστοτέραν εἶναι)« (cat. myst. 1,1). Pseudo-Dionysios Areopagites
entwickelt die Schau (θεωρία) zu einer reflektierten Liturgiehermeneutik und
fasst dabei die Liturgie als »ein Reichtum verschiedener einzelner sinnlich
fassbarer Zeichen (αἰσθητῶν συμβόλων) ..., die uns im Sinn der Hierarchie
nach Maßgabe unseres Erkenntnisvermögens zu einer Gottwerdung nach Art
des Einen emporführen« (e.h. 1,2 [PTS 36, 65,10-13 Heil/Ritter], Übersetzung nach BGL 22, 97 Heil).

16  Brandenburg, Kirchen (s. Anm. 9), 122–124. Allgemein zum Lichtcharakter
spätantiker Kirchenarchitektur vgl. M. Wallraff, Licht, RAC 23, Stuttgart
2010, Sp. 100–137, hier Sp. 114–117.

17  Filippi, Tomba (s. Anm. 10), 217–220 und ders., Ergebnisse (s. Anm. 10), 282–
284. Grundlegend zu der theologischen Sinnachse und (daher in einem zweiten Schritt auch) baulichen Identifikation von Grab und Altar ist H. Brandenburg, Altar und Grab. Zu einem Problem des Märtyrerkultes im 4. und 5. Jh.,
in: M. Lamberigts/P. van Deun (Hg.), Martyrium in multidisciplinary perspective, Bibliotheca Ephemeridum Theologicarum Lovaniensium 117, Lö-
wen 1995, 71–98, der freilich in dem berechtigten Wunsch, die bisherige
communis opinio zu hinterfragen, mit der Frühdatierung dieser Entwicklung
viel zu weit geht. Dass in Konstantins Apostelkirche in der neuen Hauptstadt
am Bosporus oder sonst irgendwo in der ersten Jahrhunderthälfte dies schon
angelegt gewesen sei, lässt sich aus den Quellen beim besten Willen nicht
entnehmen. Auch bei der Deutung der (jedenfalls singulären) Mailänder Vorgänge ist Vorsicht geboten. Bei der Analyse ist sorgfältig zu differenzieren
zwischen a) einem theologisch intendierten Bezug, b) der baulichen Annäherung des Altars an ein Grab, c) der »Mobilisierung« von Reliquien, um Altäre
an einem gewünschten Ort zu heiligen.

18  Filippi, Tomba (s. Anm. 10), 212 nimmt Stufen im Mittelschiff links und

tatsächlich dieses neue Arrangement zum ersten Mal realisiert worden sein sollte, wäre freilich die geschaffene Distanz gleich sehr groß, das alte Gemeinschaftsmahl gleich vollständig in ein *theatrum sacrum* verwandelt, die Gemeinde von Tischgenossen zum betrachtenden Publikum transformiert.

Dieses Problem wird noch größer, wenn man sich die Details vor Augen führt. Filippi geht davon aus, dass der Zelebrant hinter dem Grab-Altar stand, also auf der östlichen Seite mit Blickrichtung nach Westen und zur im Hauptschiff versammelten Gemeinde (*versus populum*). Der Sarkophag ist mit 1,27 Meter Höhe – zusammen mit einer Altarplatte vermutlich ca. 1,35 Meter – viel höher als antike (oder moderne) Altäre. Ohnehin schon ist eine Zelebration an einem solchen Steinblock kaum sinnvoll möglich[19]. Vollends absurd wird die Situation, wenn man sich vor Augen führt, dass die Gemeinde dem gegenüber noch einmal einen halben Meter niedriger stand, also im Grunde von dem Zelebranten hinter dem Altar allenfalls noch die Nasenspitze zu sehen bekam.

Hugo Brandenburg hat Filippis Ansatz mit Recht kritisiert und stattdessen eine andere Lösung vorgeschlagen. Seiner Auffassung nach gab es einen Altar im Querhaus östlich des Sarkophags, an dem ein oder mehrere Kleriker bequem agieren konnten, möglicherweise mit dem Grab durch einen gemeinsamen Baldachin auch optisch eng verbunden[20]. Damit wäre das Grab nun tatsächlich auch liturgisch

rechts der Mitte an (»Tale dislivello era superato da una scala di tre gradini, esattamente come riproposto dalla situazione attuale«). Dagegen ist Brandenburg, Architektur (s. Anm. 10), 264 der Auffassung, dass »vom Mittelschiff … kein Treppenzugang auf das Querhaus und unmittelbar bis an den Sarkophag hinführte«. Wesentliches Argument dafür ist die frühe Datierung des Triumphbogens samt Säulen und Säulenbasen (s. Anm. 14). Gewissheit ist an diesem Punkt nicht zu erlangen. Für den hier verfolgten Argumentationszusammenhang ist entscheidend, dass erstens beide Gelehrte in der Auffassung übereinstimmen, es habe in der Mitte keine Stufen gegeben, und dass zweitens selbst im gegenteiligen Fall (und in diesem Fall besonders!) die Filippische Rekonstruktion der liturgischen Verwendung in Schwierigkeiten gerät (s. gleich im Folgenden). Im Aufsatz von Heid (Liturgie [wie Anm. 11], 148–151) ist ein längerer Abschnitt dieser ›Treppenfrage‹ gewidmet. Indes geht es dabei wesentlich um den Stand der gregorianischen Phase (und danach). Ein Rückschluss auf die frühere Zeit ist kaum möglich.

19 So die einleuchtende Argumentation von Brandenburg, Architektur (s. Anm. 10), 270.

20 Brandenburg, Architektur (s. Anm. 10), 271 f., in knapperer Form auch in Brandenburg, Kirchen (s. Anm. 9), 133.

ganz in die Mitte der Feier gerückt: es stünde zwischen der Gemeinde im Langhaus und den Klerikern im Querhaus. Gedanklich wäre dabei der sehr enge Bezug von Memoria und Eucharistie bereits hergestellt, doch die konkrete bauliche Vereinigung von beiden sollte erst später und nicht zuerst in St. Paul vollzogen werden.

Indessen sprechen auch gegen diese Rekonstruktion gewichtige Argumente, ja sie scheint noch weit weniger plausibel zu sein als die von Giorgio Filippi. Wenn das Querschiff gegenüber dem Langhaus um einen guten halben Meter erhöht ist und der Sarkophag 1,35 Meter hoch ist: soll man dann annehmen, dass direkt hinter einer »Barriere« von gesamt 1,90 m Höhe der Zelebrant stand? Bei aller »Tendenz zur Distanzierung«, zum »Schaukult« in der Eucharistiefeier: soll man sich wirklich vorstellen, dass der Zelebrant völlig den Blicken der meisten Mitfeiernden verborgen blieb? Dass er im Grunde viel massiver von der Gemeinde getrennt war als durch jede byzantinische Ikonostase? Soll man sich vorstellen, dass mit dem Rücken zum verehrten Grab zelebriert wurde? Soll man schließlich annehmen, dass die Austeilung von Brot und Wein nur so möglich war, dass die Zelebranten in den Seitenschiffen herunter- oder die Kommunikanten dort heraufkamen? Das alles wären Formen und Phänomene, die den überkommenen und bekannten liturgischen Gewohnheiten gegenüber einen viel tieferen Einschnitt bedeutet hätten als die Ineinssetzung von Grab und Altar – die aber aus den besprochenen Gründen in der ersten Phase gleichfalls nicht wahrscheinlich ist.

Stefan Heid hat in seinem jüngsten Beitrag versucht, die Diskussion vom Kopf auf die Beine zu stellen. Er geht wie Filippi von der Ineinssetzung von Grab und Altar aus, nimmt aber an, dass der Zelebrant (oder: die Zelebranten) auf der westlichen Seite *vor* dem Altar standen, also gemeinsam mit der Gemeinde nach Osten blickten. Dafür hat er gute Gründe vor allem aus der späteren liturgischen Praxis[21]. In der Tat könnte es sein, dass mit der Umgestaltung des Grabbereiches unter Leo dem Großen bereits Mitte des fünften Jahrhunderts ein solches Arrangement realisiert war. Doch war das bereits in der ältesten Phase, also in der Drei-Kaiser-Basilika der Fall?

Brandenburg hat eine solche Rekonstruktion ausgeschlossen mit dem Argument, dass zwischen dem Sarkophag und der vorderen Kante des erhöhten Querhauses nur ca. 3,80 Meter Platz sei – zu wenig,

---

21  Heid, Liturgie (s. Anm. 11), 144 f.

um mit mehreren Klerikern angemessen und würdevoll liturgisch agieren zu können[22]. Dieser Raum würde sich sogar noch weiter reduzieren, falls es direkt vor dem Altar noch Stufen gegeben haben sollte, um die Höhe des Monuments etwas zu mäßigen. Dieses Argument mag sein Gewicht haben – sehr stark ist es indes nicht. Die Frage, ob es solche Stufen gab oder nicht, ist schwer definitiv zu beantworten, und unabhängig davon sind 3,80 Meter nicht so wenig Platz, dass man dort nicht zelebrieren könnte.

Das Problem der Höhe des Altars (1,35 Meter!) bleibt indes bestehen, vor allem wenn man bedenkt, dass dieser Steinblock nicht so vorgefunden, sondern als Teil der architektonischen Inszenierung eigens genau so hergestellt wurde. Heid versucht das Problem mit einer – buchstäblichen – Hilfskonstruktion zu lösen, nämlich mit einem »mobilen Holzpodium«, das »für die seltenen Papstliturgien« hineingetragen wurde[23]. Das ist eine eigenartige Notlösung für einen gerade hergestellten Neubau.

Zudem spricht gegen diese Hypothese der geschichtliche Kontext. Ist es religionshistorisch plausibel, schon Ende des vierten Jahrhunderts mit der Ineinssetzung von Grab und Altar zu rechnen? Es wäre jedenfalls ein sehr, sehr frühes Beispiel – möglicherweise das früheste konkret belegte, obwohl man nicht bestreiten kann, dass die gedanklich-theologische Verbindung in Rom schon unter Damasus, also in den 380er Jahren, hergestellt war. In diese Richtung deutet auch ein

---

22  Brandenburg, Architektur (s. Anm. 10), 270. Allerdings klingt das Argument auf S. 271 etwas anders: Dort hält Brandenburg fest, dass *für einen Altar* »vor dem Grab zum Mittelschiff hin auf der erhöhten Plattform des Querhauses und des Presbyteriums unter dem Triumphbogen nicht genügend Platz war«. In dieser Form ist die Überlegung natürlich zutreffend. Für einen monumentalen Altar *plus* Zelebrationsraum (plus evtl. etwas Abstand vom Grab-Monument) sind tatsächlich knapp vier Meter sicher nicht ausreichend. Allerdings ist die Vorstellung einer so engen Juxtaposition von Grab und Altar ohnehin abwegig. Allein schon die Anbringung der Inschrift auf der Frontseite (s. gleich im Folgenden) spricht dagegen. Diese Bedenken betreffen auch die Ausführungen von de Blaauw, Liturgia (s. Anm. 11), 83. Der Verfasser müht sich mit »il grande interrogativo circa la posizione dell'altare nei primi due secoli di vita della basilica dei tre imperatori«. Man kann allenfalls »ipotizzare che l'altare fosse posizionato nella fascia relativamente stretta tra monumento funebre e lato navata della piattaforma del transetto«. Der Verfasser selbst gibt zu, dass eine solche Positionierung keinesfalls »ideale sotto il profilo liturgico« wäre (83). Man mag hinzufügen: nicht nur nicht ideal, sondern aus räumlichen Gründen völlig unmöglich.

23  Heid, Liturgie (s. Anm. 11), 144.

Zitat von Hieronymus, der zwar Rom schon vor Errichtung der Paulusbasilika verlassen hat, diese Kirche also nie gesehen hat, aber von einem engen (gedanklichen? liturgischen? architektonischen?) Bezug von Grab und Altar bei Petrus und Paulus weiß[24].

Natürlich ist es technisch dennoch nicht völlig unmöglich, dass in St. Paul schon Jahrzehnte vor anderen bekannten Beispielen eine physische Union von Grab und Altar hergestellt war. Doch wie soll man dann den schon Mitte des fünften Jahrhunderts vorgenommenen Umbau unter Leo dem Großen erklären? Damals wurde das Bodenniveau im Querhaus um einen knappen halben Meter angehoben[25]. Dieser Eingriff erklärt sich sicherlich nicht durch den Blitzschlag (*ignis divinus*), mit dem der Liber Pontificalis die Renovation Leos motiviert[26]. Die dadurch erforderlichen Arbeiten betrafen (auch ausweislich der Inschriften) tatsächlich nur die Reparatur des Daches. Auch die Gewinnung von »Platz für privilegierte Sarkophagbestattungen« ist kein ausreichendes Motiv[27], vor allem nicht für die einschneidenden Veränderungen am verehrten Grab selbst. Die Marmorplatte mit der weithin vom Kirchenschiff aus sichtbaren Inschrift *Paulo apostolo mart[yri]* wurde entfernt (musste es wohl, weil sie sonst nicht mehr ganz sichtbar gewesen wäre) und neu als Deckplatte für das Monument verwendet[28]. Erst jetzt war es möglich und sicher auch ge-

---

24 Hieronymus referiert (und evtl.: persifliert) die Meinung seines Gegners Vigilantius, der Kritik an christlicher Reliquienverehrung geäußert hatte: *Male facit ergo Romanus episcopus, qui super mortuorum hominum Petri et Pauli, secundum nos ossa ueneranda, secundum te uilem puluisculum, offert domino sacrificia et tumulos eorum Christi arbitratur altaria.* (Contra Vigilantium 8 [CChr.SL 79C, 18,1–4 Feiertag]) Dabei wird nicht ganz klar, ob das »Opfer Darbringen über den Gebeinen« hier eher Auffassung des Vigilantius oder des Hieronymus ist. Ebenso wenig ist deutlich, ob in der einen oder anderen Perspektive eine polemische Überzeichnung anzunehmen ist. In jedem Fall ist es mutig, aus dieser Stelle präzise Rückschlüsse über liturgische Vollzüge oder gar architektonische Arrangements in Kirchen zu ziehen. Zum Verständnis genügt die Kenntnis, dass sich über den Gräbern Kirchen befanden (wie im Übrigen auch bei den *basilicae mortuorum*, die im Fortgang des Textes genannt werden).

25 Vgl. Filippi, Tomba (s. Anm. 10), 221 und ders., Ergebnisse (s. Anm. 10), 284–286. Das Bodenniveau des gesamten Querschiffs wurde erhöht, zusätzlich um das verehrte Grab ein nochmals erhöhter »heiliger Bezirk« geschaffen.

26 Liber pontificalis 47,6 (1, 239,4 Duchesne).

27 Brandenburg, Kirchen (s. Anm. 9), 133. Hinzu kommt, dass die 46 cm Höherlegung im Querhaus für Sarkophage schwerlich ausreichen.

28 Vgl. Brandenburg, Architektur (s. Anm. 10), 267. Camerlenghi, St. Paul's (s.

wünscht, die Oberseite des Grabmonuments zu nutzen. Die nunmehr gemäßigte Höhe lässt die Inschrift oben lesbar bleiben und eine Nutzung als Altar denkbar erscheinen[29]. Sicher ist auch das nicht – und in jedem Fall wäre es bereits Frucht einer liturgischen Umgestaltung.

Wie muss man sich den ursprünglichen Zustand in der Drei-Kaiser-Basilika vorstellen? Wenn man nicht vom Späteren auf das Frühere zurückschließt, also im Grunde teleologisch argumentiert, kommt man nicht umhin, primär die bekannten Vorgänger und Vorstufen zu betrachten. Das ist im konkreten Fall vor allem St. Peter: Diese »Schwesterkirche« war architektonisch wie theologisch der entscheidende Bezugspunkt für den Neubau. Wenn schon die Umorientierung und die neue Positionierung des Grabes unter dem Triumphbogen ein gutes Stück Innovation waren, das erst verarbeitet werden musste, dann liegt es in Ermanglung von gegenteiligen Indizien nahe, den liturgischen Gebrauch zunächst im Rahmen des Gewohnten zu halten. Und das würde bedeuten, dass zwar die Räume für Eucharistie und Memoria enger aufeinander bezogen wurden, dass also die jeweiligen Schwerpunkte sich aufeinander zu bewegten, dass sie aber zunächst in erkennbarer Unterschiedenheit bestehen blieben. Konkret also: dass die Eucharistiefeier weiterhin im Langhaus vollzogen wurde, weiterhin mit einem Altar in diesem Bereich, der nun freilich nä-

---

Anm. 9), 76 stellt sich den *status quo ante* so vor, dass die beiden Teile der Inschrift nicht auf der Vorderseite des Monuments, sondern als Teil einer separaten Abschrankung zu sehen waren.

29  Falls an diesem Grabschrein zelebriert wurde: wo stand und in welche Richtung blickte der Liturg? Filippi, Ergebnisse, 290 nimmt an, er habe nach Westen, d. h. *versus populum* zelebriert, da die genannte Inschrift nun so angebracht war, dass sie von der Apsisseite aus lesbar war. Das wäre allerdings ein einschneidender Bruch mit der bisherigen liturgischen Praxis gewesen. An dieser Stelle ist Heid, Liturgie (s. Anm. 11), 147 f. Recht zu geben. Vielmehr kann man die jetzt hergestellte Situation so beschreiben, dass das Grab eine »devotionale« und eine »liturgische« Seite hatte; die Verehrung durch Pilger ist also weiterhin im Querschiff erfolgt, der Zelebrant der Eucharistie ist von der Seite des Mittelschiffs an den Altar herangetreten. Wie unter bzw. nach Gregor dem Großen mit der Situation umgegangen wurde, ist nochmals eine andere Frage, die hier nicht weiterverfolgt werden soll. Generell ist festzuhalten, dass die Zelebration *versus populum* als solche in der Antike kaum ein angestrebter Wert an sich war (anders als in der zweiten Hälfte des 20. Jahrhunderts, vgl. Wallraff [wie Anm. 4], 116 und 119). Aber das Umgekehrte gilt auch: Sie war schlicht nicht Thema, also auch nicht *ipso facto* ein *abhorrendum*. Es ist sehr wohl mit Konstellationen zu rechnen, in denen sich faktisch (aber eben: nicht programmatisch) so etwas ergab.

her an den Triumphbogen rücken konnte. Damit wäre die theologisch sinnvolle und architektonisch gewünschte Blickachse auf den Altar, auf das hoch aufragende Grab, in Richtung Osten und vielleicht auf ein entsprechendes Bild am Triumphbogen – alles zugleich! – möglich gewesen, und zwar in gleicher Weise für zelebrierende Kleriker und teilnehmende Gemeinde. Eine Blickachse, wie sie übrigens Paulinus für seine Kirche in Nola explizit als wünschenswert bezeichnet[30]. Das Querhaus wäre weiterhin – wie in St. Peter – primär der Memoria des Apostels vorbehalten, also der frommen Verehrung durch Pilgergruppen und einzelne Gläubige.

Gewiss, der Altar wäre damit vermutlich eher unscheinbar gewesen und geblieben: Er war es auch in den konstantinischen Basiliken[31]. Ein Altar zu Füßen der erhöhten Zone der Memoria ist nicht geeignet, um als »heiliger Ort« den (oder einen) Fokus des Raumes zu bilden, die Aura des Sakralen auf sich zu ziehen. Genau diese Energie entwickelten Altäre aber vielfach ab dem fünften Jahrhundert, und so ist es nicht verwunderlich, dass es schon nach etwa zwei Generationen zu den genannten Umbaumaßnahmen kam. Umgekehrt wäre es schwer verständlich, wieso so relativ tiefgreifend umgebaut werden musste, wenn im Grunde die befriedigende liturgische Disposition schon vorher gefunden war. Es wird im Übrigen kaum Zufall sein, dass genau derjenige Bischof die Eingriffe veranlasst hat, dessen liturgische Vorstellungen durch die Verhältnisse in St. Peter empfindlich gestört waren. Bei ihm zum ersten Mal hören wir davon, dass die dortige Bipolarität als misslich empfunden wurde. Er beklagt sich in einer Predigt darüber, dass sich die Gemeindeglieder auf den Stufen der Kirche vor der aufgehenden Sonne verneigen und sich damit von

---

30　Dort geht freilich der Blick nicht nach Osten: *Prospectus uero basilicae [sc. die Fassade] non, ut usitatior mos est, orientem spectat, sed ad domini mei beati Felicis basilicam pertinet, memoriam eius adspiciens. … laetissimo uero conspectu tota simul haec basilica in basilicam memorati confessoris aperitur.* (ep. 32,13; CSEL 29, 288,11–18 Hartel). Im Folgenden wird Paulinus' deutende Inschrift für diesen Durchgang/Durchblick gegeben.

31　Nota bene: Diese Aussage impliziert keinesfalls die oft evozierte, aber natürlich kaum je nachgewiesene Lösung von liturgischem »Leichtgepäck«, also mobilen Tischen aus Holz, die mal hier, mal dort stehen konnten. So etwas mag es in früheren Phasen gegeben haben – hier ist eine feste Lösung wahrscheinlicher (ebenso wie in St. Peter, vgl. Brandenburg, Petersbasilika [wie Anm. 6], 45). Es ist gut möglich, dass sie auch archäologisch nachgewiesen werden könnte. Doch ist eine Grabung im vorderen Drittel des Mittelschiffs keine realistische Option.

Christus abwenden[32]. Die Präsenz Christi war also inzwischen am »heiligen Ort« im Inneren der Kirche verankert, die Zelebrationsrichtung war wohl – vielleicht in Anlehnung an St. Paul – nun auch hier die zum Grab in der Apsis.

Auf lange Sicht stellte sich die Raumkonzeption der Paulusbasilika als die brauchbarere dar. Was dort vielleicht eher zufällig, bedingt durch die topographischen Gegebenheiten eingeführt wurde, sollte sich bewähren und zum Regelfall im christlichen Kirchbau werden: die Apsisostung und damit die Überwindung der Bipolarität zugunsten einer »konzentrierten Disposition« mit dem *einen* Fokus des Raumes im östlichen Bereich. Dieses Arrangement wurde durch den erneuten Umbau unter Gregor dem Großen in quasi kanonischer (d. h. für das Mittelalter wegweisender) Form festgeschrieben[33] – ganz parallel zu St. Peter. Eine Frömmigkeit, die einerseits den immer direkteren, leiblicheren Zugang zum Grab wünschte, andererseits großen Wert auf die physische Achse vom Altar zum Grab legte, also *direkt über* dem Grab Eucharistie feiern wollte, sah ihre Bedürfnisse mit der ingeniösen Kombination von erneut höher gelegtem Altar und direktem Zugriff auf das Grab in der Krypta umfassend befriedigt.

Eine kurze Schlussbemerkung aus theologiehistorischer Sicht: Die beschriebene Entwicklung – wie immer sie sich *en détail* vollzogen haben mag – ist keineswegs nur eine Quisquilie für Baugeschichtler. Sie zeichnet sich vielmehr ein in einen langen liturgiehistorischen Prozess, in dessen Verlauf die Eucharistie selbst ihren Charakter verändert: ihren »Erlebniswert« für das fromme Gemeindeglied und ihr theologisches Programm in der Reflexion der Prediger und Bischöfe. Architektonische Inszenierungen wie die in St. Paul, das immer prächtigere und zugleich immer distanziertere liturgische Geschehen, die damit einhergehende »Schaufrömmigkeit« – all dies hat Rückwirkungen auf die Feier selbst. Das urchristliche Gemeinschaftsmahl und der Aspekt des Dankgebets – eben der εὐχαριστία – tritt

---

32 *Quod nonnulli etiam christiani adeo se religiose facere putant, ut priusquam ad beati Petri apostoli basilicam, quae uni Deo uiuo et uero est dedicata, perueniant, superatis gradibus ... conuerso corpore ad nascentem se solem reflectant, et curuatis ceruicibus in honorem se splendidi orbis inclinent.* (tr. 27,4; CChr.SL 138, 135,83–89 Chavasse). Zu der Stelle vgl. M. Wallraff, Christus verus Sol. Sonnenverehrung und Christentum in der Spätantike, JAC.E 32, Münster 2001, 77 und 188.

33 Vgl. Filippi, Tomba (s. Anm. 10), 221–224 und ders., Ergebnisse (s. Anm. 10), 290 f.

immer mehr zurück und macht einem stärker historisierend-repräsentativen Gedächtnismahl Platz[34]. Der Titel des vorliegenden Beitrags hätte also auch lauten können: *Von der* Eucharistie *zur* Memoria. Die Memoria wird liturgisch und architektonisch zum bestimmenden Element für das gesamte kultische Geschehen.

*Bildnachweis:*
Abb. 1a: Brandenburg, Kirchen (s. Anm. 9), XI, 10
Abb. 1b: Camerlenghi, St. Paul's (s. Anm. 9), Fig. 2.1, modifiziert
Abb. 2: Brandenburg, Architektur (s. Anm. 10), Abb. 16
Abb. 3: Brandenburg, Kirchen (s. Anm. 9), Abb. 71, Ausschnitt

34  Vgl. M. Wallraff, Von der Eucharistie zum Mysterium. Abendmahlsfrömmigkeit in der Spätantike, in: P. Gemeinhardt/U. Kühneweg (Hg.), Patristica et Oecumenica (FS Bienert), Marburger Theologische Studien 85, Marburg 2004, 89–104. Zur Sicherheit ist darauf hinzuweisen, dass dieser Ausblick auf die ganz großen Linien nur Gültigkeit hat, wenn man tatsächlich auf die frühe Zeit zurückgeht, also noch vor Konstantin. In einer anregenden Diskussion (für die ich danke) wies Herr Kollege Sible de Blaauw ganz zu Recht darauf hin, dass die Rede vom urchristlichen Gemeinschaftsmahl schon für die konstantinische Zeit ein romantisierender Anachronismus ist. Dagegen sprechen die für Konstantins Kirchen im Liber pontificalis (Kap. 34 f.) bezeugten Stiftungen prächtiger liturgischer Gerätschaften (auch für die »Gemeindekirche«, den Lateran, vgl. die Zusammenstellung in S. de Blaauw, Cultus et Decor. Liturgia e architettura nella Roma tardoantica e medievale, 2 Bde., StT 355 f., Rom 1994, 812 f., zur liturgischen Disposition im Lateran 117–129). Allerdings muss man zugleich auch immer mit der Ungleichzeitigkeit des Gleichzeitigen rechnen, sprich: Was Eucharistie in solchen repräsentativen Sonder-Settings war, entsprach gewiss nicht dem durchschnittlichen Gemeindealltag (und damit den Seh- und Erwartungshaltungen der feiernden Gemeindeglieder). Das Gefälle wird indirekt beleuchtet durch eine Notiz im Liber pontificalis 47,6 (1, 239,1–3 Duchesne), der zufolge Leo der Große sechs (*varia lectio*: zwei) prächtige Gefäße aus der Stiftung Konstantins einschmelzen ließ, um für alle (!) römischen Titelkirchen würdige *vasa sacra* herzustellen.

# Paulus zwischen Rom und Konstantinopel
Eine Untersuchung des Schreibens von Papst Gregor I.
an Kaiserin Constantina (ep. 4,30) über die Reliquie
des Apostelfürsten

*Friederike Bäumer*

Nicht weniger als den »Kopf des heiligen Paulus«[1] hat die Kaiserin in
Konstantinopel von Papst Gregor I. (590–604) erbeten. Das Antwortschreiben Gregors auf die kaiserliche Forderung ist Gegenstand dieser Untersuchung:[2] Sie ist exemplarisch für Gregors Reliquienverständnis und seine damit zusammenhängende Politik. Paulus und
sein Stellenwert für Rom, das Selbstbewusstsein des römischen Bischofs und das daraus resultierende Verhältnis zu Konstantinopel und
der christlichen Ökumene sind Grundlage und Rahmen für diese
Quelle.

## 1. Der forschungsgeschichtliche Kontext

In der Forschung ist die Quelle besonders als Zeugnis für die Reliquienpraxis und für die dies betreffende römische Rechtslage zur Zeit
Gregors untersucht worden:
    Maßgeblich ist dabei der Aufsatz »The Cult of Relics in the Letters
and ›Dialogues‹ of Pope Gregory the Great: A Lexicographical Study«

---

1 *caput eiusdem sancti Pauli* (Gregor I., Registre des Lettres 2, Livres 3–4, tome 2.
  M. Reydellet, SC 520, Paris 2008, 330, Z. 3–4).
2 Insgesamt enthält das *Registrum Epistularum* des Papstes drei Schreiben an die
  Kaiserin, von denen das hier zu untersuchende das erste ist (im Juni 594; zwei
  weitere folgen am 1. Juni 595). Vgl. F. E. Consolino, Il Papa e le Regine. Potere
  feminile e politica ecclesiastica nell'epistolario di Gregorio Magno, in: Gregorio Magno e il suo tempo, Bd. 1 (SEAug 33), Rom 1991, 225–249.

von J. McCulloh[3] aus dem Jahr 1976.[4] Ob die Behauptung Gregors, dass das Berühren, Translozieren oder gar Zerteilen der Reliquien im gesamten Westen völlig unmöglich sei, der damaligen Reliquienpraxis entspräche, ist Hauptanliegen seiner Analyse[5]: Gab es tatsächlich unterschiedliche Traditionen im Umgang mit den Reliquien[6] in Rom (bzw. dem gesamten Westen, wie Gregor in dem Brief an die Kaiserin behauptet) und im Osten (dieser wird durch Gregor *Graecias* oder nach deren Bevölkerung *Graeci* genannt) oder handelte es sich hier um einen Vorwand, mit dem Gregor verhindern wollte, dass die Überreste des Paulus in die Hände des konstantinopolitanischen Patriarchen, Johannes IV. (der Faster), gelangten – evtl. der eigentliche Initiator dieser Anfrage?[7] McCulloh schließt seine Analyse mit dem Urteil, dass es sich bei der Begründung von Gregor tatsächlich um einen dem Kontext seiner Zeit entsprechenden Umgang mit Reliquien im Westen handle und nicht um einen bloßen Vorwand, die Paulus-Reliquie der Kaiserin nicht zusenden zu müssen.[8]

---

3　Vgl. J. McCulloh, The Cult of Relics in the Letters and ›Dialogues‹ of Pope Gregory the Great. A Lexicographical Study, Tr. 32 (1976), 145–184.
4　Reydellet verweist in der Edition des gregorianischen Registers durch Minard und Reydellet maßgeblich auf die Untersuchung von McCulloh; vgl. Reydellet, Reg. 2 (s. Anm. 1), 330–331 [Anm. 2].
5　Vgl. McCulloh, Cult (s. Anm. 3), 147–148.
6　Vgl. Gregor I., Reg. 2 (s. Anm. 1), 334, Z. 45–47.
7　Vgl. McCulloh, Cult (s. Anm. 3), 145–184 (147).
8　Da Gregor in seinen Schriften oft von Wundergeschichten verbunden mit den Körpern der Heiligen berichtet, selten aber von deren Translationen (Ausnahme sind die Translation des Donatus, bei der es sich allerdings um eine Schutzmaßnahme vor einer drohenden Invasion handelte, und die des Herculanus, welche als Umbettung in dessen »eigentliches« Grab interpretiert wird [vgl. McCulloh, Cult [s. Anm. 3], 145–184]), geht McCulloh davon aus, dass es unwahrscheinlich sei, dass Gregor nicht über Translationen und begleitende Wunder berichtet hätte, wenn sie im sechsten Jahrhundert in Rom oder im Westen stattgefunden hätten. Auch die Zerstückelung der Körper der Heiligen ist laut Gregor keine in Rom bzw. im Westen praktizierte Handlung – hier argumentiert Gregor laut McCulloh ebenfalls stichhaltig v. a. durch eine differenzierte Anwendung der Begriffe *Reliquiae – Brandea – Benedictiones* und (zwar nicht in dieser Quelle aber in anderen seiner Schriften) *Sanctuaria* und *Beneficia*.

N. Herrmann-Mascard (1975)[9] behandelt den Brief von Gregor an die Kaiserin[10] im Rahmen ihrer Untersuchung der Reliquienfrage hinsichtlich der römischen Rechtslage und ihrer christlichen Anwendung. Eine Translation von Toten sei ursprünglich nur legitim gewesen, wenn es sich um den Transport von einer provisorischen hin zur endgültigen Ruhestätte handelte oder wenn das Grab durch äußere Umstände drohte, entweiht oder vernichtet zu werden – in diesem Sinne seien die Überreste diverser Päpste nach Rom überführt worden.[11] J. Modesto (1989) erwähnt das Schreiben an die Kaiserin in seiner Monographie über Gregor I. im Zusammenhang der Beziehung zwischen Rom und Konstantinopel[12] und W.D. McCready (1989) analysiert die Quelle hinsichtlich des Wunderverständnisses von Gregor und der Frage, welche wunderbewirkenden Kräfte der Papst den Reliquien zuschreibe.[13] F.E. Consolino (1991) untersucht das Schreiben innerhalb der gregorianischen Korrespondenz an weibliche Führungsgestalten wie die Kaiserin Constantina oder die langobardische Königin Theodelinda.[14] B. Müller (2009) betrachtet die Schriften und die Biographie Gregors in ihrer umfangreichen Monographie unter dem Aspekt der »Führung«.[15] Das Schreiben Gregors an die Kaiserin analysiert sie deshalb ebenfalls im Hinblick auf die Beziehung zu Konstantinopel und die Bedeutung der Paulus-Reliquie in diesem Kontext.[16]

Diese Untersuchung fragt spezifisch nach dem päpstlichen Anspruch, den Gregor in seinem Schreiben zu Grunde legt und zum Ausdruck bringt: Anhand einer sprachlichen Analyse soll besonders in Bezug auf die Beziehung zwischen Rom und Konstantinopel und

---

9 Vgl. N. Herrmann-Mascard, Les reliques des saints. Formation coutumière d'un droit, Société d'histoire du droit, Collection d'histoire institutionelle et sociale 6, Paris 1975.

10 Vgl. Hermann-Mascard, Reliques (s. Anm. 9), 26–49 [33–34]; insgesamt beschäftigt sich dieses Werk mit dem Reliquienkult zwischen dem 4. und 11. Jahrhundert.

11 Vgl. Hermann-Mascard, Reliques (s. Anm. 9), 36.

12 Vgl. J. Modesto, Gregor der Grosse. Nachfolger Petri und Universalprimat, STG, St. Ottilien 1989, 135–136.

13 Vgl. W.D. McCready, Signs of Sanctity. Miracles in the Thought of Gregory the Great, Toronto 1989, 22–26.

14 Vgl. Consolino, Papa (s. Anm. 2), 225–249 (225–249).

15 Vgl. B. Müller, Führung im Denken und Handeln Gregors des Grossen, STAC 57, Tübingen 2009.

16 Vgl. Müller, Führung (s. Anm. 15), 299–301.

die Bedeutung der Paulus-Reliquie das Handeln Gregors als Bischof von Rom beschrieben werden. Maßgeblich sind dabei folgende Fragestellungen: Welche Rolle spielen die Paulus-Reliquie und die Gräber der Heiligen in Rom für den päpstlichen Machtanspruch? Inwiefern ist die Reliquie damit auch interessant für die kirchlichen und politischen Machthaber/innen in Konstantinopel?

## 2. Der Quellentext und die deutsche Übersetzung[17]

| Epistula 4,30[18] | Übersetzung: |
|---|---|
| *Miracula Apostolorum atque Reliquiae Sanctorum*[19] | Die Wunder der Apostel und die Reliquien der Heiligen |

*Einleitung*

Serenitas uestrae pietatis religionis studio et sanctitatis amore conspicua, propter eam quae in honore sancti Pauli apostoli in palatio aedificatur ecclesiam, caput eiusdem sancti Pauli, aut aliud quid de corpore ipsius, suis ad se iussionibus a me praecepit debere transmitti.

Et dum illa mihi desiderarem imperari de quibus facillimam oboedientiam exhibens, uestram erga me amplius potuissem gratiam prouocare, maior me maestitia tenuit, quod illa praecipitis quae facere nec possum, nec audeo.

Euer Gnaden (eigentlich 3.Ps.Sg.: »Die Durchlaucht Eurer Gnaden«), bekannt für eifriges Streben in Frömmigkeit und Liebe zur Heiligkeit, habt mir durch Eure Befehle aufgetragen, für die Kirche, die zu Ehren des heiligen Apostel Paulus im kaiserlichen Palast erbaut wird, dass der Kopf desselben heiligen Paulus oder etwas Anderes vom Körper desselben zu Euch gesandt werden solle.

Und während ich mir wünschte, dass mir jenes befohlen würde und ich dadurch Eure Zuneigung mir ge-

---

17 Vollständige Übersetzungen des Quellentextes ins Deutsche existieren aus dem Jahr 1807 (Des heiligen Pabstes und Kirchenlehrers Gregorius des Großen sämmtliche Briefe, Bd. 2, Kempten 1807, 244–251; übersetzt von Maurus Fenerabend) und aus dem Jahr 1874 (Ausgewählte Schriften des heiligen Gregorius des Großen, Papstes und Kirchenlehrers, Bd. 2, Kempten 1874, 205–209; übers. von T. Kranzfelder). Des Weiteren seien hier auch eine englische (The Letters of Gregory the Great, Bd. 1, Toronto 2004, 310–312; übers. von J. R. C. Martyn) und eine französische Übersetzung (Registre des Lettres 2, Livres 3–4, tome 2. M. Reydellet, SC 520, Paris 2008, 330–339; übers. von P. Minard/M. Reydellet) erwähnt.

18 Grundlage für diese Übersetzung ist Ep. 4,30 in Gregor I., Reg. 2 (s. Anm. 1), 330–339. Dieser Ausgabe liegt die Edition des lateinischen Textes durch Dag Norberg (S. Gregorii Magni, Registrum Epistularum. Libri I–VII, CCSL 140, Turnhout 1982, 248–250) zugrunde.

19 Vgl. Gregor I., Reg. 2 (s. Anm. 1), 330–339.

genüber steigern könnte, indem ich mühelosen Gehorsam erweisen würde, ergriff mich eine größere Schwermut, da ich weder in der Lage bin noch es wage, jene Dinge gemäß den Anweisungen zu erfüllen.

*»Tristibus Signis«*
Nam corpora sanctorum Petri et Pauli apostolorum tantis in ecclesiis suis coruscant miraculis atque terroribus, ut neque ad orandum sine magno illic timore possit accedi.

Denne die Körper der heiligen Apostel Petrus und Paulus erstrahlen in ihren Kirchen durch so viele Wunder und Schrecken, sodass man sich dort nicht einmal zum Gebet ohne große Furcht nähern kann.

*1. »Beweis«*
Denique dum beatae recordationis decessor meus, quia argentum quod supra sacratissimum corpus sancti Petri apostoli erat, longe tamen ab eodem corpore fere quindecim pedibus mutare uoluit, signum ei non parui terroris apparuit.

Während mein Vorgänger von seliger Erinnerung das silberne Objekt, welches oberhalb des besonders verehrten Körpers des heiligen Apostel Petrus angebracht war, immerhin ungefähr 15 Fußlängen fern vom Körper desselben platzieren wollte, erschien ihm zuletzt ein Zeichen von nicht geringem Schrecken.

*2. »Beweis«*
Sed et ego aliquid similiter ad sacratissimum corpus sancti Pauli apostoli meliorare uolui, et quia necesse erat ut iuxta sepulchrum eiusmodi effodiri altius debuisset, praepositus loci ipsius ossa aliqua non quidem eidem sepulchro coniuncta repperit. Quae quoniam leuare praesumpsit atque in alio loco transponere, apparentibus quibusdam tristibus signis, subita morte defunctus est.

Auch ich aber wollte etwas Ähnliches an dem besonders verehrten Körper des heiligen Apostel Paulus verändern und da es notwendig war, neben dem Grab derartig tief zu graben, fand der Vorsteher desselben Ortes einige Knochen, die sicherlich nicht mit demselben Grab verbunden waren. Da er es nun wagte diese aufzuheben und zu einem anderen Ort zu transportieren, traten einige düstere Zeichen auf und er starb eines plötzlichen Todes.

*3. »Beweis«*
Praeter haec autem sanctae memoriae decessor meus idem ad corpus sancti Laurentii martyris quaedam meliorare desiderans, dum nescitur ubi corpus esset uenerabile collocatum, effoditur exquirendo. Subito

Darüber hinaus wünschte derselbe meinige Vorgänger von seliger Erinnerung einiges am Körper des heiligen Märtyrers Laurentius zu verbessern. So, als wenn man nicht wisse, wo der verehrungswürdige

sepulchrum ipsius ignoranter apertum est, et hi qui praesentes erant atque laborabant monachi et mansionarii, quia corpus eiusdem martyris uiderunt, quod quidem minime tangere praesumpserunt, omnes intra decem dies defuncti sunt, ita ut nullus uitae superesse potuisset, qui semiustum corpus illius uiderat.

*»Romanis consuetudo«*
Cognoscat autem tranquillissima domina quia Romanis consuetudo non est, quando sanctorum reliquias dant, ut quicquam tangere praesumant de corpore. Sed tantummodo in buxide brandeum mittitur atque ad sacratissima corpora sanctorum ponitur. Quod leuatum in ecclesia quae est dedicanda debita cum ueneratione reconditur, et tantae per hoc ibidem uirtutes fiunt, acsi illic specialiter eorum corpora deferantur.

Vnde contigit ut beatae recordationis Leonis papae tempore, sicut a maioribus traditur, dum quidam Graeci de talibus reliquiis dubitarent, praedictus pontifex hoc ipsum brandeum allatis forficibus incidit, et ex ipsa incisione sanguis effluxit. In Romanis namque uel totius Occidentis partibus omnino intolerabile est atque sacrilegium, si sanctorum corpora tangere quisquam fortasse uoluerit. Quod si praesumpserit, certum est quia haec temeritas impunita nullomodo remanebit.

Körper begraben worden war, wurde gegraben, um dies herauszufinden. Plötzlich wurde das Grab desselben unbemerkt offengelegt; Als die Mönche und Stiftsvikare, die dort anwesend waren und arbeiteten, den Körper desselben Märtyrers sahen, starben alle innerhalb von zehn Tagen – auch wenn sie es nicht einmal gewagt hatten, ihn ganz kurz zu berühren –, sodass niemand überleben konnte, der den halb verbrannten Körper desselben gesehen hatte.

Die friedfertigste Dame erkenne aber, dass, wenn sie Gebeine von Heiligen stiften, es bei den Römern nicht Sitte ist, zu wagen, etwas von dem Körper zu ergreifen. Jedoch wird lediglich ein Tuch [*Brandeum*] in ein Behältnis getan und zu den verehrtesten Körpern der Heiligen gelegt. Darauf wird dieses weggenommen und in der Kirche verwahrt, die den Bestimmten [Körpern] geweiht werden soll, wodurch dort so viele Wunder geschehen mögen, als wären ihre Körper eigens anwesend.
Es geschah daher in der Zeit des hochseligsten Papstes Leo so, wie es von den Älteren überliefert worden ist: Als einige Griechen solche Reliquien anzweifelten, nahm der eben genannte Pontifex eine Schere und schnitt dieses Tuch [*Brandeum*] durch und aus demselben Einschnitt floss Blut heraus. Denn in Rom oder im gesamten Gebiet des Occidents ist es gänzlich nicht zu tolerieren und es ist ein Sakrileg, dass wohl irgendjemand es wage, die Körper der Heiligen zu berühren. Sollte man

dieses wagen, ist es sicher, dass dieses Verwegene auf keinen Fall ungestraft bleiben wird.

### »Consuetudo Graecorum«

Pro qua re de Graecorum consuetudine, qui ossa leuare sanctorum se asserunt, uehementer miramur et uix credimus. Nam quidam Graeci monachi hic ante biennium uenientes, nocturno silentio iuxta ecclesiam sancti Pauli corpora mortuorum in campo iacentia effodiebant, atque eorum ossa recondebant, seruantes sibi dum recederent. Qui cum tenti et cur hoc facerent diligenter fuissent discussi, confessi sunt quod illa ossa ad Graecias essent tamquam sanctorum reliquias portaturi. Ex quorum exemplo, sicut praedictum est, maior nobis dubietas nata est, utrum uerum sit quod leuari ueraciter ossa sanctorum dicuntur.

Deshalb wundern wir uns sehr über die Sitte der Griechen, die behaupten, dass sie die Knochen der Heiligen emporheben, und können dem kaum Glauben schenken. Denn einige griechische Mönche kamen vor zwei Jahren hierher. In stiller Nacht gruben sie die Körper der Toten aus, die auf dem Friedhof neben der Kirche des heiligen Paulus lagen, und versteckten ihre Knochen; Diese behielten sie für sich, bis sie zurückkehren konnten. Als sie festgehalten wurden, wurde gewissenhaft geprüft, warum sie dieses getan hatten. Sie gestanden, dass sie jene Knochen als Reliquien der Heiligen nach Griechenland bringen wollten. Aufgrund dieses Beispiels ist in uns, so wie bereits gesagt, größerer Zweifel entstanden, ob diese Dinge, die (eigentl. Akk.Sg.Ntr.) ausgegraben werden, wahrhaftig Knochen der Heiligen sind, so wie sie bezeichnet werden.

### »Corpora beatorum apostolorum«

De corporibus uero beatorum apostolorum quid ego dicturus sum, dum constet quia eo tempore quo passi sunt ex Oriente fideles uenerunt, qui eorum corpora sicut ciuium suorum repeterent? Quae ducta usque ad secundum urbis milliarium, in loco qui dicitur Catacumbas collocata sunt. Sed dum ea exinde leuare omnis eorum multitudo conueniens niteretur, ita eos uis tonitrui atque fulguris nimio metu terruit atque dispersit, ut talia denuo nullatenus temptare praesumerent.

Was aber kann ich dann über die Körper der gesegneten Apostel sagen, während es (doch) bekannt ist, dass zu der Zeit, in der sie den Märtyrertod erlitten, Gläubige aus dem Orient kamen, um nach ihren Körpern zu verlangen, als wären es ihre eigenen Mitbürger? Sie wurden bis zum zweiten Meilenstein der Stadt gebracht und an dem Ort niedergelegt, den man Katakomben nennt. Als aber eine ganze Menge von ihnen zusammenkam und dann versuchte diese aufzuheben, wurden sie

Tunc autem exeuntes Romani eorum corpora, qui hoc ex Domini pietate meruerunt, leuauerunt, et in locis quibus nunc sunt condita posuerunt.

durch die Kraft des Gewitters und die Furcht vor heftigem Blitz erschreckt und verstreut, sodass sie es keineswegs erneut wagten zu versuchen. Dann kamen aber die Römer und hoben die Körper von denen empor, die es aus der Barmherzigkeit des Herrn erworben hatten, und legten sie an den Orten nieder, an denen sie nun begraben worden sind.

*»Quidam Homines«*

Quis ergo, serenissima domina, tam temerarius possit existere, ut haec sciens, eorum corpora non dico tangere, sed uel aliquatenus praesumat inspicere? Dum igitur talia mihi a uobis praecepta sunt, de quibus parere nullatenus potuissem, quantum inuenio, non uestrum est. Sed quidam homines contra me pietatem uestram excitare uoluerunt, ut mihi, quod absit, uoluntatis uestrae gratiam subtraherent, et propterea quaesiuerunt capitulum, de quo uobis quasi inobediens inuenirer. Sed in omnipotente Domino confido quia nullomodo benignissimae uoluntati subripitur, et sanctorum apostolorum uirtutem, quos toto corde et mente diligitis, non ex corporali praesentia, sed ex protectione semper habebitis.

Wer also, heiterste Dame, könnte so leichtsinnig sein, dass er im Wissen dieser Dinge wagt, ihre Körper, ich sage nicht anzufassen, aber anzuschauen? Während mir von Euch eben solche Dinge befohlen werden, die ich in keiner Weise befolgen könnte, erscheint mir dieses nicht als das Eure. Gewisse Menschen wollten Euer Gnaden wohl gegen mich aufhetzen, damit sie mir – was fern sei – durch Euren Wunsch die Gnade entziehen; Deshalb fragten sie nach einer Verordnung, durch welche ich vor Euch quasi als ungehorsam erscheine. Aber ich vertraue in den allmächtigen Gott, da dem freundlichsten Wunsch keineswegs [etwas] weggenommen wird. Auch die Wunderkraft der heiligen Apostel, welche ihr von ganzem Herzen und ganzer Seele liebt, werdet ihr – zwar nicht in körperlicher Anwesenheit, sondern als Schutz – immer besitzen.

*Schluss*

Sudarium uero, quod similiter transmitti iussistis, cum corpore eius est. Quod ita tangi non potest, sicut nec ad corpus illius accedi. Sed quia serenissimae dominae tam religiosum desiderium esse uacuum non

Das Schweißtuch aber, von dem Ihr ebenfalls befohlen habt, dass es Euch geschickt werde, ist an seinem Körper. Folglich kann dieses nicht berührt werden, so wie man sich auch dem Körper von jenem nicht

debet, de catenis quas ipse sanctus Paulus apostolus in collo et in manibus gestauit, ex quibus multa miracula in populo demonstrantur, partem uobis aliquam transmittere festinabo, si tamen hanc tollere limando praeualuero. Quia dum frequenter ex catenis eisdem multi ueniunt et benedictionem petunt, ut parum quid ex limatura accipiant, assistit sacerdos cum lima, et aliquibus petentibus ita concite aliquid de catenis ipsis excutitur, ut mora nulla sit. Quibusdam uero petentibus diu per catenas ipsas ducitur lima, et tamen ut aliquid exinde exeat non obtinetur.

nähern kann. Da es sich aber nicht ziemt, dass ein so frommer Wunsch der heitersten Dame unerfüllt bleibe, werde ich eilen und Euch von den Fesseln, die der Heilige Apostel Paulus selbst an Hals und Händen trug und durch welche sich viele Wunder im Volk offenbarten, einen Teil zuzusenden – wenn ich überhaupt vermögen werde mit der Feile etwas hinwegzunehmen. Denn viele kommen doch zahlreich und erbitten etwas von den Ketten als Benedictio, um ein wenig von den abgefeilten Dingen zu erhalten; Der Priester ist mit der Feile behilflich; Durch einige Bittende wird so schnell etwas von denselben Ketten herausgeschlagen, sodass kaum Zeit vergeht. Bei einigen Bittenden wird die Feile tatsächlich lange Zeit an denselben Ketten bewegt und trotzdem schafft man es nicht, dass dann etwas herauskommt.

## 3. Die historische Verortung der Quelle (Epistula 4,30) – Miracula Apostolorum atque Reliquiae Sanctorum[20]

Im Juli 594 verfasst Gregor sein Schreiben an die Kaiserin Constantina, die den Bischof von Rom darum gebeten hatte, ihr die Schädelreliquie des Apostel Paulus oder alternativ einen anderen Teil des Körpers beziehungsweise das *Sudarium* (Schweißtuch/Leichentuch) zuzusenden.[21] Kurz zuvor hatte die schwerste Bedrohung Roms durch die Langobarden von September 593 bis Mai 594 Gregors allgemein sehr rege Korrespondenzführung unterbrochen – generell ein Indiz dafür, dass er seine (kirchen-)politischen Handlungen intensiv durch den Versand von Briefen betrieb.[22] Die Korrespondenzführung nimmt er nun wieder auf.

20  Vgl. Gregor I., Reg. 2 (s. Anm. 1), 330–339.
21  Vgl. Gregor I., Reg. 2 (s. Anm. 1), 330, Z. 1–5.
22  Vgl. Müller, Führung (s. Anm. 15), 279.

## 4. Beschreibung und Interpretation der Quelle

Das Schreiben Gregors mit der Überschrift *Miracula Apostolorum atque Reliquiae Sanctorum* befindet sich innerhalb des vierten Buchs des *Registrum Epistularum*.[23] Die Überschrift ist gemäß den Informationen zur Entstehung und Überlieferung des gesamten *Registrum* spätestens seit der Abschrift und Zusammenstellung der einzelnen Briefe durch päpstliche Notare Teil des Schreibens.[24]

### 4.1 Einleitung

Auffällig an der kurzen Einleitung ist, dass Gregor sein Antwortschreiben trotz der bereits erwähnten eigentlichen Funktion des Schreibens im höflichen Stil und schmeichelhaft im Sinne der *Captatio Benevolentiae* beginnt (und fortführt).[25] Die eigentliche Ablehnung wird jedoch ebenfalls bereits explizit.[26]

### 4.2 Tristibus Signis

Den Hauptteil des Schreibens beginnt er mit seiner Hauptthese, dass von den Körpern der heiligen Apostel Petrus und Paulus schreckliche und wunderhafte Wirkung ausgehe und man sich ihnen nicht einmal

---

23 Die einzelnen Schriften des *Registrum Epistularum* sind entweder durch Gregor selbst oder den Sekretär des Laterans dem päpstlichen Notar diktiert worden, wobei Gregor selbst wohl einige Notizen hinzufügte, die formelartig an den jeweiligen Empfänger angepasst wurden; vgl. P. Minard, Registre des Lettres 1*, Livre 1–2, tome 1**. P. Minard, SC 371, Paris 1991, 52–53. Die Notare schrieben die Briefe nach und nach zu einem Register zusammen. Das ursprüngliche *Registrum Epistularum*, das noch im 9. Jahrhundert – dem Zeitraum, in dem durch den Diakon Johannes die *Vita Sancti Georgi Magnii* verfasst wurde – im Lateran verwahrt wurde, ist verschwunden.

24 Durch diese Überschrift – unabhängig davon, ob sie durch den Papst selbst oder dessen Notare ergänzt wurde – rückt der normative Charakter hinsichtlich der Reliquienpraxis gegenüber der diplomatischen Implikation des Schreibens in den Vordergrund.

25 Gregor lobt das »eifrige Streben in Frömmigkeit und (die) Liebe zur Heiligkeit« der Kaiserin; vgl. Gregor I., Reg. 2 (s. Anm. 1), 330, Z. 1–5.

26 Er sei von einer *maior maestitia* (eine größere Schwermut) ergriffen, da er ihren Wunsch nicht erfüllen könne. Innerhalb der Formulierung *quae facere nec possum nec audeo* lässt besonders das Verb *audere* die Leserin erahnen, dass besagte *maior maestitia* auch etwas Warnendes, eventuell etwas Bedrohliches innehabe; vgl. K.E. Georges, Ausführliches Lateinisch-Deutsches und Deutsch-Lateinisches Handwörterbuch, Bd. 1, Leipzig 1879, 667–668, »audere«, 2.: etw. wagen, sich unterstehen, so dreist sein, zu.

zum Gebet nähern, geschweige denn diese Körper aufteilen und/oder translozieren könne.

Die folgende Argumentation gleicht einer Beweisführung in Form einer dreistufigen Klimax: Zuerst schildert Gregor wie sein Vorgänger Pelagius II. (578–590)[27] durch ein *signum* davon abgehalten wurde, ein silbernes Ornament, welches über das *sacratissimum corpus sancti Petri apostoli* angebracht ist, anders zu platzieren.[28] Dieses *signum* wird nicht weiter definiert. Als Gregor selbst ein tiefes Loch neben dem paulinischen Grab habe schaufeln lassen, um etwas am *sacratissimum corpus Pauli apostoli* zu verändern, habe der Vorsteher der Grabung einige Knochen entdeckt. Da man es sich herausgenommen habe[29], diese Knochen aufzuheben, seien »düstere Zeichen« aufgetreten und der Vorsteher sei infolgedessen eines plötzlichen Todes gestorben. Den narrativen Höhepunkt bildet erneut das Handeln von Pelagius II., der den exakten Platz der Ruhestätte des Laurentius habe finden wollen[30] und deshalb an diesem Ort habe graben lassen. Die Mönche und Maurer, welche die Grabung vollzogen hätten, hätten dabei die Knochen des Märtyrers gesehen und seien alle innerhalb von zehn Tagen verstorben. Es ist demnach laut Gregor bereits ausreichend, dass die Überreste des heiligen Märtyrers nur gesehen werden, damit als Folge der Tod eintritt. Die Diskrepanz zwischen »berühren« und »sehen« führt dazu, dass dem *Signum* eine gesteigerte Wirkung zugeschrieben wird: Sogar ohne eine direkte Berührung wird die Kraft, die von den Körpern der Heiligen ausgeht, wirksam. Das *Signum* ist demnach etwas, das aus dieser Kraft resultiert.

---

27  Vgl. L. Duchèsne, Le Liber pontificalis. Texte, introduction et commentaire, Bd. 1, Paris 1886, 309–311.
28  Vgl. Gregor I., Reg. 2 (s. Anm. 1), 330, Z. 12–332, Z. 16; vgl. LP (s. Anm. 27), 309, Z. 4–5.
29  Hier nutzt er nicht *audere* sondern *praesumere*, was in diesem negativen Kontext so viel wie »sich herausnehmen« oder ebenfalls »wagen« bedeutet, sich also mindestens auf derselben warnenden Stufe befindet wie »audere«; vgl. K.E. Georges, Ausführliches Lateinisch-Deutsches und Deutsch-Lateinisches Handwörterbuch, Bd. 2, Leipzig 1880, 1685–1686: »praesumere«, 2,c: sich herausnehmen, wagen.
30  Vgl. LP (s. Anm. 27), 309, Z. 6–7: *Hic fecit supra corpus beati Laurenti martyris basilicam a fundamento constructam.*

## 4.3 Romanis Consuetudo – Consuetudo Graecorum

Die Sitte bei den Römern erlaubt laut Gregor nur eine Herstellung von *Brandea*, also Kontaktreliquien. Diese absorbierten die Kräfte der Heiligen durch Berührung. Die Authentizität dieser Kontaktreliquien habe Leo I. (440–461) vor dem Publikum zweifelnder »Griechen« bewiesen, indem er ein solches *Brandeum* zweigeteilt habe und Blut aus diesem geflossen sei – ein *Brandeum* wird durch den Kontakt zu einem Heiligen ebenfalls zu dessen Körper und kann deshalb am Ort seiner Aufbewahrung dieselben Wunder bewirken. Die Sitte der »Griechen«, Knochen der Heiligen emporzuheben und diese allein als Reliquien zu verehren, findet Gregor höchst verwunderlich[31] und zweifelt sie sogar an.[32]

## 4.4 Exkurs: Die Bezeichnung Graeci in lateinischen Quellen der Spätantike/des Frühmittelalters

In den frühmittelalterlichen Quellen scheint es zunächst üblich gewesen zu sein, die Einwohner des verbliebenen östlichen Teils des Römischen Reichs »Griechen«, *Graeci*, zu nennen – diese Bezeichnung hat sich im Laufe des siebten Jahrhunderts durchgesetzt.[33] In Rom, das de iure weiterhin ein Teil des Reichs war, fiel es entsprechend schwer, diese Bezeichnung auf sich selbst anzuwenden.[34] Außerdem hätten die *Graeci* des Frühmittelalters, also die Einwohner des öst-

---

31  Das *miramur plurimum* (hier: *vehementer miramur*) wurde durch Innozenz I. (401–417) als päpstliche Rüge geprägt, die als ein schwerer aber sprachlich sanft erteilter Vorwurf galt; vgl. W. Ullmann, Gelasius I. (492–496). Das Papsttum an der Wende der Spätantike zum Mittelalter, PuP 18, Stuttgart 1981, 36, 39. Dass Gregor hier auf diesen Kunstgriff rekurriert, lässt sowohl auf sein diplomatisches Geschick als auch auf die Schwere der Thematik hindeuten. Papst Innozenz selbst kann ebenfalls als sprachlich und diplomatisch versiert beschrieben werden: Er baute den Stil seiner Dekretalen soweit aus, dass sie durch eine Mischung aus ciceronianischer Schulung, juristischer Ausbildung, *Captatio Benevolentiae* und feinem Spürsinn Widerstand bereits im Keim ersticken sollten.

32  Diesen Zweifel konkretisiert er durch einen Erfahrungsbericht aus seiner Amtszeit, in dem »griechische« Mönche einige Knochen nahe der Kirche des Heiligen Apostel Paulus ausgruben und diese versuchten, in den Osten zu bringen – als Reliquien. Da allerdings niemand durch das Stehlen der Knochen zu Schaden gekommen sei, habe es sich nicht *veraciter* um *ossa sanctorum* handeln können, so Gregor.

33  Vgl. C. Gantner, Freunde Roms und Völker der Finsternis. Die päpstliche Konstruktion von Anderen im 8. und 9. Jahrhundert, Wien 2014, 70.

34  Vgl. Gantner, Freunde (s. Anm. 33), 70.

lichen Teils des Reiches, sich selbst nicht so bezeichnet, denn sie verstanden sich als *Romaioi* – Einwohner des Römischen Reichs.[35] Die Bezeichnung *Graeci* hatte bereits in den lateinischen Quellen der Spätantike einen meist abwertenden Charakter und wurde auch von den entsprechend Bezeichneten so verstanden.[36] Gregor scheint diese negative Konnotation durch die Gegenüberstellung von *Romanis Consuetudo* und *Consuetudo Graecorum* aufzugreifen: Das Gegenüber von Rom und Konstantinopel bzw. Papst und Kaiser/in wird dadurch explizit und ist bereits Symptom einer zunehmenden Entfremdung zwischen dem östlichen und westlichen Teil des Reiches.

### 4.5 Corpora beatorum apostolorum
Des Weiteren führt Gregor an, wie die Körper der Apostel tatsächlich nach Rom und in ihre Grabstätten gelangt seien. Für Gregor scheinen

35 Die Bezeichnungen Γραικοί und Ἕλληνες, die ebenfalls noch als Selbstdefinitionen in Frage kommen, wurden spätestens seit dem 6. Jahrhundert kaum noch verwendet – Ἕλληνες galt bereits seit dem frühen Christentum als Synonym für Heiden und Γραικοί ist generell nur vereinzelt als Selbstbezeichnung belegt; vgl. Gantner, Freunde (s. Anm. 33), 71–72. Mit ziemlicher Sicherheit ist die Bezeichnung *Graecus* nicht griechischen Ursprungs, sondern stammt von der Bezeichnung *Grais* für das illyrische Volk und wurde von dort auf die aus italischer Sicht ebenfalls aus dem Osten stammenden Ionier/Hellenen übertragen.

36 Die Apokalypse des Pseudo-Methodius (»Die Apokalypse des Pseudo-Methodius. Die ältesten griechischen und lateinischen Übersetzungen«, in: W.J. Aerts/G.A.A. Kortekaas (Hg.), Bd. 1, CSCO.Sub 97, Louvain 1998, 15–35.), die gemäß der heutigen Forschung in die 690er-Jahre zu datieren ist, ist ein gutes Beispiel für das Verhältnis zwischen den Bezeichnungen *Graeci* und Ῥωμαῖοι: Da die Apokalypse in relativ kurzer Zeit in drei Sprachen – Syrisch, Griechisch und Latein – entstand, lässt sich anhand der verschiedenen Bezeichnungen für den Kaiser die Komplexität des Verhältnisses zwischen Selbst- und Fremdbezeichnung der Einwohner der verbliebenen östlichen Teile des Reiches darstellen: Im Syrischen, der ursprünglichen Version, heißt es: »König der Griechen« – so konnte der Kaiser im Syrien des 7. Jahrhunderts gesehen werden; im Griechischen heißt es: βασιλεὺς Ἑλλήνων, ἤτοι Ῥωμαίων (König der »Hellenen«, also der »Romaioi«) – das syrische »Yawnaye« wird mit Ἑλλήνων übersetzt und es bedarf anscheinend zusätzlich einer Erklärung; im Lateinischen, der jüngsten Version, heißt es: *rex Gregorum (Graecorum) sive Romanorum* – Ἑλλήνων wird nun also mit *Graecorum* übersetzt. Die Quelle zeigt, dass die Außenbezeichnungen für die Einwohner des verbliebenen östlichen Teils des Reiches sich jeweils stark von der Innensicht unterschieden. Spätestens im 8. Jahrhundert hat sich im lateinischen Westen die Meinung durchgesetzt, dass *Graeci* in den verbliebenen östlichen Teilen des Reiches lebten; vgl. Gantner, Freunde (s. Anm. 33), 73–75.

sowohl Paulus als auch Petrus durch den Tod in Rom zu Bürgern
dieser Stadt beziehungsweise zu deren »Eigentum« geworden zu sein,
obwohl sie (qua Geburt) eigentlich »Mitbürger« der *Graeci* gewesen
beziehungsweise aus dem östlichen Teil des Reiches gekommen sind.[37]
Rom sei die einzig legitime Ruhestätte der Apostel und die Römer
gemäß der damasianischen Behauptung[38] ihre »wahren« Mitbürger
– dies wird dadurch deutlich, dass nur die Römer die Körper der heiligen Apostel an den Ort ihrer eigentlichen Grabstätten transportieren konnten (*Mons Vaticanus und Via Ostiensis*). Die sogenannten
Gläubigen aus dem Osten hingegen seien durch himmlische Zeichen
davon abgehalten worden.

### 4.6 Quidam Homines

Den vorletzten Abschnitt leitet Gregor mit einer rhetorischen Frage
ein, die sein Unverständnis für die Bitte der Kaiserin ausdrückt und
ihr letztendlich dadurch ein unbedachtes[39], naives Verhalten vorwirft.[40] Um die Verantwortung der Kaiserin abzumildern oder auch
um seine eigene Ablehnung in einen übergeordneten politischen
Kontext zu setzen, führt Gregor *quidam homines* in seine Argumentation ein, denen er unterstellt, die Kaiserin beeinflusst zu haben, um
diese gegen ihn aufzuhetzen.[41] Gregor scheint eine gegen ihn gerich-

---

37  Vgl. die damasianische Inschrift in S. Sebastiano/A. Ferrua, Epigrammata da-
    masiana. Recebsuit et adnotavit Antonius Ferrua, Vatikanstadt 1942, Nr. 20,
    und Leo I., tr. 82,5–6 (CChr.SL 138, 514,112–517,160 Chavasse). Diese Be-
    hauptung knüpft damit an die Vorstellung des *Dies Natalis* an: Ausschlagge-
    bend für die Verehrungsfeier eines Märtyrers ist nicht dessen »erster« Ge-
    burtstag, sondern dessen wahrer *Dies Natalis*, also der Todestag (diese Be-
    zeichnung für den Tag des Versterbens setzte sich im 3./4. Jahrhundert durch;
    vgl. A. Angenendt, Heilige und Reliquien. Die Geschichte ihres Kultes vom
    frühen Christentum bis zur Gegenwart, München 1997, 129).
38  Vgl. Anm. 37 und 6. Der politische Kontext.
39  *temeraius*; Gregor I., Reg. 2 (s. Anm. 1), 336, Z. 72.
40  Die Tatsache, dass die Kaiserin bei ihrer Bitte an den Papst gänzlich die rö-
    mische Umgangsweise mit Reliquien (5. Reliquienpraxis zur Zeit Gregors)
    außer Acht gelassen habe, erscheint diplomatisch als höchst ungeschickt
    und deshalb merkwürdig; vgl. Consolino, Papa (s. Anm. 2), 225–249 (229)
    [Anm. 17].
41  Patriarch Johannes IV sei der eigentliche Initiator der Anfrage; vgl. McCul-
    loh, Cult (s. Anm. 3), 145–184 (147): demnach hätte der Patriarch die Autorität
    der Kaiserin genutzt, um an die Überreste des Paulus zu gelangen; vgl. auch
    Müller, Führung (s. Anm. 15), 300 [s. Anm. 148].

tete Stimmung in Konstantinopel zu vermuten[42]: Der Plan dieser Menschen sei es gewesen, der Kaiserin einzureden, dieses Unmögliche von Gregor zu erbitten. Laut Gregor aber hätten diese Menschen bereits damit gerechnet, dass er die kaiserliche Bitte ablehnen und somit vor derselben als ungehorsam erscheinen würde. Diese Vermutung von Gregor wird dadurch wahrscheinlicher, dass seit dem Brief von Papst Hormisdas (514–523) an den Kaiser Justinian (527–565) aus dem Jahr 519 offiziell bekannt war, was als legitime, römische Reliquienpraxis galt.[43] Gregor schließt diesen Abschnitt (scheinbar) versöhnlich damit ab, dass die Kaiserin immer unter dem Schutz der Apostel stehen werde – auch wenn dieser nicht *ex corporali praesentia* sei. Dieser Einschub ist im Zusammenhang dessen, dass Gregor selbst viel Wert auf die physische Anwesenheit von Reliquien legte, vermutlich als eine zynische Spitze zu verstehen.[44]

## 4.7 *Schluss*

Letztendlich verwehrt Gregor der Kaiserin auch das *Sudarium*, da dieses ebenfalls unberührbar sei, und schränkt auch seine Zusage, ihr dafür Feilspäne von den Ketten des Paulus zuzusenden[45], massiv ein: Es sei unsicher, dass es ihm überhaupt gelänge, einen Teil der Ketten

---

42 Gregor vermutet auch in seinem Schreiben an Johannes den Faster (Gregor I., Reg. 2 [s. Anm. 1], 198) gegen ihn gesponnene Intrigen in Konstantinopel; vgl. Müller, Führung (s. Anm. 15), 301. Im Herbst 594 kam in Konstantinopel der Verdacht auf, Gregor habe den Bischof Malchus ermordet – dieser Verdacht ist zumindest Beweis für eine ihm feindlich gesinnte Stimmung im kaiserlichen Palast.

43 Vgl. Müller, Führung (s. Anm. 15), 300. Der Papst hatte dem Kaiser bereits damals unter Verweis auf die Unteilbarkeit der Reliquien verwehrt, Überreste von Petrus, Paulus oder Laurentius nach Konstantinopel zu schicken (Vgl. Hormisdas, Epistula 77, in: A. Thiel [Hg.], Epistulae Romanorum pontificium genuinae et quae ad eos scriptae sunt a. S. Hilario usque Pelagium II, Bd. 1, Braunsberg 1867–1868, 873–875). Kaiser Justinian formuliert seine Anfrage an den Papst auf Anraten und Erklärung der Legaten, dass dies nicht der römischen Praxis entspräche, um und erbat (nur noch) »Sanctuaria« (Vgl. McCulloh, Cult [s. Anm. 3], 145–184 [160]). Diese Anfrage beantwortete der Papst positiv.

44 Vgl. Consolino, Papa (s. Anm. 2), 225–249 (231).

45 Gregor stellt die Kaiserin damit auf dieselbe Stufe mit »gewöhnlichen Pilgern«; vgl. Consolino, Papa (s. Anm. 2), 225–249 (229). Pelagius I. schildert in einem seiner Briefe eine ähnliche Situation: Der Patriarch Eutychios von Konstantinopel bat ihn um die Petrus-Reliquie, woraufhin Pelagius I. ihm Feilspäne von den Ketten Petri sandte; Pelagius I., Epistula 20, in: P.M. Gassó/C. Battle (Hg.), SDM 8, Montserrat 1959, 62–63.

abzufeilen. Diesen Einwand äußert Gregor sonst nirgends[46], weshalb dieses Zugeständnis sub conditione der Höhepunkt seiner Ablehnung an die Kaiserin ist.[47]

## 5. Der Umgang mit Reliquien zur Zeit Gregors

Nach Gregors Definition gibt es zwei unterschiedliche Kategorien des Begriffs *Reliquia*: Einerseits physische, andererseits repräsentative Reliquien.[48] Die klassische Bedeutung des lateinischen Begriffs, die sich nur auf die sterblichen Überreste oder die Asche des verbrannten Körpers bezog, wird somit um eine Komponente erweitert: Sie erlaubt es, auch nicht-körperliche Gegenstände als *Reliquiae* zu bezeichnen und zu verehren.[49] Hier besteht bereits der entscheidende Unterschied zum Reliquienverständnis der »Griechen«, wie Gregor es darstellt: Für diese scheint sich der Begriff *Reliquia* auf körperliche Überreste der Heiligen zu beschränken.[50]

*Sanctuaria* und *Brandea*, jeweils repräsentative Reliquien, erwerben ihre Heiligkeit durch den Kontakt mit dem Körper oder der Grabstätte der Heiligen.[51] *Sanctuaria* sind dabei hinsichtlich der spirituellen Qualität quasi äquivalent zu physischen Reliquien, da sie ebenfalls zur Weihung von Kirchen oder Klöstern eingesetzt werden und

46  Vgl. Müller, Führung (s. Anm. 15), 301.
47  Generell fügte Gregor vielen seiner Korrespondenzen solche Symbolobjekte wie Feilspäne bei (vgl. Müller, Führung [s. Anm. 15], 95, 190, 201, 211, 290, 342, 370, 382, 401, 404, 407; Consolino, Papa [s. Anm. 2], 225–249 [229–230]). Meistens handelte es sich aber um Feilspäne der Ketten des Apostel Petrus, gefüllt in einen kleinen Schlüssel (als Analogie zum petrinischen Schlüssel) oder in ein Kreuz (die Zusendung einer solchen »Benedictio« bedeutet entweder eine Auszeichnung des Empfängers oder soll ein klares politisches Statement sein; vgl. W. D. McCready, Signs [s. Anm. 13], 24). Gregor betrieb damit ansatzweise eine Art »Devotionalienhandel« ohne im Gegenzug dafür Geld zu verlangen (Vgl. Modesto, Gregor [s. Anm. 12], 135). Besonders aufgrund der Tatsache, dass der Papst zu Beginn des Schreibens das Streben der Kaiserin in Angelegenheiten der Frömmigkeit lobt, hätte er ihr eine seiner üblichen *Benedictiones* zusenden können; vgl. Consolino, Papa (s. Anm. 2), 225–249 (229–230).
48  Vgl. McCulloh, Cult (s. Anm. 3), 145–184 (154); Gregor I., Reg. 2 (s. Anm. 1), 332, Z. 34–334, Z. 49.
49  Vgl. McCulloh, Cult (s. Anm. 3), 145–184 (153).
50  Vgl. McCulloh, Cult (s. Anm. 3), 145–184 (155); Gregor I., Reg. 2 (s. Anm. 1), 334, Z. 49–53.
51  Vgl. McCulloh, Cult (s. Anm. 3), 145–184 (161).

immer in Verbindung zur Grabstätte der Heiligen stehen.[52] Die *Brandea* – meistens Kleidungsstücke, die für sich genommen nicht heilig sind – setzt Gregor nur in diesem Schreiben an Constantina in der Erzählung von Papst Leo I. bedeutungstechnisch den *Reliquiae* gleich: Das geweihte *Brandeum* wird dem römischen Verständnis nach zum Körper des Heiligen[53]. Gregor benutzt den Begriff *Sanctuaria* in dem Schreiben an die Kaiserin nicht, weil es hier weniger um die spirituelle Qualität als um den Vorgang der Herstellung einer Kontaktreliquie nach römischer Praxis geht. Außerdem ist *Brandeum* ein Lehnwort des griechischen Begriffs πράνδιον und kann unmissverständlich ins Griechische übersetzt werden.[54] Gregors Hauptanliegen scheint es zu sein, sowohl eine klare Differenzierung zwischen dem römischen und dem »griechischen« Reliquienverständnis darzulegen, als auch eine Begrifflichkeit zu liefern, die eindeutig ins Griechische zu übertragen und zu verstehen ist.

Des Weiteren scheint Gregor die Bezeichnungen *Benedictiones* und *Beneficia* quasi äquivalent zu verwenden: Sie unterscheiden sich von den anderen repräsentativen Reliquien dadurch, dass sie bereits zu Lebzeiten des Heiligen – also vor dessen *Dies Natalis* – in Kontakt mit ihm kamen.[55] Gregor versendet sie außerdem häufig als Geschenke an Einzelpersonen. Sie werden somit nicht für die Weihung von Kirchen oder Klöstern, also für die Gemeinde als gesamte, verwendet. Durch den Kontakt zu Heiligen werden sie außerdem nicht zu sterblichen Überresten, besitzen aber ebenso wie die anderen »Reliquienarten« wundervolle Kräfte.[56]

Die Ausweitung des Reliquienverständnisses auf solche einfachen Gegenstände ermöglichte es, die Unantastbarkeit der Gräber und Körper aufrecht zu erhalten und gleichzeitig einer steigenden Nach-

---

52 Vgl. McCulloh, Cult (s. Anm. 3), 145–184 (165–166).
53 Vgl. McCulloh, Cult (s. Anm. 3), 145–184 (177–178).
54 Vgl. McCulloh, Cult (s. Anm. 3), 145–184 (167–168).
55 Vgl. McCulloh, Cult (s. Anm. 3), 145–184 (169–174).
56 Gregor war in seiner gesamten Amtszeit ein Verfechter dessen, dass Wunder – wenn auch seltener als zur Zeit der Apostel – zur Tagesordnung gehörten; vgl. McCready, Signs (s. Anm. 13), 26. Visionen waren allerdings ein häufiger auftretendes Wunder, welches Gregor in den Dialogen dadurch begründet, dass das Ende der Welt nah sei und sich deshalb in klaren Anzeichen bereits jetzt manifestiere; Gregor I., Dialogues, Livre 4, tables et index, tome 3. A. de Vogüé, P. Antin, Paris 1980, 155.

frage an *Reliquiae* gerecht zu werden.[57] Durch diese begrifflich differenzierte Argumentation scheint Gregor die Bitte der Kaiserin rein
aufgrund der Faktenlage ablehnen zu müssen – sein augenscheinlicher
Ungehorsam wird dadurch geschmälert.[58] Entscheidend für das
päpstliche Selbstverständnis ist, dass die Verantwortung für die Gräber der Heiligen bei den jeweiligen Bischöfen liegt[59]: Wer also eine
römische Kontaktreliquie erwerben will, hat sich demnach an den Bischof von Rom persönlich zu wenden – gemäß der dortigen Fülle an
Heiligengräbern handelt es sich also um einen unverkennbaren
Machtanspruch, den Gregor durch sein Veto verdeutlicht.

## 6. Der politische Kontext

Dass die Kaiserin die Reliquie des Apostel Paulus einfordert, ist wie
durch Gregor impliziert nicht bloß ein *religiosum desiderium*, also »ein
frommer Wunsch«, wie ihn jeder gewöhnliche Rom-Pilger hatte.
Vielmehr scheint diese Bitte ein politisches Motiv zu haben: Die Paulus-Reliquie ist sowohl für Rom als auch für Konstantinopel prestige-
reich und hat dadurch einen politischen Wert.[60] Gregor steigert sich
in seinem Schreiben bis zu der Bemerkung, dass es in »Rom und im
gesamten Occident« ein Sakrileg sei, die Körper der Heiligen zu berühren.[61] Die *Consuetudo Graecorum* stehe im Gegensatz dazu. Mc-
Culloh legt zwar schlüssig dar, dass Gregors Schilderung der damaligen Reliquienpraxis im Westen entspricht, jedoch scheint eine gänz-
liche Ablehnung der »griechischen« Praxis durch Gregor dennoch
zweifelhaft, da er im Notfall Translationen erlaubte[62] und seit seiner
Zeit als Apokrisiar in Konstantinopel (579–585)[63] bestens mit der

---

57  Vgl. McCulloh, Cult (s. Anm. 3), 145–184 (179).
58  Vgl. McCulloh, Cult (s. Anm. 3), 145–184 (150).
59  Vgl. McCulloh, Cult (s. Anm. 3), 145–184 (162).
60  Vgl. Consolino, Papa (s. Anm. 2), 225–249 (228): Die Anwesenheit der Körper
    der beiden Apostel ist im Zusammenhang einer Neugründung Roms als *Caput
    Ecclesiae* im Wettstreit mit Konstantinopel um den Vorrang nicht weniger
    wichtig für »l'identità e l'unicità della Sedes Apostolorum« als zur Zeit des
    Damasus; Consolino, Papa (s. Anm. 2), 225–249 (228).
61  *In Romanis namque uel totius Occidentis partibus omnino intolerabile est atque
    sacrilegium*; Gregor I., Reg. 2 (s. Anm. 1), 334, Z. 45–47.
62  Vgl. Anm. 8.
63  Die Wertung dieser Zeit Gregors in Konstantinopel als Exilszeit tritt in der
    Forschung häufig auf und muss dringend korrigiert werden, da Gregor einer-
    seits ein großes Kontaktnetz in Konstantinopel pflegte und andererseits die

»griechischen« Praxis hätte vertraut sein müssen.[64] Dies lässt vermuten, dass es bei der Ablehnung an die Kaiserin neben der Verteidigung
der römischen Reliquienpraxis auch um die spezielle Bedeutung der
Paulus-Reliquie geht.

Kaiserin Constantina möchte die Paulus-Reliquie für die von ihr
selbst in Auftrag gegebene Kirche im kaiserlichen Palast in Konstantinopel in Anspruch nehmen. Durch einen Teil des paulinischen Corpus würde sich die Bedeutung der Kirche – aber auch Konstantinopels insgesamt – steigern lassen.[65] Das Motiv der Kaiserin könnte also
sowohl Frömmigkeit, als auch politisches Kalkül sein. Durch den
Kopf des Apostel Paulus verlangt sie außerdem quasi das gesamte
Corpus des Heiligen: Denn dort, wo das Haupt des Begrabenen ruht,
ist laut römischem Recht der *Locus Religiosus*. Gregors Zögern bis zum
Schluss, der Kaiserin »etwas anderes vom Körper desselben« oder
eben eine *Brandea* oder auch nur eine *Benedictio* zuzusenden, bedeutet,
dass sie mit dieser Forderung eindeutig zu weit gegangen war.

Es ist letztendlich evident, dass der Wert der Paulus-Reliquie für
den Bischof von Rom ein einzigartiger gewesen sein muss: Bereits
durch Papst Damasus (366–384) wurden Petrus und Paulus im Zuge
der Integration der Katakomben in das römische Stadtgefüge als *Cives*
von Rom und *Nova Sidera*, mit der Anspielung auf Castor und Pollux,
bezeichnet.[66] Leo I. pries die beiden Apostel als die »neuen Gründer« – im Gegensatz zu Romulus und Remus[67] – und nahm damit den
damasianischen Gedanken der christlichen Erneuerung Roms auf:[68]
Zur Natale-Feier sprach er am 29. Juni 441 davon, dass Rom durch
Petrus und Paulus von einer Lehrerin des Irrtums (in der Zeit *vor* den

---

Bewertung der Zeit als Exil anachronistisch ist, da sie eine kulturelle Ost-
West-Spannung voraussetzt, wie sie zu dieser Zeit (noch) nicht existierte; vgl.
Müller, Führung (s. Anm. 15), 109.

64  Vgl. McCulloh, Cult (s. Anm. 3), 145–184 (180) [Anm. 141]; vgl. M. Dal Santo,
Debating the Saints' Cult in the Age of Gregory the Great, Oxford Studies in
Byzantium, Oxford 2012, 15.

65  Vgl. Müller, Führung (s. Anm. 15), 300.

66  Vgl. Ferrua, Epigrammata (s. Anm. 37), Nr. 20; S. Diefenbach, Urbs und Ecclesia – Bezugspunkte kollektiver Heiligenerinnerung im Rom des Bischofs
Damasus (366–384), in: R. Behrwald/C. Witschel (Hg.), Rom in der Spätantike. Historische Erinnerung im städtischen Raum, Stuttgart 2012, 193–249
(216); K. Friedrichs, Episcopus Plebi Dei. Die Repräsentation der frühchristlichen Päpste, Regensburg 2015, 71.

67  Leo I., tr. 82,1 (CChr.SL 138, 509,16–20 Chavasse).

68  Vgl. Friedrichs, Episcopus (s. Anm. 66), 72.

Aposteln) zu einer Schülerin der Wahrheit geworden sei, von der aus sich das Licht der Wahrheit *per totum mundi corpus*[69] ausbreiten solle.[70] Im Vergleich zu Romulus und Remus sind Petrus und Paulus, laut Leo, die wahren Hirten Roms.[71] Durch die Doppelapostolizität beziehungsweise die apostolische »Gründung«, auf die sich Rom beruft, wurde ebenfalls vor allem unter Leo eine Vorrangstellung Roms im Vergleich zu Konstantinopel beansprucht.[72] In Analogie zum Konzept der Doppelapostolizität war außerdem die Idee der beiden Kirchen *ex circumcisione*, deren Vorsteher Petrus sei, und *ex gentibus*, mit Paulus als Vorsteher, entstanden, die sich vor allem in der Kirchengestaltung und Epigraphik des fünften Jahrhunderts in Rom niederschlug.[73] Der römische Bischof fungierte dabei als Vorsitzender der geeinten Gemeinde in Rom und der gesamten Ökumene, die als *Plebs Dei*[74] bezeichnet wurde. Dieses spezifisch römische Motiv schreibt die Lenkung der gesamtkirchlichen Geschicke dem Papst zu.

Die politische Bedeutung der Paulus-Reliquie ist demnach für Gregor der eigentliche Grund, die Zusendung derselben – weder in Form einer physischen, noch einer repräsentativen Reliquie wie der *Brandea* – zu verweigern. Obwohl Gregor die Kaiserin durch das gesamte Schreiben hindurch augenscheinlich höflich und ehrerbietig anspricht[75], argumentiert Gregor nicht wie ein Untertan von Konstantinopel und der Kaiserin, sondern behandelt diese von oben herab als einfache Bittstellerin, der er als Verantwortlicher für die römischen Reliquien und als Oberhaupt der gesamten christlichen Ökumene

---

69 Leo I., tr. 82,3 (CChr.SL 138, 512,72 Chavasse).
70 Vgl. Leo I., tr. 82.
71 Leo I., tr. 82,1 (CChr.SL 138, 508,12 Chavasse).
72 Bspw. seine »Protestbriefe« zum Can. 17 und Can. 28 des Chalcedonense an den Kaiser Marcian, die Kaiserin Pulcheria und den Patriarchen Anatolius: Ep. 54–56, in: E. Schwartz (Hg.), ACO 2/4, Berlin 1932, 55–62 – wobei der 17. Canon den Rang von Bischöfen in kaiserlich gegründeten Städten an deren zivilen Rang koppelte und der 28. Can. Konstantinopel als neuer Reichshauptstadt Ehrenrechte zusprach und es endgültig zur *Nea Roma* machte (Vgl. Ullmann, Gelasius [s. Anm. 31], 88–89.
73 Vgl. Friedrichs, Episcopus (s. Anm. 66), 71, 281: Vgl. das Apsismosaik der um 400 geweihten S. Pudenziana oder die Innenwand der um 430 geweihten S. Sabina.
74 Im Triumphbogenmosaik von S. Maria Maggiore wird Sixtus III. (432–440) als *Episcopus Plebi Dei* bezeichnet; vgl. Friedrichs, Episcopus (s. Anm. 66), 71.
75 Vgl. Einleitung: *Serenitas vestrae pietatis, religionis studio et sanctitatis amore conspicua*; sein Wunsch, dass die Kaiserin ihm gewogen bleibe; die Anrede *serenissima domina*.

eine Absage erteilt. Das Handeln Gregors ist das eines selbstbe-
wussten Bischofs der Stadt Rom.

## 7. Gregor I. als Papst in Rom und im Kontext seiner Zeit

Gregor, der sich zeitlebens kritisch mit seinem Papstamt auseinandersetzte, bekleidete seit ca. 570 verschiedene Leitungsämter.[76] Von ca.
570–574 war er Stadtpräfekt in Rom, von 579–585 lebte er als päpst-
licher Apokrisiar in Konstantinopel und von 590–604 wurde er
schließlich Inhaber der römischen *Sedes Apostolica*. Aus rechtlicher
Sicht war Rom seit 552 eine byzantinische Stadt, die in politischer
Hinsicht seit 584 durch den Exarchen in Ravenna kontrolliert wird.[77]
Der Papst war demnach politisch ein Untergebener der Kaiserin.
Durch die Bedrohung der Langobarden änderte sich dieses Verhältnis
und Gregor handelte auch in weltlichen Angelegenheiten zunehmend
autark. Seine Verhandlungen hinsichtlich der Langobardenpolitik
liefen seit 593 nicht mehr allein über die offiziell verantwortlichen
kaiserlichen Instanzen.[78] Er wandte sich seitdem vielmehr direkt an
die langobardischen Machthaber und setzte damit seine bereits im
Sommer 592 geäußerte Bereitschaft zum Friedensschluss[79] mit dem
Langobardenkönig Agilulf fort – notfalls auch über den Kopf des Exarchen hinweg[80]. Er war zu diesem Zeitpunkt bereit für persönliche
Verhandlungen und begann zusätzlich eine Korrespondenz mit der
langobardischen Königin Theodelinda.[81]

Für die Langobarden war eine Annäherung an die kirchliche Mehrheit, also die katholische Partei, Voraussetzung dafür, sich langfristig
in Italien niederzulassen, da diesbezüglich nicht nur die Akzeptanz
der staatlichen Machthaber von Nöten war, sondern auch zunehmend
die der Bischöfe.[82] Das Vorgehen des langobardischen Königspaares

---

76 Vgl. Müller, Führung (s. Anm. 15), 1.
77 Vgl. R. Krautheimer, Rom. Schicksal einer Stadt (312–1308), Leipzig 1870;
   englische Übersetzung: ders., Rome. Profile of a City, Princeton 1980, 73, 76.
78 Vgl. Müller, Führung (s. Anm. 15), 282; Ein Brief an Bischof Constantius von
   Mailand, September 593 (Gregor I., Reg. 2 [s. Anm. 1], 254–258) bestätigt,
   dass Gregor hinsichtlich der Kommunikation mit den Langobarden einen
   neuen Ansprechpartner gefunden hat.
79 Vgl. Gregor I., Reg. 1 (s. Anm. 23), 388–395 (392).
80 Vgl. Gregor I., Reg. 2 (s. Anm. 1), 259.
81 Vgl. Müller, Führung (s. Anm. 15), 283; Gregor I., Reg. 2 (s. Anm. 1), 342–346.
82 Vgl. Müller, Führung (s. Anm. 15), 284.

wird in der Forschungsgeschichte als »politisch intelligente religiöse Ambivalenz«[83] bezeichnet: Agilulf blieb sowohl Arianer als auch den heidnischen Kultträgern zugetan – er führte also die langobardische Tradition fort – und Theodelinda öffnete sich der katholischen Partei. Im Winter 593/94 kam es im Vorfeld des Antwortschreibens an die Kaiserin zum Abbruch der langobardischen Belagerung Roms.[84] Diese wird bisweilen auf die Hochachtung von König Agilulf gegenüber Gregor zurückgeführt.[85] Das selbstbewusste Auftreten Gregors gegenüber der Kaiserin scheint also auch etwas mit dem politischen Geschehen im westlichen Teil des Reiches zu tun zu haben.

Das Stadtbild Roms zur Zeit von Gregor I. lässt sich in aller Kürze wie folgt beschreiben: Insgesamt wird die Stadt durch Gregors aktive Missionstätigkeiten zur Hauptstadt der westlichen Christenheit und zu einem immer einflussreicheren Machtfaktor in der westlichen Politik – neben den Langobarden gewinnt er auch die arianischen Westgoten in Spanien und das heidnische England für den christlichen Glauben.[86] Durch die Belagerungen der Goten und der Langobarden schrumpften die Bevölkerungszahlen und angesichts der größer werdenden Bedrohung durch die Langobarden zog sich auch die Regierung in Ravenna aus Rom zurück.[87] Durch diese Entwicklungen bleibt die Kirche als einzig wirkungsvolle Organisation in Rom übrig und die päpstliche Administration wird wichtiger für die Versorgung der Bevölkerung und gewinnt dadurch auch an (realem) Einfluss und Macht.[88] Auch der Erhalt der öffentlichen Gebäude wird zuneh-

83  A. Magnani/Y. Godoy, Theodelina. La Langobarda, Donne d'Oriente et d'Occidente 7, Mailand 1998, 44.
84  Vgl. Müller, Führung (s. Anm. 15), 285.
85  In Gregor-Viten (Anonymus aus Whitby, The earliest Life of Gregory the Great, AHR 74.2 [1968], 114–166) und den Zusätzen zur Chronik Prospers von Havnium (Auctarii Havniensis extrema, Chronica Minora 1, MGH.AA 9 [1892], 399) wird von einem Treffen von Agilulf und Gregor berichtet, bei dem es sich aber, so Ewald (MGH.Ep 1), 319, Anm. 1, auch um eine literarische Nachbildung des Treffens zwischen Leo und Attila handeln könnte; vgl. Müller, Führung (s. Anm. 15), 285.
86  Vgl. Krautheimer, Rom (s. Anm. 77), 75.
87  Vgl. Krautheimer, Rom (s. Anm. 77), 76, 82.
88  Vgl. Krautheimer, Rom (s. Anm. 77), 82, 84. Noch zu Zeiten Leos I. oder Gelasius I. waren die zu Weilen sehr kühnen Machtansprüche der römischen Bischöfe faktisch auf Interna, also die geistlichen Dinge, begrenzt. Aufgrund eines Machtvakuums und des zunehmenden Einflusses Roms auch in politischen Angelegenheiten wird die päpstliche Macht auf weltliche Dinge, also Externa, ausgeweitet.

mend durch die Kirche getragen, sodass zwar um 630 noch ein kaiserliches Plazet nötig ist, um einen Tempel zu christianisieren, 609 aber bereits das Pantheon zur Kirche umgewandelt wird und Papst Honorius I. (625–638) insgesamt eine forsche Kirchbau- beziehungsweise Umwandlungspolitik führen kann.[89]

Wichtig für die Entwicklung der römischen Kirche hin zu einer faktisch politischen Macht und der Stadt Rom zu einem Brennpunkt des Geschehens ist ihre Inszenierung als »Heilige Stadt«, als »magisches Zentrum«.[90] Als Ruhestätte von Petrus und Paulus und vielen weiteren Märtyrern wird Rom zu einem begehrten Ziel, das auch durch die Öffnung der neuen Gebiete in Westeuropa für das katholische Christentum immer häufiger von Pilgern frequentiert wird. Verbunden ist dieser Eifer mit einem stärker werdenden Glauben an Wunder und die Wunderwirksamkeit von Reliquien. Gregor unterstützt diesen Glauben und profitiert von diesem. Als Jerusalem in der ersten Hälfte des siebten Jahrhunderts erobert wird und nicht mehr unter kaiserlicher Herrschaft steht, bleibt Rom als »einzig«[91] heilige Stadt der Christenheit übrig – was deren Bedeutung natürlich noch steigert.[92] Rom, das Papsttum und die doppelte Apostolizität werden miteinander identifiziert und wirken wie ein Sog auf die Christenheit.

## 8. Fazit

Petrus und Paulus sind die wichtigsten »Bürger« des christlichen Roms.[93] Die Bitte nach dem Schädel eines dieser beiden Apostel wäre erstens ein nicht hinnehmbarer Bedeutungsverlust für die Stadt selbst und würde zweitens zu einer weiteren Aufwertung Konstantinopels hin zu einem zweiten Rom in apostolischer Hinsicht führen:[94] Die Doppelapostolizität ist für Rom eine der entscheidenden Argumentationsgrundlagen, den Vorrang anderer Patriarchaten gegenüber zu behaupten. Sie ist demnach das römische Alleinstellungsmerkmal

---

89 Vgl. Krautheimer, Rom (s. Anm. 77), 86.
90 Vgl. Krautheimer, Rom (s. Anm. 77), 94.
91 Diese Sichtweise ist abhängig von der jeweiligen Perspektive, da bspw. auch Konstantinopel einen ähnlichen Status anstrebte (s. die hier behandelte Quelle).
92 Vgl. Krautheimer, Rom (s. Anm. 77), 94.
93 Vgl. Modesto, Gregor (s. Anm. 12), 136.
94 Vgl. Herrmann-Mascard, Reliques (s. Anm. 9), 35; 40 [Anm. 1].

schlechthin im Rangstreit mit Konstantinopel. Nachdem Konstantinopel in den Canones der Konzile von 381[95] und 451[96] aufgrund seiner
Funktion als *Urbs Regia* den Titel *Nea Roma* erhielt, argumentierte
Leo I. unter anderem mit der Doppelapostolizität beziehungsweise
apostolischen »Gründung« Roms, um den essentiellen, Gott gegebenen Unterschied der beiden Städte zu untermauern.[97]

Aufgrund dieses Unterschiedes und der darin begründeten Rolle
des Bischofs von Rom konnte Papst Gregor der kaiserlichen Bitte nie-
mals nachkommen. Auch die Zusendung einer paulinischen *Brandea*
oder *Sanctuaria* wäre nach dem gregorianischen Verständnis nicht
möglich, da diese ebenfalls zu einer Aufwertung Konstantinopels hätte führen können. Gregor ist außerdem durch die politischen Entwicklungen zunehmend in der Position, den staatlichen Mächten
Kontra geben zu können – Gregor wird als Bischof von Rom zunehmend selbst zum weltlichen Handlungsträger, der seine eigenen politischen Interessen verfolgt und diese auch umsetzt. Er vertritt demnach zusammenfassend in diesem Schreiben ein klares Machtbewusst-
sein als Römer und Papst, welches mit den politischen Entwicklungen,
der Doppelapostolizität und konkret der Märtyrer- und Reliquienverehrung zusammenhängt. Die paulinische Reliquie ist demnach nicht
nur ein spiritueller Gegenstand, sondern auch ein politisches Instru-
ment, welches sich der (faktische) Herrscher der westlichen Christenheit nicht abnötigen lassen kann – egal, von wem diese Bitte kommt.

95  Durch die Can. 2–4 wurde Konstantinopel als »neues Rom« (Can. 3) aufge-
    wertet und erhielt somit neben dem »alten Rom« einen Ehrenrang; vgl. H.
    Jedin, Conciliorum Oecumenicorum Decreta, Bologna 1973, 32.
96  Vgl. Anm. 72; durch die Argumentation, dass für himmlische und irdische
    Dinge verschiedene Kriterien gelten würden – also für die Höherstellung ei-
    ner Stadt aufgrund der Apostolizität bzw. des zivilen Rangs – versuchte Leo I.
    die Angelegenheit als eine Glaubenssache, also in den Bereich der Interna
    fallend, darzustellen, mit der sich der Kaiser nicht zu befassen habe und in
    welcher weltliche Argumente nicht zählen würden; vgl. Ullmann, Gelasius (s.
    Anm. 31), 99–103.
97  Vgl. Ullmann, Gelasius (s. Anm. 31), 89–100. Im Zusammenhang dessen ent-
    stand außerdem die Andreas-Legende, die Konstantinopel ebenfalls eine apo-
    stolische »Gründung« zuschrieb.

# Als Paulus' Grab brannte
## Preußens Beitrag zum Wiederaufbau der Paulsbasilika in Rom

*Pierre Sfendules*

### 1. Das stadtrömische Überlegenheitsargument und seine protestantische Kritik

Es gehört zu den besonderen Kennzeichen des europäischen 19. Jahrhunderts, dass seine gelebte Paulusverehrung durch zwei Umstände unterschiedlicher Art herausgefordert worden ist: zum einen durch die aufkommende Kritik der theologischen Wissenschaft und zum anderen durch den Brand der altehrwürdigen Pilgerkirche San Paolo fuori le mura im Süden Roms – der »Paulsbasilika« im Jahre 1823. Ferdinand Christian Baur und seine Schüler bestimmten bekanntermaßen mit ihrer kühlen Anwendung historisch-kritischer Methoden auf die früheste Kirchengeschichte die theologischen Debatten über mehrere Jahrzehnte hinweg nicht nur innerhalb des deutschsprachigen, aber auch des internationalen Raumes.[1] Diese sogenannte Tübinger Schule knüpfte die ihrer Meinung nach »hellenisierenden« Tendenzen innerhalb des frühen Christentums an dessen vermeintlich intensive Paulusrezeption, die gegen eine zweite Partei »judaisierenden« Charakters gerichtet gewesen sei. Die erlebnisorientierte Paulusverehrerin[2] des 19. Jahrhunderts besuchte hingegen, und dies führt uns zu unserem eigentlichen Forschungsgegenstand, zwei reli-

---

1 Zur wissenschaftsgeschichtlichen Bedeutung Baurs: J. Zachhuber, Zwischen Idealismus und Historismus. Theologie als Wissenschaft in der Tübinger Schule und in der Ritschlschule, Leipzig 2015. Für ein Beispiel seiner Rezeptionsgeschichte im Ausland: J. C. Paget, The Reception of Baur in Britain, in: M. Bauspieß/C. Landmesser/D. Lincicum (Hg.), Ferdinand Christian Baur and the History of Early Christianity, Oxford 2017, 307–354.

2 Um den Lesefluss zu verbessern, werde ich in lockerem Wechsel feminine und maskuline Formen nutzen, wobei immer alle Geschlechter mitgemeint sind.

giös aufgeladene Orte in Rom. Da ist das Kirchenensemble mit der Kirche San Paolo alle tre Fontane, die traditionell mit dem Märtyrertod des Apostels verbunden ist, sowie die drei Kilometer weiter nördlich liegende, monumentale Paulsbasilika.[3] Hier an den Orten stadtrömischer Paulustradition könne sich der gläubige Romreisende die apostolische Zeit vergegenwärtigen, so legte es ein zeitgenössischer Artikel in der amerikanischen Zeitschrift »The Christian Spectator« nahe:

When we enter within the circle of such influence, and upon such a scene, we feel ourselves brought into a more close association with the Apostle.[4]

Vor dem Hintergrund seiner Geschichte sank ihm das zeitgenössisch-päpstliche Rom jedoch zum verfallenen Zerrbild herab. Die Paulus-stätten – außerhalb der historischen Stadtmauern Roms gelegen – wurden hier zu einem

spot whither the protestant pilgrim may bend his way, when wearied with the superstitions of the city, arrogantly styled ›eternal,‹ and find on this solitary plan aliment for his heavenly hopes. As the malaria has desolated all this region, so has a moral pestilence taken the place of a healthier atmosphere within the walls of the capital, where Paul once preached. When we sit upon this spot, and observe no happy dwelling, nor curling smoke, nor sportive child, and scarcely a wandering animal, we may suppose that visible judgments are the evidences of human guilt; and that God has withdrawn the sweet charities of this life from those who have substituted their own idolatrous practises instead.[5]

Der Zustand der Paulusstätten spiegele demnach den Zustand der römischen Kirche wider.[6]

---

3  Für eine zeitgenössische protestantische Beschreibung der beiden Orte: E. Platner u. a., Beschreibung der Stadt Rom. Bd. 3. Erste Abteilung, Stuttgart u. a. 1837, 440–461.
4  M. B., San Paolo alle tre fontane, The Christian Spectator 4 (01.11.1822), 589–592 (590).
5  M. B., San Paolo (s. Anm. 4), 592.
6  Die Engländerin Charlotte Anne Eaton verbrachte die Jahre 1817 bis 1818 in Rom und beschrieb die Paulsbasilika folgendermaßen: »(F)or among all the ugly churches of Rome, this is remarkable for its surpassing ugliness. In vain have they adorned its exterior with huge mosaic saints, or stuck upon its front the excrescence of a portico, or given to its entrance costly gates of bronze, brought from Constantinople [...] it is one of the many instances, that the most splendid materials and ornaments are insufficient to produce architectural beauty, unless combined by the hand of taste«. Über San Paolo alle tre Fontane

Was wird der Autor des zitierten Artikels wohl gedacht haben, als die traditionsreiche Paulsbasilika wenige Monate später völlig nieder-brannte? In der Nacht zum 16. Juli 1823 fing das Dach des in seinen Grundbeständen auf das 4. Jahrhundert zurückreichenden Kirchen-gebäudes Feuer.[7] Das päpstliche Hausblatt »Diario di Roma« berich-tete am folgenden Tag:

Ein verheerendes Unglück ergab sich, so weit es den Anschein hat, aus der Tatsache, dass einige Abdichter bei verschiedenen Arbeiten auf dem Dach der St. Paulus-Basilika außerhalb der Mauern angezündete Kohlen aus einer Brennpfanne fallen ließen: gestern Abend setzten diese die Decke der be-sagten Basilika in Brand. [...] (D)ie zahlreichen und berühmten Säulen, ab-züglich einiger weniger, sind teils hinabgestürzt und teils verkohlt und mit großen Schwierigkeiten konnte nur das Kloster gerettet werden.[8]

Doch in Rom verbreiteten sich schnell Gerüchte, die bald auch die preußische Gesandtschaft auf dem Kapitol erreichten. Der gerade zum geschäftsführenden Gesandten beförderte Christian von Bunsen (1791–1860) berichtete über dasselbe Geschehen nicht ohne Verdruss:

Es ist ganz klar, daß, wenn einige tausend Menschen mit Löscheimern eine Reihe von der Tiber an gebildet und nur das Wasser in die Kirche gegossen hätten, sodaß das ganze Schiff unter Wasser gesetzt wäre, der Schaden ver-hältnismäßig gering und wenigstens nicht unersetzlich hätte werden können; denn die Verkalkung und der Ruin der herrlichen Säulen ist durch den Brand auf der Erde erfolgt, gegen den man mit der sogenannten Feuerspritze natür-lich wenig thun konnte, und bis zwölf Stunden nach dem Brande gar nichts, nachher auch wenig mehr gethan hat. Doch um jenen Plan auszuführen, hät-te das Volk einen Eifer für sein zweites Nationalheiligtum gehabt haben [ ] müssen. [ ] Es ist gerichtlich erwiesen, daß die zwei Blechschläger betrunken gewesen und einer das Kohlenbecken an den Kopf des andern geworfen hat; ja die Kette woran dasselbe befestigt gewesen, hat sich unter den Trümmern im Schiffe gefunden; die Römer aber behaupten, oder wollen wenigstens die Ungereimtheit der Behauptung nicht leicht zugeben, daß die Juden (alias die

---

bemerkte sie spitz, dass statt der drei Wasserquellen in diesem nassen und von Feuchtigkeit geplagten Gebiet es besser gewesen wäre, hätte Paulus' Kopf beim dreimaligen Aufsetzen die Gegend vielmehr getrocknet, C. A. Eaton, Rome in the Nineteenth Century, New York 1827, 38–39.

7  Zur Geschichte der Paulsbasilika bis zum Brand: N. Camerlenghi, St. Paul's outside the Walls, Cambridge 2018. Zum Brand und den daran anschließenden Entwicklungen: M. Groblewski, Thron und Altar. Der Wiederaufbau der Ba-silika St. Paul vor den Mauern (1823–1854), Freiburg im Breisgau u. a. 2001.

8  [Anonym], Notizie, Diario di Roma (16.07.1823), 4.

Abb. 1: Frances Bunsen, S. Paolo fuori le mura (Ausschnitt). 30. April 1834.
Vorne der Tiber, Blick nach Osten. Ein evangelisch-lutherisch-anglika-
nisches Paar und ihre römisch-katholische Kirche: Wahrscheinlich nach
dem Tod ihres Ehemannes, dem preußischen Gesandten in Rom und später
in London – legt sich eine Nostalgie auf die Erinnerungen an die Ewige
Stadt. Sie treibt Frances von Bunsen dazu, Fotografien ihrer frühen
Zeichnungen zu publizieren. Da war die Kirche in Wirklichkeit bereits
durch ein Feuer zerstört. F. Bunsen, Views of Rome and the Environs.
Photographed from the Original Drawings ca. 1860–1870, f. 24r. Ein
Exemplar befindet sich in der National Library of Wales (Signatur: Llyfrau
Ffoto 354 B). Online zugänglich unter http://hdl.handle.net/10107/5002091
(letzter Zugriff 28.03.2022).

Engländer, alias Juden als Engländer verkleidet, also immer Juden oder Ketzer) das Feuer angelegt.[9]

9  F. Nippold/F. Bunsen, Christian Carl Josias Freiherr von Bunsen. Aus seinen
   Briefen und nach eigener Erinnerung geschildert von seiner Witwe. Bd. 1: Ju-
   gendzeit und römische Wirksamkeit, Leipzig 1868, 207. Für die davon abhän-
   gige Darstellung des Göttinger Theologieprofessors Friedrich Nippold: 206.
   Näher mit diesen apologetischen Gerüchten in Rom hat sich beschäftigt: F.
   Sebastianelli, L'incendio della Basilica di S. Paolo fuori le Mura, Roma moder-
   na contemporanea 12 (2004), 539–566.

Wenige Tage später empfand das »Diario di Roma« es für notwendig, eine ausführliche Beschreibung der Paulsbasilika für diejenigen unter ihren Lesern zu publizieren, die die Kirche »noch nie gesehen haben«[10] – überraschend insofern, als dass das Blatt ja vor allem eine stadtrömische Leserschaft angeprochen haben wird. Dem besonders andächtigen Bunsen – er und seine Familie spazierten öfter zur Paulsbasilika[11] – missfiel jedenfalls der derweil auf den Brand folgende Schautourismus der römischen Bevölkerung. Sie besuche zwar, so Bunsen in einer Berichtskizze an den preußischen König Friedrich Wilhelm III., die abgebrannte Kirche, aber nicht um den Verlust »eines der beiden nationalen Heiligtümer zu Ehren des größten und seit 1400 Jahren von allen Christen verehrten Apostels Paulus« zu betrauern, sondern um ihre Neugier mit einem gefährlichen Spaziergang innerhalb der Ruine zu befriedigen.[12]

In den zitierten Quellen schwingt die Erwartung einer dem religiösen Ort angemessenen Haltung, sowie eines adäquaten Umgangs mit ihnen mit. Wie passt aber zu diesem Urteil die besondere protestantische Euphorie, die sich zeigt, sobald Preußen Anfang 1825 vom Papst um einen Beitrag für den Wiederaufbau der verbrannten Paulsbasilika in Rom gebeten wurde? Hierfür untersuche ich eine bisher unerforschte Akte im Geheimen Staatsarchiv Preußischer Kulturbesitz in Berlin und setze ihre Dokumente in den größeren Kontext des transnational wirksamen Klassizismus des 19. Jahrhunderts, der sich hier im Medium einer spezifisch stadtrömischen Paulustradition inszenierte.[13]

---

10  [Anonym], Relazione esatta e veridice delle circostanze che precedettero il fatale incendio della Basilica di S. Paolo fuori le mura, Diario di Roma (26.07.1823), 3–17 (8).

11  F.P. Verney, Bunsen and his Wife, The Contemporary Review 28 (1876), 948–969 (955).

12  C.K.J. Bunsen, Politischer Bericht (Skizze). An: Friedrich Wilhelm III. von Preußen, 17.07.1823. GStAPK, I., HA Rep. 81, Vatikan nach 1807, Nr. 61, 47–50 (49).

13  Der handschriftliche Titel der Akte lautet: Acta betr. die päpstliche Encyclica an alle Patriarchen, Priester, Erzbischöfe, und Bischöfe wegen Wiederherstellung der durch eine Feuerbrunst zerstörten St. Pauls-Kirche zu Rom, 1825–1826. GStAPK, III., HA Ministerium für Auswärtige Angelegenheiten, I. Nr. 11708. Bei Aktenmaterial wird der Eindeutigkeit halber stets diese Signatur wiederholt. Es sind 34 unterschiedliche Dokumente enthalten, davon mehrheitlich Abschriften der Originalkorrespondenzen, aber auch einige Originale von in Berlin eingegangenen Dokumenten. Bei Sichtung der Akte

Abb. 2: Luigi Rossini (1790–1857), Das Innere der zerstörten Paulsbasilika (nach Osten blickend). Schon vor seiner Verwendung auf Wikipedia eines der wirkmächtigen Motive der Kirche nach dem Brand. Päpste ließen es auf Medaillen pressen, römische Souvenirverkäufer auf ihre Produkte malen.

## 2. Das theologische und kirchenpolitische Potential des Wiederaufbaus

Die ältesten Dokumente der Akte sind zwei gedruckte Exemplare der im Januar 1825 veröffentlichen Enzyklika *Ad plurimas*, in welcher Papst Leo XII. (1760–1829) zu einer internationalen Spendenaktion für den Wiederaufbau des Paulsbasilika aufrief – möglicherweise zur ersten ihrer Art in dieser Größenordnung.[14] Dem päpstlichen Aufruf ging die bittere Einsicht voraus, dass der ersehnte Wiederaufbau der

(Januar 2020) fehlte eine Paginierung der handschriftlichen Quellen, weshalb, außer für die publizierten Dokumente des Vatikans, auf Seitenangaben für Verweise verzichtet werden muss. Stattdessen wird anhand der Beschreibung eine eindeutige Bestimmung ermöglicht. Die angebenen Seitenzahlen der publizierten Dokumente beziehen sich auf das Dokument selbst, nicht auf ihren Ort in der Akte. Die teilweise lateinischen, französischen und italienischen Texte sind für diesen Artikel ins Deutsche übertragen worden.

14 R. Wittman, Churches and States, in: Places Journal, online unter https://placesjournal.org/article/notre-dame-churches-and-states, 09.2019 (letzter Zugriff am 31.07.2020).

zerstörten Paulsbasilika nicht mit den Rücklagen des Vatikans geleistet werden konnte.[15] Darüber hinausgehend lagen ihr aber auch theologische Erwägungen zugrunde, die in der leidenschaftlichen Beschreibung der Paulsbasilika dokumentiert sind: Sie sei ein »sehr altes Gebäude, ein Wunder an Würde, Größe und Kunst, dem Völkerapostel zu Ehren errichtet, monumentales Zeichen des Glaubens und der Erhabenheit Konstantin des Großen«.[16] Der Papst nannte damit diejenigen Attribute, die für die Gläubigen aus aller Welt zum Anlass ihrer Spenden werden sollten: hier die architektonisch-ästhetische Bedeutung der frühchristlichen Basilika, dort die Verehrung der mit ihr verbundenen christlichen Identifikationsfigur Paulus und seines vermeintlichen Grabes.

Die beiden Exemplare der Enzyklika sind einem Brief des Kardinals Giulio Maria della Somaglia (1744–1830) beigelegt, der an den bereits erwähnten preußischen Gesandten in Rom, Christian von Bunsen, adressiert ist. Der erfahrene Kardinal zählte als Kardinalstaatssekretär zu den wichtigsten Personen im Vatikan. Das vorliegende Schriftstück enthält eine förmliche Bitte des Papstes an die preußische Monarchie, ihren katholischen Einwohnerinnen Zuwendungen für den Wiederaufbau der Basilika zu ermöglichen und sich so am Dienst an »der Religion und der Liebe für die edlen Freien Künste, die unser Zeitalter auszeichnet und die [...] [den Wiederaufbau] eines der schönsten und erhabensten Monumente des europäischen Genies befördere«, zu beteiligen.[17] Das Ziel der Enzyklika sei es, Christen aus ihrer Verehrung des »heiligen Völkerapostel[s] Paulus« oder ihrer kunsthistorisch-klassizistischen Gesinnung heraus zur Spende zu begeistern. Damit nahm der Kardinal die Gedanken der mitgesandten Enzyklika nicht einfach auf, sondern konzentrierte sie auf die Motive frommer Paulusverehrung und christlicher Architekturgeschichte.

Der Kardinal wird nur zu gut gewusst haben, dass er damit das ehrliche Interesse seines Briefadressaten wecken konnte. Bunsen kann im Rückblick als einer der zentralen Wissensorganisatoren frühchristlicher Begeisterung im 19. Jahrhundert angesehen werden, der

15  Papst Leo XII., Epistola Encyclica ad omnes Patriarchas, Primates, Archiepiscopos, et Episcopos, 25.01.1825. GStAPK, III., HA MdA, I. Nr. 11708, 4.
16  Leo XII., Encyclica (s. Anm. 15), 3.
17  G.M. Cardinale della Somaglia, Brief. An: C.K.J. Bunsen, 26.02.1825. GStAPK, III., HA MdA, I. Nr. 11708.

seinen Standortvorteil in Rom durch eine schier beeindruckende Breite an Forschungsaktivitäten zu nutzen und zu vermitteln wusste.[18] Seit 1823 zeigte er ein besonderes Interesse an antiken und frühchristlichen Fragestellungen und stieg mit der Zeit zum weltweit führenden Experten frühchristlicher Basiliken auf.[19] Dabei verstand er diese als Vorbild einer religiös-kulturellen Vereinigung von römisch-griechischer Antike und Christentum, deren besterhaltenes Beispiel die Paulsbasilika gewesen war.[20] Bunsen hatte die Paulsbasilika aus dieser geschichtsphilosophischen Motivation heraus noch vor

18  Einen Überblick über Bunsens Forschungen in Rom und sein grundlegendes Rombild gibt: M. Wallraff, Zwischen Klassik und Kulturprotestantismus. Die protestantische Romidee des Christian Carl Josias von Bunsen, in: ders./M. Matheus/J. Lauster (Hg.), Rombilder im deutschsprachigen Protestantismus. Begegnungen mit der Stadt im »langen 19. Jahrhundert«, Tübingen 2011, 101–120.

19  Vgl. zu Bunsens Interesse am Frühchristentum seinen Brief an den Bonner Theologieprofessor Friedrich Lücke vom 16. August 1823, abgedruckt in: Nippold/Bunsen, Briefe I (s. Anm. 9), 204–205. Zu den Folgen des Wiederaufbaus der Paulsbasilika für die römische Archäologie, die Bunsen durch seine Forschungen zum Forum Romanum mitbestimmte: S. L. Dyson, Archaeology, Ideology, and Urbanism in Rome from the Grand Tour to Berlusconi, Cambridge 2019, 57–80. Zu Bunsens Einfluss auf die US-amerikanische und britische Kirchenarchitektur: K. Curran, The Romanesque Revival. Religion, Politics, and Transnational Exchange, Pennsylvania 2003, 190–199.

20  »So ist die Basilike, in ihrer weitesten Auffassung, ein höchst fruchtbarer und unzerstörbarer architektonischer Gedanke […]. Der Bau scheint nur ein [aus der römisch-griechischen Kultur] entlehnter: aber näher betrachtet hat jetzt erst die Basilike ihre eigentliche Bestimmung erreicht. Jetzt erst ist für sie das wahre Volk gefunden: denn es ist nichts Geringeres in sie eingezogen, als die gesammte, in ihrer göttlich gegebenen Einheit sich erkennende Menschheit«, C. K. J. Bunsen, Die Basiliken des christlichen Roms. Nach ihrem Zusammenhange mit Idee und Geschichte der Kirchenbaukunst, München 1842, 56–57. Die hier durchscheinende Verbindung von Religion und ethnisch-kulturellen Merkmalen in Bunsens Denken hat in der US-amerikanischen Forschung den Verdacht erregt, es hier mit einem Vorläufer rassistischer Wissenschaft zu tun zu haben. Vgl. zuletzt T. Benes, The Shared Descent of Semitic and Aryan in Christian Bunsen's History of Revelation, Philological Encounters 2 (2017), 270–295. Kritisch gegenüber dieser Forschungstradition ist R. Grünendahl, Pseudodoxia postorientalis, Halle a.d. Saale 2019. Die Paulsbasilika bezeichnet sich selbst nicht als »basilica«, einem erst spät eindeutigen Begriff, sondern mit Bezug zum Ehrentitel des Apostels als *aula doctoris*, wie der Inschrift auf ihrem Triumphbogen zu entnehmen ist. H. Brandenburg, Die frühchristlichen Kirchen Roms vom 4. bis zum 7. Jahrhundert. Der Beginn der abendländischen Kirchenbaukunst, Regensburg [2]2005, 122.

dem Brand beschrieben.[21] Unter Bunsen etablierte sich der Sitz der preußischen Gesandtschaft auf dem Kapitol zunehmend als Zentrum internationaler Gelehrsamkeit, das bis in das preußische Königshaus hineinwirkte.[22] Bei seiner langersehnten Italienreise im Jahre 1828 lernte der spätere König Friedrich Wilhelm IV. Bunsen kennen. Sie verband danach eine lebenslange Freundschaft, durch die der Gesandte in gemeinsamer Begeisterung für alles Frühchristliche einen entscheidenden Einfluss auf die preußische Kirchen- und Baupolitik nehmen sollte.[23] Doch entfaltete der Drang des jungen Diplomaten nach intellektuellem Austausch auch in anderen Bereichen eine enorme Wirkmacht, deren theologiegeschichtliche Bedeutung noch nicht erschlossen ist. Zentrale theologische Debatten des 19. Jahrhunderts nehmen ihren Ausgang vom geistigen Austausch in der preußischen Gesandtschaft unter Bunsen, sodass sich ein merkwürdiger Sachverhalt ergibt: Rom stimulierte die Entwicklung einer modernen deutsch-protestantischen Theologie. So fußt Richard Rothes »Anfänge der christlichen Kirche« (Wittenberg 1837) auf seinen abendlichen Vorträgen in der Gesandschaft auf dem Kapitol.[24] Bunsens Monographien zur frühen Kirchengeschichte beruhen ebenfalls auf

21  Der Abschnitt zur Paulskirche findet sich in: Platner, Beschreibung (s. Anm. 3), 440–458. Für einen hilfreichen Überblick über dieses teilweise unübersichtliche Werk: Wallraff, Klassik (s. Anm. 18), 103–104, Anm. 5. Zum Abfassungszeitpunkt vor dem Brand: Bunsen, Basiliken (s. Anm. 20), VI. Später ließ Bunsen seine jahrelangen Forschungen zur Architekturform der Basilika und ihrer Bedeutung für das Christentum zusammenfließen: Bunsen, Basiliken (s. Anm. 20). Die Bedeutung dieses Werks für die Kirchenarchitektur des 19. Jahrhunderts ist immens: B. Evers u. a., in: ders./C. Thoenes (Hg.), Architekturtheorie. Von der Renaissance bis zur Gegenwart, Köln 2015, 604–615.

22  Zur Geschichte der Gesandtschaft: G. Maurer, Preußen am Tarpejischen Felsen. Chronik eines absehbaren Sturzes. Die Geschichte des Deutschen Kapitols 1817–1918, Regensburg 2005. Zum anglo-amerikanischen Zirkel in der preußischen Gesandtschaft in Rom: R. O. Preyer, Bunsen and the Anglo-American Literary Community in Rome, in: E. Geldbach (Hg.), Der gelehrte Diplomat. Zum Wirken Christian Carl Josias Bunsens, Leiden 1980, 35–44.

23  Vgl. vor allem J. Krüger, Rom und Jerusalem. Kirchenbauvorstellungen der Hohenzollern im 19. Jahrhundert, Berlin 1995, 124–151; ders., The Crown Prince and His Ambassador. Two Individuals in the Service of Roman Archaeology, Fragmenta 2 (2008), 79–94.

24  J. Krüger, Protestantische Rom-Begegnung: Bunsen und Friedrich Wilhelm IV., in: A. Esch/J. Petersen (Hg.), Deutsches Ottocento. Die deutsche Wahrnehmung Italiens im Risorgimento, Tübingen 2000, 67–90 (72). Zu Rothes Romerfahrungen und ihren Einfluss auf sein Verständnis von Kultur und Christentum: J. Lauster, Die ewige Stadt und das Heilige. Liberale Prote-

Arbeiten aus dieser Zeit. Es ist in beiden Fällen Ferdinand Christian Baur gewesen, der vehement auf Rothes und Bunsens Veröffentlichungen reagierte und zu ihrem großen Gegenspieler wurde.[25]

Bunsen leitete die beiden Exemplare der Enzyklika und den Brief des Kardinals weiter an den preußischen Minister für Auswärtige Angelegenheiten, Christian Günther Graf von Bernstorff (1769–1835) und fügte diesen eine achtseitige Depesche für König Friedrich Wilhelm III. bei – sie ist das längste Dokument der Akte.[26] Die Depesche gewährt uns einen Einblick in die innervatikanischen Entscheidungsprozesse aus Bunsens Sicht. So habe die Mehrheit der Kardinäle und Prälaten ihrer Sorge Ausdruck verliehen, was eine internationale Spendensammlung für kirchliche und religiöse Auswirkungen haben könnte: Ein im Gegenzug für die Spenden angebotener Ablass würde eine ähnliche Situation wie beim Bau des Petersdoms im 16. Jahrhundert provozieren. Bunsen zitiert hier den Amtsvorgänger Somaglios mit den Worten: »Wir haben die Hälfte des Christentums verloren, um den Petersdom zu bauen, müssen wir riskieren, den Rest zu verlieren, um St. Paul's wiederherzustellen?«[27] Die Reformationen des 16. Jahrhunderts haben die Situation seitdem erschwert, da »ein Großteil der Monarchien, an deren Großzügigkeit man sich zu wenden hat, nicht mehr zur römischen Kirche gehört«.[28] Es müssten also auch nicht-römisch-katholische Beiträge möglich sein, wofür Bunsen kurioser Weise den Arianer Theoderich als historisches Vorbild wählte. Nach sechs Monaten der Beratung habe man sich im Vatikan schließ-

---

stanten in Rom, in: ders./Wallraff/Matheus (Hg.), Rombilder (s. Anm. 18), 121–134 (122–128).

25  F. C. Baur, Über den Ursprung des Episkopats in der christlichen Kirche. Prüfung der neuestens von Hrn. Dr. Rothe aufgestellten Ansicht, Tübingen 1838; ders., Die Ignatianischen Briefe und ihr neuester Kritiker. Eine Streitschrift gegen Herrn Bunsen, Tübingen 1848; ders., Die Hippolytus-These des Herrn Ritter Bunsen, Theologische Jahrbücher 12 (1853), 428–442; ders., Cajus und Hippolytus, Theologische Jahrbücher 13 (1854), 330–366.

26  Zur Rolle des preußischen Ministeriums des Auswärtigen für den diplomatischen Dienst und zu den teils auch in der Akte zum Wiederaufbau der Paulsbasilika erwähnten preußischen Beamten: D. Grypa, Der diplomatische Dienst des Königreichs Preußen (1815–1866). Institutioneller Aufbau und soziale Zusammensetzung, Berlin 2008, 84–157.

27  Das Zitat stammt nach Bunsens Angaben von Ercole Kardinal Consalvi (1757–1824): C. K. J. Bunsen, Depesche. An: Friedrich Wilhelm III. von Preußen, 02.03.1825. GStAPK, III., HA MdA, I. Nr. 11708.

28  Bunsen, Depesche (s. Anm. 27).

lich für eine Enzyklika und persönliche Schreiben an die am Heiligen Stuhl akkreditierten Missionen entschieden.

Es ist offensichtlich, dass der [Heilige] Vater die Großzügigkeit der christlichen Monarchen ohne Unterscheidung des Bekenntnisses anspricht, was ein sehr denkwürdiges Ereignis ist, da all diese Briefe vor dreihundert Jahren nicht vorherzusehen waren![29]

Für Bunsen war die päpstliche Bitte an den preußischen König ein einzigartiges Dokument in der Kirchengeschichte mit dem erhabenen Ziel, die frühchristliche Paulsbasilika zu erhalten.

Bunsen bedauerte dabei den Ausschluss nicht-italienischer Architekten von den Plänen zum Wiederaufbau – und hat dabei wohl sich und sein umfangreiches Netzwerk im Hinterkopf. Von Bunsens regen Aktivitäten zum Frühchristentum ist bereits gesprochen worden. Vom klassizistischen Geist zu den Originalen getrieben, besuchten die wichtigsten deutschsprachigen Architekten die Ewige Stadt, um die als frühchristlich geltenden römischen Kirchen zu studieren, auch die zerstörte Paulsbasilika.[30] Auf diesen Reisen lernten viele von ihnen Bunsen kennen. Unter ihnen der preußische Stararchitekt Karl Friedrich Schinkel (1781–1841), der von seinen Romausflügen mit Bunsen in seinem Tagebuch erzählt:

Den 30. August [1824]. Mit Herrn Bunsen wurde eine Tour [...] unternommen. Dann sahen wir zusammen noch die kleine Kapelle, wo der Sage nach die Apostel Paulus und Petrus vor der Hinrichtung des Ersteren von einander Abschied nahmen, die nicht weit davon liegende, im vorigen Jahre abgebrannte Kirch S. Paolo fuori le mura [...]. Nach Tisch wurde eine Biostra, (d. h. ein Luftgefecht, diesmal mit Stieren) besucht und der Abend bei Bunsen in Gesellschaft mit Thorwaldsen zugebracht.[31]

Wie hier, so ist auch anderen Einträgen kein besonderes Interesse Schinkels an der realen Paulsbasilika zu entnehmen. Berücksichtigt

---

29  Bunsen, Depesche (s. Anm. 27).
30  Zum Einfluss Bunsens und der Paulsbasilika auf den europäischen Kirchenbau: E. Kieven, Echi europei di San Paolo fuori le mura, in: S. Susinno (Hg.), Maestà di Roma. Da Napoleone all'Unità d'Italia, Mailand 2003, 502–509. Speziell zu München und Leo von Klenze: A. von Buttlar, Leo von Klenze. Leben–Werk–Vision, München 1999, 136–139. Zum Berliner Dom und Schinkel: C.-W. Schümann, Der Berliner Dom im 19. Jahrhundert, Berlin 1980, 21–50.
31  A. v. Wolzogen, Aus Schinkels Nachlaß. Reisetagebücher, Briefe und Aphorismen, Berlin 1862 (Nachdruck Mainz 1981), 264.

man zudem dessen eher ablehnende Haltung gegenüber den klassizistischen Bauplänen für den Berliner Dom,[32] so könnte es der Austausch mit Bunsen gewesen sein, der ihn dessen ungeachtet zu einer Beschäftigung mit der architekturhistorischen Bedeutung der Paulsbasilika anregte. In seinem Tagebuch erwähnt der Architekt einen Vortrag über die Paulsbasilika in der preußischen Gesandtschaft und einen darauffolgenden Projektentwurf für den Wiederaufbau der Basilika, wenige Tage nachdem er mit Bunsen »unbedeutende« Arbeiten zum selben Thema in einer Ausstellung besucht hatte.[33] Es ist keine kühne These, dass der Gesandte die Paulsbasilika gezielt in seine Romführung für Schinkel eingebaut hatte. Für sein Kalkulationsvermögen spricht eine ebenso auffällige, anlässlich des Besuches des preußischen Kronprinzen organisierte Ausstellung im Palazzo Caffarelli vier Jahre später, wo der Thronfolger vier Bilder der Paulsbasilika vor und nach dem Brand zu sehen bekam.[34]

Erst der königliche Architekt, später der Kronprinz, aber jetzt erst einmal der preußische König selbst: In seiner Depesche informierte Bunsen Friedrich Wilhelm III. über die alten Projektskizzen und war davon überzeugt, dass der Entwurf,

den Monsieur Schinkel während seines Aufenthaltes [im Jahre 1824] hier vorgestellt hatte, gewürdigt werden würde, wenn eine Skizze [davon] der römischen Regierung vorgelegt werden würde.[35]

Wieso sollte nicht ein preußischer Architekt die Grabstätte des Völkerapostels Paulus in Rom wiederaufbauen?

Innerhalb des Vatikans stritten drei Parteien über die Art und Weise, wie der Wiederaufbau der Paulsbasilika die Wunden heilen könne, die die Moderne der katholischen Kirche zugefügt hatte.[36] Die »Romantiker« plädierten für eine Erhaltung der ehrfurchterregenden Ruinen. Ihr berühmtester Vertreter, Marie-Henri Beyle (1783–1842),

---

32  Vgl. P. Betthausen, Friedrich Wilhelm IV. von Preußen. Briefe aus Italien 1828, München u. a. 2001, 41.
33  Wolzogen, Nachlaß (s. Anm. 31), 6, 19–20.
34  Vgl. die Ausstellungsnummern 77a, 121–123 in: Nippold/Bunsen (Hg.), Briefe I (s. Anm. 9), 535–540.
35  Bunsen, Depesche (s. Anm. 27).
36  Camerlenghi, St. Paul's (s. Anm. 7), 250. Für eine ausführliche Beschäftigung mit den Debatten um die Rekonstruktionspläne: A. M. Cerioni, L'incendio del 1823. Problemi e polemiche per la ricostruzione e sua realizzazione, in: C. Pietrangeli (Hg.), San Paolo fuori le mura a Roma, Florenz 1988, 67–83.

geläufiger unter seinem Künstlernamen Stendhal, schrieb im Sommer 1828 in sein Reisetagebuch:

I visited St. Paul's on the day following the fire. I found in it a severe beauty and an impression of calamity such as only the music of Mozart can suggest. The terrible painful traces of the misfortune were still alive; the church was cluttered with smoldering and half-burnt beams; great fragments of columns split from top to bottom threatened to fall at the slightest jar. The Romans who filled the church were thunderstruck. Now nothing is more beautiful, more picturesque, more melancholy than the frightful disorder produced by the fire. Thus perished the most ancient basilica not only of Rome, but of all Christianity. It had lasted fifteen centuries.[37]

Die Trauer über den historischen Verlust vermischt sich mit dem erhebenden Eindruck der zerstörten Überreste. Die hiervon zehrende Ruinenromantik gilt nicht mehr der klassischen Antike, sondern der christlichen Spätantike. Diese auf die Paulsbasilika bezogene Ruinenromantik ist als die erste dieser Art bezeichnet worden.[38] Das Motiv der zerstörten Basilika wurde ein Teil römischer Souvenirkultur.[39]

37  Zitiert nach Camerlenghi, St. Paul's (s. Anm. 7), 246.

38  Vgl. M. F. Fischer, »In Pristinum«. Brand und Wiederaufbau von S. Paolo fuori le mura in Rom 1823–1854, Deutsche Kunst und Denkmalpflege 38 (1980), 6–19 (19). Ein Beitrag in einer britischen Zeitschrift schlug vor, die Ruinen als ehrende Erinnerung an Theodosius stehen zu lassen: [Anonym], Gally Knight and Bunsen, on Ecclesiastical Architecture, The London Quarterly Review 150 (1845), 178–212 (200). Ein Beispiel eines zwischen Ruinenromantik und klassizistischem Wiederaufbau vermittelnden Ansatzes gab Giambattista Martinetti, der die Eingangsruinen der zerstörten Basilika bei einer Rekonstruktion zur Stimulation religiöser Gefühle der gläubigen Besucher stehen lassen wollte. Vgl. Cerioni, L'incendio (s. Anm. 36), 68. Einen ideengeschichtlichen Beitrag lieferte hier wieder Bunsen, der mit seinen breiten Studien »die bis dahin gerade in der außerkatholischen Welt eher gering geschätzte christliche Spätantike« rehabilitierte, sodass »neben den Bauten der klassischen Antike [...] nun auch die Basiliken Roms und Ravennas« für die zeitgenössischen Identifikationsprozesse an Bedeutung gewannen, R. Lill, Niebuhr als Gesandter Preußens in Rom, FBPG 23 (2013), 233–244 (240). Papst Leo XII. (Amtszeit 1823–1829) und seine Nachfolger Gregor XVI. (1831–1846) und Pius IX. (1846–1878) ließen das Motiv der zerstörten (!) Paulsbasilika auf Medaillen pressen: Spink&Sons, A Descriptiv Catalogue of Papal Medals, London 1962 (Nachdruck von 1898), 2096; 2184; 2220f. Ein Exemplar ist online einsehbar: S. Boccardi, Gregorio XVI. Medaglia in bronzo con al rovescio la Basilica Ostiense dopo l'incendio, 1837. Abbildung online unter https://www.museozecca.ipzs.it/collezione/medaglie/dettaglio.html?medagliaId=98, 2016 (letzter Zugriff 28.03.2022).

39  C. Stefani, L'Italia in miniatura. Il mosaico minuto per l'industria di souvenir

Mit den »Modernisten« tat sich eine zweite Partei hervor, die den Bau einer modernen Kirche vorantrieb. Ihr Anführer, der Architekt Giuseppe Valadier (1762–1839), hielt die Restauration der Paulsbasilika für eine Rückkehr zu einer vergangenen Dekadenzepoche und schlug einen Neubau frei von historischem Ballast vor. Doch erfuhr dieser Vorschlag eine klare Absage.

Wenn man die prächtige theodosianische Basilika auf einen kleinen Tempel reduzieren würde, wäre zu viel von der Religion und der Frömmigkeit der Römer abverlangt, die in dem weitflächigen Raum des antiken Gebäudes das Grab des großen Völkerapostels und Beschützers Roms [zu] verehren [gewohnt sind].[40]

Die dritte Partei der »Klassizisten« plädierte für eine »originalgetreue« Rekonstruktion der frühchristlichen Basilika. Ihre prägenden Repräsentanten waren die italienischen Architekten Angelo Uggeri (1754–1837) und Carlo Fea (1753–1836). Der römische Kardinal Fea veröffentlichte eine Schrift, in der er leidenschaftlich forderte:

lungi ogni innovazione! via i progetti di artisti ambiziosi, e di accademie! [...] Dies ist nicht der Ort [ ], an dem es um die eingebildete Erhabenheit der schönen Künste und modische Überlegungen gehen sollte. Die schönen Künste dienen der Religion, sie beherrschen sie nicht.[41]

Rom sei das Zentrum der Religion, des Schönen und des Altertums und müsse dementsprechend handeln, folglich müsse die Paulsbasilika als frühchristliche Kirche wiedererbaut werden.[42] Diese Partei der Klassizisten setzte sich letztlich mit ihren Rekonstruktionsplänen durch und errang damit einen Etappensieg für ein Denken, das im 19. Jahrhundert weit über architektonische Debatten hinaus in die Kirchenpolitik und Theologie hineinzuwirken vermochte. Dieses Denken reagierte auf die weltanschauliche Bedrängnis der Zeit mit dem Versuch einer umfassenden, an der Spätantike ausgerichteten christlichen Selbstvergewisserung – und hatte seinem Gegenstand entsprechend den Vorzug, transkonfessionell applizierbar zu sein.[43]

---

tra Sette e Ottocento, in: dies. (Hg.), Ricordi in Micromosaico. Vedute e paesaggi per i viaggiatori del Grand Tour, Rom 2011, 29–39; M.G. Branchetti, Rovine della Basilica di San Paolo fuori le mura dopo l'incendio del 1823, in: Stefani (Hg.), Ricordi (s.o.), 83.

40  Zitiert nach Cerioni, L'incendio (s. Anm. 36), 68.
41  C. Fea, Aneddoti sulla basilica ostiense di S. Paolo, Rom 1825, 15.
42  Fea, Aneddoti (s. Anm. 41), 18.
43  Baur hatte diesen gemeinsamen Bezugspunkt aller christlichen Theologie

Der Wiederaufbau der Paulsbasilika hatte deshalb nicht nur für die römisch-katholische Kirche ein besonderes zeitdiagnostisches Potential, sondern auch für die protestantische Kirche und damit für den preußischen König und seinen Gesandten Bunsen.

### 3. Ein preußischer Beitrag zur stadtrömischen Paulustradition

Bunsens Sendung erreichte Mitte März 1825 die preußische Hauptstadt Berlin. In den nächsten knapp zwei Monaten unterhielten das preußische Ministerium für Auswärtige Angelegenheiten, das Innen-, sowie das Kultusministerium eine nur zum Teil in der Akte erhaltene Korrespondenz.[44] Es war wahrscheinlich der kirchenpolitisch erfahrene Kultusminister Karl Sigmund Franz Freiherr von Stein zum Altenstein (1770–1840), der das Schreiben an den König abfasste.[45] Eine Abschrift desselben ist in der Akte enthalten:

Bekanntlich hat der jetzige Papst den Beschluss gefaßt, die vor Kurzem abgebrannte St. Paulsbasilika zu Rom in gleicher Größe und Gestalt wiederaufzubauen und zu dem Ende die Wohltätigkeit der ganzen Christenheit in Anspruch zu nehmen. Er hat jedoch, um zu diesem Ziele zu gelangen, einen anderen Weg eingeschlagen, als den seines Vorfahr Leo X. vor 300 Jahren in ehrlicher Absicht betrat und der die Reformation beschleunigte. Es ist jetzt nicht eingeladen worden, Ablaß kirchlicher Bußen oder andere geistliche Ga-

---

scharfsinnig auf den Punkt gebracht: »Die erste und wichtigste Aufgabe jeder theologischen Ansicht kann ja nur dahin gehen, das Wesen des Christenthums zu erforschen, auf welchem andern Wege kann dieß aber geschehen, als durch das Zurückgehen auf seine ersten Anfänge und die genaueste Erforschung der Quellen, aus welchen die Kenntniß dessen, was es ursprünglich war, geschöpft werden muß?«, F.C. Baur, Die Epochen der kirchlichen Geschichtsschreibung, Tübingen 1852, 5. Für die Auswirkungen auf die Kirchenarchitektur vor allem: Curran, Romanesque (s. Anm. 19); A. Reiß, Rezeption frühchristlicher Kunst im 19. und frühen 20. Jahrhundert. Ein Beitrag zur Geschichte der christlichen Archäologie und zum Historismus, Dettelbach 2008, bes. 91–135; Krüger, Rom (s. Anm. 23), 124–186.

44  Es finden sich zum Teil flüchtig verfasste Schreiben vom 21.04.1825 (möglicherweise an den preußischen Innenminister Friedrich von Schuckmann), 28.04.1825 (Brief von Schuckmann an das Außenministerium), 10.05.1825 (Brief Karl Georg von Raumers, ein in religiösen Fragen erfahrener leitender Beamter des Außenministeriums, an Altenstein), 14.05.1825 (Brief Altensteins an Bernstorff) und 02.06.1825 (Brief von Raumers an Altenstein). Es fehlt der dort erwähnte Entwurf des Schreibens an den König.

45  Vgl. K.G. von Raumer, Brief. An: K.S.F. Freiherr von Stein zum Altenstein, 02.06.1825. GStAPK, III., HA MdA, I. Nr. 11708.

ben zu erlangen durch Eintausch um Geld der Gläubigen, sondern die Bei-
steuer wird als Opfer freiwilliger Liebe begehrt, mit Hinweisung auf das
hohe Altertum, die Größe und Würde des zerstörten Bauwerks und den
Ruhm seines Erbauers; vorzüglich aber auf das Verdienst des großen Apostels, dem die abgebrannte Kirche geweiht war. [ ] (D)ie Minister des Geistlichen, Inneren und Auswärtigen, haben diese Angelegenheit gemeinschaftlich erwogen, [ ] daß [es] heilsamer sei, eine von den Bischöfen auszuschrei-
bende katholische Kirchen-Collecte zu obigem Zwecke zu erlauben [...].

Gerade aufgrund der lebendigen Verehrung für den Apostel Paulus,
der

am fruchtbarsten für die Ausbreitung des Christenthums gewirkt hat, und
aus dessen schriftlichen Nachlaß sich täglich viel tausend Herzen in der
ganzen Christenheit erbauen [ ] möchte [anderenfalls] zu erwarten sein, daß
viele von Ew. Königs Majestät katholischen Unterthanen auf die Stimmen
ihres obersten Bischofs [ ] sich aufgeregt fühlten zur Herstellung der Paulsbasilika beizusteuern, und daß sich hierdurch Privatsammelungen ins Werk
richteten, die [ ] die bedenkliche Seite haben, daß gar nicht selten Gaunerei
und Betrug dabei ihr Spiel treiben, und unbescheidener Eifer nicht allein sich
selbst übermäßig anstrengt, sondern auch von andern mehr, als sie füglich
geben könne, oder aus eigenen Antriebe geben würden, erpreßt. [ ] Auch
dürfte ein solches Einschreiten der Staatmacht als Zeichen einer unfreund-
lichen Gesinnung gegen den Hof zu Rom ausgelegt werden. Hiernach sind
wir der Meinung, daß nach den [ ] kirchlichen, finanziellen, polizeilichen und
politischen Rücksichten die Gestattung einer Collecte in den katholischen
Kirchen der Monarchie vorzuziehen sei, stellen jedoch dieses unser unvor-
greifliches Gutachten zu Ew. Königs Majestät allerhöchsten Prüfung zur
Entscheidung in tiefster Ehrfurcht anheim.[46]

Der seit dem Wiener Kongress gestiegene Anteil der katholischen Bevölkerung in Preußen erforderte eine sensiblere Religions- und Au-
ßenpolitik der Monarchie. Zehn Jahre vor den sogenannten »Kölner
Wirren«, ein letztlich auf Bunsen zurückgehendes religionspoli-
tisches Desaster um die Frage konfessionsverschiedener Ehen, übten
hier preußisches Königtum und römisches Papsttum ihre Kommuni-
kationswege über ein noch nicht professionalisiertes Diplomatentum
ein.[47] Neun Tage später genehmigte Friedrich Wilhelm III. die von

46 C.G.G. von Bernstorff/K.S.F. Freiherr von Stein zum Altenstein/F. von
Schuckmann, Brief an den König. An: Friedrich Wilhelm III. von Preußen,
01.07.1825. GStAPK, III., HA MdA, I. Nr. 11708.
47 Für eine detaillierte Darstellung der Entwicklung des preußischen Diplo-
matentums im 19. Jahrhundert: Grypa, Diplomatische (s. Anm. 26), bes. 158–
235.

seinen Ministern empfohlene Kollekte.[48] Ein diesbezügliches Circularschreiben ging an die leitenden Verwaltungsbeamten in den preußischen Provinzen.[49] Als nationale Sammelstellen der Kollekte dienten die (erz-)bischöflichen Behörden. Der Gesamtbetrag sollte dann an den Gesandten Bunsen nach Rom weitergeleitet werden, der zur Weitergabe an den Vatikan ermächtigt worden war.«[50] Bunsen selbst erhielt frühestens Anfang August eine schriftliche Benachrichtigung.[51] Der Gesandte sollte, so heißt es dort, nicht »nur den Totalbetrag der Kollecte überhaupt [vermerken], sondern auch in specie wie viel aus jeder Diöcese eingegangen ist zu seiner Zeit«.[52]

Bunsen sandte Anfang August 1825 ein Extrakt einer (nicht in der Akte enthaltenen) Depesche an das preußische Außenministerium. Ihm lässt sich die Situation der Spende kurze Zeit nach der Zustimmung durch den König entnehmen. Die bisherigen Beiträge bestünden »fast ausschließlich aus Almosen, die von den Pilgern am Eingang zu den vier Basiliken [in Rom] in großen Kästen gesammelt werden, die zu diesem Zweck dort aufgestellt sind, sowie aus den Beiträgen einiger armer Gemeinden des päpstlichen Staates.«[53] Diese

48 Die Erlaubnis wird am 14. Juli vom Geistlichen Ministerium (zum Kultusministerium zugehörig), am 19. Juli vom Innenministerium und schließlich am 20. Juli vom Außenministerium gegengezeichnet. Eine Kopie und eine Abschrift sind erhalten: Friedrich Wilhelm III. von Preußen, Erlaubnis zur Kollekte. An: K. S. F. Freiherr von Stein zum Altenstein; F. von Schuckmann; C. G. G. von Bernstorff, 11.07.1825. GStAPK, III., HA MdA, I. Nr. 11708.

49 Anders als beim Brief an den König unterschrieben nicht die Minister selbst, sondern Christian Philipp Koehler (Staatsrat im Ministerium für Inneres), Georg Heinrich Ludwig Nicolovius und Johann Heinrich Schmedding (Kultusministerium) sowie Karl Georg von Raumer (Außenministerium). Einige spätere Briefe Schmeddings an Bunsen sind abgedruckt in: F.H. Reusch, Briefe an Bunsen von römischen Cardinälen und Prälaten, deutschen Bischöfen und anderen Katholiken. Aus den Jahren 1818 bis 1837, Leipzig 1897, 203–235.

50 K.G. von Raumer/C.P. Koehler/G.H.L. Nicolovius/J.H. Schmeddin, Circulare an sämmtliche Oberpräsidenten, 17.07.1825. GStAPK, III., HA MdA, I. Nr. 11708.

51 Die autorisierenden Schreiben an Bunsen sind wohl beide auf den 27.07.1825 zu datieren. K.G. von Raumer, Kabinettsorder. An: [C.K.J. Bunsen], [27.07.1825]. GStAPK, III., HA MdA, I. Nr. 11708; K.G. von Raumer, Ermächtigungsschreiben bez. der Kollekte. An: C.K.J. Bunsen, 27.07.1825. GStAPK, III., HA MdA, I. Nr. 11708.

52 Raumer, Kabinettsorder (s. Anm. 51).

53 Extrait de Postscriptum de la Dépêche du Sieur Bunsen, 04.08.1825. GStAPK, III., HA MdA, I. Nr. 11708. Auch später wird der Vorwurf einer »schlechten

Statistik sei »ein bitterer Spott gegen den hohen Klerus, den Adel und die Reichen des Kirchenstaates« und gegen »diejenigen, die den allgemeinen Aufruf [zur Spende] empfohlen haben«, denn keine der Regierungen, an die die Bulle gerichtet war, habe bisher reagiert. Lediglich bayerische Beiträge erwarte man. Aber auch mit Preußen konnte der Vatikan rechnen: Bunsen teilte dem Kardinalstaatssekretär Mitte August die erfreuliche Nachricht mit, dass Friedrich Wilhelm III. einer nationalen Kollekte in Preußen zugestimmt hatte, in der Bunsen selbst zum Nadelöhr des Geldes geworden war. Zum Abschluss des Briefes – und mit der gebotenen Vorsicht – betonte Bunsen seine eigene Expertise:

Seine Eminenz Monsignore der Kardinalstaatssekretär kennt nur allzu gut den Ehrgeiz, der die Gesandtschaft der preußischen Majestät in allen Fragen der Wiederherstellung der ursprünglichen Form und Schönheit dieses ehrwürdigen Denkmals der christlichen Antike stets angetrieben hat, dass der Unterzeichner ihm gegenüber möglicherweise zum Ausdruck zu bringen verpflichtet ist, welches Interesse er an diesen Maßnahmen hat, welche Bedeutung er den Ergebnissen beimisst, die nicht ausbleiben werden, und wie geehrt er sich durch die Kommission [zur Planung und Durchführung des Wiederaufbaus] fühlt, die es ihm ermöglicht, an ihrer Umsetzung mitzuwirken, wenn auch nur in sehr geringem Maße.[54]

Die freundliche Reaktion des Kardinals drei Tage später ging nicht weiter auf Bunsens unterschwelliges Angebot ein:

Das Volk, das Seinem [das heißt des Papstes] väterlichen Regiment untersteht, kann so [mit seinen Spenden] zur Verehrung der Gebeine des wirkmächtigsten unter den frühen Verkündern des Evangeliums beitragen und ein Werk wiederauferstehen lassen, dessen Zerstörung eine beklagenswerte Lücke in der zeitlichen Abfolge der erhaltenen Denkmäler der Künste und der Erhabenheit des Altertums hinterlassen hatte.[55]

Nach Erhalt des Antwortbriefs sandte Bunsen noch am selben Tag die kurze Korrespondenz an das Ministerium für Auswärtige Angelegen-

Zahlungsmoral erneuert, da man schließlich auf nicht-christliche Beiträge wie vom ägyptischen Herrscher Mehmet Alis »angewiesen« gewesen sei, einem »Armutszeugnis für alle Glaubenden, Katholiken, Christen und Apostolischen Herrscher«, [Anonym], Gally (s. Anm. 38), 195; 199–200; 202.

54 C.K.J. Bunsen, Brief. An: G.M. Cardinale della Somaglia, 15.08.1825. GStAPK, III., HA MdA, I. Nr. 11708.

55 C.K.J. Bunsen, Brief II (mit Notiz von Raumers vom 11. September 1825). An: Königliches Ministerium der Auswärtigen Angelegenheiten, 18.08.1825. GStAPK, III., HA MdA, I. Nr. 11708.

heiten in Berlin, wo es Anfang September vom Staatssekretär Karl Georg von Raumer (1753–1833) mit einer Notiz versehen wurde.[56] Im beigelegten Anschreiben betonte Bunsen erneut die Symbolkraft der preußischen Kollekte und, dass diese umso wichtiger sei, als »bisher noch, selbst von den großen katholischen Mächten, keine günstige Entscheidung hierüber zu Rom zugekommen war«.[57]

Mit seiner frühen Bewilligung war der preußische Staat interessanterweise zu einem der ersten Kooperationspartner des Vatikans in dieser Sache geworden. Wie konnte es dazu kommen? Der Grund – neben den profan politischen Erwägungen – ist vor allem in der bereits genannten Deutungsoffenheit des Wiederaufbaus zu suchen. Die Figur des Apostels Paulus und die frühchristliche Basilikenform bergen ein intensiv gespürtes Potential christlicher Selbstvergewisserung, die von römisch-katholischer Seite ebenso gut genutzt werden kann, wie auch von protestantischer Seite. Der preußische Beitrag zum Wiederaufbau ist erstaunliches Zeugnis des transkonfessionellen Charakters dieser christlichen Selbstvergewisserung. Bunsen selbst gab gegenüber dem Außenministerium freimütig zu:

Ich glaube sowohl die Ansicht des Allerhöchsten Hofes [des Vatikans] als derjenigen welche zu einer Collecte beitragen werden, sowie aller Freunde des christlichen Alterthums ausgesprochen zu haben, wenn ich [ ] bemerke, daß die allgemeine Theilnahme [an der Kollekte] zu diesem Zwecke sich auf die bestimmte Hoffnung gründe, die ehrenwürdige Basilika werde möglichst nach dem alten Plan wiedererbaut.[58]

Bunsen irrte nicht: Einen Monat später schrieb der Papst die klassizistische Ausrichtung des Wiederaufbaus tatsächlich fest:

Wir wollen vor allem, dass der Beschluss der Gelehrten und derer, die sich mit lobenswertem Eifer für den Erhalt der altertümlichen Denkmäler in dem Zustand einsetzen, in dem sie von ihren Gründern errichtet worden ist, voll und ganz erfüllt wird. Es sollten daher keine Neuerungen in die Formen und in die architektonischen Proportionen und auch keine in die Ornamentik des wiedererrichteten Gebäudes eingeführt werden, es sei denn, um irgendeine

---

56 Die notierte Weiterleitung an Altenstein erfolgte am 17. September: K. G. von Raumer, Brief. An: K. S. F. Freiherr von Stein zum Altenstein, 17.09.1825. GStAPK, III., HA MdA, I. Nr. 11708.
57 Bunsen, Brief II (s. Anm. 55).
58 Bunsen, Brief II (s. Anm. 55).

Kleinigkeit zu beseitigen, die in späteren Zeiten nach seiner ersten Gründung aus einer Laune der folgenden Zeitalter eingeführt worden ist.[59]

Neben die durch das Kirchengebäude vermittelte Verehrung des Völkerapostels ist eine Verehrung des frühchristlichen Kirchengebäudes an sich gerückt.[60]

Aus einem dritten Bericht Bunsens geht hervor, dass ein Jahr nach der königlichen Zustimmung fast alle katholischen Behörden ihre Erträge an die preußische Gesandtschaft zu Rom übergeben hatten.[61] Bunsen legte dem Ministerium zu diesem Zweck eine detaillierte Liste mit Eingangsdatum, Herkunft, Art und Höhe der Zahlungen vor. Die Auszahlung der gesammelten Beiträge war dennoch vorerst nicht möglich, da sämtliche preußischen Beiträge zusammen zu übergeben waren.[62] Bunsen drängte die zuständigen Beamten in Berlin nun zur Lockerung der Vorgabe.[63] Probleme wurden aus Culm (heutiges Chełmno, Polen) berichtet, dessen Kirchenleitung nun eine Direktive zu erwarten habe, sowie aus Köln und Paderborn, wo der Konkurs einer Bank die Beiträge der beiden Bistümer zu versenken drohte.[64]

---

59 Den »Chirografo« sandte Bunsen ebenfalls nach Berlin: Papst Leo XII., Chirografo sulla riedificazione della Basilica die S. Paolo, 18.09.1825. GStAPK, III., HA MdA, I. Nr. 11708. Es wird ein zweiter Bericht Bunsens an den König erwähnt, der nicht in der Akte enthalten ist, vgl. C.K.J. Bunsen, Beibrief zum Chirografo. An: Königliches Ministerium der Auswärtigen Angelegenheiten, 02.10.1825. GStAPK, III., HA MdA, I. Nr. 11708.

60 Papst Leo XII., Chirografo (s. Anm. 59), 3.

61 C.K.J. Bunsen, Ertragsbericht. An: Königliches Ministerium der Auswärtigen Angelegenheiten, 16.08.1826. GStAPK, III., HA MdA, I. Nr. 11708.

62 Raumer, Ermächtigungsschreiben (s. Anm. 51).

63 »Es ist auch wünschenswerter, daß ich recht bald in den Stand gesetzt werde, die eingegangenen Totalsummer des Ertrags [...] ohne weiteren Verzug zu übergeben, als Seine Heiligkeit diesem Gegenstand eine ganz besondere Aufmerksamkeit geschenkt hat [...]. Es wird also auffallen, daß [...] der Ertrag der in der Monarchie so früh veranstalteten Kollecte [in den offiziellen Spendenlisten] noch nicht erscheinen wird«. Bunsen, Ertragsbericht (s. Anm. 61).

64 Schon kurz nach der Veröffentlichung der Enzyklika im Jahre 1824 schien dem Kölner Erzbischof der Augenblick für eine Kollekte in seinem finanziell strapazierten Bistum »ungünstig«, wie er vor Bunsen zugab. Im April 1826 berichtete er, dass die unter schweren Umständen gesammelten Gelder verloren gegangen seien: »(L)eider sind auch die 1000 Thaler für die Paulus-Kirche in Rom, aus der Sammlung hier im verarmten Erzbistum grossentheils zusammengebracht, nun in diesem, wie verlautet, schändlichen Concurs begriffen«, Reusch, Briefe (s. Anm. 49), 71; 89. Die folgenden Blätter der Akte gewähren einen Einblick in die innerministerialen Prozesse zur Lösung dieser Ausfälle. Die erste schriftliche Reaktion auf Bunsens Ertragsbericht ist

Den Gesandten in Rom erreichte eine Antwort Ende September 1826.[65] Bunsen musste in ihr zur Übergabe der Beiträge ermächtigt worden sein, denn er verfasste noch am selben Tag einen (nicht in der Akte enthaltenen) Brief an den Kardinal della Somaglia, in dem er ihm die preußisch-katholischen Beiträge für den Zweck des Wiederaufbaues der Paulsbasilika zukommen ließ.[66] Damit war die vor über einem Jahr begonnene Kollekte zu einem Abschluss gebracht. Bunsens nach Berlin gesandte Beitragsliste stimmt mit der offiziellen gedruckten Spendenliste des Vatikans überein.[67] Ihr zufolge sind folgende Beiträge an den Kardinalstaatssekretär ausgezahlt worden:

undatiert und seine Autorenschaft bisher ungewiss: [Anonym], Reaktion auf Bunsens Ertragsbericht. An: [Anonym], [zwischen 26.08.1826 und 08.09.1826]. GStAPK, III., HA MdA, I. Nr. 11708. Es folgt Johann Carl Heinrich Philipsborns undatierter Brief: J.C.H. Philipsborn, Brief bez. Bunsens Ertragsbericht. An: [Anonym], [zwischen 26.08.1826 und 08.09.1826]. GStAPK, III., HA MdA, I. Nr. 11708 und eine Notiz von Raumers: K.G. von Raumer, Notiz bez. Bunsen Ertragsbericht, [04.09.1826?]. GStAPK, III., HA MdA, I. Nr. 11708. Diese internen Dokumente und die Antwort von Raumers an Bunsen vom 08.09.1826 zeigen, das die Beiträge des Paderborner und Kölner Bistums tatsächlich vom genannten Konkursverfahren betroffen waren und der zuständige Justizkommissar Markstein bereits am 26. August diesbezüglich Schritte eingeleitet hatte. Die beiden ersten Reaktionen auf Bunsens Bericht müssen also nach dem 26.08.1826 und vor dem abschließenden Antwortbrief an Bunsen vom 08.09.1826 abgefasst worden sein. Bezüglich des ausstehenden Beitrags aus dem Bistum Culm habe von Raumer den Kultusminister Altenstein persönlich um Hilfe gebeten, an den zudem eine Kopie desselben Briefes geht. Möglicherweise handelt es sich bei dem vorliegenden Blatt um eben diese Kopie. Nicolovius berichtete eine Woche später (14.09.1826), dass der Bischof veranlasst worden sei, die Beiträge schleunigst an Bunsen zu überweisen.

65  Sie ist nicht in der Akte enthalten, lässt sich aber mithilfe von Bunsens Schreiben an das Außenministerium vom 20.Oktober teilweise rekonstruieren: [C.K.J. Bunsen], Bericht. An: Königliches Ministerium der Auswärtigen Angelegenheiten, 20.10.1826. GStAPK, III., HA MdA, I. Nr. 11708.

66  [Bunsen], Bericht (s. Anm. 65). Der Inhalt von Bunsens Brief lässt sich mithilfe des Antwortbriefs vom Kardinal rekonstruieren: G.M. Cardinale della Somaglia, Brief. An: C.K.J. Bunsen, 30.09.1826. GStAPK, III., HA MdA, I. Nr. 11708.

67  C.K.J. Bunsen, Brief III. An: Königliches Ministerium der Auswärtigen Angelegenheiten, 06.01.1827. GStAPK, III., HA MdA, I. Nr. 11708. Bunsen verschickte ein Exemplar der vom Vatikan publizierten Liste nach Berlin: Quarta Nota delle Oblazioni volontarie esibite per la riedificazione della Basilica di S. Paolo in Roma, dal primo Agosto a tutto li 20 Dicembre 1826, da realizzarsi nelle rispettive scadenze quì appresso notate, [nach 20.12.1826]. GStAPK, III., HA MdA, I. Nr. 11708.

Diözese Olmütz (heutiges Tschechien), 12 Scudi; Diözese Breslau und Prag, 858,97 Scudi;[68] Diözese Trier, 700 Scudi; Diözese Münster, 536 Scudi; Diözese Ermland (auch »Warmia«, heutiges Polen), insgesamt 1037,10 Scudi; Diözese Posen, 235,84 Scudi; Diözese Gnesen (heutiges Polen), 230,90 Scudi. Beiträge aus der Diözese Culm, Köln und Paderborn erscheinen nicht. Insgesamt gingen 3610,81 Scudi aus den preußisch-katholischen Diözesen in Rom ein. Sie machten bloß 1 Prozent der gesamten Spendeneinnahmen für den Wiederaufbau der Paulsbasilika aus.[69] Eingeleitet wird der preußische Beitrag in der »Quarta Nota« mit den erstaunlichen Worten:

Aus den verschiedenen katholischen Diözesen der preußischen Monarchie für eine Kollekte, die in den oben genannten Diözesen durchgeführt und in die Kasse für San Paul in Rom mittels Herrn Chevalier Bunsen, Gesandter Seiner Preußischen Majestät beim Heiligen Stuhl, hinterlegt worden ist.[70]

Hier erscheint der Gesandte Bunsen als eigentlicher Kooperationspartner, während der preußische König nicht namentlich erwähnt wird. Bunsen hatte den Wiederaufbau der Paulsbasilika erfolgreich genutzt, nicht nur um seine neue Stellung als preußischer Gesandter in Rom zu festigen, sondern sich in der Öffentlichkeit gleichzeitig als enthusiastischen Unterstützer stadtrömischer Christentums- und Architekturgeschichte zu inszenieren.[71]

---

68  In der Beitragshöhe aus Breslau hatte sich die »Quarta Nota« vertan. Statt 857,97 Scudi müssten es 858,97 Scudi sein, um einen Gesamtbetrag von 3610, 81 Scudi zu ergeben. Der korrekte Betrag finden sich in Bunsens Bericht nach Berlin, [Bunsen], Bericht (s. Anm. 65).

69  Die erste Nota (die Beiträge bis Ende 1825 erfassend) vermerkte 71.479,16 Scudi, die zweite (01.01.–31.03.1826) einen Höchstwert mit 142.821,87 Scudi, die dritte (01.04.–25.07.1826) 38.078,27 Scudi, während bis Ende 1826 53.502,43 Scudi eingenommen wurden, Quarta Nota (s. Anm. 67). Die fünfte und letzte Nota (01.01.–22.06.1827) vermerkte Einnahmen von 52.944,79 Scudi. Insgesamt beliefen sich die Spenden auf 358.826,52 Scudi: Collezione degli Articoli pubblicati nel Diario di Roma e nelle notizie del giorno relativi alla nuova fabbrica della Basilica di S. Paolo, Rom 1845, 35.

70  Quarta Nota (s. Anm. 67), 1.

71  Auch der Kardinal, stellvertretend für den Papst, dankte schließlich nicht nur dem preußischen König, sondern auch Bunsen: »Ohne Ihre bereitwillige Mithilfe hätte [die Kollektensammlung] vielleicht auf Hindernisse stoßen können, oder sie wäre nicht so früh oder mit einer so großen Zielgerichtetheit bis zu ihrem Ende durchgeführt worden«, Cardinale della Somaglia, Brief III (s. Anm. 66).

## 4. Ein Ausblick – Papst Pius' IX. Inszenierung der Paulsbasilika

Als die Wiederherstellung der Paulsbasilika in den 1850er-Jahren einen ersten Abschluss fand, hatte sich das Klima der theologischen Debatten in Europa bereits spürbar verändert und die Basilika wurde jetzt in die Versuche des Vatikans eingebunden, die Apostel Petrus und Paulus mit neuer Kraft als religiöses Paar zu präsentieren. Diese römische Reinszenierung einer frühchristlichen Doppel-Apostolizität verhielt sich gegenläufig zur eingangs erwähnten Bemühung, das Frühchristentum mithilfe einer Dichotomie von »petrinischer« und »paulinischer« Theologie zu verstehen, wie sie übrigens auch von Bunsen betrieben worden ist.[72] Anlässlich seiner Papstkrönung ließ Pius IX. (1792–1878) eine Medaille pressen, deren Rückseite die beiden Apostel und der Text *Romae parentes arbitrique gentium* – also: »Eltern Roms und Richter der Völker« zierten.[73] Zugleich wurde ein – ursprünglich für die Paulsbasilika geplantes – Statuenpaar der beiden Apostel vor dem Petersdom aufgestellt, wo es noch heute die vielen Besucher begrüßt. Der Kirchenstaat zielte mit der Wiederbelebung der stadtrömischen Paulstraditionen auf eine symbolische Wiederherstellung katholischer Tradition, die durch die weltanschaulichen und politischen Erschütterungen des 19. Jahrhunderts in Gefahr schien.[74] Das schlug sich in der inneren Gestaltung der wiederaufgebauten Basilika nieder: Die 36 Felder an den Hochwänden ihres Langhauses sind als eine paulinische Übersetzung der Innenausstattung vom Petersdom gedeutet worden, wo sie eine ursprüngliche Vielfalt biblischer Bezüge ersetzten.[75] Die Paulsbasilika wurde zu ei-

---

72 »Die ganze Kirche judaisirte nach dem Zeugnisse eines alten Gewährsmannes, als Hadrian die jüdische Partei in Jerusalem vernichtete. Und nach dieser Zeit bestanden lange unzweifelhaft wenigstens zwei Parteien in der Kirche, von denen man die eine die Petrinische, die andere die Paulinische nennen kann, die eine mehr von dem jüdischen Element und Bewusstsein, die andere vom griechischen und römischen durchdrungen«, C.K.J. Bunsen, Hippolytus und seine Zeit. Bd. 1: Die Kritik, Leipzig 1852, 456.

73 Diese Medaille wurde in Silber und Bronze ausgegeben, Spink&Sons, Catalogue (s. Anm. 38), 2236–2237.

74 Fischer, In Pristinum (s. Anm. 38), 16.

75 Die durch den Brand zerstörten Szenen stammten aus dem Alten Testament (Südseite des Langhauses) und der Apostelgeschichte (Nordseite). Zu beachten ist jedoch, dass die hier geschilderte »Paulinisierung« allzu eindeutig nicht ist: Bereits die zerstörten Szenen waren auf den Apostel Paulus bezogen. Vgl. Brandenburg, Kirchen (s. Anm. 20), 123.

Abb: 3: Pius IX. weiht die an der Via Ostiensis gelegene Kirche San Paolo
fuori le mura am 10. Dezember 1854, zwei Tage nach der Verkündigung der
Unbefleckten Empfängnis als Dogma der römisch-katholischen Kirche.
Abgedruckt in: [Anonym], Solenne Consacrazione della Basilica Ostiense,
L'Album. Giornale Letterario e di Belle Arti 21 (16.12.1854), 337.

ner Art »Paulusdom«, der prominent in die religiösen Machtde-
monstrationen des von seiner Romflucht traumatisierten Papstes eingebunden wurde. Pius IX. weihte ihn am 10. Dezember 1854 unter
ungeahntem Pomp ein.[76] Die Zuschauermenge bestand aus dem Kar-
dinalskolleg, dem alexandrinischen Patriarchen und weiteren 140 Bi-

76 Ein Exemplar der zur Einweihung geprägten Medaille mit einer Innenansicht
der Kirche befindet sich im Museo della Zecca di Roma, vgl. S. Boccardi, Pio
IX. Medaglia in metallo argentato con al rovescio l'interno della Basilica
Ostiense, 1854. Abbildung online unter https://www.museozecca.ipzs.it/col

schöfen, die aus der ganzen Welt nach Rom gekommen waren, um das zwei Tage zuvor verkündete Dogma der Unbefleckten Empfängnis zu feiern.[77] Diese elegante Anknüpfung des erfolgreichen Wiederaufbaus an die Verkündigung der »immacolata conceptio« wirft ein Licht darauf, welche kritische Rolle der Vatikan für den Wiederaufbau der frühchristlichen Basilika vorgesehen hatte. Ohne einem geschichtsphilosophisch gespeisten Zukunftspathos, das im selben Jahrzehnt enorme Reformpotentiale beispielsweise in Preußen und England zu entfalten vermochte, lief die Paulsbasilika nun Gefahr, zum Symbol einer sich trotzig in die Vergangenheit flüchtenden Papstkirche zu werden. Die Befürchtung des Papstes, dass die Paulsbasilika nicht zum Ersten Vatikanischen Konzil (1869–1870) wiederhergestellt werden würde, die sich bis nach England herumsprach,[78] hatte sich jedenfalls nicht bewahrheitet und so konnte das antimoderne Konzil zu seiner Eröffnung den beiden Zentralfiguren allgemein christlicher, aber eben besonders stadtrömischer Erinnerungskultur mit zwei Monumentalbauten die Ehre erweisen. Der moderne Wiederaufbau der Paulsbasilika sollte das letzte öffentliche Monumentalprojekt des päpstlichen Rom sein.[79]

## 5. Zusammenfassung

Den vom klassizistischen Geist schmerzlich empfundenen, topographischen Vorteil der römisch-katholischen Kirche reformulierte die protestantische Kritik als Auftrag, an dessen Scheitern der »Unglaube« Roms offensichtlich werden sollte. Dabei knüpfte sie an den konkreten Zustand stadtrömischer Erinnerungsorte im 19. Jahrhundert an. Vor diesem Hintergrund vertiefte die zum Teil als fahrlässig dargestellte Zerstörung der altehrwürdigen Paulsbasilika in Rom im Jahre 1823 überraschenderweise nicht die konfessionellen Grabenkämpfe, sondern führte zu einer internationalen Spendensammlung, an der sich die preußische Monarchie als eine der ersten Förderinnen betei-

lezione/medaglie/dettaglio.html?medagliaId=106, 2016 (letzter Zugriff am 28.03.2022).

77  Cerioni, L'incendio (s. Anm. 36), 72. Eine Teilnehmerliste findet sich in: [Anonym], Solenne Consacrazione della Basilica Ostiense, L'Album. Giornale Letterario e di Belle Arti 21 (16.12.1854), 337–340 (339–340).

78  [Anonym], Luigi Poletti, The Art Journal, 96 (1869), 360.

79  Camerlenghi, St. Paul's (s. Anm. 7), 263.

ligte. Eine bisher unbeachtete Akte zu den Vorgängen der preußischen Spendensammlung zeigt, dass neben den diplomatischen Erwägungen eine mentale Mode die päpstlich-preußische Kooperation begünstigte: Eine auf das Frühchristentum gerichtete Euphorie, die sich nicht selten vornehmlich auf die Stadt Rom bezog. Der Vatikan fand mit seiner Anknüpfung an die stadtrömische Paulustradition und dem Ziel eines »originalgetreuen« Wiederaufbaus der vermeintlich apostolischen Grabeskirche einen engen Verbündeten im preußischen Gesandten in Rom, Christian von Bunsen, der die theologische Symbolkraft des Vorhabens erkannte und sich begeistert für einen preußischen Beitrag einsetzte. Es zeigte sich, dass die handelnden Akteure zwar stets auf die Bedeutung des Apostels rekurrierten, doch in erster Linie die klassizistische Faszination für eines der ältesten christlichen Bauwerke die gemeinsame Triebfeder von Papsttum und Preußen bildete. Diese drängte die Figur des Paulus in der erhaltenen Korrespondenz in den Hintergrund und das Gebäude der Paulsbasilika wurde gewissermaßen selbst Gegenstand religiöser Verehrung, nicht losgelöst, aber emanzipiert von der mit ihm verbundenen Paulusmemoria. Der preußische Anteil umfasste nur marginale 1 % der Gesamtkollekte und doch ist er ein zeitdiagnostischer Schlüssel für eine ganze Epoche. Er war das erstaunliche Produkt einer transnationalen und transkonfessionellen Begeisterung, die in der römischen Paulsbasilika einen gemeinsamen Bezugspunkt christlicher Selbstvergewisserung in den Stürmen des 19. Jahrhunderts erkannte.

# Abkürzungen

Die Abkürzungen in diesem Band richten sich nach dem Verzeichnis: Abkürzungen Theologie und Religionswissenschaft nach RGG[4], hg. von der Re-
daktion der RGG[4], Tübingen 2007. Darin nicht enthaltene Abkürzungen
werden wie folgt verwendet:

| | |
|---|---|
| ABRL | Anchor Bible Reference Library |
| AE | L'année épigraphique |
| Alcin.didasc. | Alcinous, Didascalicus |
| Ambr.virginit. | Ambrosius, De virginitate |
| Athenag.leg. | Athenagoras, Legatio pro Christianis |
| Aug.serm. | Augustinus, Sermones |
| Cass. Dio hist.rom. | Cassius Dio, Historia Romana |
| CGL | Corpus glossariorum latinorum |
| Cic.Att. | Cicero, Epistulae ad Atticum |
| Cic.Cael. | Cicero, Pro M. Caelio |
| Cyp.sent. | Cyprian, Sententiae episcoporum de haereticis baptizandis |
| dig. | Digesten |
| Diod.hist. | Diodorus Siculus, Historiae |
| Dion Hal. ant. | Dionysius von Halicarnass, Antiquitates Romanae |
| GStAPK | Geheimes Staatsarchiv Preußischer Kulturbesitz |
| Hdn. | Herodian |
| Hier.tract.Ps. | Hieronymus, Tractatus in Psalmos |
| Hor.sat. | Horaz, Saturae (sermones) |
| Hor.serm. | Horaz, Sermones |
| Juv.sat. | Juvenal, Saturae |
| 1Kgt | 1. Buch der Königtümer (LXX) |
| Lact.mort.pers. | Laktanz, De mortibus persecutorum |
| Lukian dial.mort. | Lukian von Samosata, Dialogi mortuorum |
| Lukian gall. | Lukian von Samosata, Gallus |
| Marcel. | Marcellinus |
| Mart.ep. | Martial, Epistulae |
| MartPl | Martyrium Pauli |
| MartPet | Martyrium Petri |
| or. | Oratio/orationes |

| | |
|---|---|
| or.Sib. | Oracula Sibyllina |
| Oros.hist.pag. | Orosius, Historia adversus paganos |
| Papin. | Aemilius Papinianus |
| Paul. | Julius Paulus |
| Pers.sat. | Persius, Saturae |
| Petron.sat. | Petronius, Satyrica |
| Philostr.Ap. | Philostrat, Vita Apollonii |
| Plut.qu.Gr. | Plutarch, Quaestiones Graecae |
| Plut.Sull. | Plutarch, Sulla |
| Prud.perist. | Prudentius, Peristephanon |
| Ps.Lin. | Pseudo-Linus |
| Ps.Marc. | Pseudo-Marcellus |
| RuP | Rom und Protestantismus |
| Sall.Catil. | Sallust, De coniuratione Catilinae |
| SB | Sammelbuch griechischer Urkunden aus Ägypten |
| Scaev. | Scaevola |
| Strab.geogr. | Strabon, Geographika |
| Suet.Claud. | Sueton, Divus Claudius |
| Suet.Iul. | Sueton, Divus Iulius |
| Suet.Nero | Sueton, Nero |
| Suet.Tib. | Sueton, Divus Tiberius |
| Suet.Vesp. | Sueton, Vespasianus |
| Suet.Vit. | Sueton, Vitellius |
| Tac.ann. | Tacitus, Annales |
| Tac.hist. | Tacitus, Historiae |
| Tert.Marc. | Tertullian, Adversus Marcionem |
| Theoph.Autol. | Theophilus, Ad Autolycum |
| Ulp. | Ulpian |
| Veg.mil. | Vegetius, Epitoma rei militaris |
| Vell. | Velleius Paterculus, Historiae Romanae |

# Register der zitierten Quellen